Psychiater und Zeitgeist
Zur Geschichte der Psychiatrie in Berlin

Herausgegeben von
Hanfried Helmchen

PABST SCIENCE PUBLISHERS
Lengerich, Berlin, Bremen, Miami,
Riga, Viernheim, Wien, Zagreb

Kontakt:

PROF. DR. HANFRIED HELMCHEN
Charité - Universitätsmedizin Berlin
Klinik für Psychiatrie und Psychotherapie
Eschenallee 3
14050 Berlin
E-Mail: hanfried.helmchen@charite.de

Bibliografische Information der Deutschen Nationalbibliothek
Die Deutsche Nationalbibliothek verzeichnet diese Publikation in der Deutschen Nationalbibliografie; detaillierte bibliografische Daten sind im Internet über <http://dnb.ddb.de> abrufbar.

Das Werk, einschließlich aller seiner Teile, ist urheberrechtlich geschützt. Jede Verwertung außerhalb der engen Grenzen des Urheberrechtsgesetzes ist ohne Zustimmung des Verlages unzulässig und strafbar. Das gilt insbesondere für Vervielfältigungen, Übersetzungen, Mikroverfilmungen und die Einspeicherung und Verarbeitung in elektronischen Systemen.

© 2008 Pabst Science Publishers, D-49525 Lengerich

Konvertierung: Claudia Döring
Druck: KM Druck, D-64823 Groß-Umstadt

ISBN 978-3-89967-486-6

Vorwort

Der Umgang mit psychisch Kranken stößt den Psychiater tagtäglich auf mögliche Wechselwirkungen zwischen dem Individuum und seiner sozialen Umwelt. Gleichwohl scheinen Psychiater ihre eigenen Wechselwirkungen mit ihrem soziokulturellen Kontext sehr viel seltener zu reflektieren. Doch wurden Fragen danach bei der Arbeit an einer Episode der Berliner Psychiatriegeschichte in der 2. Hälfte des 20. Jahrhunderts[1] drängend und an weiteren für die Entwicklung der Psychiatrie bedeutsamen Episoden der letzten 200 Jahre in Berlin mit dem hier vorgelegten Buch zu beantworten gesucht. Aus unterschiedlichen Perspektiven gehen die einzelnen Beiträge der Frage nach, warum und inwieweit die vorherrschenden Denk- und Deutungsmuster, die Atmosphäre und Befindlichkeit einer Epoche in Kultur, Politik und Gesellschaft, kurz: der Zeitgeist, das Wirken einzelner Psychiater beeinflusst und vice versa Psychiater prägende Spuren im Zeitgeist hinterlassen haben.

Alle Autoren, Wissenschaftshistoriker, Psychiater und Neurologen, haben sich erfreulich bereitwillig mit diesem vorgegebenen Thema auseinandergesetzt und auch Änderungsvorschläge sehr konstruktiv aufgegriffen. Dafür sei allen herzlich ebenso gedankt wie dem Verleger Wolfgang Pabst und Frau Claudia Döring für ihren engagierten Einsatz bei der zügigen Umsetzung des Manuskripts in das vorliegende Buch.

Berlin im Oktober 2008 *Hanfried Helmchen*

---

[1] Helmchen H (2007)(Hrsg) Geschichte der Psychiatrie an der Freien Universität Berlin. Pabst Science Publishers, Lengerich

Inhaltsverzeichnis

Einführung

1 H. Helmchen
   Zu den Wechselwirkungen zwischen Psychiater und Zeitgeist 13

Vorgeschichte

2 Ch. Donalies
   Bemerkungen zur Geschichte der Psychiatrie und der
   medizinischen Psychologie im Berlin des 18. Jahrhunderts 23

Psychiatrie im wissenschaftlich-konzeptuellen Kontext: Differenzierungen

Frühe Differenzierungen

3 E. J. Engstrom
   Psychiatrie zwischen Psychologie und Philosophie –
   Wilhelm Wundt, Moritz Lazarus, Theodor Ziehen 43

4 R. Schiffter
   Die Neurologisierung der Psychiatrie:
   Aspekte eines Paradigmenwechsels –
   Moritz Romberg, Wilhelm Griesinger, Carl Westphal 59

5 F. W. Stahnisch
   Psychiatrie und Hirnforschung: zu den interstitiellen Übergängen des
   städtischen Wissenschaftsraums im Labor der Berliner Metropole –
   Oskar & Cécile Vogt, Korbinian Brodmann, Kurt Goldstein 76

Spätere Differenzierungen

6 K. Haack
   Psychiatrie und Rechtsmedizin im 19. Jahrhundert:
   Herausbildung und Etablierung der forensischen Psychiatrie –
   Die Fälle Sefeloge und Schmolling 97

7   H.-L. Kröber
    Psychiatrie und Rechtsmedizin im 20. Jahrhundert:
    das Institut für Forensische Psychiatrie der Freien Universität Berlin –
    Viktor Müller-Hess, Elisabeth Nau, Wilfried Rasch 113

8   H. Remschmidt
    Psychiatrie und Pädiatrie: Meilensteine in der Entwicklung der Kinder-
    und Jugendpsychiatrie als selbständige Disziplin 128

9   H. Gutzmann, S. Kanowski
    Psychiatrie und Altersmedizin: Entwicklungsstand der Gerontopsychiatrie 146

Psychiatrie im gesellschaftlich-politischen Kontext: Wechselwirkungen

Im 19. Jahrhundert

10 V. Hess
    Disziplin und Disziplinierung:
    Die Geburt der Berliner Psychiatrie aus dem Geist der Verwaltung –
    Ernst Horn und Karl Wilhelm Ideler 163

11 H.-P. Schmiedebach
    „Irrenanstaltspolitik" um 1868: Stadtasyl und Anstaltspflege –
    Wilhelm Griesinger und Heinrich Laehr 179

12 A. Heinz, U. Kluge
    „Entfremdung" und „Entartung"
    bei Wilhelm Griesinger und Bénédict-Augustin Morel:
    Bezug zu aktuellen psychiatrischen Konzepten 199

13 B. Holdorff
    Der Kampf um die „traumatische Neurose" 1889-1916:
    Hermann Oppenheim und seine Kritiker in Berlin 213

Am Rande der Psychiatrie 1900 – 1933

14 U. Rüger
    Anfänge der psychoanalytischen Therapie in Berlin 1900-1933:
    Karl Abraham und das Psychoanalytische Institut der 20er Jahre 239

15 P. Vogelsänger
    Auf den Spuren der psychosomatischen Medizin im Berlin der Jahre
    1900-1933: Franz Alexander, Michael Balint, Gustav von Bergmann,
    Kurt Goldstein, Friedrich Kraus 256

Nationalsozialismus in der Berliner Psychiatrie von 1933 bis 1945

16 T. Beddies
    Zwangssterilisation und „Euthanasie". Die Psychiatrische und Nervenklinik
    der Charité unter Karl Bonhoeffer und Maximinian de Crinis 275

17 P. Fuchs
    Opfer der nationalsozialistischen „Euthanasie" –
    Fritz Drechsler, Martha Weiß und Erich Fels 288

18 U. H. Peters
    Emigrierte Berliner Psychiatrie 305

Kontinuitäten und Brüche in der Berliner Psychiatrie nach 1945

Gesellschaftliche Wandlungen

19 E. Kumbier
    Kontinuität im gesellschaftlichen Umbruch –
    Der Psychiater und Hochschullehrer Rudolf Thiele (1888-1960) 319

20 D. Lehmkuhl
    Reformpsychiatrie in Zeiten antiautoritärer und antipsychiatrischer
    Bewegungen – ein Zeitzeugenbericht 333

Wissenschaftliche Konzeptionen

21 C. Borck
    Die Welt auf der Kippe –
    Psychiatrie und Krisenanalyse bei Helmut Selbach 351

22 K.-J. Neumärker
    Karl Leonhards Aufteilung der endogenen Psychosen 369

Berliner Psychiater im Wandel der Zeit

23 *M. Rapp*
    Psychiatrischer Zeitgeist in der Berliner Gesellschaft für Psychiatrie und
    Neurologie von 1867 – 2007 389

24 *M. Stürzbecher*
    Berliner Gräber bedeutender Psychiater –
    Wilhelm Griesinger, Heinrich Laehr, Carl Westphal, Eduard Levinstein,
    Emanuel Mendel, Karl Bonhoeffer, Karl Leonhard, Helmut Selbach 401

Autoren 413

Porträtregister 432

Personenregister 433

Sachregister 451

Einführung

1 Zu den Wechselwirkungen zwischen Psychiater und Zeitgeist

Hanfried Helmchen

Dieses Buch ist einem Thema gewidmet, das uns alle ständig berührt – auch wenn wir das bei unserem alltäglichen Tun wohl eher selten reflektieren. Es geht um die Wechselwirkungen zwischen unserem Handeln und unserem sozialen sowie kulturellen Kontext, speziell um die Tätigkeit des Psychiaters.

Die Psychiatrie unterliegt seit alters her stärker als andere medizinische Disziplinen dem Einfluss ihres sozialen und kulturellen Kontextes, der vorherrschenden Denk- und Deutungsmuster, der Atmosphäre und Befindlichkeit einer Epoche in Kultur, Politik und Gesellschaft, kurz: des Zeitgeistes. Denn sie hat sich zwar aus der Rolle einer zunächst karitativen und dann zunehmend sozialen Sicherungs- und Verwahrungseinrichtung hin zu einer medizinisch-therapeutischen Disziplin entwickelt, ohne aber soziale Sicherungsfunktionen ganz zu verlieren. Und nicht zuletzt deshalb gab es bis in die jüngste Zeit gelegentlich sogar Versuche, die Psychiatrie als Institution ganz abzuschaffen. Doch kann der Psychiater psychisch Kranke unterstützen, mit schwerem seelischen Leiden umzugehen. Dabei stößt er tagtäglich auf dessen Verflechtung mit sozialen Einflüssen, besonders bei der Rehabilitation seiner Patienten, ihrer Wiederhineinführung in ein normales Leben. Nirgendwo anders als gerade hier, im normativen Gefüge der Gesellschaft, wird der Zeitgeist Realität.

Psychiatrie ist das Werk vieler Individuen, die psychisch Erkrankten professionell zu helfen suchen. Ihre Wirksamkeit wird bestimmt durch die Fähigkeiten, Kenntnisse und menschlichen Möglichkeiten ebenso wie durch die aus persönlichen Vorgaben, Erfahrungen, sozialer Position und professionaler Funktion gewachsenen Begrenzungen jedes handelnden Individuums. Dies gilt nicht nur für die unmittelbaren Wirkungen psychiatrischen Handelns auf den einzelnen Kranken, sondern auch für die Wahrnehmung – und damit Wirksamkeit – der Psychiatrie als Institution. Damit aber vermag das Handeln jedes Einzelnen auch Einfluss auf die herrschende Meinung, also auf den Zeitgeist zu nehmen.[1]

Wechselwirkungen zwischen der Macht des Zeitgeistes und den Möglichkeiten wie Begrenzungen unabhängig-individuellen Denkens sollen mit Episoden der Berliner Psychiatriegeschichte schlaglichtartig zur Anschauung gebracht werden. Die Geschichte der Psychiatrie in Berlin ist reich an Beispielen, denn Berlin war und ist ein Ort, in dem der Zeitgeist seit jeher besonders heftig weht.

---

[1] Damit folge ich der These, dass Geschichte offen sei, und wende mich gegen die Vorstellung, dass der Einzelne nichts vermag. Der Historiker Fritz Stern schrieb: "Die Kriege und Revolutionen unserer Zeit wurden nicht so sehr durch einige wenige Führer oder Sekten möglich gemacht als vielmehr durch die Masse der untätigen Bürger, die selbstgefällig glaubten, Politik sei die Aufgabe von Staatsmännern." (Stern F (2007) Fünf Deutschland und ein Leben. Erinnerungen. 4. Aufl. C.H.Beck, München: 304 f.)

I

Dies habe ich auch im Vorfeld einer Tagung erlebt, die im Zusammenhang mit der Entstehung dieses Buches am 27. und 28. Juni 2008 in der Psychiatrischen Klinik der Charité, CCM, stattfand. Deshalb sei hier noch hinzugefügt:

1. Der Untertitel des Buches heißt „Zur" und nicht „Die" Geschichte der Psychiatrie in Berlin. Damit meinte ich, deutlich gemacht zu haben, dass hier (in Analogie zur von Holdorff und Winau herausgegebenen „Geschichte der Neurologie in Berlin"[2]) nur ausgewählte Episoden aus dieser Geschichte vorgestellt werden. Aber auch sie sind eher Nebeneffekt der Beschäftigung mit dem im Haupttitel angezeigten primären Thema, nämlich den Wechselwirkungen zwischen einzelnen Psychiatern und ihrem zeitgenössischen Kontext. Mir schwebt mit der Publikation ein Lesebuch[3] zum Hauptthema vor, das gerade jüngere Kollegen zur Reflektion ihrer ihnen oft verborgenen Abhängigkeit vom Zeitgeist anregen soll und dabei zudem historisches Wissen vermitteln kann. Jedenfalls geht es nicht um eine Darstellung der Geschichte der Berliner Psychiatrie, und schon gar nicht in ihrer Gesamtheit. Denn ganze Bereiche dieser Psychiatrie – wie etwa die Geschichte der großen früher so genannten Irrenanstalten oder der psychiatrisch relevanten Einrichtungen der sozialen Fürsorge und auch der niedergelassenen Psychiater – werden nur am Rande gestreift oder gar nicht behandelt. Insofern war mir auch jeder Gedanke an Proportionalitäten oder Gleichgewichtigkeiten fremd. Wie sehr diese Intention missverstanden werden kann, haben mir einige Reaktionen auf das Programm jener Tagung gezeigt.
2. Natürlich hatte ich die Absicht, das mich seit Jahrzehnten beschäftigende Thema der Wechselwirkungen zwischen einzelnen Persönlichkeiten und dem Zeitgeist auch an Episoden der Nachkriegs- und Nachwendezeit zu erhellen. Denn wo hat der Zeitgeist sich deutlicher artikuliert, wenn nicht im geteilten und dann vereinigten Berlin? Jedoch konnte die gewiss aufschlussreiche Auseinandersetzung einzelner, zum Teil noch lebender Psychiater mit dem in dieser geteilten Stadt sehr unterschiedlichen Zeitgeist der Nachkriegszeit nur in zwei speziellen Ausschnitten zur Anschauung gebracht werden, da potentielle Autoren sich befangen fühlten und die Aufarbeitung der vielfältigen, verstreuten und teilweise noch nicht zugänglichen Quellen eine immensen Aufwand erfordert. Für die Nachgeborenen bleibt also genügend zu tun.
3. So kann hier nur auf einige selbst erfahrene Beispiele verwiesen werden. Deshalb sei wenigstens erwähnt, dass einige mir seit Jahrzehnten freundschaftlich verbundene Kollegen an der Tagung teilnahmen, die sich bereits in die Nachkriegsgeschichte unseres Faches eingeschrieben und Spuren im aktuellen Zeitgeist hinterlassen haben:
   1) So sei daran erinnert, wie Hanns Hippius – einer der Inventoren der psychiatrischen Pharmakotherapie und Senior-Autor des entsprechenden führenden Lehrbuches[4] – auf den wissenschaftlichen Zeitgeist Einfluss genommen hat: Nachdem Delay und Deniker

---

[2] Holdorff B, Winau R (Hg) (2001) Geschichte der Neurologie in Berlin. De Gruyter, Berlin
[3] Wozu auch das eher Anekdotische einiger Beiträge gehört, die dann aber durch andere, stärker wissenschaftlich orientierte Beiträge Tiefenschärfe bekommen
[4] Benkert O, Hippius H (1996) Psychiatrische Pharmakotherapie. 6. Aufl.; Benkert O, Hippius H (2007) Kompendium der Psychiatrischen Pharmakotherapie, 6. Aufl. Springer, Berlin-Heidelberg-New York

1952[5] die antipsychotische Wirksamkeit der von ihnen wegen ihrer motorischen Wirkungen so benannten Neuroleptika erstmals beschrieben hatten, publizierten Flügel und Bente 1956[6] die These, dass deren antipsychotische Wirkung an eben diese motorischen Störungen, die sie als „akinetisch-abulisches Syndrom" charakterisierten, zwingend gebunden sei. Diese These wurde von Klinikern, etwa von Engelmeier mit dem Begriff der „Stammhirn-Trias"[7] aufgegriffen, ja untermauert und beherrschte „in affirmativer Weise"[8] die folgenden 2 Jahrzehnte nicht zuletzt auch wegen dieser motorisch-„kataleptischen" Wirkung, die sich im Tierversuch zum Screening auf antipsychotisch wirkende Substanzen leicht nachweisen ließ. Erst die initialen Erfahrungen mit Clozapin, jenem ersten antipsychotisch wirkenden Arzneimittel ohne motorische Nebenwirkungen[9] und dessen theoretische Analyse durch Stille und Hippius[10] führten 15 Jahre später zu einer Öffnung tierexperimenteller Screeningverfahren und die Kliniker aus der zur dogmatisch verengten Überzeugung gewordenen These von der notwendigen Bindung der antipsychotischen Wirkung an die unerwünschten motorischen Wirkungen der Antipsychotika.[11]

2) Hans Lauter hat als ein Wegbereiter der Alterspsychiatrie und umsichtig mahnendes Gewissen unseres Faches mit bedeutenden Stellungnahmen zum Umgang mit dem Lebensende in die öffentliche Debatte eingegriffen. Zu unserem Thema sei erwähnt, dass Hans Lauter als erfahrener Demenzforscher zusammen mit weiteren Psychiatern und Juristen auf das Problem fehlender Einwilligungsfähigkeit bei zwingendem Bedarf an Forschung mit Demenzkranken aufmerksam machte. Erst nach Publikation der Ergebnisse unserer mehrjährigen Arbeit 1995[12] erfuhren wir, dass zur gleichen Zeit der Europarat im Rahmen des Menschenrechtsübereinkommens zur Biomedizin ebenfalls eine Stellungnahme zu diesem Problem ausgearbeitet hatte. Offenbar hatte die durch den demographischen Wandel bedingte starke Zunahme von Demenzkranken den Be-

---

[5] Delay J, Deniker P, Harl JM (1952) Utilisation en thérapeutique psychiatrique d'une phenothiazine d'action centrale sélective (RP 4500). Ann Med Psychol 110: 112-117

[6] Fluegel F, Bente D (1956) Das akinetisch-abulische Syndrom und seine Bedeutung für die pharmakologisch-psychiatrische Forschung. Dtsch Med Wochenschr 81: 2071-2074

[7] Engelmeier MP (1959) Neuroleptische Therapie und Stammhirntrias. Psychiatria et Neurologia 138 (1-2): 47-64

[8] Hippius H (1988) Personal Account. In Ban TA, Hippius H (Hg) Psychopharmacology in Perspective. Springer, Berlin-Heidelberg-New York: 57

[9] Berzewski H, Helmchen H, Hippius H, Hoffmann I, Kanowski S (1969) Das klinische Wirkungsspektrum eines neuen Dibenzodiazepin-Derivates (W 108/HF 1854). Arzneim-Forsch 19:495-496

[10] Stille G, Hippius H (1971) Kritische Stellungnahme zum Begriff der Neuroleptika (anhand von pharmakologischen und klinischen Befunden mit Clozapin). Pharmakopsychiat 1: 182-191

[11] Der Medizinhistoriker Howard Kushner (Lancet 371: 552-553, 2008) hat jüngst mit zwei Beispielen (Gilles de la Tourette-Syndrom und Kawasaki-Krankheit) eindrucksvoll darauf aufmerksam gemacht, dass der Rückgriff auf die wissenschaftliche Literatur *vor* solcher immer wieder vorkommenden epigonal-dogmatischen Verengung des Blickfeldes ein Forschungsfeld wieder für neue Perspektiven mit aktuell besseren Untersuchungsmethoden öffnen könnte. Ein anderes Beispiel wäre die Wiederentdeckung der psychotropen Wirkung von Antiepileptika, deren psychiatrische Anwendung in den 40er Jahren des letzten Jahrhunderts (Kalinowsky LB, Hoch P: Shock treatments, psychosurgery and other somatic treatments in psychiatry. 2nd ed. Grune & Stratton, New York 1952) durch das Aufkommen der Antipsychotika gestoppt wurde und in Vergesssenheit geriet.

[12] Helmchen H, Lauter H (Hg) (1995) Dürfen Ärzte mit Demenzkranken forschen? Analyse des Problemfeldes Forschungsbedarf und Einwilligungsproblematik. Thieme, Stuttgart, New York

handlungsbedarf so zwingend gemacht, dass die wissenschaftliche Problemwahrnehmung an mehreren Orten und unabhängig voneinander zur Problemanalyse und Lösungsvorschlägen drängte. Aber nicht nur in dieser gleichsamen Auskristallisierung aus einer übersättigten Lösung fand der Zeitgeist Ausdruck, sondern auch in der öffentlichen Debatte, die in Deutschland in Erinnerung an die Schatten des nationalsozialistischen Zeitgeistes besonders heftig verlief[13], jenes Zeitgeistes, der es Ärzten ermöglicht hatte, medizinische Forschungsmethoden für inhumane und kriminelle Menschenversuche zu missbrauchen.[14] Nicht zuletzt diese deutschen Erfahrungen haben Hans Lauter immer wieder gedrängt, sich ebenso widerständig wie umsichtig, so mahnend wie kenntnisreich gegen im gegenwärtigen Zeitgeist wachsende Vorstellungen vom Lebensende durch Lebensbeendigung mittels assistiertem Suizid und Euthanasie zu wenden.[15]

3) Norman Sartorius schließlich hat als weltweit tätiger Psychiater nicht nur mit seinen epidemiologischen Studien[16], insbesondere seiner frühen internationalen Pilotstudie zur Schizophrenie[17], unterschiedlichste soziokulturelle Kontexte psychiatrischen Handelns in vielen Ländern der Erde, insbesondere in Entwicklungsländern,[18] erfahren, sondern er hat auch seine vielfältigen Funktionen, u.a. als langjähriger Direktor der Division of Mental Health der WHO, als Präsident des Weltverbandes für Psychiatrie ebenso wie als Präsident der Europäischen Psychiatervereinigung genutzt, die Kampagne gegen die Stigmatisierung psychisch Kranker[19] zu initiieren, und unermüdlich für die Rechte psychisch Kranker zu kämpfen, so dass das Buch mit seinen psychiatrischen Überzeugungen zu Recht „A Fight for Mental Health"[20] heißt. Die Stigmatisierung psychisch Kranker selbst ist zwar schon aus dem Altertum bekannt, aber in der über die Zeiten hinweg recht unterschiedlichen Wahrnehmung und Reflektion dieser Stigmatisierung (und auch die der sie versorgenden Institutionen) kommt der Zeitgeist, die Einstellung der Gesellschaft gegenüber psychisch Kranken zum Ausdruck, so auch der gegenwärtige Zeitgeist in der historisch wohl erstmaligen öffentlichen Kampagne gegen die Stigmatisierung.

---

[13] de Wachter MAM (1997) The European Convention on Bioethics. Hastings Center Report 27 (1): 13-23

[14] Mitscherlich A, Mielke F (1960²) Medizin ohne Menschlichkeit. Dokumente des Nürnberger Ärzteprozesses. Fischer-Bücherei Nr. 332, Frankfurt/Main

[15] Lauter H, Meyer JE (1992) Die neue Euthanasie-Diskussion aus psychiatrischer Sicht. Fortschr Neurol Psychiatr 60 (11): 441-48
Fuchs T, Lauter H (1997) Der Fall Chabot: Assistierter Suizid aus psychiatrischer Sicht. Nervenarzt 68(11): 878-889; Lauter H, Helmchen H (2006) Vorausverfügter Behandlungsverzicht bei Verlust der Selbstbestimmbarkeit infolge persistierender Hirnerkrankung. Nervenarzt 77 (9): 1031-39

[16] Sartorius N (1988) Cross-cultural and international collaboration in mental health research and action: Experience from the mental health programme of the World Health Organisation. Acta Psychiat Scand 78 (Suppl 344): 71-74

[17] The International Pilot Study of Schizophrenia. Vol 1, World Health Organisation, Geneva 1973

[18] Sartorius N (2000) Psychiatrie in Entwicklungsländern. In Helmchen H, Henn FA, Lauter H, Sartorius N (Hg) Psychiatrie der Gegenwart 4. Aufl., Bd3 Psychiatrie besonderer Lebenssituationen. Springer, Berlin-Heidelberg-New York, 425-446

[19] Sartorius N (2007) Stigma and Mental Health. Lancet 370: 810-811

[20] Sartorius N (2003) A Fight for Mental Health. Blackwell, London

II

Bei meinen eigenen Auseinandersetzungen mit Emanationen des Zeitgeistes[21] habe ich mich gefragt, wie weit rationale Argumentation durch den Zeitgeist verzerrt wird, sich in meine Argumentation Anpassung an den Zeitgeist einschleicht. Dies zu erkennen, erschien mir gelegentlich sehr schwierig, da in aktuellen Situationen Emotionen, Entscheidungsdruck, konfligierende moralische Intentionen, die jeweilige soziale Konstellation u. a. m. die Reflektion erschweren. Diese Erfahrungen haben mich für das Thema sensibilisiert. Es sei an zwei Beispielen verdeutlicht:

1. Karl Birnbaum (1878-1950)[22] arbeitete in der Anstalt Herzberge, habilitierte sich an der Berliner Universität, wurde 1930 Direktor der Heil- und Pflegeanstalt Berlin-Buch, 1933 von den Nationalsozialisten seines Amtes „aus rassischen Gründen" enthoben und emigrierte 1939 in die USA.[23] Gleichwohl konnte er – und auch das gilt tragischerweise für viele andere ebenso – dem Einfluss des Zeitgeistes auf sein Denken nicht ganz entgehen, wenn er in seinem 1935 bei Springer erschienenen populärwissenschaftlichen Buch „Die Welt des Geisteskranken" schreibt, dass „...die aufs engste kulturverbundene besondere Fürsorge für alle Art Hilflose und Unzulängliche, insbesondere auch für die psychisch *Defekten*..." der Auslese entgegenwirkt, „mit der die Natur selbst alles *Lebensunwerte*, biologisch *Minderwertige* und Kranke aus dem Lebensprozess auszuschalten pflegt, und" damit eine *Gegenauslese* fördert, „bei der Familien mit seelisch unzulänglichen Mitgliedern den gleichen, wenn nicht etwa gar einen größeren Anteil an der Fortpflanzung behalten können wie die Gesunden und *Vollwertigen*." (Birnbaum 1935, kursiv hervorgehoben durch H.H.). Das tragische Schicksal Birnbaums veranschaulicht, wie stark der Zeitgeist die Sprache eines Menschen offenbar unreflektiert durchdringt, der die Auswüchse eben dieses Zeitgeistes erleiden muss.[24]

2. Karl Bonhoeffer (1868-1948) musste nicht nur das tragische Schicksal seiner Familie mit mehreren von den Nationalsozialisten ermordeten Mitgliedern erleben. Tragik im Sinne eines ins Verhängnis führenden Konfliktes hat vielleicht auch darin bestanden, dass Bonhoeffer ein Widerstand gegen den damals herrschenden Zeitgeist aufgrund seiner eigenen Prägungen nur sehr begrenzt möglich war, Prägungen, deren Wurzeln wohl weit zurückreichen. So wäre wichtig zu wissen, welchen Einfluss Bonhoeffers frühe Breslauer Erfahrungen mit Alkoholkranken, Obdachlosen und psychisch kranken Rechtsbrechern auf seine Einstellung zur Eugenik hatten, die zu seiner Zeit weltweit zunehmend virulent wurde, auch unabhängig von den politischen Einstellungen der Protagonis-

---

[21] Helmchen H (2007) (Hrsg) Geschichte der Psychiatrie an der Freien Universität Berlin. Pabst Science Publishers, Lengerich: 108-118
[22] s. a. Beitrag Peters in diesem Band
[23] Bielka H (1997) Die Medizinisch-Biologischen Institute Berlin-Buch. Beiträge zur Geschichte. Springer, Heidelberg, 20
[24] siehe dazu die verdienstvolle Quellenerschließung von Peiffer J (2004) Hirnforschung in Deutschland 1849 bis 1974. Briefe zur Entwicklung von Psychiatrie und Neurowissenschaften sowie zum Einfluss des politischen Umfeldes auf Wissenschaftler. Springer, Berlin-Heidelberg-New York

ten[25]? War Bonhoeffer in seiner Position eines führenden Hochschullehrers trotz seiner inneren Distanz zum nationalsozialistischen Regime in der Lage, dem legal zustande gekommenen und in seiner eugenischen Zielsetzung dem damals weitverbreiteten wissenschaftlichen Zeitgeist entsprechenden Gesetz zur Verhütung erbkranken Nachwuchses mehr als nur eine möglichst enge Auslegung des gerade im Hinblick auf die diagnostischen Definitionen schwammigen Gesetzes entgegenzusetzen? Sind nicht Bonhoeffers Bemühungen um kritische Begutachtung der Anträge auf Zwangssterilisation (50% Ablehnungen der Bonhoeffer'schen Klinik versus 15% im Reichsdurchschnitt)[26] und Ausbildung zu solcher kritischen Praxis mit seinen Erbgesundheitskursen so zu verstehen? Dass er selbst nach dem Kriege so argumentierte, macht das Argument noch nicht ungültig. Wenn Bonhoeffer Anfang der 20er Jahre in einem Gutachten für den preußischen Landesgesundheitsrat die Sterilisierung von erblich belasteten psychisch Kranken aus eugenischen, d. h. auf die Gesamtpopulation bezogenen Gründen für sinnlos hielt, dann stellt sich die Frage, ob seine späteren Gutachten für die Sterilisation bei eng definierten Diagnosen mit sehr wahrscheinlicher erblicher Belastung andere als eugenische Gründe gehabt haben? Hat er sich 10 Jahre später dem Zeitgeist gebeugt oder handelte er dann aus ärztlich motivierter Vermeidung von individuellem Leid und Belastungen der betroffenen Menschen? Lässt sich denn belegen, dass der im Gesetz und seiner Umsetzung in die Praxis waltende Geist die Menschen in wertvolle und weniger wertvolle Menschen teilte, oder war es primär der (heute ebenfalls verworfene) Gedanke, dass der Einzelne zugunsten des Ganzen der „Volksgesundheit" zurückzustehen und auch schwerwiegende Opfer auf sich zu nehmen habe? Wäre Widerstand gegen das Gesetz stärker aufgekommen, wenn der erstgenannte Aspekt im Gesetz zum Ausdruck gekommen wäre, oder gar, wenn das Gesetz schon zur Zeit seiner Verabschiedung als Vorstufe zur Ermordung psychisch Kranker verstanden worden wäre? Was wäre geschehen, wenn sich Bonhoeffer 1933 hätte emeritieren lassen? Abgesehen davon, dass ihm der posthume Vorwurf, durch Obergutachten an der Zwangssterilisation von Menschen beteiligt gewesen zu sein und mit seinem Ruf durch sein Verbleiben im Amt das Regime gestützt zu haben[27], erspart geblieben wäre, lässt sich darüber nur spekulieren. Aber auch wenn solche Fragen dem Historiker verpönt sind, öffnen sie vielleicht doch dem Nachgeborenen Verständnismöglichkeiten dafür, vor welchen Schwierigkeiten verantwortliches Verhalten in einer totalitär verformten und allumfassend demagogisch beeinflussten[28] Gesellschaft stand. Diese quälenden Fragen werden durch den Beitrag Beddies angestoßen; sie zielen nicht auf eine Verteidigung

---

[25] man denke nur an den Begründer der Sozialmedizin Alfred Grotjahn, der sich als bekennender Sozialist schon 1912 für eine Zwangssterilisation des "Bodensatzes" der Bevölkerung einsetzte (Grotjahn A (1912) Soziale Pathologie (Neudruck 1977). Springer, Berlin-Heidelberg-New York); s. a. Paul D (2001) History of Eugenics. In: Smelser NJ, Baltes PB (eds) International Encyclopedia of the Social & Behavioral Sciences. Elsevier, Amsterdam: 4896-4901

[26] Gerrens U (1996) Medizinisches Ethos und theologische Ethik. Karl und Dietrich Bonhoeffer in der Auseinandersetzung um Zwangssterilisation und "Euthanasie" im Nationalsozialismus. Oldenbourg, München

[27] s. Beitrag Beddies in diesem Band

[28] wie Fritz Stern, dessen Vater mit Bonhoeffer aus der Breslauer Zeit bekannt war, als emigrierter Jude in seinen Erinnerungen beeindruckt erwähnt (Stern F (2007) Fünf Deutschland und ein Leben. Erinnerungen. 4. Aufl. C.H.Beck, München)

Bonhoeffer's, sondern sind Fragen an den Historiker, das Handeln von Personen der Zeitgeschichte aus dem Kontext ihrer Zeit zu verstehen, um uns Späteren zu verdeutlichen, ob und an welchen Stellen der Wechselwirkungsprozesse zwischen den Dispositionen und Beschränkungen des Individuums einerseits und den vorherrschenden Tendenzen der Zeit andererseits Entscheidungsalternativen zu einem Handeln bestanden, das uns von unserer heutigen Weltsicht aus, also ex post, als falsch erscheint?

III

Immer wieder einmal stellt sich dem Leser der folgenden Beiträge die Frage, ob und inwieweit der gegenwärtige Zeitgeist nicht nur sprachlich[29], sondern auch inhaltlich die Interpretation historischer Vorgänge beeinflusst. Jedenfalls wird deutlich, dass der Historiker nicht nur den Kontext seiner historischen Protagonisten und Vorgänge zu reflektieren hat, sondern auch den Einfluss des aktuellen Zeitgeistes auf sein eigenes Denken, worauf etwa Heinz und Kluge in ihrem Beitrag aufmerksam machen. Nachkommende werden die Zeitgeistabhängigkeit auch dieses Buches in der Wahl des Themas, der Auswahl der Autoren und deren thematischen Interessen, der Sprache wie auch der Sichtweisen besser als wir erkennen und entsprechend einordnen.

Sprache und Inhalt zahlreicher Zitate in den Beiträgen vermitteln ein anschauliches Bild der Psychiatrie früherer Zeiten. Aber die Wechselwirkungen zwischen dem jeweiligen Zeitgeist und der einzelnen Persönlichkeit kommen in den Beiträgen doch recht unterschiedlich zum Ausdruck: Die Akzente liegen einmal mehr auf der Individualbiographie, ein anderes Mal eher auf der Veranschaulichung des sozialen, wissenschaftlichen und kulturellen Kontextes, aber eher selten werden spezifische Mechanismen der Wechselwirkungen der bei den jeweiligen Protagonisten zudem wohl meist unreflektiert verlaufenden Auseinandersetzung mit Geist und Atmosphäre einer Epoche deutlich.

Einige Persönlichkeiten wie etwa Griesinger werden mehr oder weniger extensiv in mehreren Beiträgen in jeweils durchaus unterschiedlichen Zusammenhängen behandelt; interessant ist dabei, welchen Akzenten der Persönlichkeit und ihrer Biographie im Kontext des jeweiligen Themas besondere Bedeutung zugemessen wird. Damit erscheint die einzelne Persönlichkeit auch facettenreicher und wirkt einer eindimensionalen Einengung ihres Bildes in der Nachwelt entgegen. So ergibt sich dann doch ein recht komplexes Bild der Wechselwirkungen verschiedener Aspekte dieser Persönlichkeiten mit dem Zeitgeist. Die Beiträge differenzieren überkommene Bilder von der Entwicklung der Psychiatrie, Bilder, die oft nichts anderes sind als griffig formulierte epigonale Reduktionen – wie „Psychiker" versus „Somatiker" oder „gute" versus „schlechte" Psychoanalytiker – und die die komplizierte Wirklichkeit von Menschen verdecken, die in ihrer jeweils kulturell und sozial, wissenschaftlich und institutionell spezifisch geprägten Welt handeln müssen.

---

[29] so könnten Wörter wie "verkomplizieren, verorten, vergammelt, MitarbeiterInnen, herrschende Wissenschaft und ihre Definitionsmacht" als verbale Leitfossilien der Gegenwart gesehen werden

Vorgeschichte

2 Bemerkungen zur Geschichte der Psychiatrie und der medizinischen Psychologie im Berlin des 18. Jahrhunderts

Christian Donalies

Zusammenfassung

Die Geschichtsschreibung der Psychiatrie beschäftigt sich vorwiegend mit dem 19. sowie dem 20. Jahrhundert. Doch basiert vieles auf Geschehnissen und geistiger Verarbeitung des 18. Jahrhunderts. Das geht von der Überwindung der Folgen des 30-jährigen Krieges bis zur französischen Revolution und deren Schlussfolgerungen. In diesem „Jahrhundert der Seelenforschung" beeinflussten die geistigen Strömungen des „Pietismus" und der „Aufklärung" die Stellung, die man gegenüber psychisch Kranken und geistig Behinderten hatte. Dabei gab es nicht nur Gegensätze der geistigen Strömungen, sondern auch Verbindungen zwischen diesen. Im Berlin jener Zeit machte sich hierbei der Einfluss von progressiven Persönlichkeiten bemerkbar, auch wenn sie nicht alle hier unmittelbar wirkten, ja nicht einmal immer Ärzte waren. Von den Einrichtungen, in denen hier psychisch Kranke – teilweise vermischt mit anderen Problemfällen – untergebracht waren, sind die Charité und das „Irrenhaus" in der Krausenstraße zu nennen. Die Charité übernahm die Funktion des „Irrenhauses", als dieses Ende des Jahrhunderts abbrannte. Von den Ärzten der Charité sind v. a. Muzell und Selle zu nennen. Ersterer setzte mit sensationellem Erfolg die Fiebertherapie bei einem Geisteskranken ein. Selle, der sich auch philosophisch betätigte, nahm schon eine Differenzierung in Nerven- und Gemütskrankheiten vor. Der bekannteste Berliner Jude jener Zeit, M. Mendelssohn, überwand nicht nur Gegensätze zwischen seinen Glaubensbrüdern, sondern auch zwischen anderen Menschen und Meinungen. Er half, Grundlagen der medizinischen Psychologie zu schaffen, dies v. a. in Zusammenarbeit mit dem Schriftsteller Moritz, der die weltweit erste psychologisch-psychiatrische Zeitschrift „Magazin für Erfahrungsseelenkunde" herausgab und seinen autobiographischen Roman „Anton Reiser" mit dem Untertitel „ein psychologischer Roman" versah.

Es ist zwar bekannt, dass vieles einer wissenschaftlichen Psychiatrie im 19. Jahrhundert begann, dass selbst der Begriff „Psychiatrie" erst zu Beginn jenes Säkulums durch Reil geprägt, dass der erste deutsche Lehrstuhl für Psychiatrie („psychische Therapie") 1811 in Leipzig durch Heinroth besetzt wurde und dass Kraepelin seinen historischen Rückblick 1917[1] „Hundert Jahre Psychiatrie" nannte. Allerdings wissen wir auch, dass man auf Mei-

---

[1] bei der ersten Sitzung der "Deutschen Forschungsanstalt für Psychiatrie" in München

nungen und Erfahrungen aufbauen, weiter forschen und arbeiten konnte, die schon davor, v. a. im 18. Jahrhundert, niedergeschrieben wurden. Eine Stunde Null hat es 1800 nicht gegeben. Sicher richten wir unsere Blicke vor der betreffenden Jahrhundertwende nach Frankreich, wo sich manches vor und nach der französischen Revolution ereignete, so auch die Abschaffung von Zwangsmaßnahmen durch Pinel. Natürlich spielen desgleichen viele Gedanken der französischen Enzyklopädisten eine Rolle, die das geistige Rüstzeug mit der Unvoreingenommenheit gegenüber psychisch Kranken förderten. Wir können aber auch darauf verweisen, dass sich viele herausragende Ereignisse im 18. Jahrhundert in Berlin abspielten, wobei es dabei durchaus nicht immer vom Ursprung Berliner waren, die hier Bedeutendes leisteten. Noch auffälliger ist, dass es nur zum Teil Ärzte waren, die eine positive Rolle im Umgang mit Geisteskranken spielten.

1   Berlin in der Regierungszeit des brandenburgischen Kurfürsten Friedrich III. (ab 1688) und späteren Königs Friedrich I. (1701 – 1713)

Die entsetzlichen Folgen des Dreißigjährigen Krieges (1618-1648) waren gerade vernarbt. Berlin zählte 1709 dank kluger Einwanderungspolitik v. a. des „Großen Kurfürsten" (1640 – 1688) 50 000 Einwohner.[2] Sein Sohn, Kurfürst Friedrich III.,[3] prägte die wachsende Stadt durch imposante Prestigebauten, die ihre Vorbilder in den Schlössern Ludwig XIV. hatten. Es wurden in seiner Regierungszeit in Berlin jedoch nicht nur große Prachtbauten, wie der größte Teil des Berliner Schlosses, die Schlösser Charlottenburg, Monbijou und Schönhausen – desgleichen das Zeughaus sowie Gotteshäuser wie die Sophien- und die Parochialkirche gebaut. Es entstanden damals auch das „Große Friedrichs-Hospital" (als Armen- und Waisenhaus auch „Waisenhauskirche" genannt) in der Stralauer Straße (Klemp 1967), die Anfänge der Charité (ab 1710) sowie große Wohngebiete wie die „Friedrichstadt". Auch die Straße „Unter den Linden" erhielt ihre erste Bebauung. Berlin galt damals als eine der schönsten Städte Europas[4]. Sowohl die Akademie der Künste (1696) wie auch die Akademie der Wissenschaften (1700) – zunächst „Kurfürstlich-Brandenburgische Societät der Wissenschaften" genannt – wurden gegründet. Beide Institutionen waren zunächst in einem Gebäude untergebracht. Diese Akademien sollten natürlich den Ruhm des Kurfürsten und späteren Königs steigern. Allerdings war die Zeit auch reif für diese Gründungen, gab es doch solche Institutionen schon in London und Paris. Hinzu kam, dass man die bevorstehende Jahrhundertwende für geeignet hielt, sich in evangelischen

---

[2] Zum Vergleich: 1642 waren es nur noch 7500, 1540 dagegen schon 11 000 – und um 1750 zählte Berlin schon ca. 120 000 Einwohner.

[3] Friedrich III. versuchte durch Prunksucht sowie die Gier nach Ruhm – größtenteils auch ohne Kriege - einiges zu erreichen. Vermutlich spielte dabei eine Rolle, dass eine Amme ihn als Kind "aus Unvorsichtigkeit fallen ließ" und "dies verheimlichte" (Rogge 1892). Die entstandene "Krümmung des Rückgrates" nahm immer mehr zu. Im Volksmund hieß er "der schiefe Fritz". Es gab "gräßliche Versuche der Ärzte, seinen Buckel und seine verdrehten Füße zu kurieren" (Hohmann u. Unger 1999). Man versuchte jedoch offenbar durch kostbare Kleidung die körperliche Schädigung zu kaschieren.

[4] Friedrich legte damit den Grund für die Entwicklung der Stadt, die 100 Jahre später, nach dem Bau des den Athener Propyläen nachempfundenen Brandenburger Tores 1788-1791, das Epitheton "Spreeathen" erhielt

Abb. 1: Das Große Friedrichs-Hospital
(aus: Artelt, W: Medizinische Wissenschaft und ärztliche Praxis im alten Berlin in Selbstzeugnissen. Berlin 1948)

Gebieten der schon 1582 verkündeten Kalenderreform von Papst Gregor XIII. anzuschließen. In Vorbereitung derselben baute man in Berlin auch ein Observatorium.[5] Als Gründungspräsident der „Societät" stand der Universalgelehrte Gottfried Wilhelm Leibniz (1646 – 1716) zur Verfügung, unter dessen Einfluss die gebildete Kurfürstin bzw. Königin Sophie Charlotte (1668 – 1705) die Akademiegründung betrieben hatte. Zu den Hauptbereichen der neuen Akademie zählte Leibniz die Mathematik, die Naturwissenschaften und die Medizin. Hier sollte auch die Erforschung von Seuchen erfolgen. Er selber hielt von Ärzten nicht viel und behandelte sich bei Krankheit verschiedentlich selbst (Hartkopf 1982). Allerdings hatten die Naturwissenschaften zu der Zeit einen ungleich besseren Ruf als die Medizin. Noch Jahrzehnte später meinte König Friedrich II. „der Große": „alle Doktors seint Idjoters" (Hartkopf 1982).

---

[5] Die Hauptaufgabe der Akademie war zunächst die Berechnung und die Herstellung von Kalendern. Das war auch deren Haupteinnahmequelle. Es musste davon alles Mögliche bezahlt werden – bis hin zu Hebammen und einem Teil der Laternenanzünder.

2 Zur Medizin und zum Umgang mit psychisch Kranken

Gegenüber psychisch Kranken verfuhr Friedrich[6] resolut. Möglicherweise wollte er Störfaktoren bei dem Ausbau seiner Residenz zu einer auch international geachteten Metropole ausschließen. Schon in seiner Kurfürstenzeit wurde 1699 eine „beständig und immerwährende Kommission" des Armenwesens in Berlin ernannt. Die gab dann 1702 ein besonderes Reglement „für irre und tolle Leute" heraus. 1709 erschien eine Kabinettsorder, die anordnete, dass die „Irren Berlins" in das „Dorotheen-Hospital" gebracht werden. Außerdem wurde schon in dieser Zeit „von der Aufnahme und Verpflegung wahnwitziger Personen" im „Großen Friedrichs-Hospital" berichtet.

Zu solchen Entschlüssen trug auch die persönliche Anamnese Friedrichs I. bei. Nach dem Tode seiner Frau Sophie Charlotte heiratete er 1708 zum dritten Mal. Die neue Frau war Sophie Luise von Mecklenburg-Schwerin, eine fanatische Lutheranerin. Es passte ihr gar nicht, dass die Hohenzollern ca. 100 Jahre zuvor[7] sich dem reformierten Glaubensbekenntnis angeschlossen hatten. Ihr Fanatismus nahm immer mehr zu und ging schließlich in einen religiösen Wahn über: Als der König einmal „erkrankt, schlummernd in seinem Armstuhl ruhte, stürzte die Königin mit wirrem aufgelöstem Haar in sein Zimmer, indem sie ihre mit Blut beflecktem Hände drohend gegen ihn erhob, ihn mit vor Wahnsinn glühenden Augen anstarrte und ihn mit Vorwürfen über sein lasterhaftes Leben überhäufte ..." (Rogge 1891). Ihr weißes Gewand war blutbefleckt, weil sie sich bei ihrem Lauf an einer Glastür verletzt hatte. Der kranke Friedrich hielt sie vorübergehend für die „weiße Frau", die einem alten Aberglauben zufolge vor einem Todesfall im Berliner Schloss herumgeistern würde. Ungerechterweise gab Friedrich für den religiösen Fanatismus seiner Frau vorübergehend dem lutherischen Theologen A. H. Francke, von dem noch die Rede sein wird, die Schuld.

Außerhalb von Berlin war nach den Universitäten in Königsberg/Ostpreußen, Frankfurt/Oder und Duisburg[8] die Gründung einer weiteren Universität in Halle/Saale 1694 bedeutsam, die auch schnell einen großen Einfluss auf Berlin ausübte – v. a. durch den Philosophen Chr. Wolff, den Juristen Chr. Thomasius, den Theologen A. H. Francke und die Mediziner F. Hoffmann und G. E. Stahl. Die beiden Ärzte – ursprünglich befreundet – wurden allmählich Gegner. Während Friedrich Hoffmann (1660-1742) der Monadenlehre von Leibniz anhing, also der Überzeugung, dass unteilbare Einheiten (gemäß der griechischen Philosophie) überall vorhanden seien – vertrat Georg Ernst Stahl (1659-1737) die Meinung, dass die unsterbliche Seele der Mittelpunkt des biologischen Systems sei. Man bezeichnete dies als „Animismus". Über die Seele wurde immer wieder diskutiert, dies natürlich theoretisch und v. a. von Nichtmedizinern. Man bezeichnete das 18. Jh. auch als „Jahrhundert der Seelenforschung" – andere meinten, dies sei das „Jahrhundert der Aufklärung" gewesen (Reiter 1991). Auch im Bereich der medizinischen Psychologie, die sich schon andeutete, war Hoffmann im Gegensatz zu Stahl der Meinung, dass dem Patienten die Hoffnung bei einem infausten Leiden nicht genommen werden dürfe. Dem Angehörigen jedoch müsse die Wahrheit gesagt werden (Huppmann 1997). Beide waren Leibärzte preußischer Könige: Hoffmann bei Friedrich I., Stahl bei Friedrich Wilhelm I. Sicher war

---

[6] Kurfürst Friedrich III., der sich 1701 in Königsberg zum König Friedrich I. "in" Preußen krönte.
[7] im Zusammenhang mit dem Erwerb niederrheinischer Gebiete
[8] eine reformierte Universität

Abb. 2: Georg Ernst Stahl (aus: Sudhoffs Klassiker der Medizin, Bd. 36. Deutsche Akademie der Naturforscher Leopoldina 1961. J. A. Barth, Leipzig)

Hoffmann der bekanntere (schon durch seine „Hoffmannstropfen"). Stahl hatte jedoch den größeren Einfluss auf das allmähliche Entstehen einer Psychiatrie, weil er auf die Wechselbeziehungen zwischen Physischem und Psyche hinwies (Huppmann 2000).

3 Pietismus und Aufklärung

Zwei wichtige geistige Strömungen des 18. Jahrhunderts, die sich teilweise heftig bekämpften (– dann aber im Rahmen der evangelischen Kirche oft zueinander fanden), halfen auf ihre Weise, den Boden für eine zukünftige Psychiatrie vorzubereiten. Es handelte sich um die geistesgeschichtliche Epoche der „Aufklärung" einerseits und andererseits die einflussreiche evangelische Bewegung des „Pietismus", der eine „fromme" Lebensführung mit Belebung des praktischen Christentums predigte. In der „Aufklärung" wollte man mit der Vernunft dem Menschen zum „Ausgang... aus seiner selbstverschuldeten Unmündigkeit..." (Kant 1884)[9] verhelfen.

Einen besonderen Einfluss hatte in der Wende vom 17. zum 18. Jahrhundert der Jurist Christian Thomasius (1655-1728). Er war nicht nur der Gründungsrektor der Universität

---

[9] Kant: "Aufklärung ist der Ausgang des Menschen aus seiner selbst verschuldeten Unmündigkeit. Unmündigkeit ist das Unvermögen, sich seines Verstandes ohne Anleitung eines anderen zu bedienen. Selbst verschuldet ist diese Unmündigkeit, wenn die Ursache derselben nicht am Mangel des Verstandes, sondern der Entschließung und des Muthes liegt, sich seiner ohne Leitung eines anderen zu bedienen. Sapere aude [wage es verständig zu sein]! Habe Muth, dich deines eigenen Verstandes zu bedienen! ist also der Wahlspruch der Aufklärung." (Beantwortung der Frage: Was ist Aufklärung? Berlinische Monatsschrift, 1784,2, S. 481-494)

Halle[10], sondern auch einer der führenden Protagonisten der „Aufklärung". Er las als erster in deutscher Sprache, trat für religiöse Toleranz ein und bekämpfte mit Erfolg Folter und Hexenprozesse. Das kam auch dem vermehrten Verständnis und einer größeren Toleranz für die „Toren" und „Tollen" zugute, unter denen sich mit Sicherheit viele psychisch Kranke befanden. Er hatte schon 1691 dem Kurfürsten Friedrich III. die Erfindung „einer wohlbegründeten und für das gemeine Wesen höchstmöglichen Wissenschaft, das Verborgene des Herzens anderer Menschen auch wider Willen aus der täglich Konvention zu erkennen" angeboten (Leibbrand u. Wettley 1961). Ihn reizte es, die Gemüter anderer Menschen zu erkennen. Auch bei diesem Vertreter der „Aufklärung" gab es pietistische Einflüsse, als er sich öffentlich des Ehrgeizes und der Wollust bezichtigte. Thomasius machte sich zahlreiche Feinde, zumal er sich gar nicht die Mühe gab, irgendwelchen Streitigkeiten aus dem Wege zu gehen. Einmal musste er sogar nach Berlin flüchten, wo er Verständnis und Unterstützung fand.

Der ebenfalls der Aufklärung zuzurechnende Hallenser Philosoph Christian Wolff (1679-1754) verwendete bereits mehrfach das Wort Psychologie. So hießen lateinische Werke von ihm „Psychologia empirica" (1732) und „Psychologia rationalis" (1734). 40 Jahre später benutzte der Berliner Arzt Marcus Herz (1747-1803) den Begriff „Medizinische Psychologie". In seiner Arbeit von 1773 „Ernst Platners, der Arzneykunst Professor in Leipzig, Anthropologie für Aerzte und Weltweise" kommt aber nicht nur dieser Begriff vor. Er beschäftigte sich auch mit Themen wie dem „Leib-Seeleproblem, den Affekten, der psychischen Kur auch bei körperlich Kranken und der Arzt- Patient-Beziehung ganz allgemein" (Huppmann 1997).

Ein führender Vertreter des „Pietismus" war August Hermann Francke (1663-1727), der als einer der Gründungsprofessoren der Hallenser Universität dort lehrte, dabei wohl auch Thomasius beeinflusste, dann den Bau einer eigenen größeren Einrichtung durchsetzte, um arme und allein stehende Kinder zu unterrichten und zu fördern. Frühe Erinnerungen an die Folgen des 30-jährigen Krieges beeinflussten ihn in seiner Zielsetzung. Nach dieser ursprünglich christlich-pädagogischen Gründung, die noch heute besteht, entstand v. a. im 19. Jahrhundert ein größeres Netz konfessioneller Einrichtungen, die sich dann namentlich mit den psychisch chronisch Kranken und den geistig Behinderten beschäftigen, die oftmals bei den wissenschaftlich agierenden Hochschulkliniken zu kurz kamen. Die konfessionellen Einrichtungen halfen auch, dass die staatlichen und Privat-„Anstalten" ihre Aufgaben erfüllen konnten. – Francke selbst hatte mit mancherlei Schwierigkeiten zu kämpfen. Auch er fand Verständnis und Unterstützung in Berlin.

Der „Soldatenkönig" Friedrich Wilhelm I. (1713-1740) ließ sich bereits als Kronprinz einen Bericht von Francke über dessen Tätigkeit geben (Focken 1938). Dabei unterschied Francke 9 Abteilungen, deren 5. als eine Anstalt für kranke und schwache Personen gedacht war. Als König besuchte Friedrich Wilhelm I. wenige Jahre danach die „Franckeschen Stiftungen". Er ließ nach diesem Vorbild die fast leer stehende (ab 1727 so genannte) Charité umgestalten. Diese war 1710 im Hauruckverfahren für eine – wie man meinte – nahende Pestepidemie gebaut worden, die dann aber ausblieb. Auch wurde auf Wunsch des Königs 1713 ein „Theatrum anatomicum" gebaut, wozu 1724 ein „Collegium medico-chirurgicum" kam. Für alle Unkosten musste die „Societät" aufkommen[11]. Da-

---

[10] die auf seine Anregung erst entstand

[11] Im übrigen stellte der neue König die allgemeine Bautätigkeit – mit Ausnahme der Wohnbauten – weitestgehend ein. Es wurde überall gespart, auch an den Gehältern, selbst Leibniz bekam weniger Geld. Namhafte Personen verließen Berlin.

mit war immerhin die Grundlage für eine zukünftige medizinische Fakultät in Berlin gelegt, die jedoch erst mit der Gründung der „Friedrich-Wilhelms-Universität" (jetzt „Humboldt-Universität") 1810 realisiert wurde.

1718 starb der Kaufmann Faber im „Großen Friedrichs-Hospital" ohne Erben. „Vermöge des gesetzlich bestehenden Erbrechts der Armenanstalten" fiel der ganze Nachlass der Armendirektion zu, welche beschloss, in Fabers Haus in der Krausenstraße und mit seinen Mitteln ein „Irrenhaus" zu errichten. Dies wurde bald durch Anbauten vergrößert. Es war dann aber auch ein Arbeitshaus für „Liederliche, Faule, sich umhertreibende Personen" und auch für Menschen, die „zu frey gesprochen und auf diejenigen gescholten, darauf sie nicht hätten schelten sollen." Bald schuf man hier „Dollkästen". „Tollkasten" war auch der Name des Hauses im Volksmund.

Consentius (1911) beschrieb in seinem Buch „Alt-Berlin anno 1740" die Situation:
„ 1. Sollen die Dollen solange sie in der Dollheit seyn, allein beschlossen werden...
2. In der äußersten Dollheit haben sie nichts frey, ... weil doch alles von ihnen zerrissen ... wird ... Wenn sie wieder zu sich selbst kommen, so werden ihnen Strohbetten ... gegeben.
3. Ihr Essen und Trinken wird ihnen durch Löcher gegeben...
4. Alle Wochen sollen ihre Wohnungen und Leiber wenigstens zweymahl gereinigt werden.
5. Bey denen es sich thun lässt, werden alle Genesungs-Mittel angewendet.
6. Solange sie doll seyn, werden sie an Händen und Füßen geschlossen, die aber, mit denen es sich bessert, werden nur des Nachts geschlossen.
7. Der bezahlen kann, bezahlt, wer es von den Berlinischen nicht thun kann, wird umsonst gehalten.
8. Ein eigener Mann ist bey den Männern und eine eigene Frau bey den Frauen bestellet.
9. Die etwas irre, aber nicht rasend, werden in ein gut Zimmer gehalten und gehen im Haus herum.
10. Der Prediger und der Medicus besuchen dieselben und brauchen bey ihnen ihr Amt, nachdem es der Zustand zulässt. "

Bemerkenswert ist, dass der Arzt zwar – im Rahmen der Möglichkeiten – wirken durfte. Er stand aber hinter dem Geistlichen erst an zweiter Stelle. Dies war vermutlich noch eine Folge des vorübergehend dominierenden Pietismus, v.a. während der Zeit des „Soldatenkönigs". Der Prozess, dass die psychisch Kranken zur Medizin gehören, war noch nicht abgeschlossen. Die Ärzte dürften während des gesamten 18. Jahrhunderts vorwiegend der „Aufklärung" angehört haben. Es muss aber auch berücksichtigt werden, dass nicht alle in dem Irrenhaus psychisch krank waren.

Im „Irrenhaus" gab es auch einen Speiseplan. „Krancken werden Suppen ... gegeben und verdauliche Speisen, welche der Medicus nach seinem Gutfinden regulieren kann". Rindfleisch gab es am Sonntag mit unterschiedlichem Gemüse (z. B. Weißkohl, Mohrrüben oder Meerrettich bzw. Petersilie). An den übrigen Tagen finden wir z.B. Erbsen, Hirse oder Hafer, abends entsprechende Suppen. Freitags „bisweilen Bierkaltschale", „Brodt wird gegeben, so viel als jede Person nöhtig hat." Consentius beschreibt auch einen „Controlleur", der auf eine „hohe Person gescholten" und nach seiner Asylierung einen Nachtwächter mit einem Messer erstochen und darauf einen anderen mit einer Gabel in den Leib gestoßen habe. Es fällt auf, dass so eine Person nicht von der allgemeinen Gerichtsbarkeit zum Tode verurteilt wurde, sondern in der Krausenstraße aufgenommen wurde. Consentius beschrieb den Controlleur nicht als „doll", sondern als „desperat", der dann an eine Kette angebunden wurde.

Trotz aller Unzulänglichkeiten muss man das „Irrenhaus" als deutlichen Forschritt ansehen, indem psychisch Kranke wenigstens ein Minimum an regelmäßiger Versorgung erhielten. Auch in den Meinungsbildungen der Verantwortlichen gab es Fortschritte. Das wird auch aus dem Fall einer „Kindsmörderin" 1728 deutlich: Eine junge uneheliche Mutter hatte ihr Kind kurz nach der Geburt getötet. Sie selbst belastete sich, als sie angab, sie hätte mit dem Teufel im Bunde gestanden. Eigentlich hätte der Vorgang das „Sacken" zur Folge haben müssen. Das hieß, die Verurteilte hätte sich selbst einen Sack nähen müssen, in den sie gesteckt und mit dem sie dann in die Spree geworfen wäre. Die Richter kamen zu dem Schluss, dass das Verhalten der Mutter mit ihrer Schwermütigkeit in Verbindung gestanden hätte. Man begnügte sich, sie lebenslänglich in das Spinnhaus nach Spandau zu bringen, sicher eine harte Strafe – im Vergleich zu einem schrecklichen Todesurteil jedoch ungleich milder (Jaeckel 1963).

Bei den Akademikern spielten im Berlin des 18. Jahrhunderts die Hugenotten eine dominierende Rolle, so auch in der „Societät" und in der Ärzteschaft.[12] Bei ihnen waren es nicht immer solche, die wegen ihres (reformierten) Glaubens ihre Heimat verlassen mussten. So ist der Arzt und Philosoph Julien Offray de La Mettrie (1709-1751) zu nennen (Leibbrand u. Wettley 1961). Dessen Hauptwerk war (dt.) „Der Mensch eine Maschine". Seine Schrift „Die ärztliche Politik des Machiavelli" wurde nicht nur verboten, sondern auch vom Henker in Paris verbrannt. König Friedrich II. (1740 -1786) lud ihn nach Potsdam und Berlin ein, wo er als Vorleser und Arzt tätig war sowie Mitglied der „Societät" wurde.[13] La Mettrie beschrieb, wie er als Chef eines Militärkrankenhauses selbst fieberkrank wurde und dabei beobachtete, wie gleichzeitig seine geistigen Kräfte nachließen. Seele und Körper (so meinte er) schliefen gleichzeitig ein. Die „Verstopfung der Milz. In der Leber die Pfortader" würden über die Geistestätigkeit entscheiden, v. a. über Hypochondrie und Hysterie. Das Gehirn sei die Gebärmutter des Geistes. Die Verbrecher seien vorübergehende Geisteskranke.[14]

Zur Frage des Selbstmords gab es im 18. Jahrhundert sich wandelnde Ansichten. Während der Suizid durch ein Edikt des „Soldatenkönigs" verurteilt wurde, hob sein Nachfolger dies praktisch auf.

Moses Mendelssohn (1729 - 1786), der wohl bekannteste Berliner Jude des 18. Jahrhunderts, verneinte die Berechtigung des Selbstmordes, lehnte jedoch die Bestrafung ab (Zwingmann 1965). Er zeigte eine umfangreiche philosophische und psychologische schriftstellerische Produktivität und (trotz Sprachfehlers) große Gesprächsfreudigkeit – und dies, obwohl er seine Aufenthaltsberechtigung in Berlin und seinen Unterhalt vorwiegend durch eine Buchhaltertätigkeit rechtfertigen bzw. verdienen musste. Er war mit Gott-

---

[12] In der "Ärztezunft" gab es auch viele Juden. Schließlich war die Medizin außer ihrer eigenen Theologie einige Zeit das einzige Fach, welches die Juden studieren durften.

[13] La Mettrie konnte interessant charakterisieren. Auf Voltaire, den er auch in der Tafelrunde von Sanssouci sah, deutet wohl die Formulierung hin, dass der "Ausdruck des Filou mit dem Feuer des Prometheus vereinigt" würde.

[14] Erwähnenswert ist auch der Berliner Arzt und Apotheker J. F. Zückert (1737-1778), der 1768 ein Buch über die Leidenschaften schrieb, die er als zerstörerisch ansah. Religion, Philosophie und Diätetik hingegen seien Schutzmaßnahmen (Leibbrand u. Wettley 1961).

*Abb. 3: Moses Mendelssohn
(gemalt von A. Graff. Aus: Knobloch 1979)*

hold Ephraim Lessing (1729-1781) befreundet, der eine Zeitlang in Berlin lebte und ihn dann offenbar als Vorbild für das Drama „Nathan der Weise" nahm. Mendelssohn, ein gläubiger Jude, der auch große Teile des Alten Testaments neu übersetzte („zum Gebrauch der jüdischdeutschen Nation") tat damit eine Menge für die Toleranz zwischen Deutschen und Juden. Viele der Letzteren haben erst durch ihn statt eines Sprachenmischmasches, reines Hochdeutsch gelernt (Knobloch 1979). Dass die meisten Juden sich dann auch als Deutsche fühlten, hat viel mit ihm zu tun. Diese Verständigung trug desgleichen in dem Sinne Früchte, dass auch die Toleranz gegenüber psychisch Kranken wuchs. Sein Schrifttum hatte viel mit Psychologie zu tun. „Die menschliche Seele ist so unerschöpflich wie die Natur", meinte er. Ein Bestseller von ihm war damals „Phädon oder über die Unsterblichkeit der Seele". Hier vermischte Mendelssohn Argumente von Platon bis Leibniz mit eigenen Gedanken. Den physiognomischen Theorien des Schweizer Schriftstellers und Theologen Johann Kaspar Lavater (1741-1801) stand er durchaus positiv gegenüber, d.h. auch er hielt es für möglich, dass sich der menschliche Charakter aus seinen Gesichtslinien ableiten ließe.[15]

Erheblichen Einfluss hatte der Schriftsteller Karl Philipp Moritz (1756-1793), der ebenfalls als einer der Pioniere der medizinischen Psychologie galt. Er, der in einer pietistisch geprägten, armen, lieblosen, mit religiösen Streitigkeiten versehenen Jugend aufwuchs, auch seine Schule ohne Erlaubnis verließ, desgleichen später durch Umtriebigkeit, zerlumptes Auftreten, melancholische, suizidale und hypochondrische Ideen sowie Sensibilität auffiel, schrieb 1785-1790 den autobiographischen „Sturm und Drang"-Roman „Anton Reiser"[16]. Moritz gab diesem Buch den Untertitel „Ein psychologischer Roman", der

---

[15] L. wollte M. zum Christentum bekehren, regte aber damit Mendelssohn nur zu einer Schrift zur Verteidigung des Judentums an.

[16] der später von Hermann Hesse zu den besten Büchern der Weltliteratur gezählt wurde.

Abb. 4: Karl Philipp Moritz (Kalenderblatt, 2006, Harenberg, Dortmund)

dann das Vorbild für so manche Autobiographie wurde.[17] Moritz gab von 1783-1793 die wohl erste psychologische Zeitschrift „Magazin zur Erfahrungsseelenkunde als ein Lesebuch für Gelehrte und Ungelehrte" heraus. Es kam noch der Untertitel „Mit Unterstützung mehrerer Wahrheitsfreunde" hinzu. Zu den „Wahrheitsfreunden", der die Überschrift für die Zeitschrift vorschlug, zählte auch Moses Mendelssohn. Dazu gehörte als Erstes, in altgriechischen Buchstaben, der Sokrates (ca. 470-399 v. Chr.) unterstellte Leitspruch „Ich weiß, dass ich nichts weiß".

In den 10 Bänden findet man bemerkenswerte Krankengeschichten. So wurde ein Patient beschrieben, der an einem Verfolgungswahn litt und der deshalb seine Tür mit „eisernen Stangen" verriegelte. Ein anderer hatte „eiserne Ringe um den Leib. Der befestigte auch in besonderer Weise sein Bett, weil er keinen Augenblick Ruhe vor bösen Geistern" gehabt hätte (Gerabek 1999). Mendelssohn ist u.a. mit einem Artikel über „Die Theorie des Unterbewussten" vertreten (Knobloch 1979).

Mendelssohns Arzt Marcus Elieser Bloch (1723-1799), der psychologische Themen als „Medizinische Bemerkungen" veröffentlichte, verordnete gleichwohl dem ohnehin schwächlichen Mendelssohn Aderlässe, Diät und Verbot von Lesen und Schreiben. Wahrscheinlich hätten behutsame Gespräche, im psychotherapeutischen Sinn, im Vordergrund stehen müssen. Während hier nahe liegende Verfahren nicht angewandt wurden, wirkt ein anderer Fall geradezu sensationell und der Zeit vorauseilend. Es handelt sich um die An-

---

[17] Goethe bezeichnete ihn "wie ein(en) jüngerer(n) Bruder ... von derselben Art, nur da vom Schicksal verwahrlost und beschädigt", wo er selber "begünstigt und vorgezogen" wurde. Der Herzog von Weimar-Eisenach vermittelte Moritz eine Professorenstelle in Berlin (Akademie der Künste).

Abb. 5: Titelblatt des "Magazin" (aus: Knobloch H: "Herr Moses in Berlin", Buchverlag Der Morgen. Berlin 1979)

wendung einer Art Fiebertherapie durch Friedrich Hermann Ludwig Muzell (1715 – 1784).

Muzell war von 1744-1784 leitender Arzt der Charité. Er beschrieb in „Medizinische und Chirurgische Wahrnehmungen" 1772 u. a. einen „Casus von einer sehr hartnäckigen Melancholie ...: Es wurde ein Mensch von etwa 28 ... Jahren, welcher verarmet ... in die Charité zur Cur gebracht. Von seiner Kranckheit, derselben Ursprung und Dauer, konnte man keine nähere Nachricht einziehen, da ... auf keine Art ein Wort heraus zu bringen war. Die Augen sahen ... gantz starr ..." ... Nachdem Laxantien und verschiedene Pulver keine Änderung brachten, ging man zu härteren Mitteln über, wie „mit Nadeln stechen, ... mit Ruthen schlagen ... (und) in kaltem Wasser baden zu lassen ... da es eben Winter war." Man bedenke dabei, dass man damals andere therapeutische Gedanken hatte als wir heute. Muzell schrieb weiter: „Indessen brachte ihm eine andere Methode ... dennoch zu seinem richtigen Verstand und völliger Gesundheit ... Ich dachte, dass die Materie der Krätze, wenn dieselbe in das Blut käme, wohl ein Fieber zuwege bringen könnte, welches diesem Patienten vielleicht gute Dienste leisten würde. Ich schritt daher ohn alle weitere praeparation zur Operation ... Nemlich es wurden an beyden Armen und Füßen ziemlich tiefe ... Einschnitte mit der Lanzette gemacht, die Materie von einem Patienten, welcher an einer scabie humida laborirte ... genommen, in die Wunden völlig eingeschmiert ... und sodann mit einer bandage befestigt. Der Patient war bey seiner gegenwärtigen Verfassung gantz unempfindlich, und folglich gleichgültig gegen alles, was mit ihm vorgenommen wurde ... allein am ... vierten Tage wurde der Puls geschwindt, der Patient aß nichts und

*Abb. 6: Friedrich Hermann Ludwig Muzell
(aus: Artelt, W: Medizinische Wissenschaft und ärztliche Praxis im alten Berlin in Selbstzeugnissen. Berlin 1948)*

da er sonst ... fast ständig im Bette saß, so lag er vorjetzo in demselben ausgestreckt ... Den 12. Tag nach der Operation war der Patient ohn alles Fieber ... Von Gemüth war er recht sehr munter ... denn da er sonsten so stupide ... ausgesehen ... so war es jetzo ein recht munterer ... Mensch. Der krätzige Ausschlag verließ ihn auch in der Zeit von vierzehn Tagen ... er ... versicherte ... sich keiner leiblichen Kranckheit erinnern könne, wohl aber viel Gram und Bekümmerniß in seinem Hauswesen ... gehabt ... Man kann leicht erachten, dass er mir mit allerbewegtesten Hertzen gedanckt ..er verließ die Charité... gesund, munter und recht vergnügt." Die Idee, einen wahnkranken Patienten mit Krätze heilen zu wollen, habe er von Hippokrates (460-377 v. Chr.) übernommen: „Der feuchten Krätze weicht der Wahn" (Jaeckel 1963)[18]. Auch Wagner v. Jauregg, der für die Einführung der Fiebertherapie (durch Malariainfektion) gegen die Progressive Paralyse 1927 – also ca. 155 Jahre später – als bisher einziger Psychiater den Nobelpreis für Medizin bekam, wusste von den hippokratischen Schriften. Schönbauer und Jantsch erinnerten daran, dass der „Gedanke des Heilfiebers ... keineswegs neu war" und sich „wie ein roter Faden durch die Geschichte der Medizin verfolgen" ließ, aber „mit dem Gebiet der Psychiatrie nichts gemein hatte". Wagner v. Jauregg hätte sich wohl daran gestört, dass sich dieser „Gedanke nicht schon längst durchgesetzt habe." (Schönbauer und Jantsch). Von Muzell wusste er vermutlich nichts.

Muzells Nachfolger wurde Christian Gottlieb Selle (1748-1800), der von 1784-1800 leitender Arzt der Charité war. Er ging in seiner „Medicina clinica" 1781 auch auf Nerven- und Gemütskrankheiten ein. Bei den ersteren unterschied er die „morbi nervosi sine materia" von den „morbi nervosi cum materia". Bei den einen sei das Nervensystem so empfindlich, dass kleine Ursachen „schon große Unordnungen desselben bewögen", bei den

---

[18] s.a. Schmiedebach 1988

Abb. 7: Christian Gottlieb Selle (aus: Medizina Clinica oder Handbuch der medizinischen Praxis. 2. Aufl., Berlin 1783)

letzteren verstand er „Läsionen der Nerven, die von offenbaren und auch bei starker Leibesbeschaffenheit hinlänglichen Ursachen herrühren". Bei den Gemütskrankheiten nennt er Amnesia, Amentia partialis, Melancholia und Mania. „Die Mania kann ein verstärkter Grad der Melancholia sein, aber nicht immer geht ein Stadium melancholicum vor". Als Ursache nennt er „hypochondrische und hysterische Dispositionen, ... heftige Gemütsbewegungen, ... anhaltende Geistesarbeiten ..., zu starke Ausleerungen ..., zurückgebliebene Ausscheidungen ..., organisches Fehlen des Gehirns ..., gallichte Unreinheiten ..., Verstopfungen der Eingeweide ..., Folgen von Geburten ... und Vererbungen". Hysterie und Hypochondrie werden zu „vorübergehenden Zufällen des Nervensystems" gerechnet. Selle schreibt: „Bei Mannspersonen sind diese Zufälle sehr oft mit Verstopfungen der Eingeweide des Unterleibes und bei Weibspersonen mit Fehlen der Gebärmutter verbunden, daher man ein und dieselbe Krankheit für zwei verschiedene Arten genommen und diese Hypochondrie, jene Hysterie genannt hat." Er war Leibarzt von Friedrich II.[19]

4 Die Irrenabteilung der Charité

Das „Irrenhaus" in der Krausenstraße war über Jahrzehnte die Hauptinstitution zur Unterbringung und zur Behandlung psychisch Kranker in Berlin. 1796 hatte Ludwig Formey (1766-1823) in seinem „Versuch einer medizinischen Topographie von Berlin" den Zustand des Hauses beschrieben.: „Die wahnwitzigen haben ordentliche Zimmer zu ihrem

---

[19] der ihn aber nicht in die "Akademie" aufnahm. Das erfolgte nur wenige Wochen nach Friedrichs Tod und dann nur wegen der philosophischen Arbeiten von Selle ("Philosophie des gesunden Menschenverstandes"). In der Akademie wurde er Direktor der philosophischen Klasse. Hier war es wohl sein größtes Verdienst, dass er die Societät vor der Auflösung durch König Friedrich Wilhelm III. (1797-1840) bewahrte.

Aufenthalt, doch sind diese zu klein und gewöhnlich liegen sie so eng zusammen, daß die Atmosphäre verdorben und der Geruch unerträglich ist ... Die ganz Rasenden werden in gewissen von starken Bohlen gemachten Vorschlägen, welche Kasten genannt werden und im Winter durch oberhalb gezogene Röhren gewärmt sind, aufbewahrt und zum Teil angestellt". Formey berichtete, dass von 542 „Irren", die innerhalb von fünf Jahren aufgenommen wurden, nur 31 als genesen entlassen wurden.

Das Haus in der Krausenstraße brannte im September 1798 ab. Durch schnelles Eingreifen der Verantwortlichen konnten trotz Gitter und Absperrungen alle 162 Patienten (91 Männer, 71 Frauen) gerettet werden. Noch in der Nacht kamen die meisten von ihnen in das gerade im Bau befindliche neue Gebäude der so genannten „alten Charité". Damit hatte diese Einrichtung praktisch über Nacht – neben der „Medizinischen" (internistischen) und der Chirurgischen Klinik – eine dritte Abteilung bekommen.

Das Kapital des Hauses in der Krausenstraße, in Höhe von 8830 Talern, wurde der Charité überwiesen. Die war in einem sehr desolaten Zustand. So erhielten die Pflegekräfte nur 12 Groschen im Monat. König Friedrich Wilhelm III. gab in eigenwilliger Weise seine Unterstützung. Er hatte als Kronprinz sehr unter der Nebenfrau seines Vaters, der Gräfin Lichtenau, gelitten. Er ließ sie nach seiner Thronbesteigung anklagen, u.a. wegen Verrats von Staatsgeheimnissen. Obwohl die Vorwürfe nicht bewiesen werden konnten, ließ der König ihr Vermögen größtenteils konfiszieren und nach und nach der Charité überweisen (Jaeckel 1963).

Es kamen nun in die Charité viele psychiatrische Patienten, sodass diese zur „größten Irrenanstalt Preußens" wurde. Man ordnete – auch wegen einer unfassbar dichten Belegung – zwar an, dass nur heilbare Patienten aufgenommen werden sollten, aber dies war nicht durchzuhalten und wurde 1823 schließlich zurückgenommen (Mette 1960). Der Nachfolger Selles wurde 1801 Christoph Wilhelm Hufeland (1762-1836). Er bemühte sich um die Verbesserung der Zustände. Bereits 1796 hatte er sein wohl bekanntestes Buch „Makrobiotik" veröffentlicht, auch „Die Kunst, das menschliche Leben zu verlängern" genannt, was ihn weithin berühmt machte – so auch in Berlin. Für die Diätetik der Seele nannte er zwei Regeln: 1. Bekämpfung der Leidenschaften und 2. die Warnung, all zuviel Projekte zu machen. Er führte einen Briefwechsel mit Immanuel Kant (1724-1804), der später unter dem Titel „Die Macht des Gemüts über seine körperlichen Empfindungen" veröffentlicht wurde (Hufeland 1824²)[20].

Kant hat „ohne praktische Kenntnisse, ohne experimentelle Grundlagen ... eine allgemeine Psychopathologie systematisiert" (Leibbrand u. Wettley 1961). Er schrieb „von den Schwächen und Krankheiten der Seele in Ansehung ihres Erkenntnisvermögens". Dabei unterschied er „zwei Hauptgattungen...:Grillenkrankheit (Hypochondrie) und das gestörte Gemüt (Manie)". Der Vorwurf des zu viel Theoretisierens und des zu wenig Untersuchens wurde von Fachvertretern untereinander immer wieder erhoben. So schrieben Leibbrand u. Wettley (S. 487): „Kants Aufnahme der Narrheit in sein System sei verzeihlich,

---

[20] Hufeland hatte seine "Kunst das menschliche Leben zu verlängern" Kant mit der Bitte um dessen Stellungnahme geschickt. Kant's Antwort wurde 1798 in seinem Spätwerk "Der Streit der Fakultäten" als Einleitung ("Von der Macht des Gemüths durch den bloßen Vorsatz seiner krankhaften Gefühle Meister zu sein") des dritten Abschnittes "Der Streit der philosophischen Facultät mit der medicinischen" veröffentlicht; in dessen 2. Teil, der "Anthropologie in pragmatischer Hinsicht", gab Kant übrigens auch eine erste Systematik psychischer Störungen. Hufeland hat Kant's Antwort später kommentiert und in o.g. Büchlein publiziert.

nicht aber Reils Einteilung in fixen Wahn, Narrheit, Wut und Blödsinn. Diese beweise, dass er wohl mehr Bücher gelesen als Kranke behandelt habe." Bei Kant wie auch bei Reil darf man die einseitige Haltung aber durchaus positiv sehen, weil deren Gedanken für andere eine Hilfe darstellten, sich vermehrt mit psychisch Kranken zu beschäftigen.

In das 18. Jahrhundert fiel (1797) noch die bedeutsame Dissertation „De methodo cognoscendi curandique animi morbos stabilienda" von Johann Gottfried Langermann (1768-1832). Dieser galt als „Begründer der wissenschaftlichen Seelenheilkunde" (Laehr 1921), obwohl er offenbar nur diese eine wissenschaftliche Arbeit über die Psychiatrie geschrieben hatte – aber ansonsten umfangreiche psychiatrische Erfahrungen sammeln konnte. Er wurde als „erster Irrenarzt Deutschlands" bezeichnet, 1810 nach Berlin berufen und wirkte hier bis zu seinem Tode als Leiter der „Medizinalabteilung des Preußischen Kultusministeriums". Trotz dieser einen Arbeit, in der er weit ausholte, trat er – wie Ideler betonte – der Psychiatrie „nicht als Anfänger, ... sondern als gereifte philosophische Persönlichkeit entgegen. Er bestätigt Stahls Einteilung in idiopathische und sympathische Krankheiten (Leibbrand u. Wettley 1961). Er versuchte den Wahnsinn psychologisch abzuleiten, das hieß v. a. von den Leidenschaften. Auf diesem Gebiet folgte ihm später C. W. Ideler. Wenn man Langermann hier verstehen konnte, so konnte man es nicht mehr, wenn man vernahm, dass er es ausdrücklich ablehnte, Ursache und Sitz der Geisteskrankheiten im Gehirn anzuerkennen. Dies war seine Folgerung aus der Auffassung, dass Geist und Natur völlig unterschiedliche Dinge wären, die voneinander unabhängig existierten.

Im späten 18. (und im frühen 19.) Jahrhundert war für viele namhafte Berliner der Salon der Henriette Herz[21] (1764-1847) die erste Begegnungsstätte. So trafen sich hier u. a. M. Mendelssohn und K. Ph. Moritz. Dann kamen die jungen Brüder Wilhelm und Alexander v. Humboldt und der ebenfalls junge Theologe Friedrich Schleiermacher (1768-1834) hinzu. Dieser wurde 1796 Prediger an der Charité. Obwohl er von seiner frühen Denkensart zur „Aufklärung" gehörte, wandelte er sich nicht zuletzt durch den Einfluss des Salons zum Romantiker. Hier standen das Gemüt, die dichterische Verklärung der Vergangenheit, die Achtung vor Künsten und Wissenschaften sowie eine freundliche Gesprächsbereitschaft im Vordergrund. „Alle Menschen sind Künstler" (Borkopp 1995) meinte er, desgleichen, dass die soziale Fürsorge ein Recht und nicht eine Wohltat sei. Ein Philosoph – so Schleiermacher – könne auch Christ sein. Man dürfe aber nicht philosophische Begriffe christianisieren. Die Aufhebung der konfessionellen Gegensätze stellte für ihn ein Ideal dar. In diesem Geiste konnte eine vermehrte Zuwendung zu psychisch Kranken gedeihen. Es prallten aber die Ideale des Denkens und die raue Wirklichkeit aufeinander und es gab deutliche Meinungsunterschiede! Denn zu den „Irren" hatte Schleiermacher wohl ein eher distanziertes Verhältnis[22], so dass er 1802 vom Vorstand der Charité aufgefordert wurde, auch die „Irren" zu besuchen[23]. Aus unserer heutigen Sicht erstaunt, mit welcher Selbstverständlichkeit Philosophen in psychiatrischen Fragen mitmischten (s.o. Kant)[24], so z. B. auch Georg Friedrich Wilhelm Hegel (1770-1831) und Friedrich Wilhelm Joseph

---

[21] Sie war die Frau des bereits erwähnten Arztes Marcus Herz, der 1770 als Medizin- und Philosophie-Student Kant bei der Verteidigung von dessen 2. Dissertation als Respondent zur Seite stand (Gerhardt 2002) und in einem eigenen Kreise von Aufklärern Vorträge hielt.
[22] Brief Nr. 686, Schleiermacher: Kritische Gesamtausgabe, Bd. V/3, S. 174. Der Brief datiert von 1799
[23] Brief Nr. 1159, Schleiermacher: Kritische Gesamtausgabe, Bd. V/5, S. 323 f.. Beide Quellen sind Dr. Simon Gerber zu verdanken.
[24] s. a. Beitrag Engstrom in diesem Band

Schelling (1775-1854).[25] Beide kamen mit ihrem Denken aus dem 18. Jahrhundert. Hegel sah „in der Verrücktheit eine Entwicklungsstufe der Seele, durch die sie freilich nicht notwendigerweise durchgehen müsse." (Leibbrand u. Wettley 1961). Schelling bezeichnete „die Seele als das eigentlich Göttliche im Menschen, als das Unpersönliche, dem das Persönliche als Nichtseiendes unterworfen sei. Seelenkrankheiten ... gebe es nicht. Zwar könne Gemüt und Geist erkranken, und man rede gemeinhin von böser, falscher und schwarzer Seele ... Der Geist weiß, die Seele weiß nicht." (Leibbrand u. Wettley 1961). Der Leipziger Psychiater J. Chr. A. Heinroth war in manchem Schellingschüler, meinte allerdings, dass „Geistliche, Philosophen und Psychologen ... für das Geschäft des psychischen Arztes ungeeignet (sind), da dieser ... kein Schreibtischmensch ist." (Leibbrand u. Wettley 1961).

Literatur

Artelt W (1948) Medizinische Wissenschaft und ärztliche Praxis im alten Berlin in Selbstzeugnissen. Urban & Schwarzenberg, Berlin

Birnbaum K (1920) Psychopathologische Dokumente, Selbstbekenntnisse und Fremdzeugnisse. Julius Springer, Berlin

Borkopp P (1995) Über Schleiermacher. in: Metzler – Philosophenlexikon. Weimar, Stuttgart

Brunotte H, Weber O (1962) Evangelisches Kirchenlexikon (über Schleiermacher), Göttingen, Vandenhoeck & Ruprecht

Consentius C (1911) Alt-Berlin anno 1740, 2. Aufl., Berlin (zitiert nach Artelt)

Donalies C (1969) Zur Geschichte der Psychiatrie in Berlin vor Griesinger aus: In Memoriam Hermann Boerhaave 1668-1738. Wissenschaftliche Beiträge der M. Luther-Universität Halle-Wittenberg, Halle (Saale) 1969/2 (R 10), 219 - 235

Focken J (1938) Heimatanhang. Aus: Lebensbilder aus Bibel und Kirche von H. Schuster u. Franke. Moritz Diesterweg, Frankfurt/M.

Formey, L. (1796) Versuch einer medizinischen Topographie, Berlin

Gerabek WE (1999) Karl Philipp Moritz (1756-1793) – Ein Pionier der Seelenheilkunde. Würzburg SDGGN Band 5

Gerhardt V (2002) Immanuel Kant. Universal-Bibliothek Nr. 18235. Philipp Reclam jun., Stuttgart

Grau C (1987) Anfänge der neuzeitlichen Berliner Wissenschaft 1650 – 1790 aus: Wissenschaft in Berlin. Von den Anfängen bis zum Neubeginn nach 1945. Dietz, Berlin

Hartkopf W (1982) Mediziner in der Berliner Akademie des 18. Jahrhunderts. spectrum Monatszeitschrift für d. Wissenschaftler. H. 6

Hesse H (1946) Eine Bibliothek der Weltliteratur. Reclam, Leipzig

Hohmann L, Unger J (1999) Die Brandenburger. Chronik eines Landes. be bra Verlag, Berlin-Brandenburg

Huppmann G (1997) Marginalien zur Medizinischen Psychologie des Stahlantipoden Friedrich Hoffmann (1660-1742). Würzburg SDGGN, Band 3

Huppmann G (1999) Frühe Medizinische Psychologie der Hoffnung; Von Descartes (1649) bis v. Feuchtersleben (1845).Würzburg, SDGGN Band 5

Huppmann G (2000) Georg Ernst Stahl (1659-1737) – ein Vorläufer der Medizinischen Psychologie. Würzburg, SDGGN, Band 6

---

[25] Beide stammten aus Schwaben, sie waren zur gleichen Zeit im Tübinger Stift (gemeinsam mit Hölderlin) und strebten beide nach Berlin. Während Hegel hier als Rektor zu besonderen Ehren kam, war Schelling erst im Alter hier, als sein Ruhm zu erblassen begann.

Jaeckel G (1963) Die Charité – 250 Jahre Medizin- und Sittengeschichte um das berühmteste deutsche Krankenhaus. Heyne, München

Klemp E (1967) Erläuterungen zum Kupferstich von J.F. Probst Berlin – Topographie 1768. Edition Leipzig

Knobloch H (1979) Herr Moses in Berlin. Buchverlag Der Morgen, Berlin

Kraepelin, E (1918): Hundert Jahre Psychiatrie. Springer, Berlin

Laehr H (1921) Johann Gottfried Langermann 1768 – 1832. In: Kirchhoff Th (Hrsg) Deutsche Irrenärzte 1.Bd. Springer, Berlin: 42 - 51

Leibbrand W, Wettley A (1961) Der Wahnsinn. Geschichte der abendländischen Psychopathologie. Karl Albert, Freiburg/München

Mette A (1960) Über organisatorische und therapeutische Konzeptionen und Maßnahmen auf psychiatrischem Gebiet nach Gründung der Universität. Psych. Neurol.med. Psychol. 12: 401- 408

Moritz K Ph (1981) Anton Reiser. Ein psychologischer Roman. Aus: Werke in zwei Bänden. 2. Band, Aufbau-Verlag, Berlin-Weimar

Muzell FHL (1754) Medizinische und chirurgische Wahrnehmungen (zitiert nach Artelt)

Reiter M (1991) Pietismus. In: Die Seele. Ihre Geschichte im Abendland. In Jüttemann G, Sonntag M, Wulf C (Hrsg) Psychologie. Verlags Union, Weinheim

Rogge B (1891) Das Buch von den preußischen Königen. Vom Kurhut zur Kaiserkrone. Band 2, Carl Meyer, Hannover

Rogge B (1892) Das Buch von den brandenburgischen Kurfürsten. Vom Kurhut zur Kaiserkrone. Band 1. Carl Meyer, Hannover

Schmiedebach HP (1988) Die Heilung einer „Melancholie" durch Krätzeinokulation. Zur Theorie und Therapie der Gehirnkrankheiten bei Friedrich Hermann Ludwig Muzell. Medizinhistorisches Journal 23: 66-79

Schönbauer M, Jantsch L (1956): Julius Wagner Ritter v. Jauregg 1857-1940 aus Große Nervenärzte. K. Kolle (Hrsg.) Bd.1, Thieme, Stuttgart, 254- 266

Selle CG (1781) Medicina clinica oder Handbuch der medizinischen Praxis. Berlin

Stillfried-Alcantara R Graf, Kugler B (1900) Die Hohenzollern und das Deutsche Vaterland. F.A. Berger, Leipzig

Zwingmann C (1965) Selbstvernichtung. Akademische Verlagsbuchhandlung, Frankfurt/M.

Psychiatrie im wissenschaftlich-konzeptuellen Kontext: Differenzierungen

Frühe Differenzierungen

3 Psychiatrie zwischen Psychologie und Philosophie – Moritz Lazarus, Wilhelm Wundt, Theodor Ziehen

Eric J. Engstrom

Zusammenfassung

Ausgehend von der Krise der Philosophie Mitte des 19. Jahrhunderts und der damit verbundenen Ausgrenzung der Metaphysik aus der Psychiatrie, skizziert diese Untersuchung die Beziehungen der Psychiatrie zur Psychologie und Philosophie. Anhand der Ideen von Moritz Lazarus, Wilhelm Wundt und Theodor Ziehen wird gezeigt, wie die Entstehung einer ‚neuen Psychologie' in den 1870er und 1880er Jahren nicht nur als Überwindung der Krise der Philosophie aufgefasst wurde, sondern auch – breiter als dies meist erkannt wird – auf die Geschichte der Psychiatrie eingewirkt hat. Gerade die Stärke von somatischen Deutungsmustern in dieser Zeit erleichterte eine Öffnung der Psychiatrie zur Psychologie hin. Für die Befürworter der neuen Psychologie galt es, die zeitgenössisch vorherrschende Antipathie gegen die Naturphilosophie zu überwinden.

Zu den aktuellen Herausforderungen der psychiatriegeschichtlichen Forschung heute gehören die Überwindung einer allzu engen disziplinären Perspektivierung der Psychiatrie und die Verortung des Faches in Relation zu anderen benachbarten Wissensgebieten. Erst durch die genauere Erforschung der Grenzbeziehungen der Psychiatrie wird man ein ausreichend fundiertes Urteil über Bedeutung und Einfluss des Faches in Laufe seiner historischen Entwicklung gewinnen. Zweifellos gehört es zu den Verdiensten der neueren Sozialgeschichte, die Geschichte der Psychiatrie in einen sozioökonomischen Kontext gestellt und erzählt zu haben. Auch in neueren kulturgeschichtlichen Untersuchungen ist Querverbindungen der Psychiatrie in zahlreichen Richtungen nachgegangen worden.[1] Doch z.T. infolge der starken Ausdehnung dieser Forschungsansätze sind in den letzten Jahren kaum systematische disziplingeschichtliche Untersuchungen über die Beziehung der Psychiatrie zu ihren Nachbarn unternommen worden. Im Folgenden soll eine kurze psychiatrische Beziehungsgeschichte zur Psychologie und Philosophie skizziert werden.

Diesem relationalen, dezentrierten Ansatz entsprechend, beginnt diese Abhandlung außerhalb der Psychiatrie mit der Identitätskrise der Philosophie in Deutschland. Die Krise dient gewissermaßen als Szenenbild für die darauffolgende Darstellung. Es wird kurz auf die Auswirkungen dieser Identitätskrise auf die Psychiatrie eingegangen, bevor die drei

---

[1] Zu aktuellen Forschungsansätzen in der Psychiatriegeschichte vgl. Engstrom (2008); Vec (2007).

Protagonisten (Moritz Lazarus, Wilhelm Wundt und Theodor Ziehen) vor dieser Kulisse auftreten. Dabei geht es nicht darum, alle Verbindungslinien zwischen diesen historischen Persönlichkeiten – geschweige denn zwischen den drei Wissensbereichen – auszuloten. Stattdessen soll anhand ihres jeweiligen Verständnisses der disziplinären Beziehungen zwischen Psychiatrie, Psychologie und Philosophie das Grenzgebiet zwischen diesen Fächern kurz skizziert werden.

1 Die Identitätskrise der Philosophie nach Hegels Tod 1831

Folgt man der Darstellung Herbert Schnädelbachs in seinem Buch „Philosophie in Deutschland", dann befand sich die Philosophie des deutschen Idealismus Mitte des 19. Jahrhunderts in einem Ablösungsprozess von den übrigen Wissenschaften.[2] Die Philosophie hatte ihr „Definitionsmonopol für Wissenschaftlichkeit" eingebüßt; immer weniger strahlten philosophische Impulse oder Begründungen in die Wissenschaft hinein. Im Zuge der Industrialisierung wurde gleichzeitig und wie nie zuvor die Wissenschaft als Grundlagenforschung und Technologie zu einer wichtigen gesellschaftlichen und wirtschaftlichen Produktivkraft, die immer tiefer in soziale und kulturelle Lebensbereiche der Menschen eindrang. Begriffe wie Spezialisierung, Mechanisierung, Materialismus, Fortschrittsglaube oder Sachlichkeit charakterisieren den tiefgreifenden Struktur- und Funktionswandel der Wissenschaft seit Mitte des 19. Jahrhunderts. Damit entfaltete die Wissenschaft eine Dynamik, die entscheidend zu einem gesteigerten „Glauben an die Allmacht und an die normative Kraft von Wissenschaft" beitrug, d.h. u.a. zu einem Szientismus, der die Philosophie nicht nur „ohnmächtig und irrelevant" erscheinen ließ, sondern auch in eine „Identitätskrise" stürzte.

Die Dynamisierung der Wissenschaft, die diese Identitätskrise auslöste, verbindet Schnädelbach mit einem grundlegenden Wandel des Wissenschaftsverständnisses. Diesen Wandel fasst er unter den Begriffen der Empirisierung und der Temporalisierung zusammen. Die Empirisierung, d.h. der „Primat der Erfahrung vor der Theorie" trieb die empirische Forschung stark voran und ersetzte das wissenschaftliche Systemideal der Vergangenheit durch ein als Forschungsprozess aufgefasstes Wissenschaftsideal. Der Prozesscharakter dieses empirischen Wissenschaftsideals trug wiederum zur Temporalisierung der Wissenschaft bei, die nun als ständig wachsendes und sich wandelndes Unternehmen verstanden und als offenes, zukunftsgerichtetes, fortschreitendes und sich fortschrittlich gebendes System aufgefasst wurde.

Im zweiten Drittel des 19. Jahrhunderts manifestierte sich die Identitätskrise der Philosophie auf vielen Ebenen der Psychiatrie: in der Auseinandersetzung zwischen den sogenannten Psychikern und Somatikern;[3] in der Kritik an älteren, deduktiv-geprägten ‚Systemen' oder ‚Schemata' und im Insistieren auf neuer, induktiver und empirisch-offener wissenschaftlicher Forschung; in der pragmatischen Ausrichtung und Theorieabstinenz der „Allgemeine(n) Zeitschrift für Psychiatrie";[4] und in der Entleerung des metaphysischen

---

[2] Schnädelbach (1983). Die nachfolgenden Zitate in diesem und im nächsten Absatz sind alle dem dritten Kapitel (S. 88-137) dieses Werkes entnommen.
[3] Kutzer (2003).
[4] Engstrom (2003a): 37f.

Seelenbegriffes und seiner Umwandlung durch Griesinger in einen ‚psychischen Tonus' bzw. eine Ich-Psychologie.

Diese „Ausgrenzung der Metaphysik"⁵ hat sich in das Fachgedächtnis der Psychiatrie tief eingebrannt. Neben vielen anderen hat sie auch Theodor Ziehen 1927 prägnant geschildert: Nach der „merkwürdigen Annäherung" der Philosophie und ihrem „beherrschenden Einfluß auf die Psychiatrie" am Anfang des 19. Jahrhunderts, wurden danach philosophische Probleme „auf ein Minimum reduziert" und „erkenntnistheoretische Argumente und Schlüsse fast geflissentlich vermieden."⁶ Ziehen wertete diese Entwicklung durchaus positiv: Die wissenschaftlichen Leistungen der Psychiatrie waren durch die „Ausschaltung der Philosophie ... sicher nur gefördert" worden.⁷

Die Ausgrenzung der Metaphysik erfolgte bei gleichzeitiger wissenschaftlicher Dynamisierung der Psychiatrie. Der Ausbau des Anstaltswesens und die anwachsende Anstaltspopulation stärkte die empirische Grundlage der Forschung. Die Verbreitung des psychophysiologischen Reflexmodells durch Wilhelm Griesinger wirkte – so Ziehen – „wie eine Erlösung"⁸ auf die Entwicklung des Faches. Die Entdeckungen von Broca, Hitzig/Fritsch und Wernicke schürten Hoffnungen, man könne Geisteskrankheiten hirnorganisch lokalisieren. Die Veröffentlichung von Darwins Schriften in deutscher Übersetzung ab 1860 schuf einen neuen evolutionären Deutungszusammenhang, der als mächtiger Antrieb sowohl in der Hirnforschung durch John Hughlings Jacksons hierarchisch-evolutionär angeordnetes Modell des Nervensystems, als auch in der wachsenden therapeutisch-prophylaktischen Ausrichtung des Faches durch den Einfluss sozialdarwinistischer Prämissen wirkte.⁹

Die bemerkenswerte Dynamik der wissenschaftlichen Entwicklungen warf neue Fragen auf, oder vielleicht besser ausgedrückt, stellte alte Fragen in neuen Kontexten: In welchem Sinnzusammenhang konnte man nach Entleerung des metaphysischen Seelenbegriffes und der Verbreitung materialistischer Erklärungsversuche von einer Einheit des Bewusstseins sprechen? Inwiefern konnte man überhaupt zwischen reflektorischem und bewusstem Handeln unterscheiden und wo verlief die Grenze dazwischen? Was blieb von einem freien, menschlichen Willen im Rahmen eines naturwissenschaftlich-deterministischen Weltbildes übrig? In den 1870er Jahren trat eine neuropathologisch orientierte Psychiatrie mit dem Anspruch an, Antworten auf diese Fragen zu liefern.

Aus zahlreichen Darstellungen zur Psychiatriegeschichte sind uns die Stationen der Entfaltung dieses neuen Deutungskontexts wohl vertraut. Rückblickend hat man sowohl glorifizierend vom Anbruch einer neuen, ersten Ära der biologischen Psychiatrie[10] als auch resignierend vom „Siegeszug des somatischen Positivismus"[11] gesprochen. Was in der Historiographie aber manchmal übersehen wird, ist, dass man Antworten auf obige Fragen nicht nur von der Neuroanatomie und -physiologie erhoffte. Sehr früh schon ertönten die Stimmen von Skeptikern, wie beispielsweise dem knorrigen Karl Kahlbaum, der schon 1863 fragte, ob man nicht schon längst „genug Irrenleichen zerschnitten und

---

⁵ Schnädelbach (1983): 112.
⁶ Ziehen (1927): 338, 341.
⁷ Ebenda 341.
⁸ Ebenda 339.
⁹ Siehe hierzu auch den Beitrag Heinz & Kluge in diesem Band.
[10] Shorter (1997): 69-112.
[11] Schmiedebach (1986): 241.

durchgestöbert" hätte.¹² Nicht zuletzt aus diesem klinischen Skeptizismus heraus und verstärkt seit den 1880er Jahren – als die therapeutischen Erfolge der neuropathologischen Forschung auf sich warten ließen – suchte man Antworten auf die Herausforderungen des post-metaphysischen Zeitalters auch von einer wissenschaftlichen Psychologie.

In dieser Zeit trat die Psychologie als „geistige Naturwissenschaft" und „Integrationswissenschaft" auf, die die Kluft zwischen naturwissenschaftlichen und geisteswissenschaftlichen Methoden zu überbrücken versuchte.¹³ Dementsprechend sollte die Identitätskrise der Philosophie durch einen Szientismus bzw. Psychologismus bewältigt werden, d.h. durch die Erhöhung der Psychologie zur Leitwissenschaft der Philosophie; viele Psychologen suchten das Erbe der Philosophie als „Herrin der Wissenschaften" anzutreten.¹⁴ Als prominentes Beispiel dieser empirisch ausgerichteten Psychologie kann man den Marburger Neu-Kantianer Friedrich Albert Lange nennen, der in seiner 1866 erschienenen „Geschichte des Materialismus" die Epistemologie Kants auf psycho-physiologische Grundlagen zu stellen versuchte.¹⁵ Langes „Psychologie ohne Seele" rechnete mit dem absoluten Idealismus Hegels und der philosophischen Psychologie Johann Herbarts grundsätzlich ab. Lange setzte eine sog. „somatische Methode"¹⁶ ein, um die postulierte Gesetzmäßigkeit psychischer Prozesse anhand ihrer organischen und physiologischen Grundlagen zu erforschen. Von Gustav Fechners „Elemente(n) der Psychophysik" stark beeinflusst und von Wilhelm Wundt hoch geschätzt, verkörperten Langes experimenteller Zugriff und sein psychophysischer Parallelismus wichtige Grundannahmen einer sog. ‚Neuen Psychologie' der 1860er und 1870er Jahre.

Diese ‚Neue Psychologie' wurde in Frankreich durch Ribot,¹⁷ in Deutschland durch Lange und Wundt, im angelsächsischen Raum durch John Stuart Mill, Herbert Spencer und William James vertreten. Mitchell Ash hat vor kurzem die Grundannahmen der Befürworter dieser neuen Psychologie konzis zusammengefasst: 1) sie vertraten eine instrumentelle Objektivität; 2) sie wandten physiologische Analogien und Metaphern (Maschine, Organismus, psychische Energie) zur Beschreibung mentaler Prozesse an; 3) sie verzichteten auf wissenschaftliche Erklärungen für die Beziehung von Psyche und Soma und bezogen Stellung als psycho-physische Parallelisten; 4) sie arbeiteten experimentell und 5) sie neigten dazu, wissenschaftliche Gegenstände auf Bereiche zu beschränken, die mittels naturwissenschaftlicher Methoden und Instrumente erforscht werden konnten (Psychophysik, Wahrnehmungspsychologie, Aufmerksamkeit, Gedächtnis)¹⁸.

---

[12] Kahlbaum (1863): 60.
[13] Schnädelbach (1983): 96f.
[14] Vgl. hierzu ebenda 123-128, hier 125 und auch knapp Leibbrand und Wettley (1961): 567-570.
[15] Lange (1866). Zu Lange vgl. Mayerhofer und Vanecek (2007); Teo (2002). Nach Schnädelbach stellt Lange den Versuch einer "Rehabilitierung der Philosophie" dar, d.h. ein Versuch, "die Philosophie dadurch neu zu begründen, daß man ihr in einem wissenschaftlichen Zeitalter einen von den Einzelwissenschaften unabhängigen Bereich von Aufgaben [d.h. in diesem Fall die im Werden begriffene Psychologie, EJE] zuweist, durch deren Bearbeitung sie selbst als Wissenschaft auftreten kann." Schnädelbach (1983): 131.
[16] Teo (2002): 293.
[17] Nicolas und Charvillat (2001).
[18] Ash (2005): 100-102

2 Moritz Lazarus: Die Völkerpsychologie

Friedrich Albert Lange war nur einer unter vielen, die in der Psychologie Antworten auf die Identitätskrise der Philosophie suchten. Ein anderer war Moritz Lazarus (1824-1903),[19] der in mehreren Programmschriften zwischen 1851 und 1873 zusammen mit Heymann Steinthal die Umrisse einer neuen Disziplin – die Völkerpsychologie – entwarf.[20] Ihr Bestreben war es, „das geschichtliche Leben der Völker ... auf ihre psychologischen Gründe zurückzuführen."[21] Es galt, die psychischen Gesetzmäßigkeiten der historischen Entwicklung des sog. Volksgeistes oder Gesamtgeistes (‚objektiven Geistes')[22] herauszufinden, und zwar auf der Basis empirischer Studien zu sämtlichen Aspekten des menschlichen Zusammenlebens (Sprache, Staat, Religion, Familie, etc.). Aus dem konkreten, empirisch nachweisbaren Zusammenwirken dieser Faktoren sah Lazarus den Gesamtgeist hervorgehen. Als solcher war die Völkerpsychologie in erster Linie eine Kritik der Hegelschen Geschichtsphilosophie: Gegen die dialektische Stufenfolge Hegels führten Lazarus und Steinthal die Notwendigkeit der wissenschaftlichen Erforschung der psychischen Kausalität an.[23]

Über diese Hegelkritik hinaus ist aber für die Geschichte der Psychiatrie besonders relevant, dass Lazarus von einer Analogie des Gesamtgeistes und des individuellen Geistes ausging: Die in der Gesellschaft wirkenden Vorgänge ließen sich analog zu den Prozessen im Individuum bestimmen.[24] Dieser von Herbart entliehene (und modifizierte) Analogieschluss bedeutete keinesfalls, dass die beiden Geister als unabhängige Größen zu verstehen waren. Im Gegenteil: Der Gesamtgeist wirkte stark auf das Individuum ein: „Die Schätzung der Dinge und Verhältnisse, die Bestimmung der Werthe, die Wahl der Zwecke, die Bildung von Motiven und Gesinnungen, welche das Handeln leiten, sie wurzeln fast gänzlich in dem überlieferten Geist der Gesellschaft, in welchem das Individuum

---

[19] Moritz Lazarus studierte und lebte in Berlin und zählte zu den frühesten Mitgliedern der von Wilhelm Griesinger gegründeten Berliner medizinisch-psychologischen Gesellschaft. 1867 folgte Lazarus einem Ruf als Professor für Philosophie an die Preußische Kriegsakademie. Er gehörte zu den bedeutendsten Vertretern der jüdischen Gemeinde Berlins und war Mitglied des literarischen Vereins ‚Rütli' und der Gesellschaft der Freunde. Zur Biographie von Lazarus vgl. Belke (1971).

[20] Vgl. die abgedruckten Beiträge in Lazarus (2003) sowie Lazarus und Steinthal (1860). Zur Völkerpsychologie von Lazarus, vgl. Belke (1971); Belke (1983/6); Kalmar (1987); Eckardt (1997); Köhnke (2003). Die Forschung hat die ideengeschichtlichen Wurzeln dieser Völkerpsychologie in der Geschichtsphilosophie Hegels, im englischen und französischen Positivismus, in den historischen Kulturwissenschaften, und in der Psychologie Johann Friedrich Herbarts verortet. Belke (1971): xliii-xlv.

[21] Zitiert nach Schneider (1990): 24.

[22] Nach Belke war die Begriffsbestimmung des objektiven Geistes als eines unmetaphysischen, rein empirischen Begriffs die große Leistung von Lazarus. Sie hat auf Dilthey, Simmel und Eucken stark gewirkt. Vgl. hierzu auch Köhnke (2003). Im Umfeld von Lazarus (und Steinthal) befassten sich auch andere mit Vorstellungen eines Gesamtgeists. Hier ist beispielsweise auch auf Eduard von Hartmann hinzuweisen, der die Idee des Volksgeistes mit dem Begriff des Unbewussten verknüpfte. Er stellte sich das Unbewusste als "Gesamtgeist" vor, der den Individuen ihre 'substantielle Identität' verlieh. "Unbewußte Vorstellungen, die außerhalb des individuellen Bewusstseins [lagen], in diesem aber gewisse Vorgänge bewirken [konnten, verstand] er analog zu den Vorgängen im individuellen Bewusstsein." Schneider (1990): 15.

[23] Ebenda 26.

[24] Lazarus (1865): 136-140.

Abb. 1: Moritz Lazarus
(Quelle: UB der HU zu Berlin)

steht."[25] Auf solchen Vorstellungen einer weitreichenden Wirkmächtigkeit des Gesamtgeistes auf das Individuum beruht bis heute Lazarus' Ruf als Soziologe und Kulturphilosoph. Hierin besteht ebenso der Ausgangspunkt für eine sozialpsychiatrische Deutung der Lazarus'schen Völkerpsychologie, sofern es zwischen dem Gesamtgeist und dem Individualgeist zu Dissonanzen kommen konnte.[26] In gewisser Weise kann man sagen, dass das damalige Konzept von Volksgeist Ähnlichkeiten mit dem heutigen Konzept vom sozio-kulturellen Kontext, eben dem ‚Zeitgeist', aufweist.

Von Johann Herbart ebenfalls übernommen war die Vorstellung einer energetischen Seelen- oder Vorstellungsmechanik.[27] Die im Individuum durch Assoziation und Verknüpfung zum Bewusstsein kommenden Vorstellungen entsprachen im Gesamtgeist eines Volkes dem Zusammenwirken verschiedener gesellschaftlicher Kräfte. Auch die hierarchische Struktur der jeweiligen geistigen Prozesse verhielten sich analog: „Jeder Einzelne ... verhält sich zur Gesamtheit und dem in ihr lebenden [Volksgeist], wie sich jeder einzelne psy-

---

[25] Ebenda 198.
[26] Nach dieser Auffassung war der Gesamtgeist aber auch eine "erziehende Gewalt" und Gegensätze zwischen dem individuellen und dem Gesamtgeist wurden als "verderbliche Macht" ausgelegt (Ebenda 201 und 206). Unter Zuhilfenahme einer organischen Metapher beschrieb Lazarus die Gefahren einer Disharmonie zwischen dem Gesamtgeist und dem individuellen Geist: "Solche [dem Gesamtgeist widersprechenden] Elemente können lange, wie ein Kugel im leiblichen Organismus bei anscheinender Gesundheit, unbemerkt im Innern des Volksgeistes fortwühlen; und es gehört dann eine geschickte Hand des Chirurgen und eine starke Constitution des Patienten dazu, wenn solch eine Kugel ohne Gefahr für das Leben entfernt werden soll." Ebenda 206f.
[27] Vgl. Belke (1983/6) und Schneider (1990): 19f.

chische Act im Individuum zu [... seinem] bis dahin erlebten [Gesamtbewußtsein] verhält. Jeder einzelne Act nämlich ist offenbar bedingt von dem ganzen Stand und Gang des früheren Lebens der Person .... hat also einen personalgeschichtlichen Charakter."[28]

In dieser Auffassung ist auch die Handschrift von Wilhelm Griesinger zu erkennen. Nach Lazarus entsprach das Selbstbewusstsein des Individuums dem, was Griesinger als den psychischen Tonus bezeichnete, d.h. jenem biographisch entstandenen und kulturell geprägten Vorstellungskomplex, in dem die zerebralen Reflexbögen eingebettet waren. Auf diese „Ich-Psychologie" und zahlreiche weitere Gemeinsamkeiten zwischen Griesinger und Lazarus hat Heinz-Peter Schmiedebach vor geraumer Zeit hingewiesen.[29]

Trotz dieser Gemeinsamkeiten geht die historische Forschung davon aus, dass die Lazarus'sche Völkerpsychologie gescheitert ist und keinen maßgeblichen Einfluss auf die Entwicklung der Psychiatrie ausgeübt hat. Nach Ansicht von Klaus-Christian Köhnke hat Lazarus' Völkerpsychologie dem Zeitgeist nicht entsprochen und scheiterte, weil sie „viel zu früh"[30] entstanden war und nicht über den programmatischen Entwurf von 1860 hinaus kam.[31] Betrachtet man aber Lazarus nicht aus der rückblickenden Perspektive der um 1900 entstehenden Soziologie, sondern umgekehrt aus der Perspektive einer post-Hegelianischen Psychiatrie, könnte man seine Völkerpsychologie eher als verspätet deuten: Zumindest die begriffliche Nähe zu Hegel und v.a. Herbart (sowie die implizite Rechtfertigung und Akkomodation des preußischen Staates z. Z. des liberalen Aufbruchs der 1860er Jahre)[32] bewirkte, dass Lazarus' Werk auch zur Zielscheibe der wachsenden Polemik gegen die Naturphilosophie werden konnte.

Diese Polemik erfasste natürlich auch Wilhelm Griesinger, der nach seinem Tod u.a. von Karl Westphal wegen seiner „stark aprioristischen und spekulativen" Betrachtungsweise kritisiert wurde.[33] Gegen diese Kritik wandte aber Lazarus ein, dass der Fortschritt, den Griesinger der Psychiatrie gebracht hat, „nicht trotz seiner philosophischen Neigung, sondern durch dieselbe am meisten herbeigeführt" und dass überhaupt erst durch Griesinger „eine Theorie des psychologischen Geschehens in die Medizin" eingeführt worden war.[34] Nicht die Philosophie, sondern die „rohe, gemeine, unwissenschaftliche Empirie" eines Heinroth habe jahrzehntelang „die Köpfe gehemmt und gehindert."[35] Ende der 1860er Jahre verortete Lazarus die Hoffnungen der Psychiatrie weitaus weniger im Bereich der klinischen Empirie oder der Neuropathologie, als in der Psychophysik, die er als unmittelbar an die Theorien Herbarts angelehnt betrachtete. Zu den bedeutendsten Vertretern der Psychophysik in Deutschland der 1870er Jahre gehörte neben Gustav Fechner auch Wilhelm Wundt.

---

[28] Lazarus (1865): 207.
[29] Schmiedebach (1986): 216-235.
[30] Köhnke (2003): xxxi.
[31] Schneider (1990): 29.
[32] Belke (1971): xlviii-xlix.
[33] Westphal (1868): 766. Symptomatisch hierfür war auch der "Paradigmawechsel" in der Berliner medizinisch-psychologischen Gesellschaft im Laufe der 1880er Jahre, in der ein starker Rückgang der psychischen zugunsten neurologischer und neurophysiologischer Themen konstatiert worden ist. Schmiedebach (1986): 158. Siehe auch den Beitrag von Schmiedebach in diesem Band.
[34] Lazarus (1868): 776.
[35] Ebenda 777.

3 Wilhelm Wundt

Ab Mitte der 1870er Jahre galt Wilhelm Wundt (1832-1920) weltweit als der wohl bedeutendste Experimental-Psychologe. Dieser Ruf ging auf sein 1874 veröffentlichtes Werk „Grundzüge der physiologischen Psychologie" zurück.[36] Das Werk stellte Wundt in Zürich fertig, wo er als Nachfolger von Friedrich Albert Lange auf dem Lehrstuhl für induktive Philosophie wirkte und ihn bald ein Ruf nach Leipzig erreichte. In seinem Buch machte er die Mathematik der Fechner'schen Psychophysik fruchtbar für die Neurophysiologie: Indem die Empfindungen quantitativ berechenbar wurden, glaubte Wundt, die daraus hervorgehenden Vorstellungen und Bewusstseinsverläufe mathematisch erfassen zu können. Bei Wundt wurde die Psychophysik zur „erkenntnistheoretischen Maxime: Ebenso wie Leibliches und Seelisches in ihrem Zusammenhang parallel verliefen, so sollte es sich auch mit ihren Gesetzmäßigkeiten verhalten."[37] In seinem Leipziger Labor wurde diese Maxime in unzähligen Experimentalreihen umgesetzt, auf der Suche nach den Gesetzen der psychischen Prozesse und des Zusammenwirkens von Trieben, Affekten, Gefühlen, Vorstellungen, etc.

Abb. 2: Wilhelm Wundt (Quelle: www.portrait.kaar.at)

---

[36] Wundt W (1874). Die experimentelle Psychologie Wundts entfaltete sich indirekt aus der Berliner Wissenschaftskultur der 1850er und 60er Jahre. Nach seiner Promotion in Heidelberg ging Wundt 1856 dank eines Preisstipendiums kurz nach Berlin, um unter Johannes Müller und Emil du Bois-Reymond vergleichende und experimentelle Physiologie zu studieren. Dort begann er seine Studien zur Nerven- und Muskelphysiologie. Diese Studien endeten aber in einem selbsteingeräumten Misserfolg und motivierten seinen Richtungswechsel zu sinnesphysiologischen Themen unter Helmholtz in Heidelberg. Zum Berliner Kontext vgl. Wundt (1920): 105-114 und 148.

[37] Schneider (1990): 57.

Die experimentelle Psychologie Wundts wirkte stark in die Psychiatrie hinein. Zahlreiche Psychiater, u.a. Robert Sommer, Friedrich Jolly, Otto Binswanger, Wilhelm Weygandt und Theodor Ziehen haben sie aufgegriffen.[38] Von ihr erhoffte man sich u.a. neue diagnostische Mittel zur Erfassung der psychischen Leistungsfähigkeit von Patienten. Bis 1910 wurden in vielen deutschen Universitätskliniken experimental-psychologische Labore eingerichtet, u.a. von Wundts wohl treustem Schüler, Emil Kraepelin.[39] In der historischen Forschung ist man über den Einfluss von Wundts Experimentalpsychologie auf Kraepelins Nosologie uneinig. Paul Hoff misst ihr lediglich eine naturwissenschaftlich-legitimatorische Funktion zu.[40] Volker Roelcke dagegen deutet sie als Zeichen eines reduktionistischen Biologismus, der die soziale und biographische Komponente der psychiatrischen Diagnostik ausblendete.[41] Der Psychologiehistoriker Helmut Hildebrandt führt die gesamte Kraepelin'sche Nosologie auf die experimentelle Psychologie und Wundts Apperzeptionsbegriff zurück.[42] Ich selbst habe sie als psychologische Erweiterung und Antwort auf Probleme der Hirnforschung sowie als wichtigen Schritt auf dem Weg zur Kraepelin'schen Verlaufspsychiatrie gedeutet.[43]

Im Gegensatz zu seiner Experimentalpsychologie scheint Wundts Ethik keinen breiten Einfluss auf die Psychiatrie ausgeübt zu haben. Gleiches gilt für seine Völkerpsychologie, die in manchen Punkten starke Ähnlichkeiten mit der von Moritz Lazarus aufwies.[44] Nach Wundt gewährte die experimentelle Psychologie bekanntlich keinen Zugang zu den höheren geistige Funktionen, weshalb es einer historisch-vergleichenden Völkerpsychologie bedurfte. Nach Eckardt trieb Wundt "die Dichotomisierung zwischen experimenteller (physiologischer) Psychologie und Völkerpsychologie so weit voran, daß er die vergleichend-historische Methodik der Völkerpsychologie für die einzig mögliche und geeignete hielt, um hohe psychische Prozesse" wissenschaftlich zu analysieren (Eckardt (1997): 99). Wundt hoffte aus den geistigen Erzeugnissen Sprache, Mythos und Sitte Rückschlüsse auf die ihnen vermeintlich zugrundeliegenden Prozesse und Gesetzmäßigkeiten des Denkens, Fühlens und Wollens ziehen zu können. An dieser Stelle kann es allerdings nicht darum gehen, die zahlreichen Ecken und Kurven seiner Gedankengänge – oder auch die Einwände seiner Kritiker – nachzuzeichnen. Dieser Aufgabe hat sich Christina Schneider in ihrer Studie zu Wundts Völkerpsychologie bereits gestellt.[45]

Dennoch ist auf einen wichtigen Unterschied zu Lazarus hinzuweisen. Wundt lehnte die Vorstellungsmechanik von Herbart und Lazarus strikt ab. Für ihn waren Bewusstseinsinhalte kein Ergebnis einer mechanistischen Assoziation der Vorstellungen, sondern einer Tätigkeit der Seele bzw. des Geistes selbst (Apperzeption, Aktualitätstheorie der Seele). Wundt verknüpfte diese Idee einer tätigen Seele mit seinem Willensbegriff und versuchte damit die psychische Dynamik sowohl im einzelnen Menschen als auch in der Gemein-

---

[38] Siemerling (1904): 13.
[39] Vgl. Kraepelin (1895); Kraepelin (1901).
[40] Hoff (1992): 121.
[41] Roelcke (1999): 93-116.
[42] Hildebrandt (1993).
[43] Vgl. Engstrom (2003b); Engstrom und Weber (2005).
[44] Etwa beim psychophysischen Parallelismus oder der historisch-genetischen Perspektivierung. Vgl. Eckardt (1997) 78-90. In der neueren Psychologiegeschichte wird das geisteswissenschaftliche Erbe Wundts stärker in den Mittelpunkt der Forschung gerückt. Vgl. Jüttemann (2006).
[45] Schneider (1990).

schaft zu erfassen.[46] Diese Wende zum Voluntarismus vollzog sich im Laufe der 1880er Jahre: In den Vordergrund seiner Forschung traten Fragen der Willenstätigkeit und der Apperzeption.[47] Kritiker zweifelten jedoch, ob dieser Wandel von der Assoziationstheorie zum Voluntarismus irgendetwas bewirkt hatte: „Was hatte [Wundt] Neues anstelle der von ihm verurteilten Analogie der Herbartianer zwischen dem Vorstellungsmechanismus im Individuum und der Wechselwirkung der Individuen gebracht? Höchstens die Gemeinsamkeit des Willens anstelle der Gemeinsamkeit der Vorstellungen im kollektiven Geist ..."[48]

Obwohl Wundt eine experimentelle Erforschung des Willens nicht prinzipiell ausgeschlossen hat, wurde diese Forschungsrichtung in seinem Leipziger Labor nicht verfolgt.[49] Darin spiegelt sich das grundsätzliche Spannungsverhältnis zwischen seinem Voluntarismus einerseits und seiner experimentellen Methode, die vorwiegend messbare Reaktionszeiten auf externe Stimuli hervorbrachte, andererseits.[50] Dies verweist auch darauf, dass ab den 1880er Jahren Wundts Voluntarismus quer stand zu der mechanischen und energetischen Metaphorik des Maschinenzeitalters, die das Werk von Lazarus belebt und die Tradition von Herbart weitergetragen hatte. Und sie hilft auch zu erklären, warum die experimentelle Psychologie keinen Beitrag zur sozialen oder ‚Massen'-Psychologie – die 1895 in Frankreich durch Le Bons „Psychologie des foules" angestoßen wurde – zu leisten vermochte.

Es gibt vieles, was zu einer adäquaten Kontextualisierung des Willensdiskurses im späteren 19. Jahrhundert hinzugefügt werden müsste. Man denke an Nietzsche oder an Arthur Schopenhauers Hauptwerk „Die Welt als Wille und Vorstellung." Gerade diese beiden Philosophen waren mit ihren differenzierten psychologischen Einsichten näher an der Psychologie als die meisten anderen Philosophen. An dieser Stelle kann es aber nur um Aspekte gehen, die in enger Berührung mit der Psychiatrie standen, wie z.B. die ausgesprochene Faszination der 1880er Jahre durch den Hypnotismus.[51] Hier sind Querverbindungen zu Pierre Janets psychologischem Automatismus und die ganze (auch forensische) Diskussion um zerebrale Reflexaktionen und gespaltene Bewusstseinszustände unübersehbar. In den 1880er Jahren organisierte sich ein Großteil des psychiatrischen Willensdiskurses in Auseinandersetzungen um den Hypnotismus.[52]

Davon hielt Wundt aber wenig. Die Idee eines doppelten, eventuell nach analogen Prinzipien geregelten Bewusstseins oder Geistes lehnte Wundt kategorisch ab. In Frankreich gäbe es einen „halb phantastischen, halb dilettantischen Hypnotismus-Kult," der fälschlicherweise als „experimentelle Psychologie" identifiziert wurde.[53] Für Wundt gehörte der Hypnotismus nicht in den „Arbeitsraum des Psychologen, sondern in das Krankenzimmer" und besaß keine fundamentale Bedeutung für die experimentelle Psychologie: „Der hypnotische Schlaf ist ein abnormer Zustand wie andere. So wenig es angeht, auf den Traum oder auf die Manie oder auf den paralytischen Blödsinn die ganze Psycholo-

---

[46] Ebenda 50.
[47] Ebenda 48, 63ff; Jahoda (2006).
[48] So die Feststellung von Spet 1927, zitiert nach Eckardt (1997): 95f.
[49] Vgl. Gundlach (1987): 75.
[50] Vgl. Ash (2005).
[51] Vgl. Schott (1984).
[52] Dessoir (1888); Forel (1889); Kraepelin (1890); Lilienthal (1887); Binswanger (1909).
[53] Wilhelm Wundt an Oskar Vogt, 1.2.1897, abgedruckt in Peiffer (2004): 728.

gie zu gründen, gerade so wenig kann der Hypnotismus diesem Zweck dienen."⁵⁴ Auch wenn Wundt hier mit seiner Erklärung eindeutig vor den Toren der Psychiatrie stehen blieb, verhielten sich andere weniger zurückhaltend. Einer davon war Theodor Ziehen.

4 Theodor Ziehen

Abb. 3: Theodor Ziehen
(Quelle: UB der HU zu Berlin)

Theodor Ziehen (1862-1950) zählte zu den schärfsten Kritikern von Wundt innerhalb der Psychiatrie.⁵⁵ Im Vorwort zu seinen „Leitfaden der Physiologischen Psychologie" (1893) setzte er sich explizit von „der in Deutschland dominierenden Doctrin Wundt's" ab und bekannte sich stattdessen zur englischen Assoziationspsychologie.⁵⁶ Ziehen richtete seine Kritik auf zwei Eckpfeiler der Wundt'schen Philosophie: auf die Apperzeption und den psychophysischen Parallelismus. Nach Ziehen wurden schwer erklärbare psychische Vorgänge von Wundt allzu oft der Apperzeption zugeschoben. Mit seinem „Leitfaden" wollte Ziehen zeigen, dass die Apperzeption „überflüssig" sei und dass „alle psychologischen Erscheinungen [sich] auch ohne sie erklären" ließen.⁵⁷ Gegen Wundts psychophysischen

---

⁵⁴ Wundt (1911): 18.
⁵⁵ Als Nachfolger des früh verstorbenen Friedrich Jolly übernahm Ziehen 1904 den Lehrstuhl für Psychiatrie an der Berliner Friedrich-Wilhelms-Universität und das Direktorat der Psychiatrischen Klinik der Charité. Davor hatte er 1886-1900 unter Otto Binswanger in Jena gewirkt und anschließend bis 1903 den Lehrstuhl für Psychiatrie in Gent innegehabt. Während seiner Amtszeit in Berlin wurde der unter Jolly begonnene Klinikneubau zu Ende geführt. 1912 legte Ziehen seine Ämter nieder und siedelte als Privatgelehrter nach Wiesbaden um.
⁵⁶ Ziehen (1893) iii: Dieser Leitfaden erschien erstmals 1891 und erfuhr bis 1924 insgesamt 12 Auflagen.
⁵⁷ Ebenda iii und 2.

Parallelismus wandte Ziehen ein, dass die Suche nach Parallelvorgängen für hirnphysiologische Phänomene zu einer „hypothetischen Verlängerung" der psychologischen Kausalreihe geführt hätte. Dies bezeichnete Ziehen – gnadenlos – als „animistisch" und den gesamten Wundt'schen psychophysischen Parallelismus als einen nur „scheinbaren" Parallelismus.[58]

Was Ziehen aber von Wundts ‚induktiver Philosophie' übernahm, war der experimentelle Forschungsansatz. Dabei hielt er aber an seiner somatisch verankerten Assoziationslehre nachhaltig fest.[59] Ziehen bettete psychische Vorgänge entschieden tiefer in die materiellen Vorgänge der Hirnrinde ein und postulierte die Existenz von „Empfindungszellen", „Vorstellungszellen" und „motorischen Zellen", die durch ein Netz von Assoziationsfasern miteinander verbunden waren.[60] Die Struktur seiner Versuchsanordnungen orientierte sich an seiner Assoziationslehre und dem neurologischen bzw. cerebralen Reflexbogen. Messung der Empfindungen, Vorstellungen, Ideenassoziationen, und schließlich der motorischen Bewegungsäußerungen und Handlungen standen im Mittelpunkt seines Interesses. Er befasste sich mit dem gesamten Spektrum der Reizschwellen, von den Berührungsempfindungen bis zur akustischen, gustatorischen und optischen Reizschwellen.[61] Auf dieser Grundlage versuchte er sein psychodiagnostisches Verfahren aufzubauen.

Bekanntlich stand Wundt allen Versuchen, seine eigenen experimentalpsychologischen Methoden im Bereich der Pathologie anzuwenden, skeptisch bis ablehnend gegenüber. Ziehen dagegen hat dies ausdrücklich verlangt und sogar für unverzichtbar erklärt: „Eine wissenschaftliche Psychiatrie ist ohne wissenschaftliche Psychologie nicht möglich."[62] Diese Prämisse sah Ziehen in der historischen Entwicklung der Psychiatrie begründet. In seiner Berliner Antrittsvorlesung 1904 schilderte er, wie nach Phasen der „naiven

---

[58] Ebenda 210 und 213. Ziehens Kritik an dualistischen Theorien richtete sich aber nicht nur gegen Wundt. An anderer Stelle schreibt er: "Die sog. Seelenvermögen, welche die ältere speculative Psychologie unterschied, existiren nicht. Speciell ist die Annahme eines besondern Willensvermögens, welches über der Ideenassociation schweben und 'willkürlich' diese oder jene Bewegung innerviren würde, überflüssig und irreleitend. Ebenso überflüssig ist auch die noch jetzt von Vielen geteilte Annahme einer besonderen Apperception, welche ihre 'Aufmerksamkeit' willkürlich bald dieser, bald jener Vorstellung oder Empfindung zuwenden und so den Gang der Ideenassociation bestimmen soll. Vielmehr folgen die Vorstellungen aufeinander nach bestimmten Gesetzen ohne Dazwischentritt eines besonderen willkürlich schaltenden Seelenvermögens, und auch die schliessliche Bewegung ist das *notwendige* Resultat dieser Ideenassociation. Endlich existiert auch kein besonderes Gefühlsvermögen, vielmehr ergiebt eine genaue Untersuchung, dass unsere Gefühle der Lust und Unlust niemals isolirt, sondern stets gebunden an Empfindungen und Vorstellungen, d.h. als Eigenschaften der letzteren auftreten." Ziehen (1902a): 5. Die Kritik Ziehens, die sich auch auf monistische Auffassungen erstreckte, erfolgte von einem erkenntnistheoretisch-idealistischen – genauer: psychologistischen – Standpunkt aus. Seine von Berkeley und z.T. gegen Kant hergeleitete "immanente Philosophie" beruhte auf dem Grundsatz: "*Alles*, was unserem *Bewusstsein* gegeben ist, und *nur* dieses ist psychisch." Ziehen (1893): 3. Vgl. allgemein hierzu Ziehen (1902b).

[59] "Jedenfalls ist dieser ganze Process von der Empfindung bis zur Handlung von physiologischen Erregungsprocessen in unserer Hirnrinde begleitet. Für die Empfindungen, für die Vorstellungen bis zu den complicirtesten und für die motorischen Impulse haben wir Substrate in der Hirnrinde. Insofern bleiben alle unsere psychologischen Betrachtungen psycho-*physiologisch*." Ziehen (1904): 779.

[60] Ziehen (1902a): 4.

[61] Ziehen (1900): 24.

[62] Ebenda 4.

psychologischen Beobachtung" der Anstaltspsychiatrie und der darauffolgenden Wende zur Neuropathologie nun eine dritte Phase angebrochen sei, in der unter Beibehaltung der Neuropathologie „an Stelle der alten naiven psychologischen Beobachtung eine experimentell-psychologische Untersuchung unsrer Kranken im Sinne der modernen physiologischen Psychologie" getreten wäre.[63] Die besonders enge Ausrichtung der experimentellen Psychologie auf die Anatomie und Physiologie diente Ziehen als Gewähr dafür, dass die Psychologie nicht wieder in den „Bann der Metaphysik" zurückfallen würde.[64]

Bemerkenswert an dieser Einstellung ist, dass es Ziehen letztlich darum ging, eine neue Psychologie in die Psychiatrie einzuführen. Es galt, mit der Physiologie-bezogenen und methodisch-systematischen Verfahrensweise einer neuen wissenschaftlichen Psychologie die empirisch-kasuistischen Beobachtungen psychologischer Phänomene zu überwinden. Dasselbe Ziel verfolgten auch andere Befürworter der neuen Psychologie, wie z.B. Emil Kraepelin.[65] Dabei galt es in erster Linie, die damals überaus starke, neuroanatomische Ausrichtung der Psychiatrie zu relativieren. Deshalb hielt sich Ziehen mit Kritik an der Lokalisationslehre nicht zurück. Zum Programm des von ihm zusammen mit Karl Wernicke 1897 gegründeten „Monatsschrift für Psychiatrie und Neurologie" gehörte es, „der vorzeitigen Schematisierung noch unvollständiger anatomischer Befunde entgegenzutreten," insbesondere dem Versuch Paul Flechsigs, „Associations- oder Cogitationscentren" im Gehirn zu lokalisieren. Empfindungen und Vorstellungen wären zwar von den einzelnen Bezirken der Hirnrinde abhängig, hätten aber doch „keineswegs räumlich wirklich ihren Sitz in der Hirnrinde."[66]

Es würde entschieden zu weit gehen, hier von einer ‚Psychologisierung der Psychiatrie' zu sprechen. Dafür waren die u.a. von Griesinger gestellten konzeptionellen, institutionellen und berufspolitischen Weichen viel zu stark. Doch gerade die Stärke von somatischen Deutungsmustern – gekoppelt mit ihrem relativ geringen therapeutischen Ertrag sowie mit anderen Problemen der psychiatrischen Praxis[67] – ermöglichte eine Öffnung der Psychiatrie zur Psychologie hin. Ziehen und andere Vertreter der neuen Psychologie mussten aber zunächst die zeitgenössisch vorherrschenden Antipathien gegen die Naturphilosophie überwinden. Diese Auseinandersetzung mit dem damaligen ‚Zeitgeist', d.h. der Streit um den Status der Psychologie in der Psychiatrie, bleibt ein noch weitgehendes Desiderat der historiographischen Forschung. Sicher ist nur, dass der Streit auch unter den Vertretern der neuen Psychologie äußerst heftig geführt wurde. Ziehen stand beispielsweise der experimentellen Denkpsychologie Oswald Külpes unversöhnlich gegenüber.[68] Und Kraepelins experimentelle Forschung bezeichnete er als „herzlich schlecht" und als eine „Karikatur der bekannten Ebbinghaus'schen Versuche."[69] Dementsprechend genoss Zie-

---

[64] Ziehen (1900): 4.
[65] Vgl. Kraepelin (1887).
[66] Ziehen (1912): 53.
[67] Vgl. Engstrom (2003a): 123-127.
[68] Nach Külpe war das Denken keine Verbindung von Vorstellungen, sondern vorstellungsfrei und ohne sensorische Inhalte; statt assoziativ und mechanisch war das Denken gerichtet und sinnvoll.
[69] Ziehen (1896): 248. Ferner: "Zahlreiche Psychiater stellen solche und ähnliche Versuche an, welche den rohen Beobachtungen, welche K. für das Laboratorium empfiehlt und auf Grund deren er den psychologischen Versuch monopolisiert zu haben glaubt, weit überlegen sind." Ebenda 250.

hen in München den Ruf eines „hochnäsigen, oberflächlichen Vielwissers, der in psychiatrischen Dingen eine 0"[70] war – so zumindest die Ansicht von Robert Gaupp.

5 Schluss

Zum Schluss möchte ich aber dem angeblichen „Vielwisser" Theodor Ziehen doch das letzte Wort geben: In einem Aufsatz über die Beziehung von Psychiatrie und Philosophie resümierte er 1927, „daß die Psychiatrie und die Hirnpathologie zwar nicht ohne Psychologie, wohl aber ohne Philosophie geradezu besser fahren."[71] Das Gleiche hätte auch Wilhelm Griesinger sechzig Jahre zuvor behaupten können: als Vertreter eines ‚methodischen Materialismus' war er der Überzeugung, dass man erst dann der psychischen Kausal- und Symptomreihe nachgehen könne, wenn die Psychiatrie mit beiden Füßen auf dem Boden der Neuropathologie stünde.[72] Ziehen gab aber zu bedenken, dass Psychiater mit Philosophen Wand an Wand arbeiteten, da sie dieselben materiellen und psychischen Reihen untersuchten. Er meinte, die Wand sollte keine „chinesische Mauer" sein, sondern mit einer „kleinen Zwischentür" versehen werden.[73] Wenn auch immer weniger im Laufe des 19. Jahrhunderts, so ist doch mehr, als wir gemeinhin annehmen, durch diese kleine Zwischentür ausgetauscht worden. Und ohne Rücksicht auf solche Türen zu Nachbardisziplinen wie die Philosophie und Psychologie lässt sich eine Geschichte der Psychiatrie in Deutschland und Berlin nicht adäquat fassen.

Literatur

Ash MG (2005) The Uses and Usefulness of Psychology. Annals of the American Academy of Political and Social Science 600: 99-114

Belke I (1971) Moritz Lazarus und Heymann Steinthal: Die Begründer der Völkerpsychologie in ihren Briefen. J. C. B. Mohr, Tübingen

Belke I (1983/6) Moritz Lazarus und Heymann Steinthal: Die Begründer der Völkerpsychologie in ihren Briefen, 2 Bde. C. B. Mohr, Tübingen

Binswanger O (1909) „Hypnotismus," in Eulenburg A (Hrsg) Real-Encyclopädie der gesamten Heilkunde: Medizinisch-Chirurgisches Handwörterbuch für praktische Ärzte, Bd. 7. Urban & Schwarzenberg, Berlin: 1-67

Dessoir M (1888) Bibliographie des modernen Hypnotismus. Duncker, Berlin 1888

Eckardt G (1997) (Hrsg) Völkerpsychologie: Versuch einer Neuentdeckung. Beltz, Weinheim

Engstrom EJ (2003a) Clinical Psychiatry in Imperial Germany: A History of Psychiatric Practice. Cornell University Press, Ithaca

Engstrom EJ (2003b) La messende Individualpsychologie: sur le rôle de l'expérimentation psychologique dans la psychiatrie d'Emil Kraepelin. Psychiatrie - Sciences Humaines - Neurosciences 1.2: 40-46

Engstrom EJ (2008) Cultural and Social History of Psychiatry. Current Opinion in Psychiatry 21: 585-592

---

[70] Robert Gaupp an Willy Hellpach, 25.4.1903, Generallandesarchiv Karlsruhe, N69 Hellpach: 282.
[71] Ziehen (1927): 341.
[72] Hoff und Hippius (2001).
[73] Ziehen (1927): 342.

Engstrom EJ, Weber MM (2005) The Directions of Psychiatric Research by Emil Kraepelin 1887. History of Psychiatry 16.3: 345-364
Forel A (1889) Der Hypnotismus: Seine Bedeutung und seine Handhabung. Enke, Stuttgart
Gundlach H (1987) „Anfänge der experimentellen Willenspsychologie," in Heckhausen H, Gollwitzer H, Weinert FE (Hrsg) Jenseits des Rubikons: Der Wille in den Humanwissenschaften. Springer, Berlin: 67-85
Hildebrandt H (1993) „Der psychologische Versuch in der Psychiatrie: Was wurde aus Kraepelins (1895) Programm?" Psychologie und Geschichte 5: 5-30
Hoff P (1992) „Emil Kraepelin and Philosophy: The Implicit Philosophical Assumptions of Kraepelinian Psychiatry," in Spitzer M (Hrsg) Phenomenology, Language and Schizophrenia. Springer, New York: 115-125
Hoff P, Hippius H (2001) Wilhelm Griesinger (1817-1868): Sein Psychiatrieverständnis aus historischer und aktueller Perspektive. Der Nervenarzt 72: 885-892
Jahoda G (2006) Johann Friedrich Herbart: Urvater of Social Psychology. History of the Human Sciences 19(1): 19-38
Jüttemann G (2006) (Hrsg) Wilhelm Wundts anderes Erbe. Vandenhoeck & Ruprecht, Göttingen
Kahlbaum K (1863) Die Gruppierung der psychischen Krankheiten und die Einteilung der Seelenstörungen. A. W. Kafemann, Danzig
Kalmar I (1987) The Völkerpsychologie of Lazarus and Steinthal and the Modern Concept of Culture. Journal of the History of Ideas 48: 671-690
Köhnke KC (2003) „Einleitung," in Lazarus M (2003) Grundzüge der Völkerpsychologie und Kulturwissenschaft. Felix Meiner, Hamburg: ix-xlii
Kraepelin E (1887) Die Richtungen der psychiatrischen Forschung: Vortrag, gehalten bei der Übernahme des Lehramtes an der kaiserlichen Universität Dorpat. Vogel, Leipzig
Kraepelin E (1890) Der Hypnotismus. Unsere Zeit – deutsche Revue der Gegenwart: 206-220
Kraepelin E (1895) Der psychologische Versuch in der Psychiatrie. Psychologische Arbeiten 1: 1-91
Kraepelin E (1901) Ueber geistige Arbeit. Fischer, Jena
Kutzer M (2003) „Psychiker" als „Somatiker" – „Somatiker" als „Psychiker": Zur Frage der Gültigkeit psychiatriehistorischer Kategorien," in Engstrom EJ, Roelcke V (Hrsg) Psychiatrie im 19. Jahrhundert: Forschungen zur Geschichte von psychiatrischen Institutionen, Debatten und Praktiken im deutschen Sprachraum. Schwabe, Basel: 27-47
Lange FA (1866) Geschichte des Materialismus und Kritik seiner Bedeutung in der Gegenwart. Baedeker, Iserlohn
Lazarus M (1865) „Einige synthetische Gedanken zur Völkerpsychologie," in Köhnke KC (Hrsg) Grundzüge der Völkerpsychologie und Kulturwissenschaft. Felix Meiner, Hamburg: 131-238
Lazarus M (1868) Rede auf W. Griesinger. Archiv für Psychiatrie und Nervenkrankheiten 1: 775-782
Lazarus M (2003) Grundzüge der Völkerpsychologie und Kulturwissenschaft. Felix Meiner, Hamburg
Lazarus M, Steinthal H (1860) „Einleitende Gedanken über Völkerpsychologie, als Einladung zu einer Zeitschrift für Völkerpsychologie und Sprachwissenschaft," in Eckardt G (1997) (Hrsg) Völkerpsychologie: Versuch einer Neuentdeckung. Beltz, Weinheim: 125-202
Leibbrand W, Wettley A (1961) Der Wahnsinn: Geschichte der abendländischen Psychopathologie. Karl Albers, München
Lilienthal M (1887) Der Hypnotismus und das Strafrecht. Zeitschrift für die gesamte Strafrechtswissenschaft 7: 281-392
Mayerhofer H, Vanecek E (2007) Friedrich Albert Lange als Psychologe und Philosoph: Ein kritischer Geist in den Auseinandersetzungen des 19. Jahrhunderts. Lang, Frankfurt/M
Nicolas S, Charvillat A (2001) Introducing Psychology as an Academic Discipline in France: Théodule Ribot and the Collège de France (1888-1901). Journal of the History of the Behavioral Sciences 37.2: 143-164

Peiffer J (2004) Hirnforschung in Deutschland 1849 bis 1974: Briefe zur Entwicklung von Psychiatrie und Neurowissenschaften sowie zum Einfluss des politischen Umfeldes auf Wissenschaftler. Springer, Berlin

Roelcke V (1999) „Laborwissenschaft und Psychiatrie: Prämissen und Implikationen bei Emil Kraepelins Neuformulierung der psychiatrischen Krankheitslehre," in Gradmann C, Schlich T (Hrsg) Strategien der Kausalität. Konzepte der Krankheitsverursachung im 19. und 20. Jahrhundert. Centaurus, Pfaffenweiler: 93-116

Schmiedebach H (1986) Psychiatrie und Psychologie im Widerstreit: die Auseinandersetzung in der Berliner Medicinisch-Psychologischen Gesellschaft, 1867-1899. Matthiesen, Husum

Schnädelbach H (1983) Philosophie in Deutschland, 1831-1933. Suhrkamp, Frankfurt/M

Schneider CM (1990) Wilhelm Wundts Völkerpsychologie: Entstehung und Entwicklung eines in Vergessenheit geratenen, wissenschaftshistorisch relevanten Fachgebietes. Bouvier, Bonn

Schott H (1984) Mesmer, Braid und Bernheim: Zur Entstehungsgeschichte des Hypnotismus. Gesnerus 41: 33-48

Shorter E (1997) A History of Psychiatry: From the Era of the Asylum to the Age of Prozac. John Wiley & Sons, New York

Siemerling E (1904) Zur Erinnerung an Friedrich Jolly. Hirschwald, Berlin

Teo T (2002) Friedrich Albert Lange on Neo-Kantianism, Socialist Darwinism, and a Psychology without a Soul. Journal of the History of the Behavioral Sciences 38.3: 285-301

Vec M (2007) Die Seele auf der Bühne der Justiz. Berichte zur Wissenschaftsgeschichte 30: 235-254

Westphal C (1868) Nekrolog. Archiv für Psychiatrie und Nervenkrankheiten 1: 760-774

Wundt W (1874) Grundzüge der physiologischen Psychologie. Engelmann, Leipzig

Wundt W (1911) Hypnotismus und Suggestion, 2. Aufl. Wilhelm Engelmann, Leipzig

Wundt W (1920) Erlebtes und Erkanntes. Alfred Kröner, Stuttgart

Ziehen T (1893) Leitfaden der physiologischen Psychologie in 15 Vorlesungen. Gustav Fischer, Jena

Ziehen T (1896) Rezension von E. Kraepelin: Psychologische Arbeiten. Zeitschrift für Psychologie und Physiologie der Sinnesorgane 10: 247-252

Ziehen T (1900) Ueber die Beziehungen der Psychologie zur Psychiatrie. Gustav Fischer, Jena

Ziehen T (1902a) Psychiatrie für Ärzte und Studierende, 2. Aufl. S. Hirzel, Leipzig

Ziehen T (1902b) Über die allgemeinen Beziehungen zwischen Gehirn und Seelenleben. Barth, Leipzig

Ziehen T (1904) Die Entwicklungsstadien der Psychiatrie. Berliner Klinische Wochenschrift 41(29): 777-780

Ziehen T (1912) Über die allgemeinen Beziehungen zwischen Gehirn und Seelenleben. Barth, Leipzig

Ziehen T (1927) Psychiatrie und Philosophie. Monatsschrift für Psychiatrie und Neurologie 63: 336-345

4 Die Neurologisierung der Psychiatrie: Aspekte eines Paradigmenwechsels – Moritz Romberg, Wilhelm Griesinger, Carl Westphal

Roland Schiffter

Zusammenfassung

Es werden die Biografien, die akademischen Berufswege, die wissenschaftlichen, klinischen und organisatorisch-administrativen Leistungen und ein wenig auch die Persönlichkeiten von Moritz Heinrich Romberg, Wilhelm Griesinger und Carl Westphal in der zeitlichen Abfolge und im Kontext des Zeitgeistes dargestellt und analysiert und hinsichtlich ihrer Bedeutung für die Entwicklung der Psychiatrie interpretiert. Alle drei dürfen danach als bedeutende Gründerväter der modernen Lehre von den Funktionen und Krankheiten des Nervensystems betrachtet werden – alle drei forderten und begründeten eine physiologische Betrachtensweise der Psychiatrie und eine humane und würdige Behandlung der psychisch Kranken. Wie der Text weiter darlegt, verursachte ihre Arbeit durchaus einen entsprechenden Paradigmenwechsel und führte zur Etablierung eines einheitlichen, naturwissenschaftlich fundierten Faches und Facharzttitels für Neurologie und Psychiatrie. Alle drei waren gewiss auch hier und da noch ihrem Zeitgeist verhaftet, haben ihn aber in weiten Bereichen rebellisch in Frage gestellt, durchbrochen und einen neuen, besseren auf den Weg gebracht.

Ein bedeutender Grundstrom im Zeitgeist des 19. Jahrhunderts war die rasch fortschreitende „Verwissenschaftlichung" des Menschenbildes und vornehmlich auch der Medizin. Ab etwa 1820 entwickelte sich in rasantem Tempo die naturwissenschaftliche Revolution, die noch immer anhält. Im Bereich der Nervenheilkunde wurden drei herausragende Persönlichkeiten zu Schrittmachern dieser Entwicklung: Moritz Heinrich Romberg, Wilhelm Griesinger und Carl Westphal.

Die naturwissenschaftlich begründete klinische Neurologie beginnt mit Moritz Heinrich Romberg (1795-1873), der sie aus der inneren Medizin herauslöste, systematisierte und, wie er es nannte, nach dem „physiologischen Princip" interpretierte. Die naturwissenschaftlich begründete klinische Psychiatrie beginnt eine Generation später mit Wilhelm Griesinger (1817-1868) dadurch, dass er die Psychiatrie sozusagen neurologisierte, die Geisteskrankheiten zu Hirnkrankheiten erklärte. Romberg wie Griesinger waren Gegner und Überwinder der romantischen Medizin und ihrer naturphilosophischen Spekulationen.

Die beiden Fächer mussten sich aus religiösen, philosophischen, romantischen, phänomenologischen Vorphasen und Zwischenstufen oder anderweitigen Umklammerungen emanzipieren, um sich naturwissenschaftlich zu orientieren und zu präsentieren.

In den frühen Zeiten lagen beide Disziplinen ziemlich weit auseinander, die eine versteckt im Schoß der inneren Medizin, die andere isoliert in lebensfernen Irren-Anstalten. In den Jahren nach Griesinger lebten die zwei Fächer im deutschen Sprachraum zunächst in einer durchaus erfolgreichen Vernunftehe, in den 70er/80er Jahren des 20. Jahrhunderts trennten sie sich wieder, weil sie wegen des immensen Wissenszuwachses niemand mehr allein vertreten konnte und schließlich nähern sie sich jetzt erneut einander an, weil beide wesentlich im selben Fundament, der Neurobiologie wurzeln und unter dem Dach der „Neuroscience" wieder zu einander finden.

1 Romberg

Moritz Heinrich Romberg hat mit seinem „Lehrbuch der Nerven-Krankheiten des Menschen", das ab 1840 gedruckt und verbreitet wurde, die in der Medizingeschichte erste systematische und naturwissenschaftlich fundierte Darstellung der klinischen Neurologie verfasst und wurde damit zu ihrem ersten und wichtigsten Gründervater. Das Buch wurde rasch ins Englische, Holländische und Russische übersetzt und war für Jahrzehnte das einzige Neurologie-Standardwerk in Europa und Amerika. Klavans schrieb noch 1982: „Modern neurology begins with Romberg" (Lit. bei Schiffter 1998, 2007).

Romberg war zunächst Internist und dann überwiegend Neurologe, ab 1842 in seiner Eigenschaft als „Director des Königl. Poliklinischen Instituts der Friedrich-Wilhelms-Universität zu Berlin", das im westlichen Flügel des Hauptgebäudes und ab 1850 in der Charité-Dependence in der Ziegelstraße untergebracht war.

Zugleich war er von 1819-1845 „Armenarzt" in eigener Praxis im Scheunenviertel und der Spandauer Vorstadt.

Das Wort „Neurologe" hat wohl Romberg geprägt. Er hat nie in einer psychiatrischen Klinik gearbeitet. Was hat Romberg mit der Entwicklung der Psychiatrie zu tun? Zunächst

Abb. 1: Moritz Heinrich Romberg. Bleistiftzeichnung von Wilhelm Hensel 1855.
(Kupferstichkabinett Staatliche Museen zu Berlin, Preußischer Kulturbesitz)

Abb. 2: Rombergs Lehrbuch, 2. Aufl. von 1851 (Foto des Autors)

einmal hat er mit der Begründung der Neurologie auch ein naturwissenschaftliches Standbein der Psychiatrie mitgeschaffen.

Weitere Antworten finden wir in einzelnen Publikationen und in seinem Lehrbuch, vor allem in der verbesserten zweiten Auflage von 1851, aus der hier zitiert werden wird. Romberg hat sich darin ausführlich auch zu den psychischen Folgen von Hirnerkrankungen und zu einigen speziellen psychiatrischen Syndromen und Symptomen geäußert, die er grundsätzlich organisch, also hirnpathologisch oder hirnphysiologisch erklärte.

In seinen Einzelpublikationen findet man folgende Titel mit psychologischen oder psychiatrischen Themen: Im Jahre 1820 übersetzt und kommentiert er eine Arbeit des englischen Autors Andrew Marshall „Untersuchungen des Gehirns im Wahnsinn und in der Wasserscheu, nebst einigen Abhandlungen über die Pathologie dieser Krankheiten".

Im gleichen Jahr interpretiert er auf zwei Druckseiten in „Nasse´s Zeitschrift für psychische Aerzte" Friedrich Schillers dritten Dissertationsversuch „Ueber den Zusammenhang der thierischen Natur des Menschen mit seiner geistigen". Darin greift er zustimmend den Gedanken des Kandidaten der Medizin Schiller auf, das Leib-Seele-Problem mit einer Art physiologischer Psychologie zu erklären, die Gefühle und das Körperlich-Sinnliche (Thierische) als wichtige treibende Kräfte des Menschen anzusehen, die engen gegenseitigen Wirkungen von Körper und Seele aufeinander darzustellen und gleichzeitig die Einheit von Psyche und Soma zu konstatieren. Schiller formuliert darin die bemerkenswerten Sätze: „Aber die Thätigkeit der menschlichen Seele ist – aus eigener Nothwendigkeit, die ich noch nicht erkenne, und auf eine Art, die ich noch nicht begreife – an die Tätigkeit der Materie gebunden" und „Der Mensch ist nicht Seele und Körper, der Mensch ist die innigste Vermischung der beiden Substanzen." Schiller äußert geradezu modern klingende psychosomatische Überlegungen und wird damit ein früher Vorläufer des naturwissenschaftlichen Zeitgeistes, den Romberg so begrüßte.

1821 folgt ein Aufsatz „Beitrag zur Lehre von der psychischen Beziehung des Herzens" (in der gleichen Zeitschrift). 1822 publiziert er „Untersuchungen irrer Personen nach dem Tode".

Im Jahre 1851 erscheint eine Arbeit mit dem Titel „Manie".

Etwas detaillierter sollen psychiatrische Auslassungen Rombergs in seinem Lehrbuch (Romberg 1851) referiert werden: Er erwähnt darin hier und da die „Irren" oder auch die „Irrenärzte", psychiatrische Krankheitsbeschreibungen im engeren Sinne findet man kaum. Das Gehirn bezeichnete er oft als „psychisches Organ", das die diversen Sinnesreize aus der Umwelt aufnimmt und verarbeitet und in Gedanken und Vorstellungen oder motorische Handlungen umsetzt, dabei Aufmerksamkeit und Willen generiert und ansonsten für „Intellectualität", aber auch Gefühle, Affekte, Triebe und eben das Seelenleben zuständig ist.

Rombergs Vorbilder bei seiner ansonsten autonomen Konzeption einer klinischen Neurologie waren die englischen Forscher Charles Bell, Marshall Hall und Andrew Marshall sowie die französischen Experimentalphysiologen um Francois Magendie.

Romberg hatte seine neurologische Krankheitslehre „nach dem physiologischen Princip" konzipiert und eine eigenwillige, aber physiologisch plausible Klassifikation der Krankheitsbilder (bzw. Syndrome) entwickelt mit Hyperästhesien und Anästhesien, Hyperkinesen und Akinesen (Paresen). Entsprechend eingeordnet tauchen dann psychiatrische Syndrome in verschiedenen Kapiteln auf, z.B. bei den „sensualen Hyperästhesien": Hierunter verstand er eine Überaktivität oder Irritation der sensiblen und sensorischen Systeme mit ihren jeweils peripheren und zentralnervösen Anteilen. Dazu gehören alle Arten von Halluzinationen. Visuelle Halluzinationen („Hyperaesthesia optica") kannte er als „Zickzacken" von der Migräne, aber auch „als häufige Begleiterin von Gehirnkrankheiten" oder eben auch vom „Irresein", bei dem sie in 80 von 100 Fällen zu beobachten sei, so etwa bei Esquirols „maladies mentales", beim Delirium tremens, bei Hypochondrie, beim Schwindel und in der „Ecstasis". Er nennt weiter als Ursachen verschiedene Gifte, Opium, Digitalis, Stickstoffoxyd, aber auch Ohnmachten und andere Hirndurchblutungsstörungen, sowie Säfte- oder sogar Samenverlust. Akustische Halluzinationen („Hyperaesthesia acustica") schildert er „von dem einfachen Ohrensausen bis zum Hören von Melodien, von tierischen und menschlichen Lauten". Als Auslöser nennt er neben Ohraffektionen mit oder ohne Taubheit vor allem wieder Hirnerkrankungen einschließlich der Epilepsien (Auren) und zitiert dann Esquirol, der „zwei wahnsinnige Frauen" beschrieben habe, die völlig taub gewesen seien und trotzdem ständig Stimmen hörten und mit diesen Stimmen wütend „herumzankten".

Interessant ist seine „Hyperaesthesia psychica", womit er die damals als sehr bedeutende Krankheit eingeschätzte Hypochondrie meint, die nach seiner Meinung eine „durch Fixieren des Geistes auf Empfindungen bedingte Erregung und Unterhaltung abnormer Sensationen" sei. Er schreibt dazu weiter: „An der Wirkung der lüsternen Vorstellungen zweifelt zwar niemand; allein, dass auch des Schmerzes Vorstellung Schmerz zur Folge haben kann, findet Anstoss ..." Er schildert dann die uns bekannten Eigenschaften und Körpersensationen hypochondrischer Menschen, also die psychosomatischen Phänomene wie affektinduziertes Herzklopfen, lüsternen Speichelfluss oder Schamröte, betont die Angstbereitschaft der Hypochonder und ihre alles entscheidende Neigung zu allerlei besorgten „Vorstellungen".

Hypochondrie sei die typische Krankheit intelligenter Männer, das weibliche Geschlecht sei „zur Hypochondrie nicht geneigt". Gelehrte, Seeleute und Medizinstudenten seien besonders gefährdet. Und: „Das Lesen medicinischer Bücher, welches durch die überhand nehmende populäre Literatur unseres Faches, durch das homöopathische, hydropathische und wie all das pathische Zeug noch heissen mag, so sehr begünstigt wird, ist häufiger Anlass". Bei der Hypochondrie sei immer der Geist produktiv, die Behandlung müsse deshalb auch ein „psychisches Verfahren" sein, also eine Art Psychotherapie, bei der es darauf ankomme, die Intentionen „abzuleiten ... von der sensiblen Sphäre in die intellectuelle und motorische", er meint damit in sinnvolle geistige Arbeit und in Sport (Billardspiel, Fechten, Turnen) und Musizieren. Und: „Der Arzt zeige sich stets dem Kranken als Kenner seiner Sensationen, ebenso frei von höhnischem Tadeln als von niederer Schmeichelei und von bemitleidendem Wortkram". Er empfiehlt schließlich auch allerlei symptomatische Medikamente, sagt aber abschließend, im Falle anhaltender Wirkungslosigkeit solle man ein Kontrastprogramm in Gang setzen, das wir heute Placebo nennen: „man gönnt dem Kranken Ruhe, und verordnet nur zum Schein Unbedeutendes, ein längst bekanntes Verfahren, dem man in neuerer Zeit die Schellenkappe der Homöopathie aufgesetzt hat".

Interessant sind weiter Rombergs Auslassungen zur Hysterie. Sie ist für ihn in noch stärkerem Maße eine organische (reflektorische) Erkrankung des Nervensystems und gehört zu seinen „Hyperkinesen" und hier zur Untergruppe der „spinalen Krämpfe". Sie sei eine „von Genitalreizung ausgehende Reflexneurose". Ursache seien Störungen und Erkrankungen „im Uterinapparat". Hysterie sei insofern eine verbreitete Frauenkrankheit. Charakteristisch seien „krampfhafte Bewegungen in den sowohl von cerebrospinalen als von sympathischen Fasern versorgten Muskeln: Hyperästhesien, beide in leicht erregbaren, zeitlich und räumlich sehr veränderlichen Anfällen". Es seien im psychischen Bereich „reizbare Schwäche" bzw. Willensschwäche vorwaltend, auch ein „Mangel an geistigem Widerstand, ein Hingeben und Überwältigtwerden von körperlichen und psychischen Eindrücken". Hinzu käme „der Charakter des" (weiblichen) „Geschlechts", als da sind: „Eitelkeit, Coquetterie, Launenhaftigkeit, Lust an Uebertreibung und Täuschung, redseliger schwatzhafter Mitteilung". Welch ein machohafter Sexismus, wo doch in der Elite der Romantiker schon so großartig weibliche Emanzipation erreicht worden war! Man lese hierzu etwa Friedrich Schlegels „Theorie der Weiblichkeit" aus den Jahren 1794 und 1795 oder seinen Roman „Lucinde" von 1798 (Menninghaus 1983) – auch sie sind Ausdruck des Zeitgeistes.

Ursache sei also zunächst das Weibsein schlechthin, obwohl er zugesteht, dass viele Gelehrte auch das Gehirn als Verursacher anschuldigten. Förderlich bei der Entstehung der Krankheit seien Vererbung, eine fehlerhafte Erziehung, eine „üppige, schlaffe Lebensweise", aber auch Unterleibskrankheiten und Fehlgeburten oder „onanistische Excesse" oder „nicht befriedigender Coitus". Er bleibt aber dabei, dass „Reizungen des Uterinssytems" die entscheidenden Auslöser seien, die über zentripetale Bahnen zu Rückenmarksreflexen führten, was wiederum eine allgemeine Hyperreflexie auslöse, die dann auch das Gehirn überschwemme und beherrsche. Es gäbe auch nicht selten hysterische Lähmungen, die Hyperkinese könne in Akinese überspringen, auch Hyperästhesie in Anästhesie.

Als Therapie-Prinzipien empfiehlt er: 1. „Beseitigung des Reflexreizes, dessen Heerd das Uterinsystem ist". (Beseitigung von lokalen Krankheitszeichen, Sitzbäder, intravagina-

Abb. 3: Das Grab von Romberg und seiner Ehefrau Friederike.
(Foto des Autors)

le Heilmittelapplikationen, Verbot des Geschlechtsverkehrs u.a.) 2. „Einwirkung auf die Reflexpotenz selbst" (durch vermeintlich antianämisch wirkende Eisengaben, Milch-, Molken- und Weintraubenkuren, Bäder u.a., in schweren Fällen auch Narkotika wie Schwefeläther oder Chloroform) 3. „Anregung und Bethätigung der Willenskraft". Dazu rät er zu „lautem Lesen", zu Gymnastik, Schwimmen, Reiten, Bergsteigen usw. Lähmungen behandelte er mit scheinbar das Rückenmark stimulierenden Schröpfköpfen längs der Wirbelsäule, Kurbädern und „Stärkung der Willenskraft".

Romberg war ein Arzt, der den ganzen Organismus des Menschen und sein körperliches wie psychisches Vermögen und Befinden mit den Augen des Neurologen betrachtete und neurophysiologisch zu erklären suchte.

Romberg wohnte viele Jahre bis zu seinem Tode Am Zeughaus 2, das ist das Gebäude hinter dem Zeughaus, an dessen Nachfolgehaus der Autor eine Gedenktafel für ihn hat anbringen lassen. Er starb am 16. Juni 1873 an einer Herzerkrankung und liegt neben seiner Ehefrau Friederike in Berlin-Kreuzberg in der Bergmannstraße auf dem Friedrichwerder'schen Friedhof in einem Ehrengrab begraben.

2 Griesinger

Als Wilhelm Griesinger 1817 in Stuttgart geboren wurde, war Romberg in Berlin gerade damit beschäftigt, sein medizinisches Staatsexamen zu absolvieren. Seit Beginn seines Medizin-Studiums in Tübingen (gemeinsam mit den lebenslangen Freunden Wunderlich und Roser) hat Griesinger eine rebellische Ader in seinem Wesen ganz gern in Kontroversen ausgelebt, etwa als Student gegen die herrschenden repressiven Strukturen in der Politik oder später gegen naturphilosophische Spekulationen und Dilettantismus in Medizin und Wissenschaft.

Nach dem Examen in Zürich, seiner Promotion in Tübingen über Diphtherie und einem Aufenthalt in Paris, wo er u.a. dem führenden Physiologen Francois Magendie (1783-1855) begegnete, ist er durchdrungen von der Notwendigkeit, dass in der Medizin und auch der Psychiatrie Beobachtung und Empirie, Experiment und anatomisch-physiologische Forschung die Grundlage bilden müssten. 1840-42 wird er Assistent in der psychiatrischen Anstalt Winnental im Neckarkreis bei Ernst Albert von Zeller (1804-1877), wo er wichtige praktische Erfahrungen sammelt und nun rasch mit seinen wissenschaftlichen Publikationen beginnt, vornehmlich im „Archiv für physiologische Heilkunde". Im Juni 1842 wettert er über unsinnige und leere Auswüchse der medizinischen Terminologie, im selben Jahr weist der 25-jährige Jungarzt in einer längeren kritischen Analyse die altertümlich-religiösen Medizin-Spekulationen des bayerisch-königlichen Leibarztes Johann Nepomuk von Ringseis ebenso zurück wie die „naturhistorische Schule" des berühmten Züricher Internisten Johann Lukas Schoenlein, was er mit durchaus spitzer Zunge und Kampfgeist erledigt. Ein richtungweisendes Zitat daraus: „Und doch ist die Physiologie die einzig bleibende Grundlage der Forschung für alles, was am Organismus vorgeht".

Beruflich geht dann alles ziemlich schnell bei Griesinger: Nach einer kurzen Niederlassung in Stuttgart kann er auf Betreiben seines Freundes Wunderlich, der inzwischen Professor und Klinikleiter in Tübingen geworden ist, eine Stelle als Assistenzarzt an der dortigen Medizinischen Klinik annehmen, noch im Jahre 1843 habilitieren und dann als Privatdozent für Pathologie, Materia medica und Medizingeschichte tätig werden (Mette 1976).

Im Folgenden werden Griesingers wissenschaftliche Leistungen vornehmlich aus der posthumen zweibändigen Ausgabe seiner Werke von 1872 zitiert, die sein Freund Wunderlich besorgt hatte (Wunderlich 1872).

Abb. 4: "Wilhelm Griesingers Gesammelte Abhandlungen".
(Foto des Autors)

Noch 1843 schreibt er „Ueber psychische Reflexactionen. Mit einem Blick auf das Wesen der psychischen Krankheiten". Hierin referiert er den neuesten Stand der Reflexlehre des Rückenmarks einschließlich der Regulierung des Muskeltonus. Dabei erweist er sich als profunder Kenner der Neurophysiologie und versucht dann analog dem Rückenmark auch für das Gehirn reflexartige Mechanismen zu konstatieren. Er spricht von „psychischem Tonus", auch von einem Tonus der Vorstellungen, von Strebungen, die zu Handlungen würden, analysiert die Begriffe bewusst – unbewusst, gehemmt – ungehemmt, „Freiheit des Willens" und den Einfluss von Giften wie Morphium oder Alkohol auf diese Hirnfunktionen und die Ähnlichkeit von diesen Giftwirkungen mit dem Verhalten der Geisteskranken. Er unterscheidet ausdrücklich die Folgen diffuser von denen lokaler Hirnschädigungen. „Seele" meint er, sei „das Ensemble aller Actionen der Nervencentra", also von Rückenmark und Gehirn – eine ziemlich moderne Definition. Ein weiteres Zitat: „... aber wir treiben den Materialismus so weit, dass wir glauben, der künstlich complicierte Bau des Gehirns ... stelle die organischen Apparate zur Aufnahme der centripetalen Eindrücke, zu ihrer Umarbeitung in Vorstellungen, zu deren Zerstreuung und Kombination, zu ihrem Uebergange in Strebungen und zur Entladung der Bewegungsimpulse dar. In der That, weder an Selbstachtung noch an Menschenliebe wird man ärmer, indem man sich klar macht, dass Vorstellen und Streben das Resultat organischer Prozesse sind ....". Dieses zentralnervöse System könne nun durch Krankheiten von Körper und/oder Hirn gestört werden, wodurch Geisteskrankheit entstehe. Hier erscheint also bei dem 26-Jährigen schon das Grundkonzept seiner psychiatrischen Krankheitslehre.

In den folgenden Arbeiten geht er dann weiter in die psychiatrischen Details und versucht Depressionen und Manien als Hemmungen bzw. Beschleunigungen cerebraler Abläufe oder sog. „Monomanien" mit Wahnbildung und Halluzinationen, sowie auch Delirien, Verblödungen usw. neurophysiologisch oder neuropathologisch zu erklären und begrifflich zu ordnen. Ebenfalls noch 1843 verfasst er eine giftig-ironische Philippika mit dem Titel „Die medicinische Charlatanerie". Darin werden mit der Angriffslust des jungen Naturwissenschaftlers die Hahnemann'sche Homöopathie als töricht und sophistisch in Grund und Boden gestampft, die wassertreterische „Ochsentherapie des schlesischen Bauern" Priesnitz als geschäftstüchtiger, unmedizinischer Dilettantismus zurückgewiesen und die Eitelkeiten und Torheiten der Ärzte tüchtig auf die Schippe genommen.

1845 verfasst er schon sein psychiatrisches Hauptwerk „Die Pathologie und Therapie der psychischen Krankheiten". Darin beschreibt er nun ausführlich die Geisteskrankheiten als Krankheiten des Gehirns. Er versucht sich kenntnisreich bei „physiologisch-pathologischen Vorbemerkungen über das Seelenleben", beschreibt die „Elementarstörungen der psychischen Krankheiten", erläutert seine Vorstellungen zur Prädisposition und Ätiologie und nennt als Hauptformen psychischen Krankseins „psychische Depressionszustände, Exaltationszustände und Schwächezustände". Nach weiteren Darstellungen zur pathologischen Anatomie folgt ein letztes Kapitel zu Heilbarkeit und Heilung.

Als etwas verwunderlich sei hier eingefügt, dass Griesinger in seinem gesamten Werk Romberg bis auf ein, zwei beiläufige Nennungen nicht zitiert, obwohl Rombergs Lehrbuch bis weit in die 70er Jahre hinein das einzige deutschsprachige Neurologiebuch war. Er muss es gekannt haben. Viele seiner Formulierungen zur Hirnphysiologie sind auch den Romberg'schen auffällig ähnlich. Griesinger hat sich (wie übrigens vor ihm auch Romberg) ganz wesentlich auf die damals fortgeschrittene französische und englische neurologische und experimentalphysiologische Literatur gestützt und Rombergs Buch offenbar nicht so ernst genommen, wie es das verdient hatte.

Griesinger war wie sein Lehrer Zeller zunächst ein Vertreter der sog. „Einheitspsychose". Er vertrat die Meinung, dass die psychischen Krankheiten durch Störungen vornehmlich in der Peripherie des Großhirns, also in der Hirnrindenregion entstünden und dass die verschiedenen Formen der psychischen Erkrankungen nur Ausdruck nacheinander folgender Stadien eines einheitlichen Geschehens seien. Alle würden z. B. von einer depressiven Symptomatik eingeleitet. Dies wird er erst 1867 in Berlin modifizieren und differenzieren. An Ursachen diskutierte er neben Intoxikationen eine „nervöse Konstitution", Vererbung, definitive Hirnerkrankungen und, wohl gemerkt, auch psychische Faktoren sowie weiterhin die Hysterie.

Die drei Freunde Wunderlich, der Internist, Roser, der Chirurg und Griesinger, der Nervenarzt wurden bald als die „schwäbischen Reformatoren" etikettiert und sowohl bekämpft als auch bewundert. Die nicht selten ironische Schärfe seiner Formulierungen und sein noch jugendliches Alter mögen daran mitgewirkt haben, dass man ihm auch sehr skeptisch gegenübertrat. 1847 wird er mit 30 Jahren in Tübingen außerordentlicher Professor und Herausgeber des „Archivs für physiologische Heilkunde". Er verfasst einen größeren Aufsatz über eine „Revision der Arzneimittellehre".

Im Frühjahr 1849 wird er als ordentlicher Professor für Pathologie und Materia medica nach Kiel berufen, wo er zusätzlich auch eine Poliklinik betreiben kann. Hier arbeitet er wieder besonders neuropathologisch, verlässt Kiel aber schon im Juni 1850, um in Kairo Direktor der Medizinischen Schule und Präsident des gesamten ägyptischen Gesundheitswesens sowie Leibarzt des Vizekönigs zu werden. Er kehrt schon 1852 nach Stuttgart zurück.

Sein durchaus unstetes Leben geht weiter mit der Berufung auf den Lehrstuhl für klinische Medizin in Tübingen 1854. So ist er also wiederum Internist und entsprechend sind seine Publikationen: über Leukämie und Aussatz, Parasitosen und andere Krankheiten in Ägypten, später dann 1857 ein umfangreiches Buch über Infektionskrankheiten. 1858 weist er in einer Arbeit die Zellularpathologie Rudolf Virchows als zu eng gefasst zurück. 1861 publiziert er über Fleckfieber, später über Rheumatismus und umfangreich über Diabetes mellitus.

1859 wird er Vorstand der Heil- und Erziehungsanstalt für geistesschwache Kinder in Mariaberg im Schwarzwald und 1860 geht er nach kontroversen Verhandlungen als Direktor der Medizinischen Universitätsklinik nach Zürich. Er verfasst die Arbeit „Diagnostische Bemerkungen über Hirnerkrankungen", in der er mit hoher neurologischer Kompetenz und ausführlich und definitiv lokalisierte und diffuse cerebrale Erkrankungen trennt und beschreibt und erneut die Bedeutung der Großhirnrinde für das Irresein betont.

1861 folgt die überarbeitete zweite Auflage seiner „Pathologie und Therapie der psychischen Krankheiten", worin er seine Lehre von der Parallelität zwischen reflektorischen Rückenmarks- und Hirnfunktionen ausbaut und die von den physiologischen Erregungs- und Hemmungsprozessen im Gehirn und der Bewusstseinsbildung und dem „freien Willen" spezifiziert. Er konstatiert aber auch, dass wir wohl nie „eine wirkliche Auskunft über das Geschehen in der Seele" bekommen würden und dass, wenn uns ein Engel aus dem Himmel alles dazu erklärte, unser Verstand wohl nicht ausreichen würde, ihn zu verstehen.

Noch 1861 hatte er auf einer Englandreise das wichtige „Non-restraint-Konzept" von John Conolly (1794-1866) kennen gelernt, nach dem alle bisher üblichen Zwangsmaßnahmen und mechanischen Therapietorturen bei den Geisteskranken abzuschaffen sind. Er wird nun ein energischer Verfechter dieses Konzepts. 1863 wird ihm auch noch die Leitung der kleinen Züricher Irrenanstalt übertragen, die er in eine Klinik verwandelt, aus der dann später das berühmte Burghölzli hervorgeht.

Endlich wird Griesinger nach Berlin berufen, wo er nach längeren Verhandlungen zu Ostern 1865 eintrifft und am 1. April sein Amt antritt als Inhaber des Lehrstuhls für Psychiatrie und Direktor der neu etablierten „Klinik für Nerven- und Geisteskrankheiten in der Königl. Charité in Berlin". Wesentlich für seine Zustimmung war einerseits, dass er an der psychiatrischen Klinik eine eigene, von den Internisten unabhängige neurologische Abteilung einrichten und dass er auch Rombergs medizinische Poliklinik übernehmen durfte und andererseits, dass er das Non-restraint-Konzept Conollys einführen konnte. Beides war revolutionär und beides war von der Mehrheit von Fakultät und Charitéverwaltung unerwünscht. Selbstbewusst hatte er noch aus Zürich an Dekan Frerichs geschrieben: „Mit der Einrichtung, die ich hier vorschlage, würde sich die erste deutsche Universität als Vorbild einer richtigen Behandlung der Psychiatrie als Wissens- und Lehrzweig allen übrigen an die Spitze stellen". Zur Eröffnung der neuen Klinik hielt er einen Vortrag über seine Pläne zur Reform der Psychiatrie und stellte einleitend fest: „...daß die Krankheiten der Nervenapparate zusammen ein untrennbares Ganzes bilden, von dem die sogenannten Geisteskrankheiten nur einen gewissen mäßigen Theil ausmachen. Es seien auch in Deutschland die Zeiten ganz vorbei, wo die Psychiatrie vorwiegend vom philosophisch-psychologischen Standpunkte bearbeitet werden konnte". Er teilt dann die psychischen Erkrankungen in solche, die durch organische Hirnkrankheiten und -verletzungen entstehen und solche, die „von Haus aus, von Geburt an dazu disponiert sind", die also im Wesentlichen hereditär bedingt sind. Letztere nannte er auch „primäre Verrücktheit" oder „Primordialdelirien", womit er offensichtlich die uns geläufigen großen Psychosen meint und nun das Konzept der Einheitspsychose modifiziert. Er fordert weiter eine, wie er es nennt, „freie Behandlung", also die Befreiung der Kranken von den körperlichen Zwängen, wie den Fesselungen mit „Bindezeuge".

Abb. 5: Zu dem "Bindezeuge" gehörte auch der Fesselungsstuhl
(Aus Lit. Nr.6)

Er besteht außerdem auf einer sorgfältigen Ausbildung der Pflegepersonen. Er will akut Kranke mit günstigerer Prognose getrennt von den chronisch Kranken versorgen, aber Frauen und Männer „unter einem Dach" unterbringen.

1867 gibt er die Leitung der entfernt in der Ziegelstraße gelegenen internistisch-neurologischen Poliklinik wieder ab, wohl wegen Arbeitsüberlastung.

1868 hat Griesinger nochmals „Über Irrenanstalten und deren Weiter-Entwicklung in Deutschland" referiert: Er kritisiert die unerträglichen Zustände. Das Non-restraint-System des „unsterblichen" Conolly sei das Mindeste, was durchgesetzt werden müsse. Er forderte auch Stadtasyle und, wie wir heutigen Nervenärzte selbst dann nochmals in den 80er Jahren des 20. Jahrhunderts, Abteilungen für Psychiatrie an den städtischen Krankenhäusern für die nicht chronisch kranken Psychiatriepatienten. All das stieß auf erhebliche Widerstände bei Anstaltspsychiatern, Verwaltungsdirektoren und Politikern.

1867 gründete Griesinger die „Berliner Medicinisch-psychologische Gesellschaft", aus der unsere „Berliner Gesellschaft für Psychiatrie und Neurologie" hervorgegangen ist. Westphal wird Schriftführer. Im gleichen Jahr gab er gemeinsam mit Westphal und Ludwig Meyer die erste Nummer des „Archivs für Psychiatrie und Nervenkrankheiten" heraus.

Wilhelm Griesinger starb am 28. Oktober 1868 überraschend an den Folgen einer Perityphlitis, bei der es zu einer diphtherischen Wundinfektion mit ausgedehnten diphterischen Lähmungen gekommen war. Sein Leben endete im 51. Jahr tragisch durch die Krankheit, über die er einst seine Doktordissertation verfasst hatte. Griesinger hat zuletzt in der Potsdamer Straße 23a gewohnt. Sein Ehrengrab befindet sich auf dem Alten Kirchhof der St. Matthäus-Gemeinde in der Großgörschenstraße in Berlin-Schöneberg. Eine schöne Bronzebüste steht heute wieder links vor dem Eingang in seine Klinik.

Wilhelm Griesinger war zweifellos der bedeutendste deutsche Psychiater des 19. Jahrhunderts, er hat die Psychiatrie revolutioniert, indem er sich bemühte, sie zu neurologisieren und zu humanisieren. Die Neurologisierung der Psychiatrie darf allerdings nicht als sein alleingültiges Konzept missverstanden werden. Er hat sehr wohl auch psychodynami-

Abb. 6: Die Griesingerbüste vor dem Klinikeingang (Foto des Autors)

sche Vorstellungen entwickelt und z.B. gesagt, dass „psychische Ursachen" durchaus zu den „häufigsten und ergiebigsten Quellen des Irreseins" gehörten. Zu einer „nervösen Constitution" müssten stets eine körperliche Erkrankung oder ein „psychisches Moment" hinzutreten, um die Geisteskrankheit in Gang zu bringen. Er hat einen pluridimensionalen Ansatz seiner Psychiatrie und die multifaktorielle Genese der Geisteskrankheiten proklamiert und Subjektivität und Individualität jedes einzelnen Kranken betont (Schott und Tölle 2006).

3 Westphal

Von Westphal darf man feststellen, dass er die Gemeinschaft der beiden Fächer Neurologie und Psychiatrie konsolidiert und zu einer ersten Blüte geführt hat. Kurt Kolle sprach von der „ersten Berliner Schule der Neuropsychiatrie". Westphal war als Kliniker wie als Wissenschaftler tatsächlich beides, ein exzellenter Neurologe und ein hervorragender Psychiater.

Carl Westphal lebte von 1833-1890 und war gebürtiger Berliner. Er studierte ab 1851 Medizin in Berlin, ging schon 1852 nach Heidelberg und Zürich und kehrte 1853 nach Berlin zurück, wo er 1856 das Studium beendete. In Berlin besuchte er fleißig Rombergs Lehrveranstaltungen und wurde von Romberg bezüglich seiner neuropathologischen und klinisch-neurologischen Interessen gefördert (Dierse 1995, Kohl 1996). Danach machte er Weiterbildungsreisen nach Wien und vor allem Paris, wo er Kontakte zu Claude Bernard und Ch. E. Brown-Séquard aufnahm und physiologisch-tierexperimentell arbeitete.

1858 wurde er Assistenzarzt an der Abteilung für Geisteskranke der Charité unter Carl Wilhelm Ideler (1795-1860), wobei er schlimme Verhältnisse vorfand. Er schrieb dazu später (1874): „Mir wird nie das Bild dieser gebunden umhergehenden, in ihren Betten an-

Abb. 7: Carl Westphal, Lithografie von G. Engelbach (ca. 1860).
Aus: Internet 2008, Katalog der wissenschaftlichen Sammlungen der Humboldt-Universität zu Berlin, Hermann Helmholtz-Zentrum für Kulturtechnik.

Abb. 8: Die Drehschleuder
(Aus Lit. Nr. 6)

geschnallten, um eine Säule, an welcher sie mit dem Fußriemen befestigt waren, im Kreise herumlaufenden, in den Zwangsstühlen sich herumwindenden Kranken aus dem Gedächtnis schwinden ..." . Auch die Drehschleuder und die Kaltwasserduschen gehörten wie zu Ernst Horns Zeiten noch zum therapeutischen Arsenal.

Ideler starb 1860. Die Leitung der Abteilung übernahm kommissarisch der in der Psychiatrie ganz ungebildete Wilhelm von Horn, Westphals Onkel, aber die eigentliche Leitung einschließlich der Psychiatrievorlesungen lag quasi kommissarisch bei Westphal. 1861 konnte er habilitieren mit einer Untersuchung über die Beziehungen von Körpertemperatur und Geisteskrankheiten. Seine Referenten waren Romberg und Virchow (Dierse 1995). Das Thema hat ihn auch danach weiter intensiv beschäftigt, insofern er mit diesem Instrumentarium körperliche Korrelate des psychischen Krankseins beforschen wollte. 1863 kündigte er eine Vorlesung an über „die Psychiatrie und die damit zusammenhängenden Nervenkrankheiten" an und dokumentierte damit schon vor dem Eintreffen von Griesinger seine mit ihm übereinstimmende, sozusagen neurologische Psychiatriekonzeption (Dierse 1995). Bei den Neubesetzungsverhandlungen hatten sich Romberg, Langenbeck und Virchow nachdrücklich für ein Extraordinariat für Westphal eingesetzt, der zuständige Minister entschied aber, eine ordentliche Professur für Psychiatrie einzurichten und diese an Griesinger zu vergeben. Dies hat Westphal durchaus als Kränkung empfunden und sein Verhältnis zu Griesinger beeinträchtigt. Griesinger hat dann auch versucht, Westphal „wegzuloben", was nicht gelang, und hat ihm Unterrichtsveranstaltungen untersagt. Schließlich kam es dazu, dass sich Westphal 1866 beurlauben ließ und eine Forschungsreise durch England und Europa antrat. Nach der Rückkehr noch im gleichen Jahr wurde er „dirigierender Arzt" der Abteilung für Pockenkranke und innere Medizin in Vertretung des erkrankten Ludwig Traube.

Nach dem Tode Griesingers übernahm Westphal die kommissarische Leitung von dessen Klinik und 1869 wurde er als außerordentlicher Professor „dirigierender Arzt der Abteilung für Geistes- und Nervenkranke" in der Charité. 1871/72 konnte er für seine Abteilung eine eigene Poliklinik für Nervenkranke durchzusetzen, was ihm in dem permanenten Kampf mit den Internisten ermöglichte, unabhängig von den Internisten und somit auch zahlenmäßig mehr neurologisch Kranke in seine Abteilung zu schleusen (Die Poliklinik Rombergs war ja eine internistische Einrichtung gewesen und schon von Griesinger abgegeben worden). Erst 1874 erhielt er dann als erster Arzt in Preußen das neue Ordinariat für Psychiatrie und Nervenkrankheiten. Auch dies geschah durch die besondere und energische Initiative und Unterstützung von Romberg und Virchow.

Schon seit den 70er Jahren litt Westphal unter „bohrenden und stechenden Schmerzen springender Art", zu denen in den 80er Jahren Paresezeichen in den Armen hinzutraten. Er wurde zunehmend häufig von Oppenheim und Siemerling vertreten, im Januar 1889 war er letztmalig in seiner Klinik. Sein Freund Binswanger sprach davon, dass er bald in „tiefe geistige Umnachtung verfiel". Er starb am 27. Januar 1890 in Kreuzlingen. Im Lancet wurde verlautet, er sei „after a long illness of general paralysis" gestorben, in der „Allgemeinen Zeitschrift Psychiatrie" veröffentlichte man nur anonym seinen Sektionsbefund ohne Diagnose, dieser lautete: „Atrophie des Vorderhirns und der Seitenstränge des Rückenmarks". Es hat sich wahrscheinlich um eine Taboparalyse gehandelt. Westphal ist also ähnlich tragisch gestorben wie Griesinger, nämlich an einer Krankheit, der er einen großen Teil seiner Forschertätigkeit gewidmet hatte.

Eine Büste von ihm stand bis 1940 vor dem Klinikeingang gegenüber der von Griesinger, sie wurde von den Nationalsozialisten wegen seiner jüdischen Abstammung entfernt und später eingeschmolzen. Der leere Sockel blieb erhalten und steht im Foyer der Klinik.

Abb. 9: Der Sockel der Westphalbüste (Foto des Autors)

Westphals wichtigste wissenschaftliche Leistungen, zunächst in der Neurologie:

Westphal sah wie Griesinger das Fundament der Medizin in der klinisch-empirischen und der experimentell-physiologischen bzw. hier neurophysiologisch-neuropathologischen Forschung. Zweieinhalb Jahrzehnte lang beforschte er die Neurosyphilis, insbesondere die Tabes dorsalis und die progressive Paralyse, er konnte sich aber im Gegensatz zu seinem großen Gegenspieler Wilhelm Erb bis zum Schluss nicht eindeutig dafür entscheiden, die syphilitische Genese zu akzeptieren, obwohl seine statistischen Ergebnisse für diese seit 1857 von Esmarch und Jessen vertretene Hypothese sprachen. Er beschäftigte sich in den 60er Jahren intensiv mit der Epilepsie und wies 1967 nach, „dass das chronische Trinken die Ursache der Epilepsie der Säufer ist" (Dierse 1995).

Berühmt wurde er mit der Entdeckung und Deutung des nach ihm benannten „Kniephänomens" und des „Fußphänomens", also des von Erb so genannten Patellarsehnen-Reflexes (PSR) und des Achillessehnen-Reflexes, gleichzeitig mit und unabhängig von Wilhelm Erb. Der fehlende PSR galt seit 1878 als „Westphal-Zeichen" der Tabes dorsalis. Er beschrieb die „Westphal-Strümpelsche Pseudosklerose", eine Sonderform der Chorea Huntington, sowie einen Typus der periodischen Lähmungen und er entdeckte und identifizierte den parasympathischen „Edinger-Westphal-Kern" des Okulomotorius-Kernkomplexes. Er hat über 150 neurologische und neuropathologische Publikationen verfasst (Kohl und Holdorff 2006).

Die Psychiatrie: Das damals kontroverse Thema einer kausalen Beziehung zwischen Ohr-Hämatomen und Geisteskrankheit konnte er 1863 damit ad acta bringen, dass er (wie auch Gudden) wahrscheinlich machte, dass diese Blutungen von den Schlägen der Krankenwärter herrührten. 1869 schrieb er über „die conträre Sexualempfindung, Symptom eines neuropatischen (psychopathischen) Zustandes", womit er Homosexualität und Transvestismus meinte. Er hielt diese Phänomene für angeboren und vermutete als Ursache „zentralnervöse Affektionen". Er verbrachte damit erstmals diesen Themenkomplex in den Kompetenzbereich der Medizin bzw. Psychiatrie. Ab 1871 beforschte und beschrieb und benannte er als erster das Krankheitsbild der Agoraphobie und grenzte sie von der Hypochondrie ab. Er hielt dieses Syndrom für irgendwie psychogen auf der Grundlage des Angstaffektes und empfahl auch schon eine Art dekonditionierender Psychotherapie (Dierse 1995). Wegweisend waren weiterhin seine Forschungen zu den Zwangskrankheiten.

Westphal distanzierte sich sukzessive von der Vorstellung der „Einheitspsychose", postulierte neben den Zwangssyndromen die „primären Verrücktheiten", also Psychosen, die keineswegs immer in Demenz mündeten, auch, dass Geistesstörungen durchaus nicht immer globale Hirnfunktionsstörungen sein müssten, dass es vielmehr auch Teilfunktionsstörungen des Gehirns mit psychischer Symptomatik gäbe, man mit der Lokalisationsdiagnostik allerdings sehr zurückhaltend sein müsse, gab enttäuscht zu und zur Kenntnis, dass man bei vielen psychotisch Kranken pathologisch-anatomisch im Gehirn nichts Auffälliges finde und man auf die weitere seriöse Forschung hoffen müsse, die nur in kleinen Schritten vorankomme.

Er förderte weiter die Befreiung der psychisch Kranken von Zwangsmaßnahmen und Diskriminierung, erforschte und empfahl die Pharmakotherapie von Erregungszuständen als Alternative, z. B. mit dem neu entwickelten Chloralhydrat oder Morphinen, gründete einen Hilfsverein für entlassene Geisteskranke, also eine Art Vorläufer unserer Selbsthilfegruppen. Er bemühte sich um guten Studentenunterricht und um die Anerkennung der Psychiatrie als obligatorisches Prüfungsfach.

4 Konklusion

Moritz Heinrich Romberg hat mit der naturwissenschaftlichen Fundierung und Systematisierung der Neurologie auch das naturwissenschaftliche Standbein der Psychiatrie mitgeschaffen, Wilhelm Griesinger stellte dann die Psychiatrie mitten hinein in die Phalanx der physiologisch und pathologisch-anatomisch orientierten übrigen Fächer der Medizin, indem er sie neurologisierte und das Doppelfach Psychiatrie-Neurologie schuf. Carl Westphal konsolidierte die neue Doppel-Disziplin durch bemerkenswerte Leistungen in beiden Fächern und die Etablierung des ersten Ordinariats für Psychiatrie und Neurologie in Deutschland. Griesinger und Westphal erkämpften zudem Schritt für Schritt eine Humanisierung der Psychiatrie. Den Anspruch auf eine vornehmlich neurophysiologisch-neuropathologisch begründete Psychiatrie konnten sie freilich alle drei nicht verwirklichen, weil ihnen das dazu erforderliche Untersuchungsinstrumentarium nicht zur Verfügung stand. Auch bei Westphal standen Psychiatrie und Neurologie durchaus noch nebeneinander, gewiss auf bemerkenswert hohem Niveau, aber ohne die Möglichkeit einer wirklichen wissenschaftlichen Verzahnung und klinischen Vereinigung. Derartiges wurde erst annähernd möglich, als in unserer Zeit die Mikroelektronik und Datenverarbeitung (funktionelles MRT, PET usw.), die Elektrophysiologie und die Pharmakotherapie so weit entwickelt wurden, dass man psychische und psychopathologische Abläufe in ihren cerebralen Korrelaten sichtbar machen und messen und psychisches Kranksein erfolgreich behandeln kann. Auch Evolutionsbiologie und Verhaltensforschung haben weiteres entsprechendes Faktenwissen dafür zur Verfügung gestellt, sodass schließlich eine stärker neurobiologisch fundierte Psychiatrie entstehen konnte. Wir sind jetzt eher wieder in der Gefahr, die subjektiven, psychologischen, psychodynamischen und sozialmedizinischen Kategorien von Psychiatrie in den Hintergrund zu drängen, was bei der offenbaren Zunahme der psychoreaktiven Störsyndrome in unserer Bevölkerung bedenkliche Folgen haben könnte. So ist Medizin bis heute ständig auch weiter dem Einfluss des Zeitgeistes ausgesetzt, ein Umstand, der von uns Ärzten immer wieder neu reflektiert werden muss.

Immerhin haben die drei dargestellten Protagonisten die Psychiatrie in ein neues naturwissenschaftliches Paradigma geführt, das dem Fach ungeahnte Fortschritte und den Kranken ungeahnte Heilungschancen ermöglichte, aber alle drei haben auch durchaus die psychologische und soziale Dimension von psychischem Kranksein dargestellt und gewürdigt.

Der Zeitgeist ihrer Epoche war geprägt von dem dramatischen Aufbruch der exakten Naturwissenschaften und dem forcierten Drang zu mehr Freiheit und Menschenrechten. Romberg gehörte zu den Inauguratoren dieses Zeitgeistes im Bereich der Medizin, Griesinger und Westphal haben ihn in der Nervenheilkunde maßgeblich beflügelt.

Literatur

Dierse B (1995) Carl Westphal (1833-1890) – Leben und Werk. Vertreter einer deutschen naturwissenschaftlich orientierten Universitätspsychiatrie im 19. Jahrhundert. Inauguraldissertation Med. Fakultät Univ. Greifswald
Griesinger W (2008) Internet Wikipedia 2008
Kohl F (1996) Carl Westphal (1833-1890) – Ein Repräsentant der naturwissenschaftlich fundierten Neuropsychiatrie im letzten Drittel des 19. Jahrhunderts. Spektrum 25: 237-241

Kohl F, Holdorff B (2006) Carl Westphal (1833-1890). In: Hippius H, Holdorff B, Schliack H: Nervenärzte 2. Biografien. Thieme, Stuttgart New York

Menninghaus W (1983) (Hrsg) Friedrich Schlegel: Theorie der Weiblichkeit. insel taschenbuch, Insel Verlag, Frankfurt am Main

Mette A (1976) Wilhelm Griesinger. Der Begründer der wissenschaftlichen Psychiatrie in Deutschland. BSB B. G. Teubner Verlagsgesellschaft Leipzig

Romberg MH (1851) Lehrbuch der Nerven-Krankheiten des Menschen, 2. Aufl. Alexander Duncker, Berlin

Schiffter R (1998) Moritz Heinrich Romberg (1795-1873). In: H. Schliack und H. Hippius (Hrsg): Nervenärzte. Biografien. Thieme Stuttgart New York

Schiffter R (2007): Lebensbilder von Romberg. Fortschr. Neurol. Psychiat. 75: 160-167

Schott H, Tölle R (2006) Magna Charta der Psychiatrie: Leben und Werk von Wilhelm Griesinger. In. Schott H, Tölle R: Geschichte der Psychiatrie. Krankheiten – Irrwege – Behandlungsformen. C. H. Beck, München: 66 f.

Wunderlich CA (Hrsg)(1872) Wilhelm Griesingers Gesammelte Abhandlungen. Bd. I und II. August Hirschwald, Berlin

5 Psychiatrie und Hirnforschung: Zu den interstitiellen Übergängen des städtischen Wissenschaftsraums im Labor der Berliner Metropole – Oskar und Cécile Vogt, Korbinian Brodmann, Kurt Goldstein

Frank W. Stahnisch

Zusammenfassung

Eine Analyse der Durchlässigkeiten, Austauschverhältnisse und Parallelentwicklungen in der medizinischen Forschung macht deutlich, dass das Verhältnis zwischen Psychiatrie und Hirnforschung – hier im Labor der Berliner Metropole – kaum als Geschichte von Universitätsmedizin allein beschreiben werden kann. Stattdessen hat eine Reihe bedeutender Entwicklungen in diesem interdisziplinären Arbeitsbereich gerade außerhalb der Universität stattgefunden, und der nötige Nexus zwischen Psychiatrie, Neurologie und grundlagenbezogener Hirnforschung wurde auf wichtige Weise entlang der Interstitien des städtischen Wissenschaftsraums hergestellt. Diesen Schnittstellen zwischen diversen Laboratorien, Privatpraxen und Kliniken wird im vorliegenden Beitrag am Beispiel dreier ausgewählter Einzelbiografien von Oskar Vogt (1870-1959), Korbinian Brodmann (1868-1918) und Kurt Goldstein (1878-1965) nachgegangen. Hierbei sollen einzelne der zu Grunde liegenden Konstellationen herausgearbeitet werden, die konstitutiv für die hirnforschungsorientierte Berliner Psychiatrie zwischen 1910 und 1940 waren und zugleich zu ihrer Weltgeltung beigetragen haben.

> „Die Elektrische Nr. 68 fährt über den Rosenthaler Platz, Wittenau, *Nordbahnhof, Heilanstalt*, Weddingplatz, Stettiner Bahnhof, Rosenthaler Platz, Alexanderplatz, Straußberger Platz, Bahnhof Frankfurter Allee, Lichtenberg, *Irrenanstalt Herzberge*. Die drei Berliner Verkehrsunternehmen, Straßenbahn, Hoch- und Untergrundbahn, Omnibus, bilden eine Tarifgemeinschaft. [...] Fahrpreisermäßigung erhalten Kinder bis zum vollendeten 14. Lebensjahr, Lehrlinge und Schüler, unbemittelte Studenten, Kriegsbeschädigte, im Gehen schwer behinderte Personen auf Ausweis der Bezirkswohlfahrtsämter. *Unterrichte dich über das Liniennetz.*"
> (Döblin 1929, S. 7, Herv. d. Verf.)

Von Liniennetzen, städtischen Wegstrecken, Entfernungen sowie Blockaden – im geographischen wie intellektuellen Sinn – wird dieser historiografische Beitrag zu den Wechselbeziehungen von Psychiatrie und morphologischer Hirnforschung handeln. Für die historische Analyse wurde dabei ganz bewusst der Medizinern und Psychiatern allseits geläufige Begriff des *Interstitiums*[1] gewählt, um mit ihm als methodologischem Instrument auf eine Spurensuche nach den Übergängen des städtischen Wissenschaftsraums im Labor der Berliner Metropole zu gehen.[2]

Setzt man einmal im Interesse des wissenschaftshistorischen Arguments im Anschluss an diese Definition für das Konzept des „Interstitiums" den Begriff der „Zwischenräume", für diverse „Verkehrslinien" die „Krankenhäuser", „Arztpraxen", „Wohnungslaboratorien", „kurzen und langen Wege" der Stadt ein und versteht die Universitätsmedizin und -psychiatrie im (frühen) 20. Jahrhundert selbst als spezifische Funktion von „Körperorganen" der Wissenschaft, so wird schnell klar, wie produktiv die Strukturen des „paraakademischen" Raums von Berlin über lange Zeit gewesen sind.[3] Das Funktionsganze der Hirnforschung gerät insgesamt nur dann in den Blick, wenn der Großraum Berlins mit in die historiografische Analyse einbezogen wird.[4]

Obendrein ist eine weitere Wortbedeutung des Interstitiums die von *„inter-stare"* – (lat.) das dazwischen Stehen, sich Einpassen und doch den Weg Versperren.[5] Das Thema „Psychiatrie und Hirnforschung"[6] stellt hier ein besonders geeignetes Beispiel dar, um die Bedeutung von Übergängen und Trennlinien im Wissenschaftsraum der Berliner Metropole wahrzunehmen. So werden die in diesem Beitrag dargestellten Einzelbiografien auch von Schicksalen, Glücksfällen wie Tragiken handeln und sind aus historischer Perspektive wenig geeignet, die damalige Situation glorifiziert erscheinen oder unsere heutige Zeit in besserem Licht stehen zu lassen. Der vorliegende Beitrag stellt dementsprechend die Fortschritte in der morphologischen Hirnforschung insbesondere in eine Geschichte der vorgenannten Zwischenräume in der Stadtlandschaft Berlins ein.[7]

Ein weiteres Element, das im Untertitel dieses Beitrags erwähnt wurde, ist die Dimension des Labors. Diese wird hier nicht nur eingeführt, um eine wichtige Schnittstelle zwischen psychiatrischer Klinik und den Werkstätten der Hirnforschung hervorzuheben, sondern auch um die Unglücksfälle („ganz wie im echten Labor")[8] in der Wissenschaftsorganisation der städtischen Metropole näher auszuloten. Die Bedeutung des Labors selbst als eines Ortes wissenschaftlicher Erkenntnisgeneration war und ist eng mit dem Siegeszug des Experiments als zentraler Forschungspraxis der naturwissenschaftlichen Medizin verknüpft. Doch scheint die Definition, die der französische Experimentalphysiologe Claude

---

[1] Interstitium: 1) Zwischenraum zwischen Körperorganen oder -geweben E interstitium, interstices. 2) das interstitielle Bindegewebe E interstitial tissue 3) opt. Abstand des dingseitigen vom bildseitigen Hauptpunkt als eine der Kardinalstrecken. Def. nach Boss N (1987), S. 883

[2] Für den erweiterten historiografischen Ansatz vgl. Dierig S, Lachmund J und Mendelsohn J (2003), S. 1-19

[3] Für die Geschichte der Medizin in Berlin im Allgemeinen siehe Winau R (1987), bes. S. 196-269, und für die Neurowissenschaften im Speziellen: Holdorff B und Winau R (2000)

[4] Vgl. etwa Goschler C (2000), S. 7-28

[5] Casselman B, Dingwall J und Casselman B (1998), S. 197

[6] Vgl. auch Klahre AS (1999)

[7] Siehe ähnlich Richter J (1996), S. 352-372

[8] Vgl. Jacob F (1988), S. 9-11

Bernard (1813-1878) im 19. Jh. gegeben hat, tatsächlich zu eng gefasst, um auch den Gegenstand der modernen Hirnforschung adäquat beschreiben zu können: „Jede Experimentalwissenschaft braucht ein Laboratorium. Dorthin zieht sich der Forscher zurück, um mittels der experimentellen Analyse zu einem Verständnis der beobachteten Naturvorgänge zu gelangen."[9]

Hinsichtlich des Zitats von Bernard aus der „Einführung in das Studium der experimentellen Medizin" (1865) müssen zwei entscheidende Abweichungen herausgehoben werden, die thematisch diesen Beitrag begleiten. Nämlich erstens die Feststellung, dass keiner der drei hirnforschenden Psychiater – weder Vogt, noch Brodmann oder Goldstein – genau dasjenige Labor vorfand, in das er sich hätte „zurückziehen" können, um seine Forschungen selbstbestimmt, in Ruhe oder unter unterstützenden Bedingungen betreiben zu können.[10] Vielmehr zieht sich die Klage durch alle ihre Biografien, dass dies beispielsweise erst 26 Jahre nach Aufnahme der wissenschaftlichen Tätigkeit (im Fall Vogts),[11] nicht an der Wunschuniversität (im Fall Brodmanns)[12] oder in Beziehung zur psychiatrischen Klinik (im Fall Goldsteins)[13] erfolgen konnte – ganz zu schweigen vom Beginn des Nationalsozialismus, der vor allem die Pläne Vogts und Goldsteins gehörig zunichte machte.[14] Ihre Bio- und Ergografien sollen nun im Einzelnen charakterisiert und besonders auf die Frage hin durchgesehen werden, welche universitären und außeruniversitären Forschungs- und Austauschbeziehungen mit den je individuellen Untersuchungsbemühungen bestanden haben.

1 Von Zentralen sowie eher „Peripheren" Neurologischen Stationen: Das Hirnforschungslabor v on Oskar (1870-1959) und Cécile Vogt (1875-1962)

Der 1870 in Husum geborene Oskar Vogt erreichte die Berliner Metropole im Alter von 29 Jahren, nachdem ihn das Studium der Medizin zwischen 1888 und 1894 zunächst nach Kiel und dann weiter nach Jena geführt hatte. Auf die erfolgte Promotion hin hielt er sich zu Forschungszwecken bei August Forel (1848-1931) in Zürich sowie anschließenden Unterweisungen im neuroanatomischen Arbeiten in Leipzig bei Paul Flechsig (1847-1929) auf. Bereits 1898 lernte er seine spätere Frau Cécile Munier als Neurologieassistentin von Pierre Marie (1853-1940) an der Pariser Salpêtrière kennen, und sie heirateten im folgenden Jahr.

Es wäre jedoch vollkommen artifiziell, das Werk dieses „Professional Couple" auf Oskar Vogt allein reduzieren zu wollen, da entscheidende Anregungen – zum Beispiel zur Anwendung der Tiefenpsychologie, Inspirationen zum Studium der Basalganglien oder vitale Unterstützung in arbeitsteiligen Forschungsprojekten – gerade aus der engen Arbeits-

---

[9] Bernard C (1865), S. 201
[10] Siehe auch Schulze HAF (2000), S. 59-62
[11] Richter J (1996), S. 384-387
[12] Danek A, Rettig J (1989), S. 555-562
[13] Kreft G (2005), 223-283
[14] Vgl. auch Harrington A (2002), S. 259-371

Abb. 1: Oskar und Cécile Vogt am Sektionstisch, ca. 1903 (C. u. G. Vogt-Archiv, Universität Düsseldorf)

beziehung des Ehepaars Vogt hervorgegangen sind.[15] Beispielsweise stellte der Nobelpreisträger für Medizin oder Physiologie von 1906, Santiago Ramón y Cajal (1852-1934), anlässlich seines zweiten Berlinbesuchs – 1905 – fest:[16] „ [...] das Ehepaar Cécile und Oskar Vogt im Neurologischen Institut in Berlin, die an einer genauen Kartographie des Gehirns arbeiten, gleich[t] den Astronomen, die ihr ganzes Leben mit photographischer Darstellung und Katalogisierung der Himmelskörper und Nebelflecken verbringen. [... Bis spät in die Nacht] sitzt das Ehepaar Vogt einander gegenüber an dem großen Doppelschreibtisch [...]. Dort entstehen ihre *Manuscripte über die Störungen der Seele und über die Anatomie des Gehirns und über die Beziehungen zwischen beiden.*"[17]

Oskar Vogt, der zunächst gemeinsam mit seiner Frau Cécile in Berlin in privater Praxis tätig war, gründete die zum multidimensionalen Studium des Gehirns vorgesehene „Neurologische Centralstation" am 15. Mai 1898 analog zum Neurologischen Institut – das zuvor von Heinrich Obersteiner (1847-1922) in Wien 1882 eingerichtet worden war – beziehungsweise zur florierenden Nationalen Krankenanstalt für Nervenkrankheiten von Queen Square in London.[18] Die Anfänge waren eher bescheiden und beschränkten sich auf die Umwidmung eines Wohnhauses in der Magdeburger Straße Nr. 16. Es konnte mit Unterstützung der Familie Krupp – die Tochter des Stahlindustriellen Friedrich Alfred Krupp (1854-1902), Bertha Krupp von Bohlen und Halbach (1886-1957), war eine prominente Hypnosepatientin Oskar Vogts –[19] angemietet und umgebaut werden, wie die spätere Assistentin von Hugo Spatz (1888-1969), Dr. Thea Lüers, in ihren Aufzeichnungen plastisch festgehalten hat: „Es wurden auch mehrfach Eingaben [der Nachbarn] bei der

---

[15] Klatzo I (2004), 18-27
[16] Ramón y Cajal S (1937), S. 544f
[17] Santiago Ramón y Cajal nach Lüers, T (MS ca. 1970), S. 31-34, Herv. d. Verf.
[18] Dejong RN (1960), 676-679; Helmchen H (1999)
[19] Satzinger H (1998), 49-51

Polizei gemacht, um diese auf das Treiben im Hause Nr. 16 hinzuweisen. Cécile und Oskar Vogt haben bald zu ihrem zweiten Stock den ersten und dritten hinzugemietet [...]. Das mittlere Zimmer im dritten Stock hat nach der Strasse einen hübschen Balkon, den lassen sie mit einem Drahtnetz bespannen, und bald schaukeln Affen dort über den Dächern von Berlin. Neben ihrer wissenschaftlichen Arbeit betreiben beide nervenärztliche Praxis. Sie beschränken sich dabei auf die Behandlung seelischer Störungen, von deren erweiterter Kenntnis sie gleichzeitig neue Ausblicke für ihre Hirnforschungen erhoffen. Während Affen auf dem Balkon turnen (wichtig für die Arbeiten über umschriebene Funktionsgebiete des Gehirns), während menschliche Gehirne (gelegentlich solche von Selbstmördern oder Hingerichteten) in verhüllten Paketen ins Haus getragen werden, sitzt in den nervenärztlichen Sprechzimmern die Berliner Gesellschaft, Politiker, Schriftsteller, Dichter, Schauspieler, Weltdamen."[20]

Bereits 1910 – im unmittelbaren Vorfeld zur Gründung der Kaiser-Wilhelm-Gesellschaft (KWG) – hatten sich die Anatomen Wilhelm Waldeyer (1836-1921) aus Berlin sowie Paul Flechsig aus Leipzig für die Schaffung eines Hirnforschungsinstituts in dieser neuen außeruniversitären Forschungsinstitution stark gemacht und als ihren zukünftigen Leiter den histologisch arbeitenden Psychiater Franz Nissl (1860-1919) aus München favorisiert. Durch den starken Einfluss der Industriefamilie Krupp wurde schließlich jedoch Vogt als Gründungsdirektor bestimmt, nachdem 1906 bereits Max Bielschowsky (1869-1940) als weiterer Mikroskopiker die Leitung des hirnpathologischen Bereichs in der Vogt'schen Forschungsanstalt übernommen und sich das Neurobiologische Laboratorium der Vogts zu einer weit sichtbaren Hirnforschungsinstitution entwickelt hatte.[21] Obwohl weder Vogt noch Bielschowsky habilitiert waren, wurde beiden 1913 ein außerplanmäßiger Professorentitel verliehen und das Laboratorium der Berliner Universität ein Jahr später in die Kaiser-Wilhelm-Gesellschaft eingegliedert.[22] Der Neubau in Berlin-Buch konnte aber erst 1930 begonnen werden, da die ursprünglich vorgesehenen Stiftungsgelder der Krupps in der Inflationszeit verloren gegangen waren. Hierdurch wurde das zusätzliche finanzielle Engagement der amerikanischen Rockefeller Foundation (RF) notwendig – wie dies auch an der Deutschen Forschungsanstalt für Psychiatrie (DFA) in München der Fall gewesen ist –,[23] um diesen Schritt überhaupt realisieren zu können. Dieses war jedoch keineswegs selbstverständlich, wenn man sich die früheren Einschätzungen des RF Officers Allan Gregg (1890-1957) vor Augen hält, als dieser am 6. November 1928 der universitären Vorgängerinstitution einen Antrittsbesuch abstattete: „Prof. & Mrs. Vogt. We then went to Vogt's Institute which consists of 3 floors in a cheap apartment house. A surprising show. The Vogts have been working for 17 years with poor equipment and inadequate space, but with a comprehensiveness and persistence which is both admirable and impressive. Vogt's approach to the study of the central nervous system is characterized by three points of view which are not covered by any of the groups in Munich: 1) The architectonic of the brain as a whole; 2) the localization of both physiological experiment and evidence of several cases of different functions of the brain; 3) the further study of some phases of genetics which may be of special importance in the hereditary determination of

---

[20] Lüers T (MS ca. 1970), S. 31f
[21] Stahnisch FW (2003), S. 243-248
[22] Richter J (1996), 367-373
[23] Burgmair W und Weber MM (2003), S. 368-373

brain structure. These have been the interests of the Vogts' for the past 31 years, though [Oskar] V[ogt] is still under 60."[24]

In der Folge des gesteigerten Engagements der RF in der deutschen Biomedizin und Hirnforschung in dieser Zeit gelang es schließlich, mit neuen Mitteln der Krupp-Familie sowie der Bereitstellung eines passenden Grundstücks durch das Land Berlin, den Institutsneubau zu verwirklichen. Die Gesamtkosten für das geplante Hirnforschungsinstitut waren in Höhe von 1.500.000 RM veranschlagt worden, wobei das Deutsche Reich nur die bescheidene Summe von 250.000 RM zur Verfügung stellen konnte. Das Land Preußen war zunächst ebenfalls bereit, 250.000 RM hinzuzugeben, was sich auf Grund seiner allgemeinen Verpflichtungen in Universitäts- und Kultusangelegenheiten aber zerschlug. Letztlich setzte Gustav Krupp von Bohlen und Halbach (1870-1950) jedoch das Engagement seines Vaters für Vogts Laboratorium mit einer Zahlung von 300.000 RM fort, während die RF den Restbetrag übernahm. Außerdem begann nun die Zeit zu drängen: Die Vogts sahen sich gezwungen, aus der Magdeburger Straße 16 auszuziehen, weil sämtliche Nachbargebäude voll belegt waren und neben Auseinandersetzungen mit Anrainern keine weiteren Ausdehnungsmöglichkeiten für das Institut bestanden, um ihre neurobiologischen Arbeiten fortsetzen zu können.[25]

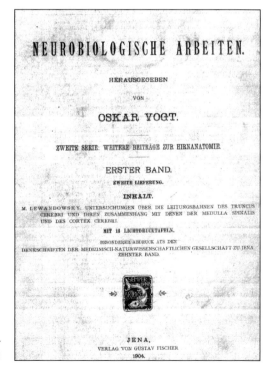

Abb. 2: Die "Neurobiologischen Arbeiten" (1904) von Oskar Vogt (Hrsg)

---

[24] RAC, IFC, KWIBR, AGD, S. 27 (RAC: Rockefeller Archiv Zentrum in Sleepy Hollow, New York State; Zitation nach dem Signaturensystem des RAC)

[25] Holdorff B: Zwischen Hirnforschung, Neuropsychiatrie und Emanzipation zur klinischen Neurologie bis 1933, in: Holdorff B und Winau R (2001), S. 159f

Wie ihre deutschen Informanten die RF wissen ließen, hatte Oskar Vogt sogar zuvor mit dem Gedanken gespielt, sich an die Münchner DFA zu bewerben, dies jedoch wieder verworfen, weil er eine Konkurrenz mit dem Neuropathologen Walter Spielmeyer (1879-1935) befürchtete. Die Wahl des Ortes für den Berliner Institutsneubau fiel auf Anregung des damaligen Stadtmedizinalrates Prof. Wilhelm von Drigalski (1871-1950) auf Buch im Nordosten der Stadt. Dort befanden sich auch die zwei größeren psychiatrischen Heilstätten der so genannten III. Städtischen Irrenanstalt,[26] mit denen zusammengearbeitet werden sollte, da sie eine „große Anzahl von Geisteskranken als Studienmaterial" für Forschungszwecke zu bieten schienen: "Another part of this general scheme has, however, been realized by the Kaiser-Wilhelm Society in promoting science in the field of physiology, and [it] is being able to open the Kaiser-Wilhelm Institute in Berlin, for the study of the brain. Here are engaged: Oskar Vogt, Cecile Vogt, [Maximilian] Rose [1883-1937] and Bielschowsky, The first of the above are working on the extension of the teaching on the localization of the brain cells, psychology of the "Neurosen", and upon the peculiar characteristics connected with the problem of heredity; the latter named scientists are studying *the most delicate changes which take place in the brain of one who becomes sick.*"[27]

Im Sprachgebrauch der Zeit konnte man sich für das neue Hirnforschungsinstitut also reichlich „Untersuchungsmaterial" an kranken Gehirnen („brains of those who become sick") versprechen, wobei die Vogts mit dem von ihnen entwickelten Krankheitskonzept der „Pathoklisenarchitektur" angetreten waren, gerade die histologischen Grundlagen psychiatrisch-neurologischer Erkrankungen (etwa des Spaltungsirreseins, des Morbus Parkinson und der Schlaganfallerkrankungen) mikroskopisch weiter aufzuarbeiten. In ihren Augen war „eine pathoarchitektonische Durchforschung von Gehirnen Geistesgestörter mit Hilfe von Schnittserien noch nicht unternommen worden".[28] Vogt sollte über die rein grundlagenwissenschaftlichen Hirnforschungsabteilungen hinaus – in einem großen und funktionalen Gebäudetrakt des polnischen Architekten Jakub Lewicki (1886-1953) – auch eine psychiatrische Abteilung mit 40 Patientenbetten erhalten, die „nach seinen Forschungsbedürfnissen [zu] belegen" waren.[29]

Beide Einheiten des Instituts wurden schließlich auf dem großen Gelände des geplanten Bucher Friedhofs errichtet, weil sich dieses wegen des hohen Grundwasserspiegels für den vorgesehenen Gebrauch als ungeeignet herausgestellt hatte und sogar im Volksmund als ein „Seemannsfriedhof" parodiert wurde.[30] Die Friedhofskapelle war bereits mit Landesmitteln errichtet worden und blieb später im Park des Instituts stehen, während das Haus für die Friedhofswärter und Gärtner als „Torhaus" zum Wohntrakt der Mitarbeitenden des Instituts, etwa des russischen Neurogenetikers Nicolai Vladimirovich Timoféeff-Ressovsky (1900-1981)[31] umgestaltet wurde. Hinsichtlich der allgemeinen Wahrnehmung des Instituts ist interessant, dass das mehrstöckige, funktionale Gebäude mit angeschlossener Forschungsklinik den Nationalsozialisten wahlweise als „bolschewistische Architektur", der Sowjetischen Besatzungsmacht nach Ende des Zweiten Weltkriegs als „amerika-

---

[26] s. a. Döhl D (2004), S. 28-48
[27] RAC, 717A, KWIBR, MS Germ., May 1926, S. 8, Herv. d. Verf.
[28] vgl. Satzinger H (1998), S. 191-196
[29] RAC, 717A, KWIBR, 10, 64, S. 1. Brief von Alan Gregg aus Deutschland an die RF in New York City vom 5. Mai 1926
[30] Lüers T (MS ca. 1970), S. 83f
[31] Stahnisch FW (2006), S. 322f

nistischer Stil" galt.³² Schon bald nach der Machtergreifung der Nationalsozialisten sah sich Oskar Vogt, der nicht allein mit der Untersuchung des Gehirns von Wladimir Iljitsch Lenin (1870-1924) nach dessen Tod beauftragt worden,³³ sondern zudem mit einer Französin verheiratet war, letztlich wiederholten Angriffen durch die Nationalsozialisten ausgesetzt. So wurde das Institut auch zum Ort eines durch den Mitarbeiter Prof. Max Heinrich Fischer (1892-1971) – des Leiters der Humanphysiologischen Abteilung – vorbereiteten Überfalls am 30. Januar 1933 durch die SA, welche unter den vielen internationalen Mitarbeitenden einen osteuropäischen Spion vermuteten. Nicht nur das Dissertationsmanuskript von Tochter Marguerite Vogt (1913-2007) wurde beschlagnahmt, sondern man verlud auch die anwesenden ausländischen Staatsbürger, etwa den holländischen Ingenieur Jan Friedrich Tönnies (1902-1970) oder den späteren Nobelpreisträger Herman J. Muller (1890-1967) aus den USA, auf Lastwagen und verbrachte sie ins Bucher Polizeigefängnis.³⁴ Sie sind zwar bald wieder freigelassen worden, aber die Angelegenheit rief nachhaltig internationale Reaktionen hervor, wie dies auch die Rückmeldung Alan Greggs an die New Yorker RF zeigt: „[Oskar] Vogt sent car to hotel. Went out to Buch and spent all day there. Vogt has had a good deal of trouble. House surrounded and researched by Nazis. Suspected of communism. [...] A long and thorough visit to the lab and to the clinic with demonstration of all the kinds of work going on. [...] – Patients as happy as under the circumstances they could be. KWG institutes will always be one man shows, but Vogt's have begun so much more than they could do or finish that the impression is rather strong that they need more collaborators. Frau Vogt a good deal more apprehensive than her husband – but they live under constant dread of spies and violence."³⁵

Im Jahr 1936 kam es fast „folgerichtig" durch Unterschrift des Führers Adolf Hitler (1889-1945) und entgegen den Gepflogenheiten der akademischen Gemeinschaft zur Auflösung des lebenslangen Vertrags Oskar Vogts mit der KWG. So musste er 1937 die KWI-Leitung an den aus München kommenden Neuropathologen Hugo Spatz (1888-1969) abgeben. Zeitgleich hatten sich aber die Krupp-Familie, die ihren Einfluss während der gesamten NS-Zeit für die Vogts geltend machte, und die amerikanische RF darauf verständigt, einen Neubau des Hirnforschungsinstituts, weit entfernt von der Berliner Metropole (in Neustadt/Schwarzwald) zu finanzieren, wo das Forscherehepaar Vogt gemeinsam mit ehemaligen Mitarbeitenden ihre Untersuchungen bis in die Nachkriegszeit fortsetzen konnte.³⁶

2 Stadtlandschaft und experimentelle „Kartenphysiologie": Zur Marginalisierung Korbinian Brodmanns (1868-1918) am Rand der Universität

Im Rahmen ihrer Untersuchungen zur zytoarchitektonischen Organisation der Hirnrinde wurde das Forscherehepaar Vogt besonders von dem erfahrenen Anatomen und Histologen Korbinian Brodmann unterstützt, der 1898, wie später die Ärzte Max Lewandowsky

---

[32] Lüers T (MS ca. 1970), S. 84
[33] Siehe in Hagner M (2004), S. 249-266
[34] Klatzo I (2004), S. 42-52
[35] RAC, 717A, KWIBR, Letter Alan Gregg, Juli-31 1933, S. 71
[36] Schulze HAF (2004), S. 399-403

(1876-1918) und Max Borchert (1879-1918), zum Hirnforschungsinstitut stieß.[37] Brodmann selbst war als Sohn eines Landwirtes in Schwaben geboren worden, wo er ab 1874 die Volksschule in Liggersdorf bei Hohenfels besuchte. Im Anschluss an die Bürgerschule in Überlingen und die Gymnasialzeit in Sigmaringen und Konstanz studierte er zwischen 1889 und 1895 Medizin zunächst in München, dann in Würzburg, Berlin und Freiburg i. Br., wo er 1895 sein Studium beendete. Nach erfolgter ärztlicher Approbation ging er für zwei Jahre an die Universitätsklinik von Lausanne (Schweiz) sowie an die Psychiatrische Klinik zu Emil Kraepelin (1856-1926) nach München, um 1898 den medizinischen Doktorgrad an der Universität Leipzig mit einem „Beitrag zur Kenntnis der chronischen Ependymsklerose" (1898) zu erwerben.[38] Hierauf trat er Stellen als Assistenzarzt an der Psychiatrischen Klinik der Universität Jena sowie der Städtischen Nervenklinik in Frankfurt am Main an, wo er auch 1901 mit Alois Alzheimer (1864-1915) arbeitete, der ihn weiter ermutigt hat, sich mit neurowissenschaftlicher Grundlagenforschung zu beschäftigen – was Brodmann schließlich über 10 Jahre hinweg am Neurobiologischen Laboratorium von Oskar und Cécile Vogt tat.[39]

Brodmann war zuvor bereits Mitarbeiter Oskar Vogts in der Nervenheilanstalt von Alexanderbad im Fichtelgebirge gewesen, der dieses Sanatorium vorübergehend geleitet hat, bevor Vogt selbst in die Schweiz und dann weiter nach Paris gegangen ist.[40] Als 1. Assistent vor Max Bielschowsky – welcher selbst 1904 im Alter von 35 Jahren ebenfalls zum Berliner Neurobiologischen Laboratorium gewechselt war – trat Korbinian Brodmann in die Vogt'sche Forschungsanstalt ein.[41] Ebenso wie der 2. Assistent Bielschowsky konnte

Abb. 3: Korbinian Brodmann (aus: Brodmann (1909), Frontispiz, o.P.)

[37] Holdorff B (2004), S. 223-238
[38] Danek A und Rettig J (1989), S. 557f
[39] Fix M (1994), 1-35
[40] Wahren W (1960), S. 363f
[41] Stahnisch FW (2003), S. 244-248

auch Brodmann auf eine beachtliche Anzahl von Publikationen zurückblicken, die größtenteils im Zusammenhang mit rindenarchitektonischen Fragen gestanden haben. Über die Zusammenarbeit mit Brodmann, der seine morphogenetischen Studien ganz dem Vogt'schen Forschungsprogramm zur topistischen Gliederung der Hirnrinde verschrieb, stellte Vogt auch wohlwollend heraus: „Brodmann stürzte sich mit größter Begeisterung und unermüdlichem Arbeitseifer in die ihm gestellte Arbeit. [...] Die mit vervollkommneten Mitteln hergestellten Zellpräparate ergaben uns dann gleich bei unseren ersten gemeinsamen Orientierungsarbeiten ganz unerwartet reiche Ergebnisse. Darauf habe ich dann Brodmann den Vorschlag gemacht, den ersten Entwurf der Rindenarchitektonik allein zu übernehmen. Heute findet man in jeder Universitätsnervenklinik, in jedem anatomischen Institut, Brodmann's Tafeln von der Einteilung der Hirnrinde in Rindenfelder."[42]

Tatsächlich leistete Brodmann in der Zeit zwischen 1901 bis zu seinem Ausscheiden aus dem Neurobiologischen Laboratorium 1910 extrem umfangreiche histologische Arbeiten zur Übereinstimmung der zyto- und myeloarchitektonischen Felderung einzelner Hirnrindenareale (Abb. 4) – insbesondere in Fragen der Anfärbung von Nervenzellen mit ihren Ausläufern in den unterschiedlichen Zellagen des Gehirns.

Sein zentrales und weithin beachtetes Werk „Vergleichende Lokalisationslehre der Großhirnrinde; in ihren Prinzipen dargestellt auf Grund des Zellenbaues" erschien bereits 1909, mit dem er sich parallel an der Berliner Fakultät zu habilitieren hoffte. Und Brodmanns Name ist bis heute mit der international anerkannten zytoarchitektonischen Gliederung der Rindenfelder verknüpft geblieben.[43] So wurden seine Untersuchungen von anderen einflussreichen Neurowissenschaftlern wie beispielsweise Karl Kleist (1879-1960) in Frankfurt oder Wilder Penfield (1891-1976) in Montreal aufgegriffen, erweitert und im Wesentlichen bestätigt.

Vogt selbst übertrug Brodmanns Ergebnisse in eine große Anzahl von physiologischen Reizversuchen bei verschiedenen Säugetieren, insbesondere bei Affen, die er mit histologischen Kontrolluntersuchungen verglichen hat. Er selbst hoffte, damit die von Otfried

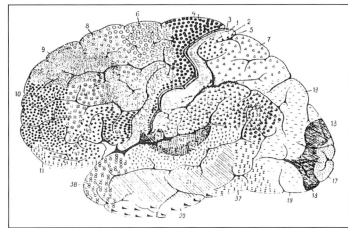

Abb. 4: Die kortikalen Areale der lateralen und medialen Oberfläche der Großhirnrinde (aus: Brodmann (1909); S. 110, Kap. IV, Fig. 85)

---

[42] Oskar Vogt nach Lüers T (MS ca. 1970), S. 30f
[43] Siehe auch Garey LJ (1994), S. xv-xviii

Foerster (1873-1941) in Breslau durchgeführten Hirnrindenreizungen bei neurochirurgischen Patienten weiter zu bestätigen, und konnte deutliche Übereinstimmungen in den funktionellen Verteilungsmustern finden.[44] Entsprechend euphorisch hielt der polnisch-amerikanische Neuroanatom Jerzy E. Rose (1909-1992) von der Johns-Hopkins-Universität in Webb Haymakers (1902-1984) „Founders of Neurology" (1953) – dem biographischen Standardwerk, das lange die Selbstwahrnehmung der Neurologen geprägt hat – über Brodmanns Bedeutung fest: "Brodmann's broad comparative-anatomic approach, his recognition that the cortex is organized anatomically along the same basic principles in all mammals, and his idea of utilizing the morphogenesis of the cortex as a basis for the classification of cortical types and for the nomenclature of the layers, were all instrumental in dispelling the almost hopeless confusion which existed before Brodmann entered the field. *His studies culminated in his famous book, Vergleichende Lokalisationslehre der Grosshirnrinde [...] which remains the only comprehensive work ever published on this subject.*"[45]

Brodmanns wissenschaftliches Schicksal ist jedoch auf besondere wie tragische Weise mit der ablehnenden Haltung und den internen Machtkämpfen an der Medizinischen Fakultät der Berliner Universität verknüpft: Auf Grund eines Gutachtens des Psychiaters und Neurologen Theodor Ziehen (1862-1950) wurde seine Habilitationsschrift 1910 rundweg abgelehnt, ein Vorgang, der als persönliche Attacke Ziehens gegen Vogt verstanden werden kann.[46] Denn Vogt war ursprünglich kein Mitglied der Fakultät gewesen und musste außerhalb ihrer Grenzen – im städtischen Wissenschaftsraum Berlins – agieren. Ebenso konnte er die 1902 erfolgte Angliederung seines Instituts an die Universität nur deshalb erreichen, weil er über den Einfluss der Krupp-Familie im Ministerium unterstützt worden ist und wenigstens der Physiologe Theodor Wilhelm Engelmann (1843-1909) seinen Untersuchungen wohlmeinend gegenüberstand. Gemeinsam mit ihrem Mitarbeiter Brodmann wurden die Vogts auch als Spezialabteilung des Physiologischen Instituts geführt, obwohl der Psychiater Friedrich Jolly (1844-1904) und der Anatom Wilhelm Waldeyer als tonangebende Ordinarien gegen die Angliederung des Laboratoriums gestimmt und diese abgelehnt hatten.[47]

Brodmann musste nach Ablehnung seiner Habilitationsschrift „Die cytoarchitektonische Kortexgliederung der Halbaffen (Lemuriden)" (1908) tatsächlich Berlin verlassen, da ihm formell der Weg in die deutsche akademische Gemeinschaft versperrt war. Er entschied sich noch im gleichen Jahr, an die Klinik für Gemüts- und Nervenkrankheiten der Universität Tübingen zu gehen, wo er sich schließlich bei Otto Binswanger (1852-1929) habilitieren und sich vom Assistenzarzt zum Oberarzt der Klinik bis zum Professor – 1913 – entwickeln konnte. Nach einer kurzen Zeit als Assistenzarzt an der Prosektur der Halleschen Anstalt Nietleben gelangte Brodmann 1918 als Neurohistologe an die neu gegründete DFA nach München.[48] Ähnlich wie für Lewandowsky und Borchert sollte aber auch Brodmanns Leben tragisch enden: Während sich die beiden ersteren als überzeugte Royalisten und Deutschkonservative nach dem verlorenen Ersten Weltkrieg das Leben nahmen,

---

[44] Richter J (1996), S. 382f
[45] Haymaker W (1953), S. 14f., Herv. d. Verf.
[46] Wahren W (1960), S. 370f
[47] Karenberg A (2007), S. 20-29
[48] Garey LJ (1994), S. xv

starb Brodmann kurz nach der Münchner Berufung an einer septischen Infektion, die er sich im Rahmen seiner pathologischen Sektionstätigkeit zugezogen hatte.[49]

3   Roter Wedding und Braune Stadt: Über den scheiternden „Klinischen Versuch" von Kurt Goldstein (1878-1965)

Kurt Goldstein – hier das dritte Beispiel hirnforschender Psychiater aus Berlin – wurde 1878 als siebtes von neun Kindern einer jüdischen Großfamilie in Schlesien geboren und bereits als Knabe auf Grund seiner Leidenschaft für Bücher und Philosophie scherzhaft als „der Professor" bezeichnet. Seine Schulzeit im liberalen Breslauer Johannes-Gymnasium erlebte er aber eher als langweilig, ohne genügende Anforderungen, bis er nach der Matura in Heidelberg Philosophie studieren und darin Anregung und intellektuelle Entfaltung finden konnte. Auf Druck seines Vaters jedoch – eines wohlhabenden schlesischen Holzhändlers –, für den diese Beschäftigung nur als „brotlose Kunst" galt, musste Goldstein sein Studienfach wechseln.[50] Er kehrte von Heidelberg an die Breslauer Universität zurück, wo er Medizin hörte und mit der Arbeit „Die Zusammensetzung der Hinterstränge: anatomische Beiträge und kritische Übersicht" (1903) in der Klinik von Carl Wernicke (1848-1904) sein Doktorexamen abgelegt hat. Gleichwohl blieben seine früheren philosophischen Neigungen immer in Goldsteins neurologischer Theoriebildung präsent. Zusätzlich wurde er nun durch seinen Schwager – den bedeutenden Hamburger Kulturphilosophen Ernst Cassirer (1874-1945) – bestätigt und beeinflusst, der ebenfalls in der Zeit des Nationalsozialismus über England und Schweden in die USA emigrieren musste, wo er bis zu seinem Tod in regem Austausch mit Goldstein blieb.[51]

Abb. 5: Kurt Goldstein während seines Israelbesuchs 1958 (Fotografie im Besitz von Dr. Moshe Feinsod, Haifa)

---

[49] Fix M (1994), S. 87-93
[50] Belz W (2006), S. 1-23
[51] Harrington A (2002), S. 148-150

Zwischen 1906 und dem Beginn des Ersten Weltkriegs setzte Goldstein seine klinische Ausbildung in Neurologie und Psychiatrie an der Universität von Königsberg i. O.-Pr. fort, wo er sich für das klinische Fach der Nervenheilkunde habilitieren konnte. Bereits in dieser Zeit wurde der bekannte Frankfurter Neurologe und Neuroanatom Ludwig Edinger (1855-1918) auf ihn aufmerksam und bot ihm zunächst eine Abteilung, dann während des Ersten Weltkriegs die Leitung des rehabilitativ orientierten „Instituts für die Erforschung der Folgeerscheinungen von Hirnverletzungen" als wichtigem Bestandteil seiner Hirnforschungseinrichtung an.[52] Hier begann auch die fruchtbare, über lange Jahre hinweg fortdauernde Zusammenarbeit mit dem Experimentalpsychologen Adhémar Gelb (1887-1936), der die neuropsychologische Abteilung des Instituts bis 1930 leitete. 1929 wurde Goldstein als Nachfolger Ludwig Edingers an diesem multidisziplinären Institut der neuen bürgerlichen Universität Frankfurt berufen. Dass er dort insbesondere auf das Betreiben von Karl Kleist hin aber keine, wenn auch noch so kleine psychiatrische Krankenstation übernehmen und in das Institut integrieren durfte, muss wohl – unter anderem – als Beleg für die oft schwierige Beziehung zwischen zeitgenössischer Psychiatrie und Hirnforschung gesehen werden.[53]

Es kam deshalb nicht überraschend, dass Goldstein 1930 das Angebot sofort annahm, die Neurologische Klinik des Moabiter Krankenhauses zu übernehmen, und in die Berliner Metropole zog. In der Tat konnte er sich glücklich schätzen, dort bald eine illustre Gruppe von Ärzten und Wissenschaftlern um sich versammelt zu wissen, die alle seinen holistischen Ansatz der Nervenheilkunde teilten und unterstützten: So hatte der ebenfalls jüdische und aus Bayern stammende Neurohistologe Karl Stern (1906-1975) zwischen 1931 und 1932 bei ihm in Frankfurt gearbeitet und war nun nach einer intensiven Ausbildungsphase in der Neuropathologie von Walter Spielmeyer (1879-1935) in München wieder zu Goldstein gestoßen. Die klinischen und grundlagenmedizinischen Gegebenheiten des Moabiter Krankenhauses entwickelten sich rasant, und mit dem Schüler von Ernst von Bergmann (1833-1907), Moritz Borchardt (1868-1949), schloss sich ein versierter Neurochirurg, mit Adhémar Gelb einer der wichtigsten deutschen Experimentalpsychologen der Zeit und kurz auch Ludwig Pick (1868-1944) als Neuropathologe der Arbeitsgruppe an.[54]

Aber anders als in Frankfurt fand diese Berliner Entwicklung größtenteils außerhalb der Universitätsmedizin statt, und Moabit entwickelte sich zu einem der wenigen akademischen Krankenhäuser, das einen ebenso hohen organisatorischen Differenzierungsgrad wie sich ergänzende Abteilungen für Neurologie, Psychiatrie, Innere Medizin und Pathologie aufwies, sodass es ebenbürtig zu Goldsteins vorheriger Wirkungsstelle in Frankfurt aufschließen konnte. Goldstein gelang es, die vorhandene Infrastruktur in einer organischen Weise fortzuentwickeln, die ganz seinem holistischen Ansatz in der neurologischen und psychiatrischen Forschungs- und Versorgungspraxis entsprach.[55] Aber gerade in dem Moment, als Goldstein ein zweites Mal eine akademische Klinik im holistischen Sinne aufgebaut hatte und der Boden entscheidend bereitet war, um jetzt eine führende wissenschaftliche Position in Deutschland einzunehmen, machte der Nationalsozialismus alle Pläne wieder zunichte: Der Direktor des Moabiter Krankenhauses, der Internist Georg

---

[52] Stahnisch FW (2008a), S. 148
[53] Kreft G (1997), S. 133-138
[54] Stahnisch FW (2008b), S. 10f
[55] Goldstein K (1971), S. 11f

Klemperer (1865-1946), war sich schon früh sicher, dass das als „Jüdisch" wahrgenommene und nahe am „Roten Wedding" gelegene Krankenhaus mit seinem sichtbaren sozialmedizinischen Engagement ein Hauptziel von NS-Agitationen werden würde. So reagierte er äußerst besorgt auf einen offensiven Zeitungsartikel vom 21. März 1933 in „Der Stürmer", in dem Goldstein dafür attackiert wurde, ein jüdischer Arzt in hoher Stellung, ein Psychoanalytiker beziehungsweise ein Neurologe zu sein, dessen Hauptinteresse in der Behandlung, nicht aber Ausgrenzung von psychiatrischen und neurologischen Patienten bestand. Tatsächlich hatten in dieser Zeit 70% aller Ärzte des Krankenhauses einen jüdischen Familienhintergrund – wenn hier die NS-Ansichten zu Grunde gelegt werden – und 10% der Krankenschwestern und Pfleger waren aktiv in sozialistischen Gewerkschaften organisiert.[56]

Sofort nachdem Klemperer von den öffentlichen Drohungen Kenntnis bekam, warnte er Goldstein, dass sich die Situation nur verschlimmern würde und er besser das Land verlassen sollte. Diese Voraussicht bewahrheitete sich sehr bald, als Goldstein am 1. April 1933 aus seiner Patientensprechstunde heraus verhaftet werden sollte. Nach den Erinnerungen seiner Sekretärin und Assistentin Edith Thurm, hatte Goldstein die SA-Männer zwar noch gebeten, bis zur letzten Patientenbehandlung zu warten, doch wurde er herausschleppt und angebrüllt: "Jedermann kann ersetzt werden – auch Sie!" Als prominenter Angehöriger des "Sozialistischen Ärztebundes" wurde Goldstein hierauf in das berüchtigte Foltergefängnis in der General-Pape-Straße verbracht und dort auch misshandelt. Erst nach einigen Tagen gelang es einer seiner ehemaligen Studentinnen – Dr. Eva Rothmann (1897-1960), die im holländischen Exil seine Frau werden sollte –, die Bekanntschaft mit dem NS-Psychoanalytiker Matthias Heinrich Goering (1879-1945) zu nutzen, dass sich dieser selbst bei der NS-Führung für Goldstein verwendete. Kurz nach der Gefängnisentlassung und auch nachdem er gezwungen worden war, zu unterschreiben, dass er nie wieder nach Deutschland zurückzukehren würde, floh Goldstein über die Schweiz ins holländische und später dann ins amerikanische Exil.[57]

An der Amsterdamer Universität fand er – entgegen nahe liegender Erwartungen – zunächst keine Zuflucht in der Psychiatrie oder Neurologie, sondern musste mit einem kleinen Zimmer des Pharmakologischen Instituts vorlieb nehmen, das ihm über die Bekanntschaft mit dem holländischen Neurologen Bernard Brouwer (1881-1949) vermittelt worden war. Weder er noch seine Frau hatten in der Folge eine Aussicht auf klinische Tätigkeit in Holland, weil sie mit deutschen Zeugnissen keine ärztlichen Zulassungen im Nachbarland erhalten konnten.

Aus der Not heraus machte Goldstein aber eine Tugend, und mit der tatkräftigen Unterstützung der RF entstand in der Zeit des Amsterdamer Exils die Publikationsfassung seines überaus erfolgreichen und weltweit bekannten Werks „Der Aufbau des Organismus: Einführung in die Biologie unter besonderer Berücksichtigung der Erfahrungen am Kranken Menschen" (1934). Ohne die Chance auf längerfristigen Verbleib im Amsterdamer Exil entschied sich Goldstein 1935 mit seiner Frau, letztlich nach New York zu emigrieren: "Compelled to give up his post in Berlin in 1933 by reason of the new German government racial decrees [Goldstein] went to Amsterdam to continue his research with the neuropsychiatric group [!] there. His stipend (2,000 guilders) during the past year was provi-

---

[56] Harrington A (2002), S. 291-297
[57] Belz W (2006), S. 18-23

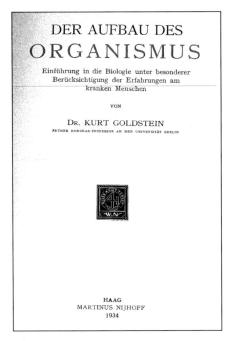

Abb. 6: Kurt Goldsteins "Aufbau des Organismus" (1934) (Frontispiz)

ded jointly by the Dutch Academic Assistance Council and the Rockefeller Foundation. His Dutch colleagues were anxious that he remain in Amsterdam for at least another year under the same terms, but being convinced that there was no future for him in Holland either in a university post or in practice, he decided to come to America and seek an opening. Prof. Goldstein has been offered facilities for research at the Psychiatric Institute, Columbia Medical Center, and the Foundation and Emergency Commitee in Aid of Displaced Foreign Physicians have been asked to supply the necessary stipend."[58]

Unter sehr schwierigen Bedingungen und in den letzten Jahren seiner wissenschaftlichen Karriere versuchte er nun ein drittes Mal – mit Unterstützung durch den deutschstämmigen Psychologen Martin Scheerer (1900-1961) – ein Labor, wenigstens jedoch eine Arbeitseinheit parallel zu seiner schier unermüdlichen Praxistätigkeit zu gründen. Zwischen 1937 und 1938 unterrichtete er in Harvard und während der Kriegszeit an der Columbia Universität. Gemeinsam mit anderen Wissenschaftsemigranten, den Sozialphilosophen Max Horkheimer (1895-1973) und Erich Fromm (1900-1980), betrieb er ferner sozialpsychiatrische Studien zur Entwicklung des "autoritären Charakters" an der „New School of Social Research", die ihm intellektueller Anlaufpunkt bis zu seinem Tod – 1965 – geblieben ist.[59]

Für Goldstein wuchs sich gerade der Verlust seiner physischen Anbindung an die Frankfurter und Berliner Neurologie- und Psychiatrie-„Community" in seinem Arbeitsprogramm zu den Hirnverletzungen entscheidend negativ aus, da dieses damals in seiner wissenschaftlichen Einzigartigkeit und Prominenz kaum an einem anderen Ort weltweit –

---

[58] RAC, 717A, Disp. Schol., Spec. RAF, 1935, S. 2
[59] Simmel ML (1968), S. 9f

nicht einmal an Columbia oder dem New Yorker Montefiore Krankenhaus – vollgültig weiterzuführen war. Kurz vor seiner Pensionierung musste er sich zudem mit vielen Mühen des Neuanfangs auseinandersetzen, und dieser dritte Versuch – in neuer Stadt, fremdem wissenschaftlichen Kontext und kulturellen Umfeld – sollte nicht mehr gelingen.[60] Zwar stießen Goldsteins kollaborative Arbeiten mit Adhémar Gelb noch in der amerikanischen Psychologie und Rehabilitationsmedizin auf einiges Interesse, seine spezifisch psychiatrischen wie neurologischen Untersuchungen gerieten jedoch schnell in Vergessenheit – zu fremd erschien dieses „deutsche Wissenschaftsprodukt":

"[Americans] wondered suspiciously about [Goldstein's] many-sided interests, which extended from medical research to psychology and philosophy. What was he really they asked: a physician, a psychologist or a philosopher?"[61]

4 Schluss

In Reflexion auf das Verhältnis von „Psychiatrie und Hirnforschung" am Beispiel der drei ausgewählten Einzelbiografien von Oskar Vogt, Korbinian Brodmann und Kurt Goldstein kann und muss die Frage, ob hier am Ende eine Erfolgsgeschichte universitär institutionalisierter Hirnforschung steht, eher verneint werden, wenn tatsächlich nur die Geschichte der Berliner Charité in den Blick genommen wird. Bei der Analyse der interstitiellen Übergänge des städtischen Wissenschaftsraums im Labor der Berliner Metropole zeichnet sich vielmehr ab, dass viele Erfolge der Hirnforschung erst außerhalb der Universitätsmedizin möglich geworden sind. Und es spricht für ihre Energie wie ihre intellektuelle Kraft, dass Oskar Vogt, Korbinian Brodmann und Kurt Goldstein sich auch in wenig unterstützenden Umfeldern dennoch etablieren und den wichtigen Nexus zwischen Psychiatrie, Neurologie und Grundlagenforschung des Gehirns entlang der Interstitien des städtischen Wissenschaftsraums herstellen konnten.

Im weiteren Rückgriff auf die eingangs gemachten Überlegungen zum Untertitel dieses Beitrags soll hier zudem hervorgehoben werden, dass im Sinne der Arbeitsbedingungen für die genannten Wissenschaftler das „Laboratorium" intra mures tatsächlich zu kurz gedacht und fehl am Platz ist: Denn als Schnittstellen von künstlichen Intensivierungen und potenziell offenen Untersuchungsmethoden waren die Experimente und Laboratorien der hirnforschenden Psychiater seit dem *Fin de Siècle* zu einer einflussreichen Projektionsfläche moderner technologischer gesellschaftlicher Entwicklungen selbst geworden. Das gilt auch und gerade für die Widersprüche, wie sie sich in der Geschichte der Berliner Metropole nur allzu deutlich spiegeln. Kurz: Die Übergänge des städtischen Wissenschaftsraums von Berlin haben selbst als „Laboratorien des realen Lebens"[62] Differenzen, Informationen und Identitäten erzeugt, die nur bedingt vorhersehbar, kaum gerichtet und mitunter für die beschriebenen Einzelbiografien sogar katastrophal gewesen sind. Dieser Befund regt zugleich dazu an, über die Organisationsformen von Wissenschaft im Allgemeinen wie die der modernen Neurowissenschaften im Speziellen je neu nachzudenken.

---

[60] Vgl. auch Stahnisch FW (2008b), S. 20-23; siehe ähnlich im Beitrag von Peter Vogelsänger in diesem Band
[61] Ulrich R (1968), S. 15
[62] Lethen H (1987), S. 289

Literatur

Belz W (2006) Kurt Goldstein (1878-1965) – Lebens- und zeitgeschichtliche Hintergründe. In: Danzer G (Hrsg.) Vom Abstrakten zum Konkreten. VAS Verlag, Frankfurt/M.: 11-70

Bernard C (1960) Einführung in das Studium der experimentellen Medizin (frz. 1865), Übers. Szendrö P, Einl. Rothschuh KE. Johann Ambrosius Barth, Leipzig

Boss N (19872) Roche Lexikon Medizin. Urban & Schwarzenberg, München, Wien, Baltimore, MD

Brodmann K (1909) Vergleichende Lokalisation der Grosshirnrinde in ihren Prinzipien dargestellt auf Grund des Zellenbaues. J. A. Barth, Leipzig

Burgmair W und Weber MM (2003) „Das Geld ist gut angelegt, und Du brauchst keine Reue haben". James Loeb, ein deutsch-amerikanischer Wissenschaftsmäzen zwischen Kaiserreich und Weimarer Republik. Historische Zeitschrift 277(2): 343-378

Casselman B, Dingwall J und Casselman B (1998) Dictionary of Medical Derivations: The Real Meaning of Medical Terms. Parthenon Publishing, Nashville, TN

Danek A und Rettig J (1989) Korbinian Brodmann (1868-1918). Schweizer Archiv für Neurologie und Psychiatrie 140(6): 555-566

Dejong RN (1960) The century of the National Hospital, Queen Square. Neurology 10(7): 676-679

Dierig S, Lachmund J und Mendelsohn J (2003) Toward an Urban History of Science. In: Dierig S, Lachmund J und Mendelsohn J (Hrsg.) Science and the City. Chicago Univ. Press, Chicago: 1-19

Döblin A (1929) Berlin Alexanderplatz: Die Geschichte vom Franz Biberkopf. S. Fischer, Berlin

Döhl D (2004) Ludwig Hoffmann – Bauten für Berlin 1896-1924. Ernst Wasmuth, Tübingen

Fix M (1994) Leben und Werk des Gehirnanatomen Korbinian Brodmann. Diss. med., Tübingen

Garey LJ (1994) Brodmann's Localisation in the Cerebral Cortex. Smith-Gordon, London

Goldstein K (1934) Der Aufbau des Organismus: Einführung in die Biologie unter besonderer Berücksichtigung der Erfahrungen an kranken Menschen. Martinus Nijhoff, Den Haag

Goldstein K (1971) Notes on the development of my concepts. In: Gurwitsch A, Goldstein-Haudek EM und Haudek WE (Hrsg.) Kurt Goldstein. Selected Papers. Martinus Nijhoff. Den Haag, S. 1-12.

Goschler C (Hrsg.) (2000) Wissenschaft und Öffentlichkeit in Berlin, 1879-1930. Steiner, Stuttgart

Hagner M (2004) Geniale Gehirne. Zur Geschichte der Elitegehirnforschung. Wallstein, Göttingen

Harrington A (2002) Die Suche nach Ganzheit. Die Geschichte biologisch-psychologischer Ganzheitslehren (engl. 1996). RoRoRo, Reinbek bei Hamburg

Haymaker W (1953) The Founders of Neurology. One Hundred and Thirty-Three Biographical Sketches. C.C. Thomas, Springfield, Ill

Helmchen H (1999) Oskar und Cécile Vogt 6.4.1870 – 31.7.1959 / 27.3.1875 – 4.5.1962. In: www.BBAW.de: Historischer Kalender - Biographien

Holdorff B (2004) Founding Years of Clinical Neurology in Berlin until 1933. Journal of the History of the Neurosciences 13(3): 223-238

Holdorff B, Winau R (Hrsg) (2001) Geschichte der Neurologie in Berlin. DeGruyter, Berlin, New York

Jacob F (1988) The Statue Within: An Autobiography. Basic Books, New York

Karenberg A (2007) Klinische Neurologie in Deutschland bis zum Ersten Weltkrieg – die Begründer des Faches und der Fachgesellschaft. In: Kömpf D (Hrsg.) 100 Jahre Deutsche Gesellschaft für Neurologie. Deutsche Gesellschaft für Neurologie, Berlin: S. 20-29

Klahre AS (1999) Die Psychiatrie profitiert von der Hirnforschung: Weltkongress für Psychiatrie in Hamburg. Die Welt (11. Aug. 1999)

Klatzo I (2004) Cecile and Oskar Vogt: The Visionaries of Modern Neuroscience. Springer, Wien, New York

Kreft G (1997) Zwischen Goldstein und Kleist – Zum Verhältnis von Neurologie und Psychiatrie im Frankfurt am Main der 1920er Jahre. Schriftenreihe der Deutschen Gesellschaft für Geschichte der Nervenheilkunde 2(1): 131-144

Kreft G (2005) Deutsch-jüdische Geschichte und Hirnforschung. Ludwig Edingers Neurologisches Institut in Frankfurt am Main. Mabuse, Frankfurt/M

Lethen, H (1987) Lob der Kälte. Ein Motiv der historischen Avantgarden. In: Kamper D und Van Reijen W (Hrsgg.) Die unvollendete Vernunft. Suhrkamp, Frankfurt/M: 282-324

Lüers T (MS ca. 1970) Geheimnisse des Gehirns. Weg und Werk des Hirnforscherehepaares Cécile und Oskar Vogt. Typoskript, 148 S. (Archiv der Max-Planck Gesellschaft, Abtl. Va, Rep. 136, Nr. 1-1)

Ramón y Cajal S (1937) Recollections of my life (span. 1933), Übers. Craigie EH und Cano J. The American Philosophical Society, Philadelphia

Richter J (1996) Das Kaiser-Wilhelm-Institut für Hirnforschung und die Topographie der Großhirnhemisphären – Ein Beitrag zur Institutsgeschichte der Kaiser-Wilhelm-Gesellschaft und zur Geschichte der architektonischen Hirnforschung. In: Brocke B vom und Laitko H (Hrsgg.) Die Kaiser-Wilhelm-/Max-Planck-Gesellschaft und ihre Institute. DeGruyter, Berlin-New York: 349-408

Satzinger H (1998) Die Geschichte der genetisch orientierten Hirnforschung von Cécile und Oskar Vogt (1875-1962, 1870-1959) in der Zeit von 1895 bis ca. 1927. Deutscher Apotheker Verlag, Stuttgart

Schulze HAF (2000) Hirnlokalisationsforschung in Berlin. In: Holdorff B und Winau R (Hrsgg.) Geschichte der Neurologie in Berlin. DeGruyter, Berlin-New York: 55-70

Schulze HAF (2004) Persönliche Erinnerungen an Cécile und Oskar Vogt. Schriftenreihe der Deutschen Gesellschaft für Geschichte der Nervenheilkunde 10(1): 397-405

Simmel ML (1968) Kurt Goldstein 1878-1965. In: Simmel ML (Hrsg.) The reach of mind. Essays in the memory of Kurt Goldstein. Springer, NY: 2-11

Stahnisch FW (2003) Zur Bedeutung der Konzepte der „neuronalen De- und Regeneration" sowie der „Pathoarchitektonik der Hirnrinde" in den neurohistologischen Arbeiten Max Bielschowskys (1869-1940). Schriftenreihe der Deutschen Gesellschaft für Geschichte der Nervenheilkunde 9(1): 243-269

Stahnisch FW (2006) Timoféeff-Ressovsky, Nicolai Vladimirovich (*1900 Moskau, †1981 Obninsk bei Moskau). In: Eckart WU und Gradmann C (Hrsg.) Ärzte-Lexikon. Springer, Heidelberg: 322f

Stahnisch FW (2008a) Ludwig Edinger (1855-1918) – Pioneer in Neurology. Journal of Neurology 255(1): 147-148

Stahnisch FW (2008b) Zur Zwangsemigration deutschsprachiger Neurowissenschaftler nach Nordamerika: Der historische Fall des Montreal Neurological Institute. Schriftenreihe der Deutschen Gesellschaft für Geschichte der Nervenheilkunde 14(1): 441-472

Ulrich R (1968) Kurt Goldstein, In: Simmel ML (Hrsg.) The reach of mind. Essays in the memory of Kurt Goldstein. Springer, New York: 13-15

Wahren W (1960) Oskar Vogt. 6.4.1870-31.7.1959. Deutsche Zeitschrift für Nervenheilkunde 180(3): 361-380

Winau R (1987) Medizin in Berlin. DeGruyter, Berlin-New York

Psychiatrie im wissenschaftlich-konzeptuellen Kontext: Differenzierungen

Spätere Differenzierungen

6 Psychiatrie und Rechtsmedizin im 19. Jahrhundert: Herausbildung und Etablierung der forensischen Psychiatrie – Die Fälle Sefeloge und Schmolling

Kathleen Haack

Zusammenfassung

Um die Mitte des 19. Jahrhunderts hatte sich der Kompetenzbereich der Psychiater in der forensischen Praxis enorm ausgeweitet. Die noch vorhandenen Akten im Fall Sefeloge verdeutlichen, dass den Ärzten eine Schlüsselposition zukam. Eine solche Tendenz war, wie im Fall Schmolling angedeutet, bereits am Anfang des Jahrhunderts erkennbar. Zum Durchbruch gelangte sie aber erst im Verlauf des 19. Jahrhunderts, nachdem die Schuldfähigkeitsproblematik zunehmend an die Erkenntnisse der Medizin und besonders der Psychiatrie gekoppelt wurde. Philosophisch-anthropologisch denkende Psychiater erweiterten die Sicht über psychische Erkrankungen. Die neu beschriebenen Formen des Wahnsinns, unter ihnen Krankheitsbilder wie das der amentia occulta und Monomanie, stießen trotz ihrer Umstrittenheit die Türen zu den Gerichtssälen für die Ärzte weit auf. Mediziner wurden nun tatsächlich Experten der kranken Seele, ein Gebiet, welches noch kurz zuvor auch die Philosophie für sich beansprucht hatte. Entsprechend dem Hegel'schen Zeitgeist, das Ganze ist das Wahre, suchte man Unzulänglichkeiten über den Wissensstand psychischer Erkrankungen dadurch zu mindern, dass man den Täter und die Tat in der gesamten historischen Dimension (Historizität von Krankheitsvorstellungen) zu erfassen suchte. Devianz war nicht mehr nur moralisch-sittlich verankert, sondern im kranken Körper, den man naturgemäß einem Arzt anvertraute.

> „Was unter Wahrnehmung und Erfahrung verstanden wird, war und ist vom zeitgenössischen Wissensstand, von Konzepten und Weltbildern abhängig (Relativität). Wissenschaftliche Objektivität und Wertfreiheit sind moralische Postulate, haben aber mit erkenntnistheoretischen Grenzen zu tun (Epistemologie)."
> (Riha 2005, S.38)

Wie lässt sich die Eigenheit einer bestimmten Epoche verdeutlichen? Oder besser, wie lässt sie sich vergegenwärtigen, in die eigene, wiederum zeitgebundene Konstellation übertragen? Denn trotz allem Bemühen um Objektivität wird es nie ganz gelingen, sich dem eigenen historischen Kontext zu entziehen. Erst recht dann nicht, wenn es um ein so schwer zu fassendes, nicht unmittelbar zu beobachtendes Phänomen wie das des Zeitgeistes geht. Nicht umsonst wird der Begriff häufig hypostatisch verwendet und somit als originäre Eigenheit deklariert, die einen erfasst, von der man verführt wird, der man sich nicht verschließen oder, wie Aldous Huxley 1933 anmerkte, deren Fängen man nicht entkommen kann: „The Zeitgeist is a most dismal animal and I wish to heaven one could escape its clutches". Es kann sich also nur um einen Annäherungsversuch handeln, den Versuch, anhand der Mikroebene zweier individueller medizinischer Fallstudien den Geist einer anderen Zeit offenzulegen. Diese Zeit, das ausgehende 18. und die erste Hälfte des 19. Jahrhunderts, barg die wissenschaftlichen, intellektuellen, sozialen und kulturellen Voraussetzungen in sich, um u.a. in den Wissenschaften und speziell in der Medizin einen Prozess struktureller Differenzierung und subdisziplinärer Aufgliederung in Gang zu setzen. Die Tendenz, die zunehmende Stofffülle zu ordnen, zu strukturieren und schließlich, dies war von besonderer Bedeutung für die Entstehung des Systems wissenschaftlicher Disziplinen, zu klassifizieren, war bereits seit dem 17. Jahrhundert erkennbar.[1] Im Verlauf des 19. Jahrhunderts war ein erster Höhepunkt erreicht. Es entwickelten sich zahlreiche medizinische Spezialfächer, unter ihnen die Psychiatrie und deren forensische Komponente, flankiert von der Jurisprudenz und der so genannten Staatsarzneikunde, einer Vorläuferin der heutigen Rechtsmedizin (Eulner 1970). Dabei schien es noch im ausgehenden 18. Jahrhundert zweifelhaft, ob psychische Erkrankungen, die anscheinend nicht somatischen Ursprungs waren, überhaupt der Medizin zuzurechnen waren. Es sei an den berühmt gewordenen Streit zwischen Immanuel Kant (1724-1804) und dem Professor der Medizin in Königsberg, Johann Daniel Metzger (1739-1805) erinnert, in dem es u.a. um die Zuständigkeit bei der Bewertung so genannter „zweifelhafter Gemütszustände" vor Gericht ging.[2] Der noch jungen Psychiatrie kam jedoch eine seit dem 18. Jahrhundert zu beobachtende Tendenz der „Rückkoppelung der Medizin auf Menschenführung bzw. Psychologie" (Geyer-Kordesch 2001, S.27) entgegen. Das Zeitalter der Empfindsamkeit brachte einen Zeitgeist hervor, der emotional statt kognitiv sein wollte. Es kam zur Aufhebung des Gegensatzes von Natur und Kultur und somit zu einer Annäherung von naturalistischen und spiritualistischen Ansichten über das Leib-Seele-Problem. Dies bedeutete für die Medizin, über die Grenzen des rein Physischen hinauszusehen, den Menschen in seiner spezifischen Individualität wahrzunehmen. Von besonderem Interesse waren diejenigen, die von der allgemeinen Norm abwichen, die Grenzen des „Vernünftigen" und „Moralischen" überschritten, Menschen mit deviantem Verhalten. Sie rückten in den Blick-

---

[1] In Anlehnung an das für das 17. Jahrhundert maßgebliche Paradigma, sich der Wissenschaft über und durch die Natur zu nähern, nämlich durch objektivierend messende, mathematisch exakte Beobachtung, entstand die erste neuzeitliche psychologische Wissenschaft, die englische empiristische Assoziationspsychologie. Zugleich zeigte sich der bis heute in Psychologie, Psychiatrie u.a. Humanwissenschaften anhaltende Widerspruch, den Menschen einerseits naturwissenschaftlich exakt "vermessen", somit verstehen zu wollen, ihn darüber hinaus dennoch als Subjekt sui generis, welches allein durch die Kausalerklärung der Naturwissenschaften nicht definierbar ist, zu bestimmen.

[2] Kant hatte 1798 in seiner "Anthropologie" gefordert, dem Richter keineswegs einen Arzt zur Klärung der Zurechnungsfähigkeit an die Seite zu stellen, sondern einen Philosophen: "Wenn also jemand vorsetzlich ein Unglück angerichtet hat, und nun... ausgemacht werden muß, ob er damals verrückt gewesen sei oder nicht, so kann das Gericht ihn nicht an die medizinische, sondern müßte (der Inkompetenz des Gerichtshofes halber) ihn an die philosophische Fakultät verweisen." [zit. nach (Reuchlein 1985, S.13)] Metzger hingegen führte, in dem er die Schrift Johann Zacharias Platners (1694-1747) Programma quo ostenditur, medicos de insanis et furiosis audiendos esse ins Deutsche übersetzte, den Beweis, daß es „den Aerzten allein zukomme, über Wahnsinn und Verstandeszerrüttung zu urteilen" (Metzger 1800).

punkt des wissenschaftlichen und literarischen Interesses und führten zu einer veränderten Wahrnehmung von „Andersseienden" wie etwa psychisch Kranken, Straftätern oder eben psychisch kranken Straftätern. Und so galt es auch für die Jurisprudenz der Zeit, auf die psychologischen Momente, die sich möglicherweise hinter der Tat verbargen, ein spezifisches Augenmerk zu legen. Fallstudien durchzogen die kriminologische, psychologische, juristische und zunehmend auch die medizinische Literatur.

Ein solcher Fall ist der des Attentäters Maximilian Joseph Sefeloge (1821-1859), der am 22. Mai 1850 einen Anschlag auf den preußischen König Friedrich Wilhelm IV. (1795-1861) verübte (Haack 2007). An der Art und Weise der Untersuchungen gegen den Delinquenten zeigt sich die oben skizzierte Entwicklung. In den philosophischen Denkweisen und medizinisch-wissenschaftlichen Ideen der beteiligten Mediziner, unter ihnen vor allem die Psychiater Carl Wilhelm Ideler (1795-1860) und Heinrich Damerow (1798-1866), offenbart sich das Zeittypische der noch jungen (forensischen) Psychiatrie. Sie hat noch den Charakter einer phänomenologisch-anthropologischen Seelenheilkunde. Ihre kommende naturwissenschaftliche Ausrichtung ist bereits spürbar. Aber, und dies war von großer Bedeutung für die Herausbildung und Etablierung der forensischen Psychiatrie, die Erforschung der Genese einer psychischen Krankheit, ihrer Lebensgeschichte und somit der des Täters, rückte durch einen solchen philosophisch-anthropologischen Ansatz in den Mittelpunkt des forensisch-psychiatrischen Prozesses. Durch die Einführung der psychologischen Untersuchung in die Medizin erschien es möglich, psychische Krankheitsbilder, die somatisch nicht nachweisbar waren, der Medizin und explizit der Psychiatrie zuzurechnen. Der Einfluss der Psychiater innerhalb der forensischen Praxis stieg im Verlauf der ersten Hälfte des 19. Jahrhunderts enorm. An einem so wichtigen Einzelfall wie dem des Attentäters Sefeloge, der im Mittelpunkt der nachfolgenden Untersuchung steht, lässt sich dies gut nachvollziehen. Es wurden die besten juristischen und vor allem medizinischen Möglichkeiten der Zeit angewendet. Noch wenige Jahrzehnte zuvor war dieser Einfluss, wie sich in einem kurzen Vergleich zum Fall des Tabakspinnergesellen Daniel Schmolling (1779-1825) zeigen wird, weit weniger ausgeprägt, obwohl auch hier mit Ernst Horn (1774-1848) ein namhafter Psychiater beteiligt war. Es soll im Folgenden aber keineswegs um einen personengeschichtlichen, sondern um einen geistesgeschichtlichen Ansatz gehen, um philosophische und medizinische Ideen, durch die Psychiater aktiv an der Entwicklung der forensischen Wissenschaften mitwirkten.

1 Das Attentat auf den preußischen König Friedrich Wilhelm IV.

Am 22. Mai 1850 verübte Maximilian Joseph Sefeloge auf dem Potsdamer Bahnhof in Berlin ein Attentat auf den preußischen König Friedrich Wilhelm IV. Mit einer Terzerol, einer kleinen Pistole, feuerte er einen Schuss aus unmittelbarer Nähe ab, traf den König jedoch nur am rechten Unterarm, sodass dieser lediglich leicht verletzt wurde. Sefeloge wurde sofort festgenommen. Obwohl die Literatur, die sich mit der preußischen Geschichte und ihrem Herrschergeschlecht, den Hohenzollern, befasst, sehr zahlreich ist, verwundert es, dass darin kaum Angaben über das Attentat von 1850 zu finden sind. Es wird, sofern überhaupt erwähnt, zumeist nur in einem Nebensatz abgehandelt. Auch wenn direkt nach der Tat über Hintergründe und mögliche Motive heftig spekuliert wurde, scheint es, als ob der Wunsch mancher preußischer Untertanen „Möge der Name einer so schändlichen Miße-

that und ihrem Thäter der Schand und der ewigen Vergessenheit übergeben werden..."
(Geheimes Staatsarchiv Rep. 77, Bl.192) schon wenige Jahre danach in Erfüllung ging.
Dies mag zum einen an der unmittelbar nach dem Attentat sich wieder verschärfenden
Restriktion der Pressefreiheit[3], zum anderen an der unbefriedigenden Quellenlage liegen.
Der Hauptgrund jedoch war, dass sich schon bald herausstellte, dass hinter dem Attentat
letztlich keine politischen Ideen oder ähnliche Intentionen standen. Zumindest konnten
keine endgültigen Beweise dafür gefunden werden. Maximilian Joseph Sefeloge war psychisch krank. Die Tat war ihm deshalb als Hochverrat, worauf die Todesstrafe gestanden
hätte, nicht anzulasten.

2 Die Untersuchungen gegen Maximilian Joseph Sefeloge

Zunächst kam es, dem preußischen Recht entsprechend, zu einer gerichtlichen Voruntersuchung durch die Ratskammer des Berliner Stadtgerichts. Innerhalb dieser Voruntersuchung wurden auch die beiden ärztlichen Gutachten, zum einen von dem Berliner Stadtphysikus und Professor für Staatsarzneikunde an der Berliner Universität, Johann Ludwig Casper (1796-1864), zum anderen von dem Psychiater und Leiter der „Provinzial-Irrenanstalt" Leubus (Schlesien), Moritz Gustav Martini (1794-1875), angefertigt. Grundlage bildeten der Paragraph 280 der preußischen Kriminalordnung aus dem Jahre 1805 sowie die Revisionen der folgenden Jahre. Darin wurde verfügt: „Auf die Beschaffenheit des Gemüthszustandes eines Angeschuldigten muß der Richter fortwährend ein genaues Augenmerk richten, ... Finden sich Spuren einer Verwirrung und Schwäche des Verstandes, so muß der Richter mit Zuziehung des Physikus oder eines approbirten Arztes[4] den Gemüthszustand des Angeschuldigten zu erforschen bemüht seyn, ... wobei der Sachverständige sein Guthachten über den vermutlichen Grund und die wahrscheinliche Entstehungszeit des entdeckten Mangels der Seelenkräfte abzugeben hat." (Temme 1837, S.12-13).

Am 19. Oktober 1850 entschied die Ratskammer des Königlichen Stadtgerichts, kurz nachdem das zweite ärztliche Gutachten am 4. Oktober eingegangen war, das Verfahren

---

[3] Tatsächlich bot das Sefeloge'sche Attentat den Anlass, das erst 1849 erlassene liberale Pressegesetz zu beschneiden: "Am wenigstens zufrieden mit der Verfassung war die in der näheren Umgebung des Königs durch mehrere sehr einflußreiche Männer vertretene reaktionäre Partei. Sie strebte danach, die Verfassung noch weiter... rückwärts zu revidieren. Den äußeren Anlaß hierzu bot ein Attentat, das ein geisteskranker früherer Feuerwerker der Artillerie Sefeloge am 22. Mai 1850 gegen den König versuchte... Obgleich sich bald herausstellte, daß der Verbrecher wahnsinnig war und dem Irrenhaus übergeben werden mußte, wurde seine Tat doch zu einem leidenschaftlichen Vorstoß gegen die liberalen Ideen benutzt. Die erste Frucht desselben war die Oktroyierung einer neuen Verordnung, welche die bescheidenen Freiheiten des erst vor einem Jahre erlassenen Preßgesetzes sehr stark beschnitt. Sie wurde rücksichtslos durchgeführt..." (Goldschmidt 1910, S.253). Hintergrund war die Auffassung, dass die Presse für den Staat gefährlich sei und dass gewöhnliche Strafgesetze zur Eindämmung der Gefahr nicht genügten. Das Land Preußen übernahm die Vorreiterrolle und erließ am 12. Mai 1851, nachdem bereits am 5. Juni 1850 ein interimistisches verordnet worden war, ein neues Gesetz über die Presse.

[4] Es war nicht gestattet, dass die psychische Untersuchung von einem Wundarzt durchgeführt wurde. In ländlichen Gegenden kam dies jedoch häufig vor, sodass die Preußische Regierung sich in einem Ministerial-Reskript vom 18. März 1831 veranlasst sah, eine solche Exploration durch Wundärzte zu untersagen (Kamptz 1831).

gegen Sefeloge einzustellen. Begründet wurde die Einstellung damit, dass „... nach §§ 7 und 16 des Strafrechts zu dem Requisit eines Verbrechens nothwendig (gehöre), daß der Handelnde eine gesetzwidrige That mit Bewußtsein und Seelenfreiheit vorgenommen habe." (Geheimes Staatsarchiv Rep. 84a, Bl.19). Bei Sefeloge wurde ein solches bewusstes und freies Handeln jedoch verneint, denn: „Die über das frühere Leben und Treiben des Sefeloge mit großer Sorgfalt gesammelten Data, sein Benehmen während der Voruntersuchung bis auf die neueste Zeit, unter aufmerksamer Beobachtung durch die nach § 280 der Criminal-Ordnung zugezogenen sachverständigen Ärzte ... haben diese Vermuthung (die Unzurechnungsfähigkeit, d.V.) bis zur vollkommenen Gewissheit bestätigt." (Geheimes Staatsarchiv Rep. 84a, Bl.17).

Die Ratskämmerer Schulze, Heller und Wollner des Berliner Stadtgerichts waren der Meinung, dass „In vorliegendem Falle correspondirt der reichhaltige Inhalt der Akten so genau mit dem Schritt für Schritt wissenschaftlich und logisch motivierten Gutachten der Ärzte, daß auch nicht der entfernteste Zweifel an der Richtigkeit dieses Gutachtens und der daraus resultierenden Unzurechnungsfähigkeit des Sefeloge aufkommen kann." (Geheimes Staatsarchiv Rep. 84a, Bl.19). Auf Veranlassung des Oberstaatsanwalts Julius Sethe (1804-1872) kam es jedoch nicht sofort zur Einstellung des Verfahrens. Sethe war skeptisch, denn „Wenngleich die ärztlichen Gutachten mit einander übereinstimmen, so hat es mir doch nicht gerechtfertigt erschienen auf Grund dieser Gutachten allein die Einstellung des Verfahrens zu beschließen." (Geheimes Staatsarchiv Rep. 84 a, Bl.28). So wurde die Sache an den zuständigen Anklagesenat des Königlichen Kammergerichts verwiesen. Die Aufgabe des Anklagesenats bestand im Allgemeinen darin festzustellen, ob der Beschuldigte formell in den Anklagestand versetzt werden sollte. Bevor es jedoch zu einer solchen Entscheidung kam, wurde am 8. November 1850 auf Antrag Sethes beschlossen, ein Obergutachten durch die „Königlich wissenschaftliche Deputation für das Medicinalwesen" einzuholen. Damit wurde das gesamte medizinisch-forensische Spektrum von juristischer Seite her ausgeschöpft. Der Richter war nicht zwingend an die ärztlichen Gutachten gebunden. Es gab keine verpflichtenden Anweisungen, sodass es in der Praxis immer wieder zu Streitigkeiten kam. Die Gutachten dienten dem Richter lediglich als Richtschnur. Dennoch sah das Justiz-Ministerial-Reskript vom 18. Oktober 1822 (erst 1832 veröffentlicht) (Kamptz 1832, S.510-511) vor, dass die Anfechtung eines ärztlichen Gutachtens durch den Richter nur dann sinnvoll sei, „... wenn erhebliche Zweifel an der Richtigkeit der von den Ärzten aufgestellten Prämissen und der daraus hergeleiteten Folgerungen obwalten" (Geheimes Staatsarchiv Rep. 84a, Bl.19). Davon konnte nicht die Rede sein. Beide ärztlichen Gutachter verfügten über hohes Ansehen. Zudem waren sie sich einig, dass Sefeloge vor, während und nach der Tat psychisch krank war. Dem Richter stand es aber jederzeit frei, zusätzlich ein Superarbitrium einzuberufen „... wenn er es zu seiner Beruhigung für notwendig erachtet" (Geheimes Staatsarchiv Rep. 84a, Bl.19). Warum es im Fall Sefeloge tatsächlich zur Einholung eines solchen Obergutachtens kam, muss Spekulation bleiben. Sehr wahrscheinlich und zudem nachvollziehbar ist, dass die beteiligten Juristen sich bei einem solch wichtigen Verfahren in alle nur erdenklichen Richtungen absichern wollten. Der verantwortliche Staatsanwalt Sethe stand unter politischem Druck, tat dennoch alles, um den Fall so objektiv wie möglich abzuschließen. Der preußische König hegte Zweifel an der psychischen Erkrankung Sefeloges und dem daraus resultierenden Motiv des Attentats. So konnte für das Urteil der „Königlich wissenschaftlichen Deputation für das Medicinalwesen", der obersten technischen Behörde für Medizinalangelegenheiten in der Monarchie, eine solche Kautel nur dienlich sein. Unter Leitung von Carl Wilhelm Ideler, Professor für Psychiatrie und Leiter der „Irrenabteilung" der Berliner Charité, der um diese Zeit größten Irrenanstalt Preußens, wurde ein Obergutachten in Auftrag gegeben.[5] Dieses lag am 4. Dezember 1850 vor und stimmte mit den ärztlichen Gutachten von Casper und Martini weitgehend überein. Auch Ideler und die Mitglieder der Wissenschaftlichen Deputation waren sich einig, dass Sefeloge psychisch krank war. So beschloss schließlich der Anklagesenat des Königlichen Kammergerichts am 20. Dezember 1850 das Verfahren einzustellen. Zehn Tage später bestätigte dies auch das Berliner Stadtgericht. Sefeloge wurde außer Anklage gestellt. Am 9. Februar 1851 kam es zur Nachverhandlung. Es wurde nun endgültig festgestellt, dass der Attentäter psychisch krank, die Tat ihm demzufolge nicht anzurechnen sei. Die negative Prognose bezüglich der Heilbarkeit seines Geisteszustandes erforderte eine Einlieferung in eine „Irrenanstalt": „Hat der Sachverständige einen solchen Irren für unheilbar erklärt, so ist der schicklichste Aufenthaltsort ... das Irrenhaus" (Hoffbauer 1844, S.23). Im Februar 1851 wurde Sefeloge der „Provinzial-Irrenanstalt" Nietleben bei Halle an der Saale übergeben und kam damit in die Obhut Heinrich Damerows. Der Berliner Polizeipräsident Carl Ludwig Friedrich von Hinckeldey (1805-1856) hatte daran maßgeblichen Einfluss. Es war ihm so wichtig, Sefeloge nochmals von Damerow beobachten zu lassen, dass notfalls das „Polizei-Präsidium bereit (gewesen wäre), die Kosten der Verpflegung ... in der Anstalt ... zu decken" (Geheimes Staatsarchiv Rep. 84a, Bl.11).

3 Die ärztlichen Sachverständigen

Die gesetzlichen Vorschriften verlangten bei „Spuren einer Verwirrung und Schwäche des Verstandes ... (die) Zuziehung des Physikus oder eines approbirten Arztes ..." (Temme 1837, S.13). Dass Johann Ludwig Casper als Stadtphysikus und Professor an der Berliner Universität das erste medizinische Gutachten erstellen sollte, stand außer Frage. Es war von vorherein aber auch beabsichtigt, ein zweites anfertigen zu lassen, denn „... jedes wichtige erstinstanzliche Gutachten (sollte) von zwei Gerichtsärzten ausgestellt und beurkundet ..." (Geheimes Staatsarchiv Rep. 84a, Bl.6) werden. Obwohl damit ein gewisser Spielraum gegeben war, schien ebenso festzustehen, dass nur ein Psychiater eine solche Aufgabe sachgerecht ausführen konnte. Die Urteile des Gefängnis- und des Oberarztes

---

[5] Am Rande sei bemerkt, dass durch das Attentat Sefeloges auch auf die schlechte Situation der psychisch Kranken in Berlin aufmerksam gemacht wurde: "Die entsetzliche That Sefeloges hat u.a. auch schon die in früherer Zeit vielfach erhobenen Klagen über die mangelhafte, unzureichende Beaufsichtigung der Irren in Berlin von Neuem laut werden lassen. Mit alleiniger Ausnahme des Charité-Krankenhauses, in dessen Abtheilung für Gemüthskranke unter Direktion des Professor Ideler sich in der Regel 150-160 Kranke befinden, giebt es keine öffentlichen Anstalten, die sich mit der Heilung von Irren, und überhaupt keine einzige, die sich mit der Überwachung der nicht mehr in der ärztlichen Behandlung stehenden Geisteskranken befaßt" (Königlich privilegirte Berlinische Zeitung von Staats- und gelehrten Sachen vom 28.5.1850). Eine solche Kritik, wenn auch indirekt, übte auch Damerow im Dezember 1850, indem er das Versäumnis, dass Sefeloge bereits vor dem Attentat in eine Anstalt aufgenommen hätte werden müssen, anmahnte: "Wäre Sefeloge... unter beständiger Aufsicht gehalten und zu seiner Wiederherstellung mit den nöthigen Heilungsmitteln nach Möglichkeit versehen, so wäre das Entsetzlichste nicht geschehen.. Es gibt keinen einzigen Fall in der Geschichte und Irrengeschichte Preussens, welcher die Nothwendigkeit der rechtzeitigen Aufnahme eines Seelenkranken in eine Irrenanstalt zugleich als eine heilige Pflicht auf so unantastbarer Höhe forderte." (Damerow 1850a, S.688d). Vgl. auch (Damerow 1849).

der Stadtvogtei lauteten einstimmig, dass Sefeloge nicht geisteskrank und damit zurechnungsfähig sei, „... er scheine ... im Gegentheil ein ganz schlauer durchdachter Mensch zu sein und er halte ihn in vielen Punkten für einen Simulanten" (zit. nach Damerow 1853, S.68). Auf eine solche Explikation durfte man sich allein nicht verlassen. Die Kenntnis innerer psychischer Prozesse eines Menschen und die daraus möglicherweise abzuleitende Motivation für eine bestimmte Handlung waren Experten vorbehalten. Sie hatten die Möglichkeit des klinischen Studiums der Symptome und des Verlaufs von Geisteskrankheiten. So kam es, dass neben Casper ein Psychiater hinzugezogen werden sollte. Preußen hatte mit Ideler und Damerow gleich zwei Experten, die auf ihrem Gebiet als Autoritäten galten. Ideler gehörte in der ersten Hälfte des 19. Jahrhunderts zu den bedeutenden Vertretern seines Fachs (Haack 2006). Sein psychiatrisches Werk ist sehr umfangreich, sein Verständnis der Seelenheilkunde war von einem gesamtanthropologischen Ansatz geprägt, was übrigens für alle am Fall Sefeloge beteiligten Psychiater gilt. Als Direktor der „Irrenabteilung" der Charité und Professor für Psychiatrie an der Berliner Universität war er prädestiniert für die psychiatrisch-forensische Untersuchung Sefeloges, schied jedoch als Mitglied des Medizinalkollegiums aus. Er musste als Obergutachter zur Verfügung stehen, wozu es, wie oben erörtert, auch kam. Es war also naheliegend, den Leiter der „Provinzial-Irrenanstalt" Nietleben und Mitherausgeber der „Allgemeinen Zeitschrift für Psychiatrie und psychisch gerichtlichen Medicin" zu verpflichten. Damerow, der bereits seit 1830 in preußischen Diensten war und als Berater in Fragen der „Irrenreform" der Provinz Sachsen fungiert hatte, bot sich für eine solche Aufgabe an. Schon 1839 lobte der Staatsminister Karl Sigismund Freiherr von Altenstein (1770-1840) in einem Brief an den preußischen König, dass Damerow „schon seit längerer Zeit sich der psychischen Heilkunde mit seltener Vorliebe gewidmet und darin ... vorzügliches gewirkt und geleistet hat" (Geheimes Staatsarchiv Rep. 89 Geheimes Zivilkabinett, Nr. 24373, Bl.69). Neben Christian Friedrich Wilhelm Roller (1773-1814) und Carl Friedrich Flemming (1799-1880) war er einer der bedeutendsten Anstaltspsychiater, die Mitte des 19. Jahrhunderts zu den führenden Kräften der deutschen Psychiatrie zählten. Sein Name steht noch heute für den „Einfluß, der vom Anstaltsbereich auf die wissenschaftliche Psychiatrie ausging" (Blasius 1980, S.46). Auch in der Fachwelt erwartete man, dass Damerow Sefeloge untersuchen würde. Sicherlich wäre dies auch geschehen, wenn nicht gegen ihn um diese Zeit ein Disziplinarverfahren „... wegen mehrfacher Pflichtwidrigkeiten und eines unmoralischen Wandels ... " (Geheimes Staatsarchiv Rep. 89 Geheimes Zivilkabinett Nr. 24373, Bl.127) anhängig gewesen wäre. Die Alternative zu Damerow hieß Moritz Gustav Martini, Leiter der „Provinzial-Irrenanstalt" Leubus (Schlesien) und damit ein sehr erfahrener Praktiker (Steinberg 2002). Somit waren drei Mediziner unmittelbar an der Untersuchung des psychischen Zustandes Sefeloges beteiligt, Casper als Stadtphysikus, Martini als erster psychiatrischer Gutachter und der Psychiater Ideler als Obergutachter. Durch ein Schreiben des Oberstaatsanwalts Sethe an den preußischen Staats- und Justizminister Ludwig Simons (1803-1870) wissen wir definitiv, dass die Diagnose im Fall Sefeloge Monomanie lautete. Somit machten zwei Psychiater, die Mitglieder des Medizinalkollegiums sowie mit hoher Wahrscheinlichkeit ein Gerichtsmediziner das um die Mitte des 19. Jahrhunderts häufig erhobene psychische Krankheitsbild der Monomanie geltend.[6] Die folgende Abschrift ist die einzige Originalquelle, die von zumindest einem Gutachten erhalten ist:

---

[6] Martini hatte "... aus einer sehr aufmerksamen und gewissenhaften Beobachtung die Überzeugung geschöpft, daß der... Sefeloge seit mehreren Jahren und schon vor 1848 an einer Monomanie leidet" (Kö-

„In der Untersuchungssache wider den vormaligen Feuerwerker Sefeloge zeige Euer Exzellenz ich ... ganz gehorsamst an, daß die wissenschaftliche Deputation für das Medizinal-Wesen in ihrem heute eingegangenen Gutachten sich, und zwar – wie es in demselben heißt – ‚mit voller Überzeugung' dahin ausgesprochen hat:

1. der vormalige Feuerwerker Maximilian Joseph Sefeloge hat erweislich seit dem März 1847 ununterbrochen an einer bis zur höchsten Stufe entwickelten Seelenkrankheit gelitten, welche nach wissenschaftlichen Bestimmungen als Monomanie mit dem Charakter des Ehrgeizes, des Argwohns und des Rachegefühls und in landrechtlicher Bedeutung als Blödsinn, mithin als Unvermögen bezeichnet werden muß, die Folgen der Handlungen zu überlegen.
2. Er war folglich zur Zeit, als er das Attentat auf die Person Seiner Majestät des Königs unternahm, frei zu handeln gänzlich unvermögend.'...In dem Gutachten der wissenschaftlichen Deputation wird zugleich die Frage, ob zu dem in letzter Entwicklung aus seiner Geisteskrankheit hervorgegangenen Motive des Königsmordes noch ein politisches Interesse werkthätig hinzugetreten sey, in völliger Übereinstimmung mit dem Gutachten des geheimen Medizinal-Raths Dr. Casper unbedingt verneint." (Geheimes Staatsarchiv Rep. 89 Geheimes Zivilkabinett, jüngere Periode Nr. 15255, Bl.4).

Dass alle drei medizinischen Sachverständigen die Diagnose Monomanie stellten, verwundert um die Mitte des 19. Jahrhunderts wenig. Die Monomanien waren sehr häufig gestellte, jedoch auch sehr umstrittene Krankheitsbilder, da sie nur einzelne Handlungen der Kranken, die vordergründig auffallend waren, in den Mittelpunkt der psychiatrischen Betrachtung stellten. Man kann trotzdem davon sprechen, dass sie in der forensisch-psychiatrischen Praxis der Zeit eine herausragende Rolle spielten, ebenso wie andere so genannte zweifelhafte Gemütszustände wie die Platner'sche *amentia occulta* (Haack 2008b) oder die Pinel'sche *manie sans délire*, die Jahre zuvor die vorherrschenden Denk- und Deutungsmuster bei der Frage einer möglichen psychischen Erkrankung eines Delinquenten darstellten.

4 Das Ringen um klare psychiatrische Begriffsbestimmungen

Man spürt im Fall Sefeloge, dass die Monomanie trotz der Eindeutigkeit der gestellten Diagnose ein Auslaufmodell war. Dass man es spürt, ist Heinrich Damerow zu verdanken. Der Berliner Polizeipräsident von Hinckeldey, der sich bis zum Schluss nicht damit abfinden wollte, dass Sefeloge seines Erachtens ungestraft davon kam, übergab Sefeloge in die psychiatrische Obhut Damerows. Der Staats- und Justizminister Simons merkte an, „... daß der ... Polizei-Direktor von Hinckeldey einen besonderen Auftrag (für Damerow, d.V.) in betreffs des Sefeloge gehabt hat" (Geheimes Staatsarchiv Rep. 77, Bl.31). So kam es,

---

niglich privilegirte Berlinische Zeitung von Staats- und gelehrten Sachen vom 13.6.1850). Ob auch Casper diese Diagnose stellte, ist nicht belegt. Bekannt ist, dass "... beide Sachverständige erster Instanz darin übereingestimmt haben, daß Sefeloge völlig unzurechnungsfähig sei und gerichtlich gar nicht gestraft werden könne, so sollen doch beide in der Motivirung dieses Anspruchs wesentlich von einander abgewichen sein." (Königlich privilegirte Berlinische Zeitung von Staats- und gelehrten Sachen vom 19.10.1850) Was eine solche unterschiedliche Motivierung konkret bedeutete, lässt sich nicht mehr nachvollziehen. Casper erkannte allgemein die Existenz der Monomanien an.

dass schließlich noch ein dritter Psychiater in die Beurteilung des psychischen Zustandes des Delinquenten einbezogen wurde, um, so Hinckeldey, „... noch weitere Aufschlüsse über seinen Gemüthszustand, welcher durch die Untersuchung noch nicht völlig aufgeklärt zu sein scheint ..." (Geheimes Staatsarchiv Rep. 84a, Bl.15) zu erhalten. Damerow, der nach zweijähriger Beobachtung des Attentäters 1853 sein Werk „Sefeloge – Eine Wahnsinnstudie" vorlegte, übte scharfe Kritik an der Diagnose: „... so darf bei dem festen Vorsatze der Unterlassung einer Kritik der früheren Untersuchungen und Gutachten hier doch nicht unerwähnt bleiben, dass ... die Terminologie und Begriffsbestimmung des Krankheitszustandes nicht eine schwankend zusammengesetzte, würde geblieben, die Krankheit nicht auch als sic dicta Monomania würde bezeichnet sein" (Damerow 1853, 90-91). „Mit anderen Worten: Die ganze Lehre von diesen sogenannten Monomanien giebt den so recht augenfällig an die Oberfläche tretenden Beweis von der unzweifelhaft oberflächlichen Beobachtung, Erkenntnis und Beurtheilung der Seelenkrankheiten." (Damerow 1853, S.185).

Aber gerade diese unterschiedliche Terminologie, das Ringen um Begriffe war ein hervorstechendes Merkmal der Zeit. Seit der zweiten Hälfte des 18. Jahrhunderts war immer wieder der Versuch unternommen worden, psychische Erkrankungen nach ihren Zeichen und Manifestationen zu klassifizieren. Boissoir de Sauvages' (1706-1776) „Nosologie méthodique" (1763), Adam Melchior Weikards (1742-1803) „Philosophischer Arzt" (1782), Kants „Anthropologie in pragmatischer Hinsicht" (1798) und Heinroths „Lehrbuch der Seelenstörungen" (1818) sind herausragende Beispiele hierfür. In der Praxis waren jedoch die traditionellen Nosologien des Wahnsinns (Manie, Melancholie, Demenz) bis über die Mitte des 19. Jahrhunderts hinaus von Relevanz. Hinzu war Jean Étienne Esquirols (1772-1840) Monomanie gekommen. Und dennoch, das schienen auch die Beteiligten am Fall Sefeloge zu spüren, galt es, die „Armuth an gründlichen Begriffen" (Ideler 1838, S.425) zu überwinden. Es bedurfte generell einer terminologischen Annäherung für mehr Transparenz, um so zu einer besseren Reproduzier- und Vergleichbarkeit von psychiatrischen Diagnosen zu gelangen. Andererseits war die systematische Klassifikation psychischer Erkrankungen bis dato wenig erfolgversprechend. So blieb auch Damerow nichts anderes übrig, als sich der psychologisch-philosophischen Terminologie der Zeit zu bedienen. Er beschrieb den „sonderbar abnormen Charakter" Sefeloges, der „eine durch Stimmungen, Triebe, Neigungen, Affecte, Leidenschaften bestimmte und sich bestimmen lassende Gemüthsart und Richtung" (Damerow 1853, S.6) aufweise. Hier argumentierte er ähnlich wie Ideler, der in seiner Argumentation auf die Bedeutung der Leidenschaften bei der Entstehung psychischer Krankheiten verwiesen hatte. Damerow strich, auch hierbei seinem Kollegen folgend, Sefeloges „Dünkel, ... (seinen) Ehrgeiz aus Selbstüberschätzung ... (seine) Selbstgenügsamkeit bis zur Selbstsucht" (Damerow 1853, S.6) heraus. Er hob diese hervorstechenden Charaktermerkmale als eine der Anlagen hervor, aus denen sich der spätere Wahnsinn Sefeloges entwickelte. Eine weitere, besonders wichtige, seien somatische Dispositionen, „Affectionen des Nervensystems und Gehirns" (Damerow 1853, S.6), wodurch sich wirkliche „Seelenkrankheit ... (die) mit einem Krankheitszustande des Gehirns (einhergeht, von)... Leidenschaften, Suchten, moralischen Fehlern und Sünden" (Damerow 1853, S.16) unterscheide.

Sowohl bei Ideler als auch bei Damerow ist noch der Einfluss Georg Ernst Stahls (1659-1734), durch den es seit dem 18. Jahrhundert zur Aufwertung der Gemütsbewegungen gekommen war, zu spüren (Haack 2008a). Der Mensch wurde nicht mehr nur auf das Materiale, Körpergebundene reduziert, sondern auch seine Sinne, Triebkräfte, Leidenschaften, Stimmungen und Affekte waren zunehmend ins medizinische Interesse gerückt. Für die Herausbildung der Psychiatrie als medizinisches Teilgebiet war eine Integration einer solchen Affektenlehre in die Medizin fundamental. Aber auch die psychiatrisch-organologische Pathologie war für das Fach von Bedeutung und rückte im Verlauf des 19. Jahrhunderts zunehmend ins psychiatrische Blickfeld. Dass solche Positionen nicht zwingend gegensätzlich waren, zeigt sich u.a. in den Ansichten Damerows. Er sah in der Psychiatrie das verbindende Element zwischen Medizin (Leib) und Philosophie (Psyche) (Damerow 1829, S.283). Die Schwierigkeiten auf der medizinischen, im engeren Sinn organpathologischen Ebene lagen jedoch in der Objektivierbarkeit einer körperlichen Dysfunktion des Gehirns, sodass es in der psychiatrisch-forensischen Praxis der Zeit häufig praktikabler erschien, der psychogenetisch-psychopathologischen Diagnostik das Wort zu reden. Damerow, der die Hoffnung hegte, dass der „Leichnam des Menschen über die Seele des Lebendigen Auskunft" (Damerow 1829, S.347) geben könne, musste nach dem Tod Sefeloges und trotz der bei der Obduktion festgestellten „krankhaften Gehirnveränderungen" (Geheimes Staatsarchiv Rep. 89 Geheimes Zivilkabinett, jüngere Periode Nr. 15255, Bl.18) konstatieren: „Das Attentat selber, die Handlung, wie und wodurch er zu derselben gekommen ist, kann ebensowenig aus dem Sectionsbefunde, resp. aus dem *kranken* Gehirn des *geisteskranken* Sefeloge nachgewiesen werden, als die Handlung eines *geistesgesunden* Menschen, die innern und äußeren Beweggründe zu derselben, sein Fühlen, Denken, Wollen, aus dessen gesunden Gehirn." (Geheimes Staatsarchiv Rep. 89 Geheimes Zivilkabinett, jüngere Periode Nr. 15255, Bl.22).

So waren sich die beteiligten Mediziner und selbst die Juristen im Prinzip einig, dass es einen Bereich von Befindens- und Verhaltensstörungen gab, der auch ohne somatisch nachweisbar sein zu können, der Medizin respektive der Psychiatrie zuzurechnen war. Um einen solchen Nachweis erbringen zu können, musste die psychologische Untersuchung (Lebenslauf, Auffälligkeiten, gesellschaftliches Umfeld, Motive für die Tat und die Tat selbst rekonstruiert werden) in die Medizin eingebunden werden, entsprechend dem Hegel'schen Zeitgeist, das Ganze ist das Wahre. Durch einen solchen gesamtanthropologischen Ansatz könne man Unzulänglichkeiten über den Wissensstand psychischer Erkrankungen zumindest mindern. So schlug Ideler zum besseren Verständnis dieser zweifelhaften psychischen Erkrankungen vor, sich der „psychologische(n) Deduction" (Ideler 1843, S.XXXV) zu bedienen, die „die genetische Entwicklung des ganzen Seelenlebens einer ... Person, die Aufsuchung des durch alle auf einander folgende Gemüthszustände leitenden Fadens (beinhaltet), so dass die ganze Darstellung sich zum Begriff einer Charaktereinheit erhebt." (Ideler 1843, S.XXXV)

Ein solcher psychogenetischer Ansatz, den vor Ideler vor allem der berühmte Leipziger Psychiater Johann Christian Heinroth (1773-1843) beförderte und der damit als einer der ersten in Deutschland auf die Interdependenz von psychischer Erkrankung und Lebenslauf verwies, begünstigte das Nachdenken über Verlauf und Prognose. Nur wenn die gesamte Biografie des psychisch Kranken in die Untersuchung einbezogen werden würde, sei es möglich herauszufinden, „ob man es mit blossen Gemüthsaffekten oder mit wirklichen Geisteskrankheiten zu thun hat" (Ideler 1843, S.XXXV), vgl. auch (Ideler 1841 und 1842). Auch bei Sefeloge beschränkte man sich nicht auf ein Aufzählen von Symptomen, sondern hatte „über das frühere Leben und Treiben des Sefeloge mit großer Sorgfalt gesammelte ... Data" (Geheimes Staatsarchiv Rep. 76, Bl.56) zur Verfügung. Auch Damerow hob die Wichtigkeit eines solchen Ansatzes hervor. Denn nur wenn der Arzt die gesamte genealogische Entwicklung einer psychischen Krankheit untersuche, sei es möglich, eine „strenge Demarcationslinie zwischen Leidenschaft und Wahnsinn" (Damerow 1855, S.117) zu ziehen. Unabhängig von der Terminologie waren also beide der Meinung, dass nur ein ganzheitlicher psychogenetischer Ansatz zu einer erfolgreichen Diagnostik führen könne, denn „... der Irrenarzt (habe) nicht nur das Recht, sondern die Pflicht, die Entwickelung des Wahnsinns im gegebenen Falle zurück bis in den Keim hinein zu verfolgen. Denn des Menschen leibliche und psychische Krankheit, ja sein Tod ist oft genug das Product seines ganzen Lebens. (Damerow 1853, S.3).

5 Die juristische Dimension des Attentats oder zur Frage der Zurechnungsfähigkeit

Grundsätzlich hatten auch die juristischen Sachverständigen kaum Zweifel daran, dass der Attentäter Sefeloge psychisch krank war. Der Jurist und Politiker Heinrich Marquardsen (1826-1897) konstatierte 1855: „Wir erinnern uns keines Falles, wo die für die Beurtheilung nöthigen Momente so schnell herbeigeschafft werden konnten" (Marquardsen 1855, S.196). Sefeloge wurde von jeglicher Strafe freigesprochen, die Tat als nicht willentliche Handlung angesehen. Der aus dem Naturrecht stammende Gedanke der Freiheit des Willens als Ausgangspunkt für vernünftiges Handeln, spielte im Strafrecht der Zeit eine herausragende Bedeutung. Die im Zuge der Aufklärung sich verfestigende Idee des Rechts auf persönliche Freiheit beförderte den Blick auf den Menschen als Einzelwesen in seiner jeweiligen Besonderheit. Die Perspektive verlagerte sich von der Tat zum Täter und somit auf die psychologische Motivation für die begangene Straftat. Vordenker einer solchen Entwicklung war Samuel Pufendorf (1632-1694), der mit seiner Imputationslehre maßgeblichen Einfluss auf die deutsche und europäische Rechtsphilosophie des 18. und 19. Jahrhunderts hatte. Er hatte die „imputatio" (die Zurechnung) als terminus technicus eingeführt und verstand darunter auch die Betrachtung der subjektiven Voraussetzungen für eine begangene Straftat (Behme 1999). Erstmals wurden in größerem Umfang Wesen und Natur menschlicher Handlungen untersucht, zum einen auf das Verhältnis der Handlungen zum Willen und Intellekt, zum anderen auf ihre Beziehungen zum Sittengesetz. Der Blick der Sachverständigen verlagerte sich zu der Frage, ob eine Straftat dem Angeschuldigten überhaupt zuzurechnen war. Der Wille, insbesondere die Freiheit des Willens rückte in den Mittelpunkt der Diskussion. Im Allgemeinen Landrecht für die Preußischen Staaten aus dem Jahr 1794 findet sich dementsprechend folgende Bestimmung: „Wer frey zu handeln unvermögend ist, bei dem findet kein Verbrechen, also auch keine Strafe statt" (ALR 1794), ein Passus, der sowohl im Fall Sefeloge als auch bei Schmolling Anwendung fand. Die Folge war, dass die bis zum 18. Jahrhundert relativ eng umrissenen Kriterien für das Vorliegen einer Unzurechnungsfähigkeit einer sehr breiten möglichen Auslegung wichen.[7] Der nun in das Preußische Landrecht aufgenommene Begriff der Handlungsfreiheit

---

[7] Bis dato waren Kinder und Jugendliche bis 14 Jahren aufgrund des Mangels an intellektuellen Fähigkeiten und Einsichten vor der ganzen Härte des Gesetzes geschützt. So sah beispielsweise die Constitutio Criminalis Carolina aus dem Jahre 1532 in Anwendung des Artikels 179: "jemandt, der jugent oder anderer gebrechlichkeyt halben, wissentlich seiner synn nit hett" (Schroeder 2000, S.108) Strafmilderung vor. Auch Geisteskranke fielen hierunter. Wahnsinn (dementia als Oberbegriff für furiosus und mente captus), Melancholie, in gewissen Fällen auch Dummheit und Senilität galten u.a. als Gründe für das Vorliegen einer Unzurechnungsfähigkeit.

setzte zunächst voraus, dass der Mensch und sein Handeln frei sind, sofern und weil der Mensch willensfähig ist. Freiheit galt „als oberster Grund der Zurechnung" (Clarus 1828, S.3). Damit hielt sich der Gesetzgeber weitgehend an Kants Theorem, dass „dem Menschen ein Vermögen beiwohnt, sich, unabhängig von der Nötigung durch sinnliche Antriebe, von selbst zu bestimmen" (Kant 2003, S.622). Der umgekehrte Fall musste bewiesen werden, so z.B. beim Vorliegen einer psychischen Erkrankung. Durch das Prinzip der Willensfreiheit als nunmehr entscheidendem Kriterium der Zurechnungsfähigkeit war eine Kategorie geschaffen worden, die in der Intention zwar als allgemeines, einheitliches und übergreifendes Kriterium fungieren sollte, de facto jedoch schwer fassbar war. Dies führte zu dem im Zusammenhang mit Sefeloge erwähnten, jedoch weit verbreiteten Urteil von der „zweifelhafte(n) juristische(n) Lehre von der Zurechnungsfähigkeit" (Königlich privilegirte Berlinische Zeitung von Staats- und gelehrten Sachen vom 31.5.1850). Denn gerade die seit dem ausgehenden 18. Jahrhundert so zahlreich gesammelten kriminalpsychologischen Fakten legten eines nahe: Der Mensch erschien ganz und gar nicht als ein von Natur aus mit Vernunft ausgestattetes Wesen, welches seine Leidenschaften, Triebe und Affekte immer zu zügeln im Stande war. Er erschien als „unberechenbare Größe... voller Spitzbübereien" (Heine o.J., S.139). Es war also keineswegs Zufall, dass bei abweichendem Verhalten auch von juristischer Seite die Psyche des Delinquenten, seine möglicherweise krankhaft gesteigerte Affektivität in die Überlegungen einbezogen wurde. Wichtige Anstöße hierfür kamen u.a. aus der Erfahrungsseelenlehre (Kosenina 1989) sowie der gerichtlichen und psychischen Medizin (respektive Psychiatrie), sodass man von einer zunehmenden Psychologisierung bzw. Medikalisierung des Strafrechts im Verlauf des 19. Jahrhunderts sprechen kann (Germann 2000, Greve 2004, Schmidt-Recla 2000). So war in der ersten Hälfte des 19. Jahrhunderts der Schuldbegriff mehrheitlich ein psychologischer, beruhend auf einem subjektiven Unrechtswillen.

Fasst man den Fall Sefeloge noch einmal zusammen, so lässt sich für die Psychiatrie in der Mitte des 19. Jahrhunderts Folgendes aussagen:
1. Die Einführung der Frage nach der Willensfreiheit als neuem Kriterium für die Zurechnungsfähigkeit führte zur Berücksichtigung der individuellen, psychologischen Verfassung des Täters. Diese Tendenz hatte sich bereits im 18. Jahrhundert abgezeichnet. Durch die Herausbildung der Psychiatrie als eigenständigem medizinischem Fachgebiet wurde sie massiv unterstützt.
2. Ein psychiatrisches Lehrgebäude war im Entstehen begriffen. Damit verbunden war die Erweiterung des Krankheitsbegriffs. Psychische Krankheit galt nicht mehr allein als eine Störung des Verstandes, sondern auch der Gefühle und des Willens. Dies führte zur Ausdifferenzierung neuer psychischer Krankheitsbilder, von denen die so genannten zweifelhaften Gemütszustände (u.a. *amentia occulta, manie sans délire*, Monomanien) von besonderer Bedeutung für die Herausbildung und Etablierung der forensischen Psychiatrie waren. Im Fall Sefeloge handelte es sich um die Monomanie und gerade die harsche Kritik Damerows zeigt, dass solche „unbestimmte schwankende Uebergangstheorien..." (Damerow 1850b, S.42) notwendig waren. Die wissenschaftliche Auseinandersetzung mit ihnen förderte neue Ideen.
3. Trotz des Zweifels an der Existenz solcher Krankheitsbilder war man sich im Prinzip einig, dass es einen Bereich von Befindens- und Verhaltensstörungen gab, die auch ohne somatisch nachweisbar zu sein, der Medizin respektive der Psychiatrie zuzurechnen waren. Um einen solchen Nachweis erbringen zu können, musste die psychologische

Untersuchung (Lebenslauf, Auffälligkeiten, gesellschaftliches Umfeld, Motive für die Tat und die Tat selbst rekonstruiert werden) in die Medizin eingebunden werden.
4. Das Wissen der Psychiater ging durch ihre in den neu entstandenen Anstalten gesammelten Erfahrungen weit über das Laienhafte der Philosophen, aber auch über das der Juristen hinaus. Psychiater hatten die Möglichkeit des klinischen Studiums der Symptome und des Verlaufs von Geisteskrankheiten. Sie waren um die Mitte des 19. Jahrhunderts als Experten in forensischen Fragen anerkannt. Es dürfte bis dato einmalig gewesen sein, dass drei Psychiater an einem Fall unmittel- bzw. mittelbar beteiligt waren.

6   Der Fall Schmolling

Vergleicht man die Gegebenheiten des Falles Sefeloge mit denen eines Falles, der mehr als 30 Jahre zuvor für Schlagzeilen sorgte, lassen sich doch erhebliche Unterschiede feststellen. Es handelt sich um den Fall des Tabakspinnergesellen Daniel Schmolling. Dieser hatte am 25. September 1817 in der Hasenheide bei Berlin seine Geliebte Henriette Lehne getötet. Der Täter wurde alsbald gefasst und da ein wirkliches Motiv für die Tat fehlte, wurde Schmollings psychischer Zustand untersucht. Der Fall Schmolling ist relativ bekannt, zum einen, da er u.a. als Stoffgeschichte für Georg Büchners (1813-1837) Fragment „Woyzeck" diente, zum anderen, weil er Einblicke in die juristische Arbeit E. T. A. Hoffmanns (1776-1822) bot. Hoffmann nämlich fertigte in seiner Funktion als Kammergerichtsrat in Berlin ein juristisches Gutachten an. Er wendete sich vehement gegen die vom Stadtphysikus Johann Friedrich Alexander Merzdorff attestierte Unzurechnungsfähigkeit des Täters. Der Arzt Merzdorff hatte eine *amentia occulta*, einen so genannten versteckten Wahnsinn diagnostiziert, also auch eines jener neuen psychischen Krankheitsbilder, die seit Beginn des 19. Jahrhunderts die forensische Praxis mitbestimmten. Der Richter folgte jedoch in keiner Weise dem medizinischen Gutachten Merzdorffs. Dem Stadtphysikus wurde von juristischer Seite stark polemisch begegnet. Hoffmann beispielsweise war der Meinung, „daß der Ausspruch des Merzdorff, ... im vorliegenden Falle auch keineswegs die Rücksicht verdient, die sonst auf ein von einem Sachverständigen abgegebenes Gutachten genommen werden muß..." (Bode 1825, S.108). Das Gericht meinte sogar, „... daß im vorliegenden Falle das Gutachten des Physicus keinen höheren Werth habe, als das Urteil jedes Anderen..." (Bode 1825, S.328). Ein weiterer medizinischer Sachverständiger musste also hinzugezogen werden. Professor Ernst Horn, ehemals zweiter dirigierender Arzt der Charité und Leiter der Irrenabteilung, galt als Autorität in forensisch-psychiatrischen Fragen. Da die Untersuchung ergeben hatte, dass der Delinquent weder betrunken war, noch im Affekt gehandelt hatte und sich zudem vor und nach der Tat keinerlei Anzeichen einer psychischen Erkrankung gezeigt hatten, blieben nur zwei Dinge übrig: „er sei also entweder wirklich wahnsinnig, oder es liege eine andere causa facinoris zum Grunde, die man nicht habe ermitteln können" (Horn 1820, S.315). Horn unterstützte die Auffassung seines Kollegen Merzdorff. Auch wenn er eine genaue Benennung der psychischen Erkrankung des Delinquenten vermied (was auch Damerow bei Sefeloge tat), schloss er sich doch weitestgehend dem Standpunkt an, dass es einen versteckten Wahnsinn gebe und eine solche Diagnose bei Daniel Schmolling als wahrscheinlich gelte. Von juristischer Seite argumentierte man für die unbedingte Zurechnungsfähigkeit des Delinquenten mit dessen guten physischen Zustand. Damit folgte man der weit verbreiteten Auffassung, dass Affekten und Leidenschaften ein körperlicher Krankheitszustand zu

Grunde liegen müsse. Ein solcher konnte jedoch bei Schmolling nicht diagnostiziert werden. Im Gegensatz zum Fall Sefeloge war man sich 1817 also noch keineswegs einig darüber, dass es einen Bereich von Befindens- und Verhaltensstörungen gab, die auch ohne somatisch nachweisbar zu sein, psychische Erkrankungen einschlossen. Auch Horn hatte argumentiert, dass allen Geisteskrankheiten eine somatische Ursache zu Grunde läge. Diese seien jedoch nicht immer ersichtlich. Es gebe viele Wahnsinnige, bei denen keine physische Ursache ausgemacht werden könne bzw., dass die Ursache erst lange nach Ausbruch des Wahnsinns gefunden würde: „So giebt es denn auch in der That versteckte Geisteskrankheiten, deren Vorhandensein sich nur durch eine Aufsehen erregende Handlung ..., an den Tag legt, so wie es körperliche Krankheiten giebt, deren Vorhandengewesensein wir nur durch die Art des Sterbens selbst erkennen..." (Horn 1820, S.344).

Dennoch folgte der Richter einer solchen Argumentation nicht. Er verwarf sowohl das Merzdorff'sche als auch das Horn'sche medizinische Gutachten. Am 12. September 1818 erkannte das Königliche Gericht an, dass Schmolling wegen verübten Mordes die Todesstrafe verdiene, auch wenn die äußere Veranlassung für die Tat nicht herauszufinden war. Der Richter argumentierte: „Nur da, wo der gänzliche Mangel an Vernunft oder jener Fähigkeit überhaupt erwiesen sey, falle die Zurechnungsfähigkeit fort, und nur Individuen dieser Art könnten nicht gestraft werden. In diesem Falle aber befinde sich der Inquisit nicht, denn Alles stimme überein, daß er vernünftig und gesund an Körper und Geist sei." (Horn 1820, S.326).

Interessant ist aber nun, und vielleicht kommt hier wieder so etwas wie der Zeitgeist zum Tragen, dass die Kompetenz der Mediziner in psychischen Belangen doch schon eine sehr wichtige war. Die Bedenken waren so stark, dass das Königliche Justizministerium sich veranlasst sah, ein Gnadengesuch an den preußischen König zu richten. Der Einfluss der Ärzte war schließlich doch kein so geringer, so dass der Geheime Staats- und Justizminister Friedrich Leopold von Kircheisen (1749-1825) trotz des Richterspruchs zu Bedenken gab: „Wenn nun schon ... die völlige Zurechnungsfähigkeit des Inquisiten ... erheblichen Zweifeln unterworfen ist, so kommt hierzu noch... die von den Aerzten gemachte Erfahrung über Gemüthskranke und Wahnsinnige, deren Wahnsinn nur in einzelnen Momenten zum Ausbruch gekommen ist, ohne daß vorher und nachher Spuren desselben haben bemerkt werden können. Unter solchen Umständen scheint mir diejenige Gewißheit nicht vorhanden zu seyn, welche das Erkenntnis auf die Todesstrafe erfordert." (Hitzig 1828, S.219).

Dass sowohl der König als auch das Justizministerium eher gewillt waren, dem Urteil der Ärzte nachzukommen, wirft ein interessantes Schlaglicht auf den schwelenden Kompetenzstreit zwischen Juristen und Medizinern. Die Erfahrung der Ärzte sollte sie zunehmend als Experten der kranken Seele ausweisen. Die Tendenz der Zeit war, den Begriff der Unzurechnungsfähigkeit zu erweitern, den Bereich der psychischen Krankheit auszuweiten. Um die Mitte des 19. Jahrhunderts hatten die Ärzte ihren Kompetenzbereich über das Somatische hinaus ausgedehnt. Was beim Fall Schmolling bestenfalls zu erahnen ist, wird im Fall Sefeloge ganz deutlich. Die noch junge Wissenschaft Psychiatrie und vor allem ihre forensische Komponente strebte einem ersten Höhepunkt zu. Psychiater waren aus der forensischen Praxis nicht mehr wegzudenken.

Literatur- und Quellenverzeichnis

ALR (1794) Allgemeines Landrecht für die Preußischen Staaten, Teil II, 20. Titel, §16. Pauli, Berlin
Behme T (Hrsg.) (1999) Samuel von Pufendorf, Elementa jurisprudentiae universalis. Akademie-Verlag, Berlin
Blasius D (1980) Der verwaltete Wahnsinn. Fischer, Frankfurt a.M.
Bode (1825) Vertheidigungsschrift zweiter Instanz für den Tabackspinnergesellen Daniel Schmolling, welcher seine Geliebte ohne eine erkennbare Causa facinoris ermordete. Zeitschrift für die Criminal-Rechts-Pflege in den preussischen Staaten mit Ausschluß der Rheinprovinzen mit Genehmigung und Unterstützung des Königlichen Justizministerii und aus amtlichen Quellen 1: 261-376
Clarus JCA (1828) Beiträge zur Erkenntnis und Beurtheilung zweifelhafter Seelenzustände. Fleischer, Leipzig
Damerow H (1829) Die Elemente der nächsten Zukunft der Medicin, entwickelt aus der Vergangenheit und Gegenwart. Reimer, Berlin
Damerow H (1849) Denkschrift über den Zustand der Irrenabtheilung in der Königl. Charité-Heil-Anstalt und die Nothwendigkeit des Neubaues einer Irren-Heil- und Pflege-Anstalt für die Residenzen Berlin und Potsdam betreffend. Allgemeine Zeitschrift für Psychiatrie 6: 47-78
Damerow H (1850a) Nachträgliche Erklärung die Untersuchung des Sefeloge betreffend. Allgemeine Zeitschrift für Psychiatrie 7: 688a-688d
Damerow H (1850b) Zur Kritik des „politischen und religiösen Wahnsinns". Allgemeine Zeitschrift für Psychiatrie (Sonderdruck) 7: 1-56
Damerow H (1853) Sefeloge. Eine Wahnsinns-Studie. Pfeffer, Halle
Damerow H (1855) Zur Monomanie-Frage bei den Franzosen. Allgemeine Zeitschrift für Psychiatrie 12: 113-118
Eulner HH (1970) Die Entwicklung der medizinischen Spezialfächer an den Universitäten des deutschen Sprachgebietes. Enke, Stuttgart
Geheimes Staatsarchiv Rep. 76 Va Sekt. 2 Tit. IV Nr. 5
Geheimes Staatsarchiv Rep. 77 Ministerium des Inneren, Tit. 343 A, Nr. 74
Geheimes Staatsarchiv Rep. 84 a Justizministerium, Nr. 49647
Geheimes Staatsarchiv Rep. 89 Geheimes Zivilkabinett, jüngere Periode Nr. 15255
Geheimes Staatsarchiv Rep. 89 Geheimes Zivilkabinett, Nr. 24373
Germann U (2000) Psychiatrie und Strafjustiz im Kanton Bern 1890-1910. Berner Zeitschrift für Geschichte und Heimatkunde 2: 41-83
Geyer-Kordesch J (2001) Psychomedizin – die Entwicklung von Medizin und Naturanschauung in der Frühaufklärung. In: Zelle C (Hrsg) „Vernünftige Ärzte". Hallesche Psychomediziner und die Anfänge der Anthropologie in der deutschsprachigen Frühaufklärung. Niemeyer, Tübingen, S. 25-47
Goldschmidt P (1910) Berlin in Geschichte und Gegenwart. Springer, Berlin
Greve Y (2004) Verbrechen und Krankheit. Die Entdeckung der „Criminalpsychologie" im 19. Jahrhundert. Böhlau, Köln
Haack K, Herpertz SC, Kumbier E (2007) Der „Fall Sefeloge" - Ein Beitrag zur Geschichte der forensischen Psychiatrie Nervenarzt 78: 586-593
Haack K, Kumbier E (2006) Neurological picture. Carl Wilhelm Ideler (1795-1860): a controversial German psychiatrist of the 19th century. Journal of neurology, neurosurgery, and psychiatry 77: 947
Haack K, Kumbier E (2008a) Brücken zwischen „Hallescher Psychomedizin" und Psychiatrie. Nervenheilkunde 10: 928-932
Haack K, Steinberg H, Herpertz SC, Kumbier E (2008b) „Vom versteckten Wahnsinn". Ernst Platners Schrift „De amentia occulta" im Spannungsfeld von Medizin und Jurisprudenz im frühen 19. Jahrhundert Psychiat Prax 35: 84-90
Heine H (o.J.) Briefe an Julius Campe. In: Widdel W (Hrsg.) Schatten dieser Erde. Union, Berlin

Hitzig JE (1828) Nachträge, Debatten, Berichtigungen u.s.w. – Der Mörder Daniel Schmolling, sein zweites Verbrechen und seine letzten Stunden. Zeitschrift für die Criminal-Rechts-Pflege in den preussischen Staaten mit Ausschluß der Rheinprovinzen mit Genehmigung und Unterstützung des Königlichen Justizministerii und aus amtlichen Quellen 9: 189-242

Hoffbauer JH (1844) Die psychischen Krankheiten und die damit verbundenen Zustände in Bezug auf die Rechtspflege. Förstner, Berlin

Horn E (1820) Gutachten über den Gemüthszustand des Tabackspinnergesellen Daniel Schmolling welcher den 25ten September 1817 seine Geliebte tödtete. Archiv für medizinische Erfahrung im Gebiete der praktischen Medizin, Chirurgie, Geburtshülfe und Staatsarzneikunde: 292-367

Ideler CW (1838) Grundriß der Seelenheilkunde. 2. Enslin, Berlin

Ideler CW (1841 und 1842) Biographieen Geisteskranker, in ihrer psychologischen Entwicklung dargestellt. Schroeder, Berlin

Ideler CW (1843) Vorrede zu Die Geisteskrankheiten in Beziehung zur Rechtspflege. In: Marc CCH (Hrsg) Die Geisteskrankheiten in Beziehung zur Rechtspflege. Voss, Berlin

Kamptz KA (Hrsg) (1831) Jahrbücher für die preußische Gesetzgebung, Rechtswissenschaft und Rechtsverwaltung 37, Berlin

Kamptz KA (Hrsg) (1832) Jahrbücher für die preußische Gesetzgebung, Rechtswissenschaft und Rechtsverwaltung 40, Berlin

Kant I (2003) Kritik der reinen Vernunft. Meiner, Hamburg

Königlich privilegirte Berlinische Zeitung von Staats- und gelehrten Sachen vom 13.6.1850

Königlich privilegirte Berlinische Zeitung von Staats- und gelehrten Sachen vom 19.10.1850

Königlich privilegirte Berlinische Zeitung von Staats- und gelehrten Sachen vom 28.5.1850

Kosenina A (1989) Ernst Platners Anthropologie und Philosophie. Der philosophische Arzt und seine Wirkung auf Johann Karl Wezel und Jean Paul. Königshausen und Neumann, Würzburg

Marquardsen H (1855) Rezension zu Damerow, Sefeloge. Eine Wahnsinnsstudie. Kritische Zeitschrift für die gesammte Rechtswissenschaft 2: 193-203

Metzger JD (1800) Beweis, daß es den Aerzten allein zukomme, über Wahnsinn und Verstandeszerrüttung zu urtheilen. In: Metzger JD (Hrsg) Neue vermischte medicinische Schriften. Goebbels und Unzer, Königsberg, S. 36-67

Reuchlein G (1985) Das Problem der Zurechnungsfähigkeit bei E.T.A. Hoffmann und Georg Büchner. Zum Verhältnis von Literatur, Psychiatrie und Justiz im frühen 19. Jahrhundert. Lang, Frankfurt, Bern, New York

Riha O (2005) Wozu Geschichte? Historisches Wissen im Alltag der Medizin. Historische Bildung, Moral, soziale Kompetenz 17: 36-39

Schmidt-Recla A (2000) Theorien zur Schuldfähigkeit: Psychowissenschaftliche Konzepte zur Beurteilung strafrechtlicher Verantwortlichkeit im 19. und 20. Jahrhundert. Eine Anleitung zur juristischen Verwertbarkeit. Leipziger Universitätsverlag, Leipzig

Schroeder FC (Hrsg.) (2000) Die Peinliche Gerichtsordnung Kaiser Karls V. (Carolina). Reclam, Stuttgart

Steinberg H (2002) Die schlesische Provinzial-Irrenanstalt Leubus im 19. Jahrhundert unter besonderer Berücksichtigung des Wirkens von Emil Kraepelin. WmM 21: 533-553

Temme JDH (1837) Handbuch des preussischen Criminalrechts. Kollmann, Leipzig

7 Psychiatrie und Rechtsmedizin im 20. Jahrhundert: Das Institut für Forensische Psychiatrie der Freien Universität Berlin – Viktor Müller-Heß, Elisabeth Nau, Wilfried Rasch

Hans-Ludwig Kröber

Zusammenfassung

Der Beitrag skizziert die Entwicklungslinien der forensischen Psychiatrie seit Beginn des 19. Jahrhunderts, um sodann die Ausgestaltung der forensischen Psychiatrie in Berlin anhand der drei zentralen Figuren Viktor Müller-Heß, Elisabeth Nau und Wilfried Rasch zu beleuchten. Während sich grundsätzlich forensische Psychiatrie als Teil der Allgemeinpsychiatrie herausbildete und mit ihr begann, war die Berliner Situation dadurch gekennzeichnet, dass sie sich aus dem öffentlichen Gesundheitswesen und der Rechtsmedizin heraus etablierte. Bestimmende Themen waren hier für lange Zeit weniger psychopathologischer oder speziell psychiatrischer Art, sondern gingen in Richtung einer klinischen Kriminologie. Zudem lässt sich eine lange Tradition der Befassung mit aussagepsychologischen Fragestellungen nachzeichnen, speziell im Hinblick auf die Zeugentüchtigkeit und Suggestibilität von Kindern und Jugendlichen. In jüngerer Zeit finden sich all diese Themen vereint mit einem Schwerpunkt Kriminalprognose und Gefährlichkeitseinschätzung bei psychischen Krankheiten sowie bei Gewalt- und Sexualstraftätern.

Die forensische Psychiatrie ist ein Sonderbereich der Allgemeinpsychiatrie; sie ist zeitgleich mit ihr entstanden, und stets hatte die Allgemeinpsychiatrie forensische Aufgaben zu lösen. Das gilt bereits für das erste Jahrhundert der wissenschaftlichen Psychiatrie von 1800-1900, das geprägt war durch drei zentrale Gegenstände (Kröber 2005):
1. die wissenschaftliche Sichtung des „Materials", mit dem sich dieses Fach zu befassen hat, und der „Methoden", mit denen dies geschehen könnte,
2. durch den Kampf um die wissenschaftliche, also universitäre Anerkennung und Verselbständigung sowie
3. durch die Etablierung eines psychiatrischen Versorgungssystems (Anstaltswesens) und den Kampf zwischen Universitäts- und Anstaltspsychiatrie.

Am Ausgangspunkt der Entwicklung des Faches stand die Betrauung mit einer sozialen Aufgabe, nämlich der Musterung der zunehmend aus feudalen Bindungen und Sicherungen gelösten, behinderten, kranken, dissozialen, wohnungslosen, kriminellen Gruppen innerhalb der Gesellschaft unter dem Blickpunkt ordnungsrechtlich-polizeilicher und auch medizinischer Intervention (Dörner 1995). Diese Aufgabenzuweisung ist andererseits nicht vorstellbar ohne den Fortschritt in der Entwicklung der medizinischen Wissenschaften durch die zunehmende Anwendung naturwissenschaftlich-empirischer Verfahren im Verlauf des 19. Jahrhunderts und danach.

Nach außen, in den sozialen Raum hineinwirkend, ging es also um die Schaffung eines stationären wie ambulanten Versorgungssystems und um die Differenzierung zwischen krank, behindert, faul, kriminell, gefährlich, und um eine entsprechende Differenzierung der staatlichen Angebote oder Androhungen (Krankenhaus, Arbeitshaus, Heim, Gefängnis, Ausbildungsstätte, Kaserne). Nach innen, in der wissenschaftlichen Auseinandersetzung des Fachs Psychiatrie, ging es um die Herausbildung einer dazu passenden Ideenlehre, die Schaffung einer psychopathologischen und nosologischen Dogmatik, in der ein Menschenbild entwickelt wird, in dem sich nach Kriterien der Wahrnehmung und des Verhaltens Zuschreibungen wie „krank", „behindert", „böse", „kriminell" rechtfertigen lassen, die nun auch dem staatlichen Handeln und der Justiz zugrunde gelegt werden können. Auch insofern, für die Ideengeschichte des Fachs Psychiatrie, war die Beschäftigung mit Kriminellen in der Abgrenzung von oder in der Überlappung mit psychisch Kranken stets essentiell. Dies also, die allgemeine Psychiatrie in ihrer zunehmenden Theoriebildung, insbesondere hinsichtlich Psychopathologie und Nosologie, und in ihrem Versorgungsauftrag war und ist das Herkunftsgebiet der forensischen Psychiatrie, und bis in die 70er Jahre des 20. Jahrhunderts war forensische Psychiatrie in den meisten psychiatrischen Universitätskliniken Chefsache.

Es gab aber auch noch einen anderen Zugang zur forensischen Psychiatrie: jenen aus dem öffentlichen Gesundheitswesen, zu dem die gerichtliche oder Rechtsmedizin gehört, der Zugang von der Staatsarzneikunde, der Sozialmedizin. Diese betrifft alles, was an öffentlichen Aufgaben und Volksgesundheit von der Medizin aus zu regeln ist, ihr Inbegriff ist Rudolf Virchow. Inhärent ist ihr das Überschreiten enger Fachgrenzen, und sie bedient sich dann jeweils auch des Imports von Psychiatern oder der Verbindung von rechtsmedizinischem und psychiatrischem Wissen. Diese Vorgehensweise war in Berlin, wie wir sehen werden, sehr ausgeprägt, vermutlich auch deshalb, weil die schnell wachsende Großstadt aktiv dafür sorgte, dass das öffentliche Gesundheitswesen hinreichend besetzt war. In diesem Rahmen musste die Gerichtliche und Soziale Medizin allerdings um den Status als eigenständiges Fach kämpfen; Virchow beispielsweise vertrat, dass deren Aufgaben von Pathologen, Chirurgen, Gynäkologen etc. zu erledigen seien. Innerhalb der Rechtsmedizin gab es die „österreichische" Schule, die sich auf die gerichtliche Pathologie, Serologie und Toxikologie beschränken wollte, und die „deutsche" Schule, die ein enzyklopädisches Konzept von Rechtsmedizin unter Einschluss von Kriminalpsychologie und forensischer Psychiatrie vertrat (Herber 2002, Jeske 2008).

Um einzuordnen, was in der zweiten Hälfte des 20. Jahrhunderts in der Forensischen Psychiatrie in Berlin stattfand, muss man einen ungefähren Begriff davon haben, wie die Geschichte der Forensischen Psychiatrie in Deutschland verlaufen ist. Diese soll eingangs skizziert werden, und es wird sich zeigen, wie bedeutsam insbesondere die Entwicklungen vor 1933 waren, die dann nach 1945 wieder aufgegriffen wurden.

1 Der klinische Grundstock: Begutachtungswesen seit dem 17. Jahrhundert[1]

Die forensische Psychiatrie entstand aus einem Begutachtungswesen, das seit Beginn der Aufklärung Teil der strafrechtlichen Bemühungen um Gerechtigkeit im Einzelfall war; in der Gerichtspraxis wurde spätestens seit dem ausgehenden 18. Jahrhundert regelmäßig ein Arzt zur Begutachtung von Angeklagten hinzugezogen, die im Verdacht standen, psychisch krank zu sein. Tatsächlich reichte die Tradition einer rechtsmedizinischen Begutachtung schon lange zurück. Auf dem Boden der Constitutio criminalis carolina (CCC) von 1532, die psychische Gestörtheit als allgemeinen Strafmilderungsgrund anerkannte, entwickelte sich im 17. und 18. Jahrhundert ein medizinisches Begutachtungswesen durch Syndici und Kollegien der medizinischen Fakultäten, das im Wesentlichen durch Fallsammlungen zu einer Speicherung von Wissen und zur Herausbildung von diagnostischen und Beurteilungsmaßstäben führte (Lorenz 1999, Kröber 2005). Gegenstand einer zunehmend eigenständigen wissenschaftlichen Medizin wurde die psychiatrische Begutachtung dann aber erst in der ersten Hälfte des 19. Jahrhunderts, und zwar zeitgleich mit der Herausbildung der allgemeinen Psychiatrie. Die Mitte des 19. Jahrhunderts entstehenden wissenschaftlichen Organe waren von Beginn an Zeitschriften für allgemeine *und* gerichtliche Psychiatrie (Janzarik 1972). Dies implizierte nicht nur strafrechtliche Fragen, sondern ebenso öffentlich-rechtliche und verwaltungsrechtliche Probleme, die sich mit psychisch Kranken ergeben. Insofern bestand von Anfang an auch eine Kooperation, ja berufliche Überlappung mit der Rechtsmedizin und allen Medizinern, die wie Virchow die Medizin als Grundlage sozialen und sozialpolitischen Handelns sahen.

Der erste namentlich bekannte Stadtphysikus Berlins war der ehemalige preußische Militärarzt Johann George Lesser (1707-1778), der 1746 diese Funktion übernahm. 1828 wurde Wilhelm Wagner (1793-1846) gerichtlicher Stadtphysikus von Berlin und erreichte die Anbindung an die Universität. In einer Schrift mit dem Titel „Errichtung einer praktischen Unterrichtsanstalt für die Staatsarzneikunde bei der hiesigen Königlichen Universität" legte er Anfang 1833 seine Vorstellungen über die Ausbildung der Physici nieder. Der Kultusminister erteilte am 11. Februar 1833 seine Genehmigung. Wagner begann noch im Sommersemester desselben Jahres mit Vorlesungen und Demonstrationen. Das Amt des gerichtlichen Stadtphysikus gab Wagner wegen Überlastung bereits 1841 an Johann Ludwig Casper (1796-1864) ab, aber erst 4 Jahre nach Wagners Tod erfolgte im Januar 1850 die Ernennung Caspers zum Direktor der Unterrichtsanstalt. Auf der Grundlage reicher praktischer Erfahrungen aus der Tätigkeit als Stadtphysikus gelang es ihm, einen rege besuchten akademischen Unterricht zu gestalten (Casper 1863). Zugleich hatte er großes statistisches Interesse und bemühte sich um die Verwissenschaftlichung des Faches (Casper 1825). Von ihm stammt das in vier Auflagen erscheinende „Practisches Handbuch der gerichtlichen Medicin". Ab 1852 gab er die „Vierteljahrsschrift für gerichtliche und öffentliche Medicin" heraus (Casper 1852). Zu Nachfolgern Caspers, der als Begründer der modernen Gerichtsmedizin in Preußen anzusehen ist, wurden 1864 sein Schüler und Neffe Carl Liman (1818-1891) und gleichzeitig der aus Königsberg berufene Carl Skrzeczka (1833-1902) ernannt. Das Berliner gerichtsmedizinische Institut existierte seit dem 1.3.1886 im neu errichteten Leichenschauhaus in der Hannoverschen Straße und wurde

---

[1] s. a. den Beitrag Haack in diesem Band.

zunächst von Carl Liman geleitet. Nachfolger Limans als Vorsteher des Instituts für Staatsarzneikunde wurde der berühmte Fritz Strassmann aus der bekannten jüdischen Familie, die viele überragende Gelehrte und Ehrenbürger Berlins hervorgebracht hat. Strassmann hatte den Lehrstuhl für Gerichtliche und Soziale Medizin bis 1927 inne.

2   Um 1900 – Medizinische Lösungen für soziale Probleme

Ein Thema der Forensischen Psychiatrie war damals und ist es bis heute die Frage der strafrechtlichen Verantwortlichkeit des einzelnen Rechtsbrechers (Kröber 2001, 2007). Zugleich gab es aber im letzten Drittel des 19. Jahrhunderts und den ersten Jahrzehnten des 20. Jahrhunderts das andere große Thema der Forensischen Psychiatrie, nämlich die Frage, durch welche sozialen, sozialpolitischen, pädagogischen und therapeutischen Interventionen die Kriminalität bekämpft und verhindert werden könne. Die Sozialmedizin, Rechtsmedizin, Psychiatrie, forensische Psychiatrie beschäftigten sich wie die Pädagogik mit sozialen Fragen und Plagen wie Straffälligkeit, Obdachlosigkeit, generell Dissozialität, Trunksucht, Prostitution, Geschlechtskrankheiten. Entsprechend gab es hier große interdisziplinäre Koalitionen von Pathologen, Rechtsmedizinern, Psychiatern, Pädagogen, Strafrechtlern und Politikern. Manche Psychiater sahen gerade damals all diese Phänomene als Ausdruck von Hirnkrankheiten und favorisierten einen strikt biologischen Erklärungsansatz, gepaart mit medizinischen Interventionsformen (bis hin zu sogenannten eugenischen Maßnahmen). Die Psychiatrie reklamierte die Zuständigkeit für weite Gruppen der Straffälligen und versprach medizinische Lösungen; die Versprechungen wurden im psychiatrischen Anstaltswesen aber kaum eingelöst.

3   Reformen im Strafvollzug

Tatsächlich erfolgten allerdings im Strafvollzug der Weimarer Zeit einige erhebliche Veränderungen, von denen wir glauben könnten, sie seien erst in den 60er Jahren des 20. Jahrhunderts ersonnen und umgesetzt worden. Die Reformbestrebungen werden deutlich bereits in den Namen einschlägiger Zeitschriften wie der vom Psychiater Gustav Aschaffenburg 1904 begründeten „Monatsschrift für Kriminalpsychologie und Strafrechtsreform", sie werden deutlich in epochemachenden Schriften wie jener von August Aichhorn (1925) mit dem Titel „Verwahrloste Jugend", sie werden deutlich in den Bemühungen führender Psychiater wie Kraepelin oder insbesondere Forel in der Suchtbekämpfung. Wie viel davon 1933 scharfrandig abgeschnitten wurde, ist deutlich am Beispiel Gustav Aschaffenburgs, der 1934 als Jude aus seiner Professur hinausgeworfen wurde, ab 1936 nicht mehr als Herausgeber der Monatsschrift tätig sein durfte und 1939 in die USA emigrierte, wo er an der Johns Hopkins Universität in Baltimore lehrte, bis er 1944 im Alter von 78 Jahren verstarb (Busse 1991). Bis 1933 jedoch gab es in der Weimarer Republik eine Vielzahl ungewöhnlicher Neuerungen im Strafvollzug (Wachsmann 2006). Die Gefängnisse waren 1918 involviert gewesen in den Strudel revolutionärer Ereignisse, es gab Angriffe auf Gefängnisse und Zuchthäuser, und von 1919-1924 in den 15 größeren Strafanstalten insgesamt 51 Aufstände und Angriffe auf Aufseher. Am 28. März 1920 beispielsweise brachen die meisten Häftlinge des Zuchthauses Brandenburg aus. Einige wurden während der Flucht erschossen, die meisten wieder eingefangen. In den frühen 20er Jahren brach eine Verbrechenswelle über Deutschland herein, wobei den Anfang zurückkehrende Soldaten gemacht hatten, die Raubüberfälle und Diebstähle begingen und Angst und Schrecken unter der Bevölkerung verbreiteten. 1923 wurden mehr als doppelt so viele Menschen (823 902) wegen Straftaten verurteilt wie 1919 (348 247). Dies führte auch zu einem massiven Anstieg der Häftlingszahlen. Zudem landeten viele in psychiatrischen Anstalten (Wilmanns 1927).

Dennoch oder deswegen gab es eine Wende in der Strafrechtspflege. Die sozialdemokratische Rechtspolitik, die in vielen Ländern Deutschlands zum Zuge kam, lehnte das Abschreckungsprinzip und brutale Disziplinarstrafen ab; Strafvollzug war Ländersache, und in mehreren deutschen Ländern wurden Reformprojekte beschlossen, die „große pädagogische Welle". Eines der Reformprojekte war das völlig heruntergekommene Männerzuchthaus Untermaßfeld in Thüringen, das ab 1923 nach den Ideen der deutschen Jugendbewegung und der Reformpädagogik umgestaltet wurde, auch unter Mitwirkung einflussreicher Hochschullehrer wie Berthold Freudenthal oder des Hamburger Strafrechtlers Moritz Liepmann. Ausgebildete Erzieher ersetzten Seelsorger, die neuen Sozialarbeiter unterstanden reformfreudigen Direktoren. Es wurden Disziplinargerichte eingeführt, statt Disziplinarstrafen einseitig und willkürlich zu verhängen. Es wurde ein Stufensystem von Lockerungen und Belohnungen eingeführt, Unterricht, Sport, Musizieren, Theaterspielen, Gefangenenzeitungen. Ziel war Resozialisierung und nicht allein Vergeltung. Auf Reichsebene wurde am 16. Februar 1923 ein Jugendstrafgesetz geschaffen, das in besonderer Weise auf den Erziehungs- und Sozialisierungsgedanken orientiert war. Bei den Wissenschaftlern, nicht zuletzt den forensischen Psychiatern, koexistierten nicht selten praktische Reformbemühungen und sozialtherapeutische Behandlungsvorschläge mit kriminalbiologischen Erklärungsansätzen, nicht zuletzt hinsichtlich der sogenannten „Unverbesserlichen", den „Gewohnheitsverbrechern", denen gegenüber sowohl Konzepte wie Sicherungsverwahrung vorgeschlagen wurden wie auch sogenannte eugenische Maßnahmen.

4 Viktor Müller-Heß

Abb. 1:
Viktor Müller-Heß

Zum 1.11.1930 wurde aus Bonn Viktor Müller-Heß zum Ordinarius für Gerichtliche und Soziale Medizin an der Friedrich-Wilhelms-Universität Berlin berufen in der Nachfolge von Fritz Strassmann (1858-1940), der 1926 emeritiert wurde. Müller-Heß, damals 47 Jahre alt, war Facharzt für Psychiatrie und Rechtsmediziner. Über Leben und Werk informiert die materialreiche Dissertation von Jeske (2008). Müller-Heß war gebürtiger Donauschwabe, geboren am 25.02.1883 in Bezanija bei Semlin, das liegt nicht weit von Belgrad in der Batschka. Erst 1911 erhielt er die deutsche Staatsbürgerschaft. Er studierte in Bonn und Leipzig, wo er 1908 das Staatsexamen bestand und über die Sublimatvergiftung promovierte. Er war da bereits Praktikant an der Neurologie in Leipzig, ein Jahr Assistenzarzt an der Psychiatrischen Universitätsklinik in Köln unter Aschaffenburg und ein halbes Jahr in Zürich unter E. Bleuler (1909/1910). Von 1911-1914 arbeitete er als Assistenzarzt, dann Oberarzt an der Städtischen Nervenheilanstalt Chemnitz und wurde im September 1914 zur Reichswehr eingezogen. Ende 1916 wurde er nach Lazarettaufenthalt ausgemustert und ging in die Pathologie nach Dresden unter Schmorl, 1918 an die Rechtsmedizin in Königsberg unter Puppe. Dort habilitierte er sich 1920 mit einer Arbeit „Über den gegenwärtigen Stand der Kriminalpsychologie". Bereits 1922 wurde er zum Ordinarius für gerichtliche und soziale Medizin nach Bonn berufen. In dieser Zeit befasste er sich wissenschaftlich mit der seelischen Entwicklung des Kindes und dessen Aussagetüchtigkeit, mit der Dauer der Invalidität bei psychischen Erkrankungen sowie mit der Erziehung von geistig abnormen kriminellen Jugendlichen. Ein Schwerpunkt lag bei der Erforschung der Glaubhaftigkeit von Zeugenaussagen Jugendlicher, und der Tätigkeit seines Arbeitskreises war es zu verdanken, dass schließlich in der Rechtsprechung die Zeugenaussage Jugendlicher und auch von Kindern als wichtiges Beweismittel anerkannt wurde (Jeske 2008).

1930 erfolgte also der Ruf an die Universität der Hauptstadt. Müller-Heß betrieb hier eine Dreiteilung seines Instituts in somatische Gerichtsmedizin, in die Bearbeitung von toxikologischen und kriminaltechnischen Problemen und drittens in kriminalpsychologische und forensisch-psychiatrische Fragestellungen; die Abteilung für forensische Psychiatrie bestand seit 1935 unter Leitung von Elisabeth Nau. Am 1.9.1939 hatte er drei Oberärzte, sechs Assistenzärzte und 23 technische und Labor-Mitarbeiter. 1937 wurde das heutige Landesinstitut für soziale und gerichtliche Medizin abgetrennt und im Bereich des Krankenhauses Moabit nahe dem Kriminalgericht und der Untersuchungshaftanstalt untergebracht; hier gab es enge Beziehungen zur Kriminalpolizei und zum Reichsinnenministerium, während das Universitätsinstitut zunehmend isoliert wurde.

Wesentliche Themen seiner wissenschaftlichen Arbeit waren die Blutalkoholbestimmung, der Zusammenhang zwischen Blutalkoholspiegel und Steuerungsfähigkeit (Müller-Heß u. Hallermann, 1936), Blutgruppenbestimmung, die Glaubhaftigkeit der Zeugenaussagen von Kindern (zusammen mit Elisabeth Nau) und die Erforschung der Suchtkrankheiten. Zu „eugenischen" Maßnahmen wie der Zwangssterilisation psychisch Kranker und von Gewohnheitsverbrechern hatte er sich 1929 noch sehr skeptisch geäußert und die wissenschaftliche Basis einer solchen Maßnahme bestritten (Müller-Heß u. Wiethold 1929). Nachdem 1930 die SPD einen Gesetzentwurf zur Sterilisierung von Gewohnheitsverbrechern eingebracht hatte und ähnliche Gesetze in Dänemark, dem Kanton Waadt der Schweiz, im kanadischen Bundesstaat Alberta und in 26 US-amerikanischen Bundesstaaten verabschiedet worden waren (in Schweden war ein entsprechendes Gesetz in Vorbereitung), plädierte Müller-Heß mit Wiethold (1932) plötzlich sehr nachdrücklich für die Sterilisation und gegen „überzogene Wohlfahrtsmaßnahmen" an Straftätern und Geisteskranken „zu Ungunsten der übrigen Bevölkerung". Nach Einführung des NS-Gesetzes „zur Verhütung erbkranken Nachwuchses" vom 14.07.1933 sowie der strafrechtlichen „Maßregeln der Sicherung und Besserung" vom 4.11.1933 mit der Möglichkeit der Zwangskastration scheint er dann wieder eher um Schadensbegrenzung bemüht gewesen zu sein (Jeske 2008, S. 185 ff.). In der Zeit von 1933 bis 1945 hat Müller-Heß offenbar versucht, sich bedeckt zu halten und das Institut gegen eine Gleichschaltung in allen Belangen zu schützen. Er war nie Mitglied der NSDAP oder des Nationalsozialistischen deutschen Ärztebundes (NSDÄB), hat aber auch nicht offen gegen kriminalbiologische und eugenische Ansätze opponiert (Herber 1994, 2002). Offenkundig war er mit seinem internationalen Renommee und seinen Streben nach Unabhängigkeit den Machthabern ein Dorn im Auge, die ihn zu isolieren versuchten (Jeske 2008). So wurde er aus der Prüfungskommission für Kreisärzte entfernt, es wurde ihm ausdrücklich wegen fehlender politischer Eignung die Dozentur in der Staatsmedizinischen Akademie Charlottenburg entzogen (wo nunmehr Rassenhygiene geschult wurde), er wurde nicht mehr als Sachverständiger der Mordkommission beschäftigt. Es wurde nie erwogen, ihn in das Erbgesundheitsobergericht zu berufen, er selbst lehnte 1938 nebenberufliche gerichtsärztliche Tätigkeit ab und erklärte auf Anfrage 1941, dass sein Institut arbeitsmäßig außerstande sei, erbbiologische Gutachten zu erstatten (Jeske 2008, S. 193). Er war aber in zahlreichen Verfahren als forensisch-psychiatrischer Gutachter für die NS-Strafjustiz und für die Wehrmachtsgerichte tätig und versuchte offenbar, in dieser Zeit aus seiner Sicht „neutrale", rein der Sachlage entsprechende Gutachten zu erstatten. Über die Haltung in diesen Gutachten gibt es nur wenig Zuverlässiges, da die meisten kriegsbedingt vernichtet sind; Jeske hat nachgewiesen, dass Müller-Heß bei den prominenten Fällen des Schweizer Hitler-Attentäters M. Bavaud (Jeske 2008, S. 221) sowie des Attentäters auf den deutschen Botschaftsattaché Ernst von Rath, den 17-jährigen Herschel Grynszpan (Jeske 2008, S. 222 f.), jeweils Gutachten abgeliefert hat, die der Staatsführung keineswegs ins Konzept passten. Dies ändert nichts daran, dass er sich in seinem Rechtsverständnis dem herrschenden Recht unterwarf und den Gerichten zuarbeitete (Gummersbach 1991). 1941 stellte Müller-Heß das wissenschaftliche Publizieren ein, die Zustände im Institut, das mit enormen Leichenmengen konfrontiert war und bei zunehmendem Personalmangel durch Bomben zerstört wurde, ließen wissenschaftliches Arbeiten kaum noch zu. Beansprucht durch die Aufbauerfordernisse konnte er erst 1952 wieder publizieren. Er blieb auch nach 1945 im Amt und wechselte aufgrund der zunehmenden Einschränkung der akademischen Freiheit im September 1949 an die Freie Universität Berlin, wo er unter anderem den Aufbau der Veterinärmedizinischen Fakultät tatkräftig unterstützte. Er beschäftigte sich vor allem weiter mit der Rauschgiftsucht und ihrer angemessenen Behandlung; am FU-Institut wurden mehrere hundert straffällige Drogenabhängige ambulant weiterbetreut. Anfang der 50er Jahre wurde er mit der juristischen und mit der veterinärmedizinischen Ehrendoktorwürde bedacht. Nach Erreichung der Altersgrenze wurde er mit 71 Jahren am 30.09.1954 emeritiert. Viktor Müller-Heß starb am 16. August 1960.

Schauen wir noch kurz nach Berlin-Mitte: Nach dem Weggang von Müller-Heß 1949 an die Freie Universität Berlin folgte am Ostberliner Institut ein mehrjähriges Interregnum. Dieses fand mit der Berufung des Österreichers Otto Prokop (*1921) aus Bonn auf den Lehrstuhl und in das Direktorat des Ostberliner Instituts am 1. Februar 1957 seinen Abschluss. Zu jener Zeit wies die Gerichtliche Medizin in der DDR nur eine „vita minima" auf, so dass Prokop in seinen ersten Amtsjahren kommissarisch auch das Leipziger und das Hallesche Institut leiten musste (Strauch et al. 1992, Wirth et al. 2008). Otto Prokop führte die Rechtsmedizin der Humboldt-Universität zu wissenschaftlichem Ruhm und internationalem Ansehen. Die Rahmenbedingungen werden schlaglichtartig darin sichtbar, dass die zahlreichen ausländischen Hospitanten in der Hannoverschen Straße vom Sektionssaal ferngehalten wurden, wenn nachts der Leichnam eines Menschen seziert wurde, der beim Fluchtversuch an der Mauer erschossen worden war[2].

---

[2] Aussage Prokops vor dem Berliner Landgericht, 1999

5 Nach 1945: Elisabeth Nau

In Westberlin hatte ein anderer Österreicher, Prof. Walter Krauland (10.03.1912-13.08.1988), das rechtsmedizinische Erbe von Prof. Müller-Heß angetreten, während seine Schülerin Elisabeth Nau, die zeitlebens ledig blieb, seit 1949 ein Extra-Ordinariat für Forensische Psychiatrie versah, das zunächst noch integriert blieb in das Rechtsmedizinische Institut. Elisabeth Nau wurde am 25.01.1900 in Köln geboren. Sie studierte Medizin in Freiburg und Bonn, hörte zudem Philosophie und Psychologie, 1925 machte sie das medizinische Staatsexamen und promovierte. Anschließend arbeitete sie am Institut für Gerichtliche und Soziale Medizin in Bonn bei Müller-Heß, machte zudem eine pädiatrische Ausbildung in Barmen und eine psychiatrische in Bonn. 1930 ging sie mit ihrem Lehrer Müller-Hess nach Berlin, wo ihr 1935 die Leitung der forensisch-psychiatrischen Abteilung übertragen wurde. Auch sie war nie Mitglied der NSDAP. Am 25.06.1940 habilitierte sie sich mit einer Arbeit „Geschichtliches, Psychologisches und Psychopathologisches über den Selbst- und erweiterten Selbstmord und seine Beurteilung in der Rechtspflege". Erst ein Jahr später wurde ihr die Lehrerlaubnis erteilt.

Abb. 2:
Elisabeth Nau

Schwerpunkt ihrer wissenschaftlichen Tätigkeit und ihrer Lehre war durchgängig die Aussagetüchtigkeit sowie die forensisch-psychiatrische Beurteilung von Kindern und Jugendlichen (Jeske S. 88 f, 127 f., 252, 296 f.).

Im Januar 1946 wurde sie zur Professorin mit Lehrauftrag an der Medizinischen Fakultät der Universität Berlin ernannt. Rufe nach Greifswald, Erlangen und Leipzig lehnte sie ab und ging im September 1949 mit Müller-Hess an die Freie Universität, wo sie ein Extraordinariat für Gerichtliche Medizin erhielt und weiterhin die Abteilung „Forensische Psychiatrie" leitete. Diese wurde schließlich selbständig und zog im Juni 1956 in die Limonenstraße 27 in Lichterfelde hinter dem Botanischen Garten, wo sie sich derzeit noch befindet. Frau Nau wurde mit Vollendung des 68. Lebensjahres im Januar 1968 emeritiert, vertrat das Fach aber noch weiter bis zum Dienstantritt von Wilfried Rasch 1971. 1969 wurde der bis dahin 2. Lehrstuhl für Gerichtliche und Soziale Medizin in einen Lehrstuhl für Forensische Psychiatrie umgewandelt, und auf diesen wurde Wilfried Rasch berufen. Frau Nau starb am 2.11.1975 im Alter von fast 76 Jahren, nachdem sie ein Jahr zuvor einen schweren Schlaganfall erlitten hatte.

Man kann nicht sagen, dass Berlin in den ersten Jahrzehnten nach 1945 ein Brennpunkt der Forensischen Psychiatrie gewesen wäre. Wesentliche Grundlagen waren vorgegeben durch das Lehrbuch von Albrecht Langelüddeke (1950), der 1937 bis 1946 die Marburger Psychiatrische Universitätsklinik geleitet hatte und von den Amerikanern entlassen worden war, aber in der Nachkriegszeit mit seinem Lehrbuch einen großen Einfluss auf die Standards der forensischen Begutachtung hatte. Die großen Debatten liefen woanders ab, in Heidelberg, München, Marburg, Tübingen (Göppinger 1983) und Hamburg. Es war wohl eine nachgeholte Debatte darüber, wie die 1933 eingeführte verminderte Schuldfähigkeit psychiatrisch mit Inhalt zu füllen und abzugrenzen war, wobei es insbesondere zwischen Heidelberg und Hamburg zu einem sogenannten Schulenstreit kam, bezeichnet mit den Namen Kurt Schneider und Hans Bürger-Prinz. In der Heidelberger Tradition lag es, die individuelle Verantwortlichkeit und Leistungsfähigkeit höher einzuschätzen als dies die Hamburger Schule tat, und entsprechend den Bereich des Normalen weiterzuziehen (Kurt Schneider, 1948). Die Argumentation der Heidelberger war im Wesentlichen psychopathologisch, nicht sozialpolitisch. In der journalistischen Ausdeutung dieses Konflikts hat man sich bemüht, die gegensätzlichen Positionen vor allem moralisch zu definieren als Kampf zwischen gut und böse, was der Sache schwerlich gerecht wurde. Es ging bei den Debatten um die nosologisch bedeutsame Frage nach der möglicherweise nur verminderten Schuldfähigkeit bei klassischen psychischen Krankheiten wie Schizophrenien oder affektiven Psychosen, wenn akute Krankheitsbilder abgeklungen sind (Agnostizismusstreit). Und es ging darum zu beurteilen, ob und in welcher Weise Persönlichkeitsstörungen und sexuelle Normabweichungen (Giese 1962, Schorsch 1971) die Schuldfähigkeit beeinträchtigen, aber auch normalpsychologische heftige Erregung im Rahmen der sogenannten Affektdelikte. Durch die große Strafrechtsreform 1975 war der Weg eröffnet worden, schwere Persönlichkeitsstörungen nicht mehr, wie früher, über den schmalen Pfad des (moralischen) „Schwachsinns" in die Nähe der verminderten Schuldfähigkeit zu bringen, sondern nunmehr unter Bezugnahme auf den Rechtsbegriff der „schweren anderen seelischen Abartigkeit".

Die wissenschaftliche Arbeit von Elisabeth Nau über die Persönlichkeit und Zeugentüchtigkeit von Kindern war für die Rechtsentwicklung in Deutschland sicherlich wichtig. Früh wies sie auf die Suggestibilität von Kindern hin, insbesondere bei Mehrfachvernehmungen und Laienbefragungen, und plädierte mit Müller-Heß für Wortprotokolle bei diesen Zeugenvernehmungen (Müller-Heß u. Nau 1930, Jeske 2008, S. 127 f.). Interessanterweise ist dies bis heute ein wichtiges Forschungsfeld des Instituts, vertreten durch unsere Rechtspsychologen Privatdozentin Renate Volbert und Prof. Max Steller. Ein weiteres Augenmerk, auch in steter Kooperation mit Polizei und Jugendhilfe, galt der Kindesmisshandlung und -vernachlässigung und der Verbesserung der Aufklärungsquoten in diesem Bereich.

6   1971-1993: Wilfried Rasch

Wilfried Rasch, der Nachfolger von Elisabeth Nau, war in gewisser Weise ein Erbe der sozialpolitischen Reformbewegung der Weimarer Zeit. Seine Eltern waren Sozialpädagogen, die für jugendliche Trebegänger sorgten, sein Vater war Leiter der Jugendhilfsstelle am Alexanderplatz. Rasch, am 27.08.1925 in Peine geboren, wuchs ab dem 3. Lebensjahr in Berlin auf und pflegte, wie es heißt, bereits als Kind und Jugendlicher unbefangen Kontakt mit der schwierigen Klientel der Eltern. Er besuchte das Gymnasium vom Grauen Kloster in Mitte und pflegte durchaus eine gewisse elitäre Haltung, die sich aber nicht in äußerlicher Anspruchlichkeit äußerte. Mit 17 Jahren wurde er zur Wehrmacht eingezogen, war in Rhodos eingesetzt, wie es heißt, ohne schießen zu müssen, und war dann

Abb. 3:
Wilfried Rasch

drei Jahre in Ägypten und England in Kriegsgefangenschaft. Hier konnte er das Abitur ablegen, und er begann im Wintersemester 1948/49 das Medizinstudium in Göttingen, ab 1951 in Hamburg. 1956 wurde er wissenschaftlicher Assistent an der Psychiatrischen und Nervenklinik des Universitätsklinikums Hamburg-Eppendorf unter Bürger-Prinz. Bürger-

Prinz war ein berühmter psychiatrischer Gutachter und zugleich ein Medienstar der Nachkriegspsychiatrie; er hatte eine Corona exzellenter Oberärzte. 1964 habilitierte sich Rasch mit seiner Habilitationsschrift „Tötung des Intimpartners" (Rasch 1964), und im gleichen Jahr wechselte er auf eine Stelle als Privatdozent für Forensische Psychiatrie an das Universitätsklinikum Köln, wo er 1969 zum Professor ernannt wurde. Dort hatte er 1967 bis 1971 als Gutachter am Bartsch-Prozess[3] teilgenommen, was für ihn und andere die Geburtsstunde einer anderen, besseren, fortschrittlichen forensischen Psychiatrie und Psychologie sowie einer humanen Gerichtsberichterstattung war. Für gut zwanzig Jahre wurde nunmehr zunächst unterschieden zwischen fortschrittlichen und reaktionären forensischen Psychiatern, was man in jedem Fall allein durch Ernennung wurde; tatsächliche Unterschiede in der Sache waren, wie Konrad (1995) gezeigt hat, kaum aufzufinden. Die Ernennungen erfolgten unter „sachkundiger" Leitung nicht zuletzt von Rasch in einem interdisziplinären Arbeitskreis, der sich „das Kränzchen" nannte und ab 1972 regelmäßig tagte, letztmalig am 7.11.1999; wer dazu kommen durfte, gehörte, zumindest vorläufig, zu den Guten.

Obwohl er sich gar nicht beworben hatte, wurde Rasch dann auf die Professur für Forensische Psychiatrie in der Limonenstraße an der Freien Universität Berlin berufen, die er 1971 antrat.

Rasch war wissenschaftlich in viele Richtungen tätig und hat dies schließlich in seinem Lehrbuch „Forensische Psychiatrie" (Rasch 1986) zusammengefasst, das zugleich ein rechtspolitisches Manifest war für eine Strafrechtspflege und Straffälligenhilfe, wie er sie sich vorstellte. Es ging Rasch zum einen durchaus um Begutachtungskunde, um die Frage der Schuldfähigkeit. Es ging ihm um die soziale und psychologische Durchleuchtung von Tathintergründen, wie ja aus seiner Habilitationsschrift über die Tötung des Intimpartners deutlich wird, die bis heute zu den Klassikern des Fachs gehört. Aber sein wichtigstes Thema war die Therapie, und hier insbesondere die Sozialtherapie, aber auch die Wandlung des Psychiatrischen Maßregelvollzuges hin zu einer adäquaten Einrichtung für persönlichkeitsgestörte Straftäter.

Zu Beginn der 80er Jahre des letzten Jahrhunderts setzte dann auch ein Umwandlungsprozess der Maßregelvollzugskrankenhäuser ein, der dem Strukturwandel der Anstaltspsychiatrie nachfolgte (Leygraf 1988). Dieser war nicht zuletzt von Rasch immer wieder gefordert und energisch angestoßen worden, insbesondere durch seine Tätigkeit als Berater für die Modernisierung des psychiatrischen Maßregelvollzugs in der großen Anstalt Lippstadt-Eickelborn. Dieser Prozess war geprägt durch die Verselbständigung des psychiatrischen Maßregelvollzugs innerhalb der Anstalten, durch eine stärkere Strukturierung der Behandlung psychisch gestörter Rechtsbrecher, durch Spezialisierung und Differenzierung der Behandlungsangebote (Nedopil u. Müller-Isberner 1995, Kröber 1999). Psychisch kranke Rechtsbrecher, von denen weiterhin eine Gefahr ausgeht, werden in speziellen psychiatrischen Krankenhäusern strafrechtlich untergebracht; dies ist der sogenannte Maßregelvollzug. Voll schuldfähige Straftäter hingegen, bei denen gleichwohl eine spezifische Behandlung sinnvoll erscheint, können Sozialtherapie machen; die Sozialthera-

---

[3] Jürgen Bartsch war ein pädosexueller Serienmörder, der im Alter von 15 bis 19 Jahren in Velbert 1962 bis 1966 vier Jungen getötet hatte; in seinem Prozess gab es einen intensiven Gutachter- und Juristenstreit über die Schuldfähigkeit bei sexueller Perversion, speziell dem hier vorliegenden sexuellen Sadismus (ausführliche Darstellung u.a. bei Wikipedia).

peutischen Anstalten sind jedoch Gefängnisse und Teil des Haftwesens, keine psychiatrischen Einrichtungen. Rasch blieb bis zu seinem Lebensende misstrauisch gegenüber den Kliniken des Maßregelvollzugs und trauerte stets der Entscheidung nach, die Sozialtherapie in den Strafvollzug zu integrieren, statt dafür eigenständige Anstalten zu schaffen, sozusagen in Konkurrenz zum psychiatrischen Maßregelvollzug wie zum Strafvollzug. Offenbar schwebte ihm, dem Sohn seiner Eltern, eine Sozialtherapie sui generis vor. Gegenüber der Psychiatrie hatte er stets Vorbehalte, er widmete sich eifrig der Fortbildung von Rechtsanwälten, Richtern, Polizisten, Sozialarbeitern, Studenten, aber sehr spät erst der Weiterbildung von Psychiatern. Distanz hielt er auch zu den Sexualmedizinern, so zum jüngeren ehemaligen Hamburger Kollegen Schorsch; er wandte sich dagegen, so seine Formulierung, „das Gebäude der Kriminalität auf die Penisspitze zu gründen". Die sollten erstmal anständig Psychopathologie lernen, hieß es dann.

1987 nahm Rasch eine Gastprofessur in Modena wahr und pflegte gerne internationale Kontakte. Das betraf auch die Kontakte in den Ostteil der Stadt. An der traditionsreichen Nervenklinik der Humboldt Universität hatte sich die Forensische Psychiatrie unter Hans Szewczyk (Szewczyk 1981) etabliert, zu den Mitarbeitern gehörten Littmann und Jähnig, inzwischen Horn, zeitweilig auch Ott und Lammel. Sie stand in gewisser Konkurrenz zu den forensischen Psychiatern in Dresden. Lammel (2008) berichtet über die dortige Situation, auch über die Kontakte, die durch die Mauer hindurch von Rasch gepflegt wurden. Die Forensische Psychiatrie in Berlin-Mitte war ganz Fragen der Begutachtung, der Schuldfähigkeit und Gefährlichkeit gewidmet, den Maßregelvollzug hatte die DDR 1968 abgeschafft. In guter alter Tradition forschte man auch in Mitte vor allem über die Jugendkriminalität (Szewczyk 1982) unter dem Aspekt von Reifung, Fehlentwicklung und Dissozialität, die auch durch den Sozialismus noch nicht ganz zum Verschwinden gebracht worden war (so dass ein typisches Delikt Jugendlicher die versuchte Republikflucht war).

Rasch hat dann noch die Jahre nach dem Mauerfall als Institutsdirektor erlebt. Ein Jahr zuvor hatte er eine C3-Professur für Rechtspsychologie am Institut geschaffen, die mit Max Steller besetzt wurde; auf diese Weise wurde auch die aussagenpsychologische Tradition des Instituts wiederbelebt. Wilfried Rasch wurde im September 1993 emeritiert. Das Institut, das inzwischen 1987 eine Abteilung der Psychiatrischen Universitätsklinik der FU geworden war, wurde 1993 Teil einer gemeinsamen wissenschaftlichen Einrichtung (WE) mit der Rechtsmedizin der FU, und der Rechtsmediziner Prof. Volkmar Schneider wurde kommissarischer Leiter des Instituts, bis der Autor am 1.3.1996 die Nachfolge von Wilfried Rasch antrat. Wilfried Rasch starb in seinem Domizil in Südfrankreich nach längerer schwerer Krankheit am 23.09.2000; wir haben ihm am 20.10.2000 im Hörsaal der Rechtsmedizin eine akademische Trauerfeier ausgerichtet.

7 Ausblick

Das Institut für Forensische Psychiatrie ging schließlich gemeinsam mit dem Universitätsklinikum in die Fusion mit der Medizin der Humboldt-Universität ein und firmiert jetzt als Institut für Forensische Psychiatrie der Charité. Es hat sich bemüht, das Erbe gut zu verwalten und zu mehren, und es sieht so aus, als ob uns das so schlecht nicht gelungen wäre[4].

---

[4] Publikationen und Forschungsaktivitäten des Instituts für Forensische Psychiatrie finden sich unter www.forensik-berlin.de

Dafür sprechen das noch von Rasch angestoßene CRIME-Projekt, eine über 20 Jahre reichende Langzeitstudie zum Delinquenzverlauf von 400 Erstinhaftierten (Dahle 2001, 2005) sowie die aktuell laufende Auswertung der Polizeidaten über 9000 Berliner Sexualstraftäter im Hinblick auf die Tatbilder. Dafür sprechen die Forschungen zur Aussagetüchtigkeit und Suggestibilität von Kindern (Volbert 2005, Volbert u. Steller 2004) und Erwachsenen, die zu einem Grundsatzurteil des BGH führten (Steller u. Volbert 2000). Und ebenfalls zu Grundsatzentscheidungen des Bundesgerichtshofs führten Gutachten zur strafrechtlichen Verantwortlichkeit unter Alkohol (Kröber 1996) sowie die Forschungstätigkeit zur Kriminalprognose (Boetticher et al. 2006, Dahle 2006, Kröber 1999a, 2006). Daneben finden sich weitere Forschungsfelder, so hinsichtlich Maßregelvollzug (Lau et al. 2000) und Sexualdelinquenz (Wendt 2005). Es findet seitens des Instituts eine intensive Fort- und Weiterbildungstätigkeit statt, die bislang letzte, 12. Junitagung für Forensische Psychiatrie und Psychologie hatte 350 Teilnehmer, Dahle und Kröber sind Herausgeber der neuen, erfolgreichen Zeitschrift „Forensische Psychiatrie Psychologie Kriminologie", und der Leiter des Instituts ist federführender Herausgeber des fünfbändigen „Handbuch der Forensischen Psychiatrie", das Anfang 2009 komplett erschienen sein wird.

Literatur

Aichhorn A (1925) Verwahrloste Jugend. Die Psychoanalyse in der Fürsorgeerziehung. 10. Aufl. 1987, Huber, Bern-Göttingen

Boetticher A, Kröber H-L, Müller-Isberner R, Böhm K-M, Müller-Metz R, Wolf T (2006) Mindestanforderungen für Prognosegutachten. Neue Zeitschrift für Strafrecht (NStZ) 26:537-544

Busse F (1991) Gustav Aschaffenburg (1866-1944) – Leben und Werk. Med. Diss., Universität Leipzig

Cabanis D (1976) In memoriam Professor Dr. med. Elisabeth Nau. Kinderarzt 7:202

Casper JL (1825, 1835) Beiträge zur med. Statistik und Staatsarzneikunde. 2 Bde, Berlin

Casper JL (1852) Über Nothzucht und Paederastie und deren Ermittlungen seitens des Gerichtsarztes. Vierteljahresschrift für öffentliche und gerichtliche Medizin 1:21.78

Casper JL (1863) Klinische Novellen zur gerichtlichen Medicin. Nach eignen Erfahrungen. Hirschwald, Berlin

Dahle K-P (2001) Violent Crime and Offending Trajectories in the Course of Life: An Empirical Life Span Developmental Typology of Criminal Careers. In: Farrington DP, Hollin CR, McMurran M (eds) Sex and Violence: The Psychology of Crime and Risk Assessment. Routledge, London, New York: 197-209

Dahle KP (2005) Psychologische Kriminalprognose. Wege zu einer integrativen Beurteilung der Rückfallwahrscheinlichkeit. Centaurus, Herbolzheim

Dahle KP (2006) Grundlagen und Methoden der Kriminalprognose. In: Kröber H-L, Dölling D, Leygraf N, Saß H (Hrsg) Handbuch der Forensischen Psychiatrie Bd III: Psychiatrische Kriminalprognose und Kriminaltherapie. Steinkopff, Darmstadt: 1-67

Dörner K (1995) Bürger und Irre. Zur Sozialgeschichte und Wissenschaftssoziologie der Psychiatrie; 3. Aufl. Europäische Verlagsanstalt, Hamburg

Giese H (1962) Leitsymptome sexueller Perversionen. In: H. Giese, Psychopathologie der Sexualität. Enke, Stuttgart, S 420-470

Göppinger H (1983) Der Täter in seinen sozialen Bezügen. Ergebnisse der Tübinger Jungtäter-Vergleichsuntersuchung. Springer, Berlin Heidelberg New York

Gummersbach W (1991) Forensische Psychiatrie im nationalsozialistischen Deutschland: das Institut für gerichtliche und soziale Medizin der Friedrich-Wilhelms-Universität Berlin. In: Koenraadt

F (red) Ziek of schuldig? Twee eeuwen forensische psychiatrie en psychologie. Rodopi, Amsterdam, S 333-344

Herber F (1994) Zwischen Gerichtsmedizin und Strafrechtswissenschaft: Kriminologie und Kriminalbiologie in Berlin. In: Fischer W, Hierholzer K et al. (Hrsg) Exodus von Wissenschaften aus Berlin. Akademie der Wissenschaften zu Berlin. de Gruyter, Berlin New York: 510-528

Herber F (2002) Gerichtsmedizin unterm Hakenkreuz. Militzke, Leipzig

Janzarik W (1972) Forschungsrichtungen und Lehrmeinungen in der Psychiatrie: Geschichte, Gegenwart, forensische Bedeutung. In: H. Göppinger, H. Witter (Hrsg.) Handbuch der Forensischen Psychiatrie, Band I. Springer, Berlin Heidelberg New York: 588-662

Jeske G (2008) Die gerichtliche und soziale Medizin in Berlin von 1930-1954 unter Victor Müller-Heß. Med. Dissertation. Charité – Universitätsmedizin Berlin.

Kahl W (1913) Der Stand der europäischen Gesetzgebung über verminderte Zurechnungsfähigkeit. Jurist-psychiatr. Grenzfragen Bd IX (1). Marhold, Halle:19-34

Konrad N (1995) Der sogenannte Schulenstreit. Psychiatrie-Verlag, Bonn

Kröber H-L (1996) Kriterien verminderter Schuldfähigkeit nach Alkoholkonsum. Neue Zeitschrift für Strafrecht (NStZ) 16: 569-576

Kröber H-L (1999) Wandlungsprozesse im psychiatrischen Maßregelvollzug. Z Sexualforsch 12:93-107

Kröber HL (1999a) Gang und Gesichtspunkte der kriminalprognostischen Begutachtung. Neue Zeitschrift für Strafrecht (NStZ) 19: 593-599

Kröber H-L (2001) Die psychiatrische Diskussion um die verminderte Zurechnungs- und Schuldfähigkeit. In: Kröber H-L, Albrecht H-J (Hrsg.) Verminderte Schuldfähigkeit und psychiatrische Maßregel. Nomos, Baden-Baden: 33-68

Kröber H-L (2005) Forensische Psychiatrie – Ihre Beziehungen zur klinischen Psychiatrie und zur Kriminologie. Nervenarzt 76: 1376-1381

Kröber H-L (2006) Kriminalprognostische Begutachtung. In: Kröber H-L, Dölling D, Leygraf N, Saß H (Hrsg) Handbuch der Forensischen Psychiatrie Bd III: Psychiatrische Kriminalprognose und Kriminaltherapie. Steinkopff, Darmstadt: 69-172

Kröber H-L (2007) Steuerungsfähigkeit und Willensfreiheit aus psychiatrischer Sicht. In: Kröber H-L, Dölling D, Leygraf N, Saß H (Hrsg) Handbuch der Forensischen Psychiatrie Bd I: Strafrechtliche Grundlagen der Forensischen Psychiatrie. Steinkopff, Darmstadt. S. 159-219

Langelüddeke A (1950) Gerichtliche Psychiatrie. de Gruyter. Berlin

Lammel M (2008) Forensische Psychiatrie in der DDR – Anmerkungen unter besonderer Berücksichtigung der gesetzlichen Vorgaben. In: Six ATI (Hrsg) Forensische Psychiatrie in Brandenburg – Entwicklungen und Brennpunkte. be.bra wissenschaft verlag, Berlin:. 71-100

Lau S, Rusche S, Kröber H-L (2000) Ungefährliche Maßregelpatienten - Erste Ergebnisse einer Verlaufsstudie über forciert entlassene psychisch gestörte Rechtsbrecher. Nervenarzt 71 Suppl.: 1: 25

Lorenz M (1999) Kriminelle Körper – Gestörte Gemüter. Die Normierung des Individuums in Gerichtsmedizin und Psychiatrie der Aufklärung. Hamburger Edition, Hamburg

Leygraf N (1988) Psychisch kranke Straftäter. Epidemiologie und aktuelle Praxis des psychiatrischen Maßregelvollzuges. Monographien aus dem Gesamtgebiete der Psychiatrie, Band 53. Springer, Berlin Heidelberg New York

Müller C (2004) Verbrechensbekämpfung im Anstaltsstaat. Psychiatrie, Kriminologie und Strafrechtsreform in Deutschland 1871-1933. Göttingen: Vandenhoeck & Ruprecht

Müller-Heß V, Hallermann W (1936) Rundschau: Die Beurteilung der Handlungsfähigkeit aufgrund der Blutalkoholbestimmung. Jahresk ärztl Fortbildg 27: 1-16

Müller-Heß V, Nau E (1930) Die Bewertung von Aussagen Jugendlicher in Sittlichkeitsprozessen. Jahrsk ärztl Fortbildg 33:33-44

Müller-Heß V, Wiethold F (1929) Zu den neueren Problemen der Kriminalbiologie. Jahresk ärztl Fortbildg 20:1-11

Müller-Heß V, Wiethold F (1932) Zur Sterilisierung geistig Minderwertiger als kriminalpolitischer Maßnahme. Jahresk ärztl Fortbildg 23:45-54

Müller-Isberner R, Jöckel D, Gonzalez Cabeza S (1998) Die Vorhersage von Gewalttaten mit dem HCR 20. Institut für Forensische Psychiatrie, Haina

Nau E (1933) Die besonderen Aufgaben des Hilfsschularztes im Rahmen der öffentlichen Fürsorge für seelisch abnorme Kinder. Veröffentlichungen aus dem Gebiete der Medizinalverwaltung 60:694-754

Nau E (1940) Geschichtliches, Psychologisches und Psychopathologisches über den Selbst- und den erweiterten Selbstmord und seine Beurteilung in der Rechtspflege. Habilitationsschrift, Medizin. Fakultät Universität Berlin

Nau E (1942) Kritische Bemerkungen über Ursachen, Verlauf und Bekämpfung der Pervitin- und Dolantinsucht. Jahresk ärztl Fortbildg 33:33-44

Nau E (1968) Gefährdung und Schädigung von Kindern und Jugendlichen. Deutsch Zeitschr ges gerichtl Med 62:101-108

Nau E, Cabanis D (1966) Das Kaspar-Hauser-Syndrom. Münchner Med Wochenschr 108:929-931

Nedopil N, Müller-Isberner R (1995) Psychiatrischer Maßregelvollzug gemäß § 63 StGB. Rechtsgrundlagen – Derzeitige Situation – Behandlungskonzepte – Perspektiven. Nervenarzt 66:793-801

Rasch W (1964) Tötung des Intimpartners. Enke, Stuttgart. Reprint 1995: Psychiatrie Verlag, Bonn

Rasch W (1976) Forensische Psychiatrie. Kohlhammer, Stuttgart

Saß H (1983) Affektdelikte. Nervenarzt 54: 557-572

Saß H (1987) Psychopathie – Soziopathie – Dissozialität. Zur Differentialtypologie der Persönlichkeitsstörungen. Springer, Berlin Heidelberg New York

Saß H (Hrsg) (1993) Affektdelikte. Springer, Berlin Heidelberg New York

Schneider K (1948) Die Beurteilung der Zurechnungsfähigkeit. Thieme, Stuttgart

Schöch H (1983) Die Beurteilung von Schweregraden schuldmindernder oder schuldausschließender Persönlichkeitsstörungen aus juristischer Sicht. Mschr Krim 66: 333-343

Schorsch E (1971) Sexualstraftäter. Enke, Stuttgart

Steller M, Volbert R (2000) Anforderungen an die Qualität forensisch-psychologischer Glaubhaftigkeitsbegutachtungen. Das BGH-Urteil vom 30. Juli 1999. Praxis der Rechtspsychologie 10 (1): 102-116

Strauch H, Wirth I, Klug E (1992) Über die gerichtliche Medizin in Berlin. Selbstverlag, Berlin

Szewczyk H (1981) Gerichtliche Psychologie und Kriminologie in der DDR In: Schneider HJ (Hrsg) Die Psychologie des XX. Jahrhunderts Bd. XIV – Auswirkungen auf die Kriminologie. Kindler, München: 982-999

Szewczyk H (Hrsg) (1982) Der fehlentwickelte Jugendliche und seine Kriminalität. Fischer, Jena.

Volbert R (2005) Die Entwicklung von Aussagefähigkeiten. In: Dahle K-P, Volbert R (Hrsg) Entwicklungspsychologische Aspekte der Rechtspsychologie. Hogrefe, Göttingen: 241-257

Volbert R, Steller M (2004) Die Begutachtung der Glaubhaftigkeit. In: Foerster K (Hrsg) Psychiatrische Begutachtung. Ein praktisches Handbuch für Ärzte und Juristen. Urban & Fischer, München: 693-728

Wachsmann N (2006) Gefangen unter Hitler. Justizterror und Strafvollzug im NS-Staat. Siedler, München

Wendt F, Kröber H-L (2005) Lebensläufe und Delinquenz älterer Pädophiler, Z Sexualforsch 18: 1-20

Wilmanns K (1927) Die sogenannte verminderte Zurechnungsfähigkeit als zentrales Problem der Entwürfe zu einem deutschen Strafgesetzbuch. Springer, Berlin

Wirth I, Geserick G, Vendura K (2008) Das Universitätsinstitut für Rechtsmedizin der Charité 1833-2008. Schmidt-Römhild, Lübeck

Rechtsmedizinische Sammlung der Humboldt-Universität Berlin:
http://publicus.culture.hu-berlin.de/sammlungen/detail.php?dsn=46&view=2

Die Dissertation von Jeske G (2008) ist im Internet abrufbar unter:
http://www.diss.fu-berlin.de/diss/servlets/MCRFileNodeServlet/FUDISS_derivate_000000003751/

Fotos: Bilderdienst der Charité

8 Psychiatrie und Pädiatrie: Meilensteine in der Entwicklung der Kinder- und Jugendpsychiatrie als selbständige Disziplin

Helmut Remschmidt

Zusammenfassung

Psychiatrie und Pädiatrie können als Mutterdisziplinen der Kinder- und Jugendpsychiatrie als medizinischer Disziplin angesehen werden. Außerhalb der Medizin waren aber auch Pädagogik, Philosophie, Psychologie, Rechts- und Sozialwissenschaften für ihre Entwicklung bedeutsam. Ihre Etablierung als eigenständige medizinische Disziplin erstreckte sich auf einen Zeitraum von mehr als 100 Jahren. Im Nationalsozialismus unterlag sie einer verheerenden Fehlentwicklung, die mit systematischen Tötungsaktionen von Kindern in den sogenannten „Kinderfachabteilungen" einherging. Diese Vorgeschichte erschwerte ihre Entwicklung in der Nachkriegszeit, die, entsprechend den vorherrschenden Zeitströmungen, chronologisch in mehrere sich teilweise überlappende Phasen eingeteilt werden kann: Orientierungssuche und Reorganisation, Jahrzehnt des Aufbaus und der Verunsicherungen, Jahrzehnt der Sozialpsychiatrie und antipsychiatrischer Strömungen, Jahrzehnt der Psychiatriereformen, Jahrzehnt der Rückbesinnung auf die biologische Psychiatrie und Jahrzehnt der Integration unterschiedlicher Denk- und Handlungsweisen.

Unter den Impulsen, die die Kinder- und Jugendpsychiatrie aus ihren beiden Mutterdisziplinen erhielt, spielen Berliner Kliniker und Wissenschaftler eine besondere Rolle. 1968 wurde die Selbständigkeit des Faches durch eine eigene Gebietsbezeichnung untermauert, die sich positiv auf die Weiterentwicklung des Faches auswirkte. Derzeit verfügen 26 der 32 Medizinischen Fakultäten über einen Lehrstuhl oder eine Abteilung für Kinder- und Jugendpsychiatrie und -psychotherapie, von denen viele durch Kooperationen und Publikationen auch international Fuß gefasst haben.

Aufgrund der für sie typischen interdisziplinären Arbeitsweise und ihrer Verwobenheit mit dem Erziehungs-, Sozial- und Rechtssystem war und ist die Kinder- und Jugendpsychiatrie immer auch Zeitströmungen ausgesetzt, deren fachliche und ethische Bewältigung eine tägliche Herausforderung darstellt.

1 Psychiatrie und Pädiatrie als Mutterdisziplinen

Nachdem Rudolf Virchow (Berlin) beauftragt worden war, „die schädlichen Einflüsse der Schule auf die Gesundheit der Jugend" zu untersuchen, legte er 1869 ein Gutachten vor mit dem Titel „Über gewisse die Gesundheit benachteiligende Einflüsse der Schulen", in

dem er Übel oder Krankheiten unterschied, „welche durch die Schulen hervorgebracht werden". Unter diesen nennt er:
- Augenübel, besonders Kurzsichtigkeit
- Kongestionen des Blutes zum Kopfe (Kopfweh, Nasenbluten, Kropf)
- Verkrümmungen der Wirbelsäule
- Erkrankungen der Brusteingeweide (z.B. Lungenschwindsucht)
- Erkrankungen der Unterleibsorgane (Verdauungsorgane, Sexualorgane)
- Ansteckende Krankheiten (z.B. Scharlach, Masern, Diphtherie)
- Verletzungen.

Unter den Krankheitsursachen führt er an: Die Luft im Schullokal, das Licht im Schullokal, die körperlichen Bewegungen, die geistigen Anstrengungen (Dauer, Abwechslung, individuelles Maß), die Strafen, insbesondere körperliche Züchtigungen, das Trinkwasser, die Abtritte und die Unterrichtsmittel.

Wenn wir diese beiden Listen betrachten, so sind psychische Störungen oder Auffälligkeiten weder unter den „Krankheiten, welche durch die Schulen hervorgebracht werden", noch bei den Krankheitsursachen erwähnt. Es erhebt sich also die Frage: Gab es diese Störungen damals nicht? Oder wurden sie nicht zur Kenntnis genommen, weil weit wichtigere körperliche Erkrankungen (darunter solche mit Lebensgefahr) so weit im Vordergrund standen, dass die Psyche auf der Strecke blieb?

Vieles spricht dafür, dass Letzteres der Fall war. Denn wenig später erschien das berühmte Lehrbuch von Hermann Emminghaus „Die psychischen Störungen des Kindesalters" (1887), welches als erstes Lehrbuch der Kinder- und Jugendpsychiatrie betrachtet werden kann. Die Kinder- und Jugendpsychiatrie, aus deren Blickwinkel hier argumentiert wird, gab es damals als eigene Fachdisziplin noch nicht; die Kinderheilkunde hatte sich auch erst kurz zuvor aus der Inneren Medizin heraus entwickelt, so dass die psychischen Störungen des Kindes- und Jugendalters von zwei Disziplinen bearbeitet wurden: von der Erwachsenenpsychiatrie und der Kinderheilkunde. Dies betont auch Emminghaus in der Einleitung zu seinem Lehrbuch, wenn er ausführt: „Zwei wichtige Disziplinen, welche im Laufe der Zeit zu selbständigen Zweigen der Pathologie herangewachsen sind, teilen sich gegenwärtig in die Aufgabe, die Lehre von Irresein im Kindesalter zu fördern: die Kinderheilkunde und die Psychiatrie. Keine von beiden kann heute die in Rede stehende Krankheitsgruppe von ihrem Gebiete ausschließen oder gar der anderen zuweisen" (Emminghaus, 1887, S.1). Ein wenig später fährt er fort: „Bei dem Eifer, ihr Wissen auf die größtmögliche Höhe und Vollkommenheit zu bringen, der jeder Spezialität eigen ist, dürfen wir wohl erwarten, dass die – bisher auch erfreulich friedliche – gemeinsame Arbeit der beiden Spezialitäten auf dem Gebiete der Kinderpsychosen in der Zukunft reiche Früchte trage, dass die eine die andere fördern und ergänzen wird" (Emminghaus, 1887, S. 1).

Es hat jedoch noch lange gedauert, ehe die Kinder- und Jugendpsychiatrie ein eigenes Spezialgebiet wurde. Dies geschah mit der Weiterbildungsordnung der Bundesärztekammer im Jahre 1968, also rund 100 Jahre nach dem hier zitierten Bericht von Rudolf Virchow.

2 Die Entwicklung der Kinder- und Jugendpsychiatrie zu einer medizinischen Disziplin

Sie entwickelte sich parallel zu den pädagogischen, heilpädagogischen und philosophischen Strömungen im 19. Jahrhundert zu einer medizinischen Disziplin. Als früher Vorläufer kann Henry Maudsley in London gelten, der in seiner „Physiology and Pathology of Mind" (1867) ein Kapitel von 34 Seiten mit dem Thema „Insanity of Early Life" verfasste, das als Vorläufer späterer kinderpsychiatrischer Lehrbücher angesehen werden kann.

Ein wichtiger Markstein in der Geschichte der Kinder- und Jugendpsychiatrie ist das Jahr 1887, in dem das bereits erwähnte erste kinderpsychiatrische Lehrbuch, verfasst von Hermann Emminghaus, erschien. Der Psychiatriehistoriker Harms (1960) bezeichnete es als die „Wiegenstunde der Kinderpsychiatrie".

1899 wurde erstmals die Bezeichnung „Kinderpsychiatrie" durch den Franzosen M. Manheimer verwendet, der sein Buch „Les troubles mentaux de l'enfance" (1899) im Untertitel „Précis de psychiatrie infantile" nannte. Tabelle 1 informiert über die weitere Entwicklung kinder- und jugendpsychiatrischer Lehrbücher und die damit verbundene Begriffsgeschichte.

Betrachtet man die klinischen und Forschungstraditionen in der Kinder- und Jugendpsychiatrie im 20. Jahrhundert, so lassen sich, etwas vereinfacht, vier Traditionen ausmachen, die sich wie folgt kennzeichnen lassen:

Tab. 1: Begriffsgeschichte der Kinder und Jugendpsychiatrie anhand von Lehrbüchern

1867	H. Maudsley:	"Insanity of early life"
1887	H. Emminghaus:	"Psychische Störungen im Kindesalter"
1888	P. Moreau de Tours:	"La folie chez les enfants"
1898	W.W. Ireland:	"The mental affections of children"
1899	M. Manheimer:	"Les troubles mentaux de l'enfance" "Précis de psychiatrie infantile"
1904	Th. Heller:	"Grundriss der Heilpädagogik"
1910	W. Strohmayer:	"Psychopathologie des Kindesalters"
1915	Th. Ziehen:	"Die Geisteskrankheiten des Kindesalters"
1925	S. de Sanctis:	" Neuropsichiatria infantile "
1926	A. Homburger:	"Vorlesungen über die Psychopathologie des Kindesalters"
1935	L. Kanner:	"Child psychiatry"
1939	F.G. von Stockert:	"Einführung in die Psychopathologie des Kindesalters"
1942	M. Tramer:	"Lehrbuch der allgemeinen Kinder- und Jugendpsychiatrie"
1952	H. Asperger:	"Heilpädagogik"

(1) Die neuropsychiatrische Tradition.
Sie geht auf den Einfluss der Psychiatrie und Neurologie zurück, aus der die Kinder- und Jugendpsychiatrie wesentliche Impulse erhalten hat. Viele kinder- und jugendpsychiatrische Abteilungen haben sich aus Erwachsenenpsychiatrie heraus entwickelt. Diese Tradition findet sich nicht nur im deutschsprachigen Raum, sondern auch in Frankreich und zum Teil sehr ausgeprägt in den ehemaligen sozialistischen Ländern, einschließlich der DDR. Diese Entwicklung hat neuerdings wieder Auftrieb erhalten durch die Neuropsychologie und die bildgebenden Verfahren, die die Beziehungen zwischen Erleben und Verhalten einerseits und Hirnfunktion andererseits untersuchen und bereits viel zum Verständnis psychiatrischer Erkrankungen beigetragen haben.

(2) Die heilpädagogisch-klinische Tradition.
Sie hat sich insbesondere in Deutschland, Österreich und der Schweiz bevorzugt an Kinderkliniken etabliert. Wesentliche Promotoren dieser Entwicklung waren in Österreich Hans Asperger (1906-1980), in der Schweiz Paul Moor (1899-1977) und in der Bundesrepublik Heinrich Koch (1916-1999). Aus der heilpädagogisch-klinischen Tradition haben sich an den Kinderkliniken auch die psychosomatischen Abteilungen entwickelt, so an den Kinderkliniken in Göttingen (Hildburg Schlange, 1921-2003), Hamburg (Hedwig Wallis, 1921-1997), Münster (Ingeborg Jochmus, 1919-2004) und Berlin (Psychomedizinische Abteilung) (Gerhard Kujath, 1908-1978).

(3) Die psychodynamisch-psychoanalytische Tradition.
Sie war überwiegend in Westeuropa und der westlichen Welt verbreitet, nicht in osteuropäischen Ländern, was sich erst nach dem Zusammenbruch des Kommunismus geändert hat. Sie wurde begründet durch Sigmund Freud (1856-1939). Wesentliche Impulse erhielt sie durch Anna Freud (1895-1982), Melanie Klein (1882-1960), Alfred Adler (1870-1937), August Aichhorn (1878-1949), René Spitz (1887-1974) und in Deutschland ganz besonders durch Annemarie Dührssen (1916-1998). Sie hat weltweit einen Abschwung erfahren, weil sich ihre Postulate entweder empirisch nicht verifizieren ließen oder durch allzu flexible Formulierungen einer empirischen Überprüfung entzogen.

(4) Die empirisch-epidemiologisch-statistische Tradition.
Sie wurde und wird insbesondere in den angelsächsischen Ländern, vor allem in England und in den USA vertreten und ist in ihrer Ausrichtung nicht einer speziellen theoretischen Richtung verpflichtet. Sie geht von der Objektivierung empirischer Sachverhalte aus, ist darum bemüht, umfassende Versorgungsmodelle zu entwickeln und diagnostische wie therapeutische Methoden einer kritischen Evaluation zu unterziehen. In das diagnostische und therapeutische Konzept dieser Richtung sind alle Ansätze integrierbar, die sich um die Objektivierung ihres klinischen Handelns bemühen. Auch diese Vorgehensweise hat inzwischen eine lange Tradition und wird heute fortgesetzt durch die „evidenzbasierte Medizin". Als solche hat sie einen wesentlichen Auftrieb erfahren und ist heute der weltweit führende Ansatz.

3 Fehlentwicklungen der Kinder- und Jugendpsychiatrie und der Psychiatrie im Nationalsozialismus

Sowohl die Psychiatrie als auch die Kinder- und Jugendpsychiatrie, die es damals als eigene Fachdisziplin noch gar nicht gab (es gab aber sogenannte Kinderabteilungen, in denen psychisch kranke Kinder und Jugendliche behandelt wurden), haben im Nationalsozialismus eine verhängnisvolle Entwicklung genommen. Diese begann mit dem 1933 in Kraft getretenen „Gesetz zur Verhütung erbkranken Nachwuchses", das die Zwangssterilisation von Personen mit einer Reihe psychiatrischer Diagnosen zur Folge hatte.[1] Auch das Gesetz zum Schutze der Erbgesundheit des deutschen Volkes (1935) und insbesondere der Führerbefehl zum „Gnadentod" haben den Tod einer großen Zahl von kranken und behinderten Kindern verursacht[2]. Allein durch die sogenannte Kinderaktion in den „Kinderfachabteilungen" wurden mindestens 5000 behinderte und psychisch kranke Kinder systematisch getötet, z.B. durch die Verabreichung von tödlichen Injektionen oder durch Nahrungsentzug. Der T4-Aktion (benannt nach deren Hauptquartier in der Tiergartenstrasse 4 in Berlin) fielen etwa 80.000 psychisch kranke und behinderte Menschen zum Opfer.

In geradezu zynischer Weise wurden viele dieser Entwicklungen (u.a. Versuche mit infektiösen Erregern an psychisch Kranken) mit dem Etikett wissenschaftlicher Untersuchungen verbrämt. Viele dieser sogenannten Wissenschaftler fanden in der Nachkriegszeit wieder führende Positionen in der deutschen Medizin und erst sehr spät wurde mit einer Aufarbeitung dieses Teils der nationalsozialistischen Vergangenheit begonnen.[3]

Die deutsche Kinder- und Jugendpsychiatrie, die vor dem Zweiten Weltkrieg gute Kontakte zu den Vertretern und Organisationen der europäischen und internationalen Kinder- und Jugendpsychiatrie hatte, lag nach dem Kriege buchstäblich am Boden. Dabei hatte es vor dem 2. Weltkrieg gut begonnen. Bereits 1935 hatten sich führende europäische Kinderpsychiater (unter Einschluss der deutschen) zu einer Gruppe zusammengeschlossen, aus deren Initiative die „International Association for Child and Adolescent Psychiatry" hervorging (Caplan et al. 1994). Zusammen mit der Mental Hygiene Conference, die 1937 in Paris stattfand, organisierte Georges Heuyer (1884-1977) als Präsident die erste „International Conference on Child Psychiatry", die sich zum Ziel gesetzt hatte, weitere internationale Tagungen durchzuführen. Paul Schröder (Leipzig, 1873-1941) wurde Präsident des neugegründeten „International Committee for Child Psychiatry". Es war geplant, die zweite Tagung 1941 in Leipzig durchzuführen, doch Paul Schröder starb und der Zweite Weltkrieg unterbrach jede Kommunikation deutscher Kinder- und Jugendpsychiater mit ihren ausländischen Kollegen.

Nach dem Zweiten Weltkrieg standen die im Dritten Reich begangenen Untaten, die sowohl Patienten gegenüber begangen wurden als auch gegenüber Fachkollegen und ins-

---

[1] s. a. den Beitrag Beddies in diesem Band
[2] s. a. den Beitrag Fuchs in diesem Band
[3] Diese "Wissenschaft auf Irrwegen", wie ein Band zu dieser Thematik überschrieben ist, erfuhr in der Darstellung des Bonner Medizinhistorikers Heinz Schott (1992) Unterstützung aus drei Argumentationszusammenhängen:
- Aus der *ökonomischen Begründung*, die für die "Vernichtung lebensunwerten Lebens" eintrat, um die Gesellschaft von "Ballastexistenzen" zu befreien, die sie ökonomisch ruinierten;
- aus der *biologischen Begründung*, die sich auf Rassenideologie und Rassenbiologie erstreckte und die erbkranke und Angehörige sogenannter "minderwertiger Rassen" beschuldigte, das gesunde Erbgut zu verderben und eine biologische Degeneration der Gesellschaft herbeizuführen und
- aus der *psychologischen Begründung*, die zwar von den beiden anderen Begründungen überlagert wurde, die jedoch einen verhängnisvollen Zusammenhang zwischen erblicher Belastung, körperlichen Eigenschaften und dem Seelenleben jener Menschen herausstellte, deren Existenz als schädlich für die Gemeinschaft angesehen wurde.

besondere jüdischen Wissenschaftlern, die ins Ausland geflohen waren[4], als tiefer Graben zwischen der deutschen und der internationalen Ärzteschaft. Dieser Graben konnte auch nicht so schnell überwunden werden. Noch 1967 schrieb der schweizerische Kinderpsychiater Adolf Friedemann im Rückblick auf Begegnungen im Jahre 1952 über die Einbeziehung deutscher Psychiater in die „Union Europäischer Pädopsychiater (UEP)": „Ein ergreifendes und beispielhaftes Zeugnis menschlicher Größe bot uns der hochverehrte Georges Heuyer, an dessen Sohn sich die Feindesmacht im Geiselmord versündigt hatte. Auch für Herrn Tramer war es nicht leicht, die Empfindungen hintanzustellen, die noch immer nach der Ausmerzung nahe verwandter Familien in ihm kochten, die als Kollektivopfer des Rassenwahns gestorben waren" (S. 17).

Unter diesen schwierigen menschlichen Bedingungen muss man den Zusammenschluss europäischer Kinder- und Jugendpsychiater und die Einbeziehung deutscher Kollegen sehen.

4 Etappen in der Nachkriegsgeschichte der deutschen Kinder- und Jugendpsychiatrie

Die im Folgenden voneinander unterschiedenen Etappen, die nach jeweils prototypischen Zeitströmungen und Ereignissen benannt sind, sollen der Orientierung dienen. Sie überlappen sich teilweise und erheben nicht den Anspruch, die Ereignisse des jeweiligen Zeitraums vollständig zu beschreiben.

4.1 Etappe der Orientierungssuche und Reorganisation (1945-1958)

Die Suche nach einer Neuorientierung der Psychiatrie und Kinder- und Jugendpsychiatrie zeigte sich darin, dass ihre führenden Vertreter, von denen manche auch in die Machenschaften des Nationalsozialismus involviert waren, Entwicklungen aus dem Ausland aufzunehmen versuchten. Ob sie es immer aus Überzeugung taten oder aus karriereorientierten Intentionen, kann rückblickend schwer entschieden werden. Jedenfalls traf dies auch auf Werner Villinger (1887-1961) zu, der 1946 von Tübingen nach Marburg kam und hier in der damaligen Universitätsnervenklinik, deren Direktor er wurde, eine kinder- und jugendpsychiatrische Station einrichtete. Er wurde im besagten Jahr auf den Lehrstuhl von Ernst Kretschmer berufen, der von 1926-1946 in Marburg wirkte und gewissermaßen im Austausch mit Werner Villinger nach Tübingen berufen wurde. Villinger hatte in Tübingen unter dem bekannten Psychiater Gaupp (1870-1953) die „verstehende Psychologie" in der Psychiatrie kennen gelernt und war vor seiner Berufung nach Breslau und Tübingen 8 Jahre als „staatlicher Kinder- und Jugendpsychiater der Hansestadt Hamburg" tätig. Während des Krieges war er als beratender Psychiater und Neurologe tätig. Sein Name findet sich auch in der Liste der T4-Gutachter, die im Nationalsozialismus die Aufgabe hatten, jene Patienten auszuwählen, die der Euthanasie anheimfallen sollten (zur Biographie vgl. Holtkamp, 2002).

---

[4] s. Beitrag Peters in diesem Band

Villinger bemühte sich in den ersten Nachkriegsjahren, fortschrittliche Entwicklungen im Ausland kennen zu lernen, um sie im Marburger Raum zu realisieren. Hierzu dienten Konferenzen, die von den Alliierten mit dem Ziel veranstaltet wurden, eine Umorientierung, um nicht zu sagen „Umerziehung", deutscher Fachleute zu erreichen.

Von besonderer Bedeutung für die unmittelbare Nachkriegsentwicklung der deutschen Kinder- und Jugendpsychiatrie war die internationale Tagung „Gesundheit und mitmenschliche Beziehungen", die vom 2.-7.8.1951 in Hiddesen bei Detmold stattfand. Sie wurde u.a. von der Josiah Macy, Jr. Foundation (New York), der World Federation for Mental Health (London) und der World Health Organization (WHO) (Genf) unterstützt und führte nicht nur zu einem Informationsaustausch zwischen überwiegend amerikanischen und deutschen Praktikern und Wissenschaftlern, die sich mit der seelischen Gesundheit von Kindern, Jugendlichen und Familien beschäftigen, sondern hat nachhaltig zur Etablierung einer humanitären Haltung der im Aufbau befindlichen deutschen Kinder- und Jugendpsychiatrie beigetragen. Der Bericht über diese Tagung verdeutlicht in eindrucksvoller Weise, vor welchen Schwierigkeiten und Problemen die deutsche Kinder- und Jugendpsychiatrie damals stand (von Eckardt und Villinger, 1953).

Im März 1951 erhielt Werner Villinger aus dem McCloy Fund eine Spende für den Neubau einer modernen Erziehungsberatungsstelle, die am 27.11.1952 als „Institut für ärztlich-pädagogische Jugendhilfe der Philipps-Universität" eröffnet werden konnte und in dieser engen Verbindung zur Universität bis zum 1.10.2006 verblieb. Das Jahr 1952 ist für die gesamte Psychiatrie aber aus einem ganz anderen Grund bedeutsam: In diesem Jahr wurde durch Delay und Deniker das erste Psychopharmakon (Chlorpromazin) eingeführt. Diese Entdeckung und ihre Weiterentwicklung haben das Bild psychiatrischer Kliniken von Grund auf verändert.

4.2 Jahrzehnt des Aufbaus und der Verunsicherungen (1958-1968/69)

Der Beginn dieses Jahrzehnts war gekennzeichnet durch bemerkenswerte Aufbauleistungen in der Bundesrepublik und das beginnende Wirtschaftswunder. Davon haben auch klinische und wissenschaftliche Institutionen profitiert.

Parallel zu den vielfältigen Aufbauleistungen und unter Intensivierung gegen Ende des Jahrzehnts ergaben sich allerdings auch zahlreiche Verunsicherungen. Die Studentenbewegung (verkörpert durch Außerparlamentarische Opposition und den Sozialistischen Studentenbund) trat mit dem Ziel auf, die Gesellschaft zu verändern (1960-1968), protestierte gegen die Notstandsgesetze der Großen Koalition, mahnte die bislang ausgebliebene Auseinandersetzung mit dem Nationalsozialismus an und forderte eine Demokratisierung der Universität mit dem Slogan „Unter den Talaren Muff von 1000 Jahren".[5] Parallel hierzu entwickelte sich die „Heim-Kampagne" (1969), die Heimbewohner als revolutionäres Potential ansah, eine Erziehungsrevolution forderte und die antiautoritäre Erziehung propagierte, die bei vielen jungen Eltern zu einer starken Verunsicherung führte und deren Ergebnisse später nicht selten einer Erziehungsberatung oder gar klinischer Interventi-

---

[5] s. a. den Beitrag Lehmkuhl in diesem Band

on bedurften.[6] Die Heimkampagne begann übrigens 1969 im Jugendheim Staffelberg in Biedenkopf bei Marburg und hat letztlich dazu geführt, dass bis heute keine geschlossenen Heimplätze in Hessen existieren. In die Heimkampagne involviert waren auch RAF-Terroristen, u.a. Andreas Baader und Astrid Proll (Winkler 2007).

4.3 Jahrzehnt der Sozialpsychiatrie und antipsychiatrischer Strömungen (1968-1978)

Die Sozialpsychiatrie entwickelte sich als berechtigte Antwort auf die unhaltbaren Zustände in den psychiatrischen Anstalten und Kliniken. Weitgehend parallel hierzu entstanden antipsychiatrische Bewegungen (der Terminus wurde 1967 von David Cooper geprägt), die psychiatrische Diagnosen und Erkrankungen als Produkt sozialer, politischer und juristischer Etikettierungsprozesse ansahen. Stichworte sind hier der „labelling approach", die Stigmatisierungs-Thesen und der Etikettierungsansatz. Diese Bewegung ist mit den Namen Szasz, Laing, Basaglia und Goffman verbunden und führte 1970 in Heidelberg zur Gründung des „Sozialistischen Patientenkollektivs" (seit 1973 als „Patientenfront" bezeichnet). Diese Gruppierung verstand sich zunächst als Therapiegemeinschaft, wollte dann aber aus der Krankheit eine Waffe machen und strebte die klassenlose Gesellschaft an, wobei der Erzfeind die „Ärzteklasse" war. Krankheit wurde als „politischer Sachverhalt" begriffen, der in sogenannten Agitationen aufgearbeitet wurde. In der Einzelagitation mit dem Patienten wurde herausgearbeitet, „dass seine individuelle Problematik die realitätsadäquate Widerspiegelung gesellschaftlicher Verhältnisse darstellt, als der Zusammenhang zwischen persönlichem Leid und Gesellschaft aufgewiesen. In der „Gruppenagitation" brachte der Patient dann seine Schwierigkeiten in die Gruppe ein, wo er seine individuelle Situation als allgemeine Situation begreifen lernte" (Roth, J. Kursbuch 28, S.117, 1972). Einige Mitglieder des Sozialistischen Patientenkollektivs schlossen sich später der Roten Armee Fraktion (RAF) an.

In diesen Entwicklungen zeigt sich sehr deutlich, dass die Psychiatrie und vor allem auch psychisch Kranke politisch instrumentalisiert wurden – freilich kein neues Phänomen und tragisch nicht nur für die Betroffenen. Auch totalitäre Regime haben sich stets dieser Instrumentalisierung in jeweils unterschiedlicher Weise bedient (Missbrauch der Psychiatrie im Nationalsozialismus, in der UdSSR oder auch in der DDR). Im Gefolge der antipsychiatrischen Bewegungen kam es zur Schließung von Kliniken und zur Verelendung von Patienten, die keine Hilfe mehr erhielten. Eine Parallele zur Heim-Kampagne drängt sich hier auf. Aus den sozialpsychiatrischen Initiativen und z.T. auch aus der Antipsychiatrie ergaben sich aber auch positive Folgen wie z.B. die Reform psychiatrischer Einrichtungen, der Aufbau neuer Institutionen und der Kampf gegen Ausgrenzung und Stigmatisierung psychisch Kranker.

---

[6] s. dazu auch Hartmann K (2007) Kinder- und Jugendpsychiatrie: Vor- und Frühgeschichte 1953-1971. In Helmchen H (Hrsg) Geschichte der Psychiatrie an der Freien Universität Berlin. Pabst Science Publishers, Lengerich: 128f.

4.4 Jahrzehnt der Psychiatriereformen (1978-1988)

Die in diesem Jahrzehnt stattgehabten Psychiatriereformen sind als geradezu revolutionärer Fortschritt zu betrachten und nicht unabhängig von den vorangegangenen Bewegungen der Sozialpsychiatrie und auch der Antipsychiatrie. Nachdem die Mitglieder der Psychiatrie-Enquête bereits 1975 einen gediegenen Bericht über die Lage der Psychiatrie abgeliefert hatten und dieser 5 Jahre in den Schubladen der Bundesregierung geruht hatte, entschloss sich diese, das Modellprogramm Psychiatrie zu etablieren (1980-1985), das mit erheblichem finanziellen Aufwand eine grundlegende Veränderung der deutschen Psychiatrie ermöglichte. Bundesweit sollten in 14 sogenannten „Modellregionen" neue Versorgungskonzepte erprobt, neue Institutionen gegründet und alte reformiert werden, wobei vier Leitprinzipien verfolgt wurden: (1) Gleichstellung psychiatrischer Patienten mit anderen Patienten, (2) Integration der Psychiatrie in die Medizin, (3) Gemeindenähe und (4) Angemessenheit der Versorgung. Marburg und die umliegenden Landkreise bildeten die einzige Modellregion mit dem Versorgungsschwerpunkt psychisch kranker Kinder und Jugendlicher. Hier konnte eine nahezu lückenlose versorgungsepidemiologische Untersuchung in drei hessischen Landkreisen durchgeführt werden (Remschmidt und Walter 1989), es wurde eine Tagesklinik gegründet und es wurden Versorgungsbedarf und Versorgungsrealität von einer eigenen Evaluationsgruppe untersucht und miteinander verglichen. Die Ergebnisse dieser Untersuchungen trugen in den Folgejahren zur Verbesserung der kinder- und jugendpsychiatrischen Versorgung in der Bundesrepublik bei.

Das Jahrzehnt der Psychiatriereform hatte bedeutsame Auswirkungen auch auf die folgenden Jahrzehnte: So wurde im Zeitraum zwischen 1991-1995 die Psychiatrie-Personalverordnung etabliert, die erstmals die Personalbemessung nicht mehr an der Relation Patient : Betreuer orientierte, sondern die Intensität und den Aufwand der Betreuung und Versorgung zum Maßstab machte. Weitere Folgewirkungen waren die Einbeziehung der Psychotherapie in das Weiterbildungs-Curriculum zum Kinder- und Jugendpsychiater (1992) und das Gesetz über den psychologischen Psychotherapeuten (1999), das Psychologen und Kinder- und Jugendlichenpsychotherapeuten gesetzlich festgelegte Ausbildungs- und Behandlungsmöglichkeiten eröffnete.

Nicht zufällig ist vielleicht, dass im Jahrzehnt der Psychiatriereformen auch die Anti-Gewaltkommission der Bundesregierung (1987) gegründet wurde, der es gelang, das Züchtigungsverbot von Eltern gegenüber ihren Kindern gesetzlich zu verankern (Schwind, Baumann et al. 1990).

4.5 Jahrzehnt der Rückbesinnung auf die biologische Psychiatrie (1988-1998)

Dieser Abschnitt wurde deswegen mit „Rückbesinnung" überschrieben, weil eine wichtige Entwicklungslinie in der Psychiatrie schon immer (seit der Antike) der biologischen Verursachung psychischer Erkrankungen verhaftet war. Nur wurde diese Linie in mehr oder weniger großen Zeiträumen überdeckt, z.T. auch verachtet und verurteilt, durch Zeitströmungen, die die Ursachen seelischen Krankseins vorwiegend oder gar ausschließlich in den sozialen oder wirtschaftlichen Verhältnissen sahen oder gar als Erfindung der Psychiater. Davon ist auch die Psychoanalyse nicht ausgenommen, obwohl ihr Begründer Sigmund Freud davon überzeugt war, dass man eines Tages psychische Störungen auf biologische Ursachen würde zurückführen können. Wichtiger Vorläufer der biologischen Betrachtungsweise im 19. Jahrhundert war Griesinger, dessen Postulat „Psychische Krankheiten sind Krankheiten des Gehirns" (1845) Leitmotiv für die Erforschung und Behandlung psychischer Krankheiten wurde.

Eine weitere Strömung der biologischen Psychiatrie leitet sich aus dem Aufkommen des Entwicklungsgedankens und der Evolutionstheorie ab[7], die mit den Namen Charles Darwin (1859), Herbert Spencer (1880) und John Hughlings-Jackson (1835-1911) verbunden ist, deren Gedanken Detlev Ploog (1920-2005) aufgriff und als an der Evolution orientierte Verhaltensforschung in die Psychiatrie einführte (Ploog 1964). Von dieser Betrachtungsweise hat die Kinder- und Jugendpsychiatrie in besonderer Weise profitiert, beispielsweise bei der Interpretation autistischer Verhaltensweisen.

Die noch anhaltende neueste Phase der biologischen Psychiatrie wurde akzentuiert durch die Proklamation der „Dekade des Gehirns" (1990-2000) durch den amerikanischen Präsidenten George H. W. Bush am 17. Juli 1990 und inhaltlich ausgestaltet durch die bedeutsamen methodischen Fortschritte auf dem Gebiet der Genetik (PCR, Genome Scan, humanes Genomprojekt), durch die Entwicklung bildgebender Verfahren, die es erlaubten, das Gehirn gewissermaßen „bei seiner Arbeit" zu beobachten sowie durch die Erweiterung des elektrophysiologischen und biochemischen Methodenspektrums.

4.6 Jahrzehnt der Integration unterschiedlicher Denk- und Handlungsweisen (1998-2008)

Das Jahrzehnt, in dem wir jetzt leben, ist durch eine derartige Vielfalt von methodischen Ansätzen und Erkenntnismöglichkeiten gekennzeichnet, dass jede Charakterisierung vielleicht zu kurz greifen muss. Ich denke aber dennoch, dass das Gebot der Stunde die Integration unterschiedlicher Denk- und Handlungsweisen ist und die Bestrebungen hierzu sind allenthalben zu beobachten. Die Vereinheitlichung der Diagnostik erleichtert die Verständigung und die Zusammenarbeit, wobei wir uns der Vorläufigkeit aller diagnostischen Systeme stets bewusst sein müssen. Gegensätze zwischen theoretischen Positionen und praktischem Handeln werden zunehmend durch empirische Evidenz aufgehoben. Multizentrische Studien an großen Patientenkollektiven sind erforderlich und fördern die globale Zusammenarbeit und spekulative sowie ideologische Auffassungen wurden und werden durch empirische Evidenz widerlegt. Zu ihnen gehört z.B. die sogenannte „Eisschrank-Mutter" als Verursacherin autistischen Verhaltens bei ihrem Kind, die Betrachtung der Schizophrenie als Produkt gesellschaftlicher Etikettierungen, die „schizophrenogene Mutter" als Ursache einer schizophrenen Erkrankung ihres Kindes, die Legasthenie als „Unterschichtsphänomen" oder das hyperkinetische Syndrom als Resultat eines primären Eltern-Kind-Konflikts.

---

[7] s. Beitrag Heinz/Kluge in diesem Band

5 Impulse aus der Psychiatrie und Pädiatrie unter besonderer Berücksichtigung der Berliner Beiträge

5.1 Impulse aus der Psychiatrie

Zweifellos hat Wilhelm Griesinger (1817-1868) mit seiner „Pathologie und Therapie psychischer Krankheiten" (1845) einen großen Einfluss auf das Denken und Handeln der Psychiater und Kinderärzte gehabt, die sich mit psychischen Erkrankungen von Kindern und Jugendlichen beschäftigten. Gemäß seinem Postulat, wonach psychische Erkrankungen Erkrankungen des Gehirns sind, erklärte er auch die „Geisteskrankheiten bei Kindern" durch eine „Reizbarkeit des Gehirns". Er erkannte auch, dass die Pubertät eine krankheitsbegünstigende Lebensphase darstellt, ein Gedanke, der später auch von Ernst Kretschmer aufgegriffen wurde, wenn er von der Pubertät als „Wetterwinkel" für die psychische Entwicklung sprach. Schließlich kann Griesinger insofern auch als Vorläufer der Ich-Psychologie betrachtet werden, als er die psychischen Störungen des Kindesalters mit der noch unvollständigen Ich-Entwicklung erklärte und darüber hinaus darauf hinwies, dass eine Geisteskrankheit bei Kindern auch deren Weiterentwicklung ungünstig beeinflusse.

Karl Bonhoeffer (1868-1948), wie Griesinger ebenfalls Direktor der Psychiatrischen und Nervenklinik der Charité (1912-1938), ist für die Entwicklung der Kinder- und Jugendpsychiatrie vor allem dadurch bedeutsam, dass er im Jahre 1921 die „Kinder-, Kranken- und Beobachtungsstation" an der Charité begründete. Er entwickelte die Psychiatrische und Nervenklinik der Charité zu einer „neuropsychiatrischen Hochburg" (Neumärker 2007), in der u.a. auch Franz Kramer (1878-1967) und Hans Pollnow (1902-1943) tätig waren, die im Jahre 1932 die bahnbrechende Arbeit „Über eine hyperkinetische Erkrankung im Kindesalter" veröffentlichten. Diese, im Ausland Jahrzehnte hindurch nicht beachtete Arbeit kann als eine der frühen Beschreibungen des hyperkinetischen Syndroms bzw. der Aufmerksamkeitsdefizit-/Hyperaktivitätsstörung (ADHS) angesehen werden. An der Geschichte dieser Störung bzw. der ihr zugrundeliegenden Konzepte lässt sich über mehr als ein Jahrhundert darlegen, wie, relativ unabhängig vom Zeitgeist (die Störung wurde zeitweise auch als Folge von phosphatreicher Nahrung, Farbstoffen in Lebensmitteln oder auch als von den Eltern induziertes Phänomen angesehen) eine neurobiologische Hypothese zu ihrer Entstehung aufrechterhalten wurde, die sich entsprechend dem Erkenntnisstand gewandelt hat und die in jüngster Zeit durch einen genetischen Erklärungsansatz erweitert wurde (vgl. Remschmidt und Heiser 2004).

In Tab. 2 ist eine kurze Geschichte des Konzeptes ADHS/HKS wiedergegeben. Eine ausführliche Wissenschaftsgeschichte zu diesem Syndrom haben Rothenberger und Neumärker (2005) vorgelegt. In ihr werden auch die tragischen Biographien von Franz Kramer und Hans Pollnow beschrieben, die als jüdische Ärzte aufgrund des am 7.4.1933 in Kraft getretenen „Gesetzes zur Wiederherstellung des Berufsbeamtentums" ihre Positionen verloren und Deutschland verließen. Franz Kramer emigrierte im August 1938 in die Niederlande und Hans Pollnow bereits 1933 nach Paris, wurde 1943 von der Gestapo in Südfrankreich festgenommen und am 21.10.1943 im KZ Mauthausen ermordet (Neumärker 2005).

Auch Theodor Ziehen (1862-1950), der von 1904-1912 die Psychiatrische und Nervenklinik der Charité geleitet hat, ist für die Entwicklung der Kinder- und Jugendpsychiatrie von großer Bedeutung. Er kann als einer ihrer Gründungsväter bezeichnet werden. Sein einflussreiches Werk „Die Geisteskrankheiten des Kindesalters", das drei Auflagen er-

Tab. 2: ADHS/HKS: Eine kurze Geschichte des Konzeptes

1845	H. Hoffmann:	"Zappelphilipp"
1890	W. James:	Attention deficit disorder as a deficit of inhibitory control
1902	G. Still:	Beschreibung ADHS-ähnlicher Symptome
1932	F. Kramer/H. Pollnow:	Hyperkinetische Erkrankung im Kindesalter
1937	C. Bradley:	Erste Anwendung von Stimulanzien (Benzedrin)
1947	A.A. Strauss/L. Lethinen:	The brain injured child (MBD)
1954	L. Pannizzon:	Methylphenidat (Ritalin)
1954	G. Göllnitz:	Hirnorganisches Achsensyndrom
1957	M.D. Laufer/E. Denhoff:	Hyperkinetic behavior syndrome
1963	M. Bax/R.M. McKeith:	Minimal cerebral dysfunction (MCD)
1964	R. Lempp:	Frühkindlich exogenes Psychosyndrom (Frühkindliche Hirnschädigung und Neurose)
1974-1976	WHO:	Hyperkinetic syndrome of childhood (ICD-8; ICD-9)
1980	APA:	Attention deficit disorder (ADD)
1987	APA/DSM-III-R:	Attention deficit hyperactivity disorder (ADHD)
1992	WHO/ICD-10:	Hyperkinetic disorder
1994	APA/DSM-IV:	Aktualisierung der ADHD-Kriterien

lebt hat, hat das kinder- und jugendpsychiatrische Denken und Handeln erheblich beeinflusst. Theodor Ziehen, der zugleich auch Philosoph und Psychologe war, versuchte, die damals verbreitete Assoziationspsychologie auf die klinische Psychiatrie anzuwenden. Er führte in seiner Zeit in Jena entwicklungspsychologische Untersuchungen zur Ideenassoziation an Kindern durch, in denen es um den Vorstellungsablauf bei gegebener Anfangsvorstellung ging. Dabei wurde auch die Geschwindigkeit des Vorstellungsablaufs ermittelte. Er beschäftigte sich ferner mit den Psychosen in der Pubertät, mit der krankhaften psychischen Konstitution im Kindesalter, mit der Erkennung des Schwachsinns im Kindesalter und mit dem Seelenleben von Jugendlichen. Kritisch angemerkt zu seinem Werk wurde, dass er, im Gegensatz zu Emminghaus, das Kind im Rahmen einer Evolutionsperspektive als unfertiges Geschöpf betrachtete, dem eine eigene Individualität nicht zusteht, ferner, dass er die diagnostischen Kategorien des Erwachsenenalters ohne Modifikation auf das Kindes- und Jugendalter übertrug (Gerhard und Blanz 2002; Herberhold 1977).

Karl Leonhard (1904-1988), der von 1958-1970 Direktor der Psychiatrischen und Nervenklinik der Humboldt-Universität zu Berlin war, ist für die Kinder- und Jugendpsychiatrie vor allem durch die Beschreibung der „frühkindlichen Katatonie" sowie durch sein Lehrbuch „Biologische Psychologie" und durch die Beschäftigung mit neurotischen Störungen und „Kinderpersönlichkeiten" bedeutsam. Was die frühkindliche Katatonie betrifft, so ist hervorzuheben, dass Leonhard der Motorik im Rahmen frühkindlicher Störungen den ihr gebührenden Platz einräumt. Inwieweit es sich dabei aber um ein eigenständiges Krankheitsbild handelt, auch in Abgrenzung von autistischen Störungen, muss vorerst offen bleiben. Eine ausführliche Darstellung von Persönlichkeit und Werk Karl Leonhards hat Neumärker (2008) vorgelegt[8].

Im Hinblick auf die Entwicklung der Kinder- und Jugendpsychiatrie an der Charité ist ferner Dagobert Müller (1921-1992) zu erwähnen, der die Kinder- und Jugendpsychiatrie mit der Neurologie zusammenführte als „Kinder- und Jugendneuropsychiatrie" und mit dessen Berufung 1970 der gleichnamige Lehrstuhl begründet wurde. 1976 übernahm Klaus-Jürgen Neumärker die Klinik, der auch ihre Geschichte bis zum Jahr 1982 darstellte (Neumärker 1982).

Im Westteil der Stadt war für die Entwicklung der Kinder- und Jugendpsychiatrie Annemarie Dührssen (1916-1998) von großer Bedeutung. Ihr Verdienst ist es, die dynamische Psychotherapie eingeführt zu haben. Sie war auch wesentlich beteiligt an der Senatsvorlage für die Errichtung des Lehrstuhls für Psychiatrie und Neurologie des Kindes- und Jugendalters an der Freien Universität Berlin, der am 1.5.1975 mit Helmut Remschmidt besetzt wurde. Durch ihre Bücher „Psychogene Erkrankungen bei Kindern und Jugendlichen" (1956, 15. Aufl. 1992) und „Psychotherapie bei Kindern und Jugendlichen" (1960, 5. Aufl. 1973) hat sie die Entwicklung der psychodynamisch und psychotherapeutisch ausgerichteten Kinder- und Jugendpsychiatrie in den 60-er und 70-er Jahren des letzten Jahrhunderts nachhaltig beeinflusst. Die Entwicklung der Kinder- und Jugendpsychiatrie an der FU Berlin ist in dem von Helmchen herausgegebenen Band über die Geschichte der Psychiatrie an der FU Berlin ausführlich dargestellt (Helmchen 2007).

5.2 Impulse aus der Pädiatrie

Die Impulse, die die Kinder- und Jugendpsychiatrie aus der Pädiatrie erfahren hat, reichen, wie jene aus der Psychiatrie, weit zurück und sind zahlreich. Eine Auswahl wichtiger Persönlichkeiten, von deren Wirken nachweisbare Einflüsse auf die Entstehung der Kinder- und Jugendpsychiatrie als eigenständiges Fach ausgegangen sind, zeigt Tab. 3. Während die Kinder- und Jugendpsychiatrie mit der Erwachsenenpsychiatrie die psychischen Störungen und Erkrankungen gemeinsam hat, besteht die Gemeinsamkeit mit der Pädiatrie im Lebensalter der Patienten. Dies führt zu unterschiedlichen Perspektiven im Hinblick auf die betroffenen Störungen. Die Einflüsse der Pädiatrie betreffen zunächst im Allgemeinen jüngere Kinder und dementsprechend auch deren Erkrankungen, im Vordergrund steht sehr stark die somatische Perspektive, aber auch bereits sehr früh soziale Aspekte, die später zur Entstehung der Sozialpädiatrie geführt haben. Zu Beginn des letzten Jahrhunderts entspann sich auch eine heftige Diskussion zur Überforderung von Kindern, die unter dem Namen „Überbürdungsstreit" in der Literatur bekannt ist. Schließlich beschäftigten sich Pädiater auch intensiv mit Erziehungsfragen und in neuerer Zeit mit der Mutter-Kind-Beziehung und der Bindungsforschung.

---

[8] s. a. den Beitrag Neumärker in diesem Band

Diese Tendenzen sind in Tab. 3 unter Anführung der jeweiligen Fachvertreter stichwortartig dargestellt. Die historische Entwicklung der Pädiatrie wurde von Peiper (1951) umfassend dargestellt.

Tab. 3: Beiträge der Pädiatrie zur Entwicklung der Kinder- und Jugendpsychiatrie

Christoph Wilhelm Hufeland (1762-1836), Berlin
- 1810 Berlin Professur für "spezielle Pathologie und Therapie"
- Propagierte Vorsorgeuntersuchungen in Schulen und vertrat den Präventionsgedanken
- 1829 "Physische Erziehung der Kinder"

Franz von Rinecker (1811-1883), Würzburg
- 1844 erster Lehrstuhl für "Pädiatrik" in Würzburg & Gründung der 1. Univ.-Kinderklinik (1850)
- Erster "Spezialarzt für psychisch kranke Kinder und Jugendliche" (Nissen, 2005)
- Akademischer Lehrer von Hermann Emminghaus (1845-1904)

Eduard Henoch (1820-1910), Berlin
- 1872 Extraordinarius und Direktor der Kinderklinik der Berliner Universität
- 1881 Herausgeber des Handbuchs der Kinderkrankheiten
- 1893 "Die hysterischen Affektionen der Kinder"

Bernhard Heinrich Laehr (1820-1905), Berlin
- Initiator des "Überbürdungsstreits"
- "Lernstörungen bei Kindern als Folge eines Gehirndefektes"
- Durch geistige Überforderung entstehen "Geisteskrankheiten" (Jean Paul Hasse, 1830-1898)

Otto Heubner (1843-1926), Berlin
- 1894 erster Ordinarius für Kinderheilkunde an der Charité
- Vorkämpfer für angemessene Ernährung und Hygienemaßnahmen
- Vorläufer der Sozialpädiatrie

Adalbert Czerny (1863-1941), Berlin
- 1913 Nachfolger von Heubner auf dem Berliner Lehrstuhl für Pädiatrie
- Wegbereiter der wissenschaftlichen Pädiatrie
- Erkannte die Bedeutung der Mutter-Kind-Beziehung, Vorläufer der Bindungstheorie u. Bindungsforschung
- Neuropathie als angeborene vegetative Fehlsteuerung
- "Der Arzt als Erzieher des Kindes" (1908, 11. Aufl. 1946)

Albrecht Peiper (1889-1968), Leipzig
- "Kinderarzt als Anwalt des Kindes", forderte eine "Soziologie des Kindes"
- "Eigenart der kindlichen Hirntätigkeit" (1949)
- "Chronik der Kinderheilkunde" (1951)

Auf dem Wege zur Verselbständigung der Kinder- und Jugendpsychiatrie waren 2 gemeinsame Tagungen mit der Deutschen Gesellschaft für Kinderheilkunde von Bedeutung: die III. Wissenschaftliche Tagung der „Deutschen Vereinigung für Jugendpsychiatrie" am 6./7.9.1954 in Essen und die X. Wissenschaftliche Tagung vom 8.-10.9.1966 in Berlin.

Die Themen der zuerst genannten Tagung beschäftigen sich u.a. mit dem Einfluss der Präpubertät auf die Entwicklung des Kindes, mit der Bedeutung der Kriegs- und Nachkriegszeit für die Entwicklung von Kindern mit frühkindlichen Hirnschädigungen, aber auch von pädiatrischer Seite mit psychischen Problemen bei Diabetes, mit abnormen psychischen Reaktionen bei Pneumonie, Meningitis sowie mit Enzymmangelkrankheiten. In dem von Leuner verfassten Tagungsbericht wird es als beispielhaftes Zeichen einer sachlichen Zusammenarbeit erwähnt, „dass zwei durch die Überschneidung fachlicher und standespolitischer Interessen der Gefahr von Konkurrenz- und Kompetenzstreitigkeiten ausgesetzte Gesellschaften zu einem harmonischen und fruchtbaren Meinungsaustausch zusammenfanden" (Leuner 1956, S. 310).

Die X. Wissenschaftliche Tagung in Berlin hatte u.a. explizit die Zusammenarbeit zwischen Pädiatrie und Kinderpsychiatrie zum Thema und beschäftigte sich darüber hinaus mit psychosomatischen Erkrankungen, einem traditionellen Bindeglied zwischen Kinderheilkunde und Kinder- und Jugendpsychiatrie. Auf dieser Tagung wurde u.a. auch die Aufnahme kinder- und jugendpsychiatrischer Grundkenntnisse in das Medizinstudium diskutiert; im Bericht über den Kongress (Harbauer 1966) heißt es: „Die nerven- und kinderärztlichen Ordinarien der deutschen Universitäten antworteten fast ausnahmslos auf eine Anfrage des Vorsitzenden über die Vermittlung kinderpsychiatrischer Grundkenntnisse im Medizinstudium und machten Mitteilung über die verschiedenen örtlichen Regelungen. Diese Antworten sollen demnächst diskutiert und verwertet werden" (Harbauer 1966, S. 367).

Darüber hinaus wurde auf dieser Tagung im Rahmen der dort stattgehabten Mitgliederversammlung der DVJ auch über den Stand der Verhandlungen zum „Facharzt für Kinderpsychiatrie" bzw. zum Zusatztitel „Kinder- und Jugendpsychiatrie" diskutiert. Der Berichterstatter Hubert Harbauer notiert hierzu im Kongressbericht: „Der baldigen Lizenzierung des Zusatztitels steht im Augenblick die noch nicht abgeschlossene Diskussion um die Neuordnung der Facharztregelung durch die Schaffung sogenannter Mutterfächer entgegen" (Harbauer 1966, S. 367).

Wie aus diesen Äußerungen zu entnehmen ist, bestand zunächst ein gewisser Widerstand seitens der Pädiatrie, das Fachgebiet der Kinder- und Jugendpsychiatrie zu verselbständigen. Die beiden gemeinsamen Tagungen haben aber entscheidend zum gegenseitigen Verständnis zwischen Pädiatrie und Kinder- und Jugendpsychiatrie und schließlich dazu beigetragen, dass auf dem 71. Deutschen Ärztetag am 20.5.1968 in Wiesbaden mit Unterstützung der Deutschen Gesellschaft für Psychiatrie und Nervenheilkunde und der Deutschen Gesellschaft für Kinderheilkunde die neue Facharztdisziplin „Kinder- und Jugendpsychiatrie" aus der Taufe gehoben wurde. „Mit der Facharztanerkennung fand eine Entwicklung ihren vorläufigen Abschluss, die vor 150 Jahren in der Psychiatrie und in der Pädiatrie begonnen hatte" (Nissen 2005, S. 507).

In der DDR wurde 1974 eine Subspezialisierung für „Kinderneuropsychiatrie" gesetzlich festgelegt, die von Fachärzten für Pädiatrie und Psychiatrie/Neurologie erworben werden konnte.

6 Gründungskongresse der Kinder- und Jugendpsychiatrie

Die bislang skizzierte Entwicklung ist natürlich nicht auf Deutschland beschränkt gewesen. Vielmehr folgte die Verselbständigung der Kinder- und Jugendpsychiatrie als eigenes Fach Vorbildern aus dem Ausland (z.B. aus Frankreich, der Schweiz und den skandinavischen Ländern). Dabei haben Gründungskongresse eine besondere Rolle gespielt, so der erste internationale Kongress für Kinderpsychiatrie, der im Jahr 1937 in Paris stattfand und auf dem es zur Gründung eines Comité International de la Psychiatrie Infantile (CIP) kam. Bereits damals wurde der Versuch unternommen, eine Abgrenzung der Kinderpsychiatrie von den Mutterfächern Psychiatrie und Pädiatrie vorzunehmen, die nachfolgend zur Gründung nationaler kinder- und jugendpsychiatrischer Fachgesellschaften geführt hat.

So wurde 1939 die Deutsche Arbeitsgemeinschaft für Kinderpsychiatrie in Wiesbaden gegründet als Vorbereitung zur Gründung einer eigenen Fachgesellschaft. Diese wurde 1940 als „Gesellschaft für Kinderpsychiatrie und Heilpädagogik" in Wien etabliert. 1948 kam es zur Gründung der „International Association for Child Psychiatry" (IACP), 1950 zur Gründung der „Deutschen Vereinigung für Jugendpsychiatrie e.V." (Stutte 1970), die, nach mehrfachen zwischenzeitlich erfolgten kleinen Namensänderungen, heute „Deutsche Gesellschaft für Kinder- und Jugendpsychiatrie, Psychosomatik und Psychotherapie" heißt.

Der Gründungskongress der europäischen Kinder- und Jugendpsychiatrie fand erst 1960 in Paris statt, nachdem bereits am 31.10.1954 der Zusammenschluss europäischer Kinder- und Jugendpsychiater zur „Union europäischer Pädopsychiater" (UEP) erfolgt war. Diese Fachgesellschaft wurde 1983 in „European Society for Child and Adolescent Psychiatry" (ESCAP) umbenannt. Eine ausführliche Darstellung der historischen Entwicklung, der damaligen Situation und der künftigen Perspektiven der europäischen Kinder- und Jugendpsychiatrie findet sich in einem Band, der aus Anlass des 11. Internationalen ESCAP-Kongresses in Hamburg veröffentlicht wurde (Remschmidt und van Engeland 1999).

Literatur

American Psychiatric Association (1980) Diagnostic and statistical manual of mental disorders 3rd edition. APA, Washington, DC
American Psychiatric Association (1987) Diagnostic and statistical manual of mental disorders 3rd revised edition (DSM-III-R). APA, Washington, DC
American Psychiatric Association (1994) Diagnostic and statistical manual of mental disorders 4th edition (DSM-IV). APA, Washington, DC
Asperger H (1952) Heilpädagogik. Springer, Wien
Bax M, McKeith RM (1963) Minimal cerebral dysfunction: The Lavenham Press, Lavenham
Bradley C (1937) The behavior of children receiving benzedrine. American Journal of Psychiatry 94: 577-585
Caplan G, Jensen R, Lebovici S (1994) History of the International Association for Child and Adolescent Psychiatry and Allied Professions (IACAPAP). The InterPsych Newsletter 1 (3), July
Cooper D (1967) Psychiatry and Anti-Psychiatry. Tavistock Publications, London
Czerny A (1908) Der Arzt als Erzieher des Kindes. Deuticke, Leipzig
Czerny A (1942) Sammlung klinischer Vorlesungen über Kinderheilkunde. Thieme, Leipzig
Delay J, Deniker P (1952) 38 cas de psychoses traitées par la cure prolongée et continue de 4567 R.P. Comtes rendus du Congrès des Médecins Aliénistes et Neurologistes de France et des pays de langue française, Luxembourg, 21-27 juillet 1952, 50:503-513

Eckart M von, Villinger W (Hrsg) (1953) Gesundheit und mitmenschliche Beziehungen. Ernst Reinhardt Verlag, München/Basel
Emminghaus H (1887) Die psychischen Störungen des Kindesalters. Laupp, Tübingen
Friedemann A (1967) Vorgeschichte und Entwicklung der Union Européenne des Pédopsychiatres (UEP). In: Stutte H (Hrsg) Jahrbuch für Jugendpsychiatrie und ihre Grenzgebiete. Huber, Bern. S. 17-26
Gerhard UJ, Blanz B (2002) Theodor Ziehen als Kinderpsychiater. Eine verspätete Reminiszenz zum 50. Todestag. Zeitschrift für Kinder- und Jugendpsychiatrie 30: 127–133
Göllnitz G (1954) Die Bedeutung der frühkindlichen Hirnschädigung für die Kinderpsychiatrie. Thieme, Leipzig
Griesinger W (1845) Die Pathologie und Therapie der psychischen Krankheiten für Ärzte und Studenten. Krabbe, Stuttgart
Harbauer H (1966) Bericht über die X. Wissenschaftliche Tagung der Deutschen Vereinigung für Jugendpsychiatrie. Acta Paedopsychiatrica 33: 366-367
Harms E (1960) At the cradle of child psychiatry. American Journal of Orthopsychiatry 30: 186-190
Hartmann K (2007) Kinder- und Jugendpsychiatrie: Vor- und Frühgeschichte 1953-1971. In Helmchen H (Hrsg) Geschichte der Psychiatrie an der Freien Universität Berlin. Pabst Science Publishers, Lengerich: 128f
Heller T (1904) Grundriss der Heilpädagogik. Engelmann, Leipzig
Helmchen H (Hrsg) (2007) Geschichte der Psychiatrie an der Freien Universität Berlin. Pabst Science Publishers, Lengerich, Berlin
Henoch E (1893) Vorlesungen über Kinderkrankheiten. 7. Aufl. Hirschwald, Berlin
Herberhold U (1977) Theodor Ziehen. Ein Psychiater der Jahrhundertwende und sein Beitrag zur Kinderpsychiatrie. Med. Dissertation, Freiburg
Hoffmann H (1845) Lustige Geschichten und drollige Bilder – Der Struwwelpeter. Literarische Anstalt, Frankfurt am Main
Holtkamp M (2002) Werner Villinger (1887-1961). Die Kontinuität des Minderwertigkeitsgedankens in der Jugend- und Sozialpsychiatrie. Matthiesen, Husum
Homburger A (1926) Vorlesungen über die Psychopathologie des Kindesalters. Springer, Berlin
Ireland WW (1898) The Mental Affections of Children, Idiocy, Imbecility and Insanity. J & A Churchill, London
James W (1890) The principles of psychology. Holt, New York
Kanner L (1935) Child psychiatry. Blackwell, Oxford
Kramer F, Pollnow H (1932) Über eine hyperkinetische Erkrankung im Kindesalter. Monatsschrift für Psychiatrie und Neurologie 82: 1-40
Laehr H (1873) Einige Beziehungen der Pädagogik zur Psychiatrie. Allgemeine Zeitschrift für Psychiatrie 29: 601-606
Laehr H (1875) Über den Einfluss der Schule auf die Verhinderung von Geistesstörungen. Allgemeine Zeitschrift für Psychiatrie 32: 216-225
Laufer M, Denhoff E (1957) Hyperkinetic behavior in children. Journal of Pediatrics 50: 463-474
Lempp R (1964) Frühkindliche Hirnschädigung und Neurose. Huber, Bern-Stuttgart
Leonhard K (1960) Über kindliche Katatonien. Psychiatrie, Neurologie und Medizinische Psychologie 12: 1-12
Leonhard K (1961) Biologische Psychologie. Johann Ambrosius Barth, Leipzig, 6. Aufl. Hirzel, Stuttgart 1993
Leonhard K (1963) Kinderneurosen und Kinderpersönlichkeiten. VEB Verlag: Gesundheit, Berlin, 4. Aufl. 1991
Leuner H (1956) Bericht über die gemeinsame Tagung der „Deutschen Gesellschaft für Kinderheilkunde" und der „Deutschen Vereinigung für Jugendpsychiatrie". In: Stutte H, Villinger W (Hrsg) Jahrbuch für Jugendpsychiatrie und ihre Grenzgebiete. Huber, Bern-Stuttgart, S. 310
Manheimer M (1899) Les troubles mentaux de l'enfance. Précis de psychiatrie infantile avec les applications pédagogiques et médico-légales. Société d'Éditions Scientifiques, Paris

Maudsley H (1867) The physiology and pathology of mind. McMillan, London
Moreau de Tours P (1888) La folie chez les enfants. Baillière et Fils, Paris
Neumärker KJ (1982) Zur Geschichte der Abteilung für Kinderneuropsychiatrie an der Berliner Charité. Acta Paedopsychiatrica 48: 297-305
Neumärker KJ (2005) Leben und Werk von Franz Max Albert Kramer und Hans Pollnow. In: Rothenberger A, Neumärker KJ (Hrsg) Wissenschaftsgeschichte der ADHS – Kramer-Pollnow im Spiegel der Zeit. Steinkopff, Darmstadt. S. 79-118
Neumärker KJ (2007) Karl Bonhöffer (31.3.1868-4.12.1948). Psychosomatik und Konsiliarpsychiatrie 1: 179-183
Neumärker KJ (2008) Karl Leonhard (1904-1988). Psychiater und Neurologe an der Charité in Berlin. Nervenheilkunde 27: 327-333
Nissen G (2005) Kulturgeschichte seelischer Störungen bei Kindern und Jugendlichen. Klett-Cotta, Stuttgart
Peiper A (1949) Die Eigenart der kindlichen Hirntätigkeit. Thieme, Leipzig
Peiper A (1951) Chronik der Kinderheilkunde. Thieme, Leipzig
Peiper A (1966) Quellen zur Geschichte der Kinderheilkunde. Huber, Bern-Stuttgart
Ploog D (1964) Verhaltensforschung und Psychiatrie. In: Gruhle HW, Jung R, Mayer-Gross W, Müller M (Hrsg) Psychiatrie der Gegenwart Bd. I/13, 291-443. Springer, Berlin-Göttingen-Heidelberg
Propping P, Schott H (1992) Wissenschaft auf Irrwegen. Bouvier, Bonn
Remschmidt H, Walter R (1989) Evaluation kinder- und jugendpsychiatrischer Versorgung. Analysen und Erhebungen in drei hessischen Landkreisen. Enke, Stuttgart
Remschmidt H, van Engeland H (Eds) (1999) Child and adolescent psychiatry in Europe. Historical development, current situation, and future perspectives. Steinkopff & Springer, Darmstadt und Heidelberg
Remschmidt H, Heiser P (2004) Zertifizierte medizinische Fortbildung: Differenzierte Diagnostik und multimodale Therapie hyperkinetischer Störungen. Deutsches Ärzteblatt 101 (37): B-2071-2078
Rinecker F von (1875) Über Irresein der Kinder. Allgemeine Zeitschrift für Psychiatrie 32: 560-565
Roth J (1972) Psychiatrie und Praxis des sozialistischen Patientenkollektivs. Kursbuch 28: 107-120
Rothenberger A, Neumärker KJ (2005) Wissenschaftsgeschichte der ADHS. Kramer-Pollnow im Spiegel der Zeit. Steinkopff, Darmstadt
Sanctis S de (1925) Neuropsichiatria infantile. Stock, Rom
Schwind HD, Baumann J et al. (Hrsg) (1990) Ursachen, Prävention und Kontrolle von Gewalt. 4 Bde. Duncker & Humblot, Berlin
Still GF (1902) The Coulstonian Lectures on some abnormal physical conditions in children. Lancet 1: 1008-1012; 1077-1082; 1163-1168
Stockert FG von (1967) Einführung in die Psychopathologie des Kindesalters. Urban & Schwarzenberg, München
Strauss AA, Lethinen LE (1947) Psychopathology and education of the brain-injured child. Groone & Stratton, New York
Strohmayer W (1910) Vorlesungen über die Psychopathologie des Kindesalters. Laupp, Tübingen
Stutte H (1970) 30 Jahre Deutsche Vereinigung für Jugendpsychiatrie. Nervenarzt 41: 313-317
Tramer M (1942) Lehrbuch der allgemeinen Kinderpsychiatrie. Schwabe, Basel/Stuttgart
Virchow R (1869) Über gewisse die Gesundheit benachteiligende Einflüsse der Schulen. Zentralblatt für die gesamte preußische Unterrichtsverwaltung: 343-362
Winkler W (2007) Die Geschichte der RAF. Rowohlt, Berlin
World Health Organization (1978) ICD-9. Classification of mental and behavioral disorders. Clinical description and diagnostic guidelines. WHO, Geneva
World Health Organization (1992) ICD-10. Classification of mental and behavioral disorders. Clinical description and diagnostic guidelines. WHO, Geneva
Ziehen T (1915) Die Geisteskrankheiten des Kindesalters mit besonderer Berücksichtigung des schulpflichtigen Alters. Reuther und Reichard, Berlin

9 Psychiatrie und Altersmedizin: Entwicklungsstand der Gerontopsychiatrie

Hans Gutzmann und Siegfried Kanowski

Zusammenfassung

Schon in früher Zeit waren Priester, Philosophen und Ärzte die Ersten, die im Altern etwas Besonderes erkannten, alten Menschen eine besondere Rolle in der Gesellschaft zuschrieben, kurz über das Alter nachdachten: Vertreter der Religion und Philosophen, weil das Bewusstwerden des Sterbenmüssens Menschen vor die Frage der Unsterblichkeit, des Weiterlebens nach dem Tode stellte; Ärzte, weil sie die besonderen Gefährdungen des Alters an ihren Patienten erlebten. Altersforschung als medizinische Wissenschaft beginnt nach der Aufklärung um die Wende des 18. zum 19. Jahrhundert, Geriatrie und Gerontopsychiatrie als gewichtiges Teilproblem der Krankenversorgung, losgelöst von Armut und Obdachlosigkeit, entwickeln sich erst nach dem zweiten Weltkrieg in den späten 60er Jahren des 20. Jahrhunderts und haben den Status einer eigenen medizinischen Disziplin in Deutschland bis heute nicht erreicht. In drei Abschnitten wird die bisherige Entwicklung zunächst für die ehemalige Bundesrepublik, sodann für die ehemalige DDR und schließlich für die gemeinsame Entwicklung nach 1989 dargestellt. Hierbei werden einzelne Institutionen nur beispielhaft erwähnt, der Fokus der Darstellung wird auf fördernde und hemmende Einflüsse gelenkt, die jeweiligen Strömungen des Zeitgeistes der vergangenen 40 Jahre entsprechen. Ihnen werden einige ausgewählte empirische Fakten aus der einschlägigen Literatur gegenübergestellt, um dem Leser eine eigene Orientierung zu ermöglichen.

1 Zeitgeist und Gerontopsychiatrie

Das Interesse am Alter als besonderer Lebensphase lässt sich bis weit in die Antike verfolgen und findet selbst im Gilgamesch Epos (von Soden 1988) schon Ausdruck: „Gilgamesch sprach zu ihm, dem Schiffer Urschanabi: Urschanabi, dies Gewächs ist das Gewächs gegen die Unruhe, durch welches der Mensch sein Leben erlangt! Ich will`s bringen nach Uruk-Gart, es dort zu essen geben und dadurch das Gewächs erproben! Sein Name ist ‚Jung wird der Mensch als Greis'; Ich will davon essen, dass mir wiederkehre die Jugend."

Die körperlichen und seelischen Veränderungen des Alternsprozesses – Verfall, Krankheit, Armut, Weisheit und späte Freiheit – beschäftigen Ärzte und Philosophen gleichermaßen. Quasi als gleich bleibender Zeitgeist durch die Jahrtausende wurde das Alter immer mit Ambivalenz gesehen: Dem „zu frühen Tod" zu entgehen, lenkte die Hoffnung darauf, alt werden zu können. Die Wirklichkeit aber drohte mit Gebrechen des Alters und mit Krankheit. Alt werden möchte ein jeder, alt sein und gar „alt aussehen" niemand. Bis ins Mittelalter, Renaissance und Aufklärung dominiert daher die präventive Medizin und Kunst gesunder Lebensführung, so z. B. auch in Hufelands „Kunst das menschliche Leben zu verlängern" (1798). Präventive Medizin und die Kunst gesunder Lebensführung versuchen Antworten zu geben auf zwei grundlegende Fragen, die Christian Müller in seinem Lehrbuch der Alterspsychiatrie von 1967 im Rückblick auf Antike und Mittelalter wie folgt formuliert hat: „Welche Vor- und Nachteile bringt das Alter mit sich; wie läßt sich das Altwerden verhindern?"

Wir würden heute, 40 Jahre später hinzufügen: Wie lassen sich altersbedingte Funktionsverluste kompensieren, verzögern oder gar verhindern, wie lässt sich die Phase der Multimorbidität im hohen Alter zeitlich komprimieren? Fries (1980 u. 1990) bezeichnete letzteres als die eigentliche Aufgabe zukünftiger gerontologisch-geriatrischer Forschung. Seine Hypothese, dass ein so hoch gestecktes Ziel durchaus erreichbar sei, bestätigen in der Tendenz Ergebnisse von Längsschnittuntersuchungen der letzten 20 Jahre, die zeigten, dass nicht nur die Lebenserwartung kontinuierlich wächst, sondern auch die Gesundheit und Leistungsfähigkeit über Siebzigjähriger deutlich zunimmt (Svanborg 1988 a u. b). Für Demenzerkrankungen zeichnet sich ein differenziertes Bild ab. Langa et al. (2008) verglichen die Prävalenz und die 2-Jahres-Mortalität von Demenzerkrankungen in den USA. Während die Prävalenz zwischen 1993 und 2004 von 12,2% auf 8,7% abgenommen hatte, nahm im gleichen Zeitraum die Sterbewahrscheinlichkeit von Patienten mit mittleren bis schweren kognitiven Störungen deutlich zu. Die Autoren sehen das als Beleg für die Hypothese einer Kompression der kognitiven Morbidität und nehmen an, dass diese Entwicklung in den gesellschaftlichen Anstrengungen zur Entwicklung und Unterhaltung einer kognitiven Reservekapazität durch bessere Bildungschancen und fortlaufende kognitive Stimulierung am Arbeitsplatz und in der Freizeit gründet. Das Modell vom Jungbrunnen erscheint nicht mehr als ausschließliche Utopie. Über dessen Sinnhaftigkeit wird allerdings ebenfalls gegenwärtig durchaus aus zwei Gründen gestritten. Der erste liegt in der Furcht, das Leben am Ende nur um den Preis verlängerten Leidens zu verlängern. Der zweite ist von der Furcht bestimmt, dass die Lebens- und Entwicklungschancen der kreativen jüngeren Generationen durch ein quasi krebsartiges Wachstum des älteren Bevölkerungsanteils erheblich beeinträchtigt würden. Die erstgenannte Befürchtung scheint durch die Arbeit von Langa und Mitarbeitern (l.c.) etwas entschärft, die zweite allerdings nicht.

Der gegenwärtige Zeitgeist in Bezug auf das Alter scheint hauptsächlich von ökonomischen Ängsten und Befürchtungen um das sozialstrukturelle Gleichgewicht bestimmt. Von der Presse oft gebrauchte, den Zeitgeist kennzeichnende Schlagworte unter denen der demographische Wandel denunziert wird, sind „Vergreisung der Gesellschaft", „Überalterung", „Rentnerlawine", „Kündigung des Generationenvertrages" durch die Jüngeren. An dieser Stelle mag man sich wieder der Antike erinnern, als schon Solon und römische Kaiser es für nötig befanden, die Verpflichtung der Jüngeren zur Versorgung der Alten in besonderen Gesetzen zu verankern. Die Ergebnisse jüngster empirischer Untersuchungen halten dagegen, dass die Tauschgerechtigkeit (Höffe 2002) zwischen den Generationen der Eltern, Kinder- und Enkelkinder nach wie vor funktioniert, faktisch der Generationenvertrag also keinesfalls als aufgekündigt betrachtet werden kann (Kohli u. Kühnemund 1999, Kohli 2002).

Im Brennpunkt der sozialpolitischen Diskussion stehen durch den demographischen Wandel bedingte Ungleichgewichte in den Belastungen der gesetzlichen Krankenversicherung, der Rentenversicherung, der Beschäftigungs- und Arbeitsmarktpolitik und der Rolle, die alte Menschen in der Gesellschaft spielen sollten und übernehmen könnten (Helmchen et al. 2006). In der Gesundheitsversorgung kommen Fragen der berufspolitischen Konkurrenz und Rollendiffusion im Hinblick auf die zukünftige Betreuung kranker und hilfsbedürftiger älterer Bürger, insbesondere der Hochaltrigen hinzu (z. B. Allgemeinärzte, Psychiater, Neurologen, Krankenpflege- u. Altenpflegekräfte, Sozialpädagogen etc.). Im ärztlichen Berufsfeld wirkt sich hemmend auf die Entwicklung der Gerontopsychiatrie sicher die Tatsache aus, dass zwei Gruppen von de facto Spezialisten um die medizinische Versorgung konkurrieren, nämlich „Gerontopsychiater" und „Geriater" mit überwiegend internistischem Hintergrund. Dem liegt die im Alter gleich bedeutsame psychische und somatische Multi- und Komorbidität zugrunde. Des Weiteren bringen sich die Allgemeinärzte mit den Argumenten ins Spiel, die einzigen „Generalisten" unter den Fachdisziplinen zu sein und gleichzeitig den Vorzug aufzuweisen, die Individual- und Familienanamnese langfristig aus eigener Beobachtung zu kennen. Wie immer, wenn Entscheidungen und Lösungen unsicher sind und kontrovers diskutiert werden, ist das Feld offen für Entscheidungen aufgrund von ideologisch begründeten oder opportunistischen Gruppeninteressen. Von besonderer ethischer Brisanz sind im Hinblick auf die hilfs- und unterstützungsbedürftigen älteren Bürger Diskussionen um Rationierung im Gesundheitswesen, um Abbruch oder Vorenthaltung lebenserhaltender Therapie, Sterbehilfe und assistiertem Suizid (Helmchen et al. 2006). Die Suizidrate steigt unter den über 65Jährigen, vor allem bei Männern massiv an. Ernst (1995) hat darauf hingewiesen, dass negative Altersstereotype und sozialer Druck diese Tendenz noch verstärken könnten, wenn man bedenkt, dass hilfsbedürftige ältere Menschen häufig unter Schuldgefühlen gegenüber der Familie und Gesellschaft leiden und Depressionen vergleichbar häufig sind wie Demenzerkrankungen.

2   Entwicklung der Gerontopsychiatrie

Wann beginnt die Alterspsychiatrie als medizinische Wissenschaft und als wahrgenommenes Versorgungsproblem? 1873 beschrieb Wille die „Psychosen des Greisenalters" in der „Allgemeinen Zeitschrift für Psychiatrie", 1887 schrieb Charcot „Lecons sur les maladies des vieillards et maladies chroniques", Benjamin Rush 1809 in einem eigenen Buch ein Kapitel mit dem Titel „An account of the state of body and mind in old age; with observations on its dieases, and their remedies", 1909, exakt hundert Jahre später, Schwalbe ein „Lehrbuch der Greisenkrankheiten". Alterspsychiatrie steht also schon sehr lange auf der Tagesordnung der Psychiatrie. Sie konfrontierte das Fach mit besonderen wissenschaftlichen und praktischen Problemen der Systematik, Diagnostik, und Behandlung. Auf diesem kurz skizzierten historischen Hintergrund erscheint die lange Latenz bemerkenswert, die zwischen der ärztlichen Wahrnehmung der Besonderheiten somatischer und psychischer Erkrankungen im Alter und dem Beginn der Bemühungen um eine Institutionalisierung von Geriatrie und Gerontopsychiatrie im Komplex der gesundheitlichen Versorgungsstrukturen liegt. Erst die scheinbare Unabänderlichkeit des demographischen Wandels eröffnet dieses Feld, wenn auch nicht unwidersprochen. An dieser Latenz mag auch die erwähnte Jahrtausende alte Ambivalenz der Einstellung zum Alter ebenso beteiligt sein, wie die Tatsache, dass erst in unserer Zeit, einer Zeit eines bis heute anhaltenden ausgesprochenen Jugendkultes, hohes Alter keinen Seltenheitswert mehr hat, sondern zu einem „Massenphänomen" geworden ist.

2.1 In der Bundesrepublik

In der Bundesrepublik Deutschland und damit auch in Berlin (West) begann das Nachdenken über die speziellen Probleme der Versorgung psychisch kranker alter Menschen in der zweiten Hälfte der sechziger Jahre des vergangenen Jahrhunderts. Die heute unter dem Begriff des demographischen Wandels begriffene Veränderung der Bevölkerungsstruktur setzte die Psychiatrischen Landeskrankenhäuser einem stetig zunehmenden Aufnahmedruck aus. So registrierte Panse im Landeskrankenhaus Düsseldorf, das bis heute zugleich Psychiatrische Universitätsklinik ist, 1958 eine mehr als Vervierfachung des Aufnahmeanteils über 60-Jähriger gegenüber 1880 (Panse und Scheibe 1958, zit. nach Panse 1964), wobei ein stärkerer Anstieg erst während des zweiten Weltkrieges einsetzte und die Nachkriegsjahre charakterisierte. Die Abteilungen für chronisch psychisch Kranke wandelten sich de facto in gerontopsychiatrische Pflegebereiche mit einem hohen Anteil an dementiell Erkrankten um und führten zu einer Überlastung der Pflege. Diese Konstellation, zusammen mit der Vernachlässigung der Psychiatrie allgemein, die trotz des einsetzenden Booms im Ausbau der somatischen Medizin im Nachkriegsdeutschland ein fachliches Mauerblümchendasein fristete, löste letztlich die Psychiatrie-Enquête aus. Vorher schon hatten Panse und andere Landeskrankenhausdirektoren Ende 1960 ihre Landesregierungen auf die unhaltbaren Zustände in den Landeskrankenhäusern hingewiesen, der Bundestagsabgeordnete W. Picard Politik und Öffentlichkeit Anfang der 70er Jahre mobilisiert und die Aktion Psychisch Kranke gegründet. Damit war der Weg für die Psychiatrie-Enquête vorbereitet. Panse hatte bereits 1964 in seinem Buch über „Das psychiatrische Krankenhauswesen – Entwicklung, Stand, Reichweite und Zukunft" in einem eigenen Abschnitt des Kapitels über die „Entflechtung des psychiatrischen Krankenhauses" seine Vorstellungen zur „Hygiene des Alterns" skizziert und die Notwendigkeit der Einrichtungen von Alterspflegeabteilungen hervorgehoben. Die Zeit war reif für ein Nachdenken über die Alterspsychiatrie und daraus folgendes Handeln.

Schon 1968 hatte die Medizinische Fakultät der Freien Universität Berlin als erste in der Bundesrepublik beschlossen, an der Psychiatrischen Klinik eine Abteilungsleiterstelle für Gerontopsychiatrie neben einer weiteren für Sozialpsychiatrie einzurichten und arbeitsfähig auszustatten (Helmchen 2007), nachdem sich bereits an regionalen psychiatrischen Versorgungskrankenhäusern gerontopsychiatrische Abteilungen zu etablieren begonnen hatten. Die Abteilung für Gerontopsychiatrie an der FU nahm 1973 ihre Arbeit auf. 1970 entstand außerdem an Psychiatrischen Universitätskliniken die Idee, eine „Gerontopsychiatrische Arbeitsgemeinschaft" in der Bundesrepublik Deutschland zu gründen. H. Hippius (Berlin) und C. Kulenkampff (Düsseldorf) ergriffen die Initiative, und es kam anlässlich der Tagung der Südwestdeutschen Psychiater und Neurologen in Baden-Baden noch im selben Jahr zur Gründung eines lockeren Arbeitsbündnisses, das allein auf freiwilligem Engagement beruhte. Erst Ende 1988 wurde mit der Umwandlung in die Europäische Arbeitsgemeinschaft für Gerontopsychiatrie [EAG] die Vereinsgründung vollzogen. Die ersten beiden Jahrestagungen fanden 1971 in Krefeld und 1972 in Berlin statt.[1] Chr. Müller (Lausanne) begann 1971 seinen Eröffungsvortrag zum Thema „Klinische Aspekte der Terminologie und Klassifikation in der Gerontopsychiatie" mit der Bemerkung, dass

---

[1] Die finanzielle Unterstützung übernahm für viele Jahre die Janssen GmbH/Düsseldorf, die auch in der hauseigenen Symposienreihe die während der Jahrestagungen gehaltenen Vorträge publizierte.

die Gerontopsychiatrie erst seit kurzer Zeit beginne, aus einem Stadium der ständigen Rechtfertigungsnotwendigkeit herauszugelangen. Man müsse sich fragen, weshalb es überhaupt immer wieder Zweifel an der Legitimität ihres Anliegens geben könne. Der Streit um die Berechtigung alterspsychiatrischer Spezialversorgung hält jedoch bis in die jüngste Vergangenheit an. Aus unterschiedlichen Interessenlagen wird ihre Berechtigung vehement abgelehnt. So wurde in den schwierigen Verhandlungen über die Krankenhausbettenplanung und Neustrukturierung der Psychiatrieversorgung im Land Berlin dem einen Autor (S.K.), der über 10 Jahre als Mitglied dem Landespsychiatriebeirat in seiner Eigenschaft als Vertreter der Gerontopsychiatrie und der Universitätspsychiatrie angehörte, im Hinblick auf seine im Jahr 2000 anstehende Pensionierung vom damaligen Staatssekretär für Gesundheit wörtlich gesagt: „Wir lassen Sie, Herr Kanowski, noch in Ehren in Pension gehen, aber danach brauchen wir keine Gerontopsychiatrie mehr, dieses Modell ist überholt, da werden Sie mir doch sicher zustimmen." Der so Gefragte stimmte nicht zu, was nichts daran änderte, dass die von ihm geleiteten Einrichtungen nach seiner Pensionierung teils aufgelöst teils auf eine Arbeitsgruppe reduziert wurden.

Welche Einflüsse des Zeitgeistes mobilisierten seit den 90er Jahren den Widerstand gegen angemessene, spezialisierte, eigenständige alterspsychiatrische Versorgungsangebote und die Anerkennung der Gerontopsychiatrie als eine spezielle Disziplin der Psychiatrie? Es sind hauptsächlich die folgenden Argumente:
1. Die politisch unumgänglich erscheinende Kostendämpfung im Gesundheitswesen. Im Hinblick auf den demographischen Wandel kulminierte sie in dem Vorschlag, das Alter als Rationierungskriterium einzuführen; der versprach, für alle Mitglieder der Gesellschaft eine gerechte Allokation der immer knapper werdenden Mittel zu gewährleisten. (Buchner et al. 2002; Helmchen et al. 2006).

Zwei weitere Hindernisse ergaben sich aus der innerärztlichen, teils auf fachliche Argumente gegründeten Diskussion.
2. Es wuchs die Besorgnis, die Psychiatrie in immer weitere Teilgebiete aufzusplittern und in ihrer Kernsubstanz einzuschränken. Eng damit verknüpft war auch angesichts des demographischen Wandels und epidemiologischer Daten zur Prävalenz psychischer Erkrankungen im Alter die nicht unberechtigte Befürchtung – besonders der niedergelassenen Kollegen – einen großen Teil der Patienten an die Alterspsychiatrie zu verlieren.

Tab. 1: Alter als Rationierungskriterium (Mielck & John 1996, zit. n. Buchner et al. 2002, S. 274/275)

- einfach festzustellendes Kriterium
- hohes Potential von Einsparungen bei älteren Menschen
- bei ansonsten gleichen Bedingungen höhere volkswirtschaftliche Produktivität jüngerer Menschen ("Humankapitalansatz")
- bei ansonsten gleichen Bedingungen höherer Gewinn an gesunden Lebensjahren bei jüngeren Menschen (höhere Effizienz)
- Verzicht auf Diskriminierung gegenüber bestimmten Personengruppen, da jeder Mensch von den Vorteilen und Nachteilen betroffen ist

3. Drittens wurde die Frage aufgeworfen, wie denn angesichts der alterstypischen Multi- und Komorbidität eine kompetente Weiterbildung zum Gerontopsychiater und zum Geriater inhaltlich gestaltet werden sollte. Zudem sollten ja diese beiden altersmedizinischen Disziplinen sowohl gleichzeitig voneinander abgegrenzt wie auch in der praktischen Versorgung institutionell miteinander verbunden werden.
4. Schließlich sprachen sich jene vehement gegen Geriatrie und Gerontopsychiatrie aus, die von einem Idealbild einer Gesellschaft geleitet waren, das alle Generationen zu integrieren verlangte und jede Art von Segregation und insbesondere der älteren Generationen ablehnte.

Demgegenüber widmeten sowohl die Empfehlungen der Psychiatrie-Enquête (1975) als auch diejenigen der Expertenkommission (1988) der Alterspsychiatrie eigenständige, der künftigen Versorgung gewidmete Kapitel.

Beide Kommissionen einigten sich nach teils kontrovers geführten Diskussionen darauf, die gerontopsychiatrische Versorgung nicht nach dem Vorbild der Kinder- und Jugendpsychiatrie als eigenständigen Bereich zu organisieren, sondern im allgemeinpsychiatrischen Versorgungsauftrag zu belassen, allerdings unter einer Bedingung: „dass in jedem Standardversorgungsbereich mindestens ein *gerontopsychiatrisches Zentrum* als Versorgungsangebot und gleichzeitiger Motor und Koordinator" zur Verfügung stünde, um die berechtigten Ansprüche älterer psychisch kranker Bürger auf eine angemessene Diagnostik und Behandlung nicht in der Vielfalt der Aufgaben der Allgemeinpsychiatrie „untergehen zu lassen". Zusätzlich empfahl die Enquête-Kommission dringlich, das Modell eines regionalen gerontopsychiatrischen Verbundsystems zu erproben. Im fünf Jahre später folgenden Modellprogramm Psychiatrie erwiesen sich allerdings die für Modellanträge allein zuständigen Bundesländer mit wenigen Ausnahmen kaum an der Entwicklung der Alterspsychiatrie interessiert. Trotzdem nahm die Experten-Kommission die Einrichtung von Verbundsystemen auf der Basis freiwilliger Verpflichtung zur Kooperation in ihre Empfehlungen zur zukünftigen gerontopsychiatrischen Versorgung auf (Helmchen und Kanowski 2001).

Tab. 2: Empfehlungen der Psychiatrie-Enquête 1975 zur gerontopsychiatrischen Versorgung (nach: Kanowski 2005)

1. Gemäß den Empfehlungen der WHO Errichtung gerontopsychiatrischer Ambulanzen.
2. Errichtung gerontopsychiatrischer Tageskliniken.
3. Errichtung eigenständiger gerontopsychiatrischer Funktionseinheiten an den psychiatrischen Behandlungszentren.
4. Einrichtung gerontopsychiatrischer Abteilungen an Universitätskliniken.
5. Poliklinik, Tagesklinik und eine "kleine stationäre Assessment-Unit" werden als notwendige Bausteine eines gerontopsychiatrischen Verbundes angesehen und könnten im Sinne eines Gerontopsychiatrischen Zentrums zusammengefasst und an eine stationäre gerontopsychiatrische Einrichtung angebunden werden.
6. Die Größe eines Standardversorgungsgebietes von durchschnittlich 250 000 Einwohnern wird auch für die Gerontopsychiatrie als angemessen angesehen.

Tab. 3: Empfehlungen der Expertenkommission 1988 (nach: Kanowski 2005)

1. Insbesondere im extramuralen Bereich müsse "gezielt ein spezifisch gerontopsychiatrisches Versorgungsangebot angestrebt werden, das allerdings mit der allgemeinpsychiatrischen Versorgung eng verbunden werden sollte".
2. Gegenüber der Psychiatrie-Enquête werden "Assessment-Units" nicht mehr als aktuell angesehen und verworfen, insbesondere im Hinblick auf die zunehmenden Möglichkeiten ambulanter Diagnostik.
3. Deshalb erfolgt eine Modifizierung des schon von der Psychiatrie-Enquête vorgeschlagenen Gerontopsychiatrischen Zentrums, das wie auch von der Expertenkommission als "Kernpunkt und Motor der regionalen Versorgung für psychisch kranke ältere Menschen gesehen" wird. Es solle grundsätzlich im ambulanten Bereich verankert werden. Dazu heißt es: "Als treibende Kraft der gerontopsychiatrischen Versorgung ist in jeder Planungseinheit (kreisfreie Städte und Landkreise) ein Gerontopsychiatrisches Zentrum vorzusehen, das in seinem Kernbestand eine teilstationäre Behandlungs- und Rehabilitationseinrichtung (Tagesklinik), einen ambulanten Dienst umfassen und Altenberatung mit einbeziehen soll".

Auch die World Psychiatric Association (WPA) und die WHO haben in einer Folge von zunächst drei Consensus Statements die Notwendigkeit der Verbesserung der gerontopsychiatrischen Versorgungsstrukturen und die hierfür erforderlichen Voraussetzungen unterstrichen (WHO/WPA 1999). Im Jahr 2002 wurden dies durch ein weiteres Statement beider Institutionen zur Verminderung von Stigma und Diskriminierung älterer Menschen mit psychischen Erkrankungen ergänzt. Tabelle 4 gibt die Prinzipien, Abb. 1 die Bausteine der empfohlenen Versorgung wieder.

In der Einleitung zu der Publikation von 1999 heißt es: „The Division of Mental Health and Prevention of Substance Abuse is proud to issue this consensus statement on Psychiatry of the Elderly. This statement is a contribution to an area in great need of a common basis and language for its further development and progress." Diese Aussage ist, wie für die WHO üblich, im Hinblick auf die weltweite Situation formuliert. Sie trifft aber im Prinzip auch nach wie vor für die „entwickelten Länder" und unter ihnen nicht zuletzt auch auf die Bundesrepublik Deutschland zu.

Tab. 4: "Organisation of Care in Psychiatry of the Elderly" (WHO 1997)

CARITAS:	– Comprehensive
	– Accessible
	– Responsive
	– Individualized
	– Trans-Disciplinary
	– Accountable
	– Systemic

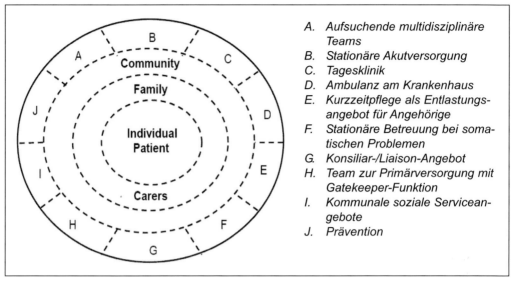

Abb. 1: Notwendige Elemente der gerontopsychiatrischen Versorgung - "Surround with Care" (WHO 1997)

2.2 Gerontopsychiatrie im anderen Teil Deutschlands

In beiden Teilen Nachkriegsdeutschlands waren in den ersten beiden Jahrzehnten die Verhältnisse in der psychiatrischen Versorgung gleichermaßen beklagenswert. In beiden Teilen regten sich schließlich aber auch Reformimpulse. Das Ergebnis dieser Bemühungen waren die im November 1963 in Rodewisch formulierten Thesen, die in der Kernaussage therapeutischen Optimismus an die Stelle des Verwahrprinzips setzten. Sie nahmen manche Aspekte der 12 Jahre später durch die Psychiatrie-Enquête der Bundesregierung angestoßenen Psychiatriereform in der Bundesrepublik vorweg, blieben jedoch im eigenen Land relativ bedeutungslos. Der psychisch kranke alte Patient kam in diesen Reformforderungen nicht vor.

Jochen Quandt, ein Mitautor dieser Thesen und Inhaber des Lehrstuhls für Psychiatrie und Neurologie an der Akademie für Ärztliche Fortbildung der DDR, skizzierte 1969 in einem Vortrag die „Perspektiven der Neuropsychiatrie in der DDR" und forderte in diesem Zusammenhang, wenn auch sehr knapp, „die weitere Entwicklung der psychiatrischen Geriatrie". Damit hatte die Psychiatrie allerdings Distanz signalisiert, sie hatte sich dieses lästigen Bereichs entledigt und ihn dem fernen Gebiet Geriatrie zugeordnet. Nur um allen Missverständnissen hinsichtlich der psychisch kranken alten Menschen vorzubeugen, fügte Quandt noch hinzu „die derzeitige notgedrungene Integrierung in die psychiatrischen Fachkrankenhäuser stellt nur ein Durchgangssyndrom dar" (Quandt 1971).

Ebenfalls 1969 wurde zum ersten und letzten Mal in der DDR eine nüchterne Bestandsaufnahme der Psychiatrischen Versorgung versucht (Loos 1995). Danach waren 85% der psychiatrischen Behandlungsplätze in Einrichtungen mit über 1000 und noch einmal 8% in Häusern mit über 800 Betten konzentriert, also in den schon damals uralten Anstalten mit ihrem beklagenswerten Bauzustand. Der Verfall dieser Einrichtungen konnte, so hieß es in dieser Analyse, in den ersten 20 Jahren des Bestehens der DDR nicht abgebremst werden, da die für die Sanierung notwendigen Millionenbeträge trotz der ideellen Aufwertung der Psychiatrie durch die Rodewischer Vereinbarung 1963 nicht aufgebracht worden seien. Um aus dem, wie es wörtlich heißt „Reservat der Rückständigkeit in Bezug auf Versorgungsgestaltung" herauszukommen, wurde damals ein Drei-Stufen-Plan vorgeschlagen, der Klinikneubauten ebenso vorsah wie den Aufbau ambulanter Versorgungsstrukturen. Ein bemerkenswertes Detail dieses vermeintlich modernen Konzepts war übrigens die Aussage, dass 3000 so genannte „geriatrisch-psychiatrische Fälle" in Heime ausgelagert werden sollten (zit. n. Loos 1995). Eine besondere gerontopsychiatrische Verantwortung wurde also nicht gesehen. Die bis in die 1970er Jahre reichende Weigerung der Psychiatrie, sich des Problems des alten psychisch kranken Menschen anzunehmen, hatte der Geriatrie einen wissenschaftlichen und ausbildungstechnischen Vorsprung gebracht, der sich mittelbar auch auf die Gerontopsychiatrie auswirkte. So bezog das Forschungsprojekt „soziale Gerontologie" an der Humboldt-Universität in Berlin auch psychiatrische Fragestellungen mit ein. Auch thematisierten die jährlichen Fortbildungslehrgänge „Gerontologie" gerontopsychiatrische Fragestellungen, und die Kongresse der Gesellschaften für Gerontologie und für Alternsforschung erörterten gerontopsychiatrische Forschungsfragen viel häufiger und sachkundiger als Fachtagungen der psychiatrischen Gesellschaft. Im Jahre 1970 trat die Gesellschaft für Altersforschung der DDR an die so genannte „Problemkommission Psychiatrie und Neurologie des Rates für Plan- und Koordinierung der medizinischen Wissenschaft am Ministerium für Gesundheitswesen" heran und signalisierte Handlungsbedarf in Sachen „Geropsychiatrie". Dies führte zur Bildung der Arbeitsgruppe „Gero-Neuro-Psychiatrie" innerhalb dieser Kommission. Die theoretische und administrative Verdrängung des Problems korrespondiert mit einer kontinuierlichen Zunahme psychiatrischer Alterskrankheiten in den Versorgungseinrichtungen. Die von Quandt als „notgedrungenes Durchgangssyndrom" charakterisierte Problematik war zum handfesten Dauerzustand geworden. Alterspsychiatrische Patienten sammelten sich vor allem auf Chroniker-Stationen. Der Versuch, die Patienten in Heimen des Sozialwesens unterzubringen, scheiterte am Platzmangel und am Widerstand der Pflegeheime, die sich mit der Betreuung dieser Kranken überfordert fühlten. Gleichzeitig ging die auch in der DDR ab etwa 1972 beginnende Diskussion der therapeutischen Gestaltung psychiatrischer Stationen an der Gerontopsychiatrie völlig vorbei. „Solange Alterspatienten im psychiatrischen Krankenhaus in der bedrückenden Enge einer vernachlässigten Stationsumgebung leben müssen, können reklamierte gemeinschaftstherapeutische Absichten nicht ernst genommen werden" (Oechel 1977). Die sinkende Zahl von Einweisungen in jüngeren Lebensaltern und der relativ und absolut steigende Anteil älterer psychisch Kranker hatte nach Grüss und Michalak (1980) zu einem gerontopsychiatrischen Versorgungsnotstand geführt: „Unsere Krankenhäuser sind im Begriff sich zu geriatrischen Einrichtungen zu entwickeln... es gibt nur einen Weg aus diesem Dilemma: sektorielle Versorgung nach den Prinzipien der Gemeindenähe".

1991/92 analysierte eine „Psychiatrieenquête Ost" die Situation der ostdeutschen Psychiatrie (Richter 2001). Die poliklinischen Behandlungsformen wurden als erhaltenswert bezeichnet, die unmenschlichen Bedingungen, unter denen Patienten in den Großkrankenhäusern lebten, angeprangert. Sie glichen den Zuständen in Westdeutschland vor der Psychiatriereform, waren jedoch von einem größeren materiellen Mangel geprägt. Es folgte eine „Enthospitalisierungswelle", die vor allem die Langzeitbereiche der Häuser betraf. Da eine Nachsorge noch nicht vorhanden war, gelangten viele der Patienten in Heime. Bei einem großen Teil von ihnen handelte es sich um gerontopsychiatrische Patienten.

Die Parallele zur Entwicklung in den alten Bundesländern ist evident und geht sogar so weit, dass im selben Jahr in der DDR das Buch von Sternberg (1975) und in der Bundesrepublik das Werk von Oesterreich (1975) ihre jeweils erste Auflage erlebten. Bis zu diesem Zeitpunkt war das Lehrbuch von Müller (1967) in beiden Teilen zur Lektüre empfohlen worden (Loos 1993). Über Jahrzehnte war die DDR-Psychiatrie nicht bereit, die Problematik der alten psychisch kranken Menschen als ihre genuine Aufgabe zu sehen. Man sah sie eher als primär geriatrische Patienten. Allerdings kann als Besonderheit der DDR gelten, dass es in der Forschung und Ausbildung eine gute Zusammenarbeit von gerontopsychiatrisch interessierten Psychiatern mit der Geriatrie gab. Geriatrie und Gerontopsychiatrie waren in der DDR gemeinsam marginalisiert und auf diese Weise einander näher als die beiden vergleichbaren Disziplinen in den alten Bundesländern. Die in dieser Sonderentwicklung steckenden Möglichkeiten sind zwar in der ersten Hälfte der 90er Jahre immer wieder thematisiert worden, nie aber wurden ernsthafte Schritte unternommen, sie umzusetzen.

Festzuhalten ist immerhin, dass die Gründung der Deutschen Gesellschaft für Gerontopsychiatrie und -psychotherapie (DGGPP) im Jahre 1992 eine gesamtdeutsche Initiative darstellte, die von der Geriatrie mit Interesse verfolgt wurde. 1991 hatten sich die „Deutsche Gesellschaft für Gerontologie" (West) und die „Gesellschaft für Gerontologie der DDR" zu einer wissenschaftlichen Gesellschaft, der „Deutschen Gesellschaft für Gerontologie und Geriatrie" (DGGG), zusammengeschlossen. Beim Gründungskongress der DGGPP beantwortete der Präsident der DGGG die in seinem Vortragstitel gestellte Frage „Gerontopsychiatrie – ein Teilgebiet der Geriatrie?" mit einem „klaren Nein" (Schütz 1995) und verwies auf die psychiatrische Verankerung sowie die je spezifischen Kompetenzen. Als temporäre Klammer zwischen der somatischen und der psychiatrischen Seite der Altersmedizin verwies er auf die fakultative Weiterbildung Klinische Geriatrie.

2.3 Aktuelle gesamtdeutsche Entwicklung

Altern wird in unseren Tagen zum ersten Mal zum Massenphänomen. Auch deshalb geht es bei der Psychiatrie des alten Menschen, auf einen knappen Nenner gebracht, um die Zukunft der Psychiatrie selbst. Es finden sich Hinweise darauf, dass in unserem Land die Gerontopsychiatrie im fachlichen Spektrum, das die Psychiatrie abdeckt, immer deutlicher wahrgenommen wird. So ist in vielen Praxen, besonders in den neuen Bundesländern, die Mehrheit der Patientinnen und Patienten älter als 65 Jahre. Die Zahl der psychisch kranken Älteren wird nach einer Prognose auch ohne den Einbezug der Demenzkranken in den nächsten 30 Jahren um 275% zunehmen (Jeste et al. 1999). Als Begründung dafür wird die steigende Lebenserwartung älterer psychisch Kranker ebenso angeführt wie die sinkende Mortalität jüngerer psychisch Kranker. Als zusätzliches Problem ist zu erwarten, dass die Zahlen der Leichtkranken durch Prophylaxe und intensiviertes Case-finding steigen und den Druck auf ambulante Strukturen ebenso erhöhen werden, wie die Zahl der Schwerkranken mit ihrem stationären Behandlungsbedarf wegen der steigenden Lebenserwartung auch dieser Gruppe überproportional zunehmen dürfte. Vorsorge zu treffen für dieses demographische und epidemiologische Szenario heißt, sich darüber klar zu werden, dass wir in einem Land alt werden, in dem immer noch weitgehend darüber Konsens besteht, dass dem Alter nur wenige gute Seiten abzugewinnen sind, obwohl doch die Menschen nicht nur länger leben, sondern auch ein höheres Alter in weitgehender Gesundheit erreichen. Solange Altern im öffentlichen Bewusstsein vermeintlich immer nur die anderen betrifft, wird sich das Dilemma nicht lösen lassen. Hoffnung für die Zukunft gibt in diesem Zusammenhang ein aktueller epidemiologischer Befund (Schomerus et al. 2006), nach dem Erkrankungen, die in der eigenen Altersgruppe häufiger sind, auch mehr positive Aufmerksamkeit genießen. Gegenüber den alten Patienten hat die deutsche Psychiatrie eine Bringschuld. Im stationären Bereich hatte sie im Zeitraum zwischen 1994 und 1997 im Gegensatz zu allen anderen medizinischen Fächern eine Abnahme des Anteils älterer Patienten zu verzeichnen (Reister et al. 2000). Die gleichzeitig deutlich angestiegene Kapazität an Heimplätzen legte den Gedanken nahe, dass viele alte psychisch Kranke direkt von der Häuslichkeit ohne kompetente Intervention eines Facharztes oder einer Fachabteilung direkt ins Heim transferiert wurden (Gutzmann 2001). Möglicherweise ging diese Entwicklung in den stationären Bereichen auch mit einer Vernachlässigung der Hochaltrigen und gleichzeitig einer Verschiebung des diagnostischen Spektrums zu Lasten der organisch begründeten psychischen Erkrankungen einher. Dies legt jedenfalls eine Studie der Bundesarbeitsgemeinschaft der Träger Psychiatrischer Krankenhäuser (BAG 1997) nahe. Sehr ähnlich stellt sich das Problem in den USA dar, wo bei der Analyse von 170.000 Medicare-Patienten auffiel, dass die Aufnahme in einer Psychiatrischen Fachabteilung umso unwahrscheinlich wurde, je älter die Patienten waren, je mehr sie unter einer somatischen Komorbidität zu leiden hatten und je seltener bei ihnen die Diagnosen Schizophrenie oder Bipolare Erkrankung vorlagen (Ettner 2001). Es wird zu analysieren sein, ob und in welchem Umfang sich andere Fächer in Zukunft psychiatrischer Patienten annehmen werden, wie es eine Analyse von Versichertendaten (Maylath et al. 2003) vor Einführung des DRG-Systems nahe legte. Die unterschiedliche Systematik der Finanzierung, bei der Fallpauschalen in allen somatischen Fächern noch den tagesgleichen Pflegesätzen in der Psychiatrie gegenüberstehen, macht dies für den stationären Bereich bis auf wenige Ausnahmen allerdings unwahrscheinlich. Bei ambulanten Patienten dagegen gibt es Hinweise, dass Nachbarfächer wie Neurologie oder Geriatrie durchaus Kompetenz und Zuständigkeit für psychiatrische Krankheitsbilder reklamieren.

Im Vierten Altenbericht der Bundesregierung (BMFSFJ, 2002) wird unterstrichen, dass alle Lebensphasen ethisch gleichrangig sind, was eine Abwertung des Alters und der Hochaltrigkeit ausschließt. Wenn also eine Begrenzung der Leistungen im Gesundheitswesen ansteht, so sollten deren Konsequenzen auf alle Altersgruppen gleichgewichtig verteilt werden. Die Psychiatrie-spezifische Seite der Allokationsdebatte ist bisher wesentlich im Kontext der Anti-Stigma Diskussion thematisiert worden. Eine Untersuchung aus Leipzig (Schomerus et al. 2006) fügt dem einen gerontopsychiatrischen Aspekt hinzu. Bei Telefoninterviews stellte sich heraus, dass die Bevölkerung Rationierungen von Gesundheitskosten eher bei psychiatrischen als bei somatischen Erkrankungen akzeptiert, wobei die Alkoholkrankheit besonders wenig öffentliche Akzeptanz genießt. Bemerkenswert ist aber, dass die Alzheimer-Krankheit bei der Frage, welche Krankheiten bei einer möglicherweise notwendig werdenden Rationierung ausgenommen werden sollten, als einzige psychiatrische Erkrankung besser abschneidet als Rheumatismus und Diabetes und nur wenig schlechter als AIDS. Die Psychiatrie mag sich gegenüber diesem Klientel ihrer Verantwortung umso bewusster stellen, je eher ein solches Engagement auch Akzeptanz in der Bevölkerung findet. So lange die Situation allerdings durch eine stationäre Unterversorgung alter Patienten geprägt ist, sind Gerontopsychiatrische Abteilungen als Schrittmacher der stationären, teilstationären und auch ambulanten Versorgung unverzichtbar (Wächtler et al. 1998). Nur sie haben in der Vergangenheit innovative Versorgungskonzepte für dieses Klientel vorgelegt und umgesetzt. Sie sind auch Motor für die Qualitätssicherung im komplementären Bereich und als Impulsgeber in den Regionen unverzichtbar. Nur dort, wo eine spezifische gerontopsychiatrische Versorgung funktioniert, entspricht das versorgte Klientel auch den demographischen und epidemiologischen Erwartungen. Langfristig wird auf dem Wege des Aufbaus leistungsfähiger Verbundstrukturen die Bedeutung des stationären Bereichs wahrscheinlich abnehmen. Dass die Gerontopsychiatrie bei der Entwicklung und Implementierung innovativer Versorgungsstrukturen im Gesamtfach eine Vorreiterrolle spielt, belegt eine aktuelle Studie (Valdes-Straube et al. 2007), die die Effekte der Implementierung eines gerontopsychiatrischen Verbundsystems auf die Versorgung einer Region untersucht und deutlich macht, dass die „Ambulantisierung" gerontopsychiatrischer Angebote auch unter gegenwärtigen Rahmenbedingungen keine Utopie mehr zu sein braucht. Nicht zuletzt deshalb, weil sie schon mittelfristig kostengünstiger ist als herkömmliche Versorgungsstrukturen. Bisher besteht allerdings ein schmerzlicher Mangel an kooperationsbereiten niedergelassenen (Fach-)Ärzten und eine noch lange nicht befriedigende Bereitschaft der Kostenträger, Verbundsysteme als Versorgungsgröße positiv wahrzunehmen oder gar zu unterstützen. Die Aufgaben eines Verbundsystems, also die multidisziplinäre Diagnostik und Therapie alter psychisch kranker Bürger, ihre Rehabilitation und Pflege mit dem Ziel der für alle angestrebten gesellschaftlichen Teilhabe, sowie die Sicherung der Kontinuität von der Aktutbehandlung bis zur ambulanten Versorgung, können aber erst unter Einbeziehung aller Verantwortlichen erfolgreich umgesetzt werden. Dass die Gesundheitsministerkonferenz der Länder (GMK 2008) kürzlich die Arbeitsgruppe Psychiatrie der obersten Landesgesundheitsbehörden beauftragt hat, in dem im Jahr 2012 vorzulegenden Bericht „Psychiatrie in Deutschland – Strukturen, Leistungen, Perspektiven" die Themen Kinder- und Jugendpsychiatrie und Gerontopsychiatrie schwerpunktmäßig zu behandeln und entsprechende Handlungsempfehlungen herauszuarbeiten, lässt für unser Fach ein wenig Optimismus zu.

3 Schlussbemerkungen

Im Zusammenhang mit dem demographischen Wandel hat die Diskussion um die Entwicklung der Geriatrie und Gerontopsychiatrie eine Reihe von generellen Konflikten und Widersprüchen im Zeitgeist auch für die medizinische Versorgung offen gelegt. Dazu sollte die Ärzteschaft eine klare Stellung beziehen. Die dabei berührten Themenfelder reichen von der optimalen Bevölkerungs- und Gesellschaftsstruktur über ethische Probleme, insbesondere solche der Generationengerechtigkeit einschließlich der Diskussion gerechter medizinischer Versorgung und sinnvoller Spezialisierung bis hin zur philosophischen Frage nach dem relativen Wert der menschlichen Lebensphasen. Da man die Humanität einer Gesellschaft daran messen kann, wie sie mit Kindern, Alten und chronisch Kranken umgeht, können Geriatrie und Gerontopsychiatrie einen wesentlichen Beitrag zur Humanisierung der medizinischen Versorgung leisten, indem sie sich in besonderer Weise den Menschen mit multiplen chronischen Erkrankungen widmen. Auf der Basis der Wahrnehmung auch der positiven Aspekte des demographischen Wandels, nämlich der zunehmend längeren Lebenserwartung bei gleichzeitig zunehmender Gesundheit und Leistungsfähigkeit im Alter, sollte es der Gesellschaft möglich sein, im Sinne von Paul Baltes eine neue Kultur des Alters zu entwickeln (Baltes 1997; Kanowski 2005).

Literatur

Baltes PB (1997) On the incomplete architecture of human ontogeny. Am Psychol 53, 366-380

Buchner F, Hessel F, Greß S, Wasem J (2002) Gesundheitsökonomische Aspekte des hohen Alters und der demographischen Entwicklung. In: Deutsches Zentrum für Altersfragen (Hrsg.) Expertisen zum 4. Altenbericht der Bundesregierung, Band II, Ökonomische Perspektiven auf das hohe Alter. Vincentz, Hannover

Bundesarbeitsgemeinschaft der Träger psychiatrischer Krankenhäuser (BAG Psychiatrie) (1997) Bericht über den Stand der klinisch-gerontopsychiatrischen Versorgung in der Bundesrepublik Deutschland. Köln: BAG

Bundesministerium für Familie, Senioren, Frauen und Jugend (BMFSFJ) (2002) Vierter Bericht zur Lage der älteren Generation in der Bundesrepublik Deutschland: Risiken, Lebensqualität und Versorgung Hochaltriger – unter besonderer Berücksichtigung dementieller Erkrankungen. Berlin. BMFSFJ

Charcot JM. (1887) Lecons sur les maldies des veillards et maladies chroniques. Paris

Empfehlungen der Expertenkommission der Bundesregierung zur Reform der Versorgung im psychiatrischen/psychotherapeutischen Bereich (1988) AKTION PSYCHISCH KRANKE. e.V., Bonn

Ernst K (1995) Alterssuizid – ein ethischer Sonderfall? Zeitschrift für Gerontopsychologie & - psychiatrie 8: 39-45

Ettner SL. (2001) The setting of psychiatric care for medicare recipients in general hospitals with specialty units. Psychiatr Serv 52: 237-239

Fries IF (1980) Aging, natural death and the compression of morbidity. N. Engl. J Med 303: 130-135

Fries IF (1990) Medical perspectives upon successfull aging. In: Baltes PB & MM Baltes (Hrsg.) Successful aging: Perpectives from the behavioral sciences. Cambridge University Press, Cambridge: 35-40

GMK (2008) Beschluss der 81. Gesundheitsministerkonferenz der Länder vom 3.7.2008, TOP 8.1 Psychiatrie in Deutschland. Strukturen, Leistungen, Perspektiven; Vorschlag zu Schwerpunktthemen. http://www.gesundheitsministerkonferenz.de/?&nav=beschluesse_81&id=81_08.01

Grüss U, Michalak U (1980) Sektorielle Versorgung und gerontopsychiatrische Aufgaben. Psychiatrie, Neurologie u. Medizinische Psychologie 32: 597-602

Gutzmann H. (2001) Psychisch kranke alte Menschen: Wo sind sie geblieben? Spektrum 30: 31-33.

Helmchen H, Kanowski S (2001) Gerontopsychiatrie in Deutschland. Gegenwärtige Entwicklung und zukünftige Anforderungen. In: Deutsches Zentrum für Altersfragen (Hrsg.) Expertisen zum 3. Altenbericht der Bundesregierung, Band IV, Gerontopsychiatrie und Alterspsychotherapie in Deutschland. Leske + Budrich, Opladen: 11-111

Helmchen H, Kanowski S, Lauter H (2006) (Hrsg.) Ethik in der Altersmedizin. Verlag W. Kohlhammer. Stuttgart

Helmchen H (Hrsg.) (2007) Geschichte der Psychiatrie an der Freien Universität Berlin. Pabst Science Publishers, Lengerich

Hufeland, Ch. W. (1798) Die Kunst das menschliche Leben zu verlängern. Zweyte vermehrte Auflage. 2 Bde., Akademische Buchhandlung, Jena

Jeste DV, Alexopoulos GS, Bartels SJ, Cummings JL, et al. (1999) Consensus statement on the upcoming crisis in geriatric mental health: research agenda for the next 2 decades. Arch Gen Psychiatry 56: 848-53

Kanowski S (2005) Alter: Kult oder Kultur. In: Bäurle P, Förstl H, Hell D, Radebold H, Riedel I, Studer K (Hrsg.) Spiritualität und Kreativität in der Psychotherapie mit älteren Menschen. Verlag Hans Huber Bern Göttingen Toronto Seattle

Kohli M & Kühnemund H (1999) Die Bedeutung privater intergenerationeller Hilfeleistungen und Transfers. In: WSI-Mitteilungen 52 (1): 20-25

Kohli M (2002) Generationengerechtigkeit ist mehr als Rentenfinanzierung. Z Gerontol Geriatrie 35: 129-138

Langa KM, Larson EB, Karlawish JH, Cutler DM, Kabeto MU, Kim SY, Rosen AB (2008) Trends in the prevalence and mortality of cognitive impairment in the United States: is there evidence of a compression of cognitive morbidity? Alzheimers Dement. 4: 134-44.

Loos H (1993) Versorgung psychisch kranker alter Menschen in den fünf neuen Bundesländern – Situation und Perspektiven für die Zukunft. In: Kulenkampff C, Kanowski S, AKTION PSYCHISCH KRANKE (Hrsg.) Die Versorgung psychisch kranker alter Menschen, Tagungsbericht Bd. 20. Rheinland-Verlag, Köln: 34-41

Loos H (1995) Besonderheiten gerontopsychiatrischer Versorgung in den neuen Bundesländern. In: Hirsch RD, Kortus R, Loss H, Wächtler C (Hrsg) Gerontopsychiatrie im Wandel: Vom Defizit zur Kompetenz. Bibliomed, Melsungen: 67-74

Maylath E, Spanka M, Nehr R (2003) In welchen Krankenhausabteilungen werden psychisch Kranke behandelt? Eine Analyse der Krankenhausfälle der DAK im Vorfeld der DRGs. Gesundheitswesen 65: 486-494

Müller Ch (1967) Alterspsychiatrie. Thieme, Stuttgart

Oesterreich K (1975) Psychiatrie des Alterns. Quelle & Meyer, Heidelberg

Oechel S (1977) Therapeutische Gemeinschaft in der Geropsychiatrie, Grenzen und Möglichkeiten. Psychiatrie, Neurologie u. Medizinische Psychologie 29: 31-38

Panse F, Scheibe H (1958) Die Zunahme der pflegebedürftigen Alterskranken. Dtsch Med Wschr 83: 296

Panse F (1964) Das psychiatrische Krankenhauswesen – Stand, Entwicklung, Reichweite und Zukunft. In: Stralau J, Zoller BE (Hrsg.) Schriftenreihe aus dem Gebiete des öffentlichen Gesundheitswesens Bd. 19, Georg Thieme Verlag, Stuttgart: 348-369

Psychiatrie-Enquête. (1975) Deutscher Bundestag, 7. Wahlperiode, Drucksache 7/4201

Quandt J (1971) Gedanken zur Entwicklung und Perspektive der Neuropsychiatrie in der DDR. Psychiatrie, Neurologie u. Medizinische Psychologie 23: 441-448

Reister M (2000) Diagnosedaten der Krankenhauspatienten 1994-1997. In: M Arnold, M Litsch & F W Schwartz (Hrsg) Krankenhaus-Report ´99. Schattauer, Stuttgart: 273-288

Richter E (2001) Psychiatrie in der DDR Stecken geblieben: Ansätze vor 38 Jahren. Deutsches Ärzteblatt 98: 307-310

Rush B (1809) An account of the state of the body and mind in old age; with observations on its diseases, and their remedies. In: Rush B (Ed.) Medical Inquiries and Observations, 3rd ed., Johnson and Warner Philadelphia: 401-431

Schomerus G, Matschinger H, Angermeyer MC. (2006) Preferences of the public regarding cutbacks in expenditure for patient care. Soc Psychiatry Psychiatr Epidemiol 40: 1-9

Schütz RM (1995) Gerontopsychiatrie – ein Teilgebiet der Geriatrie? In: Hirsch RD, Kortus R, Loos H, Wächtler C (Hrsg) Gerontopsychiatrie im Wandel: Vom Defizit zur Kompetenz. Bibliomed, Melsungen: 13-20

Schwalbe J (1909) Lehrbuch der Greisenkrankheiten. Stuttgart

Svanborg A (1988a) The health of the elderly population. Results from longitudinal studies with age comparison. Ciba Foundation Symposium 134: 3-16

Svanborg A (1988b) Aspects of aging and health in the age intervall 70-85. In: Schroots JE, Birren JE, Svanborg A (Hrsg.) Health and aging: Perspectives and prospects. Springer, New York

Sternberg E (1975) Probleme der Alterspsychiatrie. Gustav Fischer. Jena:

Valdes-Straube, J; Nißle, K; Schäfer-Walkmann, S; von Cranach, M (2007) Gerontopsychiatrie in der Gemeinde. Ergebnisse eines gerontopsychiatrischen Verbundsystems. Psychiatrische Praxis 34: 129-133

von Soden W (Hrsg.) (1988) Das Gilgamesch-Epos. Philipp Reclam jun.. Stuttgart: 104f

Wächtler C, Laade H, Leidinger F, Matzentzoglu S, Nißle K, Seyffert W, Werner B: (1998) Gerontopsychiatrische Versorgungsstruktur: Bestehendes verbessern, Lücken schließen, die Versorgungselemente „vernetzen". Spektrum 27: 94-98

WHO (1997) Organization of care in psychiatry of the elderly – a technical consensus statement. https://www.who.int/mental_health/media/en/19.pdf

Wille (1873) Die Psychosen des Greisenalters. Allg.: Z. Psychiat:, 30. ? - ?

Psychiatrie im gesellschaftlich-politischen Kontext: Wechselwirkungen

Im 19. Jahrhundert

10 Disziplin und Disziplinierung: Die Geburt der Berliner Psychiatrie aus dem Geist der Verwaltung[1] – Ernst Horn und Karl Wilhelm Ideler

Volker Hess

Zusammenfassung

Die Etablierung der Psychiatrie wird gerne als Beispiel einer umfassenden Disziplinierung gesehen. So werden viele Maßnahmen, die von Ernst Horn und Karl Ideler als verantwortliche Leiter in der Irrenabteilung der Charité eingeführt wurden, als Beispiel einer umfassenden Disziplinierung – der Kranken, der Ärzte und des Wissens – verstanden. Der vorliegende Beitrag führt als neues Argument in die Debatte die zunehmende Bedeutung von Verwaltungstechniken ein, die nach der Reorganisation der Armenfürsorge im Zuge der Stein'schen Städteordnung z.B. für die Feststellung des Kostenträgers eingeführt wurden. Damit soll darauf aufmerksam gemacht werden, dass mit dem neuen Rapportsystem, der Etablierung von (vorgedruckten) Schemata und Abfrageroutinen erstens eine Struktur zur Akkumulierung von Daten und zweitens eine Technik zu ihrer weiteren Verarbeitung bereitgestellt wurden, deren wissensgenerierende Effekte sich in der neu an der Charité etablierten Irrenpflege aufzeigen lassen.

Als im Herbst 1798 die Irrenanstalt[2] in der Krausenstraße abbrannte, wusste das Berliner Armendirektorium „mit diesen Kranken nirgend hin". Man teilte die Insassen auf – ein Teil kam in das Arbeitshaus, ein Teil wurde in die Charité verbracht. Die Unterbringung dort war nur als Zwischenlösung gedacht und stürzte das Königliche Krankenhaus in große Verlegenheit. Es waren weder bauliche noch personelle noch konzeptionelle Voraussetzungen gegeben, um Geisteskranke den aufgeklärten Forderungen der Zeit entsprechend zu verpflegen und zu behandeln.[3] In Berlin war es folglich mehr oder weniger Zufall, dass diese Klientel Ende des 18. Jahrhunderts in den Blick und in die Hände der institutionalisierten Medizin geriet. Die Folgen waren jedoch beachtlich. Binnen weniger Jahrzehnte entwickelte sich aus dem Provisorium eine eigenständige Fachabteilung, aus der Fachab-

---

[1] Der Beitrag ist im Rahmen eines kooperativen Forschungsvorhabens mit Andrew Mendelsohn (Imperial College, London) zur Bedeutung der bureaukratischen Papiertechniken für die Geburt des modernen Krankenhauses entstanden, in der die Einführung der patientenbezogenen Krankenakte, ihre Registratur sowie die Durchsetzung arbeitsteiliger Formalisierungs- und Standardisierungsprozesse ein wichtiges Argument gibt. Eine gemeinsame Publikation zu den "paper technologies" ist in Vorbereitung.
[2] Scheibe 1910. Die Einrichtung wurde wechselnd als Tollhaus, Irrenhaus oder Irrenanstalt bezeichnet.
[3] Kaufmann 1995.

teilung eine universitäre Klinik, und diese zum Ausgangspunkt einer medizinischen Disziplin mit all ihren Spezialisierungen.[4]

Bereits vor mehr als 15 Jahren ist Heinz-Peter Schmiedebach auf diese ersten Anfänge der Berliner Psychiatrie eingegangen. Unter dem Titel „... auf dem Weg zur Disziplin – zwischen Erziehung und Therapie" hat er auf einer Tagung des Ostberliner Instituts für Geschichte der Medizin das Argument entfaltet, dass es weder die Verlegung einer besonderen Patientengruppe in die Charité noch das neu erwachte Interesse der Medizin am Phänomen der Geisteskrankheit allein waren, die zur Begründung der neuen Wissenschaft geführt haben.[5] Vielmehr geht die Entstehung der wissenschaftlichen Disziplin auf eine mehrfache Disziplinierung zurück, nämlich

1. die Disziplinierung des Kranken als Objekt des Wissens durch neue therapeutische Praktiken,
2. die Disziplinierung des Pflegepersonals durch ein strenges Regime von Aufsicht und Kontrolle, und
3. die Disziplinierung der Ärzte durch die Einführung neuer Anamnese-Schemata, konsequente Aktenführung und regelmäßige Rapports.

Dieser Feststellung ist wenig hinzuzufügen. In der Tat lässt sich das Wirken der ersten leitenden Ärzte der Irrenabteilung der Charité als eine doppelte Disziplinierung lesen, die eng mit dem Wirken von zwei Ärzten (Abb. 1) verbunden ist: Anton Ludwig Ernst Horn (1774-1848) und Karl Wilhelm Ideler (1795-1860).

1 Disziplin und Disziplinierung

Ernst Horn wurde 1806 nach Berlin zum Professor an die militärärztliche Akademie berufen. Die Berufung war verbunden mit der Ernennung zum zweiten leitenden Arzt der Charité, womit Horn nicht nur für die Irrenabteilung, sondern auch für die anderen Abteilungen der Charité zuständig wurde. Im Endeffekt lag die gesamte Verwaltung des größten Krankenhauses Preußens in seinen Händen – und diese Aufgabe prägte maßgeblich sein Wirken an der Charité, wie wir noch sehen werden.

In seiner Verantwortung als leitender Arzt führte Horn in der Irrenabteilung ein neues Regime ein, das sich als Mischung von pädagogischem Gehorsam und therapeutischem Zwang charakterisieren lässt.[6] Horn war der festen Überzeugung, dass Geisteskranke „nach der Art ungerathener und un-

Abb. 1: Ernst Horn (IGM-Fotoarchiv, Charité Berlin)

---

[4] Mette 1960, Wunderlich 1981, Luther et al. 1983, Loos 1984, Schmiedebach 1986, Schindler 1990, Jerns 1991, Engstrom 2000, Kölch 2001.
[5] Schmiedebach 1995.
[6] Vgl. hier und folgend Schneider 1986. Siehe auch Windholz 1995, der die Dissertation von Schneider leider nicht kennt bzw. nicht zitiert.

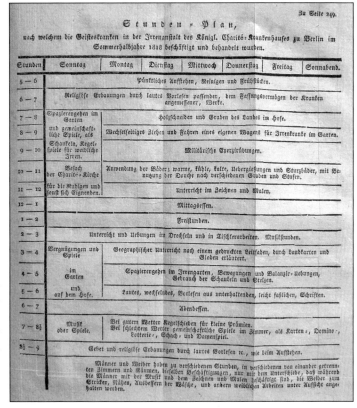

Abb. 2: Stundenplan für die Geisteskranken der "Irrenanstalt des Königl. Charité-Krankenhauses" im Sommerhalbjahr 1818 (aus Horn 1818, Anhang)

gezogener Kinder zu behandeln" seien.[7] Ein strenges Zeitregime in Form eines minutiös durchgeplanten Tagesablaufes sollte den Kranken äußeren Halt für die innere Unordnung geben.

Die Erziehung zu Fleiß und Ordnung war ein integraler Bestandteil eines therapeutischen Regimes und wurde gezielt zur Behandlung eingesetzt. Auch die therapeutische Intervention folgte diesem Grundgedanken. Maßnahmen wie Exerzieren mit Holzgewehren und steinbeschwerten Tornistern sollte vor allem weibliche Kranke durch den starken Reiz einer ungewohnten Tätigkeit stimulieren und empfänglich für die Hilfe der äußeren Ordnungsstrukturen machen. Das ganze Arsenal der heute erschreckend wirkenden Maßnahmen, Gerätschaften und Apparate basierte auf einem rationalen Erklärungskonzept, das eine vergleichbare Schlüssigkeit wie manch moderne Therapieansätze beanspruchen konnte.

Dieser Elan traf jedoch nicht nur die Kranken. Auch das Pflegepersonal wurde durch zahlreiche Vorschriften, eine Verbesserung der Ausbildung und durch ein Bestrafungs- und Belohnungssystem diszipliniert. Schließlich sollten auch die Ärzte durch die Einführung von speziell für diese Abteilung entworfenen Anamnese- und Frageschemata von „willkürlichen Räsonnements mit faktischen Umständen" abgehalten werden.[8] In diesem dreifa-

---

[7] Horn 1818.
[8] Horn 1818.

chen Zugriff wurden die Kranken, das Personal, der Raum und die Zeit einem strengen Regime unterworfen, das die entstehende Psychiatrie charakterisiert und sich mit Schmiedebach als „äußere Disziplinierung" begreifen lässt.

Die äußere Disziplinierung wurde in einem zweiten Schritt durch eine innere Disziplinierung ergänzt, nämlich einem strengen Regime der Selbstbeobachtung und Selbstkontrolle. Verantwortlich hierfür war der Militärarzt Karl Karl Wilhelm Ideler, der 1828 nach einem zehnjährigen Interregnum zum leitenden Arzt der Irrenabteilung berufen wurde und damit die Nachfolge Horns antrat.[9] Er hatte bis dahin allein durch eine theoretische Beschäftigung für das Fachgebiet auf sich aufmerksam gemacht. Seine besondere Qualifikation für diese Position bestand in der zweibändigen Schrift einer „Anthropologie für Ärzte", die der niedergelassene Praktiker dem zuständigen Staatsrat zugeeignet hatte.[10]

Abb. 3: Karl Wilhelm Ideler
(IGM-Fotoarchiv, Charité Berlin)

Idelers Vorstellung der Geisteskrankheit unterschied sich deutlich von der Ernst Horns. Sein therapeutisches Konzept hob auf die als ursächlich angenommene Unterdrückung der Besonnenheit ab. Um den „Strudel der Leidenschaften" wieder zu kanalisieren und der Vernunft zu unterwerfen, setzte Ideler jedoch ein ebenso strenges Regime der Kontrolle und Selbstkontrolle, Disziplinierung und Selbstdisziplinierung ein. Selten sind längere Krankengeschichten verfasst worden als durch Ideler: Die eingehende Beobachtung der Leidenschaften, eine sorgfältige Exploration aller seelischen Regungen und ein empathisches Einfühlen in die Innenwelt des Kranken zeichneten Idelers Fallvorstellungen aus.[11] In den Augen der Zeitgenossen wiederum war die akribische Dokumentation von Vorgeschichte und Behandlung sowohl die materiale Basis als auch methodisches Rüstzeug, die der jungen Disziplin eine empirische Absicherung gaben. Es war diese durch kasuistische Beobachtungen untermauerte empirische Grundlage, die jene – für uns heute eher gewagten – Schlussfolgerungen Idelers zur Erklärung und Deutung der Geisteskrankheit stützte.

Es ist meines Erachtens ein wesentlicher Verdienst der bereits mehrfach erwähnten Arbeit von Peter Schmiedebach, den komplementären Bezug der beiden, auf den ersten Blick so gegensätzlichen Psychiater aufgezeigt zu haben: Der geläufigen Unterscheidung zwischen dem eher „somatisch" orientierten Ansatz Horns und dem eher „psychischen" Deutungskonzept Idelers kommt eher ein geringer Erklärungswert zu.[12] Unabhängig aller theoretischen Differenzen und jenseits aller therapeutischen Unterschiede stellen sich beide leitenden Ärzte als zwei Seiten der gleichen Medaille dar – nämlich einer Disziplinierung des Wissens. An dieser Stelle möchte ich einsetzen. Ich betrachte diesen Prozess der

---

[9] Wunderlich 1981.
[10] Ideler 1827.
[11] Ideler 1841, 1847.
[12] Kutzer 2003.

Disziplinierung unter einer etwas anderen Perspektive. Ich verstehe ihn nicht als intentionales Unternehmen, sondern als einen Effekt von Verwaltungstechniken, die im Krankenhaus Einzug hielten und – gerade in den Jahrzehnten nach 1800 – zur Reorganisation der betrieblichen Abläufe und zur Reform der institutionellen Zuordnung eingesetzt wurden. In den Mittelpunkt der Untersuchung stelle ich daher nicht die biographischen Lebensläufe der beiden Psychiater, sondern die Praktiken und Techniken des Beobachtens, Aufschreibens, Registrierens, Notierens und Zusammentragens, die unter Horn und Ideler in die Irrenabteilung der Charité eingeführt und dort als psychiatrische Wissenstechniken kultiviert wurden. Ich will mich dabei auf die Herkunft und Genese der dieser Wissenstechnik zugrunde liegenden Instrumente konzentrieren, nämlich auf jene Fertigkeiten, die auch damals üblicherweise bei der Verwaltung von Daten, Zahlen und Informationen zum Einsatz kamen: die Technik der Verwaltung.

Mit dieser für die Psychiatriegeschichte eher ungewöhnlichen Fokussierung will ich die kleine Geschichte der Irrenabteilung der Charité mit der großen Geschichte von Politik und Staat kreuzen – oder zumindest parallel führen. Mein Ziel ist hierbei, die Frage nach dem „Zeitgeist", der sich in einer neuartigen Irrenpflege mit zwei sehr profilierten Modellen zur Behandlung und zum Umgang mit Geisteskranken manifestiert, ernst zu nehmen und in eine Geschichte der preußischen Reformen einzubetten.[13]

Die Gegenüberstellung der Charité-Geschichte und der „großen Politik" in Tabelle 1 soll keine kausalen Zusammenhänge implizieren. Sie will lediglich deutlich machen, dass

Tab. 1: Zeitleiste Charité und Verwaltungsreform (1798-1835)

1798	Brand der Tollhauses in der Krausenstraße	Ober-Collegium wird vorgesetzte Behörde der Charité
1806	Ernst Horn wird nach Berlin als zweiter dirigierender Wundarzt an die Charité berufen	Doppelschlacht von Jena-Auerstedt und der Tilsister Frieden (Preußen verliert u.a. Halle, Wittenberg und Erlangen)
1816		Charité wird der Kgl. Regierung von Berlin (ab 1822 Polizei-Präsident) direkt unterstellt
1817-1818	Entbindung Horns von der Leitung der Charité	Das Ministerium für geistliche, Unterrichts- und Medizinalangelegenheiten wird gegründet und zugleich leitende Behörde für Ausbildung & Wissenschaft; Auflösung des Armen-Direktoriums
1828	Ideler übernimmt die Leitung der Irrenabteilung	Reorganisation der Medizinalverwaltung durch Nepomuk Rust
1835	Einrichtung der psychiatrischen Klinik	Kabinetsordre zum Rechtsverhältnis der Charité

[13] Vgl. Koselleck 1975.

die Veränderungen, die unter Horn und Ideler in der Irrenabteilung Einzug hielten, nicht isoliert gesehen werden dürfen. Sie waren vielmehr Teil einer politischen und gesellschaftlichen Bewegung, die in einer Reorganisation der preußischen Verwaltung zum Ausdruck kam. Besonders deutlich wird das bei Ernst Horn.

2 Rapport und Berichtswesen

Der Dienstantritt Ernst Horns erfolgte unmittelbar nach der Besetzung Berlins durch die französischen Truppen. Die Charité hatte unter der Einquartierung französischer Soldaten besonders schwer zu leiden. Die besten Zimmer waren beschlagnahmt, Wartpersonal abgezogen und die vorhandenen Mittel und Ressourcen wurden von der französischen Lazarettabteilung eingezogen. Die zeitgenössischen Schilderungen der Zustände sprechen eine drastische Sprache.[14] Ekel und Übelkeit erregender Gestank in den Sälen, vergammelte Lagerstätten, verschlissene Leib- und Bettwäsche, und Reinigung nur im mehrwöchigen Rhythmus. Es gab weder ein Aufnahmezimmer zur Untersuchung der Kranken noch zu deren Reinigung und Einkleidung, es gab keine Möglichkeit zur weiteren Verteilung und Trennung der Kranken innerhalb der Abteilungen, es gab keine Einrichtung für Reinigungsbäder, keine ausreichenden Mittel für Arzneien und es herrschte Mangel und Willkür bei der täglichen Verpflegung. Mit einem Wort, es fehlte Geld, Raum und Ordnung.

Die Missstände waren nicht allein auf die Irrenabteilung beschränkt. Auch die Maßnahmen zu ihrer Behebung zielten nicht allein auf die Irrenabteilung. Sie waren vielmehr eingebettet in eine allgemeine Reorganisation des Krankenhauses und damit Element einer Reform, die mit der Reform der staatlichen Verwaltung einher-, wenn nicht sogar von dieser ausging.[15] Wesentliche Werkzeuge dieser Reorganisation waren: Erlasse, Verordnungen, regelmäßige Rapports und Berichte, Bilanz der Kosten, eine peinliche Kontrolle der Ausgaben und so weiter.

Die dirigierenden Ärzte waren verpflichtet, der Behörde wöchentlich die Anzahl der behandelten Kranken nachzuweisen. Am Ende des Monats musste ein umfangreicher Rapport über den Zustand der Charité eingereicht werden, der in seiner detaillierten Spezifikation an das große Projekt der Société Royale de Médecine erinnert:[16] Neben der Anzahl der behandelten, genesenen und gestorbenen Patienten sollte auch die jeweilige Witterung beschrieben, der Charakter der epidemischen Krankheiten angegeben sowie Rechenschaft über die eingesetzten und als geeignet erwiesenen Behandlungsmethoden gegeben werden.[17] Schließlich sollte eine namentliche Aufstellung der beschäftigten Pensionärschirurgen, Stabs- und Subchirurgen sowie eine Beurteilung deren Arbeit eingereicht werden. Jedes Quartal schließlich sollte mit einer ausführlichen Statistik der behandelten Kranken abgeschlossen werden; halbjährlich folgte dann der Rapport über den Zustand der Apotheke.

---

[14] Horn 1818. Horns Bericht hebt sich in seiner drastischen Offenheit wohltuend von den zahllosen Kommissionsberichten ab, die regelmäßig eingeholt wurden nach den ebenso regelmäßig publik werdenden Missständen.
[15] Münch 1995.
[16] Meyer 1966, Peter 1967.
[17] Kabinett-Ordre vom 6. November 1798, §2, in Horn 1818, 17.

Zu Seite 289.

Summarische Nachweisung

der während der letzten 22 Jahre, von 1796 bis incl. 1817, in dem Königl. Charité-Krankenhause aufgenommenen, geheilt und ungeheilt entlassenen und verstorbenen Kranken, nebst Angabe der Sterblichkeitsverhältnisse.

Während der Jahre 1796 bis incl. 1806.	Zugang	Abgang: Geheilt u. ungeheilt entlassen	Abgang: Gestorben	Bestand
Bestand war ultimo Dezember 1795	—	—	—	494
Im Jahre 1796 . . .	2,717	2,078	554	579
1797 . . .	2,202	1,782	435	564
1798 . . .	2,175	1,811	400	528
1799 . . .	2,968	2,252	476	768
1800 . . .	3,647	3,061	587	767
1801 . . .	3,509	2,926	534	816
1802 . . .	3,598	3,089	539	786
1803 . . .	3,940	3,161	626	939
1804 . . .	4,039	3,440	616	922
1805 . . .	4,956	4,225	700	953
1806 . . .	5,025	4,660	763	555
	38,776	32,485	6,230	555
		38,715		

Bestand war ultimo Dezember 1795 . . 494
Zugang von 1796 bis ultimo Dezember 1806 . 38,776

Summa 39,270

Abgegangen und gestorben sind in obengedachter Zeit 38,715

Mithin bleibt Bestand ultimo Dezember 1806 . 555

Während der Jahre 1807 bis incl. 1817.	Zugang	Abgang: Geheilt u. ungeheilt entlassen	Abgang: Gestorben	Bestand
Bestand war ultimo Dezember 1806	—	—	—	555
Im Jahre 1807 . . .	3,310	2,645	523	697
1808 . . .	3,520	2,624	831	762
1809 . . .	3,975	3,306	794	637
1810 . . .	3,073	2,600	476	634
1811 . . .	3,651	3,087	498	700
1812 . . .	3,133	2,635	479	719
1813 . . .	4,358	3,828	706	543
1814 . . .	3,227	2,603	529	638
1815 . . .	3,415	2,900	431	722
1816 . . .	3,903	3,320	495	810
1817 . . .	5,085	4,549	580	766
	40,650	34,097	6,342	766
		40,439		

Bestand war ultimo Dezember 1806 . . 555
Zugang von 1807 bis ultimo Dezember 1817 . 40,650

Summa 41,205

Abgegangen und gestorben sind in obengedachter Zeit 40,439

Mithin bleibt Bestand ultimo Dezember 1817 . 766

Charité-Krankenhaus den 31sten Dezember 1817.

C. Müller,
Sekretär und Registrator der Königl. Charité.

Abb. 4: Summarischer Nachweis der von 1796-1817 jährlich aufgenommenen, geheilten und ungeheilt entlassenen und gestorbenen Kranken nebst Angabe der Sterblichkeitsverhältnisse (aus Horn 1818, Anhang)

Alle diese Formen der Berichterstattung dienten nicht primär wissenschaftlichen Zwecken. Sie waren vielmehr Teil einer administrativen Routine. Nehmen wir beispielsweise die 1801 eingeführte Dienstinstruktion für den „ersten Arzt" der Charité ernst, dann bildeten Aufsicht und Kontrolle das zentrale Element der sich herausbildenden bürokratischen Ordnung. Der dirigierende Arzt der Charité hatte erstens das Königliche Armen-Direktorium „nach seiner Einsicht, Wissenschaft, oder Erfahrung" zu beraten, zweitens die medizinischen Einrichtungen des preußischen Königreiches zu visitieren, drittens – in Zusammenarbeit mit dem zweiten Arzte der Charité – die „Ober- und Unterwundärzte, Provisors der Apotheke, Aufwärter und Aufwärterinnen" zu beaufsichtigen, und schließlich viertens die medizinische Behandlung der Kranken zu beraten.

Die Definition und Reihenfolge der genannten Aufgaben spiegelt die große preußische Verwaltungsreform – und den damit einhergehenden Aufbau einer Behördenstruktur (Tabelle 1). Ursprünglich war die Charite allein dem Königlichen Armendirektorium und damit der Preußischen Polizei unterstellt gewesen. 1798 wurde das Ober-Collegium medicum in die Aufsicht der Charité einbezogen. Damit machten zwei Dienststellen sehr unterschiedliche Aufgaben und Interessen geltend: Die Armenbehörde hatte vor allem die Belange einer Versorgungs- und Betreuungseinrichtung im Auge, die Medizinaldeputation hingegen die medizinische Behandlung und Ausbildung. Die eine Behörde interessierten eher die ordnungspolitischen und ökonomischen, die andere die medizinischen und wissenschaftlichen Aspekte.[18] 1817 wurde das Medizinaldepartement aus dem Ministerium des Inneren in das neugegründete Ministerium für geistliche, Unterrichts- und Medizinalangelegenheiten verlagert – und damit der alte Konflikt zwischen den obrigkeitlichen und den akademischen Aufgaben- und Funktionsbereichen neu institutionalisiert.

Zeitgenossen waren diese Interessenskonflikte sehr bewusst. Nach dem unglücklichen Friedensschluss von Tilsit war der Staatsrat Johann Gottfried Langermann (1768-1832) mit der Reorganisation der Charité betraut worden mit dem dezidierten Auftrag, „der nachteiligen Konkurrenz mehrerer Autoritäten in der Charité" abzuhelfen.[19] Das war zwar nicht der Grund für die Berufung Horns, aber er war der rechte Mann zur rechten Zeit am rechten Platz. Christoph Wilhelm Hufeland, der erste dirigierende Arzt, war als Leibarzt mit dem Hof aus Berlin geflohen – und Horn nutzte die Chancen, die ihm die preußischen Reformen boten. Ideler wiederum fügte sich nahtlos in die Bemühungen von Nepomuk Rust um die Umsetzung der Langermannschen Vorschläge ein – nun allerdings im Vorzeichen einer restaurativen Politik. Zu einem vorläufigen Abschluss kam das mühsame Unterfangen eigentlich erst 100 Jahre später, als die Charité im Zuge des großen Umbaus vollständig in eine Universitätsklinik umgewandelt und die Demilitarisierung 1918/19 das bis dahin immer geltend gemachte militärmedizinische Ausbildungsprimat beendete.

Es ist hier nicht der Raum, die Gemengelage unterschiedlicher Handlungsmaximen und Leitideen ausreichend transparent machen.[20] Drei Punkte möchte ich aber unterstreichen: Erstens war die Trennung von Funktionen, die Differenzierung von Zuständigkeiten und die Verteilung der administrativen Zuordnung mit der Entstehung einer modernen Medizinalverwaltung verbunden. Zweitens produzierte diese Verwaltung Unmengen von Papier in Form von Berichten, Listen, Aufstellungen und regelmäßigen Rapporten.[21] Drittens hatte diese Form der Bürokratisierung ungeahnte – und vor allem unbeabsichtigte – Effekte.

Die Abbildung 5 zeigt einen solchen Effekt der einsetzenden Buchführung: Aus dem halbjährlichen Nachweis der Arzneimittelkosten ist unversehens eine wissenschaftliche Studie zur Wirksamkeit zweier unterschiedlicher Behandlungsformen geworden: Die Gegenüberstellung der Liegezeiten von jeweils 100 Kranken, die nach der englischen Methode und nach dem in der Charité üblichen Verfahren gegen Krätze behandelt wurden,[22] basierte auf einer peniblen Buchführung. Tagessatz und Verpflegungstage waren die Grund-

---

[18] Vgl. hierzu Engstrom und Hess 2000 sowie Engstrom 2000 und Hess 2000.

[19] Langermann zählte zu den fränkischen Reformbeamten und hatte in Bayreuth ein Programm zur "Irrenreform" entwickelt (Langermann 1845b, Langermann 1845a).

[20] Wie oben.

[21] 1797 gab es fünf gedruckte Formulare, nämlich für Wochen-Nachweis-Tabellen, Receptions-Bögen, Bögen für den Nachweis von Kleidung und zu leistende Zahlungen (das sog. Vorschuß-Buch) sowie schließlich Register-Bögen (Universitäts-Archiv Humboldt-Universität (=UAHU), 48, Bl. 2). 1848 umfasste der Bestand insgesamt 37 [!] unterschiedliche Schemata und Druckbögen, die gedruckt und vorrätig gehalten wurden. Dazu zählten allein sechs verschiedene Formulare für Rezeptionslisten, vier verschiedene Formen der Journalblätter ("gewöhnliche, Gebäranstalt, für Venerische, Fortsetzungsbogen"), und drei Formen für die täglichen Rapporte (Aufstellung über den Bestand der Formulare Ende 1846, UAHU, No 75, Bl. 7).

[22] Auch wenn unter Horn manche alte Therapieverfahren wie Haarseil eine Renaissance feierten, ist die gezielte Inokulation von Krätze als Behandlung von Melancholie nicht bekannt (vgl. hierzu Schmiedebach 1988).

Im Jahre 1817

wurden in der Abtheilung der Krätzigen männlichen Geschlechts zum Versuche behandelt:

A. 100 Kranke nach der englischen Methode. Die Zeit der Kur dauerte:	Zahl d. Kranken bei	Monate.	Tage.	Summa d. Verpflegungstage.
	1	3	15	105
	1	3	4	94
	1	2	12	72
	1	2	10	70
	1	2	11	71
	1	2	5	65
	1	1	29	59
	2	1	25	110
	2	1	21	102
	1	1	20	50
	1	1	18	48
	1	1	17	47
	4	1	15	180
	4	1	14	176
	1	1	12	42
	3	1	11	123
	2	1	9	78
	2	1	8	76
	2	1	5	70
	2	1	2	64
	2	1	—	60
	2	—	29	58
	4	—	28	112
	1	—	27	27
	3	—	25	75
	4	—	24	96
	3	—	20	60
	3	—	19	57
	3	—	18	54
	4	—	17	68
	9	—	16	144
	4	—	15	60
	5	—	14	70
	10	—	13	130
	4	—	12	48
	2	—	11	22
	1	—	10	10
	1	—	9	9
	1	—	7	7
Summa der Verpflegten Summa der Verpflegungstage	100			2869

Im Jahre 1817

wurden in der Abtheilung der Krätzigen männlichen Geschlechts zum Versuche behandelt:

B. 100 Kranke nach der in der Charité bisher gebräuchlichen Methode. Die Zeit der Kur dauerte:	Zahl d. Kranken bei	Monate.	Tage.	Summa d. Verpflegungstage.
	1	2	20	80
	1	2	19	79
	1	2	12	72
	1	2	7	67
	2	2	4	128
	1	1	17	47
	1	1	15	45
	2	1	5	70
	1	1	3	33
	1	1	1	31
	3	1	—	90
	1	—	29	29
	2	—	26	52
	1	—	25	25
	2	—	24	48
	1	—	23	23
	2	—	22	44
	5	—	21	105
	3	—	20	60
	4	—	19	76
	5	—	18	90
	6	—	17	102
	2	—	16	32
	7	—	15	105
	8	—	14	112
	5	—	13	65
	4	—	12	48
	7	—	11	77
	6	—	10	60
	5	—	9	45
	3	—	8	24
	3	—	7	21
	1	—	4	4
	1	—	2	2
Summa der Verpflegten Summa der Verpflegungstage	100			1991

Abb. 5: Darstellung der Ergebnisse des klinischen Versuchs zur Behandlung der Krätze im Jahr 1817 (Horn 1818, 168f.)

einheit der Kostenabrechnung. Die tabellarische Verkürzung der Therapie auf die bloße Liegedauer, die Eliminierung aller qualitativen Elemente des Behandlungsverlaufs auf die zur Beseitigung der Krätzmilben erforderlichen Verpflegungstage, und die von allen Umständen absehende Addierung zu einer „Summe über alles" waren technische Grundoperationen des wöchentlichen und monatlichen Abteilungsrapports. Mehr noch: Horns tabellarische Zusammenstellung entspricht der administrativen Technik der Rechnungsstellung: Ihr Prinzip basiert auf dem Extrakt der Eintragungen aus dem Hauptbuch der Zu- und Abgänge. So wie dort anderen Kostenträgern (der Justizkasse, der Hurenkasse, der Kommune Potsdam etc.) am Jahresende die Rechnung gemacht wurde, indem die Kur- und Verpflegungskosten der entsprechenden Patienten in eine Extra-Aufstellung am Ende des Hauptbuchs übertragen, zusammengezogen und aufaddiert wurden, so extrahierte Horns Tabelle gesondert die Verpflegungstage zweier Patientengruppen. Lediglich das Kriterium der Auswahl unterscheidet die Population der nach englischer Methode behandelten Krätzkranken von den der „Hurenkasse" in Rechnung zu stellenden Verpflegungstagen.

Unbestritten war die rasche, effektive und kostengünstige Behandlung der unter reisenden Gesellen weit verbreiteten Erkrankung ein drängendes medizinisches Problem und erklärt das besondere Erkenntnisinteresse der Charité-Ärzte.[23] Die Technik der Beweisführung entsprang jedoch einer bürokratischen Verwaltungspraktik. Die für die Verwaltung erhobenen Daten lieferten das empirische Zahlenmaterial für den Therapievergleich und gaben ein methodisches Gerüst vor, diese Daten in einer für die damalige Medizin keineswegs gebräuchlichen Form zu verarbeiten und zu einem schlüssigen Resultat zu bringen.[24] Es war der Geist der Verwaltung, der erstens für die Verlässlichkeit, Konsistenz und Gleichförmigkeit der Daten bürgte, zweitens ein Schema für die Erfassung und Verarbeitung der Daten lieferte, und drittens der Darstellung der Ergebnisse ein Format gab. Die Pflicht des regelmäßigen Rapports zeitigte Effekte, die weit über die Disziplinierung der mit dem Berichtswesen beauftragten Chirurgen hinausreichten.

3 Formular und Krankengeschichte

Auch der zweite Schritt, die von Heinz-Peter Schmiedebach als „innere Disziplinierung" bezeichnete Etablierung eines neuen Beobachtungs- und Aufzeichnungsregime lässt sich auf Verwaltungspraktiken zurückführen. Das gilt insbesondere für die Methode der biographischen Exploration, die für Ideler eine zentrale Methode der „Seelenheilkunde" darstellte. Wie im Folgenden zu zeigen ist, bediente sich die ausführliche Dokumentation der Krankengeschichte einer Vorlage, die im Zuge der Reorganisation der Charité-Verwaltung eingeführt wurde.

Die von Karl Wilhelm Ideler betriebene intensive Introspektion erinnert heute in manchen Aspekten an die Manuale gesprächszentrierter Therapieformen.[25] Sie wurde als zentrales Mittel der psychiatrischen Therapie eingesetzt und basierte auf der ausführlichen Exploration der Kranken. Im Mittelpunkt standen die Erfragung der besonderen Umstände, die eingehende Betrachtung der Vorgeschichte, und die Bedeutung der jeweiligen Biographie für die Entstehung der psychischen Störung. Diese Fokussierung auf die Biographie des Kranken, auf das Gespräch mit den Kranken und nicht zuletzt auf die lange und eingehende Beschreibung der Krankheitsgeschichte waren und sind immer wieder Anlass, Ideler als Vorläufer oder gar Gründungsvater einer psychischen oder psychosozialen Ausrichtung der Psychiatrie zu vereinnahmen. Solche retrospektiven Zuordnungen sind historisch jedoch kaum haltbar. Das gilt auch für die in der Psychiatriegeschichtsschreibung beliebte Unterscheidung zwischen den Somatikern (wie Ernst Horn) und Psychikern (wie Karl Ideler).[26]

Ich will mich daher nicht auf eine fachhistorische Bewertung oder ideengeschichtliche Einordnung der von Ideler propagierten Methoden einlassen. Für die Fragestellung des vorliegenden Bandes scheint mir vielmehr wichtig, dem „Zeitgeist" dieser biographischen Fokussierung der psychiatrischen Konzeption Idelers nachzugehen.

Anfang der 1830er Jahre war – auch außerhalb der Irrenabteilung – ein neu erwachtes Interesse an der Vorgeschichte der aufgenommenen Patienten und deren besondere

---

[23] Vgl. Bleker et al. 1995.
[24] Tröhler 1988, Tröhler 1999. Die Geschichte des klinischen Versuchs ist weitgehend ein Desiderat. Die klinischen Versuche an der Charité werden eingehender im unpublizierten Abschlussbericht des DFG-Projektes "Expertise und Öffentlichkeit" dargelegt (vgl. Hess und Thoms 2002, Hess 2006).
[25] Wunderlich 1981, 73-81.
[26] Kutzer 2003.

Lebensumstände zu erkennen. Grund waren jedoch keine medizinischen Überlegungen, sondern die Auswirkungen der Stein'schen Reformen, die nun – verzögert durch den besonderen Status Berlins als Residenz des preußischen Königs – auch die Charité erreichten. Sie blieb als königliche Stiftung eine staatliche Einrichtung, während die Armenfürsorge in die Hand der Berliner Stadtverwaltung überging. Die institutionelle und fiskalische Trennung zwischen den Trägern der Charité und der Einrichtung der Armen-Krankenpflege zog viele Probleme – und noch mehr Fragen nach sich. Auch die Kabinetts-Ordre von 1835, mit der das Verhältnis zwischen Charité und Stadtverwaltung geklärt werden sollte, beschäftigte bis weit ins 20. Jahrhundert die Gerichte.[27] Dabei ging es immer um die eine entscheidende Frage: Wer bezahlt die Kur- und Verpflegungskosten der Patienten?

Ein beständiger Streitpunkt war die Feststellung der zuständigen Gemeinde. Der Wohnsitz allein war für die Verwaltung der Charité nicht ausschlaggebend, also ob ein Patient aus Berlin kam. Entscheidend war vielmehr, seit wann er in der Stadt lebte – und ob Angehörige bekannt waren, die bei entsprechendem Vermögen für die Erstattung der Kur- und Verpflegungskosten herangezogen werden konnten. Alle diese Angaben wurden für die grundsätzliche Unterscheidung zwischen armen Kranken aus Berlin, krankenversicherten Handwerkern und Fabrikarbeitern, „vermögenden Patienten" sowie Kranken aus auswärtigen Kommunen benötigt. Die Klärung dieser, wir würden heute sagen: sozial- und versicherungsrechtlichen Fragen war diffizil. Sie bildete das zentrale Element eines ausgefeilten und bis ins Detail geregelten Aufnahme-Verfahrens.[28] Der „Vernehmung", wie es zeitgenössisch hieß, der neu aufgenommenen Patienten kam hierbei eine wesentliche Rolle zu. Seit den frühen 1830er Jahren, also nach Übertragung der Armenfürsorge in kommunale Hand (1826), wurden die persönlichen Verhältnisse der Patienten mit vorgedruckten Vernehmungsbögen erhoben.

Zusätzlich verkompliziert wurde die Abrechnung der Kur- und Verpflegungskosten durch zahlreiche Ausnahme- und Sonderregelungen. Eine betraf die Geisteskranken. So war die Charité seit Aufnahme der Insassen der alten Irrenanstalt zur Aufnahme und Verpflegung der unbemittelten Berliner Geisteskranken verpflichtet. Auch die Stein'sche Städtereform hatte an dieser Auflage nichts geändert. Ganz im Gegenteil sah sich die Charité auch nach der Kommunalisierung der staatlichen Armenfürsorge gezwungen, die unvermögenden Geisteskranken aus Berlin weiterhin „ohne Rechnung" zu versorgen, sofern sie heilbar seien.

Dieser Nachsatz war entscheidend. Von ihm allein hing ab, ob die erhöhten Tagessätze aus dem staatlichen Zuschuss und den Stiftungsgeldern gedeckt werden mussten, oder von der Berliner Kommune erstattet wurden. Es ist daher nicht verwunderlich, dass sich die Verwaltung der Charité massiv in die Dokumentation und Beurteilung des Behandlungsverlaufes einschaltete. So wird in zeitgenössischen Darstellungen immer wieder ein speziell für die Irrenabteilung entwickeltes Frageschema angeführt, mit dem die Vorgeschichte der Patienten erhoben werden sollte. War diese Vernehmung üblicherweise allein eine Sache der Verwaltung, so wurde in der Irrenabteilung die Klärung der persönli-

---

[27] Förster 1895.
[28] Einen Eindruck gibt – noch vor der Übertragung der Verantwortlichkeit an das Städtische Armendirektorium – die mehr als 20-seitige "Uebersichtliche Darstellung des Geschäftsganges der Verwaltung bei der Administration der Königlichen Charité" von 1795 (UAHU, No. 41, Bl. 70-91). Vgl. ferner Esse 1850, 525-543.

Tab. 2: Fragenschema zur Aufnahme Geisteskranker in die Charité (1850) (In Esse 1850: 534-537)

I.	Angaben seines Vor- und Zunamens, Alters, Geburtsortes, seiner Religion, seines jetzigen Aufenthaltsortes, Standes oder Gewerbes, der Verhältnisse und des Aufenthalts seiner Eltern und nächster Verwandten.
II.1.	Durch welche charakteristischen Merkmale gibt sich das Seelenleiden zu erkennen (Sinnestäuschungen, Störungen der Verstandestägtigkeit, Gemüths-Äußerungen, krankhafte Willens-Äußerungen)?
II.2.	Durch welche Eigenthümlichkeiten zeichnet sich der Ausbruch und der Verlauf des Seelenleidens aus (plötzlich oder Vorboten, Dauer, Charakter und Form, Verlauf)?
III.1.	Lässt sich eine von Eltern oder Grosseltern ererbte Anlage zum Wahnsinn nachweisen?
III.2	Wie waren die Geisteskräfte des Kranken vor Ausbruch seiner Krankheit beschaffen?
III.3.	Traten in seiner Gemüthsthätigkeit auffallende Erscheinungen hervor, namentlich die Neigung zu starken Affecten (Zorn, Traurigkeit, Furcht u.s.w.)? Oder herrschende Leidenschaften, als religiöse Schwärmerei, Stolz, Eitelkeit, Herrsucht, Habsucht, Liebe, Hang zu sinnlichen Genüssen)?
III.4.	Hatten auf das Gemüth erschütternde Einflüsse eingewirkt, Kränkung der Ehre, Tod geliebter Angehöriger, Verlust des Vermögens, überhaupt Unglück aller Art?
III.5.	Entstand das Seelenleiden aus Krankheiten des Körpers, namentlich wichtiger Organe des Kopfs, der Brust, des Bauchs.
III.6.	Steht dasselbe im Zusammenhange mit Entwickelungs-Vorgängen der Pubertät, der Schwangerschaft, des Wochenbetts der klimakterischen Jahre?
III.7.	Hatte sich der Kranke nachhaltigen Eimflüssen auf den Körper ausgesetzt? War er dem Genusse spirituöser Getränke ergeben?
IV.1.	Fand überhaupt eine ärztliche Behandlung des Kranken statt, oder wurde sie durch die Verhältnisse unmöglich gemacht?
IV.2.	Welche therapeutische Heilmethode wurde durch den Charakter eines Wahnsinn begleitenden Körperleidens erfordert und durch welche Verordnungen wurde derselben Genüge geleistet? Wurden Blutentziehungen, Brech- oder Abführmittel, beruhigende Arzneien, Bäder, äussere Hautreize in Anwendung gesetzt, und erfolgte danach eine Besserung, Verschlimmerung oder gar keine Wirkung?
IV.3.	Gestatteten die Umstände Versuche mit psychischen Heilmassregeln? Gelang es den Kranken an ein geregeltes Betragen zu gewöhnen, ihn zweckmässig zu beschäftigen, ihn über einzelne Irrthümer aufzuklären? Oder wurde durch sein ungestümes Benehmen oder wegen Neigung zu gefährlichen Handlungen, oder aus andern Ursachen die Anwendung von Correctiv-Massregeln nothwendig, und welchen Einfluss übten sie auf den Kranken aus?

chen Verhältnisse und Fragen zum möglichen Kostenträger in ein formalisiertes Frageschema der Ärzte integriert.

Karl Ideler begriff diese Vorgabe keineswegs als Eingriff in die ärztliche Anamnese- und Befunderhebung. Er sah in der schematisierten Befragung vielmehr eine bedeutende Innovation, nämlich eine methodische Absicherung bei der Dokumentation der psychiatrischen Krankengeschichte. Die administrative Vorlage griff womöglich aber weit tiefer in die Struktur der ärztlichen Beobachtung ein: Denn Idelers konzeptuelle Fokussierung auf die biographischen Umstände, das besondere Interesse an den Lebensverhältnissen der Kranken und deren Bedeutung für die Genese, Diagnose und Prognose einer Erkrankung ging gewissermaßen Hand in Hand mit dem Interesse der Verwaltung, wenn auch unter anderem Vorzeichen. So blieben die Geisteskranken die einzige Patientengruppe, bei deren Entlassung die Verwaltung eingeschaltet wurde. Für beide, für die Psychiater wie für die Verwaltungsbeamten, war wichtig, was unter „heilbar" zu verstehen sei, jenes für die Frage der Kostenerstattung entscheidende Kriterium, dessen Mehrdeutigkeit Anlass für manche Auseinandersetzung bot. Im Zuge der zunehmenden Formalisierung von Anamnese, Status praesens und Krankengeschichte kam es auf Seiten der Charité offensichtlich auch zu einer Vereinheitlichung der prognostischen Einschätzung. 1860 beschwerten sich die Berliner Stadtväter nachhaltig, aber vergebens, dass nun alle Geisteskranken als „unheilbar" der Stadt in Rechnung gestellt werden würden, während früher nur die wirklich „still vegetierenden Blödsinnigen" auf das Konto der Stadt gesetzt worden seien.[29]

Auch die innere Disziplinierung, die sich für die Ägide Idelers konstatieren lässt, lässt sich als ein nicht notwendig intendierter Effekt einer zunehmenden Verbürokratisierung der Aufnahme, Verlegung und Kostenerstattung speziell der Geisteskranken verstehen. Formulare gaben Struktur und Grenzen der täglichen Eintragungen vor, „Vernehmungsschemata" lenkten und strukturierten die anamnestische Exploration bei Aufnahme – und die diagnostische und prognostische Beurteilung war eingebettet in besondere Regelungen der Kostenerstattung. Gerade am Beispiel der Krankenjournale lässt sich deutlich machen, in welcher Weise die tägliche Aufzeichnung der auffälligen Symptome und der erforderlichen Medikamente ein administratives Element für die Organisation der Arbeit in den Krankensälen, in den Abteilungen und zwischen den beteiligten Berufsgruppen bildete. Dieses Argument in allen erforderlichen Aspekten auszuführen, ist hier jedoch nicht der Raum.[30]

4 Conclusio

Der Einsatz und die Leistung der beiden prägenden Persönlichkeiten der Irrenabteilung der Charité in der ersten Hälfte des 19. Jahrhunderts lässt sich – dem Argument von Peter Schmiedebach folgend – als mehrfache Disziplinierung verstehen. Die verschiedenen Formen dieser Disziplinierung sind jedoch, wie ich im Gegensatz zu gängigen Interpretationen behaupten möchte, als Effekt, nämlich als eine nicht notwendig intendierte Folge

---

[29] Magistrat der Stadt Berlin 1863, 71f.
[30] Zur Formularisierung und Arbeitsteilung siehe Hess 2002, zum Zusammenhang von institutioneller Struktur und psychiatrischem Wissen siehe Engstrom 2005 und zur Entstehung der Krankenakte siehe Hess 2008.

von Techniken und Praktiken, die ursprünglich aus dem Bereich der Verwaltung und des Büros kommen, zu begreifen. Aufgezeigt habe ich diesen Ursprung am Beispiel des Berichtswesens, das unter der Amtszeit von Ernst Horn eine bis dahin ungesehene Blüte erfuhr, die ich auf die Konjunktur zwischen der Reorganisation der Charité und den großen preußischen Reformen zurückführe.

Der Zeitgeist, der in jenen Jahrzehnten durch die Säle der Irrenabteilung wehte, entsprang folglich keinen frühromantischen Systemüberlegungen.[31] Dieser Zeitgeist war auch keine Hegel'sche Vernunft, die hier zu sich fand. Wenn wir tatsächlich von einem Zeitgeist sprechen wollen, so ist dies, wie ich behaupten möchte, der bürokratische Geist jener Jahre, ein Geist, der den Kern des preußischen Reformunternehmens bildete. Es waren Formulare, Schemata und die Einführung und der Ausbau eines regelmäßigen Rapport-Wesens, die für die Beobachtung, Beschreibung und Deutung psychischen Krankseins weit reichende Folgen hatten. Sie lenkten und strukturierten den Blick, sie gaben den Eintragungen Raum und Ordnung, sie begrenzten, reduzierten und formalisierten die täglichen, wöchentlichen und monatlichen Angaben und stellten darüber hinaus Techniken zu einer weitergehenden Verarbeitung der erhobenen Daten zur Verfügung. Mit einem Wort: Sie stellten eine Wissenstechnik bereit, die der jungen Disziplin Form und Struktur gab. In diesem Sinne ist die Berliner Psychiatrie in der Tat eine Geburt aus dem Geiste der Verwaltung.

Literatur

Bleker J, Brinkschulte E, Grosse P (1995) Kranke und Krankheiten im Juliusspital zu Würzburg. Zur frühen Geschichte des Allgemeinen Krankenhauses in Deutschland. Matthiesen Verlag, Husum

Engstrom EJ (2000) Disziplin, Polykratie und Chaos. Zur Wissens- und Verwaltungsökonomie der psychiatrischen und Nervenabeilung der Charité. Jahrbuch für Universitätsgeschichte 3:162-180

Engstrom EJ (2005) Die Ökonomie klinischer Inskription: Zu diagnostischen und nosologischen Schreibpraktiken in der Psychiatrie. In: Borck C, Schäfer A eds. Psychografien. diaphanes, Berlin, Zürich, 219-240

Engstrom EJ, Hess V (2000) Zwischen Wissens- und Verwaltungsökonomie. Zur Geschichte des Berliner Charite-Krankenhauses im 19. Jahrhundert. Jahrbuch für Universitätsgeschichte 3:7-19

Esse CH (1850) Ueber die Verwaltung des Charité-Krankenhauses. Annalen des Charité-Krankenhauses 1:524-570

Förster A (1895) Denkschrift über das zwischen dem Charité-Krankenhause und der Stadt Berlin bestehende Rechtsverhältnis. Reichsdruck, Berlin

Hess V (2000) Der Verwaltungsleiter als erster Diener seiner Anstalt. Das System Esse an der Charité. Jahrbuch für Universitätsgeschichte 3:69-86

Hess V (2002) Die Bildtechnik der Fieberkurve. Klinische Thermometrie im 19. Jahrhundert. In: Gugerli D, Orland B eds. Ganz normale Bilder. Historische Beiträge zur visuellen Herstellung von Selbstverständlichkeiten. Chronos Verla, Zürich, 159-180

Hess V (2006) „Treu und redlich an der Menschheit handeln": Medizinische Innovation zwischen Markt, Öffentlichkeit und Wissenschaft um 1800. Medizinhistorisches Journal 41:31-49

Hess V (2008) Der Wandel der Krankengeschichte durch die Entwicklung der Krankenhausverwaltung. Ein altbekanntes Instrument im Wandel der Zeit. Klinikarzt 37:27-30

---

[31] Schott 2004, Schott und Tölle 2006.

Hess V, Thoms U (2002) Selektion und Attraktion. Patienten im klinischen Versuch im frühen 19. Jahrhundert. Archiwum Historii i Filozofii Medycyny 65:197-207

Horn E (1818) Oeffentliche Rechenschaft über meine zwölfjährige Dienstzeit als zweiter Arzt des Königlichen Charité-Krankenhauses zu Berlin. Realschulbuchhandlung, Berlin

Ideler KW (1827) Anthropologie für Ärzte. Enslin, Berlin

Ideler KW (1841) Biographieen Geisteskranker in ihrer psychologischen Entwickelung. Schröder, Berlin

Ideler KW (1847) Der religiöse Wahnsinn, erläutert durch Krankengeschichten: Ein Beitrag zur Geschichte der religiösen Wirren der Gegenwart. Schwetschke und Sohn, Halle

Jerns GU (1991) Die neurologisch-psychiatrischen Vorträge in der Abteilung für Neurologie und Psychiatrie der Gesellschaft Deutscher Naturforscher und Ärzte von 1886-1913. Institut für Geschichte der Medizin. Freie Universität Berlin, Berlin

Kaufmann D (1995) Aufklärung, bürgerliche Selbsterfahrung und die „Erfindung" der Psychiatrie in Deutschland, 1770-1850. Vandhoeck & Ruprecht, Göttingen

Kölch MG (2001) Theorie und Praxis der Kinder- und Jugendpsychiatrie in Berlin 1920-1935 : Die Diagnose „Psychopathie" im Spannungsfeld von Psychiatrie, Individualpsychologie und Politik. Zentrum für Human- und Gesundheitswissenschaften. FU Berlin, Berlin, 500

Koselleck R (1975) Preußen zwischen Reform und Revolution. Allg. Landrecht, Verwaltung u. soziale Bewegung von 1791 - 1848., 2. Aufl. edn. Klett-Cotta, Stuttgart

Kutzer M (2003) „Psychiker" als „Somatiker" – „Somatiker" als „Psychiker". Zur Frage der Gültigkeit psychiatriehistorischer Kategorien. In: Engstrom EJ, Roelcke V eds. Psychiatrie im 19. Jahrhundert. Forschungen zur Geschichte von psychiatrischen Institutionen, Debatten und Praktiken im deutschen Sprachraum. Schwabe, Basel, 27-47

Langermann JG (1845a) Bericht des Medicinal-Raths Dr. Langermann, die Veränderungen in dem Bayreuther Irrenhaus betr. (Bayreuth den 28. Mäy 1804). Allgemeine Zeitschrift für Psychiatrie und psychischgerichtliche Medizin 2:571

Langermann JG (1845b) Ueber den gegenwärtigen Zustand der psychischen Heilmethode der Geisteskrankheiten und über die erste, zu Bayreuth errichtete psychische Heilanstalt (1805). Allgemeine Zeitschrift für Psychiatrie und psychischgerichtliche Medizin 2:601

Loos H (1984) Die psychiatrische Versorgung in Berlin im 19. und zum Beginn des 20. Jahrhunderts. Aspekte der sozialen Bewältigung des Irrenproblems in einer dynamischen Großstadtentwicklung. In: Thom A ed. Zur Geschichte der Psychiatrie im 19 Jahrhundert. Verlag Volk und Gesundheit, Berlin, 98-111

Luther B, Wirth I, Donalies C (1983) Zur Entwicklung der Neurologie/Psychiatrie: insbesondere am Charité-Krankenhaus. In: Großer J ed. Charité-Annalen, N. F. Akademie-Verlag, Berlin, 275-291

Magistrat der Stadt Berlin ed. (1863) Bericht über die Verwaltung der Stadt Berlin in den Jahren 1851 bis incl. 1860. Schiementz & Co, Berlin

Mette A (1960) Über organisatorische und therapeutische Konzeptionen und Maßnahmen auf psychiatrischem Gebiet in der Berliner Charité nach der Gründung der Universität. Psychiatrie, Neurologie und medizinische Psychologie 12

Meyer J (1966) Une enquête de l'académie de médecine sur les épidémies (1774 jusqu'à 1794). Annales-Economies-Civilisation 21:327-359

Münch R (1995) Gesundheitswesen im 18. und 19. Jahrhundert. Das Berliner Beispiel. Akademie-Verlag, Berlin

Peter J-P (1967) Une enquéte de Societé Royale de Médecine (1774-1794); Malades et maladies à la fin du XVIIIe siècle. Annales-Ecconomies-Civilisation 22:274-326

Scheibe O (1910) Zweihundert Jahre des Charité-Krankenhauses zu Berlin. Mitteilungen aus der Geschichte der Anstalt von ihrer Gründung bis zur Gegenwart. Charité-Annalen 34:1-178

Schindler TP (1990) Psychiatrie im Wilhelminischen Deutschland im Spiegel der Verhandlungen des „Vereins der deutschen Irrenärzte" (ab 1903: „Deutscher Verein für Psychiatrie") von 1891-1914. In: Baader G ed. Berlin: Freie Universität, 333 S., 331 ungez. Bl.

Schmiedebach H-P (1986) Psychiatrie und Psychologie im Widerstreit: die Auseinandersetzung in der Berliner medicinisch-psychologischen Gesellschaft (1867-1899). Matthiesen Verlag, Husum

Schmiedebach H-P (1988) Die Heilung einer „Melancholie" durch Krätzeinokulation. Zur Theorie und Therapie der Gehirnkrankheiten bei Friedrich Hermann Ludwig Muzell. Medizinhistorisches Journal 23:66-79

Schmiedebach H-P (1995) Die Psychiatrie an der Charité auf dem Weg zur Disziplin – zwischen Erziehung und Therapie. In: Lammel H-U, Schneck P eds. Die Medizin an der Berliner Universität und an der Charité zwischen 1810 und 1850. Matthiesen, Husum, 111-123

Schneider H (1986) Ernst Horn (1774 - 1848) – Leben und Werk. Ein ärztlicher Direktor der Berliner Charité an der Wende zur naturwissenschaftlichen Medizin. Institut der Geschichte der Medizin. Freie Universität Berlin, Berlin

Schott H (2004) Mesmerismus und Romantik in der Medizin. Aurora, Jahrbuch der Eichendorff-Gesellschaft 64:41-56

Schott H, Tölle R (2006) Geschichte der Psychiatrie. Krankheitslehren, Irrwege, Behandlungsformen. C.H.Beck, München

Tröhler U (1988) „To Improve the Evidence of Medicine": Arithmetic Observation in Clinical Medicine in the Eighteenth and Early Nineteenth Centuries. History and Philosophy of Life Sciences 10 Suppl:31-40

Tröhler U (1999) Die wissenschaftliche Begründungen therapeutischer Entscheide – oder 'Evidence-Based Medicines' – im Lauf der Geschichte. In: Eich W, Windeler J, Bauer AW, Haux R, Herzog W, Rüegg JC eds. Wissenschaftlichkeit in der Medizin Teil III: Von der klinischen Erfahrung zur Evidence-Based Medicine. VAS, Frankfurt am Main, 101-127

Windholz G (1995) Psychiatric treatment and the condition of the mentally disturbed at Berlin´s Charité in the early decades of the nineteenth century. History of Psychiatry 6:157-176

Wunderlich G (1981) Krankheits- und Therapiekonzepte am Anfang der deutschen Psychiatrie (Haindorf, Heinroth, Ideler). Matthiesen Verlag, Husum

11 „Irrenanstaltspolitik" um 1868: Stadtasyl und Anstaltspflege – Wilhelm Griesinger und Heinrich Laehr

Heinz-Peter Schmiedebach

Zusammenfassung

Der zwischen Heinrich Laehr und Wilhelm Griesinger besonders im Jahr 1868 heftig ausgetragene Streit um psychiatrische Anstaltskonzepte betraf vordergründig die Fragen der Anstaltsgestaltung, des No-Restraints, der familialen Versorgung und des psychiatrischen Unterrichts. Diese Auseinandersetzung hatte ihre Ursachen nicht nur in andersartigen Professionalisierungsstrategien, sondern gründete in tiefgreifenden unterschiedlichen Auffassungen zur Bedeutung der modernen naturwissenschaftlich basierten Medizin, zu Legitimierungsmöglichkeiten gegenüber einem zur Psychiatrie „kritisch" eingestellten „Publikum" und zur Rolle der Psychiatrie in einer modernen, sich verwissenschaftlichenden Gesellschaft. Anhand der Argumente in diesem Streit werden diese tiefergehenden Differenzen herausgearbeitet und verglichen.

„Fortschritt? – Rückschritt!" Diesen Titel hatte der Zehlendorfer Anstaltspsychiater und Besitzer einer privaten Irrenanstalt Heinrich Laehr (1820-1905) 1868 für seine Broschüre gewählt, in der er die Reformideen des 1865 neu an die Berliner Universität berufenen Professors für Psychiatrie und Neurologie Wilhelm Griesinger (1817-1868) als widersprüchlich, unausgereift und rückschrittlich brandmarkte.[1] Auf diese Polemik reagierte Griesinger äußerst scharf mit einer eigenen Broschüre, die Laehrs Position auf „bedrohte Zunft-Interessen" zurückführte und ihm vorwarf, in seiner eigenen „begrenzten Spezialität noch nicht das Allergeringste geleistet" zu haben.[2] Die Heftigkeit dieser Auseinandersetzung war u.a. Gegenstand der Arbeit von Gerlof Verwey über Griesinger. Verwey konstatiert bei Griesinger eine Harmonie von wissenschaftlicher Erfahrung und ethisch-humanitärem Glauben, eine völlige Übereinstimmung von Verstand und Herz, wodurch er die persönliche Gewissheit erfahren habe, dass er sowohl wissenschaftlich als auch ethisch die allein richtige Ansicht vertrat. Zweifel und „sachlich unbegründeter Widerstand" habe er deshalb schlecht ertragen, weil dadurch „das Fazit seines ganzen Lebens als Arzt (und Mensch)" in Frage gestellt worden sei.[3] Die Heftigkeit der auch mit persönlichen Invektiven gespickten Auseinandersetzung soll hier nicht weiter thematisiert werden. Vordergründig ging es um die Differenzen bei der Konzeption von Irrenanstalten; der Konflikt

---

[1] Laehr (1868) S. 88
[2] Griesinger (1868) S. III-IV
[3] Verwey (2004) S. 66-67

lag aber sehr viel tiefgründiger, als es der im Titel dieses Aufsatzes gebrauchte Begriff „Irrenanstaltspolitik" suggeriert.

Das Wort „Irrenanstaltspolitik" ist zugleich vieldeutig und verkürzt. Vieldeutig, weil es erstens die strukturellen Gegebenheiten und die inneren Abläufe von zeitgenössischen psychiatrischen Anstaltsmodellen und/oder Anstalten betrifft und zweitens die von den Gesundheitsbehörden favorisierten Konzepte beim Bau neuer Irrenanstalten, also einen konkreten Bereich der Gesundheits- und Sozialpolitik aufgreift. Verkürzt ist der Begriff, weil es bei diesen Modellen und Anstaltskonzepten nicht nur um Politik, sondern auch um wissenschaftliche Positionen, kulturelle Prägungen und schließlich um die Rolle der Psychiatrie in einer modernen Gesellschaft geht. Auch in diesen Punkten gab es Differenzen zwischen den beiden Protagonisten, die besonders im Jahre 1868 zum Ausdruck kamen.

Die psychiatriehistorische Literatur widmete Wilhelm Griesinger entschieden mehr Aufmerksamkeit als Heinrich Laehr. Dies hängt nicht nur mit der größeren Zahl von Publikationen Griesingers und seinen deutlich prägnanteren Thesen zusammen, sondern auch mit der besseren Anschlussfähigkeit seiner Vorstellungen an bestimmte Reform-Tendenzen in der Psychiatrie der 1960er und 1970er Jahre. Schon der Titel von Martin Schrenks Aufsatz von 1968, der Griesingers neuropsychiatrische Thesen auf ihre „sozialpsychiatrischen Konsequenzen"[4] hin untersucht, lässt auf eine „zeitgeistige" Konkordanz der 1860er mit den 1960er Jahren schließen. Es ist in diesem kleinen Beitrag jedoch nicht einmal in Ansätzen möglich, die vielen psychiatriehistorischen Arbeiten zu Griesinger auch nur in knappen Sätzen zu würdigen. Verwiesen sei nur auf eine Auswahl monographischer Arbeiten zu Griesinger, die mit Verweys Monographie 2004 über Griesingers Psychiatrie als ärztlicher Humanismus einen vorläufigen Endpunkt erfahren haben.[5]

In verschiedenen anderen Arbeiten, die sich nicht nur mit Griesinger, sondern mit sehr unterschiedlichen Aspekten der Psychiatrie beschäftigten, wurde Griesinger ebenfalls erwähnt. Klaus Dörner beschrieb in seinem Werk über Bürger und Irre die verschiedenen Elemente in Griesingers Werk und bezeichnet ihn als denjenigen, dem das erste vollständige Paradigma der Psychiatrie als Wissenschaft für Deutschland zugeschrieben werde. Der Grad der Emanzipation der Irren, der für Griesinger denkbar war, falle mit der Förderung ihrer Integration in die städtische Öffentlichkeit und in den Produktionsprozess zusammen.[6] Für Erwin Ackerknecht war Griesinger derjenige, der wie keiner vor ihm auf die Übergänge vom normalen zum pathologischen Seelengeschehen hingewiesen und die neuesten neurophysiologischen Beobachtungen als zentrale Elemente seiner Synthese verwendet habe, die aber „naturgemäß" nicht frei von Lücken und Widersprüchen gewesen sei. Mit ihm habe der Übergang von der Anstalts- zur Universitätspsychiatrie begonnen.[7] In einer jüngeren Geschichte der Psychiatrie von Heinz Schott und Rainer Tölle wird Griesinger in seinen einzelnen Facetten kurz dargestellt und sein pluridimensionaler Ansatz betont.[8] Volker Roelcke wies in seiner Monographie über Krankheit und Kulturkritik zum frühen Werk von Griesinger u.a. auf dessen Ablehnung einer religiös autorisierten An-

---

[4] Schrenk (1968)
[5] Mette (1976); Wahrig-Schmidt (1985); Jacobsen (1986); Detlefs (1993); Wiesemann (1995); Verwey (2004)
[6] Dörner (1975) , S. 334
[7] Ackerknecht (1967; 2) S. 71-72
[8] Schott/Tölle (2006), S. 72-74

thropologie hin, auf seine bürgerlich-liberale Wertvorstellung mit politisierendem Einfluss auf die Physiologie.[9]

Zu Heinrich Laehr existieren ungleich weniger psychiatriehistorische Darlegungen. Die Dissertation von Karin Langer ist nach wie vor eine der umfassendsten Arbeiten zu diesem Berliner Anstaltspsychiater.[10] Gabriele Feger hat sich in ihrer Dissertation über den von Laehr maßgeblich mitgegründeten „Psychiatrischen Verein zu Berlin" mit seinen in dieser Gesellschaft erkennbaren Aktivitäten auseinandergesetzt.[11] Den Konflikt zwischen Griesinger und Laehr hat Kai Sammet in seiner Monographie detailliert und sehr umfassend als Auseinandersetzung zwischen Griesinger und der „konservativen Anstaltspsychiatrie" aufgearbeitet. Sammet hat fünf unterschiedliche miteinander verwobene Themen herauspräpariert, die er zum Verständnis für diesen Streit für wichtig hält: 1) die Einrichtung der Professur für Psychiatrie in Berlin zwischen 1862 und 1865. 2) Die seit 1862/63 verstärkte Diskussion um die neue Irrenanstalt in Berlin, bei der nach Ankunft Griesingers in Berlin dieser als alleiniger Gutachter auf Wunsch des Magistrats fungieren sollte. 3) Die Ereignisse um die Gründung des „Archivs für Psychiatrie und Nervenkrankheiten". 4) Die parallele Gründung zweier Berliner psychiatrischer Gesellschaften, von denen die eine maßgeblich mit Griesinger und die andere mit Laehr in Zusammenhang gebracht wurde, was auf eine Trennung der Berliner Psychiatrie hindeutete. 5) Schließlich eine weitere Begutachtung über die Irrenverhältnisse Berlins und den psychiatrischen Unterricht, in denen Laehr und Griesinger von unterschiedlichen Auftraggebern zu Stellungnahmen aufgefordert wurden.[12] Sammet sieht letztlich in den gegensätzlichen Konzepten der beiden Protagonisten primär divergierende Vorschläge zur Professionalisierung der Psychiatrie.[13]

Die einzelnen von Sammet aufgezeigten Aspekte werden im Folgenden nicht aufgenommen. Anhand der Konzentration auf die unterschiedlichen Anstaltskonzepte soll vielmehr die Funktion erörtert werden, die einer wissenschaftlichen Psychiatrie in einer sich mehr und mehr verwissenschaftlichenden Gesellschaft zukommt. Es geht um differente Begriffe und Vorstellungen von Freiheit, die dem psychisch Kranken zugestanden werden können. Die unterschiedlichen Vorstellungen zu den Anstalten erlauben es, die tieferliegenden und grundsätzlicheren Differenzen herauszuarbeiten, die in einer typischen Umbruchzeit zur Konfrontation Anlass geben und zeigen, dass der zentrale Konflikt nicht in erster Linie durch mehr oder weniger an Humanität bestimmt ist, sondern durch unterschiedliche Bewertungen von psychiatrischer Wissenschaft und ihrem Verhältnis zur modernen Gesellschaft. Hier offenbaren sich zwei verschiedene zeitgeistige Orientierungsfelder, eines, was mit einer Rückorientierung an den Anfängen der Anstaltspsychiatrie die Abschottung von der modernen Gesellschaft propagiert und ein anderes, was als Ausdruck des Gespürs für die neuen Entwicklungen in der modernen Gesellschaft die Psychiatrie in dieser verankern möchte.

---

[9] Roelcke (1999), S. 68-79
[10] Langer (1966)
[11] Feger (1983)
[12] Sammet (2000), S. 6-9
[13] Ebenda, S. 260

1 Die Akteure

Die Wege und Erfahrungen der beiden Protagonisten waren sehr unterschiedlich. Während Griesinger neben seiner psychiatrischen Tätigkeit auch auf eine ausgeprägte Praxis auf dem Feld der Inneren Medizin und der Infektionskrankheiten als Universitätsprofessor zurückblicken konnte, war Laehr zwar auch fünf Jahre nach Abschluss seines Studiums zwischen 1843 und 1848 außerhalb der Psychiatrie an verschiedenen Krankenhäusern und auf dem Lande tätig, blieb aber danach konsequent der Psychiatrie und Anstaltsverwaltung verhaftet.

Abb. 1: Wilhelm Griesinger, etwa im Alter von 48 Jahren
(Bild: Fotoarchiv Institut Geschichte der Medizin, Berlin, I 165)

Nachdem Griesinger 1937 während seines Studiums an der Universität Tübingen wegen einer Unbotmäßigkeit mit dem Consilium abeundi bestraft worden war,[14] ging er nach Zürich, um den Internisten Johann Lukas Schönlein (1793-1864) zu hören, der als Protagonist der sogenannten naturhistorischen Schule galt und einen außergewöhnlichen Ruf wegen seiner genauen Krankenbeobachtungen und klinischen Beschreibungen genoss.[15] Schon dieser Schritt verdeutlicht sein Interesse am Neuen in der Medizin, auch wenn er sich später heftig mit der naturhistorischen Schule auseinandersetzte.[16] Er besuchte nach seinem Examen 1838 auch Paris, um dort die neue französische Medizin kennenzulernen. Ein kurzer Aufenthalt 1839 als Arzt in Friedrichshafen am Bodensee wurde wegen der „engen Verhältnisse des Landstädtchens"[17] nicht weitergeführt. Von Februar 1840 bis Dezember 1841 folgte eine Zeit als Assistent in der Irrenanstalt Winnenthal, deren Leiter

---

[14] Zur Vita Griesingers siehe Wunderlich (1869), Wahrig-Schmidt (1985), Jacobsen (1986), Schmiedebach (1987)
[15] Bleker (1981)
[16] Griesinger (1842)
[17] Wunderlich (1869) S. 6-7

Ernst Albert Zeller (1804-1877) war, der ihn in verschiedener Hinsicht beeinflusste.[18] Nach weiteren Besuchen in Paris und Wien arbeitete er ab Herbst 1843 an der medizinischen Klinik Tübingen bei seinem Freunde Carl August Wunderlich (1815-1877) als Assistenzarzt. Schon 1842 war er zusammen mit Wunderlich und Wilhelm Roser (1817-1888) an der Gründung des Archivs für physiologische Heilkunde beteiligt, das ein wesentliches Organ für die Neuerung der Medizin um die Jahrhundertmitte war und in dem auch Griesinger Aufsätze zu psychiatrischen Themen veröffentlichte. In dieser Zeit formulierte er die Grundpfeiler der von ihm vertretenen modernen Medizin: Physiologie im weiteren Sinne, pathologische Anatomie und die Kritik des Bestehenden. 1845 publizierte er sein erstes Buch über die Pathologie und Therapie der psychischen Krankheiten, in dem er noch vielfach die traditionellen Positionen der damaligen Psychiatrie vertrat.[19]

1847 erhielt er in Tübingen eine Professor für allgemeine Pathologie, Materia medica und Geschichte der Medizin, wechselte aber schon 1849 nach Kiel, wo er ein vergleichbares Ordinariat bekam. Bereits 1850 ging er als Direktor der medizinischen Schule, Leibarzt des Vizekönigs und Präsident des Medizinalwesens nach Ägypten, wo er bis 1852 blieb. 1854 wurde er zum ordentlichen Professor der Medizin an die medizinische Klinik Tübingen berufen. Dort war er bis 1860 tätig. Danach folgte er einem Ruf als Professor und Leiter der medizinischen Klinik nach Zürich. Hier überarbeitete er sein Lehrbuch der psychischen Krankheiten, übernahm ab 1863 auch die Leitung der Irrenanstalt im alten Züricher Hospital. Überdies begann er dort, den psychiatrischen Unterricht abzuhalten, und engagierte sich bei der Planung der neuen Irrenanstalt. 1865 folgte er einem Ruf auf die Professur für Psychiatrie (und Neurologie) nach Berlin, wo er zwar noch die Gründung des „Archivs für Psychiatrie und Nervenkrankheiten" und die der „Berliner medicinisch-psychologischen Gesellschaft", der späteren „Berliner Gesellschaft für Psychiatrie und Nervenkrankheiten",[20] betrieb, aber schon im Oktober 1868 verstarb.

Griesinger verstand erstens die psychiatrischen Krankheiten vom physiologischen, pathologisch-anatomischen Standpunkt her, verortete sie also auf der damals neu entstehenden und sich noch entwickelnden naturwissenschaftlichen Basis der Medizin. Psychiatrie war in erster Linie Teil der modernen medizinischen Wissenschaft. Zweitens war Griesinger lange Zeit als internistischer Hochschullehrer tätig, durchlief also nicht die typische Karriere eines damaligen Anstalts-Psychiaters. Seine Erfahrungen in einer nicht-universitären Irrenanstalt betrugen knapp zwei Jahre, seine spätere Leitungs- und Hochschullehrertätigkeit auf psychiatrischem Gebiet nochmals knapp fünf Jahre, so dass er rund sieben Jahre seines Berufslebens mit der Psychiatrie beschäftigt war. Drittens hatte Griesinger gezielt Erfahrungen im Ausland gesammelt. Er ließ sich von diesen Erfahrungen inspirieren und benutzte sie als maßgebliche Argumente für seine konzeptionellen Entwicklungen, die sich im Laufe seines Lebens zwischen 1845 und 1865 sehr verändert haben und sich immer stärker von den Anschauung der Mehrheit der damals führenden Anstaltsdirektoren entfernte.

Unterschiede zur Vita von Heinrich Laehr sind sehr deutlich. Dessen Studium in Berlin und Halle dauerte von 1839 bis 1843, wobei er schon 1842/43 als Unterarzt in den Franckeschen Stiftungen in Halle tätig war. Schon früh beschloss er, sich der Psychiatrie

---

[18] Zeller (1968)
[19] Griesinger (1845)
[20] Schmiedebach (1986)

Abb. 2: Heinrich Laehr, etwa aus dem Jahr 1875
(Bild: Fotoarchiv Institut Geschichte der Medizin, Berlin, I 460)

zu widmen, arbeitete aber zunächst fünf Jahre auf nicht-psychiatrischem Gebiet in verschiedenen Hallenser Krankenhäusern, besuchte Prag und Wien, verbrachte ein Jahr in einem kleinen abgelegenen Ort und ein weiteres in einer größeren Stadt, um die unterschiedliche Art der Praxis kennenzulernen. Von 1848 bis 1852 war er bei Heinrich Philipp August Damerow (1798-1866) in der Hallenser Irrenanstalt angestellt, wo er mit der Psychiatrie und Anstaltsverwaltung vertraut wurde. Durch Damerow wurde er in die „Allgemeine Zeitschrift für Psychiatrie" eingeführt. 1852 publizierte er seine Monographie über Irresein und Irrenanstalten. 1852/53 siedelte Laehr nach Berlin über, weil er die Absicht hatte, zur „Hebung des Berliner Irrenwesens"[21] beizutragen. Da seine Vorschläge vom Magistrat der Stadt Berlin nicht berücksichtigt wurden, gründete er 1853 in Zehlendorf eine private Irrenanstalt. Auf diese Aufgabe bereitete er sich gründlich vor und volontierte z.B. ein halbes Jahr bei einem Landwirt in Eberswalde.

Von 1858 bis zu seinem Tod im Jahr 1905 war er als Nachfolger Damerows Hauptredakteur der „Allgemeinen Zeitschrift für Psychiatrie". 1864 wurde der „Deutsche Verein der Irrenärzte" in Frankfurt am Main gegründet. Bis 1899 war er als Hauptredakteur fünftes und ständiges Vorstandsmitglied und ständiger Sekretär des Vereins. 1867 gründete er in Berlin den „Psychiatrischen Verein zu Berlin", den er bis 1898 als erster Vorsitzender leitete. Auch in anderen Vereinen und Gremien hat Laehr mitgewirkt, so zum Beispiel bei der Gründung des „Hilfsvereins für entlassene Geisteskranke der Provinz Brandenburg" im Jahre 1872. Er gehörte auch zum Vorstand des Bezirksvereins Berlin gegen den Missbrauch geistiger Getränke und war Jahre hindurch zweiter Vorsitzender in einer Session der Ärztekammer für die Provinz Brandenburg und den Stadtkreis Berlin.[22] Bei der Errichtung neuer Irrenanstalten war er ein gefragter Psychiater. So hat er u.a. beim Bau der Irrenanstalt Andernach 1867, der „Idiotenanstalt" zu Schwerin 1874, der Anstalt Merzig

---

[21] Laehr (1924) S. 21
[22] Langer (1966) S. 39

1876, der Anstalt Düren 1879 sowie Grafenberg 1882 und Bonn 1882 und bei der Anstalt für Epileptische in Potsdam 1886 mitgewirkt. Auch die 1899 gegründete Trinkerheilanstalt in Fürstenwalde war unter der maßgeblichen Mitwirkung von Laehr entstanden.[23]

Laehrs Leben war erstens stark von dem Engagement auf dem Gebiet der praktischen Anstaltspsychiatrie bestimmt. Zweitens zeigte er im Unterschied zu Griesinger kein besonders ausgeprägtes Interesse an neueren wissenschaftlichen Entwicklungen in der Medizin und an deren Weiterentwicklung. Dem entsprach, dass er auch nie eine universitäre Position innehatte. Allerdings hatte er 1862 in einem Schreiben an den Rektor der Berliner Universität auf das Fehlen des psychiatrischen Unterrichts an der Universität aufmerksam gemacht, was ihn 1864 ins Gespräch für eine Professur gebracht hatte.[24] Drittens war er ein maßgebliches Mitglied der damaligen psychiatrischen Kommunität in Deutschland, die bis in die 1860er Jahre vorrangig außeruniversitär verankert war. Er fühlte sich dabei einer „Hebung der Irrenverhältnisse" verpflichtet. Viertens schließlich betrachtete er die Gegebenheiten in anderen europäischen Ländern auf dem Gebiet der Irrenpflege nicht unbedingt als eine positive Anregung für Veränderungen im eigenen Land, sondern in erster Linie unter der Perspektive der besonderen nationalen, klimatischen, landschaftlichen und kulturellen Differenzen, so dass er der Nutzung von ausländischen Modellen hinsichtlich einer Weiterentwicklung der deutschen Verhältnisse eher skeptisch gegenüberstand.[25]

2 Das Anstaltskonzept von Laehr – der Staat im Staate

In Zusammenhang mit der Gründung von Irrenanstalten vertrat Laehr fast durchweg das Prinzip der relativ verbundenen Heil- und Pflegeanstalt, das er jedoch den jeweiligen Besonderheiten eines Landes oder einer Region anpassen wollte. Dieses Konzept der relativ verbundenen Anstalten, das in den 1830er Jahren entwickelt wurde, basierte auf der grundsätzlichen Differenzierung der Anstaltsinsassen nach Heilbarkeit bzw. Unheilbarkeit und einer entsprechenden auf einem einzigen Gelände befindlichen, jedoch räumlich getrennten Versorgungsstruktur für diese beiden Gruppen. Mit der Auflösung dieser auf einer Prognose fußenden Dichotomie und der Durchsetzung der neuen Kategorien „akut" und „chronisch" – maßgeblich von Griesinger vorangetrieben –, wurde die Grundlage dieses Konzeptes einer relativen Verbundenheit obsolet.

Laehr wollte seine Anstalt nicht in der Stadt, sondern in der Nähe der Stadt in ländlicher Gegend errichten, „fern von den Geräuschen der Welt, in genügender Entfernung von jedem anderen Gebäude, von Gärten und Feldern umgeben, in freundlicher Gegend."[26] Durch einen Bahnanschluss war eine relative Nähe zur Großstadt gegeben bei gleichzeitigem Ausschluss aller negativen Einflüsse sowie des Schmutzes und Lärmes der Stadt. Der „psychisch Erkrankende oder Erkrankte" müsse aus seiner gewohnten Umgebung entfernt werden, um schädliche Einwirkungen zu verhindern, aber auch um dadurch neue „heilsame Potenzen" zum Tragen kommen zu lassen.[27] Nicht nur der Kranke, sondern auch der Gesunde, der als Pfleger oder Arzt in der Anstalt lebt, sollte vor den Unan-

---

[23] Ebd., S. 42
[24] Sammet (2000), S. 14-16
[25] Laehr (1868) S. 34
[26] Laehr (1861) S. 28
[27] Laehr (1852) S. 108

nehmlichkeiten und Gefahren des städtischen Lebens bewahrt werden; die gesunde Person sollte innerhalb der Anstalt „Befriedigung des ganzen Ich" finden und den „Verlockungen" entgehen, die sie ihrem „Berufe entfremden würden,"[28] damit sich ein harmonisch wirkender Organismus aus allen, die darin leben, entwickeln kann. Bei der Aufzählung der in einer Anstalt wohnenden Personen begann Laehr mit den Gesunden, „welche nur den Beruf haben, zur Heilung und Pflege Erkrankter beizutragen, und Kranke, die nur den Beruf haben, gesund zu werden, oder so zu leben, wie es ihnen am wohltuendsten ist."[29] Er formulierte so für die beiden Personengruppen der Anstalt mit Hilfe des Begriffs „Beruf" eine verpflichtende Gemeinsamkeit.

Mit den Gesunden sind nicht nur die Schwestern und Pfleger gemeint, sondern auch die Familie des Anstaltsdirektors. Sein Sohn Conrad leitete die landwirtschaftlichen Bereiche der väterlichen Anstalt. Seine Tochter Marie blieb unverheiratet und übernahm 1889 vorübergehend die Hauswirtschaft. Auch sein Sohn Hans, der die Anstalt später ärztlich weiterführte, betraute seine spätere Frau mit der Haushaltsführung. Die Frau von Heinrich Laehr verwaltete Küche, Vorratsräume und den gesamten Haushalt der Anstalt. Er selbst schätzte seine Gattin als äußerst wichtig ein, „ohne deren Zustimmung ich mein Unternehmen überhaupt nicht begonnen hätte und ohne deren Mitwirkung ich nicht den späteren Erfolg gehabt hätte."[30]

Ursprünglich hatte Laehr beabsichtigt, ruhige und rekonvaleszente Patienten bei Familien in der Nachbarschaft unterzubringen. Damit war er der familialen Pflege,[31] wie sie auch Griesinger propagierte, grundsätzlich aufgeschlossen. Doch meinte er, dass nur wenige Familien und ebenso wenige Patienten für solche Familienpflege geeignet wären. Es bestehe die Gefahr der mangelnden ärztlichen Beaufsichtigung der Familien und der Kranken, weswegen beim Kranken „nur schlummernde Funken der Gemeingefährlichkeit zu hellen Flammen" angeblasen werden könnten.[32] Zudem argumentierte Laehr auch auf einer pragmatischen, den Ablauf der Anstalt betreffenden Ebene. Wenn man diese Kranken in die Familien oder agrikolen Kolonien verlege, so „entzieht man dem Centrum der Anstalt sehr erhebliche, ja wesentliche Hülfsmittel, welche zur Erfüllung des Zweckes der Anstalt überhaupt erforderlich sind."[33] Laehr wollte familienähnliche Verhältnisse also innerhalb der Anstalt schaffen. Er plante hübsche Pavillons, die verstreut im Park liegen und in den Erdgeschossen von den Familien der angestellten Handwerker bewohnt werden sollten. 1869 wurden drei Villen gebaut. Sie waren in einem großen Halbkreis angeordnet und für je acht Kranke bestimmt. 1875 wurde der Halbkreis der drei Villen durch zwei weitere Bauten fest geschlossen, die ebenfalls für jeweils acht Kranke bestimmt, jedoch geräumiger angelegt waren.

In Laehrs Konzept spielte die landwirtschaftliche Versorgung eine große Rolle. Er war zudem immer wieder bestrebt, seinen Grundbesitz ständig auszudehnen. Im Jahre 1893 betrug das Gelände seiner Anstalt „Schweizer Hof" 376 Morgen und war 1899 sogar auf 403 Morgen angewachsen. Da bereits ab 300 Morgen eine Jagderlaubnis erteilt wurde,

---

[28] Ebd., S. 34
[29] Ebd., S. 28
[30] Laehr (1903) S. 16
[31] Zur familialen Pflege und der Auseinandersetzung siehe Schmidt (1982), Pernice/Evans (1995), Müller (2007)
[32] Laehr (1868), S. 57
[33] Ebd., S. 55

soll Laehr auf seinem Grundstück Jagden und Treiben veranstaltet haben. Er richtete einen Wildpark mit Damhirschen, Rehen usw. ein, sowie eine Parklandschaft mit eigenen Teichen, Inseln, Schwanenhäuschen, Brücken, Grotten, Treppenanlagen und weiten grünen Rasenflächen. Die Spazierwege innerhalb der Anstalt hatten eine Gesamtlänge von 20 Kilometern. In der landwirtschaftlichen Produktion der Anstalt wurden 1904 zum Beispiel 37.500 kg Äpfel geerntet. Die Milchproduktion betrug jährlich etwa 65.000 Liter, die in der Anstaltsküche verbraucht wurden.[34] 1893 waren 25 männliche und 40 weibliche Tagelöhner beschäftigt.[35]

Laehr hatte sich als Besitzer einer Privatirrenanstalt einen abgeschlossenen „Staat im Staate"[36] geschaffen, ein kleine heile Irrenwelt, in der Gesunde und Kranke vereint waren, in der gearbeitet, produziert, geheilt, gepflegt, gefeiert, gelebt und gestorben wurde. Über den an der Spitze dieses „kleinen Staates"[37] stehenden leitenden Arzt wurden die Kontakte nach außen ermöglicht, die alle seiner Kontrolle unterworfen waren. Er war „verantwortlich gegen seine Vorgesetzten, gegen die Angehörigen seiner Kranken, gegen seine Collegen". Er musste „nach innen sich völlig frei bewegen" können und brauchte „zuverlässige Gehülfen, die das Einzelne übersehen und im Geiste des Dirigenten ausführen" wie auch diese ihn brauchten, „damit das Eine nicht das Andere störe, sondern Alles harmonisch und ohne vieles Geräusch in einander greife."[38]

Die herausgehobene Rolle des ärztlichen Leiters als Führer dieses Familienstaates resultiert einzig und allein aus der Zweckbestimmung des geschaffenen Organismus, der eben für Kranke bestimmt ist, die infolge eines "Krankheitszustandes ihres Gehirns der Selbstbestimmung entbehren, die daher der Leitung bedürftig sind, aber wo möglich auch geheilt sein wollen."[39] Verluste der Selbstbestimmung wurden durch die ärztliche Fremdbestimmung ersetzt. Alles, was diesen Organismus ausmachte, wirkte aber auch auf den Geistes- und Gemütszustand der Kranken ein und war deswegen das Mittel zur Heilung, Besserung oder Milderung des Leidens, „seien dies Medicamente oder Bäder, ein freundliches oder ernstes Wort, sei es Theilnahme an der Erheiterung oder an der Arbeit, sei es Erfüllung von zulässigen oder Ablehnung von unzulässigen Wünschen. Alles, was den Kranken betrifft, muss der ärztlichen Prüfung unterliegen und Jeder die äussere Freiheit haben, wozu die innere ihn befähigt."[40] Laehr maß also die größte Bedeutung der indirekt psychischen Therapie bei, die mit der Persönlichkeit des Arztes und auch des Pflegepersonals, der Haltung, der Miene, dem Ton und der Form der Sprache stehe und falle.[41] Dem Kranken gegenüber müsse der Arzt „die Befähigung haben, ihn ganz von sich abhängig zu machen und deren mangelhafte Vernunfttätigkeit zu ersetzen (...) Der Kranke muß die sittliche und geistige Ueberlegenheit des Arztes empfinden, damit er sich den Einwirkungen einer Heilmethode unterwerfe, und alle Einrichtungen sollen darauf hinwirken".[42]

---

[34] Laehr (1903), S. 58
[35] Laehr (1893), S. 18
[36] Laehr (1861) S. 29
[37] Ebd. S. 34
[38] Ebd. S. 29
[39] Ebd. S. 28
[40] Ebd. S. 29
[41] Laehr (1852) S. 119
[42] Ebd. S. 118-119

Seine Therapie entsprach im Wesentlichen einem bereits von Pinel (1745-1826) entwickelten Ordnungsregime,[43] bei dem die durchgesetzte äußere Ordnung der Anstalt eine innere Ordnung des Kranken bewirken sollte, was auch Johann Christian Reil[44] propagierte. Beide Autoren sind in den Schriften Laehrs häufiger erwähnt. Die Patienten wurden in einen sehr starren Tagesablauf integriert, der morgens um 7 Uhr begann und um 22 Uhr endete und in dem sich gezielte Tätigkeit und Erbauung abwechselten. Es gab einen großen Spielplatz mit Turngeräten, Kegelbahn, Karussell, Krocketplatz und Wippe. Später wurde ein Tennisplatz angelegt und viele Patientinnen durften ohne Aufsicht in den Gärten spazieren gehen. Da auch religiöse Empfindungen einen starken Einfluss auf den Menschen ausüben würden, gestand Laehr der geistlichen Seelsorge einen gewissen Anteil in seiner Krankenbehandlung zu. Er plädierte für einen Anstaltsgeistlichen, der unter den Kranken leben sollte, um sich ganz auf sie einstellen zu können. 1857 verpflichtete er einen Pfarrer als Anstaltsprediger. Der Pfarrer war weiterhin in die therapeutische Aktivität einbezogen, als er im Laufe der Zeit verschiedene Rekonvaleszente in seinem Haus aufnahm und verpflegte.[45]

In diesem Organismus wurden sowohl Freiheiten gewährt als auch andererseits direkter Zwang ausgeübt. Der „Schweizer Hof" selbst war nicht umzäunt. Doch war Freiheit für die Kranken kein institutionalisiertes Recht in diesem kleinen „heilen Irrenstaat", sondern eine Funktion der inkarnierten Vernunft des ärztlichen Direktors, der eben nach ärztlicher Prüfung den Grad der äußeren Freiheit erlaubte, zu dem der Kranke ihm aufgrund seiner inneren fähig schien. Nur nach konkreter Prüfung wurden individuelle Freiheiten gewährt, auf die aber kein Anspruch bestand. Mit dem Hinweis auf Fremd- und Selbstgefährdungen und mit Sicherheitsbedenken wurden Restriktionen legitimiert. Laehr sah mehrere Indikationen für Zwangsmaßnahmen: 1) um das Leben des Kranken zu retten; 2) um eine Wiederherstellung des Kranken zu fördern; 3) um andere vor Gefahren zu schützen; 4) als ein „psychisches Mittel", um z.B. dem Genesenden ein beschämendes Gefühl in der Erinnerung an peinliche Handlungen zu ersparen, die mit Restraint verhindert werden konnten, und 5) um Kommunen ohne Nachteil für den Kranken Geldausgaben zu ersparen.[46] Nur der ärztliche Direktor verstand diesen Kriterienkatalog verantwortungsvoll zu handhaben und nur die herausragenden ärztlichen Persönlichkeiten an der Spitze der Anstalt konnten einen möglichen Missbrauch dieser Zwangsmaßnahmen verhindern. Denn nur solche außergewöhnlichen ärztlichen Persönlichkeiten erfreuten „sich eines solchen Vertauens bei Behörden, Aerzten und Publikum (...), dass sie nicht in Gefahr geriethen, als inhuman oder als unkenntnissvoll zu erscheinen, wenn sie (....) unter Umständen von mechanischen Sicherungsmitteln Gebrauch machten."[47]

Dieser Organismus, die Anstalt war das Therapeutikum, inklusive ihrer technischen und verwaltungsmäßigen Abläufe. Die zeitweilige oder auch lebenslange Überführung des Kranken in dieses ärztlich bestimmte Reglement schuf einen psychiatrischen disziplinierenden und disziplinären Machtraum, in dem der Irre einer ärztlichen Macht ausgesetzt war, die sich außerhalb der gesellschaftlichen Lebenswelt realisierte. Die Grenzen zwischen dem familiären Leben von Laehr, dem landwirtschaftlichen Produktionsbetrieb

---

[43] zu Pinel siehe Castel (1983), Weiner (1994), Pigeaud (2001)
[44] Reil (1803)
[45] Langer (1966) S. 69-70
[46] Laehr (1868) S. 46
[47] Ebd. S. 40

und der Irrenanstalt im modernen Sinne waren vermischt. Diese Anstalt funktionierte nach einer paternalistischen Mechanik, belebt vom Geist und dem Leben des Direktors und seiner Familie, ohne die sie auf einen reinen Mechanismus reduziert worden wäre.

3 Griesingers Anstaltskonzeption – Öffnung zur Gesellschaft

Ende 1867 erschien das erste Heft des von Griesinger begründeten „Archivs für Psychiatrie und Nervenkrankheiten", das schon im Titel einen deutlichen Bezug zur Nervenpathologie herstellte und damit das moderne Programm einer wissenschaftlichen Begründung der Psychiatrie zum Ausdruck brachte. Sein darin publizierter Aufsatz „Über die Irrenanstalten und deren Weiterentwicklung in Deutschland" konturierte sein Konzept deutlich. Bekanntlich hat Griesinger zwischen 1845 und seinem Tod seine Positionen zur Versorgung der Geisteskranken geändert. In der zweiten Auflage seines Lehrbuchs von 1861 vertrat er erstmals das Prinzip der Behandlung ohne Zwangsmittel. Die Propagierung dieses Prinzips war weit weniger eine Humanitäts- als eine Zweckmäßigkeitsfrage.[48] Denn die Herstellung einer Beruhigung und der Besonnenheit, was wichtige Ziele der Behandlung sein sollten, war aufgrund der Erfahrung kaum durch mechanische Gewalt oder Zwangsjacken zu erreichen, da diese eher zu weiterem Rebellieren und Toben Anlass gegeben hatten. 1861 äußerte er sich noch positiv zu reinen Heilanstalten und propagierte folglich das in der damaligen Psychiatrie weit diskutierte Modell getrennter Heil- und Pflegeanstalten,[49] womit er sich auch gegen die von Laehr favorisierte relative Verbundenheit von Heil- und Pflegeanstalt positionierte, das er allerdings in seinen späteren Ausführungen überwindet.

1867/68 brachte Griesinger seine verschiedenen Vorstellungen in einem einheitlichen Modell zusammen. Er empfahl eine zweigliedrige Irrenversorgung, die aus dem Stadtasyl und dem ländlichen Asyl bestehen sollte. Die von Griesinger vorgeschlagene zweigeteilte Versorgungsstruktur ging von einer in der Stadt vorhandenen Anstalt aus, die für einen Aufenthalt von höchstens eineinhalb Jahren vorgesehen war. Sie sollte Patienten bei Fremd- oder Eigengefährdung und anderen Gegebenheiten aufnehmen und eine Möglichkeit zum schnellen Eingreifen bieten. Griesinger hatte als zu versorgende Gruppe besonders Angehörige des Bildungsbürgertums oder der städtischen Bevölkerung im Auge. In diesem Stadtasyl sollten die akut Kranken versorgt werden, womit er auch die Voraussetzungen für den psychiatrischen Unterricht gewährt sah. Nur akute Krankheitszustände und nicht die „Krankheitsresiduen und psychischen Defekte", die bei der Mehrzahl der chronisch Kranken zu finden seien, böten die notwendigen Voraussetzungen für einen klinisch-psychiatrischen Unterricht.[50] Im Zusammenhang mit dem Stadtasyl hatten die Ärzte der Anstalt zwei neue Funktionen, die mit ihrem vorgesehenen Besuch in der Wohnung des Kranken verknüpft war: 1) Sie sollten sich vor Aufnahme in das Asyl von der Brauchbarkeit des Falles für den psychiatrischen Unterricht überzeugen können. 2) Sie sollten sich einen Eindruck über die Lebensverhältnisse des Kranken machen können, um hierin eventuelle Gründe für die Krankheit zu erkennen. Das Stadtasyl sollte darüber hinaus ei-

---

[48] Griesinger (1868/69b)S. 241f.
[49] Griesinger (1861) S. 520-538
[50] Griesinger (1868) S. 9

ne räumliche Nähe zum alten Milieu, eine engere Anbindung an das gewohnte Leben gewährleisten. Diese Stadtbezogenheit war verbunden auch mit einer Institutionalisierung einer außerhalb der Anstaltsmauern sich bewegenden Psychiatrie. So sollten nicht nur die Assistenzärzte aus der Anstalt hinaus in die Wohnung des Kranken gehen, sondern auch der Direktor des Klinikums eine Praxis in der Stadt betreiben. Damit wurde den psychopathologischen Zuständen unterhalb der Schwelle der Anstaltseinweisungen neue Aufmerksamkeit gewidmet, die nun in das institutionelle Netz der Psychiatrie fielen. Für Griesinger war es selbstverständlich, dass ein klinischer Lehrer der Psychiatrie und ein Direktor einer Irrenanstalt nicht identisch zu sein brauchen. Auch war es nicht nötig, dass der Direktor innerhalb der Anstalt wohnen und sein Leben mit den Kranken verbringen müsse. Er macht sich über diese ärztlichen Anstaltskarrieren, die von der Assistenzzeit über den Oberarzt zum Direktor der Anstalt führten, lustig. Für eine wissenschaftliche Tätigkeit war dies nach seiner Sicht keine qualifizierende Notwendigkeit. Er betrachtete wissenschaftliche Tätigkeit mit der Rolle des Anstaltsverwalters und Anstaltshausvaters als unvereinbar.[51]

Neben dem städtischen und klinischen Asyl sollte eine zweite Institution auf dem Lande eingerichtet werden. Hier sollten chronisch Kranke, d.h. diejenigen untergebracht werden, die womöglich ihr Leben lang in einer Anstalt versorgt werden mussten. Die ländlichen Anstalten waren als zweigliedrige Strukturen konzipiert. Zum einen bestanden sie aus einem Zentralasyl, dem zum anderen verschiedene „freie Verpflegungsformen"[52] zugeordnet waren. Im Zentralasyl sollten jene Gruppen von Dauerpatienten untergebracht werden, deren soziale Integration in die alten Verhältnisse kaum mehr möglich war. Die freieren Verpflegungsformen, agrikole Kolonien und familiale Pflege, waren für diejenigen gedacht, die aufgrund ihrer Besonnenheit diese relative Freiheit nutzen konnten und arbeitsfähig waren. Damit wollte er erstens die überfüllten Anstalten entlasten, zum anderen aber den Kranken „ein mehr den gesunden sociales Bedingungen entsprechendes Leben" ermöglichen, sie aus der „Monotonie in dem künstlichen Medium des Anstaltslebens" befreien.[53] In dieser gestaffelten zweigliedrigen Struktur ist die traditionelle Trennung in heilbar und unheilbar aufgelöst und durch die Kategorien akut und chronisch ersetzt, wobei allerdings der Terminus chronisch durchaus die Konnotation von lang dauernd bis nicht mehr vollständig in die alten Lebensverhältnisse integrierbar und damit unheilbar besitzen kann.

Griesinger wollte außerdem eine psychiatrische Klinik eng an andere Universitätskliniken anbinden. Damit sollte nicht nur eine räumliche und institutionelle Verknüpfung, sondern die Gleichstellung der Psychiatrie mit anderen medizinischen Fächern vorangetrieben werden. Diese Forderung nach Verbindung war aber auch von ökonomischen und verwaltungstechnischen Aspekten geprägt. Griesinger selbst sah die ganze Einrichtung des klinischen Asyls vereinfacht, wenn dasselbe mit den in nächster Nähe befindlichen anderweitigen klinischen Hospitälern in enge administrative Verbindung gesetzt werden kann, so dass z.B. die Beköstigung, die Wäsche usw. beiden Anstalten gemeinsam sei.[54] In Griesingers Überlegungen zur Organisationsstruktur der ländlichen Asyle spielten auch

---

[51] Ebd., S. 17
[52] so der zeitgenössische Ausdruck für Versorgungsformen der psychisch Kranken ohne Zwang
[53] Ebd., S. 20
[54] Griesinger (1868/69c) S. 504

ökonomische Aspekte ein gewisse Rolle.[55] Die Kosten für die Irrenversorgung im Verhältnis zu den Ausgaben für andere Gebiete der öffentlichen Wohltätigkeit bezeichnete er auch als unverhältnismäßig hoch. Er betonte, dass die Einrichtungen der offenen Verpflegungsformen nur etwa ein Drittel der Kosten der „geschlossenen großen Anstalten" betragen würden ,und hielt die offenen Formen für zum Teil ökonomisch so vorteilhaft, dass „sie bei guter Führung vielleicht einer Selbsterhaltung nahe kommen können."[56] Dies konnte nur umgesetzt werden, wenn die Kranken mit zum ökonomischen Vorteil der Anstalt beitrugen. Dementsprechend wurde die Arbeitsfähigkeit zu einem Kriterium bei der Aufnahme eines Kranken in die „freien Verpflegungsformen". Damit war die Gewährung der relativen Freiheit eng mit der Arbeit und dem ökonomischen Nutzen für die Anstalt verbunden. Die Arbeit muss einen Teil der Kosten aufbringen, Müßiggang „ist strenge fern zu halten."[57] Hier findet sich zwar eine in der zeitgenössischen Psychiatrie allgemein verbreitete Position zum Müßiggang, die jedoch im Kontext einer neuen, auch mit relativen Freiheiten verbundenen Anstaltskonzeption eine andere Gewichtung erhält. Griesinger legte auf dieser Basis die Anzahl der zu verpflegenden Kranken fest. Da die Anzahl der Kranken groß genug sein müsse, um die nötige Zahl von Arbeitern zu finden und Griesinger die Arbeit eines Irren „gleich einem Fünftel der Arbeit des Gesunden"[58] veranschlagte, hielt er etwa 400 bis 600 Kranke für angemessen.[59] Er warnte aber auch davor, lediglich die „pecuniären Vortheile der Anstalt" vor Augen zu haben. Außerdem dürfe diesen Beschäftigungsarten kein fabrikmäßiger Charakter gegeben werden, es sei zudem durchaus angebracht, dem Kranken, soweit eine Bedürftigkeit vorliege, einen kleinen Lohn für seine Arbeit auszuzahlen, so dass er bei seiner Genesung einen „Schutz gegen Mangel" besitze.[60] Damit zielte Griesinger gewissermaßen auf eine Übertragung von Grundprinzipien der bürgerlichen Rechts- und Sozialordnung in die Anstalten. Er war sich allerdings darüber bewusst, dass diese relative Freiheit nicht auf alle Geisteskranken zutreffen konnte und sprach in diesem Zusammenhang auch von den nur zu bewahrenden Kranken.[61] Die sich in dieser Begrifflichkeit zeigende Tendenz zu einer Entwertung psychischer Patienten ist bei Griesinger nicht zum dominanten Aspekt geworden, weil sein Philanthropismus in Verbindung mit der Übertragung der Menschenrechte auf die Geisteskranken ein unverzichtbarer Bestandteil der psychiatrischen Wissenschaft sein sollte. Das Besondere seiner Therapiemethoden ist in diesem Kontext zu verstehen. Nicht die Arbeitstherapie oder die psychische Behandlung war neu, sondern ihre konkrete Verortung auf der Basis einer bürgerlichen Sozialordnung, die sowohl das Innen der Anstalt als auch das Außen der Gesellschaft gleichermaßen bestimmen sollte.

---

[55] Siehe Schmiedebach (1990)
[56] Griesinger (1868/69a) S. 20-35
[57] Griesinger (1861) S.501
[58] Griesinger (1868/69a) S. 28
[59] Ebd., S. 24
[60] Griesinger (1861) S. 501
[61] Griesinger(1868/69a) S. 25

4 Laehr und Griesinger – Differenzen

Es lassen sich in den Ausführungen der beiden Kontrahenten durchaus ähnlich klingende Töne finden, abgesehen von der Berufung auf die Humanität, die beiden gemeinsam ist. So war für Griesinger die Organisation der Anstalt, ihre „ruhige Bewegung, die Verkörperung einer richtigen Ordnung der äußeren Verhältnisse" zentraler Bestandteil. Einem etwaigen Widerstand trete weit weniger „directer Zwang, als das eigene Gefühl der Unterwerfung unter die imponierende Gewalt des Ganzen" entgegen. Gerade die richtige Ordnung sollte dem Kranken „das Gefühl der Unterwerfung unter eine wohlwollende, vernünftige Macht" geben.[62] Auch Freiheit war bei Griesinger nicht unbegrenzt allen Irren zu gewähren, sondern an das Vorhandensein von Besonnenheit geknüpft, womit auch die Freiheit der psychisch Kranken nur als relative gewährt werden konnte.

Noch eine weitere Gemeinsamkeit wurde von Kai Sammet herausgestellt. Sowohl Griesinger als auch Laehr wünschten, das Feld psychiatrischer Versorgung weiter auszudehnen. Griesinger wollte leichtere Störungen ambulant vom Leiter des psychiatrischen Klinikums betreut wissen, der folglich aus der Anstalt in die Welt der Gesunden zu gehen hatte. Laehr hatte, wenn er von der Weiterentwicklung der Anstalten sprach, ähnliche Kranke im Auge. In seinem Asyl sollten nicht nur schwere Fälle, sondern auch Gemütskranke, bei denen die intellektuellen Fähigkeiten noch nicht gelitten hatten, behandelt werden. Doch existierte auch bei diesen Expansionsbestrebungen ein Unterschied, der im anderen Ort der Vorhaltung dieser Dienstleistung lag.[63] Wollte Griesinger die Personen mit den leichten Störungen in der Welt der Gesunden durch Eindringen des Psychiaters in dieses Milieu extramural versorgen, so schlug Laehr eine intramurale Betreuung in der Anstalt auf dem Lande vor. Auch wenn diese Unterschiede mit Laehrs Interessen als Direktor eines privaten Asyls erklärt werden könnten, weil dieser bestrebt war, sich mit den „leichteren Fällen" zu befassen, um damit eine differenzierte Patientenklientel, die teilweise weitgehenden bürgerlichen Ansprüchen entsprach, in seine familiale Struktur zu integrieren, interpretiert Sammet diese Differenzen auch als Unterschiede in den Professionalisierungsstrategien der beiden.

Es waren aber auch noch andere prinzipielle Unterschiede zwischen den beiden Protagonisten im Spiel. Es ging um die Positionierung der Psychiatrie im Rahmen eines Verwissenschaftlichungsprozesses der bürgerlichen Gesellschaft[64], damit auch um das Verhältnis der psychiatrischen Versorgungsstruktur zur Gesellschaft und um Legitimationsstrategien für die expandierende psychiatrische Macht. Alle Differenzen zwischen den beiden in den konkret immer wieder thematisierten Punkten, wie psychiatrischer Unterricht, familiale Verpflegung und freie Behandlung lassen sich auf unterschiedliche Sichtweisen der grundsätzlichen Fragen zurückführen.

Laehrs Irrenasyl als kleiner nach familiärer Struktur ausgerichteter Staat im Staate imponierte als geschlossenes System, bei dem Kontakt mit dem Außen nur über den Direktor hergestellt werden konnte. Griesingers Intention ging gerade weg von der systematischen Geschlossenheit hin zur Öffnung der Versorgungsstruktur gegenüber der Gesellschaft. Der „Hauptfortschritt" in der Psychiatrie bestehe darin, „diese Anstalten für einen Theil

---

[62] Griesinger (1861) S. 495
[63] Sammet (2000) S. 260f.
[64] Raphael (1996)

der Kranken entbehrlich zu machen."[65] Diese in die freien Versorgungsformen überführten Kranken genossen eine größere Freiheit, die durch neue Strukturen und nicht durch das Wohlwollen des ärztlich-psychiatrischen Pater familias bedingt waren. Auch Laehr sperrte sich nicht gegen Freiheit, sie war jedoch nur im Rahmen der von ihm definierten stabilen Geschlossenheit zu gewähren, nicht als strukturell von der Person des Direktors unabhängige und in den neuen Anstaltsstrukturen angelegte. Gerade die Abhängigkeit der konkreten Gestaltung einer Anstalt von diesen subjektiven Faktoren einer einzigen Person, auch wenn sie humansten Intentionen verpflichtet sei, kritisierte Griesinger.[66]

Griesinger aber wollte nicht nur die Freiheit umgesetzt wissen, sondern sah auch eine Notwendigkeit zur Arbeit für die Kranken. Seine ökonomischen Überlegungen waren aber von anderer Qualität als die Argumente Laehrs, der unter anderem eine Versetzung dieser Kranken in die freien Versorgungsformen mit dem Hinweis auf den Verlust von notwendigen Arbeitskräften für die Zentralanstalt ablehnte. Denn die von Griesinger gemeinte Arbeit war zur Aufrechterhaltung der freien Versorgungsstruktur und eben nicht zur Stabilisierung der Zentralanstalt gedacht. Deswegen konnte er Laehr auch zu Recht vorhalten, dass in dessen Anstalt die Kranken „buchstäblich der Anstalt wegen" da seien und „nicht die Anstalt ihretwegen!"[67] In der von Griesinger propagierten Struktur waren Freiheit und Arbeit für die Kranken in einer ihnen angemessenen und spezifizierten Form vorgesehen. Damit übertrug er Elemente des bürgerlichen Werte- und Pflichtenkanons auf die Anstaltsstruktur, die natürlich nur relative Grade realisieren konnte.

Unter dieser Perspektive stellt sich der oben von Griesinger zitierte Appell an die Kranken, sich der wohlwollenden vernünftigen Anstaltsmacht zu unterwerfen, als Aufforderung dar, sich den bürgerlichen Normen anzupassen. Dies kann Griesinger deswegen mit ganz anderem Klang vorbringen als Laehr, weil die Anstalt selbst keine grundsätzlich andere Ordnung repräsentiert als die der sie umgebenden Gesellschaft, mit der sie in einem offenen Verhältnis steht. Sein Anstaltskonzept folgt einer Ausrichtung nach den Kategorien, die sowohl für den individuellen Erfolg, wie auch für die Wohlfahrt der bürgerlichen Gesellschaft von Bedeutung waren. Die Anstalt ist damit kein abgeschlossener „Staat im Staate". Sie benötigt auch keine direkten Zwangsmittel. Sie ist kein Zuchthaus, keine Besserungs- oder Erziehungsanstalt, sie ist weder Fabrik noch ein von der Gesellschaft abgetrenntes Refugium, sondern eine spezifische Organisationsform, die einer besonderen Gruppe kranker Mitglieder der Gesellschaft angemessen scheint. Sie hat die Aufgabe, diese Normen und Kategorien, Wertemuster und Orientierungspunkte im Bewusstsein und sozialen Handeln der in der Anstalt befindlichen Individuen zu verankern.

Die Stadt war für Griesinger auch nicht primär ein Ort, den es zu meiden galt, aber er verklärte sie auch nicht, denn auch er sprach von den „demoralisirenden Einflüssen der grossen Städte"[68], die Prädispositionen zur Geisteskrankheit bilden würden. Aber die Stadt ist auch ein Ort der Wissenschaften, also Raum und Bedingung zugleich für einen psychiatrischen Unterricht. Insofern sollte gerade in der Stadt aus den oben schon ausgeführten Gründen eine Anstalt errichtet werden. Der Austausch zwischen Psychiatrie und Gesellschaft konnte auf verschiedensten Feldern gerade in der Stadt gut erfolgen. Entgegen den

---

[65] Griesinger (1868) S. 6
[66] Griesinger (1868/69a) S. 26
[67] Griesinger (1868) S. 30
[68] Griesinger (1861) S. 143

Vorstellungen von Laehr löste Griesinger durch seine Anstaltskonzeption nicht nur die abgeschlossene und harmonische Ganzheit des Anstaltsorganismus auf, sondern auch die des in diesen Organismus integrierten patriarchalischen Anstaltsdirektors. Der Leiter musste nach Griesingers Vorstellungen nicht mehr permanent in der Anstalt leben, er konnte auch außerhalb der Anstalt Praxis betreiben oder als Wissenschaftler forschen. Damit destruierte er gewissermaßen die von Laehr beschworene Einheit von autokratischem Direktor und funktionierendem Anstaltsorganismus. Diese angedeutete Aufteilung in viele differente Teileinheiten korrespondierte mit Griesingers Ausführungen zum Ich und seinen Teilen. So sprach er davon, dass „mein Ich als Arzt, mein Ich als Gelehrter, mein sinnliches Ich, mein moralisches Ich etc. (...) mit einander in Widerspruch geraten und der eine zu verschiedenen Zeiten die andern zurückdrängen" könne.[69] Diese Ausführungen zum Ich zeigen, wie öffentlich wahrnehmbare Tätigkeit, z.B. als Arzt oder Gelehrter, und private Vorlieben in Widerspruch geraten können. Damit sprach er Gegensätze zwischen öffentlicher und privater Seite im Individuum an. Für Laehr aber bildete gerade die harmonische Integration aller ärztlichen, moralischen, gelehrten, erzieherischen Eigenschaften des psychiatrischen Leiters einer Anstalt die entscheidende Voraussetzung, um den Zweck der Anstalt, Heilung oder Pflege, überhaupt erst erreichen zu können. Die Auflösung des Direktors in differente, gar in Widerspruch geratende Einheiten musste nach der Perspektive Laehrs diesen Zweck unmöglich machen.

Laehr sah zwar in der Anstalt die Familie, also eher etwas Privates. Die von Laehr verschiedentlich erwähnte kritische Haltung des „Publikums" gegenüber den psychiatrischen Anstalten[70] war nach seiner Meinung nur durch die vertrauenserweckende Persönlichkeit des Anstaltsdirektors, dem Bildung, Humanität und Wissen zugesprochen werden konnte, zu bekämpfen. In Laehrs Augen legitimierte also die Persönlichkeit des Direktors die Praxis in den psychiatrischen Anstalten gegenüber der öffentlichen Meinung. Diese Position verlangte aber einen in vielerlei Hinsicht öffentlich wahrnehmbaren Direktor, einschließlich seiner im Anstaltsorganismus wirkenden Familie. Nur über diese öffentliche Präsentation dieser positiven Eigenschaften konnte die Psychiatrie eine Legitimation gegenüber der Gesellschaft vorweisen. Für Griesinger aber ergab sich die öffentliche Legitimation der Psychiatrie zum einen durch die moderne medizinische Wissenschaft, deren Methoden und Inhalte die Psychiatrie sich anzueignen hatte, zum andern durch die an den freiheitlichen Grundsätzen orientierte Anstaltsstruktur. Hier wird eine außerhalb der Persönlichkeit liegende Referenz bemüht, die Wirkmächtigkeit individueller Besonderheiten stark relativiert. Natürlich wurde auch die Autorität des Anstaltsdirektors im Sinne Laehrs zu einem entscheidenden Teil durch seine wissenschaftlich-medizinische Qualifikation bedingt. Doch war diese wissenschaftliche Qualifikation primär Teil der Persönlichkeit des Direktors in ihrer allüberragenden Bedeutung.

Die dargelegten Differenzen hatten auch ihre Auswirkung auf die Positionen zu Ausbildungsfragen. Da Griesinger psychische Krankheit durch physiologische und anatomische Gegebenheiten entstanden sah, war auch hier die medizinisch-wissenschaftliche Seite entscheidend für die Erkenntnis und Therapie der psychischen Krankheiten wie auch für die Ausbildung von Studierenden und Ärzten. Von seinem neuropathologischen Standpunkt aus waren klinische Bilder und deren Bezug zur Hirnveränderung der Hauptgegen-

---

[69] Ebd. S. 49
[70] Siehe z.B. Laehr (1868) S. 26

stand des psychiatrischen Unterrichts. Deswegen war auch die „technische" Seite des Anstaltswesens für die wissenschaftliche Ausbildung von Studierenden und Ärzten kein zentraler Ausbildungsschwerpunkt. Für Laehr dagegen kam gerade dieser Seite, weil sie die ärztlich-psychiatrische Umsetzung der Ideen des Direktors auf die Anstaltsfunktion und so Einwirkungs- und Heilmittel war, eine hohe Bedeutung zu. Deswegen konnte psychiatrischer Unterricht nur im Kontext der Anstalt erfolgreich umgesetzt werden. Die auszubildenden Studierenden und Ärzte hatten in der Person des Direktors das lebende Vorbild eines erfolgreichen psychiatrischen Praktikers und in den vielfältigen Funktionsabläufen der Anstalt Beispiele für eine Anwendung der Mittel zur Heilung und Pflege vor Augen. Dementsprechend fordert Laehr, dass davon auch der auszubildende Arzt Kenntnis zu nehmen habe.[71] Deswegen ist nicht nur die Kenntnis von dem Verlauf der Geistesstörungen und der zugrundeliegenden Krankheitsprozesse wichtig, sondern auch eine psychisch-technische Vorbildung, die jedoch nur in einer wohlgeordneten Krankenanstalt möglich sei.[72] In diesem Kontext sah Laehr geradezu unterschiedliche Anforderungen zwischen einem klinischen Lehrer der anderen Fächern der Medizin und einem psychiatrischen Anstaltsdirektor. Der Psychiater muss sich in ganz anderer Weise der Kranken annehmen und auf sie einwirken und das Personal selbst erziehen, von dem unmittelbar das Wohl des Kranken abhängt. Der Arzt habe dem ganzen Personal in treuer Ausübung der Pflichterfüllung voranzugehen. Der Kranke sollte sich bewusst sein, dass sich in der bewährten Macht des Arztes Vernunft, aber auch ordnende Kraft und heilendes Agens vereinen. Über die wissenschaftliche Kenntnis der Krankheiten hinaus sollten angehende Ärzte den ganzen Apparat der ländlich isolierten Irrenanstalt kennen, um hinreichend ausgebildet zu sein.

5 Fazit

Betrachtet man abschließend die beiden Personen und ihre Konzepte im Vergleich und versucht, eine zeitgeistige Bestimmung vorzunehmen, so war Laehr einer Orientierung an den frühen psychiatrischen Anfängen, die sich aus Inhalten der englischen und französischen Schule um die Jahrhundertwende zum 19. Jahrhundert und den Erörterungen der Anstaltskonzepte in der ersten Hälfte des 19. Jahrhunderts in Deutschland speiste, verhaftet. Art und Ausmaß von Humanität und Freiheit wurden durch den patriarchalisch fürsorglichen ärztlichen Anstaltsdirektor festgelegt, der in seinem „Staat im Staate" die „dyssymmetrische und unbeschränkte Machtinstanz"[73] verkörperte. Mit dem Anspruch der Heilung und Pflege trat diese Institution der Gesellschaft als abgeschlossener und selbständig funktionierender Anstaltsorganismus gegenüber. Zwar war auch dieser Anspruch u.a. durch die ärztlich-wissenschaftliche Qualifikation des familialen Arzt-Autokraten hergeleitet, doch unterschied sich dieser vom wissenschaftlich tätigen psychiatrischen Kliniker im Sinne Griesingers extrem. Wissenschaft im Sinne der modernen Neuropathologie und -physiologie war für Griesinger nicht nur Erkenntnismethode und Legitimationsgröße

---

[71] Laehr (1868) S. 26
[72] Ebd., S. 25
[73] Foucault (2005) S. 16

der modernen Psychiatrie, sondern stand auch mit den allgemeinen bürgerlichen Werten der Gleichberechtigung, Freiheit und Humanität in stabilem Einklang.

Die starke Bedeutung von Wissenschaft und die oben beschriebene Ausdehnung psychiatrischer Kompetenz auf die „leichten Fälle" außerhalb der Anstalt zeigen Griesinger als jemanden, der den in der Geschichtsschreibung konstatierten Verwissenschaftlichungs-prozess, der alle Lebensbereiche einer modernen Gesellschaft zu durchdringen begann, auch als Akteur selbst mitgestalten wollte. Im Unterschied zur Abschottung Laehrs öffnete Griesinger die Anstalten gegenüber der Gesellschaft und übertrug gesellschaftliche Normen und Werte auf die Anstalt, die durch ihre Strukturen eine dem Status der Insassen angemessene Umsetzung dieser Werte erlaubte, unabhängig von der Persönlichkeit des Leiters. Dies ist nicht nur eine Bewegung auf die Gesellschaft zu, sondern auch umgekehrt eine Einbindung der Anstalt in das bürgerliche Wertegeflecht. Formelhaft kann man die entgegengesetzten Konzepte folgendermaßen abgrenzen: Laehr vertrat ein *ländlich-familiär-administrativ* ausgerichtetes Anstaltskonzept, Griesinger dagegen ein *städtisch-bürgerlich-wissenschaftliches*.

Während das Konzept Laehrs auf der Basis patriarchalischer Familienhierarchien die Fremdbestimmung durch den Direktor propagierte, versuchte Griesinger Strukturen für die Anstalt zu entwickeln, die sowohl den Bedürfnissen der Wissenschaft wie auch der Gesellschaft Rechnung tragen und möglichst viel zur Eigenbestimmung der Patienten beitragen sollten. Durch eine Integration der psychisch Kranken in diese Strukturen, die (relative) Freiheit versprachen und (reduzierte) Arbeit wünschten, aber eine Unterwerfung unter die direktorale Autorität ablehnten, sollten die Voraussetzungen für ein späteres Selbstregime in einer Gesellschaft geschaffen werden, deren Normen bereits in der Anstalt von den Insassen erlebt werden konnten. Damit versuchte er, die bei Laehr vorhandene Asymmetrie aufzulösen und ein Versorgungsnetz ohne zentrale Autorität zu schaffen. Damit leistete er einen wichtigen Beitrag zur Akzeptanz der Psychiatrie als integralem Bestandteil einer sich verwissenschaftlichenden Lebenswelt in der modernen Gesellschaft.

Literatur

Ackerknecht EH (1967) Kurze Geschichte der Psychiatrie. 2. verb. Aufl. Enke, Stuttgart

Bleker J (1981) Die naturhistorische Schule 1825 – 1845. Ein Beitrag zur Geschichte der klinischen Medizin in Deutschland. Fischer, Stuttgart (Medizin in Geschichte und Kultur, 13)

Castel R (1983) Die psychiatrische Ordnung. Das goldene Zeitalter der Psychiatrie. Suhrkamp, Frankfurt/Main (Suhrkamp Taschenbuch Wissenschaft, 451)

Detlefs G (1993) Wilhelm Griesingers Ansätze zur Psychiatriereform. Centaurus Verlags Ges., Pfaffenweiler

Dörner K (1975) Bürger und Irre. Zur Sozialgeschichte und Wissenschaftssoziologie der Psychiatrie. Fischer Taschenbuch Verlag, Frankfurt am Main (Erstausgabe 1969)

Feger G (1983) Die Geschichte des „Psychiatrischen Vereins zu Berlin" 1889-1920. Diss. med. FU Berlin

Foucault M (2005) Die Macht der Psychiatrie. Vorlesungen am Collège de France 1973-1974, herausgegeben von Jacques Lagrange. Suhrkamp, Frankfurt /Main

Griesinger W (1842) Herr Ringseis und die naturhistorische Schule. Archiv für physiologische Heilkunde 1: 43-90

Griesinger W (1845) Die Pathologie und Therapie der psychischen Krankheiten. Krabbe, Stuttgart

Griesinger W (1861) Die Pathologie und Therapie der psychischen Krankheiten für Aerzte und Studirende, 2. umgearb. und sehr verm. Aufl. Krabbe, Stuttgart

Griesinger W (1868/69a) Ueber Irrenanstalten und deren Weiter-Entwicklung in Deutschland. Archiv für Psychiatrie und Nervenkrankheiten 1: 8-43

Griesinger W (1868/69b) Die freie Behandlung. Archiv für Psychiatrie und Nervenkrankheiten 1: 237-248

Griesinger W (1868/69c) Weiteres über psychiatrische Cliniken. Archiv für Psychiatrie und Nervenkrankheiten 1: 500-504

Griesinger W (1868) Zur Kenntniss der heutigen Psychiatrie in Deutschland. Eine Streitschrift gegen die Broschüre des Sanitätsraths Dr. Laehr in Zehlendorf: „Fortschritt? – Rückschritt!" Wigand, Leipzig

Jacobsen U (1986) Wissenschaftsbegriff und Menschenbild bei Wilhelm Griesinger. Ein Beitrag zur Geschichte des ärztlichen Selbstverständnisses im 19. Jahrhundert. Diss. med. Heidelberg

Laehr H (1852) Ueber Irrsein und Irrenanstalten. Für Aerzte und Laien. Pfeffer, Halle

Laehr H (1861) Die Seelenheilkunde in der Gegenwart. August Hirschwald, Berlin

Laehr H (1868) Fortschritt? – Rückschritt! Reform-Ideen des Herrn Geh. Rathes Prof. Dr. Griesinger in Berlin auf dem Gebiete der Irrenheilkunde. L. Oehmigke's Verlg, Berlin

Laehr H (1875) Die Heil- und Pflegeanstalten für Psychisch-Kranke in Deutschland, der Schweiz und den benachbarten deutschen Ländern. G. Reimer, Berlin

Laehr H (1893) Schweizerhof, Privat-Heilanstalt für Nerven- und Psychisch-Kranke weiblichen Geschlechts. Zweiter Bericht. G. Reimer, Berlin

Laehr H 1903) Schweizerhof. Fünfzig Jahre nach seiner Gründung 17. Dezember 1853 bis 17. Dezember 1903. Georg Reimer, Berlin

Langer K (1966) Heinrich Laehr und das Asyl Schweizerhof in Zehlendorf bei Berlin. Diss. med. FU Berlin

Mette A (1976) Wilhelm Griesinger. Der Begründer der wissenschaftlichen Psychiatrie in Deutschland. Teubner, Leipzig

Müller T (2007) Community Spaces and Psychiatric Family Care in Belgium, France, and Germany. A Comparative Study. In: Topp L, Moran J, Andrews J (Hrsg.) Madness, Architecture and the Built Environment. Psychiatric Spaces in Historical Context. Routledge Press, London, S. 171-189

Pernice A, Evans NJR (1995) Family care and asylum psychiatry in the nineteenth century. The controversy in the Allgemeine Zeitschrift für Psychiatrie between 1844 and 1902. History of Psychiatry 6: 55-68

Pigeaud J (2001) Aux Portes de la psychiatrie: Pinel, l'ancien et le moderne. Aubier, Paris

Raphael L (1996) Die Verwissenschaftlichung des Sozialen als methodische und konzeptionelle Herausforderung für eine Sozialgeschichte des 20. Jahrhunderts. Geschichte und Gesellschaft 22: 165-193

Reil JC (1803) Rhapsodieen über die Anwendung der psychischen Curmethode auf Geisteszerrüttungen. Curt, Halle

Roelcke V (1999) Krankheit und Kulturkritik. Psychiatrische Gesellschaftsdeutungen im bürgerlichen Zeitalter. Campus, Frankfurt New York

Sammet K (2000) „Ueber Irrenanstalten und deren Weiterentwicklung in Deutschland" – Wilhelm Griesinger im Streit mit der konservativen Anstaltspsychiatrie 1865-1868. LIT-Verlag, Münster Hamburg London (Hamburger Studien zu Geschichte der Medizin, 1)

Schott H, Tölle R (2006) Geschichte der Psychiatrie. Krankheitslehren Irrewege Behandlungsformen. C.H. Beck, München

Schmidt PO (1982) Asylierung oder familiale Versorgung. Die Vorträge auf der Sektion Psychiatrie der Gesellschaft Deutscher Naturforscher und Ärzte bis 1885. Matthiesen, Husum (Abhandlungen zur Geschichte der Medizin und der Naturwissenschaften, 44)

Schmiedebach HP (1990) Mensch, Gehirn und wissenschaftliche Psychiatrie: Zur therapeutischen Vielfalt bei Wilhelm Griesinger. In: Glatzel J, Haas S, Schott H (Hrsg) Vom Umgang mit Irren. Beiträge zur Geschichte psychiatrischer Therapeutik. S. Roderer, Regensburg. S.83-105

Schmiedebach HP (1987) Wilhelm Griesinger. In: Ribbe W (Hrsg) Berlinische Lebensbilder. Bd. 2: Winau R, Treue W (Hrsg). Mediziner. Colloqium Verlag, Berlin. S. 109-131 (Einzelveröffentlichungen der Historischen Kommission zu Berlin, 60,2)

Schmiedebach HP (1986) Psychiatrie und Psychologie im Widerstreit. Die Auseinandersetzung in der Berliner medicinisch-psychologischen Gesellschaft (1867-1899). Matthiesen, Husum (Abhandlungen zur Geschichte der Medizin und Naturwissenschaften, 51)

Schrenk M (1968) Griesingers neuropsychiatrische Thesen und ihre sozialpsychiatrischen Konsequenzen. Nervenarzt 39: 441-450

Verwey G (2004) Wilhelm Griesinger. Psychiatrie als ärztlicher Humanismus. Arts u. Boeve, Nijmegen

Wiesemann P (1995) Wilhelm Griesingers (1817-1868) Anstaltskonzept im Spiegel der Zeit. Diss. med. München

Wahrig-Schmidt B (1985) Der junge Griesinger im Spannungsfeld zwischen Philosophie und Psychologie. Anmerkungen zu den philosophischen Wurzeln seiner frühen Psychiatrie. Narr, Tübingen

Weiner DB (1994) „Le geste de Pinel". The history of a psychiatric myth. In: Micale MS, Porter R (Hrsg.) Discovering the history of psychiatry. Oxford University Press, New York et al.. S. 232-247

Wunderlich CA (1869) Wilhelm Griesinger. Biographische Skizze. Wigand, Leipzig

Zeller G (1968) Welcher psychiatrischen Schule hat Wilhelm Griesinger angehört? Deutsches medizinisches Journal 19: 328-334

12 „Entfremdung" und „Entartung" bei Wilhelm Griesinger und Bénédict-Augustin Morel: Bezug zu aktuellen psychiatrischen Konzepten

Andreas Heinz und Ulrike Kluge

Zusammenfassung

Anhand der Begriffe „Entfremdung" und „Entartung" im Werk Wilhelm Griesingers (1817-1868) wird ein Abschnitt psychiatrischer Zeit- und Wissenschaftsgeschichte nachgezeichnet. Ausgehend vom Begriff der Degeneration, der dem christlichen Kontext entsprechend als ein „Abfall von Gott" verstanden wurde und dem für Griesinger maßgeblichen Einfluss französischer Psychiater (Morel u. a.) wird Griesingers Konzeption der Geistes- und Gehirnkrankheiten diskutiert, die eine im 19. Jahrhundert innovative Reflexion verschiedener Verständnisebenen psychischer Konstrukte beinhaltet. Die im folgenden Jahrhundert dominanten Modelle in Psychiatrie und Neurologie entwickelten sich jedoch erst nach Griesingers Tod infolge der populär werdenden Evolutionstheorie (Jackson, Magnan u.a.). Der Beitrag folgt dem Einfluss des Zeitgeistes auf Entwicklungstheorien, die das Konzept der Degeneration im evolutionären Kontext neu verorteten. Der Diskurs der europäischen Moderne war dabei von der Annahme bestimmt, dass der europäisch(-stämmige) Mann an der Spitze der menschlichen Evolution steht und ihm gegenüber andere menschliche Daseinsweisen als „primitive" Vorstufen zu verstehen sind. Die uns im 21. Jahrhundert vertraute, zu Lebzeiten Griesingers noch nicht präsente Sicht auf die Diversität und Komplexität außereuropäischer Kulturen, die eben keinesfalls als „primitiv" gekennzeichnet werden können, entwickelte sich erst in ethnologischen und anthropologischen Feldstudien (Lévi-Strauss, Evans-Pritchard u. a.) in den 20er und 30er Jahren des 20. Jahrhunderts. Da dieser Diskurs in der psychiatrischen Theoriebildung bisher nur wenig Beachtung fand, erscheint es als Aufgabe derzeitiger und zukünftiger Diskussionen, unser Menschenbild an den Stand der anthropologischen Forschung anzupassen und den Einfluss vergangener wie zeitgenössischer Diskurse auf Wissenschaft und Praxis kritisch zu reflektieren.

Wilhelm Griesinger wurde nicht nur bekannt als erster wissenschaftlich tätiger Psychiater, der die Verbindung der Psychiatrie und Neurologie institutionell durchsetzte und damit die Verankerung der Psychiatrie in der biologischen Medizin förderte. Er war darüber hinaus sozial tätiger Psychiater, der sich im Sinne der Non-Restraint-Bewegung Conollys[1] klar gegen körperliche Zwangsmaßnahmen aussprach (vgl. Conolly 1847) und mit den Stadtasylen eine gemeindenahe Versorgungsform – allerdings nur für die als akut eingeschätzten Patienten – forderte.

In seiner theoretischen Konzeption verwendete Griesinger drei Begriffe: den der Geisteskrankheiten, der *Entfremdung* und der *Entartung*. Entsprechend dem oben genannten, innovativen und auf die Würde der Patienten Rücksicht nehmenden Ansatz könnte vermutet werden, dass er den französischen Begriff der Aliénation als *Entfremdung* übersetzte und verwendete und erst im späteren Verlauf seines Lebens unter dem Einfluss der französischen Degenerationslehre an dessen Stelle den Begriff der *Entartung* setzte. Parallel dazu ließe sich eine Entwicklung von den Hoffnungen des Vormärzes hin zu den erstarrten Zuständen nach der misslungenen Revolution von 1848 konstruieren. Die Verhältnisse sind aber, wie zu zeigen sein wird, vielschichtiger.

Interessanterweise ist der zentrale Begriff, um den Griesinger sein großes Lehrbuch „Die Pathologie und Therapie der psychischen Krankheiten" von 1845 konzipierte (Griesinger 1845), jener der Geisteskrankheiten, während die Begriffe der *Entfremdung* und der *Entartung* erst in späteren Auflagen (Griesinger 1867 [1861], 1871) seines Buches eine halbwegs prominente Stellung einnehmen. Die Entwicklungsgeschichte und die durch Griesinger entscheidend mitgeprägte weitere Verwendung dieser Begriffe in der psychiatrischen Theoriebildung werden im folgenden Beitrag diskutiert.

1 Der Abfall von Gott als „Verlust der Vernunft": Degeneration und Entfremdung im christlichen Kontext

In der frühen Neuzeit wurde der Begriff der Degeneration in einem christlichen Kontext verstanden. So schrieb Topsell 1607, dass der Mensch seine Entstehung (Generation) und seine Degeneration bedenken solle, die Topsell als Abfall von Gott verstand (Topsell 1607).

Der Anthropologe Blumenbach brachte 1795 die Degeneration erneut in den Kontext der Gottesferne. Blumenbach ging davon aus, dass sich der von Gott perfekt geschaffene Mensch in seiner Entwicklung degenerativ von Gott entfernt habe. Er attestiert den drei von ihm eingeteilten Menschenrassen, den sogenannten „Kaukasiern"[2], „Chinesen" und

---

[1] Zunehmend entwickelten sich im 19. Jahrhundert, von England ausgehend, reformatorisch wirkende Bewegungen. Die Non-Restraint-Bewegung entstand, als ein Patient in einer Zwangsjacke zu Tode kam. Sie setzte sich schnell durch: Während 1830 noch 54 von insgesamt 92 Patienten gefesselt wurden, waren es 1837 nur noch 3 von 130 Patienten (im Lincoln-Lunatic-Asylum unter der Direktion von R. Gardiner Hill). Die Bewegung wurde entscheidend von John Conolly (1794-1866) gefördert (vgl. Conolly 1847).

[2] Der Begriff der Kaukasier entstammte hier der noch biblisch motivierten Idee, dass die Arche Noah am Berg Ararat gestrandet sei und die drei Söhne Noahs die vermeintlichen Stammväter der Menschenrassen wurden. Die nach Norden in Richtung Kaukasus gewanderten "Kaukasier" sollten sich dabei am wenigsten durch degenerative Veränderungen auszeichnen. Der Begriff der Kaukasier stammt also keinesfalls aus der - damals noch gar nicht vorliegenden - Kenntnis einer intereuropäischen Sprachfamilie und ist somit nicht wertneutral, vielmehr deutet sich bereits hier eine hierarchisch-wertende Sicht an.

„Negern" eine in eben dieser Rangfolge zunehmend ausgeprägte Stärke der Degeneration.

Auch Schelling sah den Menschen bedroht durch den Abfall von Gott. So formulierte er in seinen Privatvorlesungen 1810 die These, dass der vom Absoluten abgefallene Mensch auf die Natur zurückgesunken sei. Wenn nun in trostlosem Schmerz die Seele Geist und Gemüt nicht leiden kann, „tritt der Wahnsinn hervor zum schrecklichen Zeichen, was der Wille ist in der Trennung von Gott" (Schelling 1810). Schellings Argumentation kann als Verknüpfung zwischen der *Entfremdung* im Sinne der Trennung von Gott und der Entstehung psychischer Erkrankungen interpretiert werden, wie dies auch Hegel in seiner Kritik an Schellings Identitätsphilosophie 1807 formulierte (vgl. dazu Habermas 1971).

2 Der französische Einfluss: Der Begriff der Aliénation und Degeneration zu Beginn des 19. Jahrhunderts

Eine zweite Argumentationslinie, die den Begriff der *Entfremdung* mit psychischen Erkrankungen verband, ist die Übernahme des Begriffes der Aliénation aus der französischen in die deutsche Psychiatrie. So hatte Pinel psychische Erkrankungen durch eine Störung der Selbstbeherrschung, Selbsterhaltung und Identität gekennzeichnet und gebrauchte dafür den Begriff der Aliénation. Insbesondere in der Manie raisonnante entfalte sich diese Manie aus der inneren Anlage, wobei hier bereits die Bedeutung der Konstitution und Vererbung betont wurde. Esquirol verwendete noch in seiner Dissertation 1805 den Begriff der Aliénation, ersetzte ihn aber in seinen späteren Werken durch den Begriff der Maladies mentales, der im Deutschen als Geisteskrankheiten übersetzt wurde (Esquirol 1838; vgl. Dörner 1999).

Entsprechend dem steigenden Einfluss der Phrenologie wurde das „Irresein" im Gehirn verortet, die klinische Beobachtung stützte sich auf psychische und moralisch bewertete Verhaltenserscheinungen und Verhaltensweisen. Es wurde die These formuliert, dass durch eine Störung der Aufmerksamkeit die Leidenschaften in der Zivilisation deformiert würden. Demgegenüber wurde das Ideal der im mittleren Tonus gespannten Saite („attention") gesetzt, wonach Manie und Monomanie als entgegengesetzte Pole aus einer zu schwachen oder eben zu sehr fixierten Energie der Aufmerksamkeit resultierten (Dörner 1999).

Auch Morel als jesuitisch geprägter Denker vertrat die Auffassung, dass die Degeneration ein Abfall vom Ideal des Menschen sei, den Gott perfekt geschaffen habe. Morel vertrat in seiner Schrift „Traité des dégénérescences physiques, intellectuelles et morales de l'éspèce humaine et des causes qui produisent ces variétés maladives" (Morel 1857) explizit die Auffassung, dass hier über mehrere Generationen die Störungen und Krankheiten verstärkt aufträten, so dass beispielsweise in der ersten Generation Ausschweifungen und Nervosität die Menschen charakterisieren, während in der nächsten Generation Neurosen, Alkoholabhängigkeit und neurologische Erkrankungen auftreten können, die in der folgenden Generation zu geistigen Störungen und Suiziden führen können, bis schließlich die Familie durch Schwachsinn oder Missbildungen ausstürbe (Hermle 1986). Ein Vorbild für diese Annahme war sicherlich die Syphilis, bei der im Rahmen einer „sexuellen Ausschweifung" eine Erkrankung erworben wurde, die in der Folgegeneration (durch den damals nicht bekannten Mechanismus der intrauterinen Infektion) zu schweren Missbildungen führen kann.

3   Griesingers Konzepte zur Entfremdung und Entartung

Zu Beginn des 19. Jahrhunderts nahm also das Konzept der *Entfremdung* (Aliénation) eine herausragende Bedeutung ein und integrierte bestehende Interpretationsmuster eines christlich geprägten, als Abfall von Gott verstandenen Degenerationsbegriffs. Bedenkt man, dass Morels Konzeption der Degeneration (dégénération) erst ab Mitte des 19. Jahrhunderts an Beachtung gewann, könnte man vermuten, dass Griesinger in der ersten Auflage seines Lehrbuchs (Griesinger 1845) den Begriff der *Entfremdung* verwendete und diesen erst später unter dem Einfluss Morels und der französischen Diskussion durch das Konzept der *Entartung* (dégénération) ersetzte. Diese Chronologie lässt sich aus seinem Werk nicht ableiten. Interessanterweise verwendet Griesinger ab 1845 den Begriff der psychischen Krankheiten bzw. der Geisteskrankheiten und der Gehirnkrankheiten: „Das Ich ist eine Abstraktion [...], die sich im Fortgang der psychischen Prozesse mit einem immer neuen Inhalte füllt" (durch Assimilation des neuen Vorstellens zu dem vorhandenen Ich) (Griesinger 1845). Griesinger ging davon aus, dass „mit der eintretenden Gehirnkrankheit" sich „Massen neuer, dem Individuum bisher in dieser Weise fremd gewesener Empfindungen, Triebe und Vorstellungen" entwickeln würden. Diese auf den Einfluss der Gehirnkrankheiten zurückzuführenden Empfindungen stünden anfangs „dem alten Ich als ein fremdes, oft Staunen und Schrecken erregendes Du gegenüber". Aber später wäre „durch jene Verknüpfungen, durch jene Aufnahme der anomalen Vorstellungs- und Willenselemente, eben das Ich verfälscht und ein ganz anderes geworden" (ebd.). Griesingers Konzeption erscheint hier ausgesprochen modern, beinhaltet eine Reflexion auf die verschiedenen Verständnisebenen psychischer Konstrukte, wobei das Ich explizit als Abstraktion verstanden wird, und er geht davon aus, dass durch den untergründigen biologischen Prozess ungewöhnliche Erlebnisinhalte produziert werden, welche dann – im Sinne der *Entfremdung* – dem Ich als etwas Unbekanntes bzw. Fremdes entgegentreten. Der Ausdruck der *Entfremdung* fällt jedoch erst in der 3. Auflage seines Lehrbuches, die 1871 erschienen ist: „Der Hauptpunkt ist immer der, dass in der ungeheuren Mehrzahl der Fälle sich mit der psychischen Erkrankung eine Veränderung, eine von dem früheren Wesen des Kranken beträchtlich verschiedene, demselben fremde Beschaffenheit seines Seelenlebens, seiner Stimmungen, Gefühle, Neigungen, Gewohnheiten, Willensrichtungen und Urtheile einstellt. Er ist nicht mehr derselbe; sein früheres Ich wird ja verändert, er wird sich selbst entfremdet (alienirt)" (Griesinger 1871). In dieser dritten, posthumen Auflage erscheint auch der Begriff der *Entartung* als Übersetzung des Morelschen Konzepts der Degeneration. Jedoch bereits in der zweiten Auflage seines Lehrbuchs 1861 (1867) postuliert Griesinger: „Morel, der die Verhältnisse der Erblichkeit neuestens von umfassendem Standpunkte [...] untersucht hat, unterscheidet folgende Haupterscheinungen der erblichen Seelenstörung: (1) Solche, die sich vornehmlich als Steigerung des nervösen Temperaments der Eltern aussprechen. (2) Solche, wo sich die Störung überwiegend in schlimmen Neigungen, Excentricitäten, Verkehrtheiten aller Art bei mehr erhaltener Intelligenz [...] äußert. (3) Solche, wo schon mehr und mehr Beschränktheit im intellectuellen Leben, geistige Trägheit und Schwäche besteht [...] öfters finden sich daneben alle Arten schlimmer Neigungen, zuweilen auch schon Kleinheit des Schädels und Sterilität. Endlich

(4) der eigentlich von Hause aus bestehende Blödsinn, die Imbecillität bis zu den höchsten Graden des Idiotismus und Cretinismus; [...]". Griesinger folgert: „Alle diese verschiedenen pathologischen Zustände sind (nach Morel) Zweige eines Stammes in einzelnen Familien. Sie werden beseitigt durch stete Erneuerung des Blutes aus ganz gesunden Familien, gesteigert und zu den äußersten degenerativen Formen fortentwickelt durch Weiterheirathen in derselben Familie [...]. Die Verschlechterung der ganzen Race und die eigentlichen „Entartungs"-Zustände der Betroffenen bilden sich allerdings gewöhnlich erst allmählich und progressiv; [...]" (Griesinger 1867). Griesinger verwendet in der zweiten Auflage (1867 [1861]) also bereits den Begriff der *Entartung,* um die Degeneration zu übersetzen und damit Morels Konzept der schrittweisen erblichen Degeneration verständlich zu machen. Ein eigentlicher Bezug auf evolutionäre Modelle, deren stammesgeschichtlicher Fortschritt durch die Krankheit umgedreht werden würde, findet sich jedoch erst bei Jackson (1884 [dt. 1927]) und bei Magnan (vgl. Magnan 1891-1893, Magnan & Legrain 1896).

Entfremdung und *Entartung* sind bei Griesinger also keine historisch aufeinander folgenden Konzepte. Eher drängt sich der Eindruck auf, dass Griesinger nach 1845 – ausgehend von Begriffen der psychischen bzw. Geisteskrankheit – versuchte, die aus Frankreich stammenden Konzepte für die Erfassung unterschiedlicher, aber aus seiner Sicht kompatibler Sachverhalte zu nutzen, nämlich zum einen der psychopathologisch zu verstehenden *Entfremdung* und zum anderen der ätiologisch verstandenen Degeneration.

4 Die Herausforderungen der Evolutionstheorie und die Integration des Degenerationsmodells in psychiatrische und neurobiologische Diskurse

Die bisher genannten Theorien arbeiten mit der Annahme eines perfekten Menschenbildes, von dem sich der psychisch kranke Mensch degenerativ fortentwickle. Der Fall von der Höhe (göttlicher) Perfektion entspricht dabei dem Ausmaß der Degeneration. Mit Darwins bahnbrechender Beschreibung der Evolution stellte sich natürlich die Frage, wie das Degenerationsmodell künftig verortet werden sollte. Die Evolution geht ja gerade davon aus, dass der Mensch eben nicht perfekt von Gott geschaffen wurde, sondern das Endprodukt einer langen Entwicklungsreihe darstellt. Paradigmatisch formulierte Jackson bereits 1884 die Annahme, dass evolutionär jüngere, höhere und sehr komplexe Zentren sich aus „primitiveren" Zentren entwickeln würden. In seinem Hirnmodell kommt den vermeintlich „primitiveren" Zentren die Aufgabe zu, die höheren Zentren zu informieren, während die höheren Zentren die jeweils älteren hemmen.

Grundlage der Entwicklung ist also eine Zunahme des Komplexitätsgrades der jüngsten Hirnzentren, die damit auch am störanfälligsten seien und immer als erste von Erkrankungen betroffen wären. Der Ausfall der höchsten Hirnzentren manifestiere sich nun als Negativsymptomatik, die Enthemmung der älteren Hirnzentren als Positivsymptomatik. Da diese älteren Hirnzentren evolutionär vermeintlich „primitive" Verhaltensschablonen beinhalten, sei deren Auftreten als pathologisch zu bewerten (Jackson 1884 [dt. 1927]).

Dieses Modell lässt sich sehr gut auf den Schlaganfall übertragen, bei dem der Ausfall des ersten Motoneurons bzw. der kortikalen Steuerung zur Negativsymptomatik im Sinne der Lähmung führt, während beispielsweise die Enthemmung von Muskeleigenreflexen oder des Babinskischen Zeichens auf Ebene des zweiten Motoneurons dem Auftreten pri-

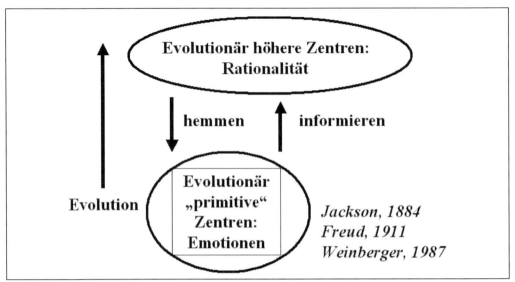

Abb. 1: Evolutionskonzept bei Jackson, Magnan, Freud und Weinberger (vgl. Heinz 2002)

mitiver Verhaltensschablonen und damit der Positivsymptomatik entsprechen soll. Allerdings zeigt das Beispiel des Schlaganfalls bereits, dass hier die Enthemmung evolutionär älterer Zentren wie der Regelkreise auf spinaler Ebene nicht einfach zum Wiederauftreten evolutionär älterer Verhaltensmuster führt, sondern – wie beispielsweise beim Babinskischen Zeichen – zum Auftreten dysfunktionaler Erscheinungen, die allenfalls Ähnlichkeitsbeziehungen zu evolutionär einfacheren Funktionsabläufen aufweisen. Dieser Unterschied ist wichtig, da – wie zu zeigen sein wird – in den nachfolgend dargestellten Diskussionen häufig versucht wurde, pathologische Positivsymptomatik und evolutionär vermeintliche „primitive" Verhaltensweisen durch krude Analogieschlüsse zu vergleichen oder gar gleichzusetzen.

Mit Jacksons Modell wird aber auch klar, wie sich die Degeneration oder in Jacksons Terminologie die Dissolution in ein evolutionäres Verhalten und Hirnmodell integrieren lassen. Der Ausfall der höheren Hirnzentren und die Manifestation der Positivsymptomatik durch ältere Hirnzentren entsprechen dann der Degeneration. Krankheit ist also Degeneration und damit in gewissem Sinne eine Umkehrung der Evolution.

Dieses Modell beeinflusste auch Freud (1911) und findet bis heute Aufnahme in neurobiologische Konzeptionen, beispielsweise der schizophrenen Psychosen, bei denen ja ebenfalls die Negativsymptomatik meist in einer Funktionsstörung des frontalen Kortex als frühgenetisch jüngerem und komplexem Hirnzentrum gesucht wird, während die Positivsymptomatik in der Regel im Sinne einer Enthemmung stammesgeschichtlich älterer limbischer Systeme, wie beispielsweise der dopaminergen Innervation im ventralen Striatum zugeschrieben wird (vgl. Heinz 2002, 2004).

Tatsächlich gibt es auch bei Tiermodellen Hinweise darauf, dass eine frühe Störung kaudaler Regionen – in diesem Fall allerdings des temporallimbischen und gerade nicht des frontalen Kortex – dazu führt, dass postpubertär die Kontrolle des frontalen Kortex über die subkortikale Dopaminfreisetzung i. S. der Enthemmung gestört ist. So kann es bei

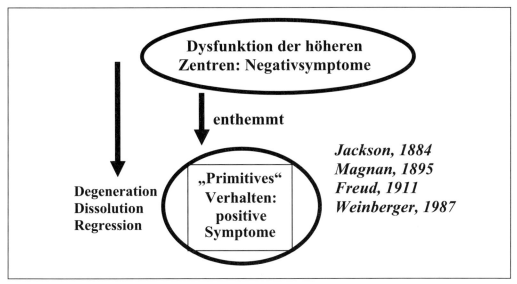

Abb. 2: Konzepte der Degeneration, Dissolution und Regression bei Jackson, Magnan, Freud und Weinberger (vgl. Heinz 2002).

Simulationen von Stresserscheinungen durch Stimulation des präfrontalen Kortex tatsächlich zu einem kurzzeitigen Anstieg der subkortikalen Dopaminfreisetzung kommen, die in gewisser Hinsicht ein Modell für die dopaminerge Dysfunktion schizophrener Psychosen darstellt (vgl. Heinz 1996, 2000). Es gibt also durchaus Funktionsabläufe im Gehirn, die entsprechend der Annahme von Jackson „top down" moduliert sind. Allerdings gibt es natürlich ebenfalls Regulationsmechanismen, die „bottom up" funktionieren, man denke an das Auftreten des Ballismus bei Störung des Nucleus subthalamicus.

5 Phantasievolle Analogien – das Degenerationsmodell macht Geschichte

Ausgehend von der Jackson'schen Annahme, dass Krankheit eine Umkehr des Evolutionsprozesses darstelle, die sich als Ausfall komplexer Hirnzentren und ihrer Funktionen (Negativsymptomatik) einerseits und als Enthemmung älterer, vermeintlich „primitiver" Hirnzentren (Positivsymptomatik) manifestiere, versuchte eine Vielzahl von Autoren, neurologische und psychiatrische Krankheitserscheinungen mit diesem Modell zu erklären. Dabei wurde meist der oben bereits dargestellte Einwand übersehen, dass die Positivsymptomatik nicht einfach in den unmodifizierten und ungestörten Manifestationen „primitiver" Funktions- und Verhaltensweisen bestehen könne. Denn wenn dies der Fall sein sollte, müsste die Weiterentwicklung des zentralen Nervensystems wie der in verschiedenen Hirnzentren lokalisierten Funktionen die jeweils älteren Hirnzentren komplett unverändert und unbeschadet in ihrer Funktionsweise erhalten haben, so dass der Ausfall höherer Steuerungszentren eine Remanifestation harmonischer, wenn auch evolutionär „primitiver" Verhaltensweisen bedingen könnte. Dies ist zwar neurobiologisch absolut unplausibel (vgl. Heinz 2002), regte aber die Phantasie an, da nunmehr nach vermeintlich „primitiven" Analoga von Geisteskrankheiten gesucht wurde, die die postulierte „Primitivität" der psychischen Erkrankungen belegen sollten. Von verschiedenen Autoren wurden hier unterschiedliche Vergleichsgruppen herangezogen. So postulierte Freud in der Psychose einen Verlust des rationalen Denkens, d. h. des Sekundärprozesshaften (Negativsymptomatik) (Freud 1900) und eine Regression der Libido[3] auf das Frühentwicklungsstadium des Narzissmus, was zu Paranoia führen sollte, oder den Autoerotismus, der dem Abzug der Objektbesetzungen und dem Realitätsverlust in der Psychose entsprechen sollte (Freud 1905). Bleuler, dem die Erotik in der Freud'schen Wortprägung des Autoerotismus missfiel, verkürzte den Begriff entsprechend, um jenen Bestandteil und prägte das Kunstwort des Autismus, um das primärprozesshafte Wunschdenken der psychotisch erkrankten Patienten zu beschreiben (Bleuler 1950). Auch er ging davon aus, dass die Psychose ein Verlust der Realitätserkenntnis und des rationalen Denkens sei (Negativsymptomatik), die zu eben jenem autistischen Wunschdenken führen würde. Von verschiedenen anderen Autoren wurden jeweils dem höheren Funktionsniveau Begriffe wie Wahrheit, Freiheit, wissenschaftliches Denken, Kultur, höhere Hirnzentren sowie erwachsenes und männliches Verhalten zugeordnet. Das gefühlsbetonte, vermeintlich „primitive" und prä- oder unlogische Denken sollte hingegen die Dichter, Kinder, Frauen und Kolonialvölker charakterisieren, welche – mangels anderer Anschauungsobjekte – als vermeintlich taugliche Exemplare für die phylogenetische Vorstufe des modernen Europäers galten.

Die Distanz, aus der heraus wir diese Theoriebildungen heute betrachten können und die die Abwertung der Kolonialvölker durch die Zuschreibung „primitiver" Verhaltensweisen auf ihre sozialen Strukturen benennbar macht, bedarf allerdings selbst wiederum ei-

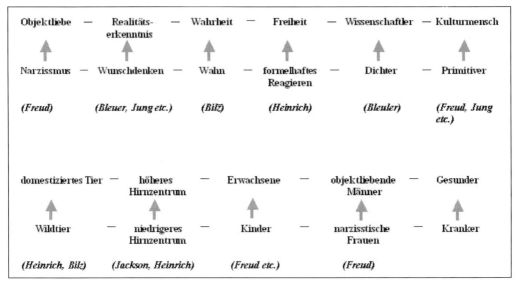

Abb. 3: Struktur der Regressionstheorien (vgl. Heinz 2002)

---

[3] "Die Libido solle im Falle von genitaler Nichtbefriedigung oder realer Schwierigkeiten in die früheren prägenitalen Besetzungen zurückkehren." Dabei "[...] erfolgt ein Rückzug auf eine frühere Entwicklungsstufe in der Persönlichkeitsentwicklung" (Laplanche und Pontalis 1975).

ner Erläuterung. Wenn es ein fast geschlossenes Weltbild der europäischen Moderne war, sich selbst als Spitze der menschlichen Evolution zu phantasieren und demgegenüber andere menschliche Daseinsweisen als vermeintlich „primitiv" zu charakterisieren, wieso ist es uns heute möglich, diese Anschauung zu kritisieren?

Die Antwort findet sich nicht im Bereich der psychiatrischen Theorien, die oft noch sehr lange, das heißt bis in die Mitte des 20. Jahrhunderts, dem Konzept einer „Primitivierung" in den Psychosen anhingen. Im Gegensatz dazu nahmen andere Disziplinen, wie die Ethnologie und Anthropologie unter dem Einfluss der Linguistik eine Richtung, die die vermeintlich einfache evolutionäre Gliederung der Menschen in Frage stellte. Noch zu Beginn des 20. Jahrhunderts war diese Entwicklung keineswegs abzusehen. Werke wie Freuds „Totem und Tabu" (1913) oder das Konzept des Anthropologen Lévy-Bruhl zum „Prälogischen Denken" (1921) gehen selbstverständlich davon aus, dass nur der moderne, zivilisierte Mensch westlicher Prägung über rationales Denken verfügt und sich unter den kolonisierten Völkern Anschauungsobjekte für ein stammesgeschichtlich älteres Denken finden lassen. Die Entwicklung der anthropologischen Theoriebildung, die unser zeitgenössisches Denken über das Verständnis menschlicher Kulturen grundlegend veränderte, soll anhand von drei unterschiedlichen Beiträgen kurz skizziert werden.

6 Anthropologische Feldforschung und neue Konzeptionen der menschlichen Entwicklung

Eine grundsätzliche Wende in der anthropologischen Sicht der Kolonialvölker leitete Malinowski ein, der im 1. Weltkrieg auf den Trobriand-Inseln strandete. Er beobachtete, dass die Melanesier keinesfalls – wie beispielsweise von Lévy-Bruhl vermutet – des logischen Denkens unfähig seien. Vielmehr stellte er fest, dass magische Rituale funktionell immer dann eingesetzt würden, wenn der Ausgang einer Handlung unsicher sei. Sie dienten somit der Beruhigung und Sicherheit der Akteure. Beispielsweise würde beim Fischen innerhalb der Lagune, wo das Wasser seicht, das Risiko des Kenterns und Ertrinkens gering und der Erfolg des Fischens vorhersehbar, aber beschränkt ist, keine Magie angewendet. Würden die Fischer jedoch auf die hohe See hinaus fahren, wo man entweder einen sehr guten Fisch fangen oder aber ertrinken könne, würden magische Rituale die Handlung begleiten. Rituale sind demnach in diesem Kontext beschränkt auf unkontrollierbare Situationen und mit zweckdienlichen psychischen Wirkungen verbunden (Malinowski 1948 [1955]).

Einen Schritt weiter ging Evans-Pritchard, der vor Ausbruch des 2. Weltkriegs im Südsudan Feldforschung betrieb. Er beschrieb magische Rituale nicht nur als funktionelles und logisch durchstrukturiertes System, das so konstruiert sei, dass es nie der Erfahrung widerspreche (vgl. Evans-Pritchard 1976 [1937]). Er behauptete sogar, dass er sich in dieses System als weißer Europäer eindenken könnte. Damit stellte er das Postulat Lévy-Bruhls fundamental infrage, dass das prälogische Denken dem westlichen Denken diametral entgegengesetzt und unverständlich sei (Heinz 1997). Evans-Pritchard widersprach damit auf anthropologischer Ebene in gewissem Sinne auch der von Jaspers postulierten Uneinfühlbarkeit der formalen Aspekte psychotischen Erlebens (vgl. Jaspers 1920). Evans-Pritchard spekulierte allerdings nicht über grundsätzliche Möglichkeiten der Einfühlung in psychotisches Erleben, sondern schilderte in seinem angelsächsisch knappen und pragmatischen Stil, wie er sich magischer Rituale befleißigte, um den Alltag im Land der Azande zu meistern. Bezüglich der vermeintlich prälogischen Struktur magischer Handlungen erläutete Evans-Pritchard die Konstruktionsprinzipien der sozialen Interaktion und deren Bezug zur Empirie wie folgt: Vereinfacht gesagt gehen die Azande bei jedem Todesfall davon aus, dass er auf unnatürliche Ursachen im Sinne der Hexerei zurückzuführen ist. Sie befragen daraufhin das Orakel, wer der oder die verantwortliche Hexe sei. Das Orakel wird zweimal befragt, da Azande als gute Empiriker wissen, dass eine einzelne Testung versagen kann (hier ist die Praxis nicht unähnlich der Doppelbestimmung von Laborwerten, die in heutigen Krankenhäusern üblich ist). Allerdings besteht das Orakel in diesem Fall auf der Verabreichung von kleinen Giftdosen an Hühner, und der Tod des Huhns bei Nennung eines spezifischen Namens gilt als Anzeichen dafür, dass hier tatsächlich die Hexe benannt wurde. Die so identifizierte Hexe wird daraufhin mit den Vorwürfen konfrontiert. Auch wenn die Hexerei in der Regel erblich sein soll, wird die jeweils entlarvte Hexe behaupten, dass sie sich ihrer bösen Fähigkeit keinesfalls bewusst war und sich in der Regel entschuldigen. Genest nun der Kranke, ist alles in Ordnung. Stirbt er jedoch, wird wiederum Magie eingesetzt, um die schuldige Hexe zu bestrafen (vgl. Evans-Pritchard 1976). Hätte Lévy-Bruhl nun recht, wären die Azande also tatsächlich des logischen Denkens unfähig, dann würden sie die Magie jetzt gegen die eben entlarvte Hexe richten und es irgendwie schaffen, zu ignorieren, falls ihre Magie nicht zum Tod der Hexe führt. Gerade diese Annahme ist aber falsch. Das magische System ist so konstruiert, dass es einer solchen einfachen empirischen Widerlegung entgeht. Die Azande führen die Magie aus und richten sie nicht gegen die zuvor identifizierte Hexe, sondern „gegen den Schuldigen". Stirbt nun ein Mensch in der näheren Umgebung, wird das Orakel wiederum (zweimal) befragt, ob dies die verantwortliche Hexe war. Wenn das Orakel die Handlung bejaht, ist der Fall erledigt. Evans-Pritchard betont zwar, dass er selbst die kleinen empirischen Schwächen des Systems durchschaute (eine Haltung, für die ihn später Peter Winch (1975) der Überheblichkeit bezichtigte, was wiederum von Habermas in seiner Theorie des kommunikativen Handelns kritisiert wurde (vgl. Habermas 1981)), dass das gesamte System jedoch keinesfalls unlogisch oder gar dem westlichen Denken nicht zugänglich sei.

Ein weiterer Schritt wurde durch den Strukturalisten Lévi-Strauss getan. Er versuchte die Annahme zu widerlegen, dass das Denken der Naturvölker in irgendeiner Form konkretistisch oder der Abstraktion unfähig sei. Vielmehr betonte er, dass sogenannte „wilde" Denksysteme vorindustrieller Zivilisationen und Gesellschaften durch die Aneinanderreihung von Gegensatzpaaren charakterisiert seien (Lévi-Strauss 1962 [dt. 1968]). Diese Gegensatzpaare würden der Natur entnommen, wobei sich der Unterschied der natürlich vorkommenden Arten (Vögel, Säugetiere etc.) besonders gut eigne, um Unterschiede darzustellen, was auch das häufige und vermeintlich sogar weltweit zu beschreibende Auftreten totemistischer „Welterklärungsmodelle" verstehbar mache. So würden sich beispielsweise Totemtiere, die im Wasser leben, in ähnlicher Weise von Totemtieren auf dem Land unterscheiden, wie sich Clans, die am Wasser leben, von Clans unterscheiden, die im Landesinneren ansässig sind. Diese Unähnlichkeitsbeziehung findet sich ebenso im Unterschied der Jahreszeiten (Sommer versus Winter) oder der Geschlechter (Männer versus Frauen) etc.

Die Unähnlichkeitspaare würden nun in Analogreihen zusammengestellt, wobei nun gerade *keine Ähnlichkeit* zwischen beispielsweise Männern und der Jahreszeit des Winters oder den Clans im Landesinneren konstruiert würde, sondern das ganze System eben durch *Differenzen*, das heißt in diesem Falle Unähnlichkeitsbeziehungen charakterisiert sei. Vergleichbar ist also die Differenz zwischen Männern und Frauen, die sich ähnlich

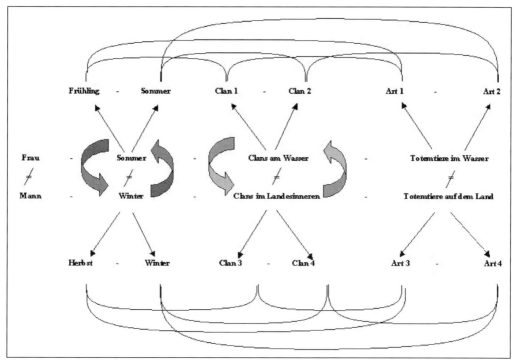

Abb. 4: „Unähnlichkeitsbeziehungen" bei Lévi-Strauss (vgl. Heinz 2002)

deutlich voneinander unterscheiden wie der Sommer vom Winter oder die Clans am Wasser von jenen im Landesinneren etc. Diese Differenzen lassen sich weiter aufgliedern, beispielsweise in Herbst und Winter anstelle des Winters und in Frühjahr und Sommer anstelle des Sommers.

In einem zweiten Schritt können nun beispielsweise Riten für die einzelnen Jahreszeiten konstruiert werden, deren Durchführung den Clans, die am Wasser oder am Land leben, zugeordnet werden, so dass ein komplexes System von Beziehungen entsteht, indem jeder soziale oder natürliche Sachverhalt seinen Platz findet (Lévi-Strauss 1962 [dt. 1968]). So genanntes „wildes" Denken ist also keinesfalls „primitiv" und klebt auch nicht an den konkreten Einzeldingen, sondern bei den untersuchten Naturvölkern werden alle Gegenstände der Welt anhand ihrer hervorstechenden Unterschiede sortiert.

Die Inspiration für ein solches Verständnis anderer Kulturen fand Lévi-Strauss in der Linguistik. In dieser wurde beispielsweise beschrieben, dass sich die einzelnen Elemente eines Sprachsystems (Buchstaben, Wörter etc.) willkürlich den Sachverhalten zuordnen lassen (so heißt Baum im Deutschen eben Baum, im Englischen tree etc.), wobei für das Kriterium der Zuordnung nicht die Ähnlichkeit des Lautbildes zum Gegenstand entscheidend ist. Die Sprache funktioniert vielmehr dann, wenn sich die einzelnen Elemente (Wörter oder Buchstaben) hinlänglich von einander unterscheiden. So unterscheiden sich beispielsweise die Buchstaben B und P durch die Härte des Labiallautes etc. Man kann dementsprechend Buchstaben oder andere Elemente einer Sprachdifferenz in Paaren anordnen (beispielsweise P versus B, T versus D etc.). Entsprechend ging Lévi-Strauss davon aus, dass man auch alle Elemente einer Kultur in Gegensatzpaaren anordnen könne. Die Übertragung dieses linguistischen Modells auf die vermeintlich „primitiven" Kulturen enthüllte nun deren komplexen Charakter, der durch Differenzbildungen gekennzeichnet ist.

Solche Differenzbildungen finden sich allerdings nicht nur in vorindustriellen Kulturen, sondern scheinen ein allgemeines Charakteristikum von generalisierenden „Welterklärungsmodellen" zu sein, wie sie von Menschen fabriziert werden. So finden sich ähnliche Differenzen auch in der Struktur der psychiatrischen und psychoanalytischen Regressions- und Dissolutionstheorien, die ja eigentlich das „primitive" Denken in der Psychose beschreiben sollten (Mesters 1984). Objektliebe unterscheidet sich demnach vom Narzissmus ähnlich wie die Realitätserkennung vom Wunschdenken, die Wahrheit vom Wahn, die Freiheit vom formelhaften Reagieren oder der Wissenschaftler vom Dichter, jeweils Differenzpaare, die von einzelnen psychiatrischen Autoren zur Erläuterung des Gegensatzes von psychotischem Erleben und rationalem Denken verwendet wurden (vgl. Abb. 3).

Differenzbildung und Dualismen sind also offenbar ein generelles Mittel, das Menschen einsetzen, um komplexe Sachverhalte auf einfache Unterschiede hin zu reduzieren. Allerdings findet sich ein Unterschied in den modernen Konstruktionen des Wahns und den Konstruktionen vorindustrieller Kulturen: Die Struktur der psychiatrischen Entwicklungstheorien ist durch einen linearen Zeitbegriff gekennzeichnet, bei dem die Kinder zu Erwachsenen, die „Primitiven" zu Kulturmenschen und die Kranken zu Gesunden werden sollen. Darin spiegelt sich der lineare Fortschrittsgedanke der Moderne. Vorindustrielle Kulturen zeichnen sich dagegen allerdings häufig durch ein eher zykloides Zeitverständnis aus, bei dem sich Sommer und Winter miteinander abwechseln und die Clans am Wasser und am Land ohne eindeutige Hierarchiebildung von einander abhängig sind. Lévi-Strauss schlug daher vor, Kulturen nach ihrem Verhältnis zum sozialen Wandel in „kalte" und „heiße" Kulturen zu unterscheiden. Heiße Kulturen bräuchten, um zu funktionieren, „[...] ein potentielles Gefälle, das durch verschiedene Formen sozialer Hierarchie entsteht [...]", und zielten auf Fortschritt und Weiterentwicklung, während „kalte Kulturen" auf das periodisch Wiederkehrende ausgerichtet seien (Lévi-Strauss 1972). Das Modell von Lévi-Strauss ist jedoch nicht mechanistisch zu verstehen. In der Übersetzung auf real existierende Gesellschaften wird deutlich, dass sie sowohl „heiße" als auch „kalte" Elemente enthalten, sich jedoch durch den Umfang der jeweiligen Anteile dieser Komponenten unterscheiden.

Die oben beschriebenen Strukturbeziehungen zwischen Sommer und Winter, Clans am Wasser und auf dem Land ähneln unserem zeitgenössischen Verständnis des Gehirns, das damit keineswegs mehr als kasernenhofartig strukturiertes Gebilde von Befehl und Gehorsam verstanden wird, sondern als Organ mit multiplen Interaktionen mehr oder weniger autonomer Teilsysteme. Entsprechend diesem Verständnis des Gehirns muss nun die schizophrene Negativsymptomatik keinesfalls ausschließlich durch Ausfall der höchsten Hirnzentren zu erklären sein, sondern kann beispielsweise auch Folge einer Störung vermeintlich „primitiver", limbisch- affektiver Strukturen, wie des ventralen Striatums (des sogenannten dopaminergen Belohnungssystems) sein. Es ist also der strukturalistischen Untersuchung der Komplexität der Sprache geschuldet, dass sich unser Verständnis von vermeintlich „primitiven" Kulturen und von kulturellen wie sozialen Interaktionen grundsätzlich gewandelt hat. Anstelle von Informationspflicht und Kontrollbedürfnis ist die Theorie gegenseitigen Austausches getreten, die heutige Hirnmodelle ebenso kennzeichnet, wie soziologische Modelle (post-)modernen Zusammenlebens. Auch hier ist wahrscheinlich der Zeitgeist am Zug, der ein Ideal der ständigen Kommunikationsbereitschaft und -fähigkeit konstruiert, dem man sich nicht straflos entziehen kann. Das Postulat der zumindest ansatzweise gleichberechtigten Kommunikationspartner entzieht jedoch Theorien der Degeneration oder *Entartung* ihre in diesem Beitrag hinterfragte Plausibilität, was wahrscheinlich ein Grund dafür ist, dass wir zu Beginn des 21. Jahrhunderts in der Lage sind, die Projektion sozialer Hierarchien auf die Modelle der Hirnfunktion und der Geisteskrankheit im 19. Jahrhundert kritisieren zu können. Griesingers Postulat, dass Geisteskrankheiten Gehirnkrankheiten sind, hat daher ungeheure Aktualität: Allerdings müssen wir uns gewahr sein, dass unser Verständnis der Gehirnkrankheiten vom jeweils sozial vorherrschenden Verständnis sozialer Hierarchien und Interaktionen geprägt ist, von Ordnungen des Wissens mit jeweils eigenen diskursiven Regeln über die Wertigkeit von Wissenselementen (vgl. Foucault 1966 [dt. 1974]). Es gibt „[...] eine Fülle ausgezeichneter Untersuchungen über den ideologischen Hintergrund der Wissenschaft primitiver, antiker, fremder und insbesondere feindlicher Gruppen [...], während Untersuchungen über den ideologischen Hintergrund der westlichen Wissenschaft dünn gesät sind" (Devereux 1998 [1967]). Es ist unsere wie die Aufgabe zukünftiger Generationen, die zeitgenössischen (Vor-) Urteile, die in unser heutiges Verständnis des Menschen und seiner psychischen Erkrankungen einfließen, in einem kritischen Diskurs in Wissenschaft und Praxis zu hinterfragen.

Literatur

Bleuler E (1950) Dementia praecox or the group of schizophrenias. International University Press, New York. S. 63
Blumenbach JF (1795) De Generis Humani Varietate Nativa. 4. Auflage. Göttingen
Conolly J (1847) On the Construction and Government of Lunatic Asylums and Hospitals for the Insane, London
Devereux G (1998) Angst und Methode in den Verhaltenswissenschaften (4. dt. Aufl.) [1967]. Suhrkamp Taschenbuchverlag. Frankfurt/M. S. 163
Dörner K (1999) Bürger und Irre. Zur Sozialgeschichte und Wissenschaftssoziologie der Psychiatrie. 2. Auflage. Europäische Verlagsanstalt, Hamburg. S. 143-167
Esquirol JED (1838) Die Geisteskrankheiten in Beziehung zur Medizin und Staatsarzneikunde. 2. Bd. Berlin
Evans-Pritchard E E (1976) Witchcraft, Oracles and Magic among the Azande. Abridged with an Introduction by Eva Gillies. Clarendon Press, Oxford [1937]
Foucault M (1974) Die Ordnung der Dinge. Eine Archäologie der Humanwissenschaften. Suhrkamp, Frankfurt/M
Freud S (1900) Die Traumdeutung. GW Bd. II-III. S. 538-604
Freud S (1905) Drei Abhandlungen zur Sexualtheorie. GW Bd. V. S.69-70
Freud S (1911) Psychoanalytische Bemerkungen über einen autobiographisch beschriebenen Fall von Paranoia. GW Bd. VIII
Freud S (1913) Totem und Tabu. Einige Übereinstimmungen im Seelenleben der Wilden und der Neurotiker. GW Bd. VII
Griesinger W (1845) Die Pathologie und Therapie der psychischen Krankheiten. Für Aerzte und Studirende. Krabbe, Stuttgart. S. 38- 41
Griesinger W (1867) Die Pathologie und Therapie der psychischen Krankheiten. Für Aerzte und Studirende. 2. überarbeitete Auflage. [1861] Krabbe, Stuttgart. S. 159-161
Griesinger W (1871) Die Pathologie und Therapie der psychischen Krankheiten. Für Aerzte und Studirende. 3. überarbeitete Auflage. Wreden, Braunschweig. S. 116-120
Habermas J (1971) Theorie und Praxis. Sozialphilosophische Studien. Suhrkamp, Frankfurt/M. S.113

Habermas J (1981) Theorie des kommunikativen Handelns. Suhrkamp, Frankfurt/M

Heinz A, Knable M B, Pietzcker A, Schmidt L G, Weinberger D R (1996) Positive symptoms in dopaminergic psychosis – implications for the dopamine hypothesis of schizophrenia. Biol Psychiat 39: 544

Heinz A (1997) Savage Thought and Thoughtful Savages. On the context of the Evaluation of Logical Thought by Lévy-Bruhl and Evans- Pritchard. Anthropos 92: 165-173

Heinz A (2000) Die Dopaminhypothese der Schizophrenien – neue Befunde für eine alte Theorie. Nervenarzt 71: 54-57

Heinz A (2002) Anthropologische und evolutionäre Modelle in der Schizophrenieforschung. In: Heise T, Schuler J (Hrsg) Das transkulturelle Psychoforum. Bd. 9. Verlag für Wissenschaft und Bildung, Berlin

Heinz A, Bertolino A, Saunders RC, Kolachana B, Jones DW, Knable MB, Weinberger DR (2004) Brain imaging studies on striatal dopaminergic dysfunction in a primate model and in schizophrenia. Int J Neuropsychopharmacol 7 (Suppl1): 9

Hermle L (1986) Die Degenerationslehre in der Psychiatrie. Fortschr. Neurol. Psychiat. 54: 69-79

Jackson J H (1927) Die Croon-Vorlesungen über Aufbau und Abbau des Nervensystems. Berlin (Deutsche Ausgabe von: Croonian lectures on the evolution and dissolution of the nervous system, 1884)

Jaspers K (1920) Allgemeine Psychopathologie. 2. Auflage. Springer Verlag, Berlin

Laplanche J & Pontalis J-B (1975) Das Vokabular der Psychoanalyse. 2. dt. Auflage. Suhrkamp, Frankfurt/M. S. 436-439

Lévi-Strauss C (1968) Das wilde Denken. Suhrkamp, Frankfurt/M

Lévi-Strauss C (1972) „Primitive" und „Zivilisierte". Gespräche und Bekenntnisse. Verlag der Arche, Zürich. S.34

Lévy-Bruhl L (1921) Das Denken der Naturvölker. Braumüller, Wien - Leipzig

Magnan V (1891-1893) Psychiatrische Vorlesungen. Deutsch von P.J. Möbius. Leipzig

Magnan V, Legrain PM (1895) Les Dégénérés (État Mental et Syndromes Épisodiques). Rueff et Cie, Paris

Malinowski B (1983) Magie, Wissenschaft und Religion [1948]. Fischer, Frankfurt/M. S. 11-21

Mesters H (1984) Klinische Aspekte der Trieb- und der Ich-Regression. In: Heinrich K (Hrsg) Psychopathologie der Regression. Schattauer, Stuttgart - New York. S.177

Morel BA (1857) Traité des dégénérescences physiques, intellectuelles et morales de l'espèce humaine et de ses causes qui produisent ces variétés maladives. J.B.Baillère, Paris

Schelling FWJ (1810) Stuttgarter Privatvorlesungen. In: Schriften von 1806-1813. (1983) Wissenschaftliche Buchgesellschaft, Darmstadt. S. 361-428

Topsell E (1607) In: The Oxford English Dictionary, Vol. 3. Oxford University Press, Oxford: S. 149

Winch P (1975) Was heißt: „Eine primitive Gesellschaft verstehen"? Aus dem Englischen von Max Looser. In: Wiggershaus R (Hrsg): Sprachanalyse und Soziologie. Die sozialwissenschaftliche Relevanz von Wittgensteins Sprachphilosophie. Suhrkamp, Frankfurt/M. S. 59-102

13 Der Kampf um die „traumatische Neurose": Hermann Oppenheim und seine Kritiker in Berlin

Bernd Holdorff

Zusammenfassung

Die traumatische Neurose wurde von Oppenheim in den 80er Jahren des 19. Jahrhunderts (in Anlehnung und gleichzeitig Abgrenzung an Charcots traumatische Hysterie) als Schreckreaktion mit vorwiegend quasi-neurologischen Krankheitssymptomen konzipiert. Die in Berlin geführten Debatten, vor allem 1890 und im 1. Weltkrieg, spiegeln den Wandel von medizinischen Konstrukten und ethischen Einstellungen innerhalb von ca. drei Jahrzehnten wider. Inhaltlich ist dieser historische Prozess in folgende Abschnitte gegliedert: 1) Erste Berliner Beiträge zur traumatischen Neurose und zu verwandten Störungen (seit 1876); 2) Frühe Widerstände gegen das Konzept der traumatischen Neurose Oppenheims. 3) Wiederauflage der traumatischen Neurose am Beginn des 1. Weltkrieges. 4) Debatte um die Kriegsneurose in Berlin. 5) Sitzungen der Berliner Gesellschaft für Psychiatrie und Nervenkrankheiten (BGPN). 6) Die denkwürdige Sitzung der BGPN am 14. Februar 1916: 7) Hirnphysiologische Vorstellungen der Geist-Seele-Hirnbeziehung und vom medizinischen zum psychologischen Krankheitskonzept. 8) Münchener Kriegstagung 1916. 9) BGPN-Sitzungen nach der Münchener Kriegstagung. 10) Lewandowsky als schärfster Kritiker Oppenheims. 11) Psychoanalyse und traumatische Neurose. 12) Nach dem 1. Weltkrieg: Bonhoeffers Plädoyer für die Abschaffung der traumatischen Neurose. 13) Wandel des Neurose-Konzepts. 14) Vom individual- zum sozialmedizinischen und -politischen Engagement der Ärzte. Oppenheims traumatische Neurose im Lichte der heutigen posttraumatischen Belastungsstörung.

Am Ende der 60er Jahre des 19. Jahrhunderts lenkte der englische Chirurg Erichsen[1] erstmals die Aufmerksamkeit auf die nach Eisenbahnunfällen erlittenen Beschwerdebilder. Deren Eigenart lag schon für Erichsen in der besonderen Schreckhaftigkeit als Auslöser. Ob das Faszinosum der neuen Technik und die bis dahin unbekannte Geschwindigkeit eine neue Zivilisationskrankheit schufen, muss offen bleiben. Weil die Befunde eine organische Erkrankung infolge Rückenmarkerschütterung (railway spine) immer weniger plausibel machten und die Beschwerden eher einer Hirnerkrankung entsprachen (railway brain), fehlte es auch nicht an Versuchen, die Beschwerdebilder hirnpathologisch zu untermau-

---

[1] Ausführlich s. Fischer-Homberger 1975, S.17 ff.

ern, bis sie von Charcot (1886) als funktionell (d.h. prinzipiell ohne nachweisbare anatomische Läsion) interpretiert wurden.

1 Erste Berliner Beiträge zur traumatischen Neurose und zu verwandten Störungen

Carl Westphal hatte schon 1878/1880 auf die Häufung von Untersuchungs- und Beurteilungs-Fällen nach Eisenbahnverletzungen des Nervensystems aufgrund des Haftpflichtgesetzes[2] hingewiesen (Westphal 1878).

Die Mitarbeiter aus der Westphal'schen Charité-Nervenklinik Martin Bernhardt und Carl Moeli hatten schon die mehr psychische Natur der Unfall-Folgen beschrieben (Bernhardt 1876, Moeli 1881). Im selben Jahr, als Charcot erstmals über männliche Hysterie nach lokalem Armtrauma berichtet hatte, widersprachen Thomsen und Oppenheim (1884) der traumatischen Hysterie-These; sie erkannten zwar die funktionelle Natur hemianaesthetischer Störungen, aber typischer für die Hysterie erschienen ihnen – im Gegensatz zu Charcot – bilaterale Sensibilitätsstörungen in Verbindung mit konzentrischer Gesichtsfeldeinengung, letztere auch oft allein vorkommend. Charcot wiederum sah – in Widerspruch zu Oppenheim und Thomsen – auch in der Konstanz der Befunde gegenüber der weiblichen Hysterie keinen Unterschied bei männlichen Patienten, deren depressive und melancholische Züge ihm genauso in das Muster der Hysterie passten (Charcot 1886). Bei Charcot war es nicht die Simulation, sondern nach einem psychischen Schock der hypnoide Zustand und die fixierten Vorstellungen (Ideogenie), die zu hysterischen Lähmungen und anderen Störungen führten und bei traumatischer Auslösung als „Névrose hystéro-traumatique" bezeichnet wurden. Vererbung bei familiärer Disposition zu Nervenerkrankungen spielte für Charcot eine größere Rolle als das Trauma selbst, das nur als Gelegenheitsursache („Agent provocateur") infrage käme.

Insoweit stimmte Oppenheim mit seinem französischen Kollegen überein, grenzte sich aber später ihm gegenüber ab, indem er die Krankheitserscheinungen nach Unfällen ohne schwerwiegende Kopfverletzungen nicht schlechthin als solche der Neurasthenie oder der Hysterie zugehörig, sondern der eigens von ihm als „traumatische Neurose" bezeichneten Krankheit zuordnete (Oppenheim 1888, 1889). Trotz der Gegensätze verband Oppenheim und Charcot ein ähnliches pathogenetisches Konzept einer noch nicht fassbaren, aber organisch begründeten Störung: bei Charcot die „dynamische" oder „funktionelle" (als pathophysiologisch verstandene Funktionsstörung), bei Oppenheim die „molekulare" Schädigung. Oppenheim hat aber immer auch das psychische Trauma als primär angesehen; seine Antrittsvorlesung im Jahre 1886[3] trug schon den vielsagenden Titel: „Die Bedeutung des Schrecks für die Krankheiten des Nervensystems". Dieser Aspekt ist fortan nicht mehr wegzudenken aus seinem Konzept der traumatischen Neurose. Oppenheims Begriff der Neurose war entsprechend dem Begriffsinhalt des 19. Jahrhunderts ein

---

[2] Schon 1871 bestand für die einzelnen Unternehmer eine Entschädigungspflicht bei Betriebsunfällen. Die Eisenbahnunfälle und ihre Folgen lösten in der medizinischen Literatur eine Flut von wissenschaftlichen Debatten aus. 1884 wurde in Deutschland das Unfallversicherungsgesetz eingeführt, das über die Berufsgenossenschaften als freie Vereinigung der Betriebsunternehmer ohne finanzielle Beteiligung der Arbeitnehmer eine Unfallentschädigung zu sichern hatte.

[3] Oppenheims Lebenslauf, Typoskript von Emil Herz, in Mennel u. Mitarb. 2007, S. 66

Abb. 1: Hermann Oppenheim
(aus Holdorff/Winau: Geschichte der Neurologie in Berlin. Berlin, de Gruyter 2001)

somatologischer; er war sehr weit gefasst und schloss neben Hirnerkrankungen wie Chorea, Paralysis agitans ebenso die Neurasthenie und Nervosität ein. Oppenheim vermutete „fragliche anatomische Hirnveränderungen, in manchen Fällen alles durch Schreck und psychische Erschütterung hervorgerufen". In der Diskussion beanspruchte er im Widerspruch zu Bernhardt wie auch zu Charcot die Eigenständigkeit der traumatischen Neurose gegenüber der Hysterie und Neurasthenie. Am Ende des 19. Jahrhunderts hatte sich aber der psychophysische Zusammenhang zwischen Schreck und Nervenstörung tendenziell vom mehr materiellen zum psychologischen Erklärungsmodell verlagert (Fischer-Homberger 1975). Der Londoner Chirurg Herbert Page (1845-1926) hatte für die „Schreckneurose" schon „purely psychical causes" (1885) angenommen (Fischer-Homberger 1999). Charcot z.B. glaubte noch, bei der traumatischen Hysterie mithilfe der psychologischen Methode der Hypnose und der Suggestion naturwissenschaftlich verifizierbare Resultate erzielen zu können, führte damit aber ein psychologisches ätiopathogenetisches Konzept indirekt ein. So war von der Somatogenese der Hysterie nicht mehr viel zu retten, und Pierre Janet, Joseph Babinski,. H.-H. Bernheim und S. Freud brachten das somatologische Lehrgebäude zum Einsturz (Fischer-Homberger 1975).

Nicht so bei Oppenheim und seiner traumatischen Neurose: Er wies zwar dem psychischen Primäreffekt die Hauptrolle zu, aber mit anderer somatischer Wirkungskraft: Das Wesen dieser (hysterischen) Lähmung bestehe allem Anschein nach in dem Verlust der Erinnerungsbilder, der Bewegungsvorstellungen (Oppenheim 1889). Dass Vorstellungen Krankheitsbilder erzeugen können (Ideogenie), war von Anfang an Bestandteil seines Konzepts. Dieser Auffassung traten in Deutschland verschiedene Neuropsychiater bzw. Nervenärzte entgegen, wie z.B. Eisenlohr, Schultze, Jolly und Strümpell (Schuster 1914).

2 Frühe Widerstände gegen das Konzept der traumatischen Neurose Oppenheims

Namentlich auf dem 10. Internationalen Ärztekongress 1890 in Berlin[4] wurde die Abgrenzung gegenüber der Simulation, Aggravation und Hypochondrie intensiv diskutiert (Fr. Schultze/Bonn, J. Hoffmann/Heidelberg, Seeligmüller/Halle, E. Hitzig/Halle und E. Mendel/Berlin), wobei sich zwei gegensätzliche Richtungen herausbildeten (Fischer-Homberger 1975):

Die eine war mehr sozialen Gegebenheiten wie dem Versicherungswesen, der sozialen Stellung der Kranken und Ärzte verbunden und medizinisch-naturwissenschaftlich, die andere mehr psychologisch i.S. der Psychogenie[5] geprägt, wobei sich beide Richtungen keineswegs radikal unterschieden. Schultze aus Bonn stellte Gegenthesen zu Oppenheims Konstrukt auf und bestritt die Existenz der traumatischen Neurose ebenso wie die als charakteristisch genannten Symptome der Gesichtsfeld- und Sensibilitätsstörungen.

Oppenheims Kontrahenten betonten das Simulantentum und deren soziale Determinanten (Soziogenie): Begehrensvorstellungen (Strümpell), die „traumatische Neurose" als Produkt der Bismarckschen Unfallversicherung, als Zivilisationskrankheit, als iatrogene Krankheit (J. Hoffmann), auch die Charcotsche Hysterie als Produkt der Suggestion (H.-H. Bernheim). Simulation war das beherrschende Thema, doch Oppenheim war sich der Beständigkeit seiner traumatischen Neurose sicher: "den Widerspruch, welchen meine Abhandlungen für die traumatischen Neurosen hervorriefen, glaube ich wirksam bekämpft zu haben."[6] In der 2. Auflage seines Buchs „Die traumatischen Neurosen" (1892) mit detailliert beschriebenen 42 Fällen sind ursächlich mehrere Eisenbahnunfälle, neben Kopfverletzungen auch periphere Extremitätenunfälle aufgeführt.

Man sieht an der Auflistung der Symptome die Übermacht neurologischer oder – wie man sie später charakterisieren wird – quasi-neurologischer Symptome gegenüber den psychischen.

Das Wesen der Lähmungen sah er im Verlust der motorischen Erinnerungsbilder, der Bewegungsvorstellungen. (Den Begriff der „Akinesia amnestica" hat er erst in späteren Jahren eingeführt).

---

[4] Internationaler Congress in Berlin, 1890. Neurol.Cbl. (1890), 509-512.
[5] *Ideogenie* als Auffassung, dass Vorstellungen Krankheitsbilder erzeugen können, geht auf eine lange Begriffsgeschichte zurück (Fischer-Homberger 1975, S. 107-112), *Psychogenie* geht weit darüber hinaus: mit Eigenschaften wie Bestrebungen und Wünschen, auch psychoreaktiven Momenten; bei der Hysterie war Simulation mit ihr zeitweise gleichgesetzt, das Willensmoment ausschlaggebend, für Bonhoeffer war es dagegen ein Unterscheidungsmerkmal gegenüber der Psychogenie (Bonhoeffer 1911). Das Unbewusste – schon bei Herbart und Griesinger angelegt, bei Moebius als Nichtbewusstes 1888 bezeichnet, vor allem aber von Bernheim als Grundlage der Hysterie und von Janet mit seiner Idee von der Abspaltung (Dissoziation) vom Bewussten beschrieben, von Freud in der psychoanalytischen Theorie weiter begründet (Fischer-Homberger 1975, S. 130) – kam am Ende des 19. Jahrhunderts und in der späteren Debatte um die Kriegsneurosen des 1. Weltkriegs noch nicht genügend zur Geltung.
[6] Gesuch zur Ernennung zum a. o. Professor an die Fakultät der Charité vom 11.06.1891, das im Übrigen abgelehnt wurde.

Tab. 1: Symptome bei traumatischer Neurose (Oppenheim 1889, 1892)

Im Psychischen:
Unruhe, Aufregung, Angst, Schreckhaftigkeit
melancholische Verstimmung, Reizbarkeit und Phobien.

Im Körperlichen:
Schwindel, Ohnmachten
Lähmungserscheinungen wie Hemiparese ohne Gesichts- u. Zungenmuskulatur
Sensibilitätsstörungen: Hyper-, auch Anaesthesien, z.T. regellos
Fehlende Schmerzabwehrbewegungen
Spannungen der Muskulatur bis zu Kontrakturen
Steigerung der Sehnenphänomene (Muskeleigenreflexe)
Sprachstörungen
Beeinträchtigung aller Sinne des Riechens, Hörens und Schmeckens,
vor allem des Sehens: Sehschwäche und konzentrische Gesichtsfeldeinschränkung,
Geh- und Stehunfähigkeit (Astasie und Abasie),
Schwanken und Torkeln
verschiedene Formen des Zitterns

Ein Fallbeispiel (Beobachtung IX) mit Kurzzusammenfassung:

„W.L., 39 Jahre, Locomotivführer. Ursache Eisenbahnunfall, Stoss gegen den Rücken und den Kopf etc.
Symptome: Kopfschmerz, Schwindel und Rückenschmerz; Ohrensausen, Weinerlichkeit und Angstzustände. Harnverhaltung, Potenzverlust. Reflectorische Pupillenstarre, und Differenz der Pupillen. Concentrische G.F.E. (Gesichtsfeldeinschränkung). Abnahme des Geschmacks und Verringerung der Hörschärfe. Ausgebreitete Sensibilitätsstörungen von eigenthümlicher Ausbreitung. Verlangsamung und Erschwerung der activen Bewegungen, Gehstörung, Steigerung der Sehnenphänomene (Muskeleigenreflexe).
Verlauf: Besserung einzelner Symptome, sonst stabiles Verhalten."

Für die motorischen und sensiblen Reiz- und Lähmungssymptome nahm er einen Mechanismus nach Art der Reflexepilepsie an: „ein von der Narbe ausgehender Reiz pflanzt sich zu den entsprechenden sensiblen und motorischen Rindenzentren fort und ruft in diesen die Veränderungen hervor, die sich in Schmerzen, Paraesthesien, Gefühls- und Bewegungslähmung äussern". Nach Kopfverletzungen werde es auch verständlich, warum die Symptome nicht gekreuzt, sondern ipsilateral aufträten, weil sie Folge des psychischen Schocks und von der Narbe ausgelöster Reflexvorgänge seien (!). Prädisposition und Simulation spielten eine geringe Rolle. Die Beobachtung in der Nervenklinik hätte die ausgesprochene Nervenkrankheit bewiesen. Auch die Nachprüfung nach Aktenlage und Verlauf hätte in 67 von 68 Begutachtungsfällen seine Auffassung bestätigt. Argumente seiner Widersacher von 1890 (s.o.) gegen die traumatische Neurose und deren Symptome sowie der Behauptung der Simulation werden zurückgewiesen. Zwar hat er sich mit der Hysterie eingehend beschäftigt: So nahm bereits in der ersten Auflage seines Lehrbuchs der Nervenkrankheiten von 1894 das Thema der Hysterie großen Raum ein und enthielt schon das Konzept von Breuer und Freud als „Konversionsneurose"[7] in Folge psychischen Traumas und wurde in den weiteren Lehrbuchauflagen von Oppenheim fortentwickelt, wenn er auch gegenüber dem sexuellen Trauma skeptisch war (Decker 1971). Demgegenüber hat er aber die Auffassung der traumatischen Neurose als organische Nervenkrankheit ohne bisher bekanntes Substrat nie aufgegeben. Er hat darüber hinaus seinen Standpunkt in der Folgezeit immer wieder bekräftigt (1892, 1896), auch in seinen Lehrbuchauflagen, z.B. in der 5. Auflage von 1908.

Friedrich Jolly, der Nachfolger auf dem Westphal`schen Lehrstuhl an der Charité, wandte sich gegen den Begriff der traumatischen Neurose und das Konzept einer spezifischen Krankheitsform (Jolly 1897). Er machte die Unfallversicherungsgesetzgebung mit allen Widerständen, die die Antragsteller durch Gutachter und Behörden durchzustehen hatten, verantwortlich und sprach sich gegen eine Rente, dafür aber in gewissen Fällen für eine Kapitalabfindung aus. Im selben Jahr wurde die Unfallgesetzgebung geändert, ohne das Problem der „Rentenneurose" zu beseitigen. Der Kampf gegen die Simulanten und „Nervenschwächlinge" wurde mehr und mehr zu einer moralisch und politisch legitimierten Auseinandersetzung, zu der die Medizin das Instrumentarium lieferte (Schmiedebach 1999). Die ärztliche Würdigung des individuellen Leidens blieb damit vielfach auf der Strecke.

Karl Bonhoeffer hatte 1911 (noch ein Jahr vor seinem Wechsel nach Berlin im Jahre 1912) den Unterschied zwischen psychogen und hysterisch definiert: Die Hysterie sei mehr als eine psychologische Reaktion, sie sei auch eine Geisteskonstitution oder -disposition und durch den Willen bestimmt. Morbide Antworten auf traumatische Erfahrungen könnten bei komplizierten normalen Menschen auftreten, aber bei einem konstitutionell Hysterischen würde die Kombination aus traumatischen Stimuli und dem Willen zur Krankheit zu einer Langzeitneurose führen (Bonhoeffer 1911). Bonhoeffer sollte sich in Berlin bald, schon am Beginn des 1. Weltkrieges, mit Oppenheims Auffassung auseinandersetzen.

Abb. 2: Karl Bonhoeffer (aus: Neumärker KJ (1990) Karl Bonhoeffer. Springer, Berlin-Heidelberg-New York)

---

[7] "Breuer und Freud weisen darauf hin, dass psychische Traumen, die nicht zu einer die Seele entlastenden Affektentladung führen, gewissermaßen latent in ihr fortwirken, die Stimmungslage beeinflussen und eine Konversion der Affekterregung in körperliche Phänomene bedingen, derart, dass diese unabhängig von dem ursprünglichen Gefühlserlebnis werden" (Oppenheim: Lehrbuch der Nervenkrankheiten, Hysterie-Kapitel, 1. Aufl. 1894, 5. Aufl 1908, Band II, S. 1203)

3   Oppenheims Wiederauflage der traumatischen Neurose am Beginn des 1. Weltkrieges

Oppenheim war nach seinem Ausscheiden aus der Charité 1891 nur noch selten mit der traumatischen Neurose beschäftigt (Oppenheim 1896), stattdessen mit einem poliklinischen Krankenspektrum, das nichts mit jenen zahlreichen Nervenkranken in den Universitäts- und staatlichen Nerven-Kliniken aus der Arbeiterschaft gemein hatte; es waren überwiegend wohlhabende Patienten, und auch die Konkurrenz der vielen privaten neurologischen Polikliniken in Berlin legte es nahe, eher somatische Diagnosen zu stellen, da diesen nicht das Stigma einer Geisteskrankheit anhaftete (Lerner 1997). Oppenheim hat davon selbst Zeugnis abgelegt (Oppenheim 1906). Er hielt sich auch nicht mehr für berechtigt, „ohne Klinik und Krankenhaus ein entscheidendes Gutachten in zweifelhaften Fällen abzugeben" (Oppenheim 1915). Inzwischen sei der Begriff der traumatischen Neurose verpönt, allenfalls der Name „Unfallneurose" gestattet gewesen, oder auch traumatische Hysterie, aber mit dem Beigeschmack, dass es zwischen ihr und Simulation keine scharfe Grenze gebe. Am Beginn des 1. Weltkrieges betreute er als beratender Neurologe ein Kriegslazarett, das mit 200 Betten im Kunstgewerbemuseum – heute als Martin-Gropius-Bau mit Wechselausstellungen bekannt – eingerichtet worden war. Nach seinem ersten Eindruck sei die traumatische Neurose nur bei prädisponierten Individuen aufgetreten und die traumatische Erfahrung habe nur eine sekundäre Rolle gespielt. Aber dann hätten sich seine früheren Erfahrungen der traumatischen Neurose doch nur bestätigt (Oppenheim 1915). „In der Neurasthenie und in der Kombination von Hysterie und Neurasthenie haben wir somit Krankheitszustände, in die sich die Mehrheit der Fälle von Kriegsneurose einreihen lassen". Denn im Unterschied zu Hysterie und Neurasthenie mit ihren verschiedenen Untergruppen, die sich im Gefolge eines Traumas entwickeln, sei es berechtigt, von traumatischen Neurosen zu sprechen. Nicht die prämorbide Persönlichkeit, der endogene Faktor und vom Trauma unabhängige seelische Vorgänge wie Wünsche und Begehrungen seien die Ursache, sondern die psychische und an zweiter Stelle die mechanische Erschütterung. Es würden Tics, Muskelkrämpfe (Crampusneurose) und verschiedene Formen des Zitterns, „pseudospastische Parese mit Tremor" hinzukommen. Für die Lähmungen hält er wie schon früher die Erklärung parat, „dass die Erinnerung für die entsprechende Bewegung verloren gegangen ist". Diese „Akinesia amnestica", in anderen Fällen eine „Reflexlähmung" seien nicht durchweg hysterischer Natur und würden zu Recht unter die traumatischen Neurosen fallen[8]. „Wer täglich mit der Untersuchung dieser Kranken zu tun hat, wird die Überzeugung gewinnen, dass das funktionelle Leiden ebenso echt ist und dieselbe Genese hat wie das organische." Und abschließend bekräftigt er: „es bestätigt sich mir alles, was ich damals gelernt und gelehrt habe, ich habe nichts zurückzunehmen."

---

[8] Oppenheim spricht im Übrigen meistens von den traumatischen Neurosen im Plural (Mennel u. Mitarb. 2007, S. 25)

4 Debatte um die Kriegsneurose in Berlin

Es gab kaum einen namhaften Berliner Neurologen und Psychiater, der nicht zur Kriegsneurose Stellung genommen hätte (Lit. siehe u.a. bei Birnbaum 1915-1917). Von keinem wurde eine durchweg zustimmende Bewertung der Oppenheim'schen Position abgegeben, vielmehr entweder eine vorsichtig abwägende (Birnbaum 1916, Liepmann 1916, Schuster 1916) oder eine pauschal ablehnende (Bonhoeffer 1916, Lewandowsky 1915-1917) bei einem einheitlich angenommenen Primat der Psychogenie der traumatischen Neurose.

5 Sitzungen der Berliner Gesellschaft für Psychiatrie und Neurologie (BGPN)[9]

In der Sitzung am 14. Dezember 1914 kam es erstmals zur Konfrontation zwischen Karl Bonhoeffer und Hermann Oppenheim. Bonhoeffer berichtete über 9 Fälle von hysterischer Lähmung nach Granatexplosion. Dabei handelte es sich um Astasie und Abasie, Sprach- und Stimmverlust, funktionelles Zittern, Schlottern, grobschlägiges Zusammenzucken und vegetative Störungen. „Die schlimmsten waren diejenigen, die zu Hause bei den Angehörigen oder im Lazarett unter falscher Flagge als schwere organische Fälle gingen und sich ganz der bemitleidenden Fürsorge ihrer Umgebung hingeben konnten." Die Gefahr sah er darin, „wenn unklare Vorstellungen von organischer Hirnschädigung sich dieser Fälle bemächtigen", wie dies schon früher bei der Rentenhysterie der Fall war.

Damit fühlte sich Oppenheim herausgefordert; er erinnerte an seine Erfahrungen vor 25 Jahren, insbesondere mit den Eisenbahnunfällen, „welche zur Aufstellung der vielbekämpften Lehre von der traumatischen Neurose geführt haben." Er sähe sich jetzt in dieser Auffassung wieder bestätigt. Wie er schon Charcot gegenüber dessen Einseitigkeit der Lehre von der traumatischen Hysterie betont habe, und dass es daneben die Neurasthenie und andere Neurosen wie den Tic, die Crampi (Crampusneurose) u.a. gäbe. Und sie würden schon sehr früh nach dem Trauma auftreten, bevor „Begehrungsvorstellungen" wirksam werden könnten.

Hugo Liepmann, Direktor der II. Irrenanstalt in Berlin-Herzberge, erörterte in derselben Sitzung die Frage des Verhältnisses von exogenen und endogenen Momenten, also von außergewöhnlichen seelischen Erschütterungen und Begehrungsvorstellungen.

Max Lewandowsky, neurologischer Konsiliararzt im Krankenhaus am Urban und während des Krieges Militärarzt, wollte nur das rein Psychogene gelten lassen. Max Rothmann, Neurologe und Experimentalphysiologe, meinte, durch die zahlreichen Hysteriebeobachtungen werde der ins Wanken geratene Hysteriebegriff wieder befestigt und dazu beitragen, den Spuk der Freud'schen Hysterielehre zu beseitigen. Er erinnerte an den verstorbenen Hirnphysiologen Hermann Munk, der im Feldzug 1866 eine transitorische Aphasie gehabt habe, also eine zweifellos hysterische Aphasie bei einem Manne, der in seinem ganzen späteren Leben keine Spur von Hysterie erkennen ließ.

---

[9] Sitzungsprotokolle bis 1918 im "Archiv für Psychiatrie und Nervenkrankheiten", z.T. im "Neurologischen Centralblatt", dort auch ausführlichere Originalbeiträge der Vortragenden und Diskutanden

Abb. 3: Hugo Liepmann
(Aus: Holdorff/Winau: Geschichte der Neurologie in Berlin. Berlin, de Gruyter 2001)

Abb. 4: Max Lewandowski
(aus: Holdorff/Winau: Geschichte der Neurologie in Berlin. Berlin, de Gruyter 2001)

Auf der Sitzung der BGPN am 12. Juli 1915 nach einem Vortrag Kurt Loewensteins über cerebelläre Symptome mit teilweise hysterischen Erscheinungen nach Kriegseinwirkung und einer Diskussionsbemerkung Bonhoeffers wurde nochmals ein Streit mit Oppenheim ausgelöst, den aber Bonhoeffer abschwächte: Er halte nicht alles für hysterisch, was funktionell oder psychogen sei. Hingegen warnte er vor der falschen Annahme organischer Schädigungen, die in der Vergangenheit zur unberechtigten Unfallrente geführt habe.

Den im 1. Weltkrieg erstmals besonders eindrücklichen Granatexplosionen wurde eine gravierende Rolle zugeschrieben (in England „shell shock"), Oppenheim (1915) verglich sie mit der Blitzschlageinwirkung auf das Zentralorgan und maß der Schreckwirkung den wichtigsten Effekt bei, während Bonhoeffer und Lewandowsky auch schon vorbestehende Wunsch- und Begehrungsvorstellungen für möglich hielten. Damit wurde wieder das Problem Hysterie und Simulation in den Vordergrund gerückt, beide nicht streng zu trennen, da unbewusste und bewusste Zweckvorstellungen des Nichtkönnenwollens und Nichtwollenkönnens fließend ineinander übergingen (Wagner-Jauregg/Wien).

Oppenheims Gegner meldeten u.a. folgende Bedenken an:
- Kriegsneurosen wurden nicht bei Kriegsgefangenen beobachtet, für diese war der Krieg zu Ende, wie Bonhoeffer bei französischen Kriegsgefangenen beschrieben hatte (Bonhoeffer 1916).
- Kriegsneurosen kamen kaum bei Schwerverletzten vor, eher bei den leicht oder gar nicht Verwundeten (Lewandowsky 1915).
- Kriegsneurosen traten eher hinter als an der Front auf (Lewandowsky 1915)

Die Sitzung am 10. Januar 1916 befasste sich mit der „Kombination funktioneller und organischer Symptome bei Kriegsverletzungen" (Vortrag von Richard Cassirer, Oberarzt an der Oppenheim'schen Poliklinik), brachte aber in den Kommentaren Lewandowskys und Oppenheims keine nachhaltigen Erkenntnisse.

6 Die denkwürdige Sitzung der BGPN am 14. Februar 1916

In der Sitzung am 14. Februar 1916 verteidigte Oppenheim sein Konzept der traumatischen Neurose. Es müsse doch gegenüber seinem Opponenten Lewandowsky, der eine traumatische Neurose nicht anerkenne und alles der Neurasthenie mit fließendem Übergang zur Hysterie zuordne, am Schreck, an der psychischen Erschütterung und daraus entstehenden Schreckneurose festgehalten werden. Dies sei auch von seinen Gegnern Nonne und Bonhoeffer akzeptiert. Bei der von ihm beschriebenen Akinesia amnestica und Reflexlähmung seien die betroffenen Muskeln schlaff, atonisch, ohne Anspannung und ohne Mitbewegungen, auch im Affekt und bei automatischen Bewegungen. Die normale elektrische Erregbarkeit der Muskeln störte ihn nicht in seinem Konzept. Er könne nicht zugeben, dass Lähmungen dieser Art durch unterbewusste Begehrungs- und Wunschvorstellungen herbeigeführt würden. Er hielt Max Nonnes (Hamburg) Erfahrung und Hypnose-Heilung entgegen, dass er diese Erfolge nicht wiederholen konnte und Nonne wohl eine ungewöhnlich hohe Zahl von Hysterikern unter seinen Patienten habe. Für seine Gegner gäbe es nur ein Entweder-Oder, d.h. pathologisch-anatomisch bedingte Erkrankungen oder psychogene Affektionen des Nervensystems, während er „mit aller Energie und Überzeugung daran festhalte, dass es noch ein Drittes gibt: funktionelle Neurosen, die nicht psychisch vermittelt sind." (Oppenheim 1916 a). Man solle doch nicht gewissermaßen von jedem, der mit seinen Beschwerden einen Anspruch verknüpft, verlangen, dass er uns erst einen Obduktionsbefund vorlegt bzw. den Nachweis führt, dass sie eine pathologisch-anatomische Grundlage haben.

Hugo Liepmann fügte ergänzend hinzu (Liepmann 1916): Die mechanische Erschütterung halte er für entbehrlich, aber das Psychogene müsse einmal als primär, vom Affekt (Schreck, Angst, Entsetzen) ausgehend, zum zweiten von einem sekundär, sich erst allmählich entwickelnden psychologischen Prozess betrachtet werden. Der erste Affekt wirke nach seinen eigenen Gesetzen, gleichgültig, welche Konstellation von Umständen ihn zustande gebracht habe, nicht nach psychologischen Gesetzen, sondern nach physiologisch-biologischen Gesetzen, sozusagen auf außerbewusstem „extrapsychischen" Wege. Dies scheine ihm ein naturwissenschaftliches Postulat und in diesem Sinne sehe er auch keine Opposition gegen Oppenheim`s Annahme einer materiellen Schädigung durch ein psychisches Trauma. Die zweite Wirkungsweise sei mittelbar, sekundär und bisher ideogen genannt. Sie sei durch psychische Prozesse vermittelt. Hier seien es das Wissen um das erlittene Trauma, um seine möglichen Folgen samt allen affektiven Momenten der Befürchtungen, Wünsche, Hoffnungen, also ideative und affektive Faktoren, die im Laufe der Zeit ihre krankmachende Wirkung entfalten. Wenn man die primäre unmittelbare Kausalität des psychischen Traumas und die sekundäre Verarbeitung des Traumas unterscheide, würde manches Missverständnis vermieden. An dieser Unterteilung kritisierte Oppenheim, wo denn Liepmann den primären, affektbedingten Mechanismus aufhören und den sekundären (ideogenen) Prozess beginnen lasse (Oppenheim 1916 b). Liepmann verstand die „Amnesia kinaesthetica" nicht anatomisch, auch nicht als Erinnerungsausfall für Bewegungen, sondern i.S. einer affektiv bedingten Funktionshemmung und -behinderung analog zu jenen Amnesien bei Häftlingen, die von ihrer bedrückenden Kriminalität nichts wissen wollten. „Die geforderten Innervationen kommen nicht zustande, weil ihnen Wunsch- und Furchtmechanismen entgegenarbeiten", wozu es einer abnormen Autosuggestibilität bedürfe. „Nervenschwächlinge" bildeten das Hauptkontingent der traumatischen Neurose, womit er diesen umstrittenen Begriff beibehielt.

Abb. 5 Paul Schuster
(aus: Holdorff/Winau: Geschichte der Neurologie in Berlin. Berlin, de Gruyter 2001)

Paul Schuster, poliklinischer Neurologe (später ab 1919 bis 1933 Chefarzt der neurologischen Abteilung im Siechenhaus Prenzlauerberg in der Fröbelstr.), hatte sich seit 1899 mehrfach mit der traumatischen Neurose befasst (Schuster 1914). Er nahm in derselben Sitzung Stellung zur Frage der Somato- und Psychogenese der traumatischen Neurose (Schuster 1916). Das Wesentliche der Psychogenese sei nicht der exogene, sondern der endogene Faktor. Selbst wenn der Somatogenese noch eine geringe ursächliche Rolle zukomme, bedeutete sie vom Standpunkt der stofflichen Begründung dasselbe für die psychogene funktionelle Neurose wie für die somatogene funktionelle Neurose, solange diese substanzielle Schädigung nicht bekannt sei. Die „Reflexlähmung" sei als psychogen anzusehen, wozu sich anschließend auch der Neurologe Toby Cohn bekannte (Cohn 1916).

Max Lewandowsky wieder ließ nichts von Oppenheims Theorie und Begriff der traumatischen Neurose gelten. So sei die Neigung zur Rentenneurose umso größer, je geringer die Schädelverletzung sei. Auch käme sie in den Ländern kaum vor, wo es keine Unfallversicherung gäbe. Er bezweifelte auch, dass man die „Reflexlähmung" von einer organischen Lähmung nicht unterscheiden könne. Er könne auch Schuster nicht beipflichten, dass es sich um eine nur verschiedene Definition des Wortes psychogen bei Oppenheim handle. Auch Liepmanns versöhnliche Version akzeptierte er nicht: "Auf die Brücke von Liepmann trete ich nicht." Eine Hysterie sei nicht ohne Affekte denkbar; „so rechne ich zur Hysterie nicht nur wie andere dasjenige, was durch einen Wunschfaktor beeinflusst erscheint; ... so sehr auch der Wunschfaktor in Betracht kommen mag, lasse ich mich auf diese Wunschtheorie nicht festlegen ... Ich rechne zur Hysterie bzw. zum Psychogenen speziell auch die Schreckneurose und betrachte den Schreck als einen hysterogenen Faktor ... Auch die Unterscheidung von Hysterie und Neurasthenie ist für einen großen Teil der Fälle gegenstandslos, wie wenn man etwa einen Gelenkrheumatismus der großen Gelenke von einem der kleinen Gelenke als wesentlich unterschieden ansehen wollte ... Die Freud'schen Untersuchungen haben uns für die Friedensfälle – von allen bestreitbaren Erklärungsversuchen im Einzelnen abgesehen – doch das Eine gezeigt, wie außerordentlich verwickelt hier die unterbewussten psychologischen Vorgänge der Affekte und Vorstellungen sich miteinander verknüpfen."

Karl Bonhoeffer sah in Liepmanns Darstellung nichts Neues gegenüber seiner Demonstration von hysterischen Bildern nach Granatexplosion vom Dezember 1914, wo er festgestellt hatte, „dass die biologische Wirkung der Schreckemotion auf Motilität und Vasomotorium sich bei Individuen mit geeigneter psychischer Disposition unter dem Einfluss von Affekten und Vorstellungen fixiert und zu den bekannten hysterischen Bildern führt". Liepmann hielt dagegen: Zuerst würden die materiellen Veränderungen gesetzt, zu denen dann erst die sekundären Wirkungen kämen.

Bonhoeffer gab Oppenheim noch eine gewisse Schützenhilfe, indem er an die retrograde Amnesie bei der Commotio cerebri erinnerte; diese sei zweifellos organisch bedingt und auf eine verbreitete molekulare oder chemische Schädigung der entsprechenden funktionierenden nervösen Elemente zurückzuführen. Und hier böte sich eine Analogie zur Akinesia amnestica Oppenheims an. Aber was er in anderen Zusammenhängen, den von ihm beschriebenen exogenen Reaktionstypen bei verschiedenen exogenen diffusen Schädigungen gesehen habe, sei nie mit dieser Akinesia amnestica verbunden gewesen, weshalb er die Analogie zur retrograden Amnesie wieder verwarf.

Karl Birnbaum (Direktor der Irrenklinik in Berlin-Buch von 1930-1933), der eine halbjährliche Bilanz aller Publikationen auf diesem Gebiet in Deutschland zog (Birnbaum 1916/17) und sich nicht an den Diskussionen der BGPN beteiligte, hielt grundsätzlich eine Trennung für möglich zwischen: 1. Emotions- und Schreckneurosen mit ihrer pathologischen Dauerfestlegung der Affektäußerungen, 2. hysterischen Zuständen mit ihren charakteristischen Dissoziativ- und Suggestiverscheinungen und 3. der traumatischen Neurose Oppenheims, infolge überstarker Nervenreize hervorgerufener molekularer Veränderungen. Birnbaum (1917) kritisierte den unscharfen Begriff der Neurose, die Schwierigkeit, die psychogene Neurose (bei Oppenheim am engsten gefasst) von anderen Neurosen zu trennen.

Abb. 6: Karl Birnbaum
(aus: Helmchen H (2003) Historischer Rückblick auf die Psychiatrie in Berlin. In: Hippius H (Hrsg) Universitätskolloquien zur Schizophrenie. Steinkopff, Darmstadt)

7 Hirnphysiologische Vorstellungen der Geist-Seele-Hirnbeziehung und vom medizinischen zum psychologischen Krankheitskonzept

Die unterschiedliche hirnphysiologische Auffassung der Diskutanten der denkwürdigen BGPN-Sitzung vom 14. Februar 1916 und jene Birnbaums ist nochmals aus der Zusammenschau zu betrachten (Tab. 2).

Liepmann und Schuster lieferten zur Psychogenese erhellende Beiträge, lehnten Einzelaspekte Oppenheim'scher Darstellung ab (z.B. seine Reflexlähmungen), hielten aber sowohl am Begriff der traumatischen Neurose fest als auch an manchen Formen (somatogene bei Schuster, primär affekt-bedingte bei Liepmann). Das Oppenheim'sche Postulat

Tab. 2: Hirnphysiologische Vorstellungen der Schreckneurose Berliner Neuropsychiater im 1. Weltkrieg

Oppenheim: Lähmungen durch *Verlust der Erinnerungsbilder* für die entsprechende Bewegung, (Akinesia amnestica oder Reflexlähmung), ähnlich der Diaschisis, infolge *molekularer Umlagerungen*, Betriebsstörungen ohne pathologisch-anatomisches Substrat.
Schuster: Psychogenese und der endogene Faktor am wichtigsten. Somatogenese untergeordnet, aber *stoffliche Grundlage identisch* für die psychogene funktionelle Neurose wie für die somatogene funktionelle Neurose, solange diese substanzielle Schädigung nicht bekannt sei.
Bonhoeffer: *biologische Wirkung* der Schreckemotion auf Motilität und Vasomotorium fixiert sich bei Individuen *mit geeigneter psychischer Disposition unter dem Einfluss von Affekten und Vorstellungen* mit der Folge der bekannten hysterischen Bilder
Liepmann: *am Anfang stehen die materiellen Veränderungen:* Der erste Affekt wirke nach seinen eigenen Gesetzen, unabhängig von den Begleitumständen, nicht nach psychologischen Gesetzen, sondern nach physiologisch-biologischen Gesetzen, sozusagen auf außerbewusstem "extrapsychischen" Wege. *Die zweite Wirkungsweise* sei mittelbar, sekundär, bisher ideagen genannt, *durch psychische Prozesse* vermittelt.
Birnbaum: neben Emotions- und Schreckneurosen und hysterischen Zuständen auch möglich: die traumatische Neurose Oppenheims, infolge überstarker Nervenreize hervorgerufener molekularer Veränderungen.
Lewandowsky: kein hirnphysiologisches Konzept, ausschließliche Psychogenese

der funktionellen Gewebeschädigung (stoffliche Begründung bei Schuster und Bonhoeffer, physiologisch-biologische bei Liepmann) fand ihre Unterstützung, was Oppenheim dankbar zu kommentieren wusste (Oppenheim 1916 b). Lewandowsky, der aus der Hirnphysiologie kam und die Neurologie und Psychiatrie in Theorie und Praxis beherrschte und als einziger unter den genannten Berliner Neuropsychiatern ein rein psychologisches Krankheitskonzept vertrat, zeigte sich unversöhnlich: Alle Kriegsneurosen waren für ihn Psychoneurosen. Oppenheim war noch am stärksten dem materiellen Erklärungsmodell im Gefolge Charcots verhaftet, während Schuster, Liepmann und Bonhoeffer noch – mindestens z.T. – einen biologischen Primärmechanismus der Schreckneurose akzeptierten, und die beiden letzteren als Wernicke-Schüler vielleicht dieser Schule noch theoretisch verbunden waren.[10]

Man kann in diesen unterschiedlichen hirnphysiologischen Konzepten – damals vertreten durch Oppenheim auf der einen und Lewandowsky auf der anderen Seite der Extreme – eine Analogie zu den heutigen Gegensätzen zwischen den monistischen und dualistischen hirnphysiologischen Konzepten der Hirn-Geist-Beziehung sehen.

---

[10] Antisemitische Tendenzen spielten in dieser Debatte keine Rolle, da alle an ihr Beteiligten – außer Karl Bonhoeffer – jüdischen Ursprungs waren (s.a. Holdorff in: Holdorff u.Winau: Geschichte der Neurologie 2001, S.127-139 und S. 157-173.

In der Sitzung am 8. Mai 1916 wies Bonhoeffer darauf hin, dass er bei französischen und russischen Gefangenen keine hysterischen Erscheinungen erlebt habe, „bei den verwundet eingelieferten Franzosen und besonders Afrikanern war die starke Wehleidigkeit im Vergleich zu der unserer Verwundeten auffällig".

Oppenheim unterschied in einer weiteren monographischen Darstellung (Oppenheim 1916 c, noch vor der Münchener Kriegstagung erschienen) zwischen einer traumatischen und post-traumatischen Neurose, letztere unterteilte er: reine Hysterie, Neurasthenie und Hystero-Neurasthenie, jeweils mit drei Faktoren gemischt organisch und funktionell bedingt: 1. Ideogenie, 2. Psychisches Trauma, 3. Mechanisches Trauma. Die 1. Bedingung würde der Hysterie Bonhoeffers auf der Grundlage des Willenskomplexes entsprechen. Die 2. Bedingung würde Oppenheims ursprüngliche Definition von traumatischer Neurose erfüllen und die 3. Bedingung auf dem physischen Effekt traumatischer Erfahrungen auf Nerven und Muskeln beruhen. Bei seiner Überzeugung, dass ein mechanischer Insult bei der traumatischen Neurose wirksam sei, habe er andererseits niemals die thymogene Ätiologie und die ideagene Entstehung geleugnet. Demgegenüber seien bei seinen Gegnern der endogene Faktor, die alte prämorbide Persönlichkeit das ausschlaggebende Moment. Er habe sich oft gefragt, wie wohl diese bei den überwiesenen Kriegsverletzten zur Feststellung der psychopathischen Konstitution gelangten.

Oppenheim setzte sich nochmals mit seinen Gegnern, insbesondere mit Max Lewandowsky auseinander (Oppenheim 1916 b). Er gestand zu, die Häufigkeit der Hysterie früher unterschätzt zu haben. Auch habe er die Störungen der Sensibilität und der sensorischen Funktionen (Riechen, Sehen, Schmecken, Hören) nicht so oft wie vor 25-30 Jahren gefunden. Aber die traumatische Neurose lasse er sich nicht nehmen. An der Akinesia amnestica, Reflex-Lähmung und Crampusneurose (Myotonoclonia trepidans) halte er fest; bei diesen Krankheitszuständen spielten Vorgänge eine Rolle, die der Diaschisis nahestünden, also molekularen Umlagerungen und Betriebsstörungen ohne pathologisch-anatomisches Substrat entsprächen. Bonhoeffer habe sich für die Commotio cerebri mit der retrograden Amnesie derselben Theorie bedient.

8 Münchener Kriegstagung[11]

Am Anfang des 1. WK wäre es unerlaubt gewesen, bei einem deutschen Soldaten eine Hysterie zu diagnostizieren, wie der Hamburger Neurologe Max Nonne 1917 schreibt, aber nach 2 Jahren war sie die bevorzugte Diagnose der Militärpsychiater und -Neurologen, angesichts einer massenhaften Nervenerkrankung deutscher Soldaten. Was Bernheim schon früher betont hatte, wurde von Nonne nun durch die Hypnose demonstriert: das Verschwinden der Symptome auf suggestive Weise und die prinzipielle Heilbarkeit der Hysterie.

Oppenheim hat diese Entwicklung nicht mitvollzogen, sondern ist seinen ursprünglichen Vorstellungen treu geblieben und musste, als auf der Kriegstagung Deutscher Nervenärzte und Psychiater 1916 das Thema der Kriegsneurose hochaktuell war, mit aller Wucht seine längst überholte Theorie der traumatischen Neurose als unhaltbar erkennen.

---

[8] Referate in: Allg. Zschr. Psychiat. 73 (1917), Dtsch. Zschr. Nervenheilk. 56 (1917): 4-37; Neurol. Cbl. (1916)

In seinem Schlusskommentar (Kriegstagung 1916) versuchte er noch, Sonderformen der traumatischen Neurose und bestimmte körperliche Symptome als Beweis für ihre Existenz gegenüber Hysterie, Begehrensvorstellungen und Simulation zu verteidigen, aber er blieb isoliert und legte enttäuscht den Vorsitz der Gesellschaft Deutscher Nervenärzte nieder. Er gab auch die Tätigkeit am Reservelazarett Kunstgewerbemuseum auf, „in der Erwägung, dass ich, wenn die Anschauungen meiner Gegner zu Recht bestehen, durch Entscheidungen den Militärfiskus schädigen würde, während ich durch eine Beurteilung im Sinne der Mehrheit mit meinem Gewissen in Konflikt geraten würde. Ich habe mich wohl aus psychopädagogischen Gründen für die kleinen Renten und besonders für die Kapitalabfindung aussprechen und in diesem Sinne meine bisherigen Gutachten erstatten können, aber den weiteren Schritt der Ausschließung der Kriegsneurosen – als psychopathischer Reaktionen – von der Wohltat der Kriegsversorgungsgesetze konnte ich nicht mitmachen. Und aus diesem Dilemma fand ich nur den Ausweg, auf die Gutachtertätigkeit in Sachen der Kriegsneurose bis auf weiteres zu verzichten."

9 BGPN-Sitzungen nach der Münchener Kriegstagung

Auch nach der Münchener Tagung wurde Oppenheim nicht müde, seine traumatische Neurose zu verteidigen, nunmehr eingeschränkt auf ihre Sonderformen (Sitzung vom 12. März 1917)[12]; Schröders Vortrag vom 12.Februar 1917 über einen Fall von geheilter Kriegsneurose, der zuvor in Oppenheims Lazarett ungeheilt geblieben war, stellte er als unredlich und unfair hin; er wehrte sich dagegen, dass alles zur Hysterie erklärt werde und nannte speziell den Torticollis (die Halsmuskelkrämpfe) und die Tickerkrankheit. Lewandowsky betonte die grundsätzliche Heilbarkeit der Kriegsneurosen nach seinen Erfahrungen im Kriegslazarett, wogegen Schuster Einwände erhob, aber Richard Henneberg aus dem Lazarett Haus Schönow und Ewald Stier pflichteten Lewandowsky bei. Dieser antwortete auf Oppenheim nur kurz: Er halte weder die echten Crampi noch die Myokymie noch die „echten" Tics wie etwa den Torticollis mental für psychogen, diese seien ohnehin die Minderzahl, dagegen seien die ungeheure Mehrzahl die Hysterischen, und diese seien psychisch heilbar.

In der Sitzung vom 12. November 1917[13] wurde über Hennebergs Vortrag vom 9. Juli 1917 über Aggravation und Simlation diskutiert (Moeli, Oppenheim, Leppmann, Bonhoeffer, K. Singer, Liepmann, R. Hirschfeld). Oppenheim betonte unter Bezug auf Charcot, Westphal u.a., dass Hysterie eine Krankheit sei, und Charcot habe ihm noch in einem Brief von 1891 bestätigt: „Von Simulation bei Hysterie und den verwandten Neurosen sprechen diejenigen am meisten, die am wenigsten davon verstehen." Bonhoeffer wusste keine Methode, mit Sicherheit zu entscheiden, wo bewusste Vortäuschung und autosuggestive Selbsttäuschung ineinander übergehen und wo sie sich scharf unterscheiden lassen. Bei der Pseudodemenz (dem hysterischen Scheinblödsinn) sei mindestens am Beginn eine bewusste Täuschung im Spiel, eine psychopathische Konstitution käme meist hinzu, bei Debilen, Unstäten (sic! Betonung Verf.), Epileptoiden und hypochondrisch Wehmütigen, bei Individuen, bei denen von vornherein mit ethischem Defekt zu rechnen sei.

---

[12] Neurol. Cbl. 36 (1917)
[13] Neurol. Cbl. 36 (1917)

Henneberg stimmte Oppenheim zu, dass Hysterie eine Krankheit sei. Die Kriegshysterie halte er aber für viel oberflächlicher als jene aus Friedenszeiten und viel stärker mit Aggravation verbunden. Die zahlreichen Schnellheilungen würden die Oberflächlichkeit der oft nur scheinbar schweren Erkrankungen beweisen.

Kurt Singer berichtete über ca. 500 Zitterer (Erfahrungen über die Zitterer im Felde, BGPN- Sitzung am 13. Mai 1918) und seine, zuerst von Kehrer angegebene *aktive Therapie* mit „stärkster Verbalsuggestion, Einspritzungen, Faradisieren und Zwangsexerzieren", der er gegenüber der Hypnose den Vorzug gab.[14] Ein kolportierter Bericht Oppenheims über einen Fall Singers von erschreckend aggressiver Therapie und zweifelhaftem Wahrheitsgehalt blieb ebenso offen wie die Debatte um die Halsmuskelkrämpfe bzw. den Torticollis, dessen Nähe zur Hysterie Lewandowsky (kürzlich verstorben und auf dieser Sitzung mit einem Gedenken gewürdigt) ja schon heftig bestritten hatte.

Oppenheim verteidigte in seiner kleinen Schrift: „Stand der Lehre von den Kriegs- und Unfallneurosen" (1918) und bei weiteren Gelegenheiten seine Position. Aber Oppenheim stand auf verlorenem Posten und musste – seit der Beschäftigung mit diesem Thema vor fast 30 Jahren – sein ganzes und immer wieder von ihm verteidigtes Konzept endgültig verloren geben.

„Dass Oppenheim, der Sieggewohnte, hier nicht Sieger blieb, war ihm ein tiefer seelischer, nicht wie er offenbar selbst glaubte, wissenschaftlicher Schmerz" (Nonne 1957). Sein Begriff der Neurose war unscharf und von ihm immer noch z. T als organische Nervenkrankheit ohne bekanntes morphologisches Substrat aufgefasst worden. Wollenberg (damals Straßburg) geißelte seine Vorstellung von molekularen Hirnveränderungen als „Molekularmythologie" (Fischer-Homberger 1975).

10   Lewandowsky als schärfster Kritiker Oppenheims

Max Lewandowsky (1917) ließ von der traumatischen Neurose nicht mehr als eine Psychoneurose gelten, „nur durch die persönliche Autorität ihres Begründers hat sie sich außerhalb des Kreises der Fachärzte eine Beachtung errungen, welche der Durchführung einer zweckmäßigen Beurteilung und Behandlung der Neurotiker durchaus schädlich und verzögernd im Wege gestanden hat. Eine traumatische Neurose als eine besondere Krankheitsform gibt es nicht." Er gestand noch manchen Fällen den „neuerdings gefundenen Begriff der Kommotionsneurosen" zu, wo zum Teil unregelmäßig verteilte kleine organische Hirnläsionen vorlägen, aber die Kriegsneurosen seien rein seelisch bedingt; er subsummierte unter die Psychoneurosen des Krieges die Hysterie, Neurasthenie und Zwangserkrankungen, die eigentliche Ursache läge nicht in der Vergangenheit, nicht in dem Trauma irgendwelcher Art, sondern in der Zukunft, in dem, was der Kranke nicht mehr erleiden wolle. Der Lazarettaufenthalt müsse dem Hysteriker bis zu einem gewissen Grade verleidet werden. Dazu gehöre Langeweile durch Isolierung, Dauerbad, Vermeidung der Gegensuggestion durch viele Mitpatienten, die sich im Misserfolg der Therapie gegenseitig stützten. Lewandowsky empfahl noch eine Reihe weiterer, z. T. drastischer Maßnahmen. Für die Kriegszitterer halte er die Hypnose für die Methode der Wahl. Die Kriegsverwendungsfähigkeit habe er nur bei denen erklärt, welche an oder über der Grenze der Si-

---

[14] Zschr. Neurol. u. Psychiat 16 (1918), 290ff, Berl. klin. Wschr. 55,2 (1918), S. 868 und 938-941.

mulation standen. Es müsse planmäßig ein Netz ausgespannt werden, durch dessen Maschen kein Neurotiker, der nicht symptomfrei (geworden) ist, hindurchschlüpfen kann. Es dürfte zweckmäßig sein, nicht nur die leichten Fälle, sondern insbesondere auch die aus der Heimat wegzuschaffen, bei denen der ungünstige Einfluss der Familie und des Wohnortes ersichtlich sei. In der „Praktischen Neurologie für Ärzte" (1917) breitete er seine Auffassung nochmals aus: „Die traumatischen Neurosen sind nur Hysterien und Neurasthenien, also Psychoneurosen, die sich von den Hysterien und Neurasthenien aus anderer Ursache in gar nichts unterscheiden", die länger bestehen bleibenden seien zu mehr als 9/10 Rentenneurosen; der Rentenwunsch gelange an die Oberfläche des Bewusstseins und dann suche die bewusste Aggravation und Simulation die Neurose zu ersetzen, womit die „unerfreulichen Bilder der Rentenkampfneurose" entstünden. Die Gewährung von hohen und gar von Vollrenten stelle sich als eine unangebrachte, Volksgesundheit und Volksvermögen in gleicher Weise schädigende Sentimentalität dar. Dass in dem Disput mit Hermann Oppenheim dieser letztendlich eine Niederlage erfuhr, und für seine Patienten Partei ergriffen hatte, zieht mehr Respekt und Sympathie auf sich als Lewandowskys rigoroser Standpunkt (Holdorff 1999, Schiffter 2000). Kurz vor und nach dem Ende des ersten Weltkriegs starben beide. Im Nachruf auf Hermann Oppenheim bezeugte Simons (1919): „Niemals hat er dem hochbegabten, zu früh gestorbenen Max Lewandowsky, der ihn heftig und persönlich angriff, entsprechend geantwortet, wohl aber mir einmal gesagt: „Er muß doch gute Gründe haben, wenn er mich so bekämpft"."[15]

11 Psychoanalyse und traumatische Neurose

Am Ende des 1. Weltkrieges hatte sich durch die weitgehend akzeptierte Psychogenie der traumatischen Neurose auch psychologisch-psychoanalytisches Gedankengut durchgesetzt. Nach Bonhoeffers „Willensmoment" und „Wille zur Krankheit" wurden Begriffe wie „Krankheitsgewinn" oder „Flucht in die Krankheit" bestimmende Beurteilungskriterien. Die Psychoanalyse hatte, aber erst am Ende des 1. Weltkrieges, auch zur traumatischen Neurose einiges beizutragen, obwohl dazu noch keine ausführlichen Psychoanalysen von Kriegsneurosen vorlagen. Auf dem 5. Internationalen Psychoanalytischen Kongress „Zur Psychoanalyse der Kriegsneurosen" im September 1918 in Budapest gab es nur wenige Teilnehmer: 42 insgesamt, davon 2 aus Holland, 3 aus Deutschland, und 37 aus Österreich-Ungarn, alle mit Ausnahme Freuds in Uniform (Sándor Rádo, zit. n. Reichmayr 1994). Offizielle Regierungsvertreter der Mittelmächte waren anwesend, was an-

---

[15] Nach Lewandowskys Tod (1918 durch Suizid) erscheint von ihm noch eine kleine Schrift: "Die Kriegsschäden und ihre Folgeerscheinungen. Eine Anleitung zu ihrer Begutachtung und Behandlung" (herausgegeben von Kurt Singer 1919).
Kurt Singer (1885-1944), Sohn eines Rabbiners und Nervenarzt in Berlin, wurde 1923 Professor an der Staatlichen Akademischen Hochschule für Musik. Drei Jahre später erschien sein Buch: Berufskrankheiten von Musikern. 1923-1932 leitete er die ärztliche Beratungsstelle an der Hochschule für Musik. Nach der Machtergreifung der Nationalsozialisten 1933 verlor er den Lehrauftrag aufgrund seiner jüdischen Abstammung. 1938 emigrierte er nach Amsterdam und in die USA, kehrte aber zurück und wurde 1944 nach Theresienstadt deportiert, wo er an den Folgen der Haftbedingungen im selben Jahr verstarb. Nach ihm ist das Kurt-Singer-Institut für Musikergesundheit an der Universität der Künste – Hochschule für Musik "Hanns Eisler" Berlin benannt.

zeigte, dass man in den militärischen Kalkulationen der Rolle der „Kriegsneurosen" wachsende Beachtung schenkte (Ernest Jones, zit. n. P. Gay 1989) und auch erkannt wurde, dass nur der kleinste Teil der „Kriegsneurotiker" Simulanten waren (Freud 1920, zit.n. P.Gay 1989). In dem auf diesem Kongress abgehaltenen Symposium über die Psychoanalyse von Kriegsneurosen wurden Vorträge von Ferenczi aus Budapest, von Karl Abraham und Ernst Simmel aus Berlin gehalten.[16] Ernst Simmel, der in Posen ein Speziallazarett für Kriegsneurotiker leitete, hatte die meisten Erfahrungen und wohl auch am meisten Mitgefühl mit seinen Patienten (Reichmayr 1994). Seine therapeutischen Erfahrungen (als Autodidakt) beschrieb er so: „Eine Kombination von analytisch-kathartischer Hypnose mit wachanalytischer Aussprache und Traumdeutung – letztere sowohl im Wachen wie in tiefer Hypnose ausgeübt – hat mir eine Methodik ermöglicht, die durchschnittlich in zwei bis drei Sitzungen eine Befreiung von den kriegsneurotischen Symptomen ergibt ... Niemals gehe ich medikamentös gegen die Angst-, Schreck- und Wutträume meiner Patienten vor. Ich freue mich der Mithilfe des Kranken, lausche seinen Träumen die eigene Heiltendenz ab und setze in der Hypnose da ein, wo der Traum der Nacht aufhört, oder auch, was mir mehrfach gelungen ist, veranlasse den Patienten, im Nachttraum da fortzufahren, wo die Hypnose aufgehört hat" (Simmel 1919). Abraham war zwar analytisch geschult, verfügte aber nicht über eigene Erfahrungen über die Behandlung von Kriegsneurotikern. Dies gilt ebenso für Freud, der nach der Tagung und nach Kriegsende in der Einleitung zum Tagungsband den Ichkonflikt zwischen dem alten friedlichen und dem neuen kriegerischen Ich der Soldaten und das Volksheer als Nährboden der Kriegsneurotiker beschrieb, denen die Möglichkeit zu ihrem Auftreten in einer Söldnerschar aus Berufssoldaten genommen würde. Mit dem Aufhören der Bedingungen des Krieges würden auch die meisten der durch den Krieg hervorgerufenen neurotischen Erkrankungen verschwinden (Freud 1919). Die geglückte oder missglückte Anpassung und der daraus entstandene Konflikt sowie der Widerstand, der sich im Symptom verbirgt, wurden in den Budapester Referaten zwar lebendig, blieben aber unter dem Verdikt der Anpassung (Reichmayr 1994). Es ging künftig Freud in wechselnder Deutung um Fragen der Exogenie und Endogenie, des sexuellen Traumas, der Libido-Theorie, des Todestriebes, der traumatischen Situation (Fischer-Homberger 1999). Freuds Sexual-Theorie war jetzt nicht maßgeblich, eher schon die Lehre vom Unbewussten. Zuvor hatten schon Suggestion und Hypnose den Boden dafür bereitet. Das Unbewusste – nun öfter gegenüber dem Simulantentum betont – erlaubte eine „deterministische Herleitung von psychogenen Symptomen, die sonst im Rahmen des damaligen deterministischen Denkens als indeterminiert, dem freien Willen zugänglich und verantwortlich hätten angesehen werden müssen" (Fischer-Homberger 1975). In Bezug auf die Berliner Diskussion um die traumatische Neurose hatten die beiden Berliner Psychoanalytiker mangels eigener breiter klinischer Erfahrung (Karl Abraham) oder noch fehlender psychoanalytischer Ausbildung (Ernst Simmel) wenig Bedeutsames beizutragen (persönliche Mitteilung von Michael Schroeter, Berlin).

Die psychoanalytische Bewegung zog aber aus diesem historischen Streit den Vorteil, aus der „splendid isolation" herauszutreten, „soziale" Anerkennung zu erfahren mit der Folge einer zunehmenden Professionalisierung (Reichmayr 1994).

---

[16] s. a. den Beitrag Rüger in diesem Band

12   Nach dem 1. Weltkrieg: Bonhoeffers Plädoyer für die Abschaffung der traumatischen Neurose

Nach dem 1. Weltkrieg riss die Begutachtungsproblematik nicht ab. Inzwischen war die Luftencephalographie eingeführt worden. Bonhoeffer warnte vor einer gefährlichen Tendenz: „dass wir jetzt einer Zeit entgegengehen, wo unsere Neurotiker uns als Beweis ihrer organischen Erkrankung die Röntgenbilder ihrer luftgefüllten Hirnhohlräume vorlegen. In dieser Richtung sich etwa betätigenden Kollegen möchte ich raten, wenigstens so lange mit Lufteinblasungen bei Nervösen zu warten, bis sich eine ausreichende Anzahl Gesunder gefunden hat, die sich zur Herstellung normaler Kontrollbilder Luft in den Schädel hat einblasen lassen" (Bonhoeffer 1926). Weder das Hirntrauma noch der Schreck als solcher führten zu Bildern, die dem klinischen Bilde der traumatischen Neurose entsprächen. Es handelte sich vielmehr z. T. um Suggestivprodukte, vor allem um ärztliche Artefakte, zum anderen um Wahrnehmung normalphysiologischer Vorgänge, die durch die hypochondrische Einstellung in das Aufmerksamkeitsfeld gezogen würden. Die Simulation werde andererseits in der Häufigkeit wohl überschätzt. Die Zahl der Ärzte – auch sonst tüchtiger Ärzte –, denen die Einfühlung in den Unterschied psychogener und aus der nervösen Konstitution erwachsener Klagen gegenüber organisch bedingten Beschwerden noch fehle, sei nicht gering. Jeder kenne die unglückliche Erscheinung des alten Rentenneurotikers, dessen Lebensinhalt sich schließlich in der Darstellung seines Zitterns und seiner Scheinverblödung äußere. Die Berliner Medizinische Fakultät habe sich schon 1897 (z. Zt. Jollys, s. o., Anm. Verf.) für die Abschaffung des Namens traumatische Neurose ausgesprochen, er würde jetzt in einer neuen gesetzlichen Bestimmung Rentenansprüche abzulehnen vorschlagen, eine möglichst frühzeitige psychiatrisch-neurologische Untersuchung durch geschulte Fachärzte, was dazu beitragen würde „die sogenannte traumatische Neurose endgültig abzuschaffen". Dass dabei das subjektive Verstehen des Kranken, die individuelle Arzt-Patienten-Beziehung verloren gegangen war, löste bald eine Reihe von Gegenpositionen aus, u.a. in Berlin von Arthur Kronfeld (1868-1942) und Paul Jossmann (1891-1978) aus der Bonhoeffer'schen Klinik, in denen die herrschende Meinung von affektiv eingestellten oder moralisierenden Beurteilungen kritisiert wurde (Fischer-Homberger 1975).

Nach den Kritiken der 90er Jahre des 19. Jahrhunderts, u.a. Jolly`s Befürwortung einer einmaligen Kapitalabfindung anstatt einer Rentengewährung (Jolly 1897), hatte Bonhoeffer – zusammen mit Ewald Stier und Wilhelm His jun. – auch nach dem 1. Weltkrieg sich für die Kapitalentschädigung ausgesprochen (Bonhoeffer 1926), „weil sie nicht eine Entschädigung, sondern ein Heilmittel, das einzige bisher bekannte Heilmittel" darstelle. Diese Empfehlung führte direkt zur neuen Gesetzgebung des Reichsversicherungsamtes vom 24.9.1926. Juristisch setzte sich die „wesentliche Ursache im Sinne des Gesetzes" durch, deren Beurteilung nun – nach medizinischer Begutachtung – in die Kompetenz der Juristen fiel (Fischer-Homberger 1975).[17]

---

[17] Diese Auffassung hat bis weit in die 60er Jahre des letzten Jahrhunderts die Entschädigungsbegutachtung von Verfolgten des nationalsozialistischen Regimes bestimmt und wurde erst nach der großen Studie von v. Baeyer, Häfner und Kisker zur "Psychiatrie der Verfolgten" (1964) allmählich durch das Konzept des Persönlichkeitswandels nach Extrembelastung abgelöst, das der externen Belastung ein größeres Gewicht als der Disposition einräumte. (Anm. Hrsg. Helmchen)

Jedenfalls würde Hennebergs Beschreibung der Kriegshysterie von 1917 als einer oberflächlichen, häufig mit Aggravation verbundenen und zur Schnellheilung neigenden Erkrankung heute wohl kaum unter die andauernden Extrembelastungen mit der Folge eines Persönlichkeitswandels oder i.S. der ICD 10 der „andauernden Persönlichkeitsstörung nach Extrembelastung" mit Persistenz seit mindestens 2 Jahren fallen.

Die weitere Geschichte von Trauma und Psyche bis zur heutigen posttraumatischen Belastungsstörung ist von Diskontinuitäten und unterschiedlich herausgehobenen Faktoren geprägt: Janets Traumagedächtnis und Wiedererleben des traumatischen Erlebens, das Gefühl der Bedrohung des eigenen Lebens als konstantester Prädiktor, individuelle Bewältigungsmechanismen wie etwa die Dissoziation Janets und andere posttraumatische Prozesse (Priebe und Mitarb. 2002).

13 Wandel des Neurose-Konzepts

Die Entwicklung des Oppenheim'schen Neurose-Konzepts geht von der vermeintlich organischen Genese des „railway-spine", später „railway-brain" und der Analogie zur Charcot'schen Hysterie aus, die ja häufig quasi-neurologische Defizite aufwies. Dieser neurologischen Symptomatik widmete sich die erste Arbeit Oppenheims mit Thomsen (1884) und stellte Unterschiede zu Charcots Befunden der Sensibilitäts- und Gesichtsfeldstörungen heraus. Solche und andere Fälle mit Pseudo-Lähmungen, Reflexlähmungen oder auch Reflex-Epilepsie (in Reaktion z.B. auf ein peripheres Trauma) waren es, die ihn neben der Hysterie und Neurasthenie ein Drittes, die traumatische Neurose annehmen ließen. Dass hier meist Simulation vorlag, wie seine Gegner der Tagung 1890 meinten, oder auch Hysterie, hat er nie akzeptiert, auch nicht die Gleichsetzung von traumatischer Neurose und Hysterie, deren psychoanalytische Interpretation er wiederum wohl schon früh akzeptierte (Decker 1971).

Der materielle Charakter der Neurose stand für ihn bei seinen ersten Arbeiten bis zur späteren Kriegsneurose außer Frage, dazu zählten auch noch lange andere organische Hirnkrankheiten mit bis dahin noch nicht identifizierter Hirnpathologie bei Epilepsie, Parkinson-Krankheit und Chorea. Charcot war hierin sein Gewährsmann, obwohl dieser mit der Hypnose und Autosuggestion bereits psychologische Aspekte der Hysterie (und der verwandten Neurose) eingeführt hatte (Fischer-Homberger 1975). Und wie das somatologische Lehrgebäude der Hysterie durch Pierre Janet, Joseph Babinski,. H.-H. Bernheim und S. Freud eingebrochen war, hat die Psychoanalyse Freuds sicher wesentlich dazu beigetragen, den psychologischen Charakter der Neurose zu verbreiten, aber inhaltlich hat sie in der Berliner Debatte um die Kriegsneurosen noch keine Rolle gespielt. Allenfalls deutete Lewandowskys Psychoneurose mit Bezug auf Freud den Wandel des Neurose-Begriffs an, blieb aber sonst marginal, und die Rezeption psychoanalytischer Theorien der Kriegsneurose bahnte sich erst am Ende des 1. Weltkrieges und danach an.

14 Vom individual- zum sozial-medizinischen und -politischen Engagement der Ärzte

Die herrschende Medizinermeinung im 1. Weltkrieg war das Prinzip, den Hysteriker selbst für sein Leiden verantwortlich zu machen und mit Begriffen wie Feigling, Drückeberger,

Volksschädling, defektes oder schlechtes Gesundheitsgewissen, Begehrlichkeit, Rentensucht, Rentenneurose, Rentenkampfneurose, männliche Hysterie zu belegen. Kurz nach Oppenheims Etablierung der traumatischen Neurose war es das Simulantentum, das die Diskussion auf dem Internationalen Medizinerkongress in Berlin 1890 beherrschte. Die Autorin Fischer-Homberger hat gezeigt, dass der Sozialdarwinismus am Ende des 19. Jahrhunderts in seiner aggressiven Form auch die ärztliche Ethik mitbestimmte und unter dem Druck politischer, militärischer und konzeptueller Umstände die Ärzte dazu neigten, ihre angestammte Individualethik zugunsten der neuen Sozialethik aufzugeben (Fischer-Homberger 1987). Oder mit den Worten von Schmiedebach: Die medizinische Deutungsmacht war hier fast vollständig von der politisch-moralischen Dimension bestimmt (Schmiedebach 1999).

Nach Paul Lerner empfanden die deutschen Neuropsychiater im 1. Weltkrieg eine kollektive Furcht vor dem nationalen Niedergang durch Kriegsdienstverweigerer und Rentenneurotiker und vereinten sich in der nationalen Sache gegen eine liberale, individualistische Begutachtung (Lerner 1997, 2001, 2003).

Diesen Tendenzen hat Oppenheim zweimal widerstanden (1890 und im 1. WK) und zwar aufgrund eines biologischen psycho-physischen Konzepts, das er seit seiner Formulierung Ende der 80er Jahre des 19. Jahrhunderts nicht mehr preiszugeben bereit war. Dass er im Individual-Fall Partei für seine Patienten ergriff und so einen Achtung gebietenden ethischen Standpunkt vertrat, liegt auf einer anderen Ebene. Auch die Niederlage, die er nach der Berliner und Münchener Diskussion über die Kriegsneurose erlitt, machte ihn in seinen letzten Lebensjahren zu einer tragischen Figur, zumal er seinen Irrtum, den man auch aus heutiger Sicht als solchen bezeichnen muss, nie einzugestehen bereit war.[18]

Es ist davon gesprochen worden, dass die 100 Jahre später nach dem Vietnam-Krieg eingeführte posttraumatische Belastungsstörung und deren neurobiologische Befunde Oppenheim rehabilitiert hätten (Lerner 1997). Dies ist nur dann richtig, wenn man die ICD 10-Definition als monokausale, nur vom Trauma ausgehende psychische Störung zugrundelegt und auch die neurobiologischen Befunde als allein traumabedingt erklären will. Jedoch hatten schon einige von Oppenheims Zeitgenossen die individuelle, multikausale Bedingung posttraumatischer psychischer Störungen erkannt, wenn auch bei den meisten seiner Gegner wie Bonhoeffer und Lewandowsky in Berlin rigorose Standpunkte überwogen, die der traumatischen Neurose ihren Namen und überwiegend auch der dahinterstehenden Individualgenese die Anerkennung verweigerten.

Literatur

Bernhardt M (1876) Über die Folgen der Hirn- und Rückenmarkserschütterung nach Eisenbahnunfällen. Berl. klin.Wschr.13: 275-278.
Birnbaum K (1915) Kriegsneurosen und -psychosen aufgrund der gegenwärtigen Kriegsbeobachtungen. Erste Zusammenstellung: Zschr.ges.Neurol.u.Psychiat. (Ref.u.Erg.) 11: 321-369.
Birnbaum K(1916) Zweite Zusammenstellung v. Mitte März bis Mitte August 1915. Zschr.ges.Neurol.u.Psychiat. (Ref.u.Erg.) 12: 1-89.

---

[18] Oppenheims konservatives Festhalten an einem einmal formulierten Konzept entsprach sonst nicht seiner Eigenschaft, immer auf der Höhe seiner Zeit zu sein und als der "Sieggewohnte" (Nonne 1919, 1957) immer recht zu behalten.

Birnbaum K (1916) Dritte Zusammenstellung v. Mitte August 1915 bis Ende Januar 1916. Zschr.ges.Neurol.u.Psychiat. (Ref.u.Erg.) 12: 317-388.

Birnbaum K (1917) Vierte Zusammenstellung von Anfang Februar 1916 bis Ende Juli 1916. Zschr.ges.Neurol.u.Psychiat. (Ref.u.Erg.) 13: 457-533.

Bonhoffer K (1911) Wie weit kommen psychogene Krankheitszustände und Krankheitsprozesse vor, die nicht der Hysterie zuzuordnen sind? Allg.Zschr Psychiat. 68: 371-386.

Bonhoeffer K (1916) Zur psychogenen Entwicklung und Hemmung kriegsneurotischer Störungen. Mschr.Psychiat.Neurol. 40: 199-200.

Bonhoeffer K (Hrsg.)(1922) Handbuch der ärztlichen Erfahrungen im Weltkriege, 1914-1918, Leipzig, Barth.

Bonhoeffer K (1926) Beurteilung, Begutachtung und Rechtsprechung bei den sogenannten Unfallneurosen. Dt.Med.Wschr. 52: 179-182.

Bonhoeffer K (1969) Lebenserinnerungen. Zutt J, Straus E, Scheller H.(Hrsg): Karl Bonhoeffer zum Hundertsten Geburtstag am 31. März 1968. Berlin.

Charcot JM (1886) Neue Vorlesungen über die Krankheiten des Nervensystems. Deutsche Ausgabe von Freud S, Leipzig u. Wien, S.206-207.

Cohn T (1916) Zur Frage der psychogenen Komponente bei Motilitätsdefekten infolge von Schussverletzungen. Neurol.Cbl. 35: 237-244.

Decker HS (1971) The medical reception of psychoanalysis in Germany, 1894-1907: Three brief studies. Bulletin of the History of Medicine. Baltimore, Vol. 45: 461-465.

Fischer-Homberger E.(1975) Die traumatische Neurose. Verlag Hans Huber, Bern-Stuttgart-Wien.

Fischer-Homberger E (1987) Der Erste Weltkrieg und die Krise der ärztlichen Ethik. In: Bleker J, Schmiedebach H-P (Hrsg): Medizin und Krieg. Vom Dilemma der Heilberufe 1865-1985. Fischer Frankfurt/M , S.122-132.

Fischer-Homberger E(1999) Zur Medizingeschichte des Traumas. Gesnerus 56: 260-294.

Freud S (1919) Einleitung. In: Zur Psychoanalyse der Kriegsneurosen. Leipzig, Wien

Gay P (1989) Freud. Eine Biographie unserer Zeit S. Fischer, Frankfurt/Main.

Holdorff B (1999) Hermann Oppenheim (1858-1919) und Max Lewandowsky (1876-1918) – ein Vergleich. Schriftenreihe der Dt. Ges. f. Geschichte d. Nervenheilk. 5: 37-49.

Holdorff B, Winau R (2001) Geschichte der Neurologie in Berlin. De Gruyter, Berlin, S.127-139, 157-174.

Internat. Medizin Congress in Berlin 1890 (1890): Sitzung über die traumat. Neurosen. Neurol. Cbl. 9: 509-512.

Jolly F (1897) Über Unfallverletzung und Muskelatrophie nebst Bemerkungen über die Unfallgesetzgebung. Berl. klin. Wschr. 34: 241-245.

Kriegstagung (1916) VIII. Jahrestagung der Gesellschaft Deutscher Nervenärzte (Kriegstagung) in München am 22. und 23. Sept. 1916 Neurol. Cbl. 35: 792-794, 818-824.

Lerner P (1997) „Nieder mit der traumatischen Neurose, hoch die Hysterie". Zum Niedergang und Fall des Herrmann Oppenheim (1858-1919). Psychother. 2: 16-22.

Lerner P (2001) From Traumatic Neurosis to Male Hysteria. In: MS Micale and P Lerner (Eds): Traumatic Pasts. History, Psychiatry and Trauma in the Modern Age, 1870-1930. Cambridge University Press, S.140-171.

Lerner P (2003) The Hysterical Men. Cornell University Press, Ithaca

Lewandowsky M (1915) Erfahrungen über die Behandlung nervenverletzter und nervenkranker Soldaten. Dtsch. Med. Wschr. 41: 1665- 7.

Lewandowsky M (1917) Was kann in der Behandlung und Beurteilung der Kriegsneurosen erreicht werden? Münch Med. Wschr. 64: 989-991 und 1028-1031.

Lewandowsky M.(1912) Praktische Neurologie für Ärzte. J. Springer Berlin, 2. Aufl. 1917.

Lewandowsky M. (1919) "Die Kriegsschäden und ihre Folgeerscheinungen. Eine Anleitung zu ihrer Begutachtung und Behandlung" (herausgegeben von Kurt Singer), Berlin

Liepmann H (1916) Zur Fragestellung in dem Streit über die traumatischen Neurosen. Neurol.Cb. 35: 233-244.
Mennel H-D, Holdorff B, Bewermeyer K, Bewermeyer H. (2007): Hermann Oppenheim und die deutsche Nervenheilkunde zwischen 1870 und 1919. Schattauer, Stuttgart, New York.
Moeli C (1881) Über psychische Störungen nach Eisenbahnunfällen. Berl.klin.Wschr. 18: 73-75.
Nonne M (1917) Über erfolgreiche Suggestivbehandlungen hysteriformer Störungen bei Kriegsneurosen. Z. ges. Neurol. Pschiat. 37: 191-218.
Nonne M (1919) Zum Andenken an Hermann Oppenheim. Neurol. Zbl. 38: 386-390
Nonne M (1957) In memoriam Hermann Oppenheim und Ludwig Bruns anlässlich der Wiederkehr ihres 100.Geburtstages. In: 50 Jahre Deutsche Gesellschaft für Neurologie, Schmidt-Römhild, Lübeck, S.24 –37.
Oppenheim H (1888) Wie sind diejenigen Fälle von Neurasthenie aufzufassen, welche sich nach Erschütterung des Rückenmarks insbesondere nach Eisenbahnunfällen entwickeln? Dtsch. med. Wschr.14: 194-196.
Oppenheim H (1889) Die traumatischen Neurosen. Nach den in der Nervenklinik der Charité in den letzten 5 Jahren gesammelten Beobachtungen. Hirschwald, Berlin, 2.Aufl 1892.
Oppenheim H (1896) Der Fall N. Ein weiterer Beitrag zur Lehre von den traumatischen Neurosen nebst einer Vorlesung und einigen Betrachtungen über das dasselbe Kapitel. Karger, Berlin.
Oppenheim H (1906) Psychotherapeutische Briefe. Karger, Berlin.
Oppenheim H (1915) Der Krieg und die traumatischen Neurosen. Berl. Klin. Wschr. 52: 257-261.
Oppenheim H (1916 a) Für und wider die traumatische Neurose. Neurol. Cbl. 35: 225-233.
Oppenheim H (1916 b) Fortgesetzte Diskussion über die traumatischen Neurosen. Neurol. Cbl. 35: 530-541.
Oppenheim H (1916 c) Die Neurosen infolge von Kriegsverletzungen. Berlin, Karger
Oppenheim H (1916d) Zur Frage der traumatischen Neurose. Dt. Med. Wschr. 42: 1567-1570.
Oppenheim H (1917) Neurosen nach Kriegsverletzungen. Die nosologische Stellung der Hysterie und Neurasthenie. Dtsch. Z. Nervenheilk. 56: 4-37.
Oppenheim H (1918) Stand der Lehre von den Kriegs- und Unfallneurosen. Berlin, Karger.
Priebe S, Nowak M, Schmiedebach H.-P (2002): Trauma und Psyche in der deutschen Psychiatrie seit 1889. Psychiat.Prax.29: 3-9.
Reichmayr J (1994) Spurensuche in der Geschichte der Psychoanalyse. S.Fischer, Frankfurt/Main.
Schiffter R (2001) Romberg und Oppenheim auf dem Weg von der romantischen Medizin zur modernen Neurologie. In: Holdorff B, Winau R (Hrsg.): Geschichte der Neurologie in Berlin. Berlin, de Gruyter, S.85- 98.
Schmiedebach H-P (1999) Die „Traumatische Neurose"- Soziale Versicherung und der Griff der Psychiatrie nach dem Unfallpatienten. In: Hubenstorf M, Lammel H-H, Münch R, Schleiermacher S, Schmiedebach H-P, Stöckel R: Medizingeschichte und Gesellschaftskritik, Husum Mathiesen, S.123-134.
Schuster P (1914) Die traumatischen Neurosen. In: M. Lewandowsky (Hrsg.): Handbuch der Neurologie. Berlin, Springer, Bd. 5/IV, S. 1073-1105.
Schuster P (1916) Entstehen die traumatischen Neurosen somatogen oder psychogen? Neurol. Cbl. 35: 500-515.
Simmel E (1919) Kleines Koreferat. In: Zur Psychoanalyse der Kriegsneurosen. Leipzig, Wien.
Simons A (1919) Hermann Oppenheim. Z. Ärztl. Fortbild. 16: 1-7.
Thomsen R, Oppenheim H (1884) Über das Vorkommen und die Bedeutung der sensorischen Anästhesie bei Erkrankungen des centralen Nervensystems. Arch. Psychiat. Nervenkr. 15: 559-583 u. 633-680.
Westphal C (1878) Einige Fälle von Erkrankungen des Nervensystems nach Verletzung auf Eisenbahnen. Charité-Ann. 3: 379-394.

Psychiatrie im gesellschaftlich-politischen Kontext: Wechselwirkungen

Am Rande der Psychiatrie 1900 – 1933

14 Anfänge der psychoanalytischen Therapie in Berlin 1900 – 1933: Karl Abraham und das Psychoanalytische Institut der 20er Jahre

Ulrich Rüger

Zusammenfassung

Die Entwicklung der Psychoanalyse und der psychoanalytischen Therapie im Berlin der 20er Jahre sind eng mit der Person Karl Abrahams verbunden. Dieser hatte seine psychiatrische Ausbildung in Berlin und in Zürich am Burghölzli bei Eugen Bleuler absolviert und sich 1907 in Berlin als Nervenarzt und Psychoanalytiker niedergelassen. Persönlichkeit und wissenschaftliches Werk Karl Abrahams werden gewürdigt. Darüber hinaus wird die Entwicklung des von ihm gemeinsam mit Max Eitingon und Ernst Simmel gegründeten Berliner Psychoanalytischen Instituts dargestellt. Das Berliner Institut wurde in den frühen 20er Jahren zum „Nervenzentrum" der psychoanalytischen Bewegung und zog viele später bedeutende Persönlichkeiten an. Im Berliner Psychoanalytischen Institut wurde erstmals ein strukturiertes Curriculum für die psychoanalytische Ausbildung entwickelt. In der angeschlossenen psychoanalytischen Poliklinik konnten auch ökonomisch minderbemittelte Patienten psychoanalytisch behandelt werden. Damit konnten die Ausbildungskandidaten Erfahrungen an einer breiten Patienten-Klientel mit unterschiedlichen Krankheitsbildern machen. Eine Leistungsbilanz des Instituts lässt sich aus einem 1930 vorgelegten Zehnjahres-Bericht entnehmen. In diesem ist auch eine erste Form einer Psychotherapie-Katamnese enthalten, in der die dort gefundenen Befunde im Hinblick auf notwendige Änderungen der klassischen psychoanalytischen Behandlungstechnik erörtert werden.

In der Geschichte und Entwicklung der Psychoanalyse spielt nach Wien wohl Berlin die bedeutendste Rolle. Dies gilt insbesondere für die Zeit zwischen 1920 und 1933. Mehr als in Wien erfuhr in Berlin die Psychoanalyse in den 20er Jahren gesellschaftliche Anerkennung. So waren beim Festakt zum 70. Geburtstag Freuds in Berlin 1926 der Chirurg August Bier und Albert Einstein anwesend. Der Internist Wilhelm His und der Schriftsteller Alfred Döblin hielten Festreden – neben Ernst Simmel, der als Nachfolger des 1925 verstorbenen Karl Abraham zum Vorsitzenden der Berliner Psychoanalytischen Vereinigung[1] gewählt worden war.

---

[1] Die Berliner Psychoanalytische Vereinigung wurde mit zunehmender Anzahl auswärtiger Mitglieder im April 1926 umbenannt in: Deutsche Psychoanalytische Gesellschaft

Darüber hinaus wurden in Berlin in den 20er Jahren wesentliche Grundlagen für die Anwendung der Psychoanalyse in der ambulanten Krankenversorgung entwickelt und zugleich eine heute in ihren Grundzügen noch weltweit anerkannte Struktur der psychoanalytischen Ausbildung konzipiert. An dieser Entwicklung waren viele beteiligt. Auf einige wesentliche Persönlichkeiten soll im Weiteren eingegangen werden. Ohne den geschichtlichen Ort dieser Entwicklung – das Berlin der 20er Jahre – wäre diese aber nicht hinreichend zu verstehen, wahrscheinlich auch in dieser Form nicht möglich gewesen.

Trotz der Niederlage des Deutschen Reiches war Berlin nach dem Ersten Weltkrieg Hauptstadt eines großen und dynamischen Landes und zog in den 20er Jahren viele kreative Menschen an. Wien dagegen – bis 1918 Hauptstadt des mächtigen Kaiserreiches der Habsburger, mit seiner Fläche der zweitgrößte Staat Europas und nach Einwohnern dem Deutschen Reich ebenbürtig – wurde 1919 zur überdimensionierten und verarmten Hauptstadt eines kleinen Landes mit insgesamt 6,5 Millionen Einwohnern und repräsentierte damals eher „Die Welt von gestern" (Stefan Zweig 1944).

So siedelten auch eine ganze Reihe Psychoanalytiker oder an der Psychoanalyse interessierte Persönlichkeiten in den 20er Jahren aus der ehemaligen K.u.K.-Monarchie nach Berlin über (s. u.), und selbst Sigmund Freud erwog seinerzeit noch im 7. Lebensjahrzehnt seinen Wohnsitz von Wien nach Berlin zu verlegen. Wie Peter Gay berichtet, war damals „Berlins größte Attraktion für Psychoanalytiker ... Karl Abraham – zuverlässig, selbstsicher, intellektuell, eine feste Stütze für die Jungen und die Phantasiereichen." (S. 518). Karl Abraham soll deshalb zunächst ausführlicher vorgestellt werden, zumal sich in ihm die originäre Hinwendung von enttäuschenden psychiatrischen Erfahrungen zu den therapeutischen Möglichkeiten der Psychoanalyse, einer seinen beruflichen und kulturellen Kontext zunehmend bestimmenden Konzeption, und ebenso die nachhaltige Beeinflussung derselben durch ihn aufzeigen lässt.

1   Karl Abraham (1877-1925)

Karl Abraham wurde 1877 in Bremen als jüngerer von zwei Söhnen einer alteingesessenen und wohlhabenden jüdischen Kaufmannsfamilie geboren. Nach zunächst einem Semester Zahnmedizin studierte er von 1895 bis 1901 Medizin in Würzburg, Berlin und Freiburg. In Freiburg promovierte er auch 1901 mit einem embryologischen Thema („Beiträge zur Entwicklungsgeschichte des Wellensittichs"). Aufgrund seiner histologischen und embryologischen Interessen wechselte er dann 1901 nach Berlin zu Hugo Liepmann, der seinerzeit die Berliner Irrenanstalt Dalldorf leitete und im Wesentlichen als Gehirnpathologe tätig war. Über seine pathologische und histologische Tätigkeit suchte Abraham „zu den Wurzeln, den Anfängen des Lebens" vorzudringen, wie Hilda Abraham in der Biographie ihres Vaters ausführt (1976, S. 40). Durch seine praktische Tätigkeit gewann er dann aber zunehmend Interesse an psychiatrischen Patienten und Krankheitsbildern. Nach dreijähriger Tätigkeit in Dalldorf befriedigte ihn diese nicht mehr. „Versammlungen, Diskussionen oder therapeutische Bemühungen kamen nicht vor" (H. Abraham, 1976, S. 49).

Abb. 1: Karl Abraham

Abraham ging deshalb 1904 zu Eugen Bleuler nach Zürich ans Burghölzli und arbeitete dort insbesondere auch über Fragen der Dementia Praecox. 1907 bekam er über C. G. Jung Kontakt zur Psychoanalyse und zu Sigmund Freud und bereits seit demselben Jahr steht er mit dem Begründer der Psychoanalyse in einem regelmäßigen Briefwechsel, der bis zum Tod Karl Abrahams fortgeführt wird. Da für ihn als Nicht-Schweizer eine Niederlassung in Zürich nicht möglich war, kehrte er 1907 nach Berlin zurück und war hier bis zu seinem Tod als Nervenarzt niedergelassen. Bereits 1908 gründete er in Berlin die Berliner Psychoanalytische Vereinigung. Eine Verstärkung erhielt diese Gruppe dann 1910 mit dem Wechsel von Max Eitingon, der ebenfalls vom Burghölzli nach Berlin übersiedelte.

Mit seinem Vortrag „Die Stellung der Verwandtenehe in der Psychologie der Neurosen" am 9. Nov. 1908 führte Karl Abraham sich in der Berliner Gesellschaft für Psychiatrie und Nervenheilkunde ein. Abrahams Thesen zur Verwandtenehe als Folge neuropathischer Veranlagung wurden zum Teil schroff abgelehnt, wobei sein entfernter Verwandter Hermann Oppenheim einen ausgesprochenen Wutanfall bekommen (Cremerius 1969, S. 18), sich aber dann im Nachhinein Abraham gegenüber privat sehr anerkennend geäußert und eine Publikation in der Deutschen Zeitschrift für Nervenheilkunde vorgeschlagen haben soll (Brief Abraham an Freud vom 10.11.1908)[2]. Aus heutiger Sicht waren die damaligen Thesen Karl Abrahams sehr plausibel, zumal er seine Überlegungen auch nur als eine von mehreren Aspekten „neuropathischer Konstitution" vorstellte.[3]

Im Ersten Weltkrieg war Karl Abraham von 1916 bis zum Ende des Krieges 1918 leitender Arzt der psychiatrischen Station des XX. Armeekorps in Allenstein/Ostpreußen. Er hatte dort unter anderem die Verantwortung für die Versorgung von Soldaten mit „Kriegsneurosen" und hielt seinerzeit 1918 auch auf dem von ihm einberufenen Budapester Kongress (s. u.) zu dieser Thematik ein Hauptreferat. Nach dem Ersten Weltkrieg war Karl Abraham maßgeblich an der von Max Eitingon initiierten und von Ernst Simmel mitgetragenen Gründung des Berliner Psychoanalytischen Instituts und der diesem Institut angeschlossenen Poliklinik beteiligt (s. u.).

Mit Karl Bonhoeffer, dem psychiatrischen Lehrstuhlinhaber der Charité hatte Karl Abraham nach 1920 eine Beziehung aufgenommen. In seinem Schreiben an Freud vom 10.06.1920 äußert Abraham, Bonhoeffer sei zwar „kein Freund der Psychoanalyse, aber auch kein prinzipieller Gegner, vor allem kein unfairer." Karl Bonhoeffer habe ihm offen gestanden, seine Gegengründe seien gefühlsmäßig, „durchaus unwissenschaftlich"! Er erkenne aber vieles an. Wie Annemarie Dührssen (1988) berichtet, hat Karl Bonhoeffer keinem seiner Mitarbeiter untersagt, eine psychoanalytische Ausbildung zu suchen. Otto Grotjahn, Edith Weigert-Vowinckel und Eduard Weis waren Schüler Karl Bonhoeffers, die nach ihrer Emigration als Psychoanalytiker in den USA bekannt geworden sind.

1924 wurde Karl Abraham zum Präsidenten der Internationalen Psychoanalytischen Vereinigung gewählt – eine Funktion, die er interimistisch nach dem Ausscheiden von C.

---

[2] zur Person Oppenheims s. Beitrag Holdorff: Der Kampf um die "traumatische Neurose": Hermann Oppenheim und seine Kritiker in Berlin. In diesem Band.

[3] Vortrag und Diskussion spiegeln sicherlich die damalige Atmosphäre wider. Im Gegensatz zur Schweizerischen Psychiatrie wurde nach Theodor Winkler (1982) die Psychoanalyse "seitens der offiziellen Deutschen Psychiatrie nur sehr zögernd zur Kenntnis genommen und erfuhr vielfach vehemente Ablehnung" (S. 12). Umgekehrt scheint Abraham die psychodynamischen Konzepte psychotischer Krankheitsbilder von Psychiatern wie Birnbaum und Gaupp nicht rezipiert zu haben.

G. Jung aus der Psychoanalytischen Bewegung bereits seit Beginn des Weltkrieges übernommen hatte.

Am 25. Dezember 1925 starb Karl Abraham – erst 48-jährig – wahrscheinlich an den Folgen einer verschleppten Aspirationspneumonie.

Die Entwicklung der Psychoanalyse in Deutschland vor 1933 ist ohne die Person Karl Abrahams nicht denkbar. Mit seiner kritischen Intellektualität und seinem starken Optimismus gelang es ihm offensichtlich, auch in weiten Kreisen der Gebildeten Interesse an der Psychoanalyse zu wecken. Zugleich sehr selbstkritisch und jeder Spekulation abhold, wurde ihm von Freud eine ausgesprochene „Prussianity" („Preußigkeit") bescheinigt (P. Gay 1989, S. 518). In seinem Briefwechsel mit Freud zeigt er nichts Unterwürfiges dem großen Meister gegenüber. Er warnt diesen stattdessen schon sehr früh vor fragwürdigen Gestalten im Umfeld oder im Zentrum der Psychoanalyse. In den meisten Fällen musste Freud Abraham im Nachhinein Recht geben.

Trotz voller Praxistätigkeit und vielfältigen anderen Funktionen hinterlässt Karl Abraham ein wissenschaftliches Werk mit über hundert Titeln. Die meisten Publikationen sind kurz und prägnant (E. Jones 1926). Bei ihrer Veröffentlichung zögert Abraham oft lange, wenn ihm die Schlussfolgerungen aus seinen Befunden noch zu spekulativ erscheinen und zu wenig durch klinische Befunde belegt werden können. Dabei gingen manche seiner an klinischen Beobachtungen gewonnenen Konzepte auch ohne Nennung seines Namens in die psychiatrische Literatur ein – so z. B. in Eugen Bleulers Handbuch-Beitrag „Dementia praecox oder Gruppe der Schizophrenien" (vgl. Cremerius 1969, S. 24). Sein „Versuch einer Entwicklungsgeschichte der Libido aufgrund der Psychoanalyse seelischer Störungen" – 1924 nur ein Jahr vor seinem Tod veröffentlicht – könnte als sein Opus magnum bezeichnet werden: Die dort beschriebenen Beobachtungen von Objektverlust und spezifischen Verinnerlichungsvorgängen gehören inzwischen zum unstrittigen Wissensstand. Dabei verabsolutiert Karl Abraham den psychoanalytischen Beitrag bei der Klärung der Pathogenese dieser Krankheitsgruppe keineswegs. Vielmehr sieht er die pathogenetischen Faktoren hier in einer Ergänzungsreihe von Konstitution, früher Prägung, prämorbider Persönlichkeit und spezifischen Auslösesituationen – sieht man von mancher zeittypischen Begrifflichkeit ab, eine ausgesprochen offene und moderne Auffassung.

Karl Abraham widmet sich dabei insbesondere auch der Persönlichkeit des „freien Intervalls" und ihrer zeitstabilen Charakterzüge – aus heutiger Sicht ein Beitrag zur Vulnerabilitäts-, aber auch zur Krankheitsbewältigungsforschung. Dabei steht die klinische Deskription immer an erster Stelle. Kasuistiken werden nicht berichtet, um etwas zu beweisen. Theoretische Modelle bleiben „Versuche" einer Erklärung von beobachteten Phänomenen, so zum Beispiel sein Opus magnum „Der Versuch einer Entwicklungsgeschichte der Libido".

Sieht man von vielen klinischen Beiträgen zu Einzelfragen ab, so hat Karl Abraham in drei großen Bereichen die theoretischen Konzepte der Psychoanalyse weiterentwickelt:
– *Beiträge zur Psychopathologie des manisch-depressiven Irreseins und der Psychosen* (s.o.): Grundlage dieser Arbeiten war insbesondere auch die langjährige und umfangreiche psychiatrische Erfahrung Karl Abrahams.
– *Beiträge zur Libidotheorie:* Ohne die Libidotheorie Freuds als solche in Frage zu stellen, differenzierte Karl Abraham diese weiter aus – auch unter Berücksichtigung der jeweils phasentypischen Objektbeziehungsmuster.
– *Beiträge zur Charakterbildung und Charakterentwicklung:* Unter Nutzung seiner breiten klinischen Erfahrung und entsprechender Fallbeispiele arbeitete Karl Abraham hier be-

stimmte Charaktertypologien heraus, so insbesondere den „oralen", „analen" und „genitalen" Charakter und damit eher zeitstabile psychische Auffälligkeiten und Akzentuierungen.

Der Einfluss Karl Abrahams und seiner psychoanalytischen Konzepte auf die in Berlin tätigen Psychoanalytiker und die Ausbildungskandidaten des Instituts war sehr groß. Psychoanalytiker, die später sehr unterschiedliche Entwicklungen genommen haben, stützen sich auf Konzepte Karl Abrahams. So haben sich z. B. nach Wyss (1961) die Ausführungen Abrahams über die Libidotheorie in den Konzepten Melanie Kleins und ihren Auffassungen zur Theorie der frühkindlichen Depression niedergeschlagen. Auf der anderen Seite greift Harald Schultz-Hencke in seiner Persönlichkeitstypologie auf die entsprechenden Konzepte Karl Abrahams zurück.

Fünf Jahrzehnte nach seinem Tod, in der 2. Auflage der Psychiatrie der Gegenwart (1972) zählt Karl Abraham in dem von Werner Schwidder verfassten Kapitel „Klinik der Neurosen" zu den viel zitierten Autoren. Er steht zu dem Zeitpunkt nicht mehr „am Rande der Psychiatrie".

Ähnlich wie Sigmund Freud, der seine wissenschaftlichen Wurzeln in der Neuropathologie hatte, war Karl Abraham über neuropathologische Interessen zur Psychiatrie gekommen; nach dreijähriger Tätigkeit war er von der damaligen Berliner Psychiatrie enttäuscht und wechselte 1904 zu Eugen Bleuler ans Burghölzli/Zürich, wo er dann über C.G. Jung zur Psychoanalyse kam und ab 1907 in einen regelmäßigen Briefwechsel mit Sigmund Freud eintrat. Vielmehr aber als Sigmund Freud war Karl Abraham zeitlebens auch als Psychoanalytiker Psychiater geblieben – deutlich erkennbar an den Themen seiner Publikationen. Sein früher Tod dürfte die Entwicklung vertiefterer Beziehungen zwischen Psychiatrie und Psychoanalyse in Berlin verhindert haben. Nach 1933 war es dann eine Reihe seiner Schüler, die als Emigranten neben anderen zur Emigration gezwungenen Berliner Psychiatern die Entwicklung der amerikanischen Psychiatrie mitbestimmt haben.

2 Das Berliner Psychoanalytische Institut der 20er Jahre

Nach dem Ersten Weltkrieg wurden 1920 das Berliner Psychoanalytische Institut und die Psychoanalytische Poliklinik gegründet. Die Initiative dazu ging maßgeblich auf Max Eitingon zurück, der auch die ökonomischen Rahmenbedingungen für die Poliklinik sicherte. Wie Max Eitingon 1920 schreibt, folgte die Gründung der Poliklinik letztlich einer Anregung Sigmund Freuds, die er auf dem Budapester Kongress im September 1918 gegeben hatte: „Irgendeinmal wird das Gewissen der Gesellschaft erwachen und sie mahnen, daß der Arme ein ebensolches Anrecht auf seelische Hilfeleistung hat, wie bereits jetzt auf lebensrettende chirurgische" ... „Die gegenwärtigen Verhältnisse mögen den Termin noch länger hinausschieben, es ist wahrscheinlich, daß private Wohltätigkeit mit solchen Instituten den Anfang machen wird; aber irgendeinmal wird es dazu kommen müssen" – so hatte sich Freud seinerzeit geäußert (S. Freud 1919, S. 192f., Eitingon 1920, S. 97).

Bereits im Juni 1919 begannen auf Initiative von Max Eitingon und Ernst Simmel die Vorplanungen für die Gründung einer entsprechenden Poliklinik, die dann am 14. Februar 1920 in der Potsdamer Straße 29 eröffnet wurde. Diese Poliklinik verfügte über fünf Behandlungszimmer und Räumlichkeiten für Konferenzen, Versammlungen und Sitzungen der Berliner Psychoanalytischen Vereinigung. Die Poliklinik stand von 1920 an unter der

Leitung von Max Eitingon und Ernst Simmel, „denen der Vorsitzende der Berliner Vereinigung, Dr. Abraham, zur Seite steht" (Eitingon 1920, S. 98). Zugleich begann bereits die Lehrtätigkeit dieser Einrichtung am 5. März 1920 mit einem Vortrag von Karl Abraham „Über ausgewählte Kapitel der Psychoanalyse".

Abb. 2: Max Eitingon

Max Eitingon (1881 – 1943), in Russland geboren und seit dem 13. Lebensjahr in Leipzig aufgewachsen, stammte aus einer sehr wohlhabenden jüdischen Pelzhändler-Dynastie. Nach Medizinstudium in Heidelberg, Marburg und Zürich arbeitete er von 1906 – 1908 als Assistent bei Eugen Bleuler in Burghölzli/Zürich und bekam hier über C.G. Jung und Karl Abraham Kontakt zur Psychoanalyse. Nach seiner Promotion 1909 entschloss er sich nach Berlin zu gehen und war dort zunächst bis zu seiner Niederlassung an der Neurologischen Klinik von Hermann Oppenheim[4] tätig. Zuvor hatte er im Oktober/November 1909 seine „ambulante" Psychoanalyse bei Sigmund Freud in zweimal wöchentlich stattfindenden Spaziergängen durchgeführt. Zeitlebens behielt Max Eitingon zu Sigmund Freud ein sehr enges Verhältnis, das sich nach 1920 von einer „Freundschaft zur Sohnschaft" entwickelte (vgl. Schröter 2004, S. 15). In sehr generöser Weise ermöglicht Max Eitingon mit dem ihm aus seinen elterlichen Unternehmungen zufließenden Kapital die Finanzierung des Berliner Psychoanalytischen Institutes und insbesondere der angeschlossenen Poliklinik. „Das Gros des Geldes für Miete, Sach- und Personalkosten kam aus Eitingons Tasche" (Schröter 2004, S. 8).

Eitingon war kein Wissenschaftler. Seine zentralen Leistungen liegen nach Schröter (2004) eher im Administrativen und in seiner Funktion als „zuverlässiger Helfer in der Not" (S. 17). Eitingon muss ein großer Integrator gewesen sein, der mit viel diplomatischem Geschick Konflikte in der ersten Psychoanalytiker-Generation (oft mit Erfolg) zu entschärfen verstand. Sein eigentliches Werk war aber sicherlich das Berliner Psychoanalytische Institut, das ohne sein großherziges Mäzenatentum[5] nicht hätte gegründet werden können und auch nicht überlebensfähig gewesen wäre. Ende 1933 sah sich Max Eitingon zur Emigration gezwungen. Der Abschied von dem von ihm gegründeten Institut war für ihn besonders bitter (vgl. Schröter, S. 25f.). Max Eitingon emigrierte nach Palästina und gründete dort 1934 in Jerusalem ein psychoanalytisches Lehrinstitut. Bis 1938 unternahm er noch viele Reisen nach Europa. Gesundheitlich schon lange angegriffen verstarb er 1943 in Jerusalem.

Zweiter Mitgründer des Berliner Psychoanalytischen Instituts war Ernst Simmel (1882 – 1947). In Breslau als jüngstes Kind einer jüdischen Familie geboren und in Berlin aufgewachsen, studierte Ernst Simmel von 1902 bis 1907 Pharmazie und Medizin in Berlin und Rostock und promovierte in Rostock („Kritischer Beitrag zur Ätiologie der dementia praecox"). Anders als viele Psychoanalytiker der ersten Generation war er kein Psychiater. Nach vierjähriger Assistenzarzt-Tätigkeit in Darmstadt und Berlin (Augusta-Viktoria-Krankenhaus) hatte er sich 1913 als praktischer Arzt in Berlin/Baumschulenweg niedergelas-

---

[4] s. a. den Beitrag Holdorff in diesem Band
[5] Bereits der Vater Max Eitingons, Chaim Eitingon, betätigte sich in Leipzig nachhaltig als Mäzen und stiftete u. a. die 1922 eingeweihte Leipziger Synagoge und das 1928 eröffnete Israelitische Krankenhaus (vgl. Schröter 2004, S. 2).

sen. Von 1914 bis 1918 war er Militärarzt und seit 1917 Oberarzt und Vorsteher des Festungslazaretts 19 für Kriegsneurotiker in Posen. Schwierigkeiten beim konzeptuellen Verständnis dieser Erkrankung und ihrer Behandlung führten ihn zunächst autodidaktisch zur Psychoanalyse und zu psychoanalytischen Behandlungsansätzen. Seine 1918 vorgelegte Publikation „Kriegsneurosen und psychisches Trauma" wurde von Freud sehr positiv aufgenommen. Ernst Simmel war dann einer der Hauptreferenten auf dem von Karl Abraham einberufenen Budapester Kongress im September 1918 („Zur Psychoanalyse der Kriegsneurosen"). Mit seiner These, dass auch zuvor psychisch Gesunde durch Kriegseinwirkungen psychisch traumatisiert werden können, widersprach er der damals und auch nach dem Ersten Weltkrieg noch geltenden psychiatrischen Lehrmeinung[6], wie sie zum Beispiel von Karl Bonhoeffer (1926) vertreten wurde.

Abb. 3: Ernst Simmel

Über den Budapester Kongress 1918 stieß Ernst Simmel dann nach dem Ersten Weltkrieg zur Berliner Psychoanalytischen Vereinigung und war mit Max Eitingon zusammen Gründer des Berliner Psychoanalytischen Instituts und der angeschlossenen Poliklinik. Ein „hohes soziales Verantwortungsgefühl" und ein „schöpferischer Optimismus" – das sind die Charaktereigenschaften, mit denen Max Eitingon (1928) Ernst Simmel charakterisiert. Dabei scheint Ernst Simmel der gesellschaftlich und politisch aktivste der frühen Psychoanalytiker-Generation gewesen zu sein: 1924 gründete er den Verein Sozialistischer Ärzte und 1926 war er Mitbegründer und Vorstandsmitglied der Allgemeinen Ärztlichen Gesellschaft für Psychotherapie, deren Vorsitz der Psychiater Ernst Kretschmer übernahm. In demselben Jahr wurde er in Nachfolge des 1925 verstorbenen Karl Abraham Vorsitzender der Berliner Psychoanalytischen Vereinigung.

Im Gegensatz zu Eitingon hat Simmel viel publiziert, insbesondere auch zu psychosomatischen Themen und gehört nach Schultz-Venrath (1994) zu den lange „vergessenen" frühen Pionieren der psychosomatischen Medizin.[7] Mit großem Engagement gründete Simmel 1927 das „Sanatorium Schloß Tegel", in dem erstmals im stationären Rahmen psychoanalytisch orientierte Behandlungen durchgeführt wurden (zu Geschichte und Konzept dieser Einrichtung vgl. Schultz u. Hermanns 1987). Die Klinik musste allerdings aus ökonomischen Gründen infolge der Weltwirtschaftskrise bereits 1931 ihre Pforten wieder schließen.

Die 1933 erzwungene Emigration führte Simmel schließlich in die USA, wo er in Los Angeles und San Francisco zwei psychoanalytische Institute nach dem Muster des von ihm mitaufgebauten Berliner Psychoanalytischen Instituts gründete. 1944 trat er noch einmal durch die Organisation des großen Antisemitismus-Symposiums in San Francisco in Erscheinung, an dem sich unter anderem Gordon W. Allport, Theodor Adorno und Max Horckheimer beteiligten.

---

[6] Über die "Kriegsneurosen" wurde innerhalb der Psychiatrie seit Beginn des Ersten Weltkrieges kontrovers diskutiert, wobei insbesondere das Konzept der "traumatischen Neurose" Hermann Oppenheims umstritten war (s. Beitrag Holdorff a.a.O.)

[7] s. a. den Beitrag Vogelsänger in diesem Band

Max Eitingon und Ernst Simmel stehen auch für das Schicksal sehr vieler Emigranten, die 1933 gezwungen waren, Deutschland zu verlassen.[8] Dabei wird auch am Beispiel der Beiden der große geistig-kulturelle Verlust deutlich, den Deutschland durch das Dritte Reich erlitten hat.

Mit der Gründung des Berliner Psychoanalytischen Institutes 1920 und der diesem Institut angeschlossenen Poliklinik und Lehranstalt wurde erstmals in der Entwicklung der Psychoanalyse die Ausbildung zum Psychoanalytiker strukturiert. Theoretische Weiterbildung, Lehranalyse und supervidierte Behandlungen wurden zu den drei wesentlichen Säulen der psychoanalytischen Ausbildung. Anders als bisher stand nun über die Poliklinik für die Ausbildungskandidaten eine Patientenklientel mit relativ breitem Krankheitsspektrum zur Verfügung.

Erster Ausbildungskandidat des Berliner Instituts war Franz Alexander[9] (1891 bis 1964); dieser war dann seit 1924 als Dozent am Berliner Institut tätig, bevor er 1930 in die USA emigrierte und später zum „Vater der psychosomatischen Medizin" wurde. Franz Alexander gehörte zu der großen Gruppe der Menschen, die nach dem Ersten Weltkrieg aus Österreich-Ungarn nach Berlin übergesiedelt sind und am Berliner Institut ihre Ausbildung abgeschlossen oder eine bereits abgeschlossene Ausbildung vertieft haben. Neben Franz Alexander zählten zu ihnen Michael Balint (in Berlin 1919-1924), Melanie Klein (in Berlin 1919-1926), Sandor Rado (in Berlin 1922-1931), Otto Fenichel (in Berlin 1922-1933), Siegfried Bernfeld (in Berlin 1925-1932), René Spitz (in Berlin 1928-1932), Wilhelm Reich (in Berlin 1930-1933). Für manche von ihnen war Berlin wichtige Durchgangsstation. Für andere wurde das Jahr 1933 zum Schicksalsjahr. Sie waren mit anderen jüdischen Mitgliedern des Instituts, wie Max Eitingon, Ernst Simmel, Otto Fenichel u. a. zur Emigration gezwungen. Sie gingen denselben Weg, den auch viele jüdische Vertreter der Berliner Psychiatrie gehen mussten.[10]

3   Der „Berliner Geist"

In den ersten Jahren der Weimarer Republik hatte sich Berlin trotz der „prekären Gesundheit der jungen Republik" (S. 517) zum „Nervenzentrum der Psychoanalyse in aller Welt" entwickelt (P. Gay 1981, S. 517). Der „Berliner Geist"[11] (Gay, S. 516) ermöglichte offensichtlich die Entwicklung sehr unterschiedlicher Persönlichkeiten. Verfolgt man deren weiteren Lebensweg, so haben nicht wenige von ihnen später einen eher „unorthodoxen" Weg genommen.

Ein früher Höhepunkt der 20er Jahre war der 7. Internationale Psychoanalytische Kongress in Berlin vom 25.-27. September 1922. Es war der größte und bestbesuchte Kon-

---

[8] s. Beitrag Peters in diesem Band
[9] s. Beitrag Vogelsänger a.a.O.
[10] s. Beitrag Peters a.a.O.
[11] Sicherlich muss aber offen bleiben, ob der von Peter Gay im Nachhinein 1989 diagnostizierte "Berliner Geist" ein Spezifikum für das Berliner Psychoanalytische Institut gewesen ist oder ob hier nicht eher die Offenheit und Dynamik des Berlins der 20er Jahre wirksam waren, zumal von der Berliner Öffentlichkeit bei den Psychoanalytikern eher eine Tendenz zum Abschotten wahrgenommen wurde. So waren z. B. auf dem Internationalen Psychoanalytischen Kongress in Berlin 1922 Gäste nur streng kontrolliert zugelassen und die Presse weitgehend ausgeschlossen worden (vgl. Schröter 2007).

gress der Psychoanalytiker vor dem Zweiten Weltkrieg und zugleich der letzte Kongress, an dem Sigmund Freud teilnahm und einen eigenen Vortrag hielt, bevor dann 1923 seine Krebserkrankung diagnostiziert wurde.

Von den über 30 Hauptvorträgen wurden 5 Beiträge von „Berlinern" gehalten. Neben Abraham und Simmel trugen drei jüngere Psychoanalytiker jeweils sehr neue Thesen vor. Berliner Shootingstar war nach Schröter (2007) Franz Alexander („Über den biologischen Sinn psychischer Vorgänge"). Außerdem hielten Melanie Klein („Zur Frühanalyse") und Karen Horney damals ihre erste Kongressvorträge.

Karen Horney sprach über die „Genese des weiblichen Kastrationskomplexes", nach Schröter (2007) ein bahnbrechender Text, der zu ihrer ersten Veröffentlichung in einer psychoanalytischen Zeitschrift wurde (1923) und in dem Karen Horney die klassischen psychoanalytischen Annahmen zur Weiblichkeit mutig kritisierte, die in ihrem Resultat „doch nichts weniger besagen würde, als daß die eine Hälfte des Menschengeschlechtes unzufrieden sei mit ihrer Geschlechtsrolle" (1923, S. 13). Ein weibliches Benachteiligungsgefühl als gegebene Tatsache anzunehmen, werde vielleicht auch darum nicht in Frage gestellt, „weil sie dem männlichen Narzißmus als zu selbstverständlich" erscheine (S. 12).

Die Psychologie der Frau wurde für Karen Horney zu einem ihrer Lebensthemen, das an dieser Stelle nicht weiter vertieft werden kann. Ihr Auftreten auf dem Berliner Kongress „im Angesicht Sigmund Freuds" wirft nicht nur ein Licht auf die Protagonistin des Vortrages, sondern auch auf die Offenheit und Liberalität von Karl Abraham: Dieser hatte als Mitglied des Vorbereitungskomitees den Vortrag seiner früheren Lehranalysandin Karen Horney zugelassen, obwohl sich diese damit expressis verbis gegen die erst im Jahr zuvor von ihm selbst publizierten Auffassungen (Abraham 1921) aussprach und grundlegende Positionen Freuds zur weiblichen Sexualität in Frage stellte.

Karen Horney (1885-1952), geboren als Tochter eines norwegischen Kapitäns und einer aus Holland stammenden Mutter, hatte als eine der ersten Frauen in Deutschland in Freiburg/Breisgau und Berlin Medizin studiert. Nach Promotion bei Karl Bonhoeffer („Ein kasuistischer Beitrag zur Frage der Traumatischen Psychosen") arbeitete sie zunächst als Assistentin an verschiedenen Berliner psychiatrischen Kliniken und an der neurologischen Klinik von Hermann Oppenheim. Sie ließ sich dann 1919 als Nervenärztin und Psychoanalytikerin in eigener Praxis nieder. Von 1925 an war sie im Vorstand der Berliner Psychoanalytischen Vereinigung tätig und nach deren Umbenennung bis 1931 Vorstandsmitglied der Deutschen Psychoanalytischen Gesellschaft.[12]

Nachdem Franz Alexander bereits 1930/1931 nach Chicago übergesiedelt war, folgte ihm Karen Horney 1932 an dessen dort neu gegründetes Institut. Bereits 1934 ging sie nach New York an das dortige psychoanalytische Institut. Sie entfernte sich dann aber zunehmend von der orthodoxen Psychoanalyse und gründete schließlich 1942 mit Erich Fromm und anderen eine neue Gesellschaft, die „Association for the Advancement of Psychoanalysis".

---

[12] Wie aus dem Briefwechsel zwischen Sigmund Freud und Max Eitingon hervorgeht, hatte Letzterer wohl eine enge freundschaftliche Beziehung zu Karen Horney, woran Freud Anstoß nahm (20.03.1932) und Karen Horney Dritten gegenüber als "bösartig und intrigant" kennzeichnete (vgl. Schröter 2004, S. 791).

4 1930: Zehn Jahre Berliner Psychoanalytisches Institut

Anlässlich des 10-jährigen Bestehens des Berliner Psychoanalytischen Instituts wurde von der Deutschen Psychoanalytischen Gesellschaft ein Rechenschaftsbericht über dieses erste Jahrzehnt herausgegeben.

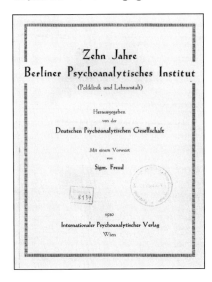

Abb. 4: Innentitel des 1930 im Internationalen Psychoanalytischen Verlag/Wien erschienenen 75-seitiges Berichtes.

TABELLE VIII

Korrelation zwischen Diagnose, Behandlungsdauer und Ergebnis

(ohne die am I. Januar 1930 noch in Behandlung befindlichen Fälle)

Diagnose	Zahl aller Behandlungen	Behandlungsdauer: abgebrochen	bis 6 Monate	12	18	24	30	36	42	48	54	60	Ergebnis: ungeheilt	gebessert	wesentl. gebess.	geheilt	abgebrochen
Angsthysterie	57	25	11	4	7	5	3	2	—	—	—	—	2	10	6	14	25
Asthma bronchiale	2	1	—	1	—	—	—	—	—	—	—	—	—	1	—	—	1
Charakterstörungen	37	7	7	6	11	4	1	—	1	—	—	—	4	12	8	6	7
Neurotische Depression	37	13	4	8	2	5	1	—	1	1	2	—	2	10	5	7	13
Enuresis	5	3	—	2	—	—	—	—	—	—	—	—	—	—	—	2	3
Epilepsie	6	5	—	1	—	—	—	—	—	—	—	—	1	—	—	—	5
Homosexualität	8	4	—	4	—	—	—	—	—	—	—	—	1	2	—	1	4
Hypochondrie	4	4	—	—	—	—	—	—	—	—	—	—	—	—	—	—	4
Hysterie	105	31	19	22	18	7	2	3	1	1	—	1	6	22	21	25	31
Infantilismus	12	5	—	3	1	—	1	—	2	—	—	—	1	5	—	1	5
Innersekretorische Erkrankung	3	3	—	—	—	—	—	—	—	—	—	—	—	—	—	—	3
Manisch-Depressive Störungen	14	5	1	3	1	2	1	—	—	1	—	—	2	4	2	1	5
Neurasthenie und Angstneurose	10	7	—	1	2	—	—	—	—	—	—	—	—	2	1	—	7
Neurotische Hemmungen	80	24	6	17	16	7	5	3	1	—	—	1	5	15	15	21	24
Organische Nervenerkrankung	3	3	—	—	—	—	—	—	—	—	—	—	—	—	—	—	3
Organneurose	3	1	1	—	—	—	1	—	—	—	—	—	—	—	1	1	1
Paranoia	2	1	—	1	—	—	—	—	—	—	—	—	—	1	—	—	1
Perversion	8	3	1	3	—	—	—	1	—	—	—	—	1	1	1	2	3
Psychopathie	23	18	—	3	—	—	1	1	—	—	—	—	4	—	—	1	18
Schizophrenie und Schizoïd	45	26	4	7	4	2	1	1	—	—	—	—	8	8	2	1	26
Stottern	13	3	2	3	—	3	2	—	—	—	—	—	3	3	1	3	3
Süchtigkeit	5	3	1	—	—	1	—	—	—	—	—	—	—	1	—	1	3
Traumatische Neurose	3	—	2	1	—	—	—	—	—	—	—	—	1	1	—	1	—
Tic	4	2	—	1	1	—	—	—	—	—	—	—	—	—	—	2	2
Zwangsneurose	106	35	11	17	11	15	10	4	1	—	1	1	6	18	26	21	35
Ohne Befund	2	2	—	—	—	—	—	—	—	—	—	—	—	—	—	—	2
Ohne präzise Diagnose	7	7	—	—	—	—	—	—	—	—	—	—	—	—	—	—	7
	604	241	70	108	74	51	29	15	7	3	3	3	47	116	89	111	241

Abb. 5:

Dieser Bericht, an dem sich die wesentlichen Akteure der damaligen Jahre beteiligt haben, ist auch heute noch ein sehr lesenswertes Dokument über die Entwicklung des Instituts, der Poliklinik und der Lehranstalt in den damaligen Jahren. Wir finden hier unter anderem einen statistischen Bericht von Otto Fenichel über die therapeutische Tätigkeit des Instituts von 1920 bis 1930.

In der abgebildeten Tabelle VIII wird eine Übersicht über die behandelten Pa-

tienten gegeben mit einer „Korrelation zwischen Diagnose, Behandlungsdauer und Ergebnis". Es handelt sich dabei zwar um eine deskriptive Statistik – eine damals nicht nur in der Psychotherapie übliche Vorgehensweise. Gleichwohl liegt hier eine erste Form einer Psychotherapie-Katamnese vor, die auch von ihrem Autor, Otto Fenichel, durchaus kritisch diskutiert wird, so zum Beispiel wenn er feststellt, dass „die meisten der Fälle von exzeptionell langer Behandlungsdauer und ein bedeutender Prozentsatz der „ungeheilten" Fälle ... solche von vornherein fragliche Unternehmungen gewesen" sind (S. 14). Neben Fragen der Prognostik und der Behandlungsindikation erörtert Fenichel in seinem Bericht auch Krankheitsbilder, bei denen „Modifikationen der analytischen Technik" nötig seien, wie zum Beispiel bei leichten Psychosen, Psychopathien und Charakteranomalien.

Mit seinen empirischen Befunden bestätigt Fenichel damit das Diktum Sigmund Freuds auf dem Budapester Kongress, wo dieser festgestellt hatte, „daß die verschiedenen Krankheitsformen, die wir behandeln, nicht durch die nämliche Technik erledigt werden können" (Freud 1919, S. 191). Auch werden von Fenichel Behandlungen mit begrenzter Zielsetzung aufgeführt, die „sich mit Teilerfolgen ... begnügen, wenn diese groß genug waren, den Patienten Beschwerdefreiheit und Berufstüchtigkeit zu sichern" (S. 14).[13]

Mit diesen sehr „unorthodoxen" Thesen ist bereits der Beginn einer Entwicklung innerhalb der Psychoanalyse zu spüren, die nach dem Zweiten Weltkrieg zu einer zunehmenden „Polarisierung von (analytischer) Psychotherapie" und „eigentlicher Psychoanalyse" geführt hat (Fürstenau 1993, S. 228). Diese Polarisierung wurde spätestens 1946 deutlich, als Franz Alexander – ehemals Absolvent und Dozent am Berliner Psychoanalytischen Institut – gemeinsam mit P.M. French sein Buch „Psychoanalytic psychotherapy" vorlegte und dieses eine äußerst ablehnende Kritik seitens der (amerikanischen) psychoanalytischen Orthodoxie erfuhr. Dabei wird der Anteil Otto Fenichels an der Diskussion über notwendige Behandlungsmodifikationen und adaptive Behandlungsindikationen häufig übersehen.

Otto Fenichel (1897-1946), in Wien geboren, studierte dort auch Medizin und kam bereits 1915/1916 in Kontakt zu Sigmund Freud. Bereits 1920 im Alter von 23 Jahren wurde er Mitglied der Wiener Psychoanalytischen Vereinigung. Er siedelte 1922 nach Berlin über, wo er bis zu seiner Emigration 1933 lebte. Gemeinsam mit dem fünf Jahre älteren Harald Schultz-Hencke (1892 – 1953) gründete er am Berliner Psychoanalytischen Institut das so genannte „Kinderseminar", das jüngeren Psychoanalytikern und Ausbildungskandidaten zur informellen Diskussion diente. Als bedeutendstes Werk hinterlässt Otto Fenichel das im Exil geschriebene Buch „The Psychoanalytic Theory of Neurosis" (1945), das noch kurz vor seinem Tod erschien. Er verstarb noch nicht 50-jährig 1946 in Los Angeles an den Folgen eines Hirnaneurysmas.

Als einziger Berliner Psychoanalytiker hatte seinerzeit Otto Fenichel die recht unorthodoxe „Einführung in die Psychoanalyse" (1927) von Harald Schultz-Hencke relativ positiv aufgenommen und in der Internationalen Zeitschrift für Psychoanalyse kritisch-wohlwollend besprochen (1929).

---

[13] Diese Schlussfolgerung Fenichels, die er aus den Ergebnissen der Zehn-Jahres-Katamnese zieht, entspricht einer adaptiven Indikationsstellung und Behandlungsplanung, die inzwischen für Psychotherapie-Patienten unstrittig sein dürfte und bei Patienten mit psychiatrischen Erkrankungen unabdingbar ist (vgl. Helmchen et al. 1982).

Der eben erwähnte Harald Schultz-Hencke (1892 – 1953) wurde in Berlin geboren und studierte nach 1911 in Freiburg/Breisgau Medizin, wo er insbesondere auch Vorlesungen und Seminare bei Husserl hörte, der ihn in seinem Denken bleibend beeinflusst hat. Schultz-Hencke verfügte über psychiatrische Erfahrungen als Volontärassistent an der Psychiatrischen Klinik in Würzburg (1921), hat aber keine nervenärztliche Facharztausbildung absolviert. Er war als niedergelassener Allgemeinpraktiker seit 1922 tätig und begann im gleichen Jahr seine psychoanalytische Ausbildung. Nach deren Abschluss wurde er 1927 ordentliches Mitglied der Deutschen Psychoanalytischen Gesellschaft. Schultz-Hencke gewann als begeisternder Lehrer großen Einfluss, hatte aber in der Deutschen Psychoanalytischen Gesellschaft – weder vor noch nach dem Zweiten Weltkrieg eine herausgehobene Position und hatte auch – entgegen landläufigen Meinungen – keine Leitungsfunktion im so genannten „Reichsinstitut". 1948 übernahm er die Leitung des 1946 gegründeten Zentralinstituts für psychogene Erkrankungen in Berlin, nachdem dessen erster Leiter Werner Kemper 1948 nach Rio de Janeiro übergesiedelt war. Harald Schultz-Hencke verstarb 1953 an den Folgen einer Blinddarmentzündung.

Die Kontroversen, die Schultz-Hencke bereits 1927 im Berliner Psychoanalytischen Institut mit seinem Buch „Einführung in die Psychoanalyse" hervorrief und die sich um seine Person herum nach 1945 fortsetzten, haben nach Dührssen (1988) wahrscheinlich weniger mit seinen Positionen als mit seiner Person zu tun. Schultz-Hencke, der antibürgerlichen Jugendbewegung verpflichtet, war in einem lebhaften sozialpolitischen Engagement seiner Nachkriegsgeneration teils politisch hellsichtig, teils romantisch-idealistisch bemüht, die Kriegsschäden zu überwinden und die Gesellschaft zu reformieren (vgl. hierzu seine frühen politischen Schriften 1920 – 1921). Mit dieser Haltung musste er aber zwangsläufig in einen Gegensatz zu dem Gruppenstil der etablierten psychoanalytischen Bewegung geraten.

Als Psychoanalytiker bemühte er sich, Psychisches als erfahrungsnahe Beschreibung von Verhaltensvorgängen und nicht als metapsychologische Abstraktion zu erfassen. Er erweckte damit allerdings bei den etablierten Psychoanalytikern den Eindruck, dass er der Psychoanalyse jeglichen Mythos austreiben wolle, zum Beispiel „das Unbewusste" oder „die Triebe" oder „das Böse". Mit der gleichzeitigen Vernachlässigung des Gesichtspunktes der regressiven Prozesse und der Übertragung führte dies allerdings zu einer konzeptuellen Verarmung im Bereich des psychoanalytischen Standardverfahrens. Nach Rudolf und Rüger (1988) kann Schultz-Henckes Entwurf für sich allein nicht identitätsbildend für Psychoanalytiker sein. Er liefert jedoch eine Fülle von klinisch erprobten und theoretisch differenzierten Konzepten.

Als theoretisch sehr fruchtbar hat sich das von Schultz-Hencke in Anlehnung an Husserl entwickelte Konzept der Intentionalität erwiesen, mit dem besondere Aspekte der von Karl Abraham bereits eingeführten frühen oralen Phase eher aus beziehungspsychologischer Sicht verstanden werden. Schultz-Hencke steht hier als Beispiel für einen sehr eigenständigen Denker, der sich vom alten Berliner Psychoanalytischen Institut angezogen fühlte und dort von 1927 an zunächst als Dozent tätig war. Er löste schon früh Kontroversen aus und erhielt am damaligen Institut bereits 1929 ein Lehrverbot (Rüger 1993).

5 Zur Entwicklung nach dem Tode Karl Abrahams bis 1933

Bereits nach dem Tode Karl Abrahams waren unter den Berliner Psychoanalytikern erste Konflikte virulent geworden. So bemerkt Ernst Simmel in einem Brief vom 2. Februar 1926 an Sigmund Freud, dass nach dem Tod Karl Abrahams zunächst „etwas wie ein schleichendes Paranoid" unter den Mitgliedern in Erscheinung getreten sei: „daß sich kleine Gruppen zu bilden anfingen, von denen die eine immer meinte, die andere meine es nicht gut genug mit der Sache der Psychoanalyse, der wir alle dienen" (Schröter 2004, S. 436). Wie Schröter berichtet, war 1929/1930 das Berliner Institut „für seine internen Streitigkeiten berüchtigt", wobei es damals bereits um eine „Reform der Vereinigung" ging. Damit dürfte der 1930 vorgelegte Zehnjahres-Bericht, an dem die wesentlichen Leistungsträger des Instituts beteiligt waren, sicherlich auch die Aufgabe gehabt haben, nach innen und außen hin einen kollegialen Zusammenhalt zu dokumentieren. Denn die ökonomischen Grundlagen des Instituts waren zu dem Zeitpunkt gefährdet, da Max Eitingon sich aufgrund der Firmenverluste seiner Familie nicht mehr in der Lage sah, das jährliche Defizit des Instituts aus eigener Tasche auszugleichen; und schließlich verließen in den Jahren 1930 bis 1932 vier der tragenden Kräfte des Instituts – zunächst Franz Alexander, dann Sandor Rado, Hans Sachs und Karen Horney – Berlin, um in den Vereinigten Staaten neue psychoanalytische Institute mit aufzubauen.

Mit dieser Entwicklung noch vor 1933 ergibt sich für Schröter „das Bild eines dramatischen Abstiegs – für das Berliner Institut, das seine führende Rolle in der psychoanalytischen Welt einbüßte ..." (2004, S. 24). Im Grunde dürfte es sich dabei allerdings um eine häufige Entwicklung nach dem Verlust einer alle überragenden Pionier-Persönlichkeit handeln: Nachdem Karl Abraham außerordentlich viele kreative und dynamische Persönlichkeiten für das Berliner Institut der frühen 20er Jahre hatte gewinnen und an sich binden können, suchten diese nach seinem Tod unterschiedliche eigene Wege. Soweit sie in Berlin verblieben, war dies zwangsläufig mit innergruppalen Konflikten verbunden. Insofern dürfte es sich bei dem von Schröter so gekennzeichneten „Abstieg" um einen aus großer Höhe auf das Niveau eines normalen und immer noch sehr guten psychoanalytischen Institutes handeln, legt man die Namen der entsprechenden Mitgliederverzeichnisse zugrunde (vgl. hierzu auch Auflistung von Baumeyer 1971, S. 204). Auch wenn es sich damit nur um einen relativen „Abstieg" handeln dürfte, so hilft doch die sehr differenzierte Darstellung dieser Entwicklung durch Schröter (2004, 2007) Idealisierungen zu verhindern, die oft auch dazu dienen, die „Zeit danach" und ihre Akteure in einem eher dunklen Licht erscheinen zu lassen.

6 Einige Anmerkungen zum Einfluss Karl Abrahams und der ersten Berliner Psychoanalytiker-Generation auf die Entwicklung nach 1933 und nach 1945

Mein Thema ist auf die Zeit bis 1933 begrenzt. Im Hinblick auf die Entwicklung danach kann ich nur auf ausführlichere Darstellungen verweisen (s. u.). Diese fallen je nach Blickwinkel und Intention unterschiedlich aus. Die Frage, was Karl Abraham und die erste Generation Berliner Psychoanalytiker den Nachgeborenen als Erbe hinterlassen haben, erlaubt sicher keine abschließende Antwort. Für mich sind es heute, 75 Jahre nach 1933,

insbesondere drei „Erbstücke", die uns hinterlassen worden sind. Und wie jedes Erbe haben sie auch verpflichtenden Charakter:
– Eine strukturierte psychoanalytische Ausbildung, die sich auf die Behandlung einer hinreichend breiten (poliklinischen) Patientenklientel bezieht.
– Eine soziale Orientierung mit der Idee einer „Psychotherapie fürs Volk" (Freud 1918).
– Aber auch das schwierige Erbe eines latenten Konfliktes zwischen bewahrender Orthodoxie und notwendiger Weiterentwicklung der Psychoanalyse.

Zunächst einmal aber haben Karl Abraham und die erste Generation der Berliner Psychoanalytiker offensichtlich auch Vorbildfunktion gehabt in ihrer moralisch-integren Grundhaltung: Immerhin ist keiner der am alten Berliner Institut bis 1933 ausgebildeten Mitglieder der Deutschen Psychoanalytischen Gesellschaft – soweit die Betreffenden in Berlin bleiben konnten und am „Deutschen Institut für Psychologische Forschung und Psychotherapie" („Reichsinstitut")[14] tätig waren – der NSDAP beigetreten – bei einem fast 50%igen Organisationsgrad der deutschen Ärzteschaft in dieser Partei. Der Nachfolger Karl Bonhoeffers auf dem Lehrstuhl für Psychiatrie in Berlin, Max de Crinis, äußert sich dementsprechend in einem Schreiben vom 03.04.1944 an den Bevollmächtigten für die Gesundheit bei der Reichsregierung, den Chirurgen Paul Rostock kritisch darüber, dass diese Gruppe „die jüdische Richtung der Freud'schen Psychoanalyse nicht aufgegeben (hat) und die deutsche Psychiatrie wird in der nächsten Zeit wohl genötigt sein, gegen diese Entartungserscheinungen, die ein nationales Mäntelchen tragen, vorzugehen" (Bräutigam 1984, S. 912).

Im Hinblick auf die psychoanalytische Psychotherapie haben die Beteiligten vor 1933 eine nachhaltige Entwicklung in Gang gesetzt: Mit der Gründung der Psychoanalytischen Poliklinik wurden entsprechende Behandlungen einer breiten Bevölkerungsschicht, unabhängig von ihrem Versichertenstatus, zugänglich. Der Aufbau einer Katamnese, begonnen von Max Eitingon und nach 10 Jahren von Otto Fenichel vorläufig abgeschlossen, kann als erste Form einer Erfolgsüberprüfung psychoanalytischer Behandlungen in der damals üblichen Form einer deskriptiven Statistik verstanden werden. Und schließlich wurde mit dem Aufbau des an die Poliklinik angeschlossenen Lehrinstituts erstmals eine verbindliche Struktur der psychoanalytischen Weiterbildung entwickelt. Diese ist in ihren grundsätzlichen Elementen – theoretische Weiterbildung, Lehranalyse und supervidierte Behandlungen – zum Vorbild aller später gegründeten psychoanalytischen Ausbildungsinstitute geworden.

Im Hinblick auf eine „Psychotherapie fürs Volk" hatte Ernst Simmel 1930 an die maßgebliche große soziale Institution, die Krankenversicherung appelliert „... psychoanalytische Behandlung zu ihrer eigenen Sache zu machen" (S. 8). Mit der Gründung des Zentralinstituts für psychogene Erkrankungen 1946 ging diese Hoffnung bereits kurz nach Kriegsende in Berlin in Erfüllung (zur Gründung und Geschichte dieser Einrichtung vgl. Dührssen 1971 sowie Kemper 1973). Weitere zwei Jahrzehnte später wurden nach entsprechenden Wirksamkeitsnachweisen der Arbeitsgruppe um Annemarie Dührssen

---

[14] Nach 1933 waren die jüdischen Mitglieder des Berliner Instituts zur Emigration gezwungen. Die Tätigkeit der nach 1933 in Berlin verbliebenen Mitglieder der Deutschen Psychoanalytischen Gesellschaft wurde unter den Nachgeborenen insbesondere nach 1968 kontrovers diskutiert (vgl. z. B. Lockot 1985). Den an Berichten von Zeitzeugen Interessierten seien die Publikationen von Baumeyer (1971), Kemper (1973), Bräutigam (1984) empfohlen

(Dührssen 1962 sowie Dührssen und Jorswieck 1965) die psychoanalytisch begründeten Behandlungsverfahren in die allgemeine kassenärztliche Versorgung eingeführt (zur Geschichte und Entwicklung der „Richtlinien-Psychotherapie" vgl. Rüger 2007). Die wesentlichen Grundlagen für diese Entwicklung wurden bereits vor 1933 in Berlin gelegt.

Die 1938 unter behördlichem Druck aufgelöste Deutsche Psychoanalytische Gesellschaft wurde mit Genehmigung der britischen Militärbehörden 1946 wiederbegründet und nahm unter ihrem alten Vorstand die Arbeit wieder auf. 1950 trat eine eher orthodox orientierte Minderheitengruppe aus der DPG aus und gründete die Deutsche Psychoanalytische Vereinigung (DPV), deren Vorsitz Karl Müller-Braunschweig (1881-1958) übernahm. Neuer Vorsitzender der DPG wurde Felix Böhm (1881-1958). Beide waren Repräsentanten der alten DPG und unter anderem noch bei Karl Abraham in Lehranalyse gewesen und zuvor Vorsitzender/stellvertretender Vorsitzender der Gesellschaft gewesen. Nach Thomä (1986) führten vornehmlich persönliche und gruppendynamische Gründe zu einem Konflikt um Positionen, die „heute kein Aufsehen mehr erregen und von vielen Analytikern geteilt werden" würden (S. 63).[15] Nachträglich vorgenommene und historisch unsinnige politische Zuschreibungen führten dann zu dem Phantasma der „guten Deutschen" in der DPV und der „bösen Deutschen" in der DPG, wie es Otto Kernberg als Außenstehender und im Abstand vieler Jahre 2007 festgestellt hat.

Nach dem Ende des Zweiten Weltkrieges fehlte in Deutschland offensichtlich eine Persönlichkeit wie Karl Abraham, die imstande gewesen wäre, widerstreitende Positionen zu integrieren und eine Polarisierung zwischen bewahrender Orthodoxie und kreativer Weiterentwicklung zu verhindern.

Literatur

Abraham H (1976) Karl Abraham – Sein Leben für die Psychoanalyse. Kindler, München
Abraham[16] K (1901) Beiträge zur Entwicklungsgeschichte des Wellensittichs (Inauguraldissertation). Anatomische Blätter (Anatomisches Institut, Freiburg) Heft LV I/LV II.
Abraham K (1908) Die Stellung der Verwandtenehe in der Psychologie der Neurosen. Neurologisches Centralblatt, XXVII, S. 1150-1152.
Abraham K (1921) Äußerungsformen des weiblichen Kastrationskomplexes. Internationale Zeitschrift für Psychoanalyse 7: 422-452
Abraham K (1924) Versuch einer Entwicklungsgeschichte der Libido aufgrund der Psychoanalyse seelischer Störungen. Internationaler Psychoanalytischer Verlag, Leipzig, Wien, Zürich, S. 1-96.
Abraham K (1969/1971) Psychoanalytische Studien I u. II. Herausgegeben und kommentiert von J. Cremerius. Fischer, Frankfurt am Main.
Alexander F (1923) Der biologische Sinn psychischer Vorgänge. Imago 9: 35-57
Alexander F, French PM (1946) Psychoanalytic psychotherapy. Ronald, New York.
Baumeyer F (1971) Zur Geschichte der Psychoanalyse in Deutschland. Z Psychosom Med 17:203-214
Bonhoeffer K (1926) Beurteilung, Begutachtung und Rechtsprechung bei der sogenannten Unfallneurose. Deutsche Medizinische Wochenschrift 52: 179-182

---

[15] Vgl. hierzu auch die historischen Anmerkungen von Annemarie Dührssen (1994), die diese Entwicklung aus der Sicht einer damaligen Zeitzeugin schildert.
[16] Eine ausführliche Bibliographie der Publikationen Karl Abrahams ist in der von Johannes Cremerius herausgegebenen Werkausgabe "Psychoanalytische Studien I und II" aufgelistet

Bräutigam W (1984) Rückblick auf das Jahr 1942. Betrachtungen eines psychoanalytischen Ausbildungskandidaten des Berliner Instituts der Kriegsjahre. Psyche 38: 905-914

Cremerius J (Hrsg) (1969) Einleitung zu Abraham K: Psychoanalytische Studien I u. II. Fischer, Frankfurt, S. 11-33

Deutsche Psychoanalytische Gesellschaft (Hrsg) (1930) Zehn Jahre Berliner Psychoanalytisches Institut. Internationaler Psychoanalytischer Verlag, Wien

Dührssen A (1962) Katamnestische Ergebnisse bei 1004 Patienten nach analytischer Psychotherapie. Z Psychosom Med 8: 94-113

Dührssen A (1971) Zum 25-jährigen Bestehen des Instituts für psychogene Erkrankungen der Allgemeinen Ortskrankenkasse Berlin. Z Psychosom Med 17: 21-41

Dührssen A (1988) Schultz-Henckes Stellung in der wissenschaftsgeschichtlichen Situation seiner Zeit. In: Rudolf G, Rüger U (Hrsg) Die Psychoanalyse Schultz-Henckes. Georg Thieme, Stuttgart, New York, S. 8-14

Dührssen A (1994) Ein Jahrhundert psychoanalytische Bewegung in Deutschland. Vandenhoeck und Ruprecht, Göttingen

Dührssen A, Jorswieck E (1965) Eine empirisch-statische Untersuchung zur Leistungsfähigkeit psychoanalytischer Behandlung. Nervenarzt 36: 166-169

Eitingon M (1920) Zur Eröffnung der Psychoanalytischen Poliklinik in Berlin. Internationale Zeitschrift für Psychoanalyse 6: 97-98

Eitingon M (1928) Ansprache bei der Einweihung der neuen Institutsräume. In: Deutsche Psychoanalytische Gesellschaft (Hrsg) Zehn Jahre Berliner Psychoanalytisches Institut. Internationaler Psychoanalytischer Verlag, Wien 1930, S. 71-74

Fenichel O (1929) Buchbesprechung: Schultz-Hencke A, Einführung in die Psychoanalyse. Gustav Fischer, Jena 1927. In: Internationale Zeitschrift für Psychoanalyse 15: 553-554

Fenichel O (1930) Statistischer Bericht über die therapeutische Tätigkeit 1920-1930. In: Deutsche Psychoanalytische Gesellschaft (Hrsg) Zehn Jahre Berliner Psychoanalytisches Institut. Internationaler Psychoanalytischer Verlag, Wien. S. 13-19

Fenichel O (1945) The Psychoanalytic Theory of Neurosis. Norton, New York

Freud S (1919) Wege der psychoanalytischen Therapie. GW XII. Fischer, Frankfurt (1947), S. 181-194

Freud S, Abraham K (1965) Briefe 1907-1926. Fischer, Frankfurt/Main

Freud S, Abraham K (2008) Briefwechsel 1907-1925. Ungekürzte Ausgabe hrsg. von Ernst Falzeder u. Ludger Hermanns. Turia & Kant, Wien

Freud S, Eitingon M (2004) Briefwechsel 1906 – 1939. Herausgegeben von M Schröter, edition diskord, Tübingen.

Fürstenau P (1993) Freuds „Wege der psychoanalytischen Therapie" – 75 Jahre später. Z Psychosom Med 39: 224-229

Gay P (1989) Freud – Eine Biographie für unsere Zeit. Fischer, Frankfurt/Main

Helmchen H, Linden M, Rüger U (Hrsg) (1981) Psychotherapie in der Psychiatrie. Springer, Heidelberg, New York

Horney K (1923) Zur Genese des weiblichen Kastrationskomplexes. Internationale Zeitschrift für Psychoanalyse 9: 12-26

Jones E (1926) Karl Abraham. Internationale Zeitschrift für Psychoanalyse 12:155-183

Kemper W (1973) Werner Kemper. In: Pongratz LJ: Psychotherapie in Selbstdarstellungen. Anshuber, Stuttgart, S. 259-345

Kernberg O (2007) Die Psychoanalyse in Deutschland: Ein persönlicher Blick. Psyche 61: 375-385

Lockot R (1985) Erinnern und Durcharbeiten – Zur Geschichte der Psychoanalyse und Psychotherapie im Nationalsozialismus. Fischer, Frankfurt am Main

Rudolf G, Rüger U (Hrsg) (1988) Die Psychoanalyse Schultz-Henckes. Georg Thieme, Stuttgart New York

Rüger U (1993) Geschichte der Psychoanalyse in Deutschland – von den Anfängen bis 1933. In: Mertens W (Hrsg) Schlüsselbegriffe der Psychoanalyse. Internationale Psychoanalyse, Stuttgart, S. 3-12

Rüger U (2007) Vierzig Jahre Richtlinien-Psychotherapie in Deutschland. Psychotherapeut 52: 101-111

Schröter M (2004) Der Steuermann. Max Eitingon und seine Rolle in der Geschichte der Psychoanalyse - Einleitung in: Sigmund Freud – Max Eitingon Briefwechsel 1906 – 1933. edition diskord, Tübingen, S. 1-33

Schröter M (2007) Volle Kraft voraus. Der 7. Internationale Psychoanalytische Kongress in Berlin (25.-27. September 1922). Psyche 61: 412-437

Schultz-Hencke H (1927) Einführung in der Psychoanalyse. Gustav Fischer, Jena

Schultz U, Hermanns LM (1987) Ernst Simmels Sanatorium Schloss Tegel – Zur Geschichte und Konzeption der ersten psychoanalytischen Klinik. Psychother Med Psychol 37: 58-67

Schultz-Venrath U (1994) Ernst Simmels Entwurf einer psychoanalytischen Psychosomatik. In: Meyer AE, Lamparter U (1994) Pioniere der Psychosomatik. Ansanger Verlag, Heidelberg. S. 101-130

Schwidder W (1972) Klinik der Neurosen. In: Kisker KP, Meyer JE, Müller M, Strömgren E (Hrsg) Psychiatrie der Gegenwart, Band II/Teil 1, S. 352-476

Simmel E (1918) Kriegsneurosen und „psychisches Trauma". Ihre gegenseitigen Beziehungen dargestellt aufgrund psychoanalytischer, hypnotischer Studien. Otto Nemnich, Leipzig-München.

Simmel E (1919) Die Psychoanalyse der Kriegsneurosen. In: Zur Psychoanalyse der Kriegsneurosen. Internationale Psychoanalytische Bibliothek Nr. 1. Internationaler Psychoanalytischer Verlag, Leipzig-Wien. S. 42-60

Simmel E (1930) Zur Geschichte und sozialen Bedeutung des Berliner Psychoanalytischen Instituts. In: Deutsche Psychoanalytische Gesellschaft (Hrsg) Zehn Jahre Berliner Psychoanalytischen Institut. Internationaler Psychoanalytischer Verlag, Wien. S. 7-12

Simmel E (Hrsg) (1946) Anti-Semitism. A social disease. International University Press, New York/Boston. Deutsche Ausgabe: Antisemitismus. Fischer 2002

Thomä H (1986) Psychohistorische Hintergründe typischer Identitätsprobleme deutscher Psychoanalytiker. Forum Psychoanal 2: 59-68

Winkler W TH (1981) Zur historischen Entwicklung der Beziehung zwischen Psychotherapie und Psychiatrie in Deutschland seit 1900 unter besonderer Berücksichtigung der Psychoanalyse. In: Helmchen H, Linden M, Rüger U (Hrsg) Psychotherapie in der Psychiatrie. Springer, Heidelberg, New York, S. 11-25

Wyss D (1961) Die tiefenpsychologischen Schulen von den Anfängen bis zur Gegenwart. Vandenhoeck und Rupprecht, Göttingen

Zweig S (1944) Die Welt von Gestern – Erinnerungen eines Europäers. Bermann-Fischer, Stockholm. Nachdruck Fischer, Frankfurt 1990

15 Auf den Spuren der Psychosomatischen Medizin im Berlin der Jahre 1900-1933: Franz Alexander, Michael Balint, Gustav von Bergmann, Kurt Goldstein, Friedrich Kraus

Peter Vogelsänger

Zusammenfassung

Der vorliegende Beitrag beschäftigt sich mit den Spuren der Psychosomatischen Medizin im Berlin der Jahre 1900 bis 1933, einer Stadt, die zu dieser Zeit als politisches, wissenschaftliches und kulturelles Zentrum und „Mekka der Medizin" über eine hohe Anziehungskraft verfügte. Im Mittelpunkt der Erörterung stehen die Lebenswege von Franz Alexander, Michael Balint, Gustav von Bergmann, Kurt Goldstein und Friedrich Kraus[1]. Speziell wird der Bezug der Porträtierten zur ihrer Zeit, den Zeitgenossen und zu ihren Institutionen wie auch ihr Beitrag für die Entwicklung der Psychosomatischen Medizin aufgezeigt und diskutiert. Dabei werden die wissenschaftlich fruchtbaren Berliner Jahre von 1900 bis 1933 und der nachfolgende Zeitabschnitt, in dem die Porträtierten, die nach dem Machtantritt des NS-Regimes zum Teil ins Exil gezwungen wurden, an verschiedenen Orten der Welt tätig sind, skizziert. Die Verankerung des Denkens der hier Porträtierten in der Inneren Medizin, Psychoanalyse und Gestaltpsychologie, aber auch die Rezeption und das Vergessen der von ihnen entwickelten Konzepte in der heutigen Psychosomatischen Medizin werden thematisiert.

Schon am Rande der Psychiatrie, aber auch vorangetrieben von Psychiatern, entwickeln sich im Berlin der Jahre 1900 bis 1933 psychosomatisches Denken und klinisches Handeln. Als politisches, wirtschaftliches und kulturelles Zentrum, zunächst des jungen Kaiserreichs und später der ersten deutschen Republik, beherbergt die Stadt eine Reihe renommierter medizinischer und wissenschaftlicher Einrichtungen mit besonderer Anziehungskraft auch für die hier Porträtierten. Den Spuren der Psychosomatischen Medizin im Berlin dieser Jahre nachzuspüren, heißt nicht nur sich den hier porträtierten Personen sowie

---

[1] Auf die Beiträge von Frank W. Stahnisch (Calgary) bzw. Ulrich Rüger (Göttingen) in diesem Band sei speziell hingewiesen. Diese beschäftigen sich in engem Bezug zur Thematik aus einer anderen Perspektive mit Kurt Goldsteins Wirken bzw. mit Ernst Simmel, dem im Berlin dieser Jahre psychosomatisch tätigen Psychoanalytiker und Leiter des Sanatorium Schloss Tegel.

den mit ihnen verbundenen Institutionen und Orten zu nähern, sondern auch ihrem Einfluss auf das heutige Selbstverständnis der Psychosomatischen Medizin nachzugehen.

Franz Alexander und Michael Balint erfahren in Berlin einen wichtigen Teil ihrer psychoanalytischen Prägung, Friedrich Kraus kommt auf dem Höhepunkt seiner wissenschaftlichen Laufbahn in die Stadt, Gustav von Bergmann und Kurt Goldstein absolvieren hier einen Teil ihrer ärztlichen Ausbildung und kommen später als etablierte Kliniker nach Berlin zurück. Der zu erkundende Zeitgeist zeigt sich bezogen auf die Psychosomatische Medizin in verschiedener Gestalt. Er kennzeichnet zunächst die hochproduktive Zeit, in der sich von der Jahrhundertwende bis in die frühen dreißiger Jahre des letzten Jahrhunderts in engem Bezug zur Inneren Medizin, Psychoanalyse oder Gestaltpsychologie psychosomatisches Denken entwickelte, steht später für den mit dem Machtantritt des NS-Regimes verbundenen unwiederbringlichen Verlust von Menschen und Ideen und begegnet uns bei der Beschäftigung mit der Exilgeschichte der hier Porträtierten, ihrer weiteren Rezeption, aber auch dem Vergessen hier entstandener Arbeiten und ihrer Autoren wieder.

1 Berlin um 1900

Beginnen möchte ich meine Spurensuche im Berlin um 1900. Die Stadt erlebte nach der Reichsgründung 1871 einen enormen Bevölkerungsanstieg, ist mit 2,7 Millionen Einwohnern (auf dem Gebiet des späteren Groß-Berlin) (nach London und Paris) nun drittgrößte Stadt Europas. Mit ihren wissenschaftlichen Institutionen, zu ihnen gehören die 1810 gegründete Berliner Friedrich-Wilhelms-Universität, die Technische Hochschule in Charlottenburg (Gründungsjahr 1876) und die Physikalisch-Technische Reichsanstalt (Gründungsjahr 1887) (Ribbe & Schmädecke 1994), übt sie eine große Anziehungskraft auf Wissenschaftler verschiedener Fachrichtungen aus. In den ab 1911 entstehenden Instituten der neu gegründeten Kaiser-Wilhelm-Gesellschaft zur Förderung der Wissenschaften wird außeruniversitäre anwendungsbezogene und Grundlagenforschung betrieben. Die Stadt verfügt im Jahre 1909 über sechsundzwanzig öffentliche und vierundfünfzig private Krankenhäuser mit ca. 11.000 Betten. Sie beherbergt auch eine Reihe von privaten Polikliniken und medizinischen Forschungseinrichtungen, zu denen allein im Bereich der Neurowissenschaften die fünf privaten Polikliniken für Nervenkrankheiten von Mendel, Remak, Bernhardt, Oppenheim und Eulenburg (Holdorff 2001a) und die 1898 von Oskar Vogt geschaffene „Neurobiologische Zentralstation", welche 1914 als Institut für Hirnforschung in die Kaiser-Wilhelm-Gesellschaft Aufnahme findet (Peiffer 2001), gehören.

2 Friedrich Kraus und die II. Medizinische Klinik der Charité

Als Klinikum und Lehrstätte von Weltrang hatte sich um 1900 die königliche Charité etabliert. Deren II. Medizinische Klinik wird seit 1902 von Friedrich Kraus (31.05.1858 - 01.03.1936) geleitet. Kraus, aus einfachen Verhältnissen stammend (Lindner 1999), studierte Medizin und Philosophie in Prag. Er wurde dort 1882 promoviert und war „bis März 1885 Assistent am Prager physiologisch-chemischen, bis November desselben Jahres am pathologisch-anatomischen Institute, von da ab klinischer Assistent (Prof. Kahler) erst in Prag, dann seit 1890 in Wien" (UA HUB Personalakten des ordentlichen Professors Dr. Kraus Bd. 304 Nr. I Bl. 1-3). In Wien wird Kraus, der sich 1888 noch in Prag habilitierte, mit dem Geist der „II. Wiener Schule", der Wendung der Medizin zur Physik und Naturwissenschaft hin sowie der Synthese von klinischer Praxis und Laboratorium, konfrontiert und in seinem weiteren Denken wie auch zukünftiger Arbeitsweise geprägt (Lindner 1999). Er wird 1893 außerordentlicher Professor und Leiter des Wiener Rudolph-Spitals, folgt dann einem Ruf nach Graz und ist dort seit "Oktober 1894 ordentlicher Professor der medizinischen Pathologie und Therapie und Direktor der inneren Klinik zu Graz" (UA HUB Personalakten Fr. Kraus Bd. 304 Nr. I Bl. 1-3).

Abb. 1: Friedrich Kraus (aus: Vogelsänger P (2006))

Seine 1897 erscheinende Publikation „Die Ermüdung als ein Mass der Constitution" machen den Organismus als einen integrales Funktionsgefüge zum Gegenstand der Erörterung und Friedrich Kraus in der „scientific community" bekannt.

Kraus, der im Vorschlagsschreiben der Berliner Fakultät (Lindner 1999) „als ein ganz exakter der modernen Untersuchungstechnik völlig mächtiger und feinsinniger Forscher und als ein über ganz ungewöhnlich anregende Eigenschaften verfügender Kollege und Lehrer" charakterisiert wird, fördert und unterstützt an seiner damals hochmodernen Klinik die Einführung diagnostischer Labormethoden, der Röntgendiagnostik und der Elektrokardiografie.

In Berlin wohnt und praktiziert er mehr als drei Jahrzehnte in der Brückenallee 7 im Hansaviertel. Die Stelle des im zweiten Weltkrieg zerstörten Wohnhauses nimmt heute der Gebäudekomplex der Akademie der Künste am Hanseatenweg ein (Vogelsänger 2006).

Bereits seit 1913 ruhen auf Kraus, der später auch Sigmund Freud um einen Beitrag zur psychoanalytischen Neurosenlehre für ein gemeinsam mit Theodor Brugsch verfasstes Handbuch bittet, wesentliche Hoffnungen in Bezug auf eine Verankerung der Psychoana-

Abb. 2: II. Medizinische Klinik der Charité (Foto des Autors)

lyse an der Berliner Universität. Trotz seiner Sympathie für die Sache der Psychoanalyse (Briefwechsel Freud/Abraham 1912) erfüllt sich die von Karl Abraham[2] gehegte und von Freud gestützte Hoffnung auf eine Professur bzw. einen Lehrauftrag für Psychoanalyse an der Berliner Universität und eine hiermit verbundene universitäre Verankerung nicht.

Als Generalarzt der II. Armee während des I. Weltkrieges in Frankreich eingesetzt, arbeitet Kraus nach diesem Krieg an seinem Werk „Die Pathologie der Person", dessen erste zwei Bände 1919 und 1926 erscheinen. Ein geplanter dritter Band über die „Kortikalperson", „dem auf den untergründigen Lebensstrom aufgesetzten und für die Bewußtseinsleistung verantwortlichen Strukturteil des Organismus" (Lindner 1999) wird nicht mehr realisiert. Mit der Publikation dieses Werkes erfolgt eine Verlagerung der funktional-physikalisch ausgerichteten Forschungsmethode von Friedrich Kraus hin zur kolloidchemischen Beschreibung stofflich-dynamischer Veränderungen des Protoplasmas (Lindner 1999). Dieser prägte nun Begriffe wie „viszerales Gehirn" oder „Tiefenperson" und vermeint (zit. Brugsch 1957), „die seelischen Abläufe in ihren vegetativen Bindungen zu erkennen".

Sein Schüler und Nachfolger Gustav von Bergmann schreibt in seinen Erinnerungen: „Kraus gab tatsächlich der Berliner Medizinischen Gesellschaft frisches Leben und hat ... große Werke über die Pathologie der Person geschrieben ... Wäre er nur ein Kliniker geblieben, so hätte ihn der Atem der Praxis beengt. So beherrschte er sie. Er blieb ein Freier; souverän, nie sich beugend dem wissenschaftlichen Joch der Praxis. In der Vorlesung war er hinreißend. Das Markante wurde herausgegriffen und klar in großen Zügen entwickelt" (von Bergmann 1953).

3 Berlin im Spannungsfeld zwischen Moderne und Restauration

Der I. Weltkrieg stellt eine deutliche Zäsur im wissenschaftlichen Leben der Stadt dar. Viele Ärzte, unter ihnen auch Alexander, Balint, Goldstein und Kraus, werden zum Militärdienst herangezogen, sind in Lazaretten tätig oder werden wie von Bergmann, der gleichzeitig „konsultierender Internist d. IX. R. A. K." ist, als Zivilperson reklamiert (UA HUB Personalakte G. von Bergmann Bd. 176 1 Bl. 1).

Nach diesem Krieg und der Gründung der deutschen Republik bleibt Berlin im Spannungsfeld zwischen Moderne und Restauration politisches und kulturelles Zentrum des Landes. Als Ort rasanter Entwicklung von Technik und Wissenschaft gilt die Stadt auch nach dem ersten Weltkrieg als attraktiver Wissenschaftsstandort und sogenanntes "Mekka der Medizin" (und medizinischen Forschung), wofür nun nicht nur die Charité, sondern auch neu entstehende Institute in Berlin-Buch stehen.

Durch die 1920 erfolgte Eröffnung der Psychoanalytischen Poliklinik in der Potsdamer Straße 29 und die sich ab 1923 etablierende systematische Ausbildung von Psychoanalytikern am Berliner Psychoanalytischen Institut wird Berlin nun auch ein Zentrum der Psychoanalyse. In den Jahren bis 1933 wird hier der später weltweit gültige Ausbildungsstandard von Lehranalyse, kasuistisch-technischen Seminaren und theoretischer Ausbildung begründet.

---

[2] s. a. den Beitrag Rüger (in diesem Band)

Dabei veranlasst nicht nur die Anziehungskraft des Institutes, sondern auch die politische Entwicklung in Ungarn, geprägt durch die Gegenrevolution 1919 und eine Zunahme des Antisemitismus, bald viele bisher in Ungarn tätige Analytiker und Ärzte nach Berlin zu kommen.

4 Budapest Berlin Chicago – Franz Alexander und die Psychosomatische Medizin

Erster Ausbildungskandidat des Institutes wird Franz Alexander. Er wurde am 22.01.1891 in Budapest als Sohn des Budapester Philosophen und Literaturtheoretikers Bernát Alexander geboren (Harmat 1988) und studierte in Göttingen und Budapest Medizin, Mathematik, Physik und Philosophie. Seine Promotion erfolgt 1911 in Budapest mit dem Thema: „Einfluß der Narkose auf den Gaswechsel". Alexander befasst sich zunächst mit den biochemischen Aspekten psychiatrischer Krankheiten (Harmat 1988), arbeitet auf dem Gebiet der Physiologie und forscht auf dem Gebiet der Bakteriologie am Hygieneinstitut in Budapest. Im ersten Weltkrieg als Militärarzt an verschiedenen Frontabschnitten, unter anderem als Leiter eines bakteriologisches Feldlabors, eingesetzt, gelangt er während der Gegenrevolution in Budapest über Wien nach Berlin. Zwei der von ihm damals bewohnten Häuser in Wilmersdorf in der Düsseldorferstr. 77 und Ludwigkirchstr. 9a, hier mit einer von Dr. Regine Lockot initiierten Gedenktafel versehen, haben die Zerstörungen des II. Weltkrieges überstanden und sind noch heute im Stadtbild auffindbar.

Abb. 3: Franz Alexander (aus: Vogelsänger P (2006))

In Berlin absolviert Franz Alexander eine Lehranalyse bei Hanns Sachs und ist ab 1924 als Dozent am Berliner Psychoanalytischen Institut tätig. 1930 folgt er einer Einladung von Robert Hutchins, dem späteren Präsidenten der Universität, als Gastprofessor für Psychoanalyse nach Chicago zu kommen (Marmor 2002). Das kann als wichtiger Schritt für die

Abb. 4: Gedenktafel für Franz Alexander (Ludwigkirchstr. 9a)
(Foto des Autors)

Etablierung der Psychoanalyse in der Psychosomatischen Medizin und Psychiatrie der Vereinigten Staaten betrachtet werden, ist doch die von Alexander bekleidete Chicagoer Professur für Psychoanalyse die nach Ferenczis Budapester Berufung zweite weltweit. Als Leiter des 1932 eröffneten Chicagoer Psychoanalytischen Institutes und seit 1938 auch als Professor für Psychiatrie an der Universität von Illinois forscht Alexander nun zu psychosomatischen Fragestellungen aus psychoanalytischer Perspektive. So erscheint im Jahr nach Veröffentlichung von Gustav von Bergmanns Monografie „Funktionelle Pathologie" eine Arbeit Alexanders mit dem Titel: „Functional Disturbances of Psychogenic Nature" (1933). In den Folgejahren publiziert Alexander über den Einfluss von psychologischen Faktoren auf Störungen des Gastrointestinaltraktes (1934) und bei der Entstehung und Unterhaltung des Bluthochdrucks (1939), aber auch über die Bedeutung der Psychoanalyse für die Medizin (1936). In der gemeinsam mit Thomas French verfassten Publikation „Psychoanalytic Therapy" (1946) werden Studienergebnisse zur Entwicklung kürzerer und effizienterer psychotherapeutischer Techniken vorgestellt (Marmor 2002). 1950 erscheint „Psychosomatic Medicine", die deutsche Ausgabe „Psychosomatische Medizin" folgt bereits 1951. Für zunächst ein Jahr geht Alexander 1954 an die Stanford University, arbeitet am Center for Advanced Studies in the Behavioral Sciences und wird 1956 Leiter des psychiatrischen sowie psychoanalytischen Forschungsinstitutes am Mount Sinai Hospital in Los Angeles. 1957 wird er als Professor für Psychiatrie der University of California Los Angeles (UCLA) berufen. Franz Alexander, den bis zu diesem Zeitpunkt intellektuelle Energie und Kreativität auszeichnen (Marmor 2002), verstirbt am 8. März 1964 in Folge einer Pneumonie in Palm Springs (Kalifornien).

5 Dr. med. et phil. Michael Balint – Begründer der gleichnamigen Gruppenarbeit

Zu den uns heute noch gut bekannten Ausbildungskandidaten des Berliner Psychoanalytischen Institutes zählt Michael Balint. Als Sohn eines praktischen Arztes am 3.12.1896 in Budapest geboren, beginnt er, schon als Abiturient vielseitig interessiert, auf Wunsch seines Vaters "zu Michaelis 1914" in Budapest das Medizinstudium, wird aber schon Anfang 1915 zum aktiven Wehrdienst eingezogen. Verwundet und mehrfach ausgezeichnet kehrt Balint nach mehr als zwei Jahren an die Universität zurück, studiert Medizin und Chemie. Im Mai 1920 wird er in Budapest zum Dr. med. promoviert. Da es unter dem als sehr antisemitisch und antiliberal beschriebenen Horthy-Regime um 1920 nicht möglich ist, eine Stelle an der Universität zu bekommen und die damals in Ungarn bestehenden beruflichen Chancen sehr eingeschränkt sind, entschliesst sich Balint, der auch als Chemiker promovieren möchte, nach Berlin zu gehen. Er wird Assistent des späteren Nobelpreisträgers Otto Warburg, arbeitet auch in der pharmakologischen Forschung und auf Empfehlung des Biochemikers Peter Rona im Labor der I. Medizinischen Klinik (Lebenslauf Balint UA HUB Phil Fak Doktorandenbuch Nr. 189 Bl. 28, Swerdloff 2002).

Abb. 5: Michael Balint (aus: Vogelsänger P (2006))

Abb. 6: Promotionsurkunde Michael Balint
(Mit freundlicher Genehmigung aus dem Archiv Humboldt-Universität zu Berlin: Philosophische Fakultät. Doktorandenbuch Nr. 189 Dekanatsjahr 1923/24)

Am 31. Juli 1924 wird Michael Balint mit der Arbeit "Eine jodometrische Mikrobestimmung des Natriums" "cum laude" zum Dr. phil. promoviert, in der mündlichen Prüfung in den Nebenfächern durch den Physiker und Nobelpreisträger Walther Nernst und den Gestaltpsychologen Wolfgang Köhler jeweils mit dem Ergebnis "sehr gut" examiniert (Sitzungsprotokoll UA HUB Phil Fak Doktorandenbuch Nr. 189 Bl. 24).

Bereits seit 1921 absolviert Balint, der auf Anregung seiner späteren früh verstorbenen Ehefrau Alice im Alter von 21 Jahren in Budapest erstmalig mit der Psychoanalyse in Berührung kam, eine psychoanalytische Ausbildung am Berliner Institut und unterzieht sich einer Lehranalyse bei Hanns Sachs.

Für seine Berliner Zeit lassen sich verschiedene Adressen in Steglitz (Siemensstr. 13) (1922), Wilmersdorf (Jenaer Str. 20) (1923) und Zehlendorf (Königstr. 36) (1924) nachweisen (UA HUB Phil. Fak Doktorandenbuch Nr. 189, Vogelsänger 2006).

Der weitere auch tragische Lebensweg Michael Balints ist gut dokumentiert. Er kehrt 1924 nach Budapest zurück, setzt seine Lehranalyse bei Ferenczi fort und interessiert sich weiter für die Problematik psychosomatischer Erkrankungen. Der Tradition Ferenczis folgend, sucht er nach Wegen, Ärzten ein angemessenes psychologisches Verständnis zu vermitteln, und begründet zu diesem Zweck in Budapest ein Seminar, in dem er mit praktischen Ärzten die psychotherapeutischen Möglichkeiten der täglichen Praxis studiert (Falzeder 1992). Im Jahr 1935 wird Balint Direktor des Budapester Psychoanalytischen Institutes. Begleitet von seiner Ehefrau und seinem Sohn geht er 1938 nach Manchester, wird dort psychiatrischer Berater und Direktor von zwei Erziehungsberatungsstellen. In England erhält Michael Balint 1945 die Nachricht vom Tod seiner Eltern, die als Juden in Ungarn vor der Verhaftung und drohenden Deportation in ein Vernichtungslager Selbstmord begingen. Er zieht nach London und arbeitet auch hier mit praktischen Ärzten in Gruppen. In Zusammenarbeit mit seiner zweiten Frau Enid entwickelt er das Konzept der sogenannten Balint-Gruppen (seit 1948 an der Tavistock-Klinik). Zwei Jahre vor seinem Tod wird Michael Balint 1968 Präsident der British Psychoanalytical Society (Falzeder 1987 & 1992, Haynal 1989).

6 Gustav von Bergmann – Verfasser der Funktionellen Pathologie und Direktor der II. Medizinischen Klinik der Charité (1927 bis 1946)

Kraus' Nachfolger als Direktor der II. Medizinischen Klinik wird zum 1. April 1927 Gustav von Bergmann, der, aus Frankfurt kommend, damit an seine alte Wirkungsstätte zurückkehrt.

Der am 24.12. 1878 in Würzburg geborene Sohn des Chirurgen Ernst von Bergmann hatte nach dem Abitur zunächst Zoologie und Botanik, dann Medizin studiert und ist, nach einer Assistenz an der Medizinischen Klinik des Basler Bürgerspitals, seit 1903 an der II. Medizinischen Klinik der Charité tätig. Hier untersucht er gemeinsam mit Guleke die mit einer Pankreatitis einhergehenden Phänomene. Seine Forschungsarbeit auf dem Gebiet der Infektionsimmunologie führt ihn 1906 zu Paul Ehrlich in Frankfurt und an das Institut Pasteur in Paris. Von Bergmann habilitiert sich 1908 in Berlin und wird 1910 Professor der Inneren Medizin. Seit 1912 Chefarzt in Altona führt er dort gemeinsam mit seinen Mitarbeitern Katsch, Westphal und Berg Studien zu Fragen des spasmogenen und neurogenen Ulcus ventriculi und duodeni sowie zur Darmmotilität durch. Zunehmend bezieht von Bergmann nun psychogene Faktoren bei der Diagnostik und Therapie innerer Krankheiten mit ein, wird 1916 auf den Lehrstuhl für Innere Medizin in Marburg berufen und ist von 1920 bis 1927 Direktor der Medizinischen Universitätsklinik in Frankfurt am Main. (UA HUB Personalakte G. von Bergmann Bd. 176 1 Bl 1, 5 Bl. 119, von Bergmann 1953).

Abb. 7: Gustav v. Bergmann (aus: Vogelsänger P (2006))

In Frankfurt entwickelt er das Konzept einer funktionellen Pathologie. 1926 erscheint „Das vegetative Nervensystem und seine Störungen". Als sein wichtigstes Werk bezeichnet von Bergmann die 1932 erscheinende Monografie „Funktionelle Pathologie – eine klinische Sammlung von Ergebnissen und Anschauungen einer Arbeitsrichtung." In einem sehr persönlichen und pointierten Stil stellt er dort ausgewählte Problemfelder der Inneren Medizin seiner Zeit und sein Konzept einer „funktionellen Pathologie" vor. Er skizziert den damaligen Stand diagnostischer und therapeutischer Möglichkeiten sowie deren Grenzen und nimmt hierbei immer wieder Bezug zur eigenen experimentellen Arbeit unter anderem zur funktionellen Anatomie des Colons, zur Pankreasautodigestion oder zum Problemkreis von Gastritis und Ulkusleiden. Dabei versucht von Bergmann ein neues Verständnis für klinische Übergänge in den Bereichen schon gestörter Funktion, aber noch ungestörter morphologischer Verhältnisse zu finden, fasst hierbei die biologische Person nicht als starre Einheit, sondern als ein sich in weiten Grenzen selbst einregulierendes geschlossenes und einheitliches ganzes Funktionssystem auf, wobei für ihn die „Grenze und Gegensätzlichkeit zwischen 'funktionellem' Leiden und organischer Krankheit im alten

Sinne" gefallen ist. Sich bewusst einer technischen Sprache bedienend, erläutert er am Beispiel eines breiten Spektrums von Erkrankungen wie der habituellen Obstipation, dem Reizdarmsyndrom, der Gastritis, der Adipositas oder der arteriellen Hypertonie das Konzept einer funktionellen Pathologie und der mit ihr verbundenen Betriebsstörung. Ein Verstehen dieser Prozesse ermöglichte ihm dabei nicht nur eine Verkleinerung des damals noch großen Feldes der Verlegenheitsdiagnosen, die oft mit „Organneurosen" etikettiert wurden, sondern auch eine frühere Diagnostik und Intervention wie auch bessere Prävention. Fast beschwörend fordert von Bergmann vor dem Hintergrund einer zunehmend an objektiven Befunden ausgerichteten Medizin, das subjektive Erleben und die Schilderung des Kranken wieder in das Zentrum der ärztlichen Aufmerksamkeit zu stellen, seien diese doch nicht lediglich ein Interessengebiet für den psychotherapeutischen Arzt.

Nach der Machtergreifung des NS-Regimes bleibt von Bergmann, der zu den „Lehrstuhlinhabern, Instituts- und Klinikdirektoren" gehörte, die „von der Weimarer Republik über die Zeit des Nationalsozialismus bis in die sowjetische Besatzungszeit als Ordinarien die Charité" prägten (Schleiermacher & Schagen 2008), Direktor der Klinik. Zugängliche Quellen und vorliegende aktuelle Arbeiten zum Thema zeichnen ein widersprüchliches Bild seines Handelns unter den Bedingungen der NS-Herrschaft. Um zu einer differenzierten Sicht auf das damalige Geschehen zu gelangen, ist wohl eine weitere Aufbereitung der unter den Bedingungen einer Diktatur entstandenen Dokumente und eine nachhaltige Reflexion der damals für von Bergmann bestehenden Situation erforderlich. Dabei könnte es auch hilfreich sein, neben den Akten der Medizinischen Fakultät, in denen von Bergmanns systemkonformes Handeln als Prodekan im März 1933 dokumentiert ist (Schleiermacher & Schagen 2008, Schagen 2008), auch andere bereits zugängliche Dokumente heranzuziehen. Hierzu könnten die unmittelbar nach dem Krieg verfassten und sicher auch subjektiven Selbstauskünfte von Bergmanns über die gerade zurückliegende NS-Zeit gehören, in denen er berichtete, dass es nach dem Machtantritt des NS-Regimes Überlegungen gegeben habe, ihn als Klinikdirektor abzulösen (Personalakte Bd. 176 5 Bl. 119, Lebenslauf vom 9.2.1946). Auch habe man ihm, der sich in diesen Selbstauskünften

Abb. 8: Fassadendetail Medizinische Kliniken der Charité (Foto des Autors)

mehrfach dezidiert gegen die Rassentheorie und -politik des NS-Regimes ausspricht, aufgrund der großen Zahl jüdischer Assistenten angedroht, „es würden wohl Massnahmen gegen mich ergriffen werden durch die SS, ich hielt es für wahrscheinlich, dass es eine Drohung für das Kz sei" (UA HUB Personalakte Bd. 176 5 119, 6 Bl. 3). Krankheitsbedingt zieht sich von Bergmann seit 1939 immer wieder aus Klinik und Lehre zurück und betreibt ab Anfang 1944 aktiv seine Emeritierung (B 176 5 Bl. 76 ff.).

Vom Präsidenten der deutschen Verwaltung für Volksbildung in der sowjetischen Besatzungszone wird von Bergmann, der weder der NSDAP noch einer anderen NS-Organisation angehörte (Bd. 176 1 Bl. 69, 5 Bl. 119, 6 Bl. 1 ff), am 22.1.1946 als ordentlicher Professor und Klinik-Direktor (Bd. 176 6 Bl. 14) bestätigt. Noch im gleichen Jahr geht er als Direktor an die in der amerikanischen Zone Deutschlands gelegene II. Medizinische Universitätsklinik München und trifft dort auf den bereits in der Klinik als Oberarzt tätigen Thure von Uexküll, einen seiner früheren Berliner Medizinalassistenten (Petzold 2005), den er schätzt und kritisch begleitet. Von Bergmann würdigt die von Franz Alexander in Chicago geleistete Arbeit auf dem Gebiet der psychosomatischen Medizin, kritisiert aber dessen Schwerpunktsetzung in Bezug auf die Psychogenese psychosomatischer Erkrankungen (von Bergmann 1953). In seiner Lebensrückschau (1953) fordert er, „dass die psychosomatische Medizin einen breiten Raum in der Inneren Medizin einzunehmen hat" und sieht den Arzt als „das fragende und wahrnehmende untersuchende Subjekt."

7 Zwischen Neurologie und Gestaltpsychologie – Der Psychosomatiker Kurt Goldstein

Begeben wir uns nun letztmalig in das Berlin der Jahre nach dem ersten Weltkrieg. Dort etabliert sich am Psychologischen Institut der Berliner Universität, seit 1920 befindet es sich im Westflügel des jetzt zerstörten Berliner Schlosses, die unter anderem von Wolfgang Köhler, Kurt Lewin und Max Wertheimer – sie alle emigrieren nach 1933 in die USA – begründete Berliner Schule der Gestaltpsychologie (Sprung & Sprung 2002). Von Eric Kandel (2006) neben der Psychoanalyse als Vorläuferin der modernen kognitiven Psychologie bezeichnet, übt die Gestaltpsychologie auch großen Einfluss auf das Denken des Neurologen und Psychiaters Kurt Goldstein aus.

Dem „Psychosomatiker" Kurt Goldstein soll der letzte Abschnitt dieses Beitrages gelten, wobei explizit auf den in diesem Band enthaltenen Beitrag von Frank W. Stahnisch hingewiesen sei.

Abb. 9: Fassadendetail Berliner Schloss (Foto des Autors)

Kurt Goldstein war 1930 als Chefarzt der im Ostpavillon neu eingerichteten neurologischen Abteilung des Krankenhauses Moabit, des ab 1920 einzigen städtischen Krankenhauses mit Universitätsrang (Holdorff 2001b), und Honorarprofessor der Berliner Medizinischen Fakultät, in die Stadt, die er ein Vierteljahrhundert zuvor als Assistent der neurologischen Poliklinik von Hermann Oppenheim kennengelernt hatte (Laier 1996), zurückgekehrt und wohnte nun, fast vis-a-vis von dem Schriftsteller und Nervenarzt Alfred Döblin, am Kaiserdamm 74 in Berlin-Charlottenburg (Vogelsänger 2006).

Abb. 10: Kurt Goldstein (aus: Vogelsänger P (2006))

Als Neurologe, der 1903 in Breslau mit einem neuro-anatomischen Thema („Die Zusammensetzung der Hinterstränge. Anatomische Beiträge und kritische Übersicht") promoviert wurde und als Psychiater, der sich 1907 in Königsberg mit einem psychiatrischen Thema: („Über das Realitätsurteil halluzinatorischer Wahrnehmungen") habilitierte, entdeckt Goldstein, 1912 zum außerordentlichen Professor ernannt, im Rahmen der Behandlung von Traumata des peripheren und zentralen Nervensystems im während des ersten Weltkrieges 1917 eingerichteten Lazarett für Hirnverletzte, am „Institut zur Erforschung der Folgeerscheinungen von Hirnverletzungen" und im 1926 gegründeten Hirnverletztenheim in Frankfurt ganzheitliche Prinzipien der Hirnfunktionen und deren Störungen, beschreibt den Verlust der „Figur-Hintergrundsbildung" und den Zusammenbruch der Fähigkeit Hirnverletzter, Gestalten hervorzubringen. Nach dem ersten Weltkrieg wendet er sich zunehmend auch der Aphasieforschung zu, wobei Frankfurt zu dieser Zeit als ein Zentrum der Psychoanalyse und Gestaltpsychologie ein „einzigartiges intellektuelles Umfeld" für Goldsteins „bahnbrechende ganzheitliche Ansätze" (Laier 1996) darstellt. Kurt Goldstein, der sich im Juli 1920 auch um die Aufnahme in die Internationale Psychoanalytische Vereinigung beworben hatte (Schröter 2008), gehört 1921 zu den Gründern der Zeitschrift „Psychologische Forschung", einem wichtigen Publikationsorgan der Gestaltpsychologie. Mit Gustav von Bergmann veranstaltet er 1925 in Frankfurt Kolloquien, die sich mit Fragen der Psychoanalyse und Psychotherapie beschäftigen und gehört 1926 auch zum einladenden Komitee für den „I. Allgemeinen Ärztlichen Kongreß für Psychotherapie" in Baden-Baden (Laier 1996). In Kritik zur Psychoanalyse und Psychotherapie wie auch zur einseitigen somatischen Medizin entwickelt er eine ganzheitliche „organismische" Anschauung zur Krankheitslehre, wobei für das Verstehen des „Ganzen" für ihn die Gestaltpsychologie eine wesentlich größere Bedeutung als die Psychoanalyse hatte (Laier 1996).

Mit Karl Bonhoeffer und Gustav von Bergmann gehört Kurt Goldstein auch zum Beirat der 1928 erstmalig herausgegebenen Zeitschrift „Der Nervenarzt", die bis 1967 mit dem Zusatz „mit besonderer Berücksichtigung der psychosomatischen Beziehungen" erscheint (Kütemeyer & Schultz 1990). Er ist gewähltes Mitglied des Vorstandes der Allgemeinen Ärztlichen Gesellschaft für Psychotherapie und hält noch in Frankfurt im Wintersemester 1929/30 Vorlesungen zum Thema: „Grundprobleme einer medizinischen Psychologie (Psychisches und Somatisches, Bewußtes und Unbewußtes, Psychoanalyse etc.) für Hörer aller Fakultäten" (Laier 1996).

Am 15. Dezember 1930 erfolgt Goldsteins Ernennung zum Honorarprofessor der Berliner Medizinischen Fakultät. Der von Karl Bonhoeffer unterzeichnete Entwurf zum Antrag der Fakultät vom 15. November 1930 (UA HUB Med Fak Personalakte Kurt Goldstein Bd

III Bl. 4) lautete: „Die Fakultät beantragt, den leitenden Arzt der Nervenabteilung des Moabiter-Krankenhauses, Herrn Prof. Dr. Goldstein zum Professor ord. hon. zu ernennen. Er ist bisher ordentlicher Professor an der Universität Frankfurt a. M. gewesen und hat Frankfurt verlassen, weil ihm dort keine ausreichende Möglichkeit zu klinischer Tätigkeit zur Verfügung stand. Die wissenschaftlichen Leistungen Prof. Goldsteins auf dem Gebiet der Hirnpathologie und Psychiatrie sind derart, dass sie diese Auszeichnung rechtfertigen."

In Berlin stellt er sich mit einem Vortrag (und 1931 erscheinenden Aufsatz) „Das psycho-physische Problem in seiner Bedeutung für ärztliches Handeln" vor (Kütemeyer & Schultz 1984). In ihm setzt er sich mit der Vertrauenskrise in der wissenschaftlichen (somatischen) Medizin, der Stellung der Psychoanalyse (Harrington 2002), wie auch mit der Einseitigkeit eines ausschließlich somatischen oder psychotherapeutischen Ansatzes (Kütemeyer & Schultz 1984) kritisch auseinander.

Der Wechsel Kurt Goldsteins nach Berlin findet bereits vor dem Hintergrund der zunehmenden Verschärfung des politischen und wirtschaftlichen Klimas statt, folgt doch der durch den Börsenkrach in New York verstärkten Finanz- und Wirtschaftskrise die Staatskrise, deren Zentrum Berlin ist (Ribbe & Schmädecke 1994). Mit der Ernennung Hitlers zum Reichskanzler am 30. Januar 1933 beginnt auch in Berlin der Terror gegen politische Gegner und Bürger jüdischer Herkunft. Durch das Gesetz über die Wiederherstellung des Berufsbeamtentums vom 7. April 1933 verlieren die im öffentlichen Dienst tätigen jüdischen und oppositionellen Beamten und Angestellten, Hochschullehrer und Juristen Wirkungsfeld und berufliche Existenz, analog wird den freiberuflichen Ärzten und Anwälten die Zulassung entzogen. Die Bücherverbrennung am 10. Mai 1933 wird zum äußeren Zeichen der nationalsozialistischen Machtübernahme im künstlerischen sowie wissenschaftlichen Bereich (Engeli/Ribbe 1988).

Kurt Goldstein wird am 1. April 1933 in der Klinik verhaftet, kann aber nach der am 5. April erfolgten Entlassung aus der Haft über die Schweiz nach Amsterdam fliehen (Pross 1984 & 1997). Dort verfasst er sein 1934 erscheinendes Buch „Der Aufbau des Organismus. Einführung in die Biologie unter besonderer Berücksichtigung des kranken Men-

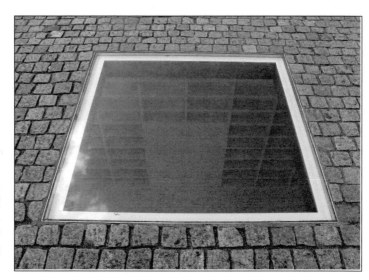

Abb. 11: Denkmal von Micha Ullmann am Ort der Bücherverbrennung vom 10. Mai 1933 (Foto des Autors)

schen", in dem er wesentliche Erkenntnisse seiner bisherigen Arbeit zusammenstellt. 1935 kann er in die USA emigrieren und dort relativ schnell Fuß fassen. Kurt Goldstein wird Professor für klinische Psychiatrie an der Columbia-University in New York, richtet am Montefiore-Hospital ein neurophysiologisches Labor ein und lehrt von 1940 bis 1945 klinische Neurologie an der Tufts Medical School in Boston. Nach dem Krieg betreibt er eine Privat-Praxis als Psychotherapeut und Neuropsychiater in New York und lehrt als Gast-Professor für Psychopathologie am New Yorker City College.

Die Medizinische Fakultät der Universität Frankfurt verleiht ihm 1958 die Ehrendoktorwürde. Im Alter von 87 Jahren verstirbt Kurt Goldstein am 19. September 1965 in Folge eines linksseitigen Hirninfarktes in New York (Kütemeyer & Schultz 1984, Laier 1996).

Marianne L. Simmel gegenüber, die 1968 den Erinnerungsband "The Reach of Mind. Essays in memory of Kurt Goldstein" herausgibt, äußert er, dass mit der erzwungenen Emigration ein erheblicher Bruch in seiner weiteren wissenschaftlichen Entwicklung gegeben war (Kütemeyer & Schultz 1984, Laier 1996). Hiermit steht er sicherlich exemplarisch auch für eine Reihe heute hier nicht porträtierter Exilierter.

8   Was bleibt?

Die von den Exilierten vor allem in Übersee und zum Teil auch in Großbritannien weiterentwickelten und heute schon wieder zum Teil historisch konnotierten Konzepte der Psychoanalyse, psychoanalytischen Psychosomatik und Gestaltpsychologie kehren nach dem zweiten Weltkrieg in die junge Bundesrepublik sowie nach Berlin zurück und stoßen auf unterschiedliche Resonanz.

So prägen die psychosomatischen Konzepte Franz Alexanders die auch an den (west-)deutschen Universitäten zunehmend aufblühende psychoanalytische Psychosomatik, treffen in der Betonung der Psychogenese aber auch früh auf fundierte Kritik, unter anderem von Gustav von Bergmann (1953).

Die von Michael Balint speziell in England entwickelte Gruppenarbeit für Ärzte und andere professionelle Helfer wird zum essentiellen Bestandteil der Ausbildung psychotherapeutisch und psychosomatisch tätiger Ärzte und Psychologen (Wesiack, Köhle und Schonecke 1990) und zu einem wertvollen Instrument für die kontinuierliche Reflexion der eigenen klinischen Arbeit.

Obwohl Kurt Goldstein als „Begründer einer multidisziplinären, ganzheitlichen Hirnpathologie (Neuropsychologie), in der psychische, körperliche und umgebungsspezifische Faktoren untrennbar sind", (Holdorff 2001b) gilt, weisen Autoren wie Kütemeyer und Schultz (1990), Laier (1996) oder Holdorff (2001b) darauf hin, dass die Arbeiten des ins Exil Gezwungenen im Nachkriegsdeutschland fast völlig vergessen (Holdorff 2001b) waren und „ein grosser Teil der bahnbrechenden psychosomatisch-neurologischen Ansätze nach der Vertreibung jüdischer Psychoanalytiker, die gleichzeitig Neurologen waren, in Deutschland kaum aufgegriffen" wurden (Kütemeyer & Schultz 1984 & 1990). In der psychosomatischen Neurologie Deutschlands hätte nachfolgend vor allem das Gestaltkreis-Modell Viktor von Weizsäckers eine Rolle gespielt, bis die „Entwicklung der Psychosomatik als Spezialdisziplin mit eigenen Institutionen ab 1950 den Neurologen zunehmend die Abspaltung der biografischen Methode erlaubte" und mit der Möglichkeit neuer bildgebender Verfahren der „Blick wieder ganz auf die Lokalisierung neurologischer Krankheiten" gerichtet wurde (Kütemeyer & Schultz 1990).

Nicht viel anders als im Fall Kurt Goldsteins scheint auch die Rezeption des psychosomatischen Denkens der Internisten Friedrich Kraus und Gustav von Bergmann verlaufen zu sein. So schlägt sich, trotz der von seinen Schülern Gustav von Bergmann (1953) und Theodor Brugsch (1957) – der eine gehörte in der jungen Bundesrepublik, der andere in der gerade gegründeten DDR zu den führenden Internisten – hervorgehobenen Bedeutung von Friedrich Kraus als prägender klinischer Lehrer und Leiter einer innovativen Klinik, dessen Wirken heute kaum nieder. Umso mehr ist wohl die 1999 von Lindner publizierte Monografie zum Werk und Wirken Friedrich Kraus zu würdigen.

Wie steht es mit der heutigen Rezeption der Arbeiten Gustav von Bergmanns? Obwohl die Gustav-von-Bergmann-Medaille die höchste Auszeichnung der Deutschen Gesellschaft für Innere Medizin darstellt, mit der Mitglieder der Gesellschaft für ihr Lebenswerk geehrt werden, entsteht bei der Durchsicht der aktuellen Literatur eher der Eindruck, dass von Bergmann kaum in der heutigen Inneren und Psychosomatischen Medizin präsent ist. Beispielhaft sei hier das mehr als 1500 Seiten umfassende Lehrbuch "Die Innere Medizin" (2000) genannt, in dessen mehr als 60 Seiten umfassenden Sachverzeichnis weder die Person Gustav von Bergmann noch Begriffe wie funktionelle Pathologie oder Betriebsstörung verzeichnet sind. Auch bei der Durchsicht der aktuellen Diskussion funktioneller Störungen des Gastrointestinaltraktes (z. B. Langkafel, M., Heuft, G. und Holtmann, G. 2001) gibt es keinen direkten Hinweis auf von Bergmanns fundamentale Arbeiten.

Ungeachtet der bisher noch sehr unterschiedlichen Rezeption der von den hier Porträtierten geleisteten Arbeit bietet diese ein erhebliches Potential für heutiges Denken wie auch klinisches Handeln in der Psychosomatischen Medizin und gehört damit zum wertvollen Erbe auch im sich heute wieder dynamisch entwickelnden wissenschaftlichen Berlin.

Literatur

Abraham H C & Freud E L (Hrsg) (1965, 1980) Sigmund Freud/Karl Abraham-Briefe 1907-1926. S. Fischer, Frankfurt a. M.
Alexander F (1933) Functional Disturbances of Psychogenic Nature. J Amer Med Ass 100: 469-473
Alexander F et al (1934) The Influence of Psychological Factors Upon Gastro-intestinal Disturbances: A Symposium. Psychoanalyt Quart 3: 501-539
Alexander F (1936) The Medical Value of Psychoanalysis. Norton, New York
Alexander F (1939) Emotional Factors in Essential Hypertension. Psychosom Med 1: 173-179
Alexander F & French T M (1946) Psychoanalytic Therapy: Principles and Application. Ronald Press, New York
Alexander F (1951) Psychosomatische Medizin. Walter de Gruyter, Berlin
Archiv Humboldt-Universität zu Berlin: Personalakte Gustav von Bergmann
Archiv Humboldt-Universität zu Berlin: Medizinische Fakultät Personalakte Kurt Goldstein
Archiv Humboldt-Universität zu Berlin: Personalakte Friedrich Kraus
Archiv Humboldt-Universität zu Berlin: Philosophische Fakultät. Doktorandenbuch Nr. 189 Dekanatsjahr 1923/24. Lebenslauf, Prüfungsprotokoll und Promotionsurkunde Michael Balint
Bergmann G von (1932) Funktionelle Pathologie. Eine klinische Sammlung von Ergebnissen und Anschauungen einer Arbeitsrichtung. Julius Springer, Berlin
Bergmann G von (1953) Rückschau. Geschehen und Erleben auf meiner Lebensbühne. Kindler und Schiermeyer, Bad Wörishofen
Brugsch Th (1957). Arzt seit fünf Jahrzehnten. Rütten & Loening, Berlin

Falzeder, E. (1987). Michael Balint im Gespräch. Werkblatt, Zeitschrift für Psychoanalyse und Gesellschaftskritik 4: 81-94

Falzeder E (1992) Wer war Michael Balint? In: Sedlak F & Gerber G (Hrsg) Beziehung als Therapie, Therapie als Beziehung: Michael Balints Beitrag zur heilenden Begegnung. München/Basel, Ernst Reinhardt. S. 9-14

Gerok W, Huber Ch, Meinertz Th und Zeidler H (Hrsg) (2000) Die Innere Medizin. Stuttgart, Schattauer

Goldstein K (1931) Das psycho-physische Problem in seiner Bedeutung für ärztliches Handeln. Therapie der Gegenwart: Medizinisch-chirurgische Rundschau für praktische Ärzte 33: 1-11

Goldstein K (1995) (Aufbau des Organismus, English) The Organism – a holistic approach to biology derived from pathological data in man. Zone Books, New York

Harmat P (1988) Freud, Ferenczi und die ungarische Psychoanalyse. edition diskord, Tübingen

Harrington A (2002) Die Suche nach Ganzheit - Die Geschichte biologisch-psychologischer Ganzheitslehren: Vom Kaiserreich bis zur New-Age-Bewegung. Rowohlt Taschenbuch Verlag, Reinbek b. Hamburg

Haynal A (1989) Die Technik-Debatte in der Psychoanalyse. Freud, Ferenczi, Balint. Fischer, Frankfurt a. M.

Holdorff B (1998). Hermann Oppenheim. In Schliack H & Hippius H (Hrsg) Nervenärzte. Biographien. Thieme, Stuttgart-New York: 12-17

Holdorff B (2001a) Die privaten Polikliniken für Nervenkranke vor und nach 1900. In: Holdorff B & Winau R (Hrsg) Geschichte der Neurologie in Berlin. Walter de Gruyter, Berlin-New York: 127-139

Holdorff B (2001b) Zwischen Hirnforschung, Neuropsychiatrie und Emanzipation zur klinischen Neurologie bis 1933. In: Holdorff B & Winau R (Hrsg) Geschichte der Neurologie in Berlin. Walter de Gruyter, Berlin-New York: 157-174

Jaeger S (2002) Wolfgang Köhler In: Lück H E & Miller R (Hrsg) Illustrierte Geschichte der Psychologie. Beltz, Weinheim und Basel: 85-89

Kandel E R (2006) Auf der Suche nach dem Gedächtnis. Die Entstehung einer neuen Wissenschaft des Geistes. Siedler, München

Kütemeyer M & Schultz U (1984) Kurt Goldstein (1878-1965): Begründer einer psychosomatischen Neurologie? In: Pross Ch & Winau R (Hrsg) Nicht mißhandeln – Das Krankenhaus Moabit 1920-1933 Ein Zentrum jüdischer Ärzte in Berlin 1933-1945 Verfolgung-Widerstand-Zerstörung. Edition Hentrich Fröhlich und Kaufmann, Berlin: 133-139

Kütemeyer M & Schultz U (1990) Neurologie. In: Adler R, Herrmann J M, Köhle K, Schonecke O W, von Uexküll Th und Wesiack W (Hrsg) Psychosomatische Medizin. Urban & Schwarzenberg, München-Wien-Baltimore: 975-999

Laier M. (1996) Der Neurologe Kurt Goldstein (1878-1965) und seine Beziehung zu Gestaltpsychologie und Psychoanalyse. In: Plänkers T, Laier M, Otto H-H, Rothe H-J und Siefert H (Hrsg) Psychoanalyse in Frankfurt am Main – Zerstörte Anfänge Wiederannäherung Entwicklung. edition diskord, Tübingen: 235-253

Langkafel M, Heuft G und Holtmann G (2001) Somatoforme Syndrome in der Gastroenterologie. In: Kapfhammer H-P & Gündel P (Hrsg) Psychotherapie der Somatisierungsstörungen. Thieme, Stuttgart/New York: 140-158

Lindner M (1999) Die Pathologie der Person – Friedrich Kraus' Neubestimmung des Organismus am Beginn des 20. Jahrhunderts. Verlag für Geschichte der Naturwissenschaften und Technik, Berlin-Diepholz

Lück H E (2002) Kurt Lewin. In: Lück H E & Miller R (Hrsg) Illustrierte Geschichte der Psychologie. Beltz, Weinheim und Basel: 90-95

Marmor J (2002) Franz Alexander, 1891-1964. Am J Psychiatry 159:8 1305

Petzold E R (2005) Die Balint-Gesellschaft trauert um Prof. Dr. med. Thure von Uexküll. Balint 6: 28-29

Peiffer J (2001) Neuropathologie in Berlin. In: Holdorff B & Winau R (Hrsg) Geschichte der Neurologie in Berlin. Walter de Gruyter, Berlin-New York: 39-54

Ribbe W (Hrsg) (1988). Geschichte Berlins – Bd. 2 Von der Märzrevolution bis zur Gegenwart. C. H. Beck ‚München

Ribbe W & Schmädeke J (1994) Kleine Berlin-Geschichte. Stapp-Verlag, Berlin

Sprung H & Sprung L (2002) Die Berliner Schule der Gestaltpsychologie. In: Lück H E & Miller R (Hrsg) Illustrierte Geschichte der Psychologie. Beltz, Weinheim und Basel: 80-84

Schagen U (2008) Wer wurde vertrieben? Wie wenig wissen wir? Die Vertreibung aus der Berliner Medizinischen Fakultät 1933. Ein Überblick. In: Schleiermacher S & Schagen U (Hrsg) Die Charité im Dritten Reich. Ferdinand Schöningh, Paderborn/München/Wien/Zürich: 51-66

Schleiermacher S & Schagen U (2008) Enthumanisierung der Medizin und die Charité im „Dritten Reich". In: Schleiermacher S & Schagen U (Hrsg) Die Charité im Dritten Reich. Ferdinand Schöningh, Paderborn/München/Wien/Zürich: 9-22

Schröter M (2008) Kurt Goldstein – Albert Moll: Zwei Momentaufnahmen zur Interaktion der Freud-Schule mit ihrer fachlichen Umwelt in den 1920er Jahren. Luzifer-Amor 21 (42): 49-64

Swerdloff B (2002) An Interview with Michael Balint. Am J Psychoanal 62 (4): 383-413

Vogelsänger P (2006) Psychopolis Berlin 1900-1933: Orte, Lebenswege, Konzepte...(Ein illustrierter Stadtführer). Pabst Science Publishers, Lengerich, Berlin, Bremen, Miami, Riga, Viernheim, Wien, Zagreb

Wesiack W, Köhle, K und Schonecke, O W. Fort- und Weiterbildung in der Psychosomatischen Medizin. In: Adler R, Herrmann J M, Köhle K, Schonecke O W, von Uexküll Th und Wesiack W (Hrsg) Psychosomatische Medizin. Urban & Schwarzenberg, München-Wien-Baltimore: 1263-1271

Psychiatrie im gesellschaftlich-politischen Kontext: Wechselwirkungen

*Nationalsozialismus in der Berliner Psychiatrie
von 1933 bis 1945*

16 Zwangssterilisation und „Euthanasie". Die Psychiatrische und Nervenklinik der Charité unter Karl Bonhoeffer und Maximinian de Crinis[1]

Thomas Beddies

Zusammenfassung

Wie zahlreiche Fachgenossen hatte Karl Bonhoeffer bereits in den Jahrzehnten vor der Machtergreifung die Theorie der Eugenik, also der Verbesserung der angeborenen Eigenschaften einer Rasse, wie auch ihre praktische Umsetzung im Sinne von Auslese und Ausmerze für plausibel angesehen und als seriös anerkannt. Grundsätzlich wurde auch die Sterilisation als geeignete Interventionsmöglichkeit gesehen, einer Verschlechterung des kollektiven Erbgutes entgegenzuwirken. Von dieser Grundhaltung rückte Bonhoeffer zeitlebens nicht ab (Bonhoeffer 1949 b). Bei der Umsetzung des Gesetzes zur Verhütung erbkranken Nachwuchses verhielt er sich nach 1933 kooperativ, wenn er auch für eine enge Auslegung der durch das Gesetz vorgesehenen Indikationen plädierte. Er erstellte noch bis weit in die Zeit des Zweiten Weltkriegs hinein für die Erbgesundheitsobergerichte eine Reihe von Gutachten, die zu einem beträchtlichen Teil, wie er es ausdrückte, zu einer Sicherstellung der Diagnose, faktisch also zur Anordnung einer zwangsweisen Sterilisation führten.

Die Psychiatrie hatte sich mit der Beteiligung an den Zwangssterilisationen bereits auf jenes abschüssige Gelände begeben, auf dem es für viele vor allem jüngere Ärztinnen und Ärzte kein Halten mehr auf dem Weg in die Mittäterschaft an den Krankenmorden gab. Selbst wenn sie – wie Karl Bonhoeffer – eher zurückhaltend und verantwortungsbewusst „wissenschaftlich" gutachteten, führte ihre Beteiligung an dem Programm einer planmäßigen Verbesserung des kollektiven Erbgutes zwangsläufig zu einer Kategorisierung ihrer Patienten im Sinne einer „Höher-" oder „Minderwertigkeit" für die Volksgemeinschaft, die auch bei den Selektionen für die „Vernichtung lebensunwerten Lebens" Anwendung fand.

Max de Crinis befand sich – um im Bild zu bleiben – nicht nur auf diesem Gelände, er präparierte es. Er kann als ehrgeizig und radikalisiert charakterisiert werden, wobei der Ruf nach Köln und der Wechsel nach Deutschland von ihm selbst bereits als ganz außerordentlicher Karrieresprung wahrgenommen worden sein dürften. Der Wechsel nach Berlin – auf die erste Stellung des Faches – wäre dann als Krönung seiner beruflichen Laufbahn aufzufassen. Es ist aber eine merkwürdige Distanz zwischen dem Direktor und seiner Klinik spür-

---

[1] Gekürzte und aktualisierte Fassung von: Beddies T (2005) Universitätspsychiatrie im Dritten Reich. Die Nervenklinik der Charité unter Karl Bonhoeffer und Maximinian de Crinis. In: vom Bruch R (Hrsg) Die Berliner Universität in der NS-Zeit; Bd. II: Fachbereiche und Fakultäten. Franz Steiner Verlag, Wiesbaden: 55-72

bar, die wohl damit erklärt werden muss, dass de Crinis´ Ehrgeiz weit über die erlangte Position hinausging. Er nahm in der Folge Einfluss auf die Besetzung medizinischer Lehrstühle, beteiligte sich an politischen Komplotten und Geheimdienstaktionen und bestimmte maßgeblich die Planung und Durchführung der „Euthanasie"-Maßnahmen. Er hatte damit sein Schicksal auf Gedeih und Verderb mit dem des Dritten Reichs verbunden und hat dies, wie sein Suizid zeigt, auch selbst so wahrgenommen.

Der Psychiatrischen und Nervenklinik der Berliner Charité standen in der Zeit des Nationalsozialismus zwei Psychiater vor, die man sich in Bezug auf Charakter, wissenschaftliches Profil und politische Einstellung unterschiedlicher kaum vorstellen kann. Der langjährige Direktor und Professor der Berliner Universität Karl Bonhoeffer leitete die Klinik bis 1938; sein Nachfolger Maximinian de Crinis bis zum Ende des Dritten Reichs im Frühjahr 1945. Während die historische Beurteilung des „nationalsozialistischen Psychiaters" Max de Crinis unstreitig dahin geht, dass er an der Planung und Umsetzung der Medizinverbrechen insbesondere in der Zeit des Zweiten Weltkriegs ebenso maßgebend beteiligt war wie an den Planungen für eine neue deutsche Psychiatrie nach dem „Endsieg", wird die Stellung Karl Bonhoeffers als „Psychiater in der Zeit des Nationalsozialismus" bis in die Gegenwart hinein kontrovers diskutiert. Gegenstand unterschiedlicher Sichtweisen ist vor allem Bonhoeffers Rolle bei der Konzeption und Umsetzung des „Gesetzes zur Verhütung erbkranken Nachwuchses" von 1933/34. 70 Jahre nach Bonhoeffers Emeritierung und 60 Jahre nach seinem Tod geht es dabei weniger um seine belegte konkrete Beteiligung als Gutachter und Sachverständiger in Sterilisationsverfahren als vielmehr um die Frage, ob und inwieweit einer der führenden Psychiater des Deutschen Reichs das eugenische Programm einer „Aufartung" des Volkskörpers durch Ausschaltung „minderwertigen Erbgutes" auch für seine Disziplin für plausibel und angezeigt hielt, und ob er damit auch glaubte rechtfertigen zu können, Patienten gegen ihren Willen sterilisieren zu lassen.

1 Karl Bonhoeffer

Karl Bonhoeffer, 1868 im Todesjahr Wilhelm Griesingers geboren, studierte Medizin in Tübingen, Berlin und München, seine Prüfungen legte er dann schließlich wiederum in Tübingen ab. Nach der Approbation 1892 war er fünf Jahre als Assistent bei Carl Wernicke in Breslau tätig; 1898 übernahm er dort die Leitung einer städtischen Beobachtungsstation für geisteskranke Strafgefangene. 1903 folgte er einem Ruf nach Königsberg, 1904 wurde er Nachfolger Emil Kraepelins in Heidelberg, kehrte dann aber noch im selben Jahr als Nachfolger Wernickes nach Breslau zurück, wo er bis zu seiner Berufung nach Berlin im Jahr 1912 blieb (Neumärker 1990; Stertz 1956). In Berlin verbrachte er trotz attraktiver Angebote die verbleibenden 25 Jahre seines Berufslebens (Bonhoeffer 1968). Wie aus Bonhoeffers Personalakte hervorgeht, wurde er Ende März 1936 von seinen Verpflichtungen entbunden, gleichzeitig aber vom Minister gebeten, das Amt vertretungsweise weiterzuführen. Er wollte dann mit dem Sommer-

Abb. 1: Karl Bonhoeffer (Bildarchiv, Institut für Geschichte der Medizin, Charité - Universitätsklinikum Berlin)

semester 1938 ausscheiden, blieb aber, bis Maximinian de Crinis zum Wintersemester 1938/39 berufen wurde.[2]

Nur etwa fünf Jahre hat Karl Bonhoeffer also seine Funktion als Direktor der Psychiatrischen und Nervenklinik der Charité und Professor an der Berliner Universität in der Zeit des Nationalsozialismus ausgeübt, wobei anzumerken ist, dass er auch nach der Emeritierung gutachterlich – etwa in Sterilisationsverfahren – und publizistisch tätig war. Kurz nach seinem 75. Geburtstag wurden 1943 Kinder und Schwiegerkinder Karl Bonhoeffers verhaftet; zwei seiner Söhne und zwei Schwiegersöhne wurden noch kurz vor dem Zusammenbruch des Nationalsozialismus ermordet. Nach dem Krieg war er weiterhin konsiliarisch tätig – unter anderem in den Wittenauer Heilstätten, die 1957 nach ihm benannt wurden (Zutt 1957). Karl Bonhoeffer starb am 4. Dezember 1948 im 81. Lebensjahr.

Karl Bonhoeffers wissenschaftlicher Beitrag für die Psychiatrie seiner Zeit erstreckt sich vornehmlich auf die Erforschung der exogenen Psychosen; sein Lebenswerk erscheint unter dem Gesichtspunkt der psychiatrischen Systematik wie eine große Ergänzung zu den Werken Emil Kraepelins und Eugen Bleulers zu den endogenen Varianten der Seelenstörungen. Außerdem ging er in verschiedenen Arbeiten über symptomatische Psychosen immer wieder der Frage nach, ob seelische Störungen durch psychische Belastungen hervorgerufen werden können. Das Gesamtwerk umfasst rund neunzig Veröffentlichungen aus den Jahren 1894 bis 1949, darunter die vergleichsweise geringe Zahl von nur drei Büchern (Neumärker 1990; Zeller 1969).

Der Frage, wie die Rolle Karl Bonhoeffers in der Psychiatrie in der Zeit des Nationalsozialismus zu bewerten ist, wurde in den letzten rund 20 Jahren vielfach nachgegangen (vgl. zuletzt: Roelcke 2008). Die Diskussion um seine Person begann Ende der 80er Jahre, als Mitarbeiter der nach ihm benannten psychiatrischen Klinik in Berlin-Reinickendorf eine Ausstellung zur Geschichte ihres Hauses im Dritten Reich erarbeiteten. Zwar war Bonhoeffer dort nur kurze Zeit nach 1945 tätig gewesen, doch widmete die Arbeitsgruppe in einem Begleitband auch dem Namensgeber der Klinik einen kritischen Beitrag. Ursula Grell schrieb bezogen auf seine Beteiligung an Zwangssterilisationen: „Er lehnte zwar die Zwangsklausel ab, teilte jedoch das Menschenbild der Schöpfer dieses Gesetzes und sah es als seine Aufgabe und die seines Faches an, wissenschaftlich solide Grundlagen für die einmal festgelegten Indikationen zu liefern und an der Durchführung des Gesetzes aktiv mitzuwirken." (Grell 2002, S. 214). Diesen und anderen Einschätzungen wurde von der Familie Bonhoeffer vehement widersprochen; eine Annäherung der Standpunkte konnte nicht erreicht werden (Arbeitsgruppe 2002, S. 219-268). Michael Seidel und Klaus-Jürgen Neumärker vertieften die Kritik Ursula Grells, indem sie ausführten, „daß Bonhoeffer wie viele Psychiater seiner Zeit die wissenschaftliche Schlüssigkeit erbbiologischer Forschungen in zunehmendem Maß akzeptierte." Allerdings, so heißt es in Anlehnung an Gerhard Baader weiter, sei seinerzeit generell „eine reduktionistisch-naturwissenschaftliche Herangehensweise an Aufgaben der Volksgesundheit und der Volkswohlfahrt ebenso verbreitet (gewesen) wie eine organizistische Auffassung gesellschaftlicher Erscheinungen." (Seidel 2002, S. 279). 1996 erschien die Dissertation von Uwe Gerrens zu medizinischem Ethos und theologischer Ethik bei Karl und Dietrich Bonhoeffer, die zwar methodisch sauber auf der Grundlage auch neu erschlossenen Quellenmaterials erarbeitet wurde (Gerrens

---

[2] Archiv der Humboldt-Univ.: Pers.-Akte K. Bonhoeffer, Bd. 2, Bl. 14.

1996); leider ist aber diese Arbeit ganz auf eine „Rehabilitierung" Bonhoeffers ausgerichtet; kritische Punkte bleiben ausgeklammert oder werden in den Hintergrund gerückt.

Dies gilt etwa für die Beurteilung der so genannten Bettlerstudie, die um die Jahrhundertwende entstanden war (Bonhoeffer 1902/03); Bonhoeffer war damals Leiter der Beobachtungsstation für „geisteskranke Verbrecher" in Breslau. Ursula Grell stellte zu Recht fest, dass Bonhoeffer darin „die Diagnostik der Psychopathologie mit den Erscheinungsformen von Armut und sozialer Devianz" verbunden und seine Studie damit einmal mehr „den Nachweis der Korrelation fassbarer ‚körperlicher Minderwertigkeit' und ‚erblicher psychopathischer Disposition' als Ursache ‚sozialen Verfalls', ‚antisozialer Tendenzen' und des ‚Misserfolgs im Kampf um die soziale Existenz'" geführt hatte (Grell 2002, S. 209).

Streitpunkte waren auch Bonhoeffers Schriften zu „Kriegsneurotikern"[3] und Psychopathen des Ersten Weltkriegs, in denen er darauf hinwies, dass „die hysterische Reaktion Ausfluss mehr oder weniger bewusster Wünsche der Selbstsicherung sei" und dass außerdem den „exogenen Schädigungen der Erschöpfung, der akuten infektiösen Schädigungen, der Schädeltraumen bei dem Zustandekommen der schizophrenen, manisch-depressiven und sonstigen endogenen Erkrankungen" keine wesentliche Bedeutung zukomme (Bonhoeffer 1969, S. 88f.; Bonhoeffer 1934 a; Bonhoeffer 1938, S. 62f.). Kritisiert wurden ebenso seine Pathologisierung des Politischen im Gefolge der revolutionären Ereignisse nach dem Ersten Weltkrieg (Seidel 2002, S. 269), seine oft interpretierten Äußerungen zum Hungersterben in den Psychiatrischen Anstalten während des Ersten Weltkriegs (Bericht 1920/21, S. 598) sowie sein Gutachten über den Reichstagsbrandstifter Marinus van der Lubbe (Bonhoeffer 1934 b; Gerrens 1992).

Ausführlicher soll hier Karl Bonhoeffers Rolle bei den Zwangssterilisierungen auf der Grundlage des Gesetzes zur Verhütung erbkranken Nachwuchses von 1933 betrachtet werden.[4] Bonhoeffer schrieb in seinen Erinnerungen, dass er sich bereits in der ersten Hälfte der 20er Jahre im Auftrag des Preußischen Landesgesundheitsrates dahingehend geäußert hätte, „daß ein nennenswerter praktischer Erfolg in eugenischer Beziehung nicht zu erwarten sei, wenn man sich bei der Sterilisation auf die Erkrankungen beschränkte, bei denen mit erheblicher Wahrscheinlichkeit die Vererbung auf die Deszendenten zu erwarten sei. Eine zwangsweise Sterilisation sei abzulehnen." 1932 sei die Frage mit der Absicht erneut aufgegriffen worden, ein Erbgesundheitsgesetz zu schaffen, dabei sei weiterhin das Einverständnis des Patienten vorausgesetzt worden. Die in dem Gesetz vom Sommer 1933 verankerte Möglichkeit zur zwangsweisen Sterilisation ginge seines Wissens nicht auf psychiatrische Intervention zurück (Bonhoeffer 1969, S. 101f.; Bonhoeffer 1924).

Seine aktive Rolle bei der Ausrichtung „erbbiologischer Kurse" und seine Mitarbeit am Berliner Erbgesundheitsobergericht nach 1933 rechtfertigte er: „An eine Rücknahme des Zwangsgesetzes war (...) nicht zu denken. So blieb nur die Möglichkeit übrig, zu hemmen und durch Publikation und psychiatrische Lehrgänge auf die besonderen diagnostischen Schwierigkeiten im Erbgesundheitsverfahren hinzuweisen." (Bonhoeffer 1969, S. 102; Bonhoeffer 1934 c). So schien es ihm geboten, „in dem Erbgesundheitsobergericht die Stelle des sachverständigen Psychiaters zu übernehmen, um Einfluß auf die Begutachtung der Gerichte zu bekommen." (Bonhoeffer 1969, S. 102). In einem Brief an den Dekan der

---

[3] s. a. den Beitrag Holdorff in diesem Band.
[4] Zur Erbgesundheitsgesetzgebung im zeithistorischen Kontext vgl. etwa: Roelcke 2002; Kohl 2002. Der Verf. dankt Hans-Walther Schmuhl und Volker Roelcke für wichtige Hinweise zur Thematik.

Medizinischen Fakultät schrieb er Anfang 1934: „Ich bin – wie Herr Lenz – der Meinung, daß für das Erbgesundheits-Obergericht Psychiater in erster Linie in Betracht kommen, da der springende Punkt ja die diagnostische Sicherung des betreffenden Falles ist. Ich würde die Herren Fischer und Verschuer vorschlagen und als Psychiater würde ich bereit sein einzutreten. (...) Da bei der Tätigkeit des Obergerichtes wahrscheinlich des öfteren nochmalige Untersuchungen sich als notwendig erweisen werden, ist die Verbindung mit meiner Klinik vielleicht vorteilhaft."[5]

Bonhoeffer war jedoch nicht nur als Veranstalter erbbiologischer Kurse und als sachverständiger Beisitzer am Erbgesundheitsobergericht tätig (Ley 2004, S. 267). Christina Härtel konnte eine Anzahl von Sterilisationsgutachten Karl Bonhoeffers und eine Dokumentenmappe mit handschriftlichen Aufzeichnungen zu den vorausgegangenen Untersuchungen auswerten, die noch Anfang der 90er Jahre in der damaligen Bonhoeffer-Klinik gefunden wurden.[6] Die insgesamt 54 Gutachten wurden zwischen Februar 1939 und Dezember 1941 gefertigt; Bonhoeffers Tätigkeit auf diesem Gebiet fällt also in die Zeit nach seiner Emeritierung. Es handelte sich durchweg um Verfahren, die aufgrund von Einsprüchen vor die Berufungsinstanz, das Erbgesundheitsobergericht, gekommen waren. In 39 Fällen ging es um die Diagnose Schizophrenie, in sechs Fällen um Epilepsie, in sieben um manisch-depressives Irresein, in zwei Fällen um angeborenen Schwachsinn. In 25 Fällen lehnte Bonhoeffer eine Sterilisation ab, da die Erblichkeit nicht gesichert bzw. eindeutig nicht gegeben sei; in 21 Fällen befürwortete er die Sterilisation ohne weiteres, in acht Fällen riet er aus unterschiedlichen Gründen abzuwarten. Soweit aus den Unterlagen ersichtlich, folgte das Gericht den Empfehlungen des Gutachters.

Vor dem Hintergrund dieser Aktivitäten ist Bonhoeffers Hinweis, dass er aus seiner Sprechstunde niemals Patienten zur Sterilisation gemeldet habe, doch dahingehend zu relativieren, dass zwar tatsächlich kein Fall bekannt ist, der von ihm aus seiner Privatsprechstunde zur Anzeige gebracht wurde. Darüber hinaus hat sich Bonhoeffer aber durchaus aktiv an der Umsetzung des Gesetzes zur Verhütung erbkranken Nachwuchses beteiligt. Auch aus der von ihm geleiteten Psychiatrischen und Nervenklinik der Charité wurde in erheblichem Umfang an die Gerichte gemeldet und gegutachtet (Gerrens 1996, S. 97 ff., S. 101).[7] Christel Roggenbau, in der NS-Zeit Oberarzt der Klinik, berichtete 1949, dass zwischen 1934 und 1942 insgesamt 1991 Gutachten in Sterilisationsangelegenheiten von Klinikmitarbeitern erstellt worden seien. In 862 Fällen „schien der Klinik die Diagnose soweit gesichert, daß die Annahme der im Gesetz aufgeführten Krankheiten vertreten werden konnte." Die ganz überwiegende Zahl der Fälle betraf die Diagnosen „angeborener Schwachsinn", „Schizophrenie" und „Epilepsie"; mit großen Abstand folgte „manisch-depressives Irresein" (Roggenbau 1949).[8]

---

[5] Archiv der Humboldt-Univ. Zu Berlin: Med. Fak. Nr. 187, Bl. 5.

[6] Christina Härtel: Karl Bonhoeffer als Gutachter in Zwangssterilisationsverfahren: "Kein Schematismus, sondern sorgfältiges Prüfen eines jedes Einzelfalles". Vortrag auf der 9. Tagung der Deutschen Gesellschaft für Geschichte der Nervenheilkunde am 1.10.1999 in Stralsund (ungedruckt); der Verf. dankt Christina Härtel für die Überlassung des Vortragsmanuskripts.

[7] Die Zahl der von der Psychiatrischen und Nervenklinik gemeldeten Patienten, der Tenor der Gutachten sowie der Anteil der tatsächlich erfolgten Sterilisationen soll anhand der jetzt zugänglichen Patientenakten der Klinik im Rahmen eines Dissertationsprojektes untersucht werden.

[8] Die summarischen Angaben Roggenbaus lassen sich auf der Grundlage des im Archiv der Nervenklinik der Charité erhaltenen Quellenmaterials verifizieren. Eine qualitative Untersuchung der Einzelfälle anhand erhaltener Patientenunterlagen steht noch aus.

Uwe Gerrens beurteilt Karl Bonhoeffers Rolle hinsichtlich der in der Nervenklinik erstellten Sterilisationsgutachten dahingehend, dass er „die Kontrolle über die in seinem Auftrag erstellten Gutachten in der Hand behielt" (Gerrens 1996, S. 100f.). Wenn diese, von Gerrens im Hinblick auf Bonhoeffers eher zurückhaltende Gutachtungspraxis tendenziell exkulpierend gemeinte Aussage so zutrifft, ist Bonhoeffers Verantwortung oder Mitverantwortung an dem Sterilisationsprogramm jedenfalls höher einzuschätzen, als dies etwa von ihm selbst nach dem Krieg getan wurde. Bonhoeffer wäre so – mit Gisela Bock – zu denjenigen zu rechnen, welche die Sterilisationspolitik aktiv mittrugen, wenngleich er, „was die Zahl der zu Sterilisierenden betraf, eher ein Vertreter der vorsichtigen Richtung war." (Bock 1986, S. 293).

Es ist offenbar, dass es bei einer Einschätzung der Person Karl Bonhoeffers bezüglich seiner Mitverantwortung und Mitwirkung an der NS-Gesundheitspolitik und speziell an den Zwangssterilisationen nicht oder nicht mehr um eine den Einzelfall betreffende quasi strafrechtliche Würdigung gehen kann. Bonhoeffer war zweifellos kein Mitläufer oder gar Sympathisant der nationalsozialistischen Bewegung, dafür waren ihm schon deren führende Vertreter zu suspekt und widerwärtig (Bonhoeffer 1969, S. 100f.). Es ist auch glaubhaft überliefert, dass Bonhoeffer versucht hat, gegen die nach Kriegsbeginn einsetzenden Krankenmorde zu wirken (Gerrens 1996, S. 102-108). Nun erfordert Standhaftigkeit und Entschlossenheit gegenüber einem verbrecherischen Regime keineswegs, dass man sich ihm in leichtsinnigen Aktionen ausliefert. Insofern ist der Argumentation, Bonhoeffer hätte seinen Widerstand eher im Verborgenen ausgeübt, und er habe nach außen hin schon deshalb die Fassade aufrechterhalten, um seine Kinder zu schützen, nichts entgegenzusetzen. Viele taten weniger oder nichts.

Er war also kein Mitläufer und kein Sympathisant der Bewegung, aber er war – als Psychiater und bezogen auf die Medizin im Nationalsozialismus – ein Mittäter und ein Wegbereiter. Denn gerade auch durch das Mittun fachlicher und menschlicher Autoritäten, zu denen Karl Bonhoeffer zweifellos gehörte, erlangte die neue, die nationalsozialistische Psychiatrie ihre höheren Weihen. Der entscheidende Punkt ist, dass Karl Bonhoeffer und zahlreiche seiner Fachgenossen glaubten, die Freiräume zur Verwirklichung alter psychiatrischer Wunsch- und Idealvorstellungen vom (erb-)gesunden Menschen, einem gesunden Volkskörper und auch von der Ausgrenzung devianter Individuen und Gruppen unter Nutzung der durch die Nationalsozialisten geschaffenen Möglichkeiten bis hin zur Anordnung der zwangsweisen Sterilisation weidlich nutzen zu dürfen. Sie alle gaben sich der Illusion hin, die unvermeidbare Nähe zum System – soweit sie diese nicht ohnehin suchten – unbeschadet überstehen zu können. Auch Bonhoeffer hielt nicht etwa nur eine zu geringe Distanz zur herrschenden Wissenschaft; er repräsentierte vielmehr weiterhin die herrschende Wissenschaft und ihre Definitionsmacht und hielt in dieser Eigenschaft einen zu geringen Abstand zum Regime. Beleg dieser Definitionsmacht ist auch, dass er nach dem Krieg sehr schnell und in gewohnter Diktion die Medizinverbrechen der NS-Zeit auf eine „Entartung ärztlichen Denkens einzelner fanatisierter führender nationalsozialistischer Ärzte" zurückführte, diese also zu pathologischen Fällen erklärte, und auch den Zusatz nicht vergaß, dass eine solche Entartung, „dem deutschen Psychiater generell" nicht unterstellt werden könne (Bonhoeffer 1949 a, S. 1).

2   Maximinian de Crinis

Abb. 2 : Maximinian de Crinis (Bildarchiv, Institut für Geschichte der Medizin, Charité - Universitätsklinikum Berlin)

Im Hinblick auf die Regelung der Nachfolge Karl Bonhoeffers spricht Klaus-Jürgen Neumärker von einem ebenso „erschütternden wie typischen Beispiel faschistischer Hochschulberufungspolitik" (Neumärker 1990, S. 175). Die Medizinische Fakultät der Berliner Universität hatte zwar bereits am 24. Januar 1938 „besonders eingehend" über Maximinian de Crinis als Nachfolger auf dem Psychiatrie-Lehrstuhl gesprochen; das Urteil über ihn war allerdings wenig schmeichelhaft ausgefallen. Dekan Rudolf Siebeck, Direktor der I. Medizinischen Universitätsklinik der Charité, schrieb an das Ministerium: „Seiner vorbildlichen Persönlichkeit und seinem politischen Einsatz entsprechen offenbar nicht seine Leistungen auf dem Gebiete der Psychiatrie. (...) So sehr ich de Crinis persönlich schätze, so kann ich mich nach eingehenden Erkundigungen nicht davon überzeugen, daß er als Psychiater den Anforderungen der hiesigen Klinik gewachsen wäre."[9]

Der Minister (im Auftrag Ernst Bach) nahm am 14. Mai Bezug auf Siebecks Bericht vom 24. Januar und hielt dagegen: „Nach neuen mir vorliegenden Voten wird Prof. de Crinis in jeder Beziehung sowohl als Neurologe wie als Psychiater glänzend beurteilt. (...) Ich ersuche daher, noch einmal eingehend zu einer Berufung des Prof. de Crinis nach Berlin Stellung zu nehmen."[10] Dekan Siebeck zog daraufhin erneut Erkundigungen bei Fachkollegen über de Crinis ein,[11] und am 17. Juni 1938 berichtete er an Rektor und Minister: „Nach persönlicher Rücksprache mit Herrn Geheimrat Bonhoeffer und nach einigen weiteren persönlichen Erkundigungen habe ich an sämtliche Fachvertreter an deutschen Hochschulen, sowie den Direktor der deutschen Forschungsanstalt für Psychiatrie in München, Herrn Prof. Rüdin, um begründete Vorschläge für den hiesigen Lehrstuhl gebeten, absichtlich ohne selbst irgend einen Namen zu nennen. Von sämtlichen Fachvertretern sind Antworten eingegangen. Von allen Vorschlägen wurde Prof. de Crinis nur 2mal erwähnt. (...) Da alle anderen Fachvertreter Prof. de Crinis überhaupt nicht genannt haben, konnte die Fakultät zu keinem anderen Urteil als dem abgegebenen kommen, denn sie konnte nicht annehmen, daß fast sämtlichen Fachvertretern, von denen eine ganze Reihe neu berufen sind, hervorragende Leistungen von Prof. de Crinis auf dem Gebiete der Psychiatrie entgangen wären. (...) Ich habe in der Fakultätssitzung um Meinungsäußerungen gebeten, die Fakultät war aber der Meinung, daß sie nicht in der Lage sei, ihr Urteil über Prof. de Crinis zu ändern. Es wurde ausdrücklich Einstimmigkeit festgestellt."[12] Trotz dieses ablehnenden Votums der Fakultät wurde de Crinis zum 1. November 1938 auf die Professur für Psychiatrie und Neurologie sowie zum Direktor der Nervenklinik berufen,[13] ohne dass der weitere Entscheidungsprozess, der offenbar an der Fakultät vorbeigelaufen war, aus den Akten deutlich wird.[14]

---

[9] Archiv der Humboldt-Univ.: Pers.-Akte K. Bonhoeffer, Bd. 2, Bl. 15.
[10] Archiv der Humboldt-Univ.: Pers.-Akte K. Bonhoeffer, Bd. 3, Bl. 7.
[11] Archiv der Humboldt-Univ.: Pers.-Akte K. Bonhoeffer, Bd. 4, passim.
[12] Archiv der Humboldt-Univ.: Pers.-Akte K. Bonhoeffer, Bd. Bl. 9ff.
[13] Archiv der Humboldt-Univ.: Pers.-Akte M. de Crinis, Bd. 1, Bl. 50.
[14] De Crinis Ende 1938 an die Quästur der Universität Berlin: "Das Reichsministerium für Wissenschaft, Forschung und Volksbildung hat mich zum 1.11. zum Leiter der Universitäts-Nervenklinik Berlin (zum

Ein Jahr nach seiner Berufung erhielt de Crinis neue Aufgaben in der Reichshauptstadt, die auch Rückschlüsse auf die Hintergründe seiner Berufung nach Berlin zulassen. Er wurde durch den Minister für Wissenschaft, Forschung und Volksbildung Rust zum 1. Januar 1940 als Nachfolger des aus dem Ministerium ausscheidenden Professors Dr. Ernst Bach unter Belassung in seinem Amt als Hochschullehrer und Klinikdirektor in das Ministerium berufen. Er war dort als Referent für medizinische Sachfragen eingesetzt und nahm unter anderem starken Einfluss auf die medizinische Ausbildung einschließlich der damit zusammenhängenden Berufungsfragen.[15] Bach, außerordentlicher Professor für Gynäkologie aus Marburg, hatte seit längerem zu erkennen gegeben, dass er nicht in Berlin bleiben, sondern in Marburg ein Ordinariat übernehmen wollte (Aumüller 2001, S. 269 f.). Er hatte offenbar de Crinis´ Berufung gegen die Fakultät durchgesetzt und damit seinen eigenen Nachfolger nach Berlin geholt. Unter diesem Aspekt wäre die Berufung in Dimensionen zu sehen, die deutlich über die Nervenklinik und die Universität hinausweisen. Bedenkt man, dass de Crinis abgesehen von der Tätigkeit in der Klinik und im Ministerium auch bei der zentralen Planung und Durchführung der bald nach Kriegsbeginn anlaufenden Krankenmorde beteiligt war (vgl. unten), dass er im Sicherheitsdienst der SS eine wichtige Rolle spielte und dass er als beratender Psychiater der Wehrmacht und der SS tätig wurde, so ist zu fragen, ob diese Ämter und Aktivitäten ihm erst in der Folge seines Wechsels nach Berlin zuwuchsen, oder ob seine Berufung von höherer Stelle bereits unter diesem Aspekt geplant und durchgesetzt worden war.

Maximinian de Crinis wurde 1889 in der Steiermark als Sohn eines Arztes geboren. Bis 1918 gehörte die Steiermark zu Österreich-Ungarn und befand sich innerhalb der Doppelmonarchie zwar nicht gerade in einer Randlage, doch verlief hier die südöstliche Grenze des deutschsprachigen Österreich, so dass doch von einer Grenzmentalität gesprochen werden kann, auf deren Grundlage die Mehrheit der Bewohner ausgeprägt deutschnational ausgerichtet war und unter anderem den Anschluss Österreichs an das Deutsche Reich propagierte (Jasper 1991, S. 11).

Bis 1912 studierte de Crinis Medizin in Graz, Innsbruck und wiederum Graz. Er hatte sich einer extrem deutschnationalen Korporation angeschlossen, von der er 1937 berichtete, sie sei „im Geheimen nationalsozialistisch organisiert." (Jasper 1991, S. 13) Während des Ersten Weltkriegs forschte er über Kriegsneurosen und war nebenamtlich auch als Gutachter in Militärgerichtsverfahren tätig, ohne dass wir darüber etwas Näheres erfahren. Nach dem Krieg und dem Auseinanderfallen Österreich-Ungarns engagierte er sich in der Großdeutschen Volkspartei, die von Österreich aus die Bildung eines großdeutschen Reiches propagierte. Außerdem schloss er sich der Heimwehrbewegung an, die damals unter anderem gegen die Abtrennung der Untersteiermark mit dem Hauptort Marburg (Maribor) von Österreich kämpfte (Jasper 1991, S. 32f.).

Gleichzeitig trieb de Crinis seine wissenschaftliche Karriere voran. Er habilitierte sich in Graz mit einer sehr gut aufgenommenen Arbeit über „Die Beteiligung der humoralen Lebensvorgänge des menschlichen Organismus am epileptischen Anfall" (de Crinis 1920).

Nachfolger Geheimrat Bonhoeffers) ernannt. ... Ich war für den 25.4 und den 29.9. vom Ministerium zu Berufungsverhandlungen eingeladen." (Archiv der Humboldt-Univ.: Pers.-Akte M. de Crinis, Bd. 1, Bl. 50).

[15] Archiv der Humboldt-Univ.: Pers.-Akte M. de Crinis, Bd. 1, Bl. 71 (Brief von Rust vom 27.12.1939).

Ende Oktober 1920 erhielt er die Habilitationsurkunde; 1924 wurde er zum außerordentlichen Professor ernannt.

1931 trat der fanatische Antisemit der NSDAP bei; 1934 wurde er deswegen festgenommen.

Nach seiner Freilassung verließ er Österreich kurz vor dem nationalsozialistischen Umsturzversuch im Sommer 1934, um den Lehrstuhl Psychiatrie und Neurologie an der Universität Köln zu übernehmen. Mit der Ernennung zum Professor und preußischen Beamten erhielt er auch die deutsche Staatsangehörigkeit (Jasper 1991, S. 54f.).

Auch seine Berufung nach Köln als Nachfolger Gustav Aschaffenburgs wurde ungeachtet eines abschlägigen Votums gegen die Fakultät vom Ministerium durchgesetzt: „De Crienies (sic!) sei Nationalsozialist und habe aus diesem Grunde seinen Lehrstuhl in Graz verloren. Seine Bedeutung als Wissenschaftler sei ausreichend für einen psychiatrischen Lehrstuhl."[16] Noch 1934 wurde de Crinis Dozentenschaftsführer in Köln,[17] also lokaler Führer jener Parteigliederung, die das gesamte Hochschulwesen nationalsozialistisch auszurichten suchte. 1936 trat er der SS bei, 1938 war er Hauptsturmführer (Hauptmann). Wissenschaftlich setzte er seine histopathologischen und histochemischen Arbeiten fort und forschte unter anderem über Hirntumore, aber auch über Hirnschwellungen, die er differentialdiagnostisch von den Hirnödemen schied. In seiner Berliner Zeit, so sein Biograf Jasper, veröffentlichte de Crinis zunehmend allgemeine klinische Aufsätze, „die kaum Originäres enthalten, dafür aber dank des größeren Einflusses und der gestiegenen Bekanntheit des Autors häufiger abgedruckt werden." (Jasper 1991, S. 87f.) Darüber hinaus befasste er sich seit 1940 in Referaten und Veröffentlichungen mit dem „menschlichen Gesichtsausdruck und seiner klinischen bzw. diagnostischen Bedeutung" (de Crinis 1942). Als Reaktion auf einen entsprechenden Vortrag in Graz schrieb ihm ein Zuhörer: „Mit Genehmigung des Reichsarztes SS und des Chefs der Konzentrationslager habe ich 1938 als Lagerarzt eines KL Untersuchungen an zuckerkranken Juden durchgeführt. (...) Von etwa 50 Juden habe ich mit Unterstützung verschiedener Dienststellen genaue Erbforschungen betreiben können und bin dabei unter anderem zu der Überzeugung gekommen, daß eine gewisse Ähnlichkeit zwischen diabetischen Familien- und Sippenmitgliedern besteht. (...) Da es nun äußerst schwer ist, mit dem Begriff der ‚Ähnlichkeit' zu arbeiten und es sich bei meiner Arbeit nicht um Zwillinge handelt, habe ich nicht den Mut, diese Dinge überhaupt in einer wissenschaftlichen Arbeit anzuführen und bin erst wieder durch Ihre Ausführungen (...) auf mein altes Steckenpferd zurückgekommen."[18] Verfasser dieser Zeilen war Erwin Ding(-Schuler), der in zahlreiche Menschenversuche in den Konzentrationslagern verwickelt war und insbesondere durch die Fleckfieberversuche im Konzentrationslager Buchenwald traurige Berühmtheit erlangte (Kogon 1983, S. 191-196).[19] Ein weiterer SS-Arzt, Erwin Kirchert, war direkt nach de Crinis´ Berufung Ende 1938 zu Ausbildungs-

---

[16] Archiv der Humboldt-Univ.: Pers.-Akte M. de Crinis, Bd. 110 (6. Juli 1934).

[17] Archiv der Humboldt-Univ.: Pers.-Akte K. Bonhoeffer, Bd. 4, Bl. 66; Jasper: Maximinian de Crinis, 77.

[18] SS-Hauptsturmführer und Adjudant Dr. Erwin Ding am 11. Februar 1941 an Max de Crinis (Archiv der Humboldt-Univ.: NL M. de Crinis, Nr. 375, Bl. 1f.).

[19] Kogon weist auch darauf hin, dass er als Sekretär Ding-Schulers diesen in seiner Hand gehabt habe (Kogon 1983, S. 266) und dass es ihm gelungen sei, in der "Arbeit mit und gegen Ding-Schuler" zahlreiche Buchenwald-Häftlinge zu retten. Er sagte dazu auch während des Nürnberger Ärzteprozesses aus: Mitscherlich 1949, S. 83-118. Vgl. zu den Fleckfieberversuchen auch: Klee 1997, S. 291ff.

zwecken in die Nervenklinik kommandiert worden.[20] Er hatte bis zu diesem Zeitpunkt ebenfalls in Buchenwald Dienst getan und galt als einer der schlimmsten Lagerärzte (Kogon 1983, S. 163; Klee 2003).

Seit 1941 wurde auch die Einrichtung einer Lazarettfachabteilung zur neurologisch-psychiatrischen Begutachtung und Behandlung von Angehörigen der Waffen-SS in der Nervenklinik der Charité betrieben, ohne dass bislang bekannt ist, wann dieses Vorhaben tatsächlich verwirklicht wurde und wie es um die Organisation und um die personelle Ausstattung dieser Abteilung bestellt war.[21] Ausweislich verstreuter Funde in den Krankenblättern befanden sich jedenfalls 1943 SS-Leute als Patienten in einer eigenen Abteilung in der Nervenklinik. Zu diesem Zeitpunkt war der reguläre Klinikbetrieb durch die Gefährdung infolge alliierter Luftangriffe bereits stark eingeschränkt, und Anfang August 1943 wurde die Nervenklinik auf Anordnung der Wehrmacht schließlich evakuiert. Zahlreiche Patienten wurden entlassen oder verlegt, andere an den Ausweichstandort der Charité auf dem Gelände der Bucher Krankenanstalten gebracht.

Über die konkrete Beteiligung Max de Crinis´ an den Krankenmordaktionen nach Beginn des Zweiten Weltkriegs ist nur wenig bekannt geworden. Angeblich wurde der diese Dinge betreffende Schriftverkehr um 1950 im Keller der Nervenklinik gefunden und verbrannt, „weil doch jetzt so viel über Deutschland gestänkert wird." (Jasper 1991, S. 120). Verstreute Hinweise auf de Crinis´ Rolle bei Planung und Durchführung der Patiententötungen haben dazu geführt, dass er als „graue Eminenz" der NS-„Euthanasie" in der einschlägigen Literatur geführt wird (Dörner 2000, S. 87), ohne dass man jedoch seinen individuellen Beitrag zu diesen Taten belegen könnte. Friedrich Mennecke erwähnte ihn im Nürnberger Ärzteprozess als Planer und Obergutachter der „Euthanasie" (Mitscherlich 1949, S. 178). Hans Hefelmann sagte aus, de Crinis sei an den Beratungen über ein „Euthanasie-Gesetz" beteiligt worden (Roth 1984, S. 138). In diese Beratungen war auch Reinhard Heydrich einbezogen, mit dem de Crinis befreundet gewesen sein soll. (Jasper 1991, S. 101f.). Götz Aly spricht – unbelegt – davon, dass die Aktion „T4" von führenden Psychiatern und Verwaltungsfachleuten „unter der Supervision von Max de Crinis" geplant und begründet worden sei (Aly 1999, S. 52). Indirekt lässt sich auch auf das Wissen de Crinis´ um die laufenden Tötungen von Kindern im Rahmen des Reichsausschussverfahrens schließen, da er im Mai 1940 nachweislich von Hugo Spatz, dem Direktor des Hirnforschungsinstitutes der Kaiser-Wilhelm-Gesellschaft um Hilfe angegangen wurde, als eine Tötungsabteilung des „Reichsausschusses" in Leipzig-Dösen nebst angeschlossener neuropathologischer Forschungsabteilung geschlossen werden sollte.[22] Und schließlich wurde de Crinis durch Paul Nitsche auch über die so genannte dezentrale Euthanasie informiert, in deren Verlauf seit etwa 1942 Tausende von Patienten durch Medikamentenüberdosierungen umgebracht wurden (Jasper 1991, S. 126). Es kann letztlich nicht bezweifelt werden, dass de Crinis qua seiner zahlreichen Funktionen und Ämter und auch über persönliche Kontakte umfassend über die Krankentötungen und auch über die Medizin-Verbrechen in den Konzentrationslagern informiert und auch an ihnen beteiligt gewesen ist.

---

[20] Bundesarchiv Berlin: R 4901, Nr. 1356, Bl. 171 und Bl. 175.
[21] Archiv der Humboldt-Univ.: Charite-Dir. Nr. 2543, Bl. 31ff.; Geheimes Staatsarchiv Pr. Kulturbesitz: HA I, Rep. 76, Nr. 284, Bl. 14ff. und Bl. 86.
[22] Archiv der Humboldt-Univ., NL M. de Crinis, Nr. 324, Bl. 5.

Max de Crinis hatte enge Kontakte zum Sicherheitsdienst der SS und war insbesondere mit dem letzten Geheimdienstchef des Dritten Reichs Walter Schellenberg befreundet. Es gibt über diese Beziehung eine Reihe von Berichten bis hin zu einer von Schellenberg geforderten psychiatrischen Diagnose hinsichtlich Hitlers Parkinson-Krankheit. Wir sind darüber vor allem durch Memoirenliteratur unterrichtet, die sich in der Regel aber nicht durch Originalunterlagen untermauern lässt. Sicher ist, dass Max de Crinis bis zum Ende des Krieges in Berlin ausharrte und noch am 21. April ein letztes Mal in die Nervenklinik kam (Jasper 1991, S. 134f.). Am 2. Mai 1945 nahm er sich zusammen mit seiner Frau Lili mittels Zyankali das Leben.

Literatur

Aly G (1999) „Endlösung". Völkerverschiebung und der Mord an den europäischen Juden, Fischer, Frankfurt.

Arbeitsgruppe zur Erforschung der Geschichte der Karl-Bonhoeffer-Nervenklinik (Hrsg.) (2002) Totgeschwiegen 1933-1945. Zur Geschichte der Wittenauer Heilstätten, seit 1957 Karl-Bonhoeffer-Nervenklinik. 3. Aufl. Edition Hentrich, Berlin.

Aumüller G (Hrsg.) (2001) Die Marburger Medizinische Fakultät im „Dritten Reich" (Academia Marburgensis. Beiträge zur Geschichte der Philipps-Universität Marburg 8). Saur-Verlag, München.

Bericht (1920/21) Bericht über die Verhandlungen des Deutschen Vereins für Psychiatrie. Allgemeine Zeitschrift für Psychiatrie 76: 598.

Bock G (1986) Zwangssterilisation im Nationalsozialismus. Studien zur Rassenpolitik und Frauenpolitik. Westdeutscher Verlag, Opladen.

Bonhoeffer K (1902/03) „Zur Kenntnis des großstädtischen Bettel- und Vagabundentums. Bettler und Vagabunden. Zs. für die gesamte Strafrechtswissenschaft 21: 1-65; Prostituierte. Zs. für die gesamte Strafrechtswissenschaft 23: 106-120.

Bonhoeffer K (1924) Die Unfruchtbarmachung der geistig Minderwertigen. Klinische Wochenschrift 3: 798-801.

Bonhoeffer K (1934 a) Psychopathologische Erfahrungen und Lehren des Weltkriegs. Münchener medizinische Wochenschrift 31: 1212 ff.

Bonhoeffer K; Zutt J (1934 b) Über den Geisteszustand des Reichstagsbrandstifters Marinus van der Lubbe. Monatsschrift für Psychiatrie und Neurologie 89: 185-213.

Bonhoeffer K (Hrsg.) (1934 c) Die psychiatrischen Aufgaben bei der Ausführung des Gesetzes zur Verhütung erbkranken Nachwuchses (mit einem Anhang: Die Technik der Unfruchtbarmachung. Klinische Vorträge im erbbiologischen Kurs. Verlag von S. Karger, Berlin.

Bonhoeffer K (1938) Ein Rückblick auf über 45 Jahre psychiatrischer Entwicklung (Abschlussvorlesung in der Psychiatrischen und Nervenklinik der Charité). Deutsche Medizinische Wochenschrift 64: 557-567.

Bonhoeffer K (1949 a) Einführung. Psychiatrie, Neurologie und Medizinische Psychologie 1: 1.

Bonhoeffer K (1949 b) Ein Rückblick auf die Auswirkung und die Handhabung des nationalsozialistischen Sterilisationsgesetzes. Der Nervenarzt 20: 1-5.

Bonhoeffer K (1969): „Lebenserinnerungen – geschrieben für die Familie". In: Zutt J; Straus E; Scheller H (Hrsg.) Karl Bonhoeffer. Zum hundertsten Geburtstag am 31. März 1968. Springer-Verlag, Berlin-Heidelberg-New York: 8-107

de Crinis M (1920) Über die Beteiligung der humoralen Lebensvorgänge des menschlichen Organismus am epileptischen Anfall (Monographien aus dem Gesamtgebiete der Neurologie und Psychiatrie 22). Springer, Berlin.

de Crinis M (1938) „Gerichtliche Psychiatrie". In: Pietrusky F; de Crinis M: Gerichtliche Medizin. Gerichtliche Psychiatrie (Handbücherei für den Öffentlichen Gesundheitsdienst 15). Carl Heymanns Verlag, Berlin.

de Crinis M (1942) Der menschliche Gesichtsausdruck und seine diagnostische Bedeutung. Thieme, Leipzig.

Dörner K; Ebbinghaus A; Linne C (Hrsg.) (2000) Der Nürnberger Ärzteprozeß 1946/47. Wortprotokolle, Anklage- und Verteidigungsmaterial, Quellen zum Umfeld, hier: Linne K (Bearb.) Erschließungsband zur Mikrofiche-Edition, Saur-Verlag, München.

Gerrens U (1992) Zum Karl-Bonhoeffer-Gutachten vom 30. März 1933 im Reichstagsbrandprozeß. Berlin in Geschichte und Gegenwart. Jahrbuch des Landesarchivs Berlin 1991: 45-116.

Gerrens U (1996) Medizinisches Ethos und theologische Ethik. Karl und Dietrich Bonhoeffer in der Auseinandersetzung um Zwangssterilisation und „Euthanasie" im Nationalsozialismus (Schriftenreihe der Vierteljahrshefte für Zeitgeschichte 73). Oldenbourg-Verlag, München.

Grell U (2002) Karl-Bonhoeffer und die Rassenhygiene. In: Arbeitsgruppe zur Erforschung der Geschichte der Karl-Bonhoeffer-Nervenklinik (Hrsg.): Totgeschwiegen 1933-1945. Zur Geschichte der Wittenauer Heilstätten, seit 1957 Karl-Bonhoeffer-Nervenklinik. 3. Aufl. Edition Hentrich, Berlin: 207-218

Gütt A; Rüdin E; Ruttke F (Bearb.) (1934) Gesetz zur Verhütung erbkranken Nachwuchses vom 14. Juli 1934. J. F. Lehmanns Verlag, München.

Jasper H (1991) Maximinian de Crinis (1889-1945). Eine Studie zur Psychiatrie im Nationalsozialismus (Abhandlungen zur Geschichte der Medizin und der Naturwissenschaften 63). Matthiesen Verlag, Husum.

Klee E (1997) Auschwitz, die NS-Medizin und ihre Opfer. Fischer, Frankfurt/M.

Klee E (2003) Das Personenlexikon zum Dritten Reich. Wer war was vor und nach 1945, Fischer, Frankfurt/M.

Kogon E (1983) Der SS-Staat. Das System der deutschen Konzentrationslager. 13. Aufl. Kindler-Verlag, München.

Kohl F (2002) Die Einführung der Sterilisationsgesetzgebung im Deutschen Reich (1933/1934) und ihre psychiatrie- und biologiehistorischen Grundlagen. Psych. Pflege 8: 25-30.

Ley A (2004) Zwangssterilisation und Ärzteschaft. Hintergründe und Ziele ärztlichen Handelns 1934-1945 (Kultur der Medizin 11), Campus Verlag, Frankfurt/New York.

Mitscherlich A; Mielke F (1949) Wissenschaft ohne Menschlichkeit. Medizinische und eugenische Irrwege unter Diktatur, Bürokratie und Krieg. Verlag Lambert Schneider, Heidelberg 1949.

Neumärker KJ (1990) Karl Bonhoeffer. Leben und Werk eines deutschen Psychiaters und Neurologen in seiner Zeit. S. Hirzel Verlag, Leipzig

Roelcke V (2002) Zeitgeist und Erbgesundheitsgesetzgebung im Europa der 1930er Jahre. Eugenik, Genetik und Politik im historischen Kontext. Nervenarzt 73: 1019-1030.

Roelcke V (2008) Politische Zwänge und individuelle Handlungsspielräume: Karl Bonhoeffer und Maximinian de Crinis im Kontext der Psychiatrie im Nationalsozialismus. In: Schleiermacher S; Schagen U (Hrsg.) Die Charité im Dritten Reich. Zur Dienstbarkeit medizinischer Wissenschaft im Nationalsozialismus. Ferdinand Schöningh, Paderborn (u.a.): 67-85.

Roggenbau C (1949) Über die Krankenbewegung an der Berliner Universitäts-Nervenklinik in den Jahren 1933-1945. Psychiatrie, Neurologie und Medizinische Psychologie 1: 129-132.

Roth KH (1984) (Hrsg.) Erfassung zur Vernichtung, Von der Sozialhygiene zum „Gesetz über Sterbehilfe", Verl.-Ges. Gesundheit, Berlin.

Seidel M; Neumärker KJ (2002) Karl Bonhoeffer und seine Stellung zur Sterilisierungsgesetzgebung. In: Arbeitsgruppe zur Erforschung der Geschichte der Karl-Bonhoeffer-Nervenklinik (Hrsg.): Totgeschwiegen 1933-1945. Zur Geschichte der Wittenauer Heilstätten, seit 1957 Karl-Bonhoeffer-Nervenklinik. 3. Aufl. Edition Hentrich, Berlin, S. 269-282.

Selbach H (1941) „Physikalisch-chemische Untersuchungen zur Frage der Hirnvolumenvermehrung (Hirnschwellung und Hirnödem)". Archiv für Psychiatrie und Nervenheilkunde 12: 409-440.

Stertz G (1956) „Karl Bonhoeffer. 1868-1948", in: Kolle K (Hrsg.) Große Nervenärzte. 21 Lebensbilder. Thieme, Stuttgart, S. 17-26.

Zeller G (1968) Nachwort zur Autobiographie von Karl Bonhoeffer. Bonhoeffers wissenschaftliches Werk. Entwicklung und Bedeutung. In: Zutt J; Straus E; Scheller H (Hrsg.) Karl Bonhoeffer. Zum hundertsten Geburtstag am 31. März 1968. Springer-Verlag, Berlin/Heidelberg/New York, S. 115-143.

Zutt J (1957) Zur Umbenennung der „Wittenauer Heilstätten" in „Karl-Bonhoeffer-Heilstätten". Berliner Medizin 8: 228-231.

Abbildungsnachweis

Institut für Geschichte der Medizin. Charité – Universitätsmedizin Berlin; Bildarchiv.

17 Opfer der nationalsozialistischen „Euthanasie" – Fritz Drechsler, Martha Weiß und Erich Fels

Petra Fuchs

Zusammenfassung

Der Beitrag reflektiert mögliche Verbindungslinien zwischen historischer „Euthanasie" und aktueller Diskussion um die Legalisierung der aktiven Sterbehilfe. Im Mittelpunkt stehen drei exemplarische Lebensgeschichten von Opfern der nationalsozialistischen „Euthanasie"-Aktion T4, die auf der Basis von Krankenakten rekonstruiert wurden. Die drei hier vorgestellten Fallbeispiele basieren auf der Tätigkeit in einem mehrjährigen, DFG-geförderten Forschungsprojekt an der Psychiatrischen Universitätsklinik Heidelberg und am dortigen Institut für Geschichte der Medizin. Neben der computergestützten Erhebung und der empirischen Auswertung von 3.000 „Euthanasie"-Patientenakten erarbeiteten die Mitarbeiterinnen und Mitarbeiter des 2006 abgeschlossenen Projektes 23 Lebensgeschichten von Opfern der zentralen Phase der NS-„Euthanasie" mit dem Ziel, die Menschen in ihrer Individualität sichtbar zu machen und ihnen ein Gesicht zu geben.

„Am Anfang aller Geschichte steht die eigene."
Elazar Benyoetz

Im Kontext der Diskussion um die gegenwärtige Situation des deutschen Gesundheitssystems äußerte kürzlich ein Student der Medizin die Ansicht, der Mangel an finanziellen Ressourcen sei nur durch den Ausschluss bestimmter Personengruppen aus der Solidargemeinschaft der Krankenversicherung zu beheben. Nicht mehr jeder könne in den Genuss medizinischer Versorgung kommen und an den Leistungen der Krankenversicherung teilhaben, diese Einschränkung gelte z.B. für ältere Menschen und für Alkoholkranke. Wenige Wochen zuvor hatte ein anderer Seminarteilnehmer angeregt, sich der Rationalität der Argumentation zu öffnen, die der Jurist Karl Binding und der Psychiater Alfred Erich Hoche in ihrer 1920 publizierten Schrift „Die Freigabe zur Vernichtung lebensunwerten Lebens. Ihr Maß und ihre Form"[1] entfaltet hatten. In diesem historischen Konzept, das zur theoretischen Grundlegung der nationalsozialistischen Verbrechen an mehr als 200.000 psychisch kranken, geistig behinderten und sozial unerwünschten Kindern und Erwachse-

---

[1] Binding und Hoche (1920) Die Freigabe.

nen avancierte,[2] sah der angehende Mediziner ein geeignetes Mittel zur Lösung des gegenwärtig drohenden Überbevölkerungsproblems.

Diese und ähnliche Äußerungen von Medizinstudierenden stellen mittlerweile keine Einzelfälle mehr dar. Die implizite Klassifizierung menschlichen Lebens, die den Argumentationen anhaftet, das unauflösbare Zusammenwirken von Auf- und Entwertung, das den gesellschaftlichen Ein- und Ausschluss bestimmter Bevölkerungsgruppen mit lebensbedrohenden Konsequenzen nach sich zieht, ist dabei das verbindende Element von Gegenwart und NS-geschichtlicher Vergangenheit.

Im Zusammenhang mit der aktuellen Diskussion um die Sterbehilfe steht für die Mehrzahl der angehenden Ärztinnen und Ärzte der Wunsch nach eindeutigen Handlungsmaximen im Sinne einer juristischen Absicherung im Vordergrund. Dass das Töten „normal" und zur Routine innerhalb der medizinischen Alltagspraxis werden könnte, welche Bedeutung diese Dimension für die einzelne Ärztin, den Arzt haben kann, machen sich die meisten Medizinstudierenden in der Regel nicht bewusst.

Doch nicht nur die Haltungen zukünftiger Medizinerinnen und Mediziner bieten Anlass zur Besorgnis. Die Forderung nach gesetzlicher Legalisierung der aktiven Sterbehilfe hat längst die viel zitierte Mitte unserer Gesellschaft erreicht. Demnach sprechen sich 53 Prozent von 1.800 durch das Allensbach-Institut Befragten der deutschen Bevölkerung für die Tötung von „unheilbar schwerkranken Menschen" durch „Eingreifen von außen" auf deren Wunsch hin aus.[3] Die zentrale Frage des Umgangs mit nicht bzw. nicht mehr einwilligungsfähigen Personen wird dabei, auch von fachlicher Seite, sehr unterschiedlich beantwortet; im Allgemeinen gelten Patientenverfügungen und/oder Vorsorgevollmachten als das geeignete Instrument zur Lösung dieses Problems. Offen bleibt aber auch dabei noch immer die Frage, wer den mutmaßlichen Willen von Neugeborenen, Säuglingen und Kleinkindern, geistig behinderten und demenzkranken Menschen oder Komapatientinnen und -patienten formulieren kann und darf und von welchen Implikationen die Entscheidung für die Tötung solcher Personen abhängig ist.

Der Leitgedanke für eine Legalisierung der aktiven Sterbehilfe ist der der individuell, freiwillig und autonom getroffenen Entscheidung für den vorzeitigen und hergestellten Tod. Diese Argumentationsfigur findet vor allem auch die Zustimmung von liberalen und linksgerichteten Kräften. So war es der von den sozialistischen und grünen Abgeordneten eingebrachte Gesetzesentwurf zur aktiven Sterbehilfe im Parlament des Großherzogtums Luxemburg, der im Februar dieses Jahres mit knapper Mehrheit angenommen wurde.[4] Neben den Niederlanden und Belgien ist Luxemburg der nunmehr dritte Staat weltweit, der die aktive Sterbehilfe unter bestimmten Voraussetzungen gesetzlich legitimiert und zu steuern versucht.

Als zentrales Motiv für die Tötung „unheilbar Kranker" und „unerträglich Leidender" wird – historisch wie aktuell – Mitleid angeführt. Wissenschaftliche Untersuchungen über die Hintergründe von Patiententötungen durch medizinisches und pflegerisches Personal zeigen jedoch[5], dass das „Töten aus Mitleid" eben gerade nicht der mitfühlenden Anteil-

---

[2] Zur Anzahl der Opfer des nationalsozialistischen Krankenmordes vgl. Faulstich (2000) Die Zahl, S. 218-234.
[3] Umfrage: Mehrheit für aktive Sterbehilfe. Deutsches Ärzteblatt online vom 5. August 2008.
[4] Luxemburger Parlament votiert für aktive Sterbehilfe. Deutsches Ärzteblatt online vom 20. Februar 2008.
[5] Beine (1998) Sehen, Hören, Schweigen. Parallel dazu führte der Leiter der Klinik für Psychiatrie und Psychotherapie des St. Marien-Hospitals Hamm in Westfalen eine Untersuchung zur Einstellung von Ärzten,

nahme mit dem Leiden des anderen Menschen entspringt, sondern eher der Tatsache geschuldet ist, sich diesen Qualen des anderen nicht gewachsen zu fühlen. Die Tötung von (schwer)kranken, behinderten, alten und sterbenden Menschen stellt demnach einen Akt der Befreiung vom eigenen Leiden an der Unerträglichkeit der Situation dar. Darüber hinaus ist sie an politische Konstellationen ebenso gebunden wie an ökonomische Hintergründe. Sich von heutigen wie von historischen Täterinnen und Tätern durch deren Dämonisierung oder Pathologisierung zu distanzieren, ist allerdings wenig hilfreich, um das Phänomen der Patiententötungen zu verstehen. In der Regel handelt es sich um „ganz normale" Frauen und Männer, die im medizinischen und pflegerischen Bereich tätig sind. Im Falle der NS-„Euthanasie" waren es überwiegend Psychiater und Psychiaterinnen, die die Tötungen mit dem Ziel einer Modernisierung der Psychiatrie befürworteten. Dabei sollten die durch die „Vernichtung lebensunwerten Lebens" eingesparten Mittel für die Behandlung der heilbaren Patientinnen und Patienten eingesetzt werden. Mehr als 70.000 Pfleglinge aus Fürsorgeeinrichtungen, Behinderten- und Altenheimen sowie Patientinnen und Patienten aus psychiatrischen Anstalten im Territorium des damaligen Deutschen Reiches und der angegliederten Gebiete fielen der Dialektik von Heilen und Vernichten zum Opfer, sie starben im Rahmen der nationalsozialistischen Krankenmord-„Aktion-T4" der Jahre 1940/41. Mit einem formalisierten Meldeverfahren wurden sie von Ärzten selektiert und in den Gaskammern der sechs „Euthanasie"-Anstalten Grafeneck, Brandenburg, Bernburg, Hadamar, Pirna-Sonnenstein und in der österreichischen Anstalt Hartheim unter ärztlicher Aufsicht getötet.[6]

Vor diesem Hintergrund erscheint die kritische Beschäftigung mit dem euphemistisch als "Gnadentod" bezeichneten Krankenmord der Jahre 1939 bis 1945 im Rahmen der heutigen Ausbildung von Medizinerinnen und Medizinern nach wie vor als unverzichtbar, angesichts der gegenwärtigen Entwicklungen im Gesundheitswesen, in der Biomedizin und in der angewandten Ethik sogar notwendiger als je zuvor. Von zentraler Bedeutung ist die Auseinandersetzung mit den Opfern der NS-„Euthanasie", da psychisch kranke und geistig behinderte Menschen bis heute stigmatisiert und ausgegrenzt werden. Sie verkörpern quasi das Gegenteil der Vision von einem perfektionierbaren und leidfreien Leben und sind daher auch heute noch oder heute wieder potentiell in ihrer Existenz gefährdet.

Der vorliegende Beitrag berücksichtigt die Krankenakten von NS-„Euthanasie"-Opfern, die aus Berlin stammen und/oder in denen es einen Zusammenhang zur Psychiatrischen und Nervenklinik der Charité gibt. In der Gesamtheit der „Euthanasie"-Patientenakten findet sich ein solcher Bezug jedoch nur im Einzelfall, da dieser Einrichtung andere Funktionen zukamen als den staatlichen Heil- und Pflegeanstalten und sie nicht in die Erfassung der Patientinnen und Patienten per Meldebogen einbezogen war. Auch die Namen von Ärzten, die an der Charité tätig waren und sich an den Verfahren zur Zwangssterilisation oder an der „Euthanasie" mittelbar oder unmittelbar beteiligt haben, konnten aus den Akten heraus nur selten erhoben werden. Insofern sind die nachfolgend vorgestellten Fallbeispiele nicht repräsentativ für den Gesamtbestand der überlieferten „Euthanasie"-Patien-

---

Kranken- und Altenpflegepersonal zur aktiven Sterbehilfe durch. 2004 folgte eine international vergleichende Untersuchung von zwanzig Tötungsserien auf der Basis von Prozessakten.

[6] Grafeneck bei Münsingen/Schwäbische Alb, Brandenburg/Havel, Bernburg/Saale, Hadamar bei Limburg, Pirna-Sonnenstein bei Dresden und Hartheim bei Linz/Österreich.

tenakten. Sie eignen sich aber für den Versuch, exemplarische Lebensgeschichten von Opfern des Krankenmordes zu re-konstruieren und die Menschen in ihrer Individualität aufscheinen zu lassen.

1 Fritz Drechsler – „Flegel und Schaumgesichte"

Zum wiederholten Male unternahm der in Berlin-Wedding wohnende Fritz Drechsler[7] eine plötzliche und scheinbar unmotivierte Reise, die ihn nach Wittenberg führte. Unterwegs fiel der 24-jährige junge Mann auf, weil er mit einer Stadtbahnfahrkarte zum Preis von 50 Pfg. unterwegs war. Dazu befragt, machte er keine Angaben, sondern schwieg beharrlich. Die Bahnpolizei sah sich veranlasst, ihn in die Wohnung zurückzubringen, in der er mit der Mutter lebte. Schon 1935, nach einer Gallenblasenentfernung, hatte Fritz Drechsler gegenüber Mutter und Bruder begonnen, von Verfolgung zu sprechen und über „Luftmangel u.a. seltsame Beschwerden" geklagt. Ab und zu verschwand er ganz plötzlich, einmal blieb er sogar einige Tage von der Arbeit fort, er war als Hilfsregistrator im Büro einer Filmfirma tätig. Die Angehörigen hatten ihn durch die Polizei suchen lassen, doch nie berichtete er, wo er gewesen war. Überhaupt blieb Fritz Drechsler meist stumm, so der Bruder, und antwortete auf Fragen nicht. Auch im Geschäft fiel er durch Schweigsamkeit auf, und wenn man dort auf ihn einsprach, begann er zu brüllen. Als er sich schließlich aggressiv gegen die Mutter wendete, brachte der Bruder ihn im Juli 1936 in die Städtische Heil- und Pflegeanstalt Berlin-Herzberge.

Die Frage des aufnehmenden Arztes, ob er sich in einer Schule oder einem Bahnhof befinde, lehnte Fritz Drechsler „nicht mit voller Entschiedenheit ab", kam aber schließlich spontan darauf, er könne höchstens in einer Heilanstalt sein. „Welche? Lichtenberg". Zu seiner Erkrankung gab er an: „Ich kann diesen Zustand hier nicht direkt wiedergeben, (zeigt an den Kopf) [hängt; P.F.] mit einer gewissen Leere zusammen." Die Ursache sah Fritz Drechsler „in einer Erkrankung vor zwei Jahren [...], Darmkatarrh mit Leberschwellung." Seit Ende Mai fühle er sich etwas verändert. Er höre häufig ein Flüstern im Ohr, könne aber nicht wiedergeben, wer das sei. Er wisse nicht, ob das eine suggestive Einwirkung sei. Schizophrenie, lautet die Diagnose des Arztes. Fritz Drechsler wird in der Anstalt „zur Beschäftigung mit Hausarbeiten angehalten", als Therapie ist schon im ersten Monat seines Aufenthaltes die versuchsweise Behandlung mit Hormonen angegeben. Zu den Motiven dieser Maßnahme, dem verabreichten Mittel, der Dosis und der Dauer der Gabe finden sich in der Krankengeschichte keine weiteren Hinweise. Nach der Therapie nahmen die Sinnestäuschungen von Fritz Drechsler zu, rasch musste der Versuch, ihn „zu einer produkt. Beschäftigung zu bringen, [...] als vorläufig gescheitert angesehen werden. *Pat. weigert sich zu arbeiten.*"[8] Fritz Drechsler litt unter zunehmenden Erregungszuständen, hielt sich selbst jedoch nicht für krank. Sein Denken sei „soweit intakt", gab er gegenüber dem Arzt an, „ich kann geistige Störung bzw. geistige Hemmung nicht feststellen." Was seine inneren Organe angehe, wolle er jedoch nicht bestreiten, schon einmal das Gefühl gehabt zu haben, innerlich auseinanderzubrechen.

---

[7] Bundesarchiv Berlin (BAB), R 179 Kanzlei des Führers, Hauptamt II b, Nr. 2110. Der Name wurde geändert.
[8] Ebd., Hervorhebg. i.O.

Ein gutes Jahr nach seiner Aufnahme in Herzberge wurde Fritz Drechsler im August 1938 zur Unfruchtbarmachung in das Rudolf-Virchow-Krankenhaus verlegt. Nach dem Gesetz zur Verhütung erbkranken Nachwuchses stellte die Sterilisation die grundsätzliche Voraussetzung für die Entlassung oder Beurlaubung eines „erbkranken" und fortpflanzungsfähigen Patienten einer psychiatrischen Anstalt dar.[9] Ob diese Überlegung als Motiv für die Unfruchtbarmachung von Fritz Drechsler eine Rolle gespielt hat, ist der Krankenakte jedoch nicht zu entnehmen.[10]

Die Operation verlief jedoch nicht ohne Folgen, denn der rechte Hoden befand sich nicht im Hodensack und wurde in der Bauchhöhle vermutet. Der zuständige Chirurg Dr. von Burg konstatierte: „Es ist durchaus möglich, dass der in der Bauchhöhle verbliebene Hoden funktionstüchtig ist. Es müsste deswegen durch eine Laprotomie der Hoden in der Bauchhöhle aufgesucht werden, um auch auf der rechten Seite die Samenstrangunterbindung vornehmen zu können." Bis zur endgültigen Klärung dieses Ausnahmefalles durch den zuständigen Amtsarzt verblieb Fritz Drechsler im Rudolf-Virchow-Krankenhaus. Anfang September 1938 wurde die Laprotomie vorgenommen, das Präparat zur Untersuchung an das Pathologische Institut geschickt.

Nach den Einträgen in der Krankengeschichte reagierte Fritz Drechsler auf den Eingriff mit starker Unruhe und Aggressionen gegen sich selbst und seine Umgebung. „Pat. bereitet bei der Nachbehandlung grosse Schwierigkeit. Er reisst immer wieder den Verband ab, sodass er täglich mehrmals erneuert werden muss. Kratzt an der Wunde. Ist medikamentös schwer zu beeinflussen. Montiert sein Bett auseinander, wirft Kissen und Decken umher, nimmt die sinnlosesten Körperhaltungen ein. Auf Zuspruch nur läppische, monotone Bemerkungen; Grimassieren. Leerer, armer Gesichtsausdruck", heißt es an einer Stelle und wenige Tage später: „Es wechseln Stunden der grössten Ruhe mit Agitation. Läuft im Zimmer umher, versucht die Verbände zu entfernen; starrt auch minutenlang in dieselbe Ecke. Mitunter Anzeichen von Befehlsautonomie." Erst Anfang Oktober 1937 erfolgte seine Rückverlegung nach Herzberge, von dort wurde er im August des darauffolgenden Jahres in das Waldsanatorium Dr. Wieners in Bernau verlegt. Der Grund ist in der Krankengeschichte nicht angegeben. Knapp zwei Jahre, bis August 1940, verblieb er in dieser Einrichtung, wo er in einen zunehmend katatonen Zustand verfiel, der von Unsauberkeit, Schmieren mit Kot und Urin und starker Zerstörungswut begleitet wurde. Die Hände an das Bett gebunden, wurde Fritz Drechsler mit Alkoholdunst ruhiggestellt und „häufiger unter Skopolamin gehalten." Mitte 1939 heißt es über seinen Zustand: „Somatisch: weibliche Fettverteilung. Striae distensae. Weibliche Schambehaarung. Linker Hoden klein, rechter nicht im Skrotum. Bds. weibliche Mammabildung mit entsprechender Veränderung der mammila. Bartwuchs noch männlich. [...]" Noch im Januar 1940 erhält Fritz Drechsler mehrfach Besuch von seiner Mutter, allerdings reagiert der junge Mann darauf in höchstem Maße „ausfallend und abweisend." Er liege nun vorwiegend zu Bett, schmiere mit Kot, Urin und Nahrungsmitteln und sei völlig mutistisch-autistisch. Sprachlich könne er

---

[9] Vgl. Artikel 1 der Verordnung zur Ausführung des GzVeN vom 5.12.1935. In: RGBl. 1933 I, S. 1021.

[10] Die Praxis zeigt, dass auch psychisch erkrankte Männer und Frauen gegen ihren Willen unfruchtbar gemacht wurden, bei denen eine Entlassung oder Beurlaubung von vornherein als ausgeschlossen galt. Nach Hinz-Wessels wurde in der Provinz Brandenburg etwa ein Drittel der zwangssterilisierten Patientinnen und Patienten im Anschluss an die Unfruchtbarmachung nicht aus der Landesanstalt entlassen (vgl. Hinz-Wessels (2004) NS-Erbgesundheitsgerichte, S. 114).

Ärztlicher Bericht

(gem. § 11 Abs. 3 des Gesetzes zur Verhütung erbkranken Nachwuchses vom 14.7.1933 — Reichsgesetzbl. I S.529 — in der Fassung der Gesetze zur Änderung des Gesetzes zur Verhütung erbkranken Nachwuchses vom 26. Juni 1935 — Reichsgesetzbl. I S. 773 — und vom 4. Februar 1936 — Reichsgesetzbl. I S. 119.)

Der/Die an **Schizophrenie** leidende

_____, geboren am **8.4.1912** zu **Berlin**
(Vorname) (Zuname, bei Frauen auch Mädchenname) (Geburtstag, -monat, -jahr) (Geburtsort)

aus **z.Zt.Heilanstalt Herzberge, vordem Bln., Bernauerstr.93**
(Wohnort und Wohnung)

ist auf Grund der Entscheidung des **Erbgesundheitsgerichts** in **Berlin**

vom **10.3.37** 19__, Aktenzeichen: **263.XIII.893.36**

am: **14.8.37** 19__ von mir unfruchtbar gemacht ~~nachbehandelt~~ — worden.

Art der Unfruchtbarmachung — Nachbehandlung (mit Angabe des Verfahrens): **Bei der Operation wurde d. Samenleiter links in ca 2 cm Länge reseziert. Einspritzung von 10 ccm Rivanollösung samenblasenwärts. Verschluss d. Wunde in Etagen.**

Die Unfruchtbarmachung — Nachbehandlung verlief ~~regelrecht~~ — insofern nicht regelrecht, als **auf der rechten Seite d. Hoden im Hodensack fehlte u. auch bei der Revision des Leistenkanals nicht +**

Bei chirurgischer Unfruchtbarmachung: Die Wunde heilte in ___ Tagen mit/ohne Nebenerscheinungen: **siehe umseitig.**

Der/Die Unfruchtbargemachte wurde am **1.10.37.** 19__ entlassen (vgl. hierzu Art. 8 Abs. 2 der Dritten Verordnung zur Ausführung des Gesetzes zur Verhütung erbkranken Nachwuchses vom 25. Februar 1935, Reichsgesetzbl. I S. 289).

Zustand bei der Entlassung: in **zurück d. Anstalt Herzberge verlegt**

~~Ferner ist am ___ 19__ die Schwangerschaft unterbrochen worden mit Einwilligung der___ Art des Eingriffs:~~ **aufgefunden wurde. D. re. Hoden ist demnach offenbar in der Bauchhöhle verblieben.**

Länge der Frucht ___ cm. Besonderheiten an der Frucht (Mißbildungen): _____
Geschlecht der Frucht _____
Sonstige Bemerkungen (Zwillinge): _____

Die Operierte wurde am ___ 19__ als geheilt entlassen.

Ort: **Berlin N65.**, den ___ 19__
Städt. Rudolf Virchow-Krankenhaus
Chirurgische Abteilung

(Anstalt (Stempel))

Bericht an das E.G.G. ist abgesandt.
~~An den Herrn Amtsarzt in~~ *) } für die Akten
~~An die Geschäftsstelle des Erbgesundheitsgerichts in~~ } der Anstalt

Unterschrift des Arztes
(deutliche Schrift)
gez. Dr. v.d. Burg

Wenden :

*) Nichtzutreffendes ist zu durchstreichen.
B 123 (4.36) Reichsdruckerei, Berlin   Din 476 A 4

Kopie aus dem Bundesarchiv

Abb. 1: Ärztlicher Bericht zur Unfruchtbarmachung

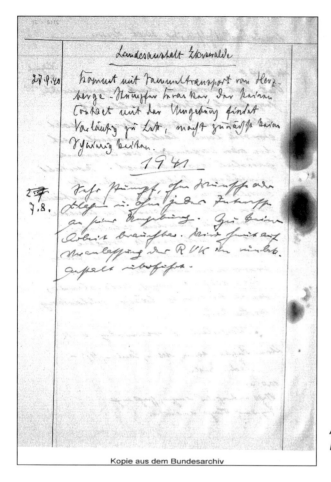

Abb. 2: Krankengeschichte von Fritz Drechsler

sich nicht mehr äußern.[11] Da er sich zur Weiterbehandlung in der Bernauer Nervenheilanstalt Dr. Wieners wegen seines aggressiven Verhaltens „nicht eignete", erfolgte im August desselben Jahres seine erneute Verlegung nach Herzberge.[12] Von dort gelangte er in einem Sammeltransport nur einen Monat später in die brandenburgische Landesanstalt Eberswalde. Obwohl er ein knappes Jahr dort verblieb, enthält seine Krankengeschichte nur einen einzigen Eintrag, der direkt nach seiner Ankunft datiert ist: „[...] Stumpfer Kranker, der keinen Kontakt mit der Umgebung findet. Vorläufig zu Bett, macht zunächst keine Schwierigkeiten."[13]

Am 7. August 1941 wurde der 39-Jährige „in eine unbekannte Anstalt überführt." Diese auf den ersten Blick unverdächtige Formulierung steht synonym für die Tötung des Patienten und findet sich in einer Vielzahl der Krankenakten von Opfern der NS-„Euthanasie".

---

[11] BAB, R 179/2110, Eintrag in der Krankengeschichte vom 22. Januar 1940.
[12] Ebd., Eintrag in der Krankengeschichte vom 13. August 1940.
[13] Ebd., Eintrag in der Krankengeschichte vom 27. September 1940.

2 Das Heidelberger Forschungsprojekt zur empirischen Auswertung und qualitativen Analyse der „Euthanasie"-Patientenakten

Die Lebensgeschichte von Fritz Drechsler ist hervorgegangen aus der mehrjährigen Tätigkeit des Heidelberger Forschungsprojekts zur empirischen Auswertung der „Euthanasie"-Patientenakten im Bundesarchiv Berlin. Im Rahmen dieses DFG-geförderten Projektes, das an der Psychiatrischen Universitätsklinik Heidelberg und dem dortigen Medizinhistorischen Institut angesiedelt war und 2006 abgeschlossen wurde,[14] hat sich eine interdisziplinär zusammengesetzte Gruppe aus insgesamt zwölf Forscherinnen und Forschern erstmalig mit der zentral gesteuerten NS-„Euthanasie"-Aktion T4 und ihren Opfern beschäftigt. Im Mittelpunkt des Vorhabens stand die computergestützte Erhebung und die empirisch-statistische Auswertung einer repräsentativen Stichprobe von 3.000 „Euthanasie"-Patientenakten aus der Gesamtheit von etwas mehr als 30.000 überlieferten Akten, die Anfang der 1990er Jahre im Zentralarchiv des Ministeriums für Staatssicherheit der ehemaligen DDR zufällig aufgefunden und den Opfern der „Aktion T4" zugeordnet werden konnten.[15] Unter der Bezeichnung R 179 zählen diese Krankenakten heute zu den Beständen des Bundesarchivs Berlin und werden seit 1999 für Anfragen von Angehörigen und für die wissenschaftliche Forschung genutzt.

Die primär empirisch-quantitativ ausgerichtete Untersuchung des Heidelberger Projektes verfolgte drei übergreifende Ziele: Zum einen sollte die Gruppe der Opfer des NS-Krankenmordes im Sinne einer kollektiven Biographie anhand soziodemographischer Merkmale näher beschrieben werden. Zum anderen sollten die von den Planern der „Euthanasie" vorgegebenen und die tatsächlichen Selektionskriterien auf ihre praktische Wirksamkeit und ihre Gewichtung hin untersucht werden.[16] Und nicht zuletzt sollte über den Abgleich der in der Stichprobe gewonnenen Verlegungsdaten und -orte mit den Ergebnissen der lokalen und regionalen Forschung ein detailliertes Gesamtbild der „Aktion T4" entstehen, das die zeitlichen, organisatorischen und bürokratischen Abläufe sowie die räumlichen Schwerpunkte der ersten Phase der nationalsozialistischen „Euthanasie" abbildet.[17]

Obwohl die empirisch-quantitative Analyse von 3.000 „Euthanasie"-Patientenakten im Mittelpunkt stand, gewann die qualitativ-biographische Untersuchung im weiteren Verlauf der Arbeit zunehmend an Bedeutung. Gerade vor dem Hintergrund der quantifizierenden

---

[14] DFG-Förderkennzeichen: HO 2208/2-3. Die Boehringer Ingelheim Stiftung und die Medizinische Fakultät der Universität Heidelberg unterstützten das Projekt mit zusätzlichen finanziellen Mitteln.

[15] Roelcke und Hohendorf (1993) Akten, S. 479-481. Zur Überlieferungsgeschichte der "Euthanasie"-Patientenakten vgl. Sandner (1999) Die "Euthanasie"-Akten, S. 385-400 und ders. (2003) Schlüsseldokumente, S. 285-290.

[16] Die Kriterien waren Erblichkeit, rassische Zugehörigkeit, Unheilbarkeit, Leistungsunfähigkeit und soziale Auffälligkeit.

[17] Die Ergebnisse der statistisch-empirischen Analyse des "Euthanasie"-Patientenaktenbestandes R 179 werden voraussichtlich im März 2009 im Paderborner Schöningh-Verlag publiziert: Rotzoll et al.. Der Band geht auf ein internationales Kolloquium zurück, das unter der Leitung von Gerrit Hohendorf und Maike Rotzoll vom 20.-22. September 2006 am Internationalen Wissenschaftsforum Heidelberg stattfand und in dessen Rahmen die Befunde des Projektes mit Fachkolleginnen und -kollegen ausgetauscht und diskutiert wurden.

Forschungstätigkeit wuchs das Bedürfnis der Projektmitarbeiterinnen und -mitarbeiter, den Ermordeten und ihrem Leben in seiner Einmaligkeit gerecht zu werden und den Opfern der zentralen „Euthanasie" ein Gesicht zu geben. In einem mehrjährigen Werkstattprozess, der methodisch aus psychiatrisch-soziologischer Perspektive begleitet und fundiert wurde,[18] entstand ein Band mit 23 Lebensgeschichten von Opfern der NS-„Euthanasie", der 2007 in erster und Anfang 2008 in zweiter Auflage erschienen ist.[19]

Auch die beiden nachfolgenden Lebensgeschichten sind im Kontext des Heidelberger Forschungsprojektes entstanden; wie die Fallgeschichte von Fritz Drechsler stehen auch sie exemplarisch für die gesamte Gruppe der Opfer. Martha Weiß repräsentiert stellvertretend die im Rahmen der „Aktion T4" getöteten Frauen, während Erich Fels zur Gruppe der Minderjährigen zählt, die mit den erwachsenen Insassinnen und Insassen der Heil- und Pflegeanstalten erfasst, selektiert und vergast wurden.

3 Martha Weiß - „Man spannt mir die Suggestion in den Puls"

In der Krankenakte von Martha Weiß ist die ausführliche Abschrift der Krankengeschichte aus der Psychiatrischen und Nervenklinik der Berliner Charité erhalten.[20] Mit der Diagnose Schizophrenie befand sie sich dort ein Jahr lang, von April 1933 bis April 1934, in stationärer Behandlung. Gebracht worden war die 41-jährige Frau von ihrem Bruder und ihrem Freund. Zur Vorgeschichte befragt, gab der Bruder an, Martha Weiß habe ihre Wohnung verlassen, „weil man ihr nach dem Leben trachte. Sie flüchtete zu einem Freund, der sie bei einer Bekannten unterbrachte. Hier sah und hörte sie in der Nacht im Zimmer Schlangen und flüchtete wieder in Nachthemd, Hausschuhen und Mantel auf die Straße, wieder zu ihrem Freund, der sie am nächsten Tage ins Virchow-Krankenhaus brachte. Sie weigerte sich aber, hier zu bleiben, da die Fenster vergittert waren, außerdem sei die Marmelade vergiftet. Sie wurde darauf zu einer gemeinsamen Bekannten [...] gebracht. Hier verhielt sie sich ziemlich ruhig, aß auch etwas. Sie durchsuchte aber die ganze Wohnung, sah unter die Tische und in die Schränke. Machte einen verstörten Eindruck, war in der Unterhaltung geistesabwesend. Sie schlief auf eine Veronaltablette. Da der Zustand sich nicht besserte, wurde sie in die Charité gebracht."

Ein Jahr zuvor hatte Martha Weiß einen Selbstmordversuch unternommen, da ihr geschiedener Mann seinen Unterhaltszahlungen nicht mehr nachkam und die berufs- und arbeitslose Frau in wirtschaftliche Schwierigkeiten geriet. Mit 19 Jahren, 1912, hatte Martha Weiß den Offizier geheiratet. Während des Krieges verlor sie Haus und Vermögen und arbeitete zeitweise als Hilfskrankenschwester. Der Ehemann, der nach 1918 als Versicherungsvertreter viel auf Reisen war, brachte seine Frau bei einer Berliner Familie unter. Angeregt durch die Tochter des Hauses, erlernte Martha Weiß das Tanzen und „trat später auch in dem Ballett der Dame auf." Gleichzeitig befreundete sie sich mit dem Sohn des Hauses, einem Maler, Okkultisten und Kommunisten. Dem Versuch, mit einem Partner zu tanzen, opferte sie ihr letztes Geld, so dass sie vorübergehend als Stenotypistin ar-

---

[18] Das methodische Vorgehen geht maßgeblich auf Dr. Ulrich Müller, Forschungsstelle für Psychiatrische Soziologie, Rheinische Kliniken Düsseldorf zurück.
[19] Fuchs et al (2008²) Das Vergessen.
[20] BAB, R 179/3832. Der Name wurde geändert.

beitete. Da ihr Mann ihren geistigen Ansprüchen nicht mehr genügte und er ihr untreu war, wurde die Ehe 1925 geschieden. Durch ihre Freundschaft mit dem Okkultisten und durch ihren neuen Freund, einen Hypnotiseur, vertiefte sich Martha Weiß in okkulte Ideen, wollte Hellsehen lernen und ähnliche Dinge mehr. Im April 1933 lebte sie von Wohlfahrtsunterstützung, der Bruder machte ihre Unterernährung als Ursache für ihren bedenklichen psychischen Zustand verantwortlich, der sich durch ihren Aufenthalt in der Charité nicht besserte. Martha Weiß wurde in die Wittenauer Heilstätten der Stadt Berlin verlegt, wo sie zu den unruhigen, lauten und störenden Patientinnen zählte. Bei der Visite gab sie an, in die Charité nur gekommen zu sein, „um sich zu erholen, dann hätte man sie dort festgehalten als Erpressungsobjekt, damit man immer ein Objekt zum Ärgern und Suggerieren da gehabt hätte." Von den Mitpatientinnen sei sie suggeriert worden, „morgens, wenn man da sitzt, da haben sie nichts anderes zu tun, ihre Kräfte wollen sie ausprobieren, ob's noch funktioniert, wie sie es machen. In der Charité haben sie mir andauernd Blindheit suggeriert. Jetzt heißt es manchmal, die Eierstöcke wären krank, ‚sollen sie kriegen', heißt es, Blinddarmentzündung kriegen sie. Man spannt mir die Suggestion in den Puls."

Auf Antrag ihres amtlich bestellten Pflegers wurde Martha Weiß im Januar 1935 im Neuköllner Krankenhaus zwangssterilisiert. Dem Berliner Erbgesundheitsgericht hatten ein Gutachten der Wittenauer Heilstätten und die Krankengeschichte vorgelegen.

Anfang Mai 1935 erfolgte die Verlegung der Patientin nach Wittstock. Dort gibt es bis 1940 nur wenige Einträge in die Krankengeschichte, etwa zwei bis drei pro Jahr. Kurz vor ihrem Tod erfahren wir, dass sie auf der geschlossenen Abteilung untergebracht ist, „wird zustandsstumpfer, körperlich ungepflegt", heißt es dort. Knapp einen Monat nach diesem Eintrag, am 17. Mai 1940, wurde Martha Weiß „aus der Anstalt abgeholt" und in der Tötungsanstalt Brandenburg vergast.

4 Minderjährige Opfer des zentralen NS-Krankenmordes

Nach den Ergebnissen der empirisch-statistischen Auswertung der „Euthanasie"-Patientenakten durch das Heidelberger Forschungsprojekt sind rund 6% der in der „Aktion T4" Ermordeten Kinder und Jugendliche ab dem 3. Lebensjahr. Auf die Gesamtzahl der mehr als 70.000 Opfer des zentral gesteuerten Krankenmordes der Jahre 1940/41 bezogen, wurden demnach etwa 4.200 minderjährige, meist geistig behinderte Mädchen und Jungen in die NS-„Euthanasie-Aktion T4" einbezogen. Die Lebensgeschichte von Erich Fels steht nicht nur exemplarisch für diese Gruppe, sie repräsentiert auch jene Kinder und Jugendlichen, die gezielt und systematisch in der brandenburgischen Landesanstalt Görden selektiert wurden. Unter der fachlichen Leitung des Kinder- und Jugendpsychiaters Hans Heinze (1895-1983)[21] entwickelte sich Brandenburg-Görden zu einer Modelleinrichtung der NS-„Euthanasie", die sich an allen Maßnahmen und Phasen des NS-Krankenmordes aktiv und richtungweisend beteiligte. Als enge Mitarbeiterin Heinzes fungierte die Psychiaterin und Neurologin Dr. Friederike Pusch (1905-1980), die in Görden als Oberärztin tätig

---

[21] Hans Heinze war sowohl als Gutachter im Rahmen der "Kindereuthanasie" tätig als auch an der "Aktion T4" aktiv beteiligt. Vgl. dazu Beddies (2002) Kinder und Jugendliche, S. 129-154; Castell (2003), Geschichte; Topp (2004) Der "Reichsausschuß", S. 17-54.

war.²² Sie exponierte sich nicht nur als Leiterin der ersten im Deutschen Reich eingerichteten „Kinderfachabteilung"²³, die der Begutachtung und Tötung „lebensunwerter" Kinder diente, vielmehr selektierte sie in enger Kooperation mit Heinze auch als „bildungsunfähig" klassifizierte Kinder und Jugendliche im Rahmen der „Aktion T4".²⁴

5 Erich Fels – „Hat blondes Haar und dunkelblaugraue Augen, läuft flott und sicher"²⁵

Am 12. Dezember 1928 wurde Erich Fels in Berlin-Schöneberg geboren. Seine Eltern, die zwanzig Jahre alte Elisabeth Fels, geborene Müller, und der Steinsetzer Werner Fels aus Berlin-Lichterfelde hatten erst einen Monat zuvor geheiratet, 1931 lebte das Paar bereits wieder in Scheidung. Der Vater tauge nichts, gab Elisabeth Fels gegenüber dem Wohlfahrtsamt Schöneberg an, er kümmere sich nicht um seine Angehörigen und wolle „das Kind der Welt haben."²⁶ Erich wurde im siebten Monat geboren und war von Anfang an schwer krank. Mit einer doppelseitigen Lungenentzündung und in elendem Zustand wurde er sofort nach seiner Geburt auf der Krankenstation des östlich von Berlin gelegenen Waisenhauses Rummelsburg untergebracht, wo er seine ersten beiden Lebensjahre bis Ende 1930 verbrachte.²⁷ Nach einem ersten Abklingen der Pneumonie bildeten sich mehrfach Rezidive, und schließlich wurde die Erkrankung chronisch. Noch während der Säugling medizinisch versorgt wurde, erkrankte seine Mutter im Januar 1929, nur wenige Wochen nach der Geburt ihres einzigen Kindes, an Schizophrenie und wurde in die städtische Heil- und Pflegeanstalt Wittenau eingewiesen. Dort blieb sie gute eineinhalb Jahre, bis November 1930, in psychiatrischer Behandlung.²⁸ Etwa zeitgleich mit ihrer Rückkehr nach Hause wurde auch Erich aus dem Krankenhaus Rummelsburg entlassen. Nach Angaben des Schöneberger Wohlfahrtsamtes sei der Zweijährige zu diesem Zeitpunkt „bei völliger Gesundheit", allerdings körperlich und geistig in jeder Beziehung sehr zurück gewesen. Vermutlich aufgrund der nun in Scheidung lebenden Eltern wohnten die junge Frau und ihr Sohn bei den Eltern in der Schöneberger Landshuter Straße. Nur wenig später, Anfang März 1931, beantragte die Säuglingsfürsorgestelle des Wohlfahrtsamtes die Unterbringung des an „Debilitas" und „motorischer Unruhe" leidenden Jungen in der

---

²² Zur Biographie und zur Beteiligung von Friederike Pusch an der Ermordung von Kindern und Jugendlichen im Rahmen des "Reichsausschussverfahrens" und der NS-"Euthanasie"-Aktion T4 vgl. Falk und Hauer (2002) Erbbiologie, S. 79-104, hier: S. 100f sowie Schwoch (2004) Ärztinnen, S.185-202, hier: S. 195-198.

²³ In dieser Funktion war Friederike Pusch ab 1942 tätig, die Gördener "Kinderfachabteilung" existierte bereits seit Sommer 1940. Ab 1943 arbeitete sie - wie Heinze bereits seit den 1930er Jahren – eng mit dem Neuropathologen Julius Hallervorden (1882-1965) am Kaiser-Wilhelm-Institut für Hirnforschung in Berlin-Buch zusammen.

²⁴ Die überwiegende Mehrzahl der aus Brandenburg-Görden überlieferten und von der Heidelberger Forschungsgruppe analysierten "Euthanasie"-Patientenakten von Kindern ist von Heinze und Pusch gemeinsam unterschrieben.

²⁵ BAB, R 179/2698. Die Namen des Kindes und seiner Eltern wurden geändert.

²⁶ Ebd., Aufnahmeblatt der Krankengeschichte aus Berlin-Buch (unpaginiert), Eintrag vom 30. März 1931.

²⁷ Ebd., Personalakte Wittenau, Bl. 6, Bl. 17 (RS).

²⁸ In der Krankenakte des Sohnes ist ein Auszug der Krankengeschichte von Elisabeth Fels aus den Wittenauer Heilstätten erhalten.

städtischen Kinderheilanstalt Berlin-Buch.[29] Dort hielt der aufnehmende Arzt zur Entwicklung und zum Status des Kindes fest: „Lernte mit 2 Jahren laufen, noch mit Unterstützung, spricht nicht, isst nicht allein, ist nicht sauber."[30] Zum psychischen Befund des stark unterernährten Jungen findet sich die folgende Beschreibung: „Sehr tiefstehendes Kind. Sitzt eben. Greift nach seiner Klapper, mit der er andauernd lärmt, ist auf etwas anderes nicht zu fixieren. Schreit wütend, wenn man ihm die Klapper wegnimmt. Spielt nicht, muß gefüttert werden, hält sich nicht rein." Wenig später stellte ein Facharzt Adenoide fest, bis zu seiner ersten Verlegung in die Brandenburgische Landesanstalt Lübben am 9. Juni 1931 veränderte sich an der physischen und psychischen Verfassung des Kindes wenig. „Aus äußeren Gründen" erfolgte nach nur sieben Monaten Aufenthalt in Lübben, im Februar 1932, die zweite Verlegung des nunmehr vierjährigen Jungen in das Diakonissenheim Teltow. „Etwas blasser, zarter Junge; sehr lebhaft, immer vergnügt. Spricht nicht, ist sehr unsauber. Außer Rachitis kein organischer Befund"[31], notierten die Schwestern in der Krankenakte. In der Folgezeit beschäftigte sich Erich Fels meist allein, und wieder erkrankte er, diesmal an Diphtherie. Seit eineinhalb Jahren habe er keinen Besuch erhalten, hielten die Diakonissen Ende 1934 in der Krankengeschichte fest, er sei unruhig, schlage sich selbst mit den Fäusten und schreie viel.[32] Auf Veranlassung der Wittenauer Heilstätten erfolgte im Juli 1934 die nunmehr dritte Verlegung des Jungen, die ihn erneut in die Landesanstalt Lübben zurückführte. Gründe für diese Maßnahme sind der Akte nicht zu entnehmen.[33] Zu diesem Zeitpunkt wog der Siebenjährige 15,4 kg bei einer Größe von 1,05 m. Nach den Angaben in Lübben waren seine physische Verfassung und sein Entwicklungsstand bis 1936 sehr schwankend. „Hat blondes Haar und dunkelblaugraue Augen. [...] läuft flott und sicher. Spricht nicht, summt viel vor sich hin, aber keine richtigen Melodien; hat etwas Sprachverständnis, kommt auf Anruf, gibt aber nicht richtig die Hand. Spielt primitiv; ist zunächst etwas ängstlich, dann ganz [unleserlich] und zutraulich; ruhig, gutartig, verträglich; nur am ersten Tage hat er eine [unleserlich] zerrissen; läßt sich nicht sauber halten; muß besorgt und gefüttert werden; nur Stullen ißt er allein. Schläft nachts gut."[34] Nur zwei Monate nach dem Wechsel vom Heim in die psychiatrische Anstalt zeigte Erich Fels jedoch vorwiegend Ängstlichkeit, er weinte und „knirsch[e] öfter mit den Zähnen". Geistige Fortschritte mache er keine, lautet das Resumé, er reiße aber derartig, dass er einen festen Anzug tragen müsse. Nach wie vor sei er unsauber und „völlig pflegebedürftig."[35] In einem Zeitraum von acht Monaten nahm Erich Fels in Lübben 300g zu, ein Umstand, der sich möglicherweise nicht nur auf seine schwache Konstitution zurückführen lässt, sondern vielleicht auch seiner Unterbringung in der untersten Verpflegungsklasse geschuldet ist. Da er das Reißen nicht ließ, musste er nun „dauernd einen festen Anzug tragen", gleichzeitig ließ er sich nicht gern anfassen.[36]

Das Jahr 1937 ist in der Krankenakte nur dürftig dokumentiert. Erich Fels hatte zwei Kilo zugenommen und sich so weit „gebessert", dass er keinen festen Anzug mehr „brauch-

---

[29] R 179/2698, Wohlfahrtsamt Schöneberg (Säuglingsfürsorge) vom 2. März 1931.
[30] Ebd.., Krankengeschichte aus Buch, Aufnahmeblatt vom 30. März 1931.
[31] Ebd., Eintrag in der Krankengeschichte vom 26. März 1932.
[32] Ebd.,, Eintrag in der Krankengeschichte vom 19. November 1934.
[33] Ebd., Personalakte Wittenau, Bl. 17, RS.
[34] Ebd., Eintrag in der Krankengeschichte vom 8. Juli 1935.
[35] Ebd., Eintrag in der Krankengeschichte vom 11. September 1935.
[36] Ebd., Eintrag in der Krankengeschichte vom 5. März 1936

te". Während er bis Anfang 1938 nicht mehr krank wurde, bestimmte primär Ängstlichkeit seine seelische Verfassung. „Produziert absolut nichts", lautet es abschließend in der Lübbener Krankengeschichte.[37]

Obwohl für diesen Jungen eine Entlassung aus der Anstaltspflege ebenso wenig zu erwarten war wie die spätere Zeugung von Kindern, erstattete der Leiter der Lübbener Anstalt routinemäßig Anzeige nach dem Gesetz zur Verhütung erbkranken Nachwuchses. Erich Fels war zu diesem Zeitpunkt noch nicht zehn Jahre alt.[38]

Nur drei Monate danach, am 24. Mai 1938, wurde der Junge zum vierten Mal verlegt, diesmal in die Landesanstalt Brandenburg-Görden unter der Leitung des Kinder- und Jugendpsychiaters Hans Heinze.

Die folgenden zwei Jahre seines Aufenthaltes dort sind nur lückenhaft dokumentiert und folgen einem schematischen Ablauf, der sich in zahlreichen Krankenakten von Kindern und Jugendlichen aus Görden findet. Am 13. Juli 1939 ist eine neurologische Nachuntersuchung dokumentiert, in der es, wenn auch spärlich, sogar empathische Bemerkungen gibt. „Erich ißt allein, aber völlig unsauber. Er nässt und kotet am Tage u. in der Nacht ein. Er spricht nicht u. hört nicht auf seinen Namen. Er hört zwar das Gespräch der [unleserlich], aber irgend welches Verständnis für einzelne Wortbegriffe hat er nicht. Motorisch ist er ungeschickt und täppisch, trotzdem scheint er Freude an der Bewegung zu haben. Kleine Gegenstände, wie Holzklötze, Steinchen, Fäden usw. wirft er in die Luft, um ihnen nachzuspringen. Eine planmäßige Beschäftigung mit Spielsachen kennt er nicht. Den Kin-

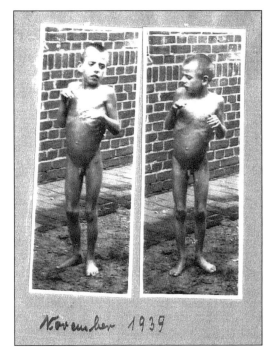

Abb. 3: Erich Fels 1939 (aus: Landesanstalt Brandenburg-Görden)

---

[37] Ebd., Eintrag in der Krankengeschichte vom 23. Februar 1938.
[38] Ebd., Personalakte Wittenau, Bl. 18, die Anzeige ist datiert vom 24. Februar 1938.

dern u. [Erwachsenen? P.F.] der Abteilung steht er völlig teilnahmslos gegenüber." Anfang Januar 1940 wird eine Encephalographie durchgeführt, der eine Epikrise und der letzte Eintrag in die Krankengeschichte folgen. „Nach den Angaben in den Akten und nach den Untersuchungen in der L.A. Görden handelt es sich bei Erich Fels um einen 11-jährigen Knaben, der körperlich zurückgeblieben ist. Die Mutter soll an einer Schizophrenie leiden. Der Vater taugt angeblich nichts. E. ist seit 1931 dauernd in Anstalten untergebracht. Er leidet an *Idiotie*. Er besitzt keinerlei Sprachverständnis und spricht nicht, er ist gänzlich unsauber. Motorisch ist er ungeschickt und täppig. Er neigt zum Zerstören von Gegenständen. Er ist gänzlich *bildungsunfähig*. Die *serologischen Reaktionen* im Blut und Liquor sind neg. ausgefallen. Geringe Abweichungen, die encephalographisch erkennbar sind, lassen den Schluß auf das Vorliegen eines organischen Hirnleidens nicht zu. Das Leiden muß als Schwachsinn im Sinne des Sterilisierungsgesetzes gewertet werden. E. ist dauernd anstaltspflegebedürftig."[39] Unterzeichnet ist die Epikrise, die die Krankengeschichte und das Leben des Kindes gleichermaßen beendete, von Hans Heinze und Friederike Pusch. Der ebenfalls von Heinze abgezeichnete, undatierte Meldebogen mit der Nummer 251, der der Selektion im Rahmen der „Aktion T4" vorausging, befindet sich unter den Dokumenten der Personalakte und beschränkt sich auf wenige, aber in ihrem Zusammenwirken entscheidende Angaben: „Diagnose: Idiotie. (Verdacht auf angeborenen Schwachsinn, keine neurologischen Ausfälle.) Keine Beschäftigung. Seit 1931 in Anstalten. Mutter Elisabeth Fels, unbekannten Aufenthaltes. Kein Besuch."

Am 9. Mai 1940 wurde der Zwölfjährige „in eine andere Anstalt verlegt" und in der benachbarten Gaskammer des Zuchthauses Brandenburg vergast.

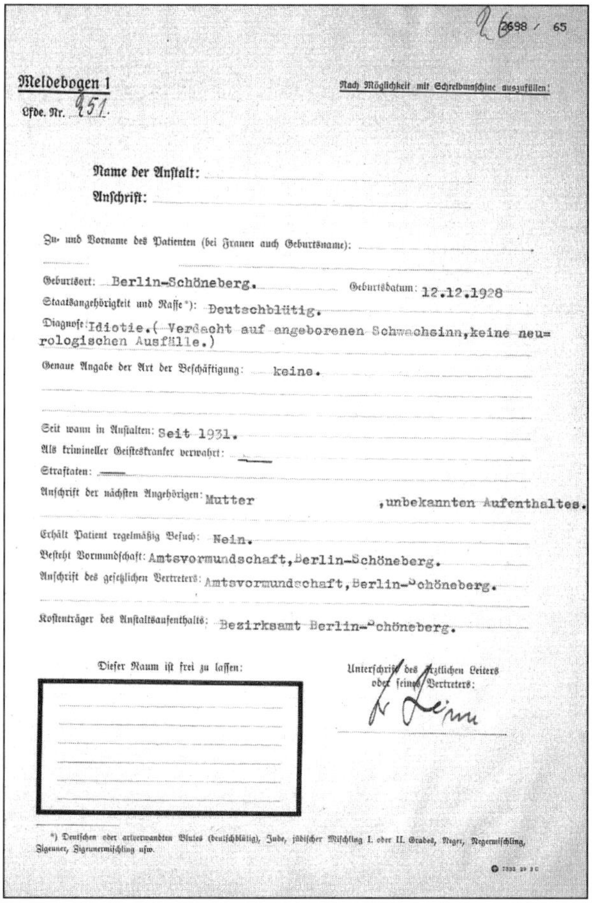
2698 / 65

Meldebogen 1

Lfde. Nr. 251

Nach Möglichkeit mit Schreibmaschine auszufüllen!

Name der Anstalt:

Anschrift:

Zu- und Vorname des Patienten (bei Frauen auch Geburtsname):

Geburtsort: Berlin-Schöneberg. Geburtsdatum: 12.12.1928

Staatsangehörigkeit und Rasse*): Deutschblütig.

Diagnose: Idiotie.(Verdacht auf angeborenen Schwachsinn,keine neurologischen Ausfälle.)

Genaue Angabe der Art der Beschäftigung: keine.

Seit wann in Anstalten: Seit 1931.

Als krimineller Geisteskranker verwahrt: —

Straftaten: —

Anschrift der nächsten Angehörigen: Mutter ,unbekannten Aufenthaltes.

Erhält Patient regelmäßig Besuch: Nein.

Besteht Vormundschaft: Amtsvormundschaft,Berlin-Schöneberg.

Anschrift des gesetzlichen Vertreters: Amtsvormundschaft,Berlin-Schöneberg.

Kostenträger des Anstaltsaufenthalts: Bezirksamt Berlin-Schöneberg.

Dieser Raum ist frei zu lassen:

Unterschrift des ärztlichen Leiters oder seines Vertreters:

*) Deutschen oder artverwandten Blutes (deutschblütig), Jude, jüdischer Mischling I. oder II. Grades, Neger, Negermischling, Zigeuner, Zigeunermischling usw.

Abb. 4: Meldebogen Erich Fels

[39] Ebd., Krankengeschichte Görden, Hervorhebg. i.O.

6 Töten aus Mitleid?

Die hier vorgestellten Lebensgeschichten zeigen nicht nur drei Individuen, die im Rahmen der „Aktion T4" einen gewaltsamen Tod fanden, sie verweisen implizit auch auf das psychiatrische Umfeld, in dem sie lebten und verdeutlichen den Prozess der Selektion und die Denk- und Handlungsweisen der an der Vernichtung Beteiligten. Die Abwesenheit von Mitgefühl, der eklatante, dauerhafte Mangel an Empathie und Mitleid der unterschiedlichen Pflegepersonen und des wechselnden medizinischen Personals waren grundlegende Voraussetzungen für die Tötung dieser drei Menschen. Die Atmosphäre emotionaler Kälte und der im Falle von Fritz Drechsler brutale und im Vorfeld der physischen Vernichtung bereits radikal entwertende und dehumanisierende Umgang mit den Kranken setzte dabei nicht erst mit dem Jahr 1933 oder 1939 ein, sondern war schon vorher wirksam, wenn auch noch ohne tödliche Konsequenz. Der Schlussakt der Selektion, also die organisierte und gezielte Bestimmung für die Vernichtung in der Gaskammer, wie sie mit Beginn des zweiten Weltkrieges einsetzte, war schon allein aufgrund der Arbeitsteilung des Vorgangs frei von Emotionalität. Die Patientinnen und Patienten wurden in der jeweiligen Einrichtung vom ärztlichen Leiter per Meldebogen nach festgelegten Kriterien erfasst. Die Bogen gingen an die Zentralverwaltungsstelle der „Aktion T4" in Berlin, wo sie über verschiedene Sachbearbeiterinnen und -bearbeiter an die rund vierzig dort tätigen ärztlichen „Gutachter" weitergeleitet wurden. Jeweils drei „Gutachter" gaben aufgrund der Angaben im Meldebogen ein erstes Votum für die Vernichtung oder für das Weiterleben der einzelnen Menschen ab. Ein vierter „Obergutachter" traf die letztendliche Entscheidung aufgrund der Zeichen – ein rotes Plus für Tod, ein blaues Minus für Leben – seiner Vorgänger. Danach erfolgten die notwendigen Schritte zur weiteren Organisation des Krankenmordes, wie beim Holocaust handelte es sich auch bei der „Euthanasie" wesentlich um einen Verwaltungsakt, in der Gefühle gleich welcher Art völlig fehl am Platze waren.

Die „störende" Wirkung von Mitgefühl und Anteilnahme mit den psychisch kranken und geistig behinderten Patientinnen und Patienten auf die aktive Beteiligung am NS-Krankenmord zeigt das Beispiel des Kinderarztes Friedrich Hölzel, der die Übernahme der „Kinderfachabteilung" und damit die Selektion und Tötung von behinderten Kindern in der bayrischen Heil- und Pflegeanstalt Eglfing-Haar ablehnte. Er begründete seinen Schritt im August 1940 wie folgt: „Die neuen Maßnahmen [der „Euthanasie"; P.F.] sind so überzeugend, daß ich glaubte, persönliche Überlegungen beiseite lassen zu können. Aber es ist eine Sache, die staatlichen Maßnahmen aus voller Überzeugung zu begrüßen, und eine andere sie in letzter Konsequenz selber auszuführen. ... Sosehr es auch mein lebhafter Wunsch ist, den natürlichen Lauf der Dinge in vielen Fällen zu verbessern, so sehr ist es mir gleichermaßen zuwider, dies nach kaltblütiger Erwägung und gemäß objektiven wissenschaftlichen Prinzipien und *ohne ein Gefühl zu den Patienten* als eine systematische Maßnahme auszuführen. ... Und so hat es sich ergeben, auch wenn ich sicher meine volle Objektivität bewahren und meinen fachmännischen Rat erteilen kann, daß ich mich irgendwie den Kindern als ihr ärztlicher Begleiter *emotional verbunden fühle* und ich glaube, vom nationalsozialistischen Standpunkt ist dieser emotionale Kontakt nicht notwendigerweise ein Zeichen von Schwäche. Allerdings hindert es mich daran, diese neue Pflicht mit jenen, die ich bereits erfüllt habe, zu verbinden."[40] Wenngleich Hölzel in der Folge sei-

---

[40] Zit. n. Klee (2001) Dokumente, S. 246f.

ner Ablehnung ambivalent handelte, da er drei Schwestern in ihren neuen Tätigkeitsbereich einwies, standen seiner aktiven Teilnahme an der Kinder-„Euthanasie" emotionale Verbundenheit und Empathie entgegen. Während er mit dieser Haltung eine seltene Ausnahme bildete, beteiligte sich die überwiegende Mehrzahl seiner psychiatrischen Kollegen und Kolleginnen direkt oder indirekt an den „Euthanasie"-Maßnahmen.[41] Die Tatsache, dass sie die Selektionskriterien als objektiv und wissenschaftlich ansahen, zeigt, dass sie die schon von Binding und Hoche 1920 geforderte Rationalität und Distanz aufbrachten, die für die Vernichtung „geistig Toter" und „Lebensunwerter" unabdingbare Voraussetzung war. Dieser Rationalität fielen auch Fritz Drechsler, Martha Weiß und Erich Fels zum Opfer. Gemeinsam ist ihnen die Schwere, die Chronizität und das Fortschreiten ihrer psychischen und geistigen Erkrankung, die weitgehende Abhängigkeit von Pflege und die fehlende Leistungsfähigkeit. „Produziert absolut nichts", lautet es endgültig in der Lübbener Krankengeschichte von Erich Fels. Patientinnen und Patienten wie er, wie Fritz Drechsler und Martha Weiß galten als „lebensunwertes Leben", das im Sinne einer Sanierung des Volkskörpers und mit dem Blick auf eine Modernisierung der Psychiatrie vernichtet wurde.

Archivalien und Literatur

Bundesarchiv Berlin (BAB), Bestand R 179, Kanzlei des Führers, Hauptamt II b, Nr. 2110, 2698 und 3832

Beddies, Th (2002) Kinder und Jugendliche in der brandenburgischen Heil- und Pflegeanstalt. Görden als Opfer der NS-Medizinverbrechen, in: Hübener, K (Hrsg.) Brandenburgische Heil- und Pflegeanstalten in der NS-Zeit (= Schriftenreihe zur Medizin-Geschichte des Landes Brandenburg, Bd. 3). be.bra, Berlin. S. 129-154

Beine, K (1998) Sehen, Hören, Schweigen. Patiententötungen und aktive Sterbehilfe, Lambertus-Verlag, Freiburg

Binding, K, Hoche, A E (1920) Die Freigabe der Vernichtung lebensunwerten Lebens. Ihr Maß und ihre Form. Verlag von Felix Meiner, Leipzig

---

[41] Aus den Reihen der Psychiatrie ist keine Person bekannt geworden, die sich dem Krankenmord durch verstecktes oder offenes resistentes, verweigerndes oder gar widerständisches Verhalten entgegengestellt hätte. Von Karl Bonhoeffer wissen wir, dass er die "Euthanasie" abgelehnt hat. Über seinen Schwiegersohn, den späteren Widerstandskämpfer Hans von Dohnanyi, stand er zeitweise im Kontakt mit den Pastoren Paul Gerhard Braune und Friedrich von Bodelschwingh, die im Sommer 1940 persönlich mit Vertretern des Reichsinnenministeriums, der Kanzlei des Führers und der Wissenschaften verhandelten, um die sofortige Beendigung der Morde zu erreichen. Unter den staatlichen Heil- und Pflegeanstalten in Deutschland und Österreich findet sich keine, die sich durch die Verweigerung ihrer Mitarbeit bei der Selektion von Patientinnen und Patienten für den Tod in der Gaskammer einen Namen gemacht hätte. Im Gegensatz zu diesem Befund belegt die inzwischen in unübersichtlicher Zahl und in hoher Differenzierung vorliegende Forschung zur NS-"Euthanasie" an zahlreichen regionalen, lokalen und übergreifenden Studien die Quantität und die Qualität der Beteiligung von medizinischem und pflegerischem Personal an allen Maßnahmen und Phasen der NS-"Euthanasie" zwischen 1939 und 1945. Ohne diese breite Übereinstimmung aller Institutionen und aller beteiligten Personen und ohne das fachlich-wissenschaftliche Mitwirken führender deutscher und österreichischer Psychiater wäre das systematische, industriell betriebene Töten von letztlich mehr als 200.000 kranken, behinderten und sozial unerwünschten Menschen nicht möglich gewesen.

Castell, R (2003) Geschichte der Kinder- und Jugendpsychiatrie in Deutschland in den Jahren 1937 bis 1961. Vandenhoeck & Ruprecht, Göttingen

Falk, B, Hauer, F (2002) Erbbiologie, Zwangssterilisation und „Euthanasie" in der Landesanstalt Görden. In: Hübener, K (Hrsg.) Brandenburgische Heil- und Pflegeanstalten in der NS-Zeit (= Schriftenreihe zur Medizin-Geschichte des Landes Brandenburg, Bd. 3). be.bra, Berlin. S. 79-104.

Faulstich, H (2000) Die Zahl der „Euthanasie"-Opfer. In: Frewer, A und Eickhoff, C (Hrsg.) „Euthanasie" und die aktuelle Sterbehilfe-Debatte. Die historischen Hintergründe medizinischer Ethik. Verlag, Frankfurt/a.M., New York. S. 218-234

Fuchs, P; Rotzoll, M; Müller, U; Richter, P; Hohendorf, G (Hrsg.) (2008²) „Das Vergessen der Vernichtung ist Teil der Vernichtung selbst". Lebensgeschichten von Opfern der nationalsozialistischen „Euthanasie". Wallstein, Göttingen.

Gordijn, B, Wiesing, U (2000) Euthanasie in den Niederlanden. In: Wiesing, U (Hrsg.) Diesseits von Hippokrates. 20 Jahre Beiträge zur Ethik in der Medizin im Ärzteblatt Baden-Württemberg. Gentner, Stuttgart 2000. S. 319-323

Hinz-Wessels, A (2004) NS-Erbgesundheitsgerichte und Zwangssterilisation in der Provinz Brandenburg (= Schriftenreihe zur Medizin-Geschichte des Landes Brandenburg, Bd. 7). be.bra, Berlin

Klee, E (Hrsg.) (2001) Dokumente zur „Euthanasie". Fischer Taschenbuchverlag, Frankfurt/a.M., S. 246-247.

Luxemburger Parlament votiert für aktive Sterbehilfe, Deutsches Ärzteblatt online vom 20. Februar 2008

Müller, U (2008) Metamorphosen. Krankenakten als Quellen für Lebensgeschichten. In: Fuchs, P; Rotzoll, M; Müller, U; Richter, P; Hohendorf, G (Hrsg.): „Das Vergessen der Vernichtung ist Teil der Vernichtung selbst". Lebensgeschichten von Opfern der nationalsozialistischen „Euthanasie". Wallstein, Göttingen, S. 80-96

Roelcke, V, Hohendorf, G (1993) Akten der „Euthanasie"-Aktion „T4" gefunden. Vierteljahrshefte für Zeitgeschichte 41, S. 479-481

Rotzoll, M; Hohendorf, G; Fuchs, P (Hrsg.) (2008) Die nationalsozialistische „Aktion T4" und ihre Opfer. Historische Bedingungen und ethische Konsequenzen für die Gegenwart. Schöningh, Paderborn (im Druck)

Sandner, P (1999) Die „Euthanasie"-Akten im Bundesarchiv. Zur Geschichte eines lange verschollenen Bestandes. Vierteljahreshefte für Zeitgeschichte 47, 385-400

Sandner, P (2003) Schlüsseldokumente zur Überlieferungsgeschichte der NS-„Euthanasie"-Akten gefunden. Vierteljahreshefte für Zeitgeschichte 51, 285-290

Schwoch, R (2004) Ärztinnen in der Landesanstalt Görden 1936-1947. Anpassung, Unterordnung oder Karriere? In: Beddies, Th, Hübener, K (Hrsg.) Kinder in der NS-Psychiatrie (= Schriftenreihe zur Medizin-Geschichte des Landes Brandenburg, Bd. 10). be.bra, Berlin: 185-202.

Topp, S (2004) Der „Reichsausschuß zur wissenschaftlichen Erfassung erb- und anlagebedingter schwerer Leiden". Zur Organisation der Ermordung minderjähriger Kranker im Nationalsozialismus 1939-1945. In: Beddies, Th, Hübener, K (Hrsg.) Kinder in der NS-Psychiatrie (= Schriftenreihe zur Medizingeschichte des Landes Brandenburg 10), be.bra, Berlin: 17-54

Verordnung zur Ausführung des GzVeN vom 5.12.1935. In: RGBl. 1933 I, S. 1021.

Umfrage: Mehrheit für aktive Sterbehilfe, Deutsches Ärzteblatt online vom 5. August 2008.

18 Emigrierte Berliner Psychiatrie

Uwe Henrik Peters

Zusammenfassung

Die Emigration deutscher Psychiater aus Berlin in andere Länder umfasst nur einen kleinen Ausschnitt aus einer größeren Emigrationsbewegung während der Nazizeit. Da Berlin in den 20er Jahren Anziehungspunkt für viele kreative Psychiater war, ist ihre Zahl mit etwa 68 jedoch besonders hoch. Aus der großen Zahl herausgehoben werden als pars pro toto Karl Birnbaum, Lothar Kalinowsky, Erich und Sir Ludwig Guttmann, Erwin Straus, Ernst Jokl, Max Meier Glatt, Franz Josef Kallmann, Max Eitingon, Sandor Radó, Melanie Klein, Karen Horney, Friedrich Perls. Bereits diese kleine Aufzählung teils sehr bekannter Namen wirft ein Licht auf die besondere historische Position Berlins auch in der Frage der emigrierten Psychiater und auf diesen Teil der deutschen Psychiatrie. Für die Wirkung und den Einfluss der Emigranten auf die Psychiatrien ihrer Aufnahmeländer gilt nichts anderes wie für psychiatrische Emigranten allgemein. Der Einfluss akademisch-klinisch erfahrener Psychiater als Lehrmeister einer jungen Generation ist in England groß, in den USA gering. Der Einfluss der Psychoanalytiker ist in den USA groß, in England dagegen gering. Besondere Lehrgebäude, wie etwa Bonhoeffers Lehre von den exogenen Psychosen, werden dabei nicht transferiert. Viele weniger bedeutende Aufnahmeländer für psychiatrische Emigranten bleiben an dieser Stelle größtenteils unberücksichtigt.

Mein Thema ist anders als das der Kollegen. Es wird nicht durch Jugend, Alter oder Ort zusammengehalten. Auch muss ich dabei vielfach auf eigene, teils unveröffentlichte Arbeiten zurückgreifen. Bevor ich auf mein engeres Thema, die emigrierte Berliner Psychiatrie, komme, möchte ich jedoch etwas zu meinem anhaltenden Engagement in dieser Frage sagen. Dem möchte ich einige allgemeine Bemerkungen zur Emigration deutscher Psychiatrie während der Nazizeit anfügen.

1   Anmerkungen zum Generationsaspekt

Der jetzigen jungen Generation muss man erklären, warum wir in meiner Generation u. a. in Fragen der erzwungenen Emigration so engagiert bleiben. Bei Ende des Krieges war ich 14 Jahre alt, hatte also meine ganze Kindheit und teils die Jugend in Nazideutschland verbracht. Ich kannte gar nichts anderes. Der Schock, den wir durch die Kunde vom Holocaust erlitten, ist für unsere heutige Haltung verantwortlich. Auch nach dem Ende des Krieges dauerte es noch Jahre, bis ein Überblick über den ganzen Umfang des Grauens gewonnen werden konnte. Eugen Kogons „Der SS-Staat" (1946), das Buch eines Überlebenden, wurde zwar in der Schule gelesen und vermittelte einen tiefen *Einblick*, jedoch noch keinen *Überblick*. Victor E. Frankls „Ein Psycholog erlebt das Konzentrationslager", das ebenfalls bereits 1946 erschien, war ein ergreifender Erlebnisbericht. Doch auch Frankl selbst hatte noch keinen Überblick. Unser Kulturschock konnte nur schrittweise entstehen, war aber irgendwann unvermeidlich da.

Mit der deutschen Kultur versöhnt haben mich persönlich erst die vielen jüdischen psychiatrischen Emigranten, die ich kennen lernte, nachdem ich ab 1965 angefangen hatte, über dieses Thema zu recherchieren und zu forschen. Mit nur vereinzelten Ausnahmen pflegten sie trotz der bedrückenden persönlichen Erfahrungen und des Verlustes von Familienangehörigen im Holocaust die deutsche Kultur und versuchten, sie den Menschen in den Aufnahmeländern näher zu bringen. Soweit sie Psychiater waren, betraf dies vor allem die Verbreitung der deutschen Psychiatrie, aber keineswegs nur diese. Bei Letzterem denke ich etwa an das Goethebuch von Kurt Eissler (1963). Während in Deutschland die Nazipsychiater die Ermordung von hunderttausenden ihrer Patienten begründeten, vorbereiteten und bei der Ausführung mitwirkten (U. H. Peters, 1998, 2001), haben die ins Ausland vertriebenen deutschen Psychiater unentwegt weiter die Kultur der deutschen Psychiatrie gepflegt und an den dortigen psychiatrischen Nachwuchs transmissioniert.

Die deutschen Psychiater in Deutschland allerdings haben diesen bedeutenden Teil unserer Psychiatriegeschichte trotz aller Gedenktage bis heute nicht als einen wesentlichen Teil der deutschen Psychiatrie anerkannt. Darüber habe ich von den Emigranten manche bittere Klage gehört. Auf diese Weise erfüllen die Deutschen weiter den Willen der Nazis. Nach Auffassung der Nazis begründete nicht die Teilhabe an deutscher Kultur, Geschichte und Sprache die Zugehörigkeit, sondern die Fiktion der Rasse. Juden sind in dieser Auffassung immer Ausländer. Das geht noch jetzt bis zur Forderung, manchen Namen anglisiert auszusprechen. Als ich einmal in einem Vortrag den Urberliner Friedrich Perls erwähnte, der in der Berliner Ansbacher Str. 53 aufgewachsen war, das altsprachliche Mommsen-Gymnasium besucht hatte, bei Bonhoeffer mit einer Arbeit über Lipodystrophie promoviert hatte (Perls, 1923) und auch nach dem Kriege häufig in Berlin war, wurde ich gerügt. Man müsse Fritz Pörls sagen, da er kein Deutscher sei.

2   Aus Berlin emigrierte Psychiatrie

Bei der aus Berlin emigrierten Psychiatrie muss man – wie auch sonst immer – unterscheiden zwischen den vorwiegend neurologisch-biologisch orientierten Klinikern einerseits und den psychotherapeutisch-psychoanalytisch orientierten Psychiatern andererseits. Dies, obwohl gerade in Berlin die Gegensätze nicht so scharf waren wie anderswo und wie sie heute sind.

Jede Darstellung der Emigrationsbewegungen während der Nazizeit sieht sich dem Problem gegenüber, dass es keine systematischen und inneren Zusammenhänge gibt. Das Einzige, was alle miteinander verbindet, ist die Tatsache der Emigration und deren Grund, nämlich dass sie den Juden zugerechnet wurden und ihr Leben durch Emigration retten mussten. Das zeigt sich schon in der Dreierliste, die im Programm unter meinem Vortragstitel steht: Birnbaum-Kalinowsky-Lewy. Sie ist eher zufällig und stammt nicht von mir. Meine eigene Liste der in die Emigration gegangenen Berliner Psychiater, die keinen Anspruch auf Vollständigkeit erhebt, umfasst derzeit 68 Namen. Der Gefahr des Namedropping ist kaum zu entgehen und doch wird immer noch Wichtiges fehlen.

Friedrich Heinrich Lewy. Unter diesen drei Namen des Programms ist Friedrich Heinrich Lewy nicht Psychiater, sondern ein Neurologe. Er war Direktor des Neurologischen

Instituts in Berlin. Die Psychiater kennen ihn eigentlich nur wegen der Lewy-body-Demenz, die als häufigste Nicht-Alzheimer-Demenz gilt. Bei Peiffer (1997) und Holdorff (2002) findet man mehr über ihn.

Karl Birnbaum, Leiter der Irrenanstalt in Berlin-Buch, gehört zu den heute zu Unrecht fast ganz vergessenen Psychiatern. Man kennt allenfalls vielleicht noch sein „Handwörterbuch der medizinischen Psychologie" (1930). Das, was an ihm eigenständig ist, hat er in seinem Buch „Der Aufbau der Psychose; Grundzüge der psychiatrischen Strukturanalyse" (1923) dargestellt. Es handelt sich um eine Anwendung der damals verbreiteten, originär deutschen Strukturtheorie auf Psychosen. Noch 1935 hat Birnbaum in Berlin ein Buch mit dem Titel „Die Welt der Geisteskranken" veröffentlicht. Rätselhaft ist geblieben, warum er erst 1939 nach den USA emigrierte, als schon unmittelbare Lebensgefahr bestand. In den USA hat Birnbaum keine größere Wirkung mehr entfaltet. Hauptsächlich war er als forensischer Psychiater an den Gerichten von Philadelphia tätig Der amerikanischen Psychiatrie sind damals wie heute die Vorteile des Denkens in Strukturzusammenhängen fremd geblieben. Birnbaum ist fast unbemerkt 1950 in Philadelphia gestorben. Sein Enkel und andere Familienangehörige stellten jedoch ausführlichere Informationen zur Verfügung (U. H. Peters, unveröff. Ms).

Lothar Kalinowsky, ein wirklich echter Berliner, ist allen Psychiatern meiner Generation bekannt. Das liegt vor allem daran, dass er die letzten Jahrzehnte seines Lebens der Vermittlung zwischen amerikanischer und deutscher Psychiatrie widmete. Im Zuge der Wiedergutmachung war ihm das Gehalt eines emeritierten Ordinarius zuerkannt worden. Dieses Geld benutzte er jedoch nicht für sich selbst, sondern verwandte es ausschließlich für den eben genannten Zweck. Nicht nur ich, sondern viele deutsche Psychiater haben ihm daher viel zu verdanken. Kalinowsky war zuerst nach Italien emigriert und machte dort zusammen mit Wilhelm Niederland aus Königsberg – besser bekannt unter William G. Niederland (1980) – in italienischer Sprache das italienische Staatsexamen (Übereinstimmende pers. Mitt. beider). Nach 6 Jahren musste er erneut emigrieren und ging nach den USA. Dort führte er die Elektroschockbehandlung ein und blieb auf diesem Gebiet die von allen anerkannte Autorität. Sein in 4 Auflagen erschienenes Lehrbuch darüber hat von Auflage zu Auflage den Titel und die Mitautoren gewechselt. Die erste Auflage (1946) war mit Paul Hoch, einfach weil es notwendig war, ein „big american name" auf dem Titelblatt zu haben (pers. Mitt.). Die letzte Auflage (1982) war mit den deutschen Kollegen Hanns Hippius und Helmfried Klein zusammen. So weit habe ich die Vorgaben kommentiert, nun meine eigenen Akzente.

3 Die Berliner Ausgangssituation

Es entspricht der geistigen Bedeutung Berlins in den 20er Jahren und bis zum Anbruch der Naziherrschaft, dass es nicht nur die größte klinisch-psychiatrische Schule, nämlich die Karl Bonhoeffers, sondern gleichzeitig auch die bedeutendste psychoanalytische Schule beherbergte. Im Unterschied zu anderen Städten gingen diese Schulen in Berlin fast nahtlos ineinander über. Bonhoeffer war überaus tolerant und wurde seinerseits überall, auch bei den Psychoanalytikern, respektiert und anerkannt. Berlin, nicht Wien, war in jener Zeit das Zentrum der Psychoanalyse. Jemand hat ausgerechnet, dass Freud sich in jenen letzten Jahren vor dem Kriege mehr in Berlin als in Wien aufgehalten hat. Freuds Sohn Ernst

Freud hatte sich auf Anraten des Vaters schon ab 1920 in Berlin als Architekt einen bekannten Namen gemacht.

Die psychiatrischen Emigranten gingen in viele Länder, die wichtigsten sind England und die USA, viele aber auch nach Südamerika. Diese Reihenfolge entspricht freilich nicht der üblichen Geschichtsschreibung, die fast nur von deutschen Psychiatern in den USA weiß.

4 England als Aufnahmeland

Als die ersten psychiatrischen Emigranten in England eintrafen, gab es dort sehr im Gegensatz zu Deutschland noch keine akademische Psychiatrie. Selbst das später so berühmte Maudsley Hospital hatte etwa 1928 für 150 Betten nur 5 Ärzte und war eine kleine Bewahranstalt (U. H. Peters, 1996a, 1996b). Erst 1936 wurde der erste englische Lehrstuhl für Psychiatrie eingerichtet. Dieser Londoner Lehrstuhl wurde mit Edward Mapother besetzt, der aber schon drei Jahre später starb. Schon Mapother hatte sich vor Restrukturierung des Maudsley-Hospitals in Deutschland umgesehen (Mapother, 1926). Aubrey Lewis, später Sir Aubrey Lewis, wurde 1939 sein Nachfolger. Lewis hatte sich zuvor in Deutschland, vor allem in Berlin bei Bonhoeffer, Kronfeld, Birnbaum und Thiele, umfangreich informiert. Er zog die aus Deutschland kommenden psychiatrischen Emigranten an sich heran, zumal er selbst sowohl jüdisch als auch als australischer Einwanderer nach England gekommen war (Shepherd, 1977; U.H. Peters, 1996).

Den allergrößten Einfluss in England hat entgegen einer Standardmeinung aber nicht Mayer-Gross ausgeübt, sondern der in Deutschland weitgehend vergessene Erich Guttmann (U. H. Peters, unveröff. Ms.). Guttmann hatte 1924/1925 in Berlin unter der Leitung von R. Cassirer in der Poliklinik für Nervenkranke, wie sie damals hieß, gearbeitet, auch in der Nervenklinik der Charité unter Creutzfeld, dem Entdecker der Jacob-Creutzfeld'schen Krankheit. Bei meinen Gesprächen in England unterließ es kaum einer der britischen Psychiater, welche die Psychiatrie während des und kurz nach dem Zweiten Weltkrieg in England kennen gelernt hatten, besonders auf die herausragende Bedeutung von Erich Guttmann hinzuweisen. Er sei eigentlich viel bedeutender als Mayer-Gross gewesen, hieß es immer wieder, weil Mayer-Gross erst durch sein Lehrbuch einem größeren Kreise bekannt geworden sei. Diese hohe Meinung in der mündlichen Überlieferung findet in gedruckten Zeugnissen kaum eine Entsprechung. Im Jubiläumsbuch des Royal College of Psychiatry „150 Years of British Psychiatry 1841-1991" (Berrios und Freeman, 1991) wird Erich Guttmann überhaupt nicht mehr erwähnt. Der Grund für diese Diskrepanz ist offenbar darin zu suchen, dass Guttmanns persönlicher Wirkungskreis in England sehr groß und einflussreich war, weil er über Jahrzehnte am Maudsley Hospital die Organisation des neu begründeten psychiatrischen Unterrichts und der Forschung leitete (während z. B. Mayer-Gross weit weg in Schottland war) und so alle zukünftigen bekannten Psychiater Englands irgendwann mit ihm in enge Berührung getreten waren. Erich Guttmann bildete am Maudsley Hospital zusammen mit Aubrey Lewis und schließlich mit dem aus dem Rheinland stammenden Alfred Meyer eine feste Gruppe. Schon Mapother hatte ihn als Organisator und klinischen Lehrer außerordentlich geschätzt. Der als Lehrbuchautor bekannte Gillespie (Henderson & Gillespie, 1940) stützte sich bei der Planung der York Clinic am Guy's Hospital weitgehend auf Guttmanns Rat. Guttmanns Wirken war jedoch nach außen hin still und ohne viel wissenschaftliche und andere Publizistik.

Ein etwas anderer Problembereich lässt sich mit den Stichworten Philosophie-Sport-Psychiatrie thematisieren. Dazu erwähne ich als ersten Erwin Straus, der in Berlin an der Charité seine Assistentenjahre verbrachte, ebenfalls eine Weile in der Nervenpoliklinik von Cassirer war und sich 1927 in Berlin habilitierte. Er war 44 Jahre alt, als er 1935 emigrierte und in Lexington, Kentucky am Veterans Hospital ein Unterkommen fand (Bossong, 1991). Er vertrat eine an Husserl orientierte Phänomenologie. Seine beiden Hauptwerke, „Geschehnis und Erlebnis" (1930) sowie „Vom Sinn der Sinne" (1935) erschienen noch in Deutschland, entfalteten aber eine Wirkung erst in der Emigration, wo er gleichgesinnte Kollegen zu 5 Lexington-Konferenzen versammelte (Straus, 1964, 1974). In engster persönlicher Zusammenarbeit mit Straus stand Ernst Jokl (Jokl, 1978a), späterer Honorarprofessor der Berliner Universität. Jokl suchte eine Erklärung für die merkwürdige Tatsache, dass es gerade die am weitesten entwickelten Industrienationen sind, welche immer wieder die sportlichen Höchstleistungen hervorbringen. Warum sind es nicht eher die sog. Naturvölker? Dies führte zur Erkenntnis der Beziehungen zwischen Geist, Philosophie und Körperleistung. Daraus leitete Jokl u. a. Trainingsformen für Olympiamannschaften ab, die erfolgreich waren (Jokl, 1978b). In diesem Zusammenhang ist auch auf Sir Ludwig Guttmann hinzuweisen, den Vetter des vorerwähnten Erich Guttmann und Honorarprofessor der Kölner Universität. Sir Ludwig war ein Schüler des großen Ottfried Foerster in Breslau und Begründer der neurologischen Abteilung der psychiatrischen Klinik in Hamburg. Er wurde in der englischen Emigration Begründer der Behindertenolympiade, der weiterhin bestehenden Paralympics (Guttmann, L. 1976, 1979).

Diesen Teil kann ich nicht abschließen, ohne wenigstens noch kurz den Urberliner Max Meier Glatt zu würdigen (Me'ir, Meier ist jüdischer Vorname). Auch wirft sein verschlungener Weg ein Licht auf die damaligen Verhältnisse. Meier Glatt (U. H. Peters, unveröff. Ms.) hatte 1933 in Berlin gerade die vorklinischen Semester beendet, als er sein Studium wegen jüdischer Abkunft abbrechen musste. Er konnte sich aber zur Emigration noch nicht entschließen. Es gelang ihm, in Leipzig weiter zu studieren und dort 1936/37 das Staatsexamen abzulegen. Anschließend nahm Bonhoeffer in Berlin ihn als Hilfsassistenten an, so dass er seine Dissertation „Antiluische Behandlung und Paralyse" (Glatt, unveröffentlicht) erarbeiten konnte, die er aber in Leipzig einreichen musste, mit Erfolg. Die Ergebnisse wurden noch 1938 in der „Confinia Neurologica" veröffentlicht (Glatt, 1938). Im selben Jahr veröffentlichte er noch einen eher kuriosen Festschriftbeitrag für E. Strauss zusammen mit K. Alexander unter dem Titel „Die künstliche Vagina". Von dieser Arbeit hat mir Glatt selbst geschrieben. Genaueres konnte ich leider nicht ermitteln. Im Dezember 1938 kam Glatt ins KZ Dachau. Aus Gründen, die er mir nicht verriet, wurde er aber erstaunlicherweise im Februar 1939 wieder entlassen. Beide Eltern und seine Schwester Ann kamen dagegen im Holocaust um. Nach diesem KZ-Erlebnis entschloss sich Glatt endlich zur Emigration und konnte im April 1939 ein Besuchervisum für England erhalten. Nur, um in England in eines der gerade neu eingerichteten, stacheldrahtbewehrten englischen Internierungslager für 25.000 „enemy aliens" zu geraten (Seyfert, 1983), Nazisympathisanten und Juden waren dort zusammen. Später wurde er in ein Internierungslager nach Australien verschifft, eine gefährliche Reise, doch das Schiff entging den deutschen U-Booten. Zweieinhalb Jahre brachte er in solchen Lagern zu, bis er endlich 1942 nach England zurückkehren konnte. Die Verhältnisse hatten sich geändert. Er wurde gebraucht. Nun folgten zehn persönliche Aufbaujahre und dann, ab dem 40. Lebensjahr, die rasche Entwicklung zur international anerkannten Autorität für Alkoholismus und Sucht. Glatt führte in England die ersten Behandlungseinheiten für Alkoholismus, für Drogenabhängigkeit und entsprechende Einheiten in Haftanstalten ein. Häufig nahm er auch in Deutschland an Tagungen teil, z. B. an der Psychotherapietagung in Lindau. 2002 ist er 90-jährig in London gestorben.

5 Franz Josef Kallmann in den USA

Eine andere Berliner Persönlichkeit ist der den meisten Psychiatern bekannte Franz Josef Kallmann, auf den man die Zwillingsforschung bei Schizophrenen zurückführt. Persönlich habe ich ihn nicht mehr kennen lernen können, denn er war bereits 1965 im Alter von 68 Jahren an einem Lungenkarzinom gestorben. Aber ich konnte in New York seine Frau Helly kennen lernen, die noch zehn Jahre nach seinem Tod im „Psychiatric State Institute" in New York weiter seine alten Arbeitsräume benutzte. Mit ihr konnte man sich nur in einem stark gebrochenen Englisch verständigen. Das war die Folge einer Verabredung der Ehepartner bei ihrer Ankunft in New York 1936. Sie wollten auch untereinander nie wieder Deutsch sprechen, sondern nur noch Englisch.

Offenbar ist Walter v. Baeyer der einzige deutsche Psychiater gewesen, der Kallmann in New York aufgesucht hat. Er bereiste 1949 als erster deutscher Psychiater die USA und Kanada (W. v. Baeyer, 1950). Die Kosten trug die amerikanische Militärregierung, vermittelt durch seinen Schwager Karl Stern.[1] Bei seinem Besuch in New York erklärte Frau Kallmann ihrem Gast aus Deutschland, nicht mehr deutsch sprechen zu können, so musste er mit ihr Englisch radebrechen, während er mit Kallmann selbst deutsch sprach (W. v. Baeyer, pers. Mitt.). Nach Jahren in Breslau war Kallmann ab 1925 Assistent von Karl Bonhoeffer an der Charité. Wie mir Jörg Zutt, der mit Bonhoeffer zusammen den Reichstagsbrandstifter Marinus van der Lubbe begutachtet hatte, später erzählte, war Kallmann an der Berliner Klinik als Wissenschaftler nicht irgendwie aufgefallen. Er sei eher der Mann gewesen, den man gefragt habe, wenn man ein neues Auto habe kaufen wollen. Das wurde aber wohl anders, als Kallmann auf Empfehlung Bonhoeffers die Leitung des Neuropathologischen Labors der beiden psychiatrischen Anstalten in Berlin-Herzberge und Berlin-Wuhlgarten bekam. Dort begann er mit seinen Zwillingsstudien mit dem erklärten Ziel, die Erblichkeit der Schizophrenie nachzuweisen. Das brachte ihn mit dem als „Führer" der Nazipsychiatrie bekannten Ernst Rüdin (U. H. Peters, 1996c) in München in Berührung, der ihn zu einem auswärtigen Mitglied der Münchener Forschungsabteilung machte. Kallmann wurde, dem Zeitgeist folgend, ein noch radikalerer Befürworter der Sterilisation von Geisteskranken wie Rüdin. Wie es 1936 zur Emigration kam, hat mir Helly Kallmann wohl schon etwas anekdotisch verändert erzählt. Kallmann habe 1936 zwei Vorträge halten

---

[1] Seit 1936 war Liselotte v. Baeyer, die Schwester Walter v. Baeyers, mit Karl Stern verheiratet, der jüdisch war, ein Nachkomme vieler Rabbiner. Stern hatte u. a. in Berlin Medizin studiert, dort seine Pflichtassistentenzeit in der Inneren Abteilung des Moabiter Krankenhauses abgeleistet und arbeitete anschließend in der neurologischen Abteilung des Moabiter Krankenhauses. Da er 1932 Rockefeller-Stipendiat wurde, konnte er als einziger jüdischer Arzt bis 1936 in der bereits "judenfreien" (heutigen) Deutschen Forschungsanstalt für Psychiatrie in München arbeiten und forschen. Nach Auslaufen des Stipendiums ging er 1936 in die Emigration, zunächst nach London, 1940 weiter nach Montreal in Kanada, wo er lange Jahre als Professor für Psychiatrie der Mc Gill University und Chefpsychiater des St. Mary's Hospitals tätig blieb. Stern hat seinen Lebensbericht in Form eines Romans veröffentlicht (Stern, 1951), der später in Deutsche übersetzt wurde (Stern, 1954). (n. U. H. Peters, unveröff. Ms.).

wollen. Beim ersten Vortrag hätten in der ersten und zweiten Reihe des Auditoriums viele SS-Leute gesessen. Den zweiten habe er schon nicht mehr halten können. Danach habe er zu ihr gesagt, sie müssten nun nach den USA emigrieren. Auf dem amerikanischen Konsulat habe er erzählen müssen, was er beruflich mache und welche Pläne er für die USA habe. Daraufhin sei gesagt worden, solche Leute, wie er, würden in den USA gebraucht. Binnen einer Stunde sei das Visum ausgestellt worden, ein selten glücklicher Fall. Die berühmte Monographie war nach Helly Kallmann in Deutschland schon vollendet worden und wurde von Frau Kallmanns Bruder in die USA nachgeschickt. Sie ist 1938 unter dem Titel „The Genetics of Schizophrenia" bei J. J. Augustin in New York erschienen. Das deutsche Original ist leider bis heute ungedruckt geblieben. Ob es noch existiert, habe ich nicht feststellen können.

6   Berliner Psychoanalyse[2]

Berlin ist sehr viel mehr als Wien die Stadt der Psychotherapie gewesen und dies bereits im 18. und im Beginn des 19. Jahrhunderts. Dies gilt insbesondere, wenn man den Mesmerismus einbezieht, so weit dieser als psychotherapeutische Technik verstanden wurde. Erinnert sei insoweit an die großen Lehrbücher von Kluge (1815), dem Professor an der Berliner Pepininière und Wolfart (1814), dem ordentlichen Professor der jungen Berliner medizinischen Fakultät. Besonders erinnert sei ebenfalls an Herz und Koreff (U. H. Peters, 1992a). Den jüdischen Markus Herz (1747-1803), Professor der Berliner Medizinischen Fakultät, erklärt man oft zum unbedeutenden Anhängsel seiner, einen berühmten Berliner Salon führenden Frau, Henriette Herz, oder zum Philosophen. Obwohl er beides auch war, war er vor allem ärztlicher Psychotherapeut und hat sehr lesenswerte Arbeiten darüber publiziert (Herz, 1798), worin man auch treffende Bemerkungen darüber findet, was tatsächlich Psychotherapie ist und was nicht. David Ferdinand Koreff (U. H. Peters, 1992), ebenfalls jüdisch und Professor der Berliner Medizinischen Fakultät, war Psychotherapeut des preußischen Staatskanzlers Fürsten von Hardenberg und hat zusammen mit Johann Gottfried Langermann (1768-1832) die Reform der preußischen Irrenanstalten durchgeführt. Nur wurde Koreff durch Berliner Intrigen, auch antisemitische, in die Emigration nach Paris gezwungen, wo er u. a. der Arzt von Alexander von Humboldt, Heinrich Heine, Alexandre Dumas dem Jüngeren und der Marie Duplessis war, dem Vorbild für die *La dame aux camélias*. 280 Therapiesitzungen blieben unbezahlt. Möglicherweise hat Dumas den Stoff zu seinem Roman von seinem Freunde Koreff bekommen. In der zweiten Hälfte des 19. Jahrhunderts war die Berliner Psychotherapie allerdings auf unbedeutende Reste geschrumpft. Mit der Psychoanalyse entstand eine neue Form der Psychotherapie.

In Berlin war zwar schon am 27. August 1908 eine psychoanalytische Vereinigung gegründet worden, also nur zwei Jahre nach der Gründung in Wien. Deren eigentliche historische Bedeutung begann jedoch erst mit der Rückkehr Max Eitingons aus dem Ersten Weltkrieg. Eitingon wird fälschlich immer wieder als galizischer Jude beschrieben, der als erster Ausländer, noch vor Jung, zu Freud kam. Eitingon ist zwar in Mohilew in Russland geboren, doch gleich nach seiner Geburt zogen die Eltern nach Buczacz, wo die Eltern die österreichische Staatsbürgerschaft annahmen (U. H. Peters, unveröff. Ms.). Seit seinem

---

[2] s.a. die Beiträge Rüger und Vogelsänger in diesem Band

12. Lebensjahr lebte die Familie in Leipzig, wo Eitingon seine klassische Bildung empfing und der Vater ein weitreichendes Geschäft aufbaute. Eitingon wurde Arzt, promovierte bei C. G. Jung in Zürich mit einer psychiatrischen Assoziationsarbeit (Eitingon, 1909), kam über diesen zu Freud und ging im November 1909 nach Berlin, wo er bis zur Emigration nach Palästina, am Sylvestertag 1933, blieb, die Weltkriegsjahre ausgenommen. Nach seiner Rückkehr aus dem Krieg schaffte er in Berlin ein Ausbildungsinstitut mit einer ganz neuen Form der systematischen Ausbildung in Psychotherapie. Nach dem von ihm erfundenen Schema laufen bis heute mit nur sehr geringen Variationen alle Psychotherapieausbildungen der Welt, welcher Richtung oder Antirichtung sie auch immer verpflichtet sein mögen. In Freuds Wien hatte es so etwas nicht gegeben und wurde erst später nach dem Berliner Vorbild eingeführt. Danach sah man während der ganzen 20er Jahre alle später berühmten Analytiker für Jahre in Berlin leben und arbeiten. Ein paar bekannte Namen mögen das belegen, jeder von diesen hat Geschichte gemacht, wozu es teils umfassende Einzeldarstellungen gibt: Karl Abraham (Abraham, H., 1976; Peck, 1966), Ernst Simmel (Peck, 1966), Hanns Sachs, Karen Horney (Rubins, 1978; Quinn, 1987), Melanie Klein (Grosskurth, 1985), Alix Strachey (Meisel u. Kendrick, 1985).

Sandor Radó war der erste, der ein Fallseminar einrichtete, in Berlin, bei dem in jeder Sitzung ein Fall besprochen wurde (Roazen & Swerdloff, 1985). Solche Seminare wurden durch Michael Balint (ab 1949) und Enid Balint (ab 1956) erneut eingerichtet, nachdem diese beiden nach ihrer Emigration an der Tavistock-Klinik in London eine neue Heimat gefunden hatten. Solche Fallseminare sind heute als Balint-Gruppen Bestandteil nahezu jeder psychotherapeutischen Ausbildung, ob psychoanalytisch oder nicht.

Diese Psychotherapeuten nahmen quasi nebenher durchaus an dem heiteren und ausgelassenen Leben der späten 20er Jahre in Berlin teil, den „roaring twenties". Man traf sich nach den Abendveranstaltungen im Romanischen Kaffee gegenüber der Gedächtniskirche, wo mit den dort verkehrenden Intellektuellen die Psychoanalyse heißer diskutiert wurde als in Wien. Alix Strachey schildert 1924-1925 ausführlich dieses Leben in ihren Briefen an ihren in London zurückgebliebenen Ehemann und Freud-Übersetzer James Strachey in lebendigen Farben (Meisel u. Kendrick, 1985). In diesen Briefen kann man miterleben, wie die als erotisch beschriebene Melanie Klein, als Cleopatra kostümiert, zusammen mit der hageren und trocken englischen Alix Strachey auf der Suche nach Abenteuern auf die Berliner Kostümbälle geht.

Ein zwar nicht jähes, eher schrittweises Ende findet dieses Leben mit dem Aufzug der Nazis in Berlin. Alle müssen irgendwann in die Emigration, sofern sie die Zeichen der Zeit frühzeitig genug sehen und sich zu so schweren Konsequenzen rechtzeitig genug entschließen können. Außer Karen Horney sind sie alle Juden. Karen Horney, die als blonder Struwelpeter beschrieben wird, war keine Emigrantin und hat sich selbst nie so empfunden. Sie war schon 1932 ohne politische Notwendigkeit zuerst nach Chicago und dann nach New York gelangt. Vor Kriegsausbruch kam sie noch mehrmals nach Berlin zurück, hielt Vorträge und nahm an Kongressen teil. Im Dezember 1936 sprach sie in dem auf Druck der Nazis gegründeten Deutschen Institut für psychologische Forschung und Psychotherapie über „Das neurotische Liebesbedürfnis" (U. H. Peters, 1992b), nicht unbedingt das wichtigste Thema dieser Zeit.

Zum Abschluss dieses Abschnitts noch ein Blick zurück auf Eitingon. Vor 20 Jahren, 1988, gab es eine ziemlich absurde, jedoch breit in der „New York Review of Books" und der „New York Times Book Review" geführte, ehrenrührige Diskussion um Eitingon. John Dziak hatte in einem Buch „Chekisty: a History of the KGB" (Dziak, 1988) behauptet, Eitingon sei maßgeblich an Stalins großer Säuberung 1937/38 beteiligt gewesen, als 90 % der Generäle hingerichtet wurden. Insbesondere sei er Finanzier der Aktion gewesen, durch welche der weiß-russische General Jewgeni Karlowitsch Miller in Paris gekidnappt und nach der Sowjetunion verschleppt worden war. Es gab da allerdings einige unbestreitbare belastende Fakten, deren wahre Bedeutung erst Theodore Draper (Draper, 1988) in einer mühsamen Recherche aufgeklärt hat. Kern der Geschichte war, dass Eitingon mit der russischen Schauspielerin Mira Jakolewna Raigorodsky verheiratet war. Diese wiederum war befreundet mit der russischen Zigeunersängerin Nadeschda Plewiskaja, welche die Ehefrau von Nikolai Wladimirowitsch Skoblin, dem Kidnapper des Generals in Paris, war. Die Eitingons hatten dieses Paar tatsächlich häufiger finanziell unterstützt, wie so viele andere auch, ohne etwas vom Geheimdienst zu ahnen.

7 Etwas zur Wirkungsgeschichte

Eine spezielle, durch Berlin geprägte Wirkungsgeschichte der emigrierten Psychiatrie gibt es nicht. Vielmehr trifft auf sie dasselbe zu wie auf alle anderen emigrierten Psychiater auch. Die klinikerfahrenen akademischen Psychiater wurden in England die Lehrmeister einer ganzen ersten Generation führender Psychiater, der sich dort erst allmählich etablierenden akademischen Psychiatrie. Errungenschaften der deutschen Psychiatrie, z. B. die feineren Unterscheidungen der psychischen Störungen durch Allgemein- oder Hirnkrankheiten (etwa in der Nachfolge Karl Bonhoeffers) blieben den englischen Psychiatern ebenso verschlossen wie die an feinen Phänomenen orientierte Diagnostik der Schizophrenie. Aus ihrer ganz auf das Praktische ausgerichteten Einstellung heraus machten sie sich über solche Feinheiten eher lustig. Die Psychoanalyse blieb in England trotz der Emigration Freuds nach London eine marginale Erscheinung ohne Einfluss auf die akademische britische Psychiatrie. Jemand wie der jüdische Emigrant Erwin Stengel konnte nur deshalb Präsident des „Royal College of Psychiatrists" werden, weil ihm nachgesagt wurde, er sei von der Psychoanalyse nur gerade „angesengelt" gewesen (U. H. Peters, 1996b).

In den USA waren es dagegen in allererster Linie die Psychoanalytiker, welche eine ganze Generation amerikanischer Psychiater und während mehrerer Jahrzehnte sogar die amerikanische Psychiatrie als solche geprägt haben. Dieser Einfluss endete bereits, als DSM III erstmals 1980 veröffentlicht worden war. Nachdem 1984 Massons Buch „The Assault on Truth" (Masson, 1984) ein Bestseller geworden war, wurde die Psychoanalyse in den USA eine Randerscheinung der Psychiatrie, blieb aber im Gegensatz zu Deutschland weiterhin von der offiziellen Psychiatrie akzeptiert und anerkannt.

Ebenso wie in England blieb in den USA jedoch der Einfluss der klassischen deutschen Psychiatrie sehr gering. Dies trifft zu, obwohl einige Fakten dagegen zu sprechen scheinen. Eugen Kahn war beispielsweise 1929 deshalb an die Yale University School of Medicine in New Haven berufen worden, weil er ein Kraepelinschüler war. Er hat aber trotzdem ebenso wenig Einfluss nehmen können wie die zahlreichen klassisch orientierten deutschen Psychiater, die nach den USA emigrierten. Kraepelins Schizophreniekonzept wurde nur indirekt auf Umwegen und deutlich verzerrt übernommen. Spuren der Symptome 1. Ranges von Kurt Schneider findet man zwar auch noch in DSM-IV-TR, jedoch nur so weit sie sich als statistisch brauchbare Kriterien erwiesen.

Die Gründe sind im Übrigen in beiden Ländern gleich. Sie beruhen auf der ungebrochen weiter als gültig empfundenen empiristischen Philosophie von David Hume (1711-

1776) und John Locke (1632-1704). Diese war in Deutschland bereits durch Immanuel Kant und (in ganz anderer Weise) Hegel überwunden worden. Der Einfluss der deutschen Philosophie ist, allgemein gesprochen, in der ganzen Welt weiterhin sehr groß. Doch überall dort, wo die amerikanische Psychiatrie vorherrscht, ist er kaum wahrnehmbar.

Wieder andere und wenig beachtete Verhältnisse herrschen in den südamerikanischen Ländern, wo der deutsche Einfluss zunächst durch emigrierte deutsche Psychiater und Psychologen groß war. So weit heute nicht auch dort der amerikanische Einfluss spürbar ist, kennt die Gegenwart einen starken Einfluss der deutschen Philosophie, vor allem der phänomenologischen (Husserl) und der existentiellen Philosophie (Jaspers, Heidegger). In Südostasien, wohin keine deutschen Emigranten kamen, ist der amerikanische Einfluss wichtig. In Schanghai sind keine Spuren der einstigen psychiatrischen Emigranten mehr auszumachen. Die Chinesen folgten lange einer verzerrten Hegel-Marx-Engels-Ideologie. Ein Einfluss von Kant bleibt aber auch in der Gegenwart lebendig. Kant wurde Ende des 19. Jahrhunderts und in den ersten Jahrzehnten des 20. Jahrhunderts als der größte Philosoph der Moderne betrachtet, sein Denken galt als quasi-buddhistisch (Cheng, 2008). Japan war dem deutschen Einfluss immer offen, ebenso Korea. Dies alles kann aber hier nur angedeutet werden.

Literatur

Abraham H (1976) Karl Abraham. Sein Leben für die Psychoanalyse. Eine Biographie. Kindler, München
Baeyer W v (1950) Gegenwärtige Psychiatrie in den Vereinigten Staaten. Nervenarzt 21: 2-9
Berrios G E, Freeman H (Eds.) (1991) 150 Years of British Psychiatry 1841-1991. Gaskell (Royal College of Psychiatrists), London
Birnbaum K (1923) Der Aufbau der Psychose. Grundzüge der psychiatrischen Strukturanalyse. J. Springer, Berlin
Birnbaum K (1930) Handwörterbuch der medizinischen Psychologie. G. Thieme, Leipzig
Bossong F (1991) Zu Leben und Werk von Erwin Walter Maximilian Straus (1891-1975). Königshausen & Neumann, Würzburg
Cheng A (2008) La compétition des concepts. Philosophie (20) 50-53
Draper Th (16.06.1988) The Mystery of Max Eitingon. The New York Review of Books, S. 32-42
Dziak J (1988) Chekisty: a History of the KGB. 3rd Ed. Lexington Books, Lexington
Eissler K R (1963) Goethe. A Psychoanalytic Study - 1775-1786. Wayne State University Press, Detroit
Eissler K R (1983) Goethe. Eine psychoanalytische Studie. Stoemfeld/Roter Stern, Frankfurt
Eitingon M (1909) Über die Wirkung des Anfalls auf die Assoziationen der Epileptischen. A. Edelmann, Leipzig
Frankl V E (1946) Ein Psycholog erlebt das Konzentrationslager. Verlag für Jugend und Volk, Wien
Glatt M M, Alexander K, Die künstliche Vagina. Festschr. z. 70. Geb. von Geh. Rat Prof. Dr. E. Strauss. (Eigenangabe von Glatt, genauere bibliogr. Angaben nicht zu ermitteln)
Glatt M M (1937) Antiluische Behandlung und Paralyse. Med. Diss. Leipzig (als Diss. nicht gedruckt, kein Exemplar zu ermitteln)
Glatt M M (1938) Zur Frage des Einflusses der Luesbehandlung auf die Entwicklung der Paralyse. Confin Neurol 1: 257-272
Grosskurth Ph (1985) Melanie Klein. Her World and Her Work. Hodder & Stoughton, London-Sydney-Auckland-Toronto
Guttmann L (1976) Sport for the physically handicapped. Unesco, Paris

Guttmann L (1979) Sport für Körperbehinderte. Urban & Schwarzenberg, München
Henderson D K, Dick R (1940) Gillespie: A Text-Book of Psychiatry for Students and Practitioners. Oxford University Press, 5th ed. London
Herz M (1798) Etwas Psychologisch-Medizinisches. Moritz Krankengeschichte. Hufelands J. d. prakt. Arzneykunde & Wundarzneykunst. 5: 259-339
Holdorff B (2002) Friedrich Heinrich Lewy (1885-1950) and His Work. J. Hist. Neurosci. 11: 19-28
Jokl E (1978a) Homage to Erwin Straus (1891-1975). Intern J Sport Psychol 9: 150-154
Jokl E (1978b) Awakeness and Consciousness, Memory Traces, and the Upright Posture. Medicine & Sport 12: 26-30
Kalinowsky L B, Hoch, P H (1946) Shock Treatments and Other Somatic Procedures in Psychiatry. Grune & Stratton, New York-London
Kalinowsky L B, Hippius H, Klein H E (1982) Biological Treatments in Psychiatry. Grune & Stratton, New York-London
Kluge C A F (1815) Versuch einer Darstellung des animalischen Magnetismus als Heilmittel. Franz Haaß, Wien
Kogon E (1946) Der SS-Staat. Das System der deutschen Konzentrationslager. Alber, München
Mapother E (1926) Die Münchner psychiatrische Klinik und die gegenwärtigen Strömungen für die Gründung ähnlicher Einrichtungen in England. Allg Zschr Psychiat 84: 321-329
Masson J M (1984) The Assault on Truth: Freud's Suppression of the Seduction Theory. Farrar, Straus & Giroux, New York
Meisel P, Kendrick W (1985) Bloomsbury/Freud. The Letters of James and Alix Strachey 1924-1925. Basic Books, New York
Niederland W G (1980) Psychiatrie der Verfolgungsschäden. In: Peters, U H (Hrsg.) (1980) Psychiatrie. Band X der „Psychologie des 20. Jahrhunderts". Kindler, München. S. 1055-1067
Peck J S (1966) Ernst Simmel. Psychoanalytic Pioneering in California. In: Alexander F, Eisenstein, F, Grotjahn M (Eds.) (1966) Psychoanalytic Pioneers. A history of psychanalysis as seen through the lives and the works of its most eminent teachers, thinkers, and clinicians. Basic Books, New York-London. S. 373-383.
Peiffer J (1997) Hirnforschung im Zwielicht: Beispiele verführbarer Wissenschaft aus der Zeit des Nationalsozialismus. Julius Hallervordern - H.-J. Scherer - Berthold Ostertag. Matthiesen Verlag, Husum
Peters U H (1992a) David Ferdinand Koreff, eine vergessene bedeutende Randgestalt der Psychiatriegeschichte - nebst zwei unveröffentlichten Briefen Koreffs. Fundamenta Psychiatrica 6, 196-204
Peters U H (1992b) Karen Horney. In: Peters U H: Psychiatrie im Exil. Die Emigration der dynamischen Psychiatrie aus Deutschland 1933-1939. Kupka-Verlag, Düsseldorf. S. 189-201.
Peters U H (Emigration deutscher Psychiater nach England. Teil 1: England als Exilland für Psychiatrie. Fortschr. Neurol. Psychiatr. 64 (1996a) 161-167
Peters U H (1996b) The Emigration of German Psychiatrists to Britain. In: Freeman H, Berrios G E (Eds.) (1996b) 150 Years of British Psychiatry. Vol. II. The Aftermath. Athlone, London-Atlantic Highlands, NJ. pp 565-580
Peters U H (Ernst Rüdin - ein schweizer Psychiater als „Führer" der Nazipsychiatrie – Die „Endlösung" als Ziel. Fortschr. Neurol. Psychiatr. 64 (1996c) 327-343
Peters U H (1998) La morte come cura. La psichiatria nazista: qual'era la sua teoria? Il secondo rinascimento, logica e industria della parola, cultura, arte, impresa, politica, finanza, comunicazione 51, 55-61
Peters U H (2001) On Nazi Psychiatry. Psychoanal Rev 88 (2), 295-309
Perls F (1923) Zur Kenntnis der Lipodystrophie. Med. Diss. Berlin
Quinn S (1987) A Mind of Her Own. The Life of Karen Horney. Summit Books, New York-London-Toronto-Sydney-Tokyo
Roazen P, Swerdloff B (1985) Heresy - Sandor Rado and the psychoanalytic movement. Aronson, Northvale (NJ)-London

Rubins J (1978) Karen Horney. Gentle Rebel of Psychoanalysis. The Dial Press, New York
Seyfert M (1983) „His Majesty's Most Loyal Internees": Die Internierung und Deportation deutscher und österreichischer Flüchtlinge als „ennemy aliens". Historische, kulturelle und literarische Aspekte. In: Hirschfeld G (Hrsg.): Exil in Großbritannien. Zur Emigration aus dem nationalsozialistischen Deutschland. Klett-Kotta, Stuttgart. S. 155-182
Shepherd M (1977) The career and contributions of Sir Aubrey Lewis. The Bethlem Royal & Maudsley Hospitals
Stern K (1951) The Pilar of Fire. Harcourt, New York
Stern K (1954) Die Feuerwolke. Lebensgeschichte und Bekenntnis eines Psychiaters. Otto Müller, Salzburg
Straus E (1930) Geschehnis und Erlebnis. J. Springer, Berlin
Straus E (1936) Vom Sinn der Sinne. Ein Beitrag zur Gundlegung der Psychologie, Berlin
Straus E (Ed.) (1964) Phenomenology: Pure and Applied. The First Lexington Conference. Duquesme University Press, Pittsburgh
Straus E (Ed.) (1974) Language and Language Disturbances. The Fifth Lexington Conference on Phenomenology Pure and Applied. Humanities K Press for Duquesne University Press, Pittsburgh
Wolfart K Chr (Hrsg.) (1814) Mesmerismus, oder System der Wechselwirkungen, Theorie und Anwendung des thierischen Magnetismus als die allgemeine Heilkunde zur Erhaltung des Menschen. Nikolaische Buchhandlung, Berlin

Psychiatrie im gesellschaftlich-politischen Kontext: Wechselwirkungen

Kontinuitäten und Brüche in der Berliner Psychiatrie nach 1945

Gesellschaftliche Wandlungen

19 Kontinuität im gesellschaftlichen Umbruch – Der Psychiater und Hochschullehrer Rudolf Thiele (1888-1960)

Ekkehardt Kumbier

Zusammenfassung

Nach dem Zweiten Weltkrieg wurden in der Sowjetischen Besatzungszone (SBZ) und später in der DDR so genannte antifaschistisch-demokratische Umwälzungen durchgeführt. Sie strebten u.a. die grundlegende Reformierung des Hochschulwesens zum Ziel. Zu diesem Zweck sollten die Lehren des Marxismus-Leninismus an den Hochschulen und Universitäten konsequent verbreitet und umgesetzt werden. Die Realität sah jedoch zunächst anders aus. Ein akuter Mangel an geeigneten Hochschullehrern, die sowohl in politischer wie auch fachlicher Hinsicht den Anforderungen entsprachen, zwang die kommunistischen Machthaber zum Rückgriff auf „alte Bildungseliten". Vor diesem Hintergrund wird die Berufung von Rudolf Thiele an die Psychiatrische und Nervenklinik der Charité Berlin untersucht, die im Spannungsfeld von Wissenschaft, Politik und letztlich den realen Gegebenheiten stand. Dabei zeigt sich in den ersten Nachkriegsjahren anhand der Berufungspolitik, wie sich der neue Zeitgeist zwar schon ankündigt, aber noch nicht durchsetzen kann. Im Werdegang von Thiele spiegeln sich exemplarisch Kontinuitäten und Brüche vieler deutscher Hochschullehrer dieser Zeit wider. Mit der Berufung von Hochschullehrern wie Thiele offenbart sich eine gewisse Kontinuität im Wissenschaftswandel der Nachkriegszeit, der sich prinzipiell dem veränderten Zeitgeist verpflichtet fühlt, der aber auch an einer Übertragung von fachlichen und akademischen Ressourcen in die neue Zeit interessiert war. In diesen Prozess mussten, wie sich im Fall von Thiele zeigt, auch Vertreter einbezogen werden, die in der Zeit des Nationalsozialismus selbst Teil der von der NS-Ideologie beeinflussten Wissenschaft wurden.

Das Verhältnis zwischen Zeitgeist und Individuum ist kein einfach zu verstehendes und in der Rückschau immer auch den Wertungen des heutigen Betrachters unterlegen.[1] Dieses Verhältnis soll vor dem Hintergrund der Berufung von Rudolf Thiele (1888-1960) an die Psychiatrische und Nervenklinik der Charité beleuchtet werden.

Nach dem Krieg stand man in Berlin vor dem Problem, die Leitung der einzelnen Kliniken wieder in geordnete Bahnen zu bringen. Die Nervenklinik der Charité hatte trotz personeller und materieller Verluste immer noch eine besondere Stellung inne. Diese

---

[1] Vgl. z.B. Helmchen 2007

gründete sich vor allem auf den guten Ruf Karl Bonhoeffers und seines Wirkens zwischen 1912 und 1938. So schien es naheliegend, nach dem Krieg wieder einen Schüler Bonhoeffers zu berufen. Die Wahl fiel auf Rudolf Thiele. Seine Zugehörigkeit zur Schule Bonhoeffers, seine Fähigkeiten und sein Pflichtbewusstsein wurden trotz seiner politischen Belastung gebraucht und anerkannt. Die nach dem Ende des Nationalsozialismus einsetzende Rückbesinnung auf Bonhoeffer und seine Schüler war zugleich mit der Frage nach der Fortführung und weiteren Ausrichtung der Charité-Nervenklinik verbunden. Bonhoeffer war auch nach seiner Emeritierung 1938 weiter wissenschaftlich tätig geblieben, richtete bereits im Oktober 1945 die Bitte an den Rektor um Reaktivierung und erhielt im Januar 1946 die offizielle Bestätigung als ordentlicher Professor an der Medizinischen Fakultät (Neumärker 1990). Er hatte somit wieder Einfluss auf die Geschehnisse in der Klinik und auf die Neubesetzung des Lehrstuhls.[2] Bereits im Oktober 1946 hatte Bonhoeffer dem damaligen Dekan der Medizinischen Fakultät, Heubner[3], Gruhle für die Besetzung des Lehrstuhls vorgeschlagen. Gruhle schien auch nicht abgeneigt, stellte aber folgende Bedingung: „Es wäre mir unmöglich, ärztlich und wissenschaftlich zu arbeiten, wenn ich gezwungen wäre, meine Mitarbeiter nach parteipolitischen Gesichtspunkten zu wählen. Dass Männer ausgeschlossen bleiben müssen, die nationalsozialistisch gesinnt sind, ist mir selbstverständlich" (Humboldt-Universität, Universitäts-Archiv [im Folgenden: HU, UA], Bereich Medizin, Charité, 0100/53).

Die Nervenklinik der Charité arbeitete trotz kriegsbedingter Einschränkungen unter Leitung[4] von Jürg Zutt (1893-1980) und dann von Heinrich-Christel Roggenbau (1896-1970), ebenfalls Schüler Bonhoeffers. Zutt verließ Berlin schon bald und nahm 1946 eine Berufung nach Würzburg an. Dem Schweizer Psychiater Max Müller (1894-1980) hatte Zutt in dieser Zeit über die Situation in Berlin erzählt, dass er „... allen Ernstes an die Möglichkeit einer Zusammenarbeit geglaubt (hatte)... Rasch habe er aber erkennen müssen, daß im Grunde doch wieder eine neue Diktatur im Entstehen sei; so habe er die Zelte abgebrochen, und sei... in den Westen geflohen" (Müller 1982, S. 351-352).

Es begann die Suche nach einem geeigneten Kandidaten für den renommierten Lehrstuhl. Wie sich zeigen sollte, standen die Berufungsbemühungen Ende der 40er Jahre unter dem Einfluss traditioneller Kräfte und eines notwendigen Pragmatismus. Gesellschaftspolitische Vorstellungen konnten hingegen (noch) nicht überwiegen.

---

[2] Eine ganze Reihe Schüler Bonhoeffers war nach dem Krieg in bedeutenden akademischen Ämtern oder in leitenden Positionen sowohl in Ost- wie auch in Westdeutschland tätig. Zu ihnen gehörten beispielsweise in Ostdeutschland Gustav Donalies in Eberswalde, Dietfried Müller-Hegemann in Leipzig, Hanns Schwarz in Greifswald, Johannes Suckow in Dresden und Rudolf Thiele in Berlin sowie in Westdeutschland Friedrich Panse in Düsseldorf, Kurt Pohlisch in Bonn, Heinrich Scheller in Erlangen und Würzburg, Heinrich Schulte in Bremen, Georg Stertz in München und Jürg Zutt in Würzburg und Frankfurt. Um Aussicht auf einen Lehrstuhl zu erhalten, bedurfte es keiner besonderen Empfehlung, allein bei Bonhoeffer wissenschaftlich gearbeitet zu haben, war an sich schon eine Empfehlung. Zu Bonhoeffer und der sogenannten Zweiten Berliner Schule vgl. (Neumärker 2001). S. a. eine Beurteilung Bonhoeffers aus späterer Sicht in dem Beitrag Beddies in diesem Band

[3] Wolfgang Otto Leonhard Heubner (1877-1957), seit 1932 ordentlicher Professor für Pharmakologie, war vom 24. Oktober 1946 bis Ende Dezember 1947 Dekan der Medizinischen Fakultät der Charité (vgl. David 2004).

[4] Die gesamte Nervenklinik wurde 1945 kommissarisch von Zutt geleitet. Roggenbau wird zunächst als Oberarzt und kommissarischer Leiter der Neurologischen Klinik aufgeführt (HU, UA, Bereich Medizin, Charité, 0100/71).

1 Berufungsbemühungen im Nachkriegs-Berlin

Einen Einblick in die schwierige Situation an der Klinik und vor welchen Problemen die Fakultät stand, einen geeigneten Nachfolger für den Lehrstuhl zu finden, gewähren Briefe, die Bonhoeffer 1947 und 1948 aus Berlin geschrieben hat. Besonders deutlich wird die Verunsicherung geschildert, die aufgrund der Ungewissheit über die weitere politische Entwicklung und der zunehmenden Isolierung des Berliner wissenschaftlichen Betriebes aufkam. Adressiert sind diese Briefe an Herta Seidemann (1900-1984), die als Jüdin 1933 die Klinik verlassen und emigrieren musste. So schrieb Bonhoeffer im April 1947: „Heute ist Gruhle[5] hier, um zu sehen, ob er die Berufung hierher annehmen will... Ob er kommen wird – er sitzt in einer idyllischen vom Kriege nicht berührten Gegend Oberschwabens – ist fraglich. Der Reiz Berlins ist ja ziemlich dahin und den Aufbau abzuwarten, ist ja für einen 67-Jährigen eine zweifelhafte Aufgabe, wenn man gern noch etwas arbeiten möchte." (Focke 1986, S. 134-135)

Wie die äußeren Umstände die akademische Situation belasteten, machte Bonhoeffer am 10. Juli 1947 deutlich: „Ob sich diese Absperrung in absehbarer Zeit löst, ist sehr fraglich, so wie die Dinge heute aussehen. Das wirkt sich natürlich auch wissenschaftlich ungünstig aus, nachdem schon die Nazizeit und der Krieg uns eingeengt haben, werden wir weiter rückständig bleiben, wenn keine Aussprache unter den Fachleuten möglich ist... Ich sehe es auch daran, dass ich bei den vielen Anfragen nach geeigneten Fachvertretern auf den Universitäten – durch die Nazivorkommnisse – über die jüngeren heranwachsenden Kräfte überhaupt nichts sagen kann, weil nichts publiziert wird und man noch keine Fachkongresse interzonal hat." (Focke 1986, S. 137-138)

Bonhoeffer berichtete am 10. Januar 1948 über den Fortgang der Lehrstuhlneubesetzung, nachdem Gruhle den Ruf abgelehnt hatte: „Roggenbau[6] ist als Nachfolger von de Crinis von der Fakultät vorgeschlagen worden, ob er den Russen genehm ist, weiss ich nicht. Sauerbruch, der dort einigermassen zu Hause ist, meint ja. Ich hoffe auch, dass er ernannt wird, da ich sonst fürchte, dass.... Hanns Schwarz[7] ernannt wird. Er ist eifriger SED-Politiker, aber klinisch und wissenschaftlich der Position nicht gewachsen. – Wir hoffen und wünschen dringend, dass uns der Weg nach dem Westen nicht verbaut wird. Das wäre menschlich und wissenschaftlich katastrophal." (Focke 1986, S. 148)

In einem Brief vom 15. November 1948 äußerte sich Bonhoeffer dann ausführlich über die Entwicklung der Berufungsbemühungen und erwähnte in diesem Zusammenhang erstmals auch Thiele: „Roggenbau ist noch nicht endgültig ernannt... unsere Liste für die Nachfolge von de Crinis lautete – Kurt Schneider, Thiele, Zutt, Roggenbau... Kurt Schneider lehnte ab, Thiele kam als alter SA-Mann (!) nicht in Betracht, Zutt ging nach

---

[5] Hans W. Gruhle (1880-1958) lehnte den Ruf nach Berlin am 29. November 1947 ab (HU, UA, Bereich Medizin, Charité, 0100/53). Er ging schließlich an die Universität Bonn und leitete bis 1952 die dortige Psychiatrische und Nervenklinik. Nach dem Tod seines Nachfolgers Kurt Pohlisch übernahm er 1955 erneut kommissarisch die Leitung bis er 1958 endgültig emeritiert wurde (Kolle 1963).

[6] Einer Berufung Roggenbaus stand jedoch der Dekan skeptisch gegenüber, der in einem Brief an Bonhoeffer vom 6. November 1947 zu bedenken gab, "dass seine Beurteilung bei Fachkollegen auch außerhalb Berlins keineswegs einmütig ist und dass daher auch,..., innerhalb unserer eigenen Fakultät keine einheitliche Meinung besteht." (HU, UA, Bereich Medizin, Charité, 0100/53).

[7] Hanns Schwarz (1898-1977) war von 1924 bis Ende 1932 an der Charité bei Bonhoeffer tätig und dann von 1946 bis 1965 der Nachfolger von Rudolf Thiele an der Greifswalder Universität.

Würzburg. Der dann eingeschobene Gruhle lehnte nach langem Überlegen auch ab. Der Osten Deutschlands, zu dem Berlin ja neuerdings gerechnet wird, lockt nicht" (Focke 1986, S. 149).

Und bereits wenige Tage später, am 18. November 1948, teilte Bonhoeffer mit: „Thiele hat einen Lehrauftrag für med. Psychologie und Psychopathologie und hat in der Charité die Nervenpoliklinik. Roggenbau ist noch immer kommissarisch, er gefällt offenbar nicht nach oben. Die Westuniversität sucht einen Psychiater mit Klinik. Er ist schwer zu finden. Es kommt zur Zeit niemand gern nach Berlin, was man versteht." (Focke 1986, S. 160)

2 Rudolf Thiele

Wie kam es nun dazu, dass tatsächlich Rudolf Thiele auf den traditionsreichen Lehrstuhl berufen wurde? Wer war Thiele und wie verlief seine berufliche Entwicklung?

Wilhelm Paul Rudolf Thiele[8], am 29. September 1888 in Berlin geboren, studierte zunächst von 1909 bis 1913 Philosophie und Naturwissenschaften und dann von 1913 bis 1919 Medizin an der Universität Berlin. 1913 promovierte Thiele zum Dr. phil. und 1923 zum Dr. med., es folgte 1926 die Habilitation, 1929 wurde er nichtbeamteter außerordentlicher Professor und erhielt in diesem Jahr auch einen Lehrauftrag an der Sozialhygienischen Akademie Berlin-Charlottenburg. Von 1920 bis 1933 arbeitete er an der unter der Leitung von Bonhoeffer stehenden Psychiatrischen und Nervenklinik der Charité, u.a. auf der 1921 eröffneten und von Franz Kramer (1887-1967) geleiteten „Kinder-Kranken- und Beobachtungsstation". Am 1. Januar 1933 wechselte er an die Wittenauer Heilstätten, von 1935 bis 1938 war er dirigierender Arzt an der Heil- und Pflegeanstalt Herzberge. Zur Tätigkeit Thieles an den Wittenauer Heilstätten und an der Anstalt Herzberge ist kaum etwas bekannt. In Arbeiten über die Geschichte dieser Einrichtungen finden sich nur wenige Hinweise (vgl. Beddies et al. 1999; Karl-Bonhoeffer-Nervenklinik 1989; Stender 1982). 1938 übernahm er den Lehrstuhl für Psychiatrie und Neurologie an der Universität Greifswald. Während des gesamten Krieges war Thiele als Beratender Psychiater des Heeres im Wehrkreis II tätig. Entsprechend der Angaben vom 19. Januar 1938 war Thiele Mitglied im Nationalsozialistischen Lehrerbund und Mitglied der SA. Er bewarb sich am 29. Juni 1937 um die Mitgliedschaft in der Nationalsozialistischen Deutschen Arbeiterpartei (NSDAP) und wurde ab dem 28. Oktober 1937 als Anwärter der NSDAP geführt. Nach Angaben von Thiele selbst, die er 1948 machte, mündete die Anwartschaft 1944 in die Mitgliedschaft. Zudem gab er hier an, seit 1933 Mitglied in der Nationalsozialistischen Volkswohlfahrt und ab 1939 Mitglied im NS-Dozentenbund gewesen zu sein. Thiele gehörte seit 1927 dem Preußischen Landesgesundheitsrat beim Ministerium für Volkswohlfahrt an, der u.a. im Juli 1932 den Entwurf für ein Sterilisationsgesetz vorgelegt hatte, welcher später als Vorlage für das sogenannte Gesetz zur Verhütung erbkranken Nachwuchses dienen sollte. Gleichzeitig war er in Berlin Mitglied des Erbgesundheits-Obergerichtes am Kammergericht. Im Zuge der Entnazifizierung verließ er Mitte 1946 Greifswald (s.u.), kehrte nach

---

[8] Die biographischen Angaben entstammen überwiegend Personalakten (BArch [ehem. BDC] PK Rudolf Thiele, 29.6.1888 ; HU, UA, PA-n. 45, Thiele, R.; HU, UA, UK T32 - Personalakte Rudolf Thiele, März 1929 bis 8.8.1938, Bd.3 ; BStU, MfS AP 327/55, Bl. 9).

Berlin zurück und war dort an den Kuranstalten Westend tätig. Am 1. November 1948 wurde Thiele Professor mit vollem Lehrauftrag und Leiter der Poliklinik für Nervenkrankheiten an der Psychiatrischen und Nervenklinik der Charité, ab 1. Mai 1949 Ordinarius für Psychiatrie und Neurologie und Direktor der Nervenklinik und Poliklinik. Im September 1956 wurde Thiele emeritiert. Er hat jedoch die Klinik kommissarisch noch bis zum 1. Juli 1957 weitergeführt. Nachfolger wurde Karl Leonhard[9], der vor allem dem wissenschaftlichen Leben wichtige Impulse gab.

Thiele verstarb 1960 im Alter von 72 Jahren und wurde auf dem Dorotheenstädtischen Friedhof in Berlin beigesetzt.

Thieles Arbeiten auf dem Gebiet der Psychiatrie und Neurologie waren thematisch breit gefächert. Eine Spezialisierung oder gar Profilierung in wissenschaftlicher Hinsicht findet sich nicht. Er habilitierte sich 1926 mit einer Arbeit über die psychischen Residuärzustände nach Enzepahiltis epidemica bei Kindern und Jugendlichen. Thiele hat verschiedene Monographien zu neurologischen und psychiatrischen Themen verfasst. Exemplarisch soll sein Beitrag zur Frage der Aphasie, Apraxie und Agnosie erwähnt werden, der in Bumkes Handbuch der Geisteskrankheiten erschien und aus heutiger Sicht in das Gebiet der Neuropsychologie fällt (Thiele 1928). Sonst trat Thiele vielmehr mit Arbeiten über seinen Lieblingsdichter Jean Paul in Erscheinung (Donalies 1969), was ihm bei der fachlichen Beurteilung auch Kritik einbrachte (HU, UA, UK T32 – Personalakte Rudolf Thiele, März 1929 bis 8.8.1938, Bd.3).

3   Thiele im Nationalsozialismus

Zunächst soll Thieles Entwicklung und sein Wirken während der Zeit des Nationalsozialismus näher betrachtet werden. Anfang März 1934 wurde in der Nervenklinik der Charité unter Federführung von Karl Bonhoeffer ein erbbiologischer Kurs für Psychiater und Neurologen abgehalten, in dem über die psychiatrischen Aufgaben bei der Ausführung des Gesetzes zur Verhütung erbkranken Nachwuchses referiert wurde. Thiele hielt einen Vortrag über den „Angeborenen Schwachsinn" (Thiele 1934). Er befürwortete die Sterilisation bei den Betroffenen und sprach sich für eine weite Auslegung der gesetzlichen Bestimmungen aus, wobei er Nützlichkeitserwägungen als Begründung anführte: „Wenn etwa darauf hingewiesen wird, daß es doch auch sozial ganz brauchbare Schwachsinnige gebe,..., so bedeutet das doch immer nur, daß solche Individuen für die Allgemeinheit bestenfalls tragbar, niemals in irgendeinem Sinne erwünscht sein können. Erscheint es demnach auch nur zu gerechtfertigt, wenn das Bestreben dahin geht, eine Neuentstehung und weitere Verbreitung des Schwachsinns mit allen zur Verfügung stehenden Mitteln zu verhindern..." (Thiele 1934, S. 3). Thiele empfahl aufgrund der zu erwartenden Unsicherheit bei der Beurteilung der Erblichkeitsfrage, die Bezeichnung „erblicher Schwachsinn" zu vermeiden und sah eine Lösung dieses Problems darin, die Sterilisierung auf alle Schwachsinnigen auszuweiten. Er verwies darauf, dass es selbst beim Vorliegen einer äußeren

---

[9] Karl Leonhard (1904-1988) wurde 1955 zunächst an die Medizinische Akademie Erfurt berufen und folgte schließlich am 1. Juli 1957 dem Ruf an die Berliner Humboldt-Universität. Dort war er bis 1970 als Direktor der Psychiatrischen und Nervenklinik der Charité tätig (vgl .auch Neumärker 2008 und den Beitrag Neumärker in diesem Band).

(Mit)Ursache nicht ausgeschlossen sei, das „nicht doch (oder auch) endogene Faktoren am Werke sind". Thiele ging im Zusammenhang mit diagnostischen Problemen u.a. auch auf die Rolle des Psychiaters ein. Er bemerkte, dass trotz aller Möglichkeiten, die für die Beurteilung hilfreich sein können, „allein psychiatrische Erfahrung das Wort hat... Wir dürfen darauf vertrauen, daß in der sich entwickelnden Praxis der Erbgesundheitsgerichte die gesunden, auf Erhaltung und Förderung der Rasse gerichteten Instinkte sich Geltung verschaffen werden. Aber wir haben dabei entscheidend mitzuwirken." (Thiele 1934, S. 12-13).

Abb 1: Rudolf Thiele ca. 1938
(mit Genehmigung des Universitätsarchivs der Humboldt-Universität zu Berlin: HU, UA, NS-Doz., Z/BII 1877/10)

1938 wurde Thiele an die Universität Greifswald berufen. An der dortigen Medizinischen Fakultät war die NS-Hochschul- und Personalpolitik seit 1933 konsequent durchgesetzt worden und hatte zu einer hohen Fluktuation geführt.[10] Schneck hat festgestellt, dass gerade der provinzielle Charakter die kleine ehemalige herzoglich-pommersche Landesuniversität als Brutstätte konservativen Geistes prädestiniert habe (Schneck 1993). Die etwas abseitig gelegene Greifswalder Universität diente in einigen Fällen offensichtlich als Bewährungsstätte für medizinische Hochschullehrer gegenüber dem nationalsozialistischen Staat. So war neben dem fachlichen Kriterium vor allem die politische Loyalität für die Berufung auf einen Lehrstuhl eine notwendige Voraussetzung. Für die Wiederbesetzung des Lehrstuhls in Greifswald waren neben Thiele auch Fünfgeld (Magdeburg), Flügel (Leipzig), Enke und Mauz (Marburg) vorgesehen. In diesem Zusammenhang schätzte de Crinis[11] den Kandidaten Thiele Anfang 1938 wie folgt ein: „Rudolf Thiele, Berlin-Wittenau, Schüler Bonhoeffers... Als wissenschaftlicher Arbeiter zuverlässig, jedoch ohne Originalität. Politisch nie hervorgetreten, sehr vorsichtig und zurückhaltend und ist auch in seinem persönlichen Verhalten nicht sehr repräsentativ im nat. soz. Sinne." (HU, UA, Bereich Medizin, Charité, Nervenklinik, 038011/5). Der Führer der Dozentenschaft der Universität Berlin urteilte in einem Gutachten vom 17.12.1937 über Thiele: „Die innere Haltung ist die eines Gelehrten, der vielleicht zu manchen praktischen Situationen wenig affektive Beziehungen hat, ohne daß man indessen von allgemeiner Fremdheit den gesamten Erfordernissen des praktischen Lebens gegenüber zu sprechen berechtigt wäre. Man würde der Persönlichkeit des Herrn Prof. Thiele nicht gerecht, wollte man nicht ein ernsthaftes soziales Bestreben und Mitfühlen hervorheben... Seine weltanschauliche Einstellung ist als

---

[10] Dieser häufige Wechsel bei der Besetzung der Lehrstühle zwischen 1933 und 1938 zeigte sich gerade in der Psychiatrie. In dieser kurzen Zeitspanne folgten als Ordinarien Edmund Forster (1878-1933), Gottfried Ewald (1888-1963), Walter Jacobi (1889-1938) und Paul Hilpert (1893-1939). Erst mit der Berufung von Thiele begann eine Phase der Beständigkeit. Vgl. insbesondere zum tragischen Schicksal von Edmund Robert Forster (Armbruster 2005).

[11] Zur wissenschaftlichen und politischen Tätigkeit von Maximinian de Crinis (1889-1945) in Köln und Berlin vgl. (Jasper 1991). De Crinis war ab 1934 Ordinarius in Köln und übernahm Ende 1938 als Nachfolger von Karl Bonhoeffer den renommierten Lehrstuhl für Psychiatrie und Neurologie in Berlin. In Köln hatte er u.a. das Amt des Führers der Dozentenschaft inne und beurteilte in dieser Eigenschaft Thiele. s. a. den Beitrag Beddies in diesem Band

positiv zu beurteilen." (HU, UA, NS-Doz., Z/B II 1877/10). Eine weitere Beurteilung in dieser Zeit findet sich schon zuvor im Zusammenhang mit einer möglichen Berufung Thieles als Nachfolger von Alfred Hauptmann[12] an die Universität Halle. Die Dozentenschaft der Medizinischen Fakultät der Berliner Friedrichs-Wilhelm-Universität schrieb am 26. Februar 1936 über Thiele: „Politisch hält er [der Unterführer der Dozentenschaft Prof. Stahl, E.K.] Prof. Thiele für völlig indifferent. Typischer Intelektueller. Sehr fleissig, sehr gutes Gedächtnis, aber mehr rezeptive als produktive Persönlichkeit. Zahlreiche gute Arbeiten auf dem Gebiet der Psychiatrie und Neurologie. Ausgezeichneter Sprecher (druckfertige Vorträge). Sehr guter Lehrer. – Schwere Sehstörung mit nicht bekannter Ursache." (HU, UA, UK T32 – Personalakte Rudolf Thiele, März 1929 bis 8.8.1938, Bd.2). Diese Einschätzungen waren wahrscheinlich nicht für Thiele förderlich, denn letztlich wurde Paul Hilpert von Greifswald nach Halle berufen, der sich offensichtlich schon im nationalsozialistischen Sinne bewährt hatte.

Aktiv beteiligt war Thiele als Gutachter zur Entscheidungsfindung über Zwangssterilisationen. Eine Untersuchung der Patientenunterlagen aus den Jahren 1933 bis 1945 unter besonderer Berücksichtigung der Begutachtung im Rahmen des sogenannten Erbgesundheitsgesetzes an der Greifswalder Universitäts-Nervenklinik zeigt, dass die Gutachten eher die Tendenz aufweisen, eine Krankheit im Sinne des Gesetzes zu diagnostizieren als eine solche auszuschließen (Bady et al. 1994). Es wird der Fall eines 49-jährigen Mannes mit der Diagnose „manisch-depressives Irresein" erwähnt, bei dem der Antrag auf Unfruchtbarmachung im Jahre 1941 zunächst vom Erbgesundheitsgericht abgelehnt wurde, weil es die Diagnose als nicht genügend gesichert ansah. Gegen dieses Urteil legte Rudolf Thiele, zu diesem Zeitpunkt Direktor der Universitätsnervenklinik, Beschwerde mit der Begründung ein, dass es sich seiner Ansicht nach um eine manisch-depressive Erkrankung handele und das in jedem Fall der endogene Charakter der Erkrankung ausschlaggebend sei. Somit stand für Thiele fest: „Der Lagermeister F. fällt demnach nach meiner ärztlichen Überzeugung unter das Gesetz zur Verhütung erbkranken Nachwuchses" (zit. nach Bady et al. 1994, S. 67). Der Beschwerde Thieles gab das Erbgesundheitsobergericht in Stettin statt und die Sterilisation wurde angeordnet. Dieser Fall zeigt exemplarisch, dass Thiele nicht versucht hat, das Erbgesundheitsgesetz zu umgehen. Im Gegenteil hat er, wie schon 1934 gefordert, als Psychiater entscheidend an dessen praktischer Umsetzung mitgewirkt.

Auch das Wirken von Thiele in seiner Funktion als Beratender Psychiater des deutschen Heeres und damit innerhalb der Strukturen der Militärpsychiatrie muss kritisch hinterfragt werden. Als Beratender Psychiater war er auch für die Militärjustiz tätig. Thieles Einschätzung der „hysterischen Reaktionen", die er als Gutachter vertrat, zeigt seine ideologiekonforme Einstellung, die für die Betroffenen schwerwiegende Konsequenzen haben konnte. Da er als Ursache einen „mangelnden Gesundungswillen" annahm, konnten die Soldaten bei entsprechender Interpretation wegen Simulation oder Wehrkraftzersetzung bestraft werden. Thiele machte in einem Bericht vom 3. Januar 1944 über „Simulation und hysterische Reaktion im strafrechtlichen Zusammenhang" deutlich: „Ich bin der Überzeugung, daß man selbst die Möglichkeit einer gewissen Rechtsungleichheit nicht scheuen sollte, gegen ein derart gemeinschaftsschädliches Verhalten wirksam vorzugehen. Das Interesse des Volksganzen muß auch hier höher stehen als die Rücksicht auf den einzelnen minderwertigen Volksgenossen." (zit. nach Pfau 2002, S. 73)

---

[12] Der Neurologe und Psychiater Alfred Hauptmann (1881-1948) musste am 1. Januar 1936 die Hallenser Klinik aufgrund seiner jüdischen Herkunft verlassen und später emigrieren (Kumbier et al. 2002).

Thiele forderte bei den so genannten hysterischen Reaktionen der Soldaten ein hartes Vorgehen. Er gehörte zu der Gruppe von Psychiatern, die eine Behandlung dieser Soldaten mit Cardiazol zur Auslösung von Krampfanfällen empfahl. Warum Thiele diese Methode bevorzugte, begründet er in einem Bericht vom 1. Juli 1943, weil nämlich „das vor dem Krampf auftretende Vernichtungsgefühl als sehr alarmierend erlebt wird und auch nicht in der nachfolgenden Amnesie für die Krampfphase unterzugehen pflegt, also in einer durchaus der therapeutischen Absicht entsprechenden Weise weiterwirkt [...] Ich bin nach wie vor der Überzeugung, daß man auf solche Mittel der Abschreckung – um das Ding beim rechten Namen zu nennen – in dafür geeigneten Fällen keineswegs verzichten sollte..." (Riedesser et al. 2004, S. 150).

Diese Haltung war geprägt von dem völligen Außerachtlassen des Wohls des einzelnen Soldaten und der moralischen Verurteilung als „minderwertig". Diese therapeutische Empfehlung erklärt sich wohl am ehesten aus seiner Einstellung, die die Ansprüche des Einzelnen dem Wohl der Volksgemeinschaft unterordnete. Thiele war zu diesem Zeitpunkt offensichtlich bereit, seine Grundhaltung ärztlichen Handelns aufzugeben, welche das Wohl des Einzelnen als das höchste Gut betrachtet. Im Gegensatz dazu folgte er, dem Zeitgeist entsprechend, Nützlichkeitserwägungen, welche die Soldaten in Hinblick auf ihre Wehrkraft beurteilten und zu deren Wiederherstellung er unter den Bedingungen des Krieges den Einsatz unmenschlicher Methoden rechtfertigte. Schmiedebach sprach diesbezüglich auch von einer schrittweisen Militarisierung des Arztberufes (Schmiedebach 1987). Thiele hatte sich der NS-Ideologie angenähert. In seiner Funktion als Beratender Psychiater nahm Thiele auch an der dritten Arbeitstagung der Beratenden Ärzte in der Militärärztlichen Akademie des Heeres-Sanitätswesens teil, die vom 24. bis 26. Mai 1943 stattfand. Auf dieser Tagung wurde u.a. über die grausamen Versuche an Frauen im KZ Ravensbrück referiert. Klee geht aufgrund von Zeugenaussagen davon aus, dass dieses Referat in einer Vollversammlung aller Teilnehmer stattgefunden hat. Die vorab erstellte Teilnehmerliste der Tagung enthält u.a. die Namen von 21 Psychiatern. Thiele wird als Stabsarzt aufgeführt (Klee 2001). Somit erfuhren er und ein Teil der führenden Mediziner der deutschen Ärzteschaft am 24. Mai 1943 von den Menschenversuchen, und obwohl die Versuche von einigen als unnötig und grausam empfunden wurden, wurde jegliche ärztliche Ethik verraten. Dass Thiele tatsächlich an dieser Arbeitstagung teilgenommen hat, geht aus einem Brief hervor, den er wenige Tage später an Gustav Donalies[13] schrieb.

4   Thiele und die Entnazifizierung

Nach Kriegsende wurde Thiele aus dem Lehramt entlassen, aber als Arzt und Direktor in seiner Klinik zunächst noch weiterbeschäftigt, bis er selbst Greifswald im Sommer 1946 verließ. Die konsequente Entnazifizierungsstrategie[14] an der Greifswalder Universität ließ

---

[13] Gustav Donalies (1894-1961) hatte mit Thiele an der Charité zusammengearbeitet und war ab 1937 in der Landesanstalt Eberswalde tätig. Er blieb mit Thiele freundschaftlich verbunden, wozu auch der briefliche Austausch privater und beruflicher Neuigkeiten gehörte.

[14] Zum zeitlichen Verlauf und der Praxis der Entnazifizierung in Mecklenburg-Vorpommern, an der Greifswalder Universität und speziell der Universitätsnervenklinik vgl. Melis van (1999); Pfau (2005); Schönrock (1982). Demnach verlief die Entnazifizierung in mehreren Phasen, die sich in der Umstrukturierung und den personellen Veränderungen nachvollziehen lassen.

es in dieser Zeit nicht zu, dass trotz gravierender personeller Probleme politisch belastete Hochschullehrer verbleiben konnten. Im Verlauf des Jahres 1945 wurden die Bestimmungen verschärft, die nun auch die Gruppe der so genannten nominellen NSDAP-Mitglieder mit einschloss, zu denen auch Thiele gehörte. In den Verhandlungen um die Wiedereröffnung der Universität spielte die konsequente Durchführung der Entnazifizierung nach dem politischen Willen vor allem der deutschen Antifaschisten eine entscheidende Rolle. Die Entnazifizierung bedeutete mehr als nur die Entfernung exponierter Vertreter des Nationalsozialismus aus führenden Positionen, sondern sie wandelte sich vielmehr zu einem politischen Machtinstrument innerhalb der universitären Personalpolitik. Das führte in der Folge dazu, dass die zur Zeit für politisch nicht tragbar erklärten Ordinarien aus dem Lehramt entlassen wurden. Rudolf Thiele gehörte dazu, obwohl der Rektor ihn als „Wissenschaftler ersten Ranges von europäischer Berühmtheit" (zit. nach Pfau 2002, S.106) bezeichnete, dessen Vorlesungen für die klinische Ausbildung der Medizinstudenten dringend erforderlich seien und vorerst kein Ersatz für ihn gefunden werden könne. Auch der Dekan der medizinischen Fakultät bemühte sich um die Weiterbeschäftigung von Thiele (vgl. BArch DQ 1-92).

Bis Ende 1946 bestimmten regionale Verordnungen die Entnazifizierung in den einzelnen Ländern der SBZ. Erst aufgrund entsprechender Befehle der Sowjetischen Militäradministration in Deutschland (SMAD) vom August 1947 und Februar 1948 war die Entnazifizierung offiziell abgeschlossen. Die Rehabilitation aller nominellen NSDAP-Mitglieder wurde eingeleitet und somit konnten politisch belastete Hochschullehrer wie Thiele an die Universitäten zurückkehren. In der beruflichen und akademischen Karriere von Rudolf Thiele zeigt sich nun anschaulich eine Entwicklung, die Anna-Sabine Ernst treffend als „Kurzzeitige Brüche – langfristige Kontinuität" charakterisiert hat (Ernst 1997). Nach seiner Rückkehr nach Berlin war Thiele vorübergehend an den Kuranstalten Westend tätig. Diesem kurzzeitigen Karrierebruch sollte aber schon bald eine Fortsetzung seiner Hochschulkarriere folgen. Denn in der Deutschen Zentralverwaltung war man sehr daran interessiert, Thiele als einem der wenigen in der SBZ verbliebenen Fachvertreter mit ausgewiesener klinischer und wissenschaftlicher Expertise den Wiedereinstieg in die Hochschullaufbahn zu ermöglichen. Die Bemühungen wurden im Verlauf noch verstärkt, als Anfragen an Thiele für eine Berufung in die Westzone kamen und seine Abwanderung drohte. Nun kam auch der Einfluss Bonhoeffers zum Tragen, der bereits am 20. Juni 1946 schriftlich mitteilte (Adressat unbekannt): „Er (Thiele, E.K.) ist von der Berufungskommission neben Kurt Schneider in Heidelberg, der nicht kommen wird, an erster Stelle vorgeschlagen. Er ist... was Lehrbefähigung und wissenschaftliche Qualität belangt, für die hiesige Stelle sehr geeignet. Über die Schwierigkeiten[15], die bestehen, wird er selbst berichten. Ob diese sich nicht beseitigen lassen mit Ihrer Hilfe? Er ist je in keiner Weise politisch hervorgetreten..." (HU, UA, PA-n. 45, Thiele, R.).

---

[15] Die Schwierigkeiten, die bestanden und die Bonhoeffer hier ansprach, waren am ehesten in der Entnazifizierung begründet, denn Thiele wurde als politisch belasteter Hochschullehrer angesehen und musste deshalb sein Lehramt an der Greifswalder Universität aufgeben.

5 Die Berufung Thieles an die Charité

Bereits am 2. Juli 1947 wurde Thiele von der Personalabteilung der Charité als geeigneter Ersatz für Roggenbau empfohlen (HU, UA, PA-n. 45, Thiele, R.). Auf der Vorschlagsliste des Dekans zur Wiederbesetzung des Lehrstuhls für Psychiatrie und Neurologie vom 15. November 1947 standen in Absprache mit Bonhoeffer primo loco Kurt Schneider und Thiele, secundo loco Zutt und tertio loco Roggenbau. Es wurde jedoch schon angemerkt: „Es ist bereits bekannt, dass mit den beiden Kandidaten Schneider und Zutt nicht gerechnet werden kann. Die Herren Thiele und Roggenbau sind aus der bekannten Schule des Herrn Prof. Bonhoeffer hervorgegangen und seit Jahrzehnten den Kollegen der Fakultät genau bekannt." (HU, UA, Bereich Medizin (Charité) 0100/80). Eine Anfrage an den Kurator der Universität Greifswald mit der Bitte um Auskunft über Thieles politische Haltung wurde in einem Schreiben vom 5. Oktober 1948 an die Deutsche Verwaltung für Volksbildung in der SBZ mit dem Verweis beantwortet, dass „... sich Prof. Thiele für das nat. sozialistische Regime nicht aktiv exponiert" (HU, UA, PA-n. 45, Thiele, R.) hat. In einem Schreiben vom 12. Oktober 1948 an die Deutsche Verwaltung für das Gesundheitswesen teilte die Humboldt-Universität dann mit: „Um der wissenschaftlich völlig toten Nervenklinik der Charité neuen Impuls zu geben, haben wir uns entschlossen, den namhaften Bonhoeffer-Schüler Professor Dr. Thiele als Professor mit vollem Lehrauftrag trotz politischer Belastung wieder einzustellen. Wir bitten um Ihre Zustimmung." (HU, UA, PA-n. 45, Thiele, R.)

Abb. 2: Rudolf Thiele, ca. 1948 (mit Genehmigung des Universitätsarchivs der Humboldt-Universität zu Berlin: HU, UA, PA-n.45, Thiele, R.)

So wurde Thiele am 1. November 1948 wieder in den Hochschuldienst eingestellt und übernahm die Leitung der Nerven-Poliklinik der Charité als Professor mit vollem Lehrauftrag. In der Hauptverwaltung Gesundheitswesen der Deutschen Wirtschaftskommission in der SBZ wurden indes Bedenken laut (Schreiben vom 19. November 1948 an die Deutsche Verwaltung für Volksbildung): „Nach Erkundigungen bei der Entnazifizierungskommission für Ärzte beim Magistrat der Stadt Berlin hat Herr Prof. Dr. Thiele auf Befragen über seine Stellung gegenüber dem Nazigesetz zur Verhütung erbkranken Nachwuchses sehr befremdende Ausführungen gemacht... muss eine Stellungnahme zur Berufung von Prof. Thiele zurückgestellt werden." (HU, UA, PA-n. 45, Thiele, R.)

Schließlich nahm die Personalabteilung der Deutschen Verwaltung für Volksbildung dann am 17. Januar 1949 Stellung: „Die Personalabteilung befürwortet die Wiedereinsetzung von Prof. Dr. Thiele trotz seiner politischen Belastung aus folgenden Gründen:
1. Nach den vorliegenden Unterlagen und eingezogenen Erkundigungen ist Prof. Th. politisch nicht hervorgetreten.
2. Er verfügt über einen ausgezeichneten Leumund, sowohl als Wissenschaftler und Lehrer als auch als Arzt und Mensch.
3. Er hat eine Berufung an die Westuniversität mit der Begründung abgelehnt, daß er der Humboldt-Universität die Treue halten will.
4. Besonders im Hinblick auf die äußerst schwierige Lage an der Nervenklinik der Charité.

„Auch von Seiten der Hauptverwaltung für das Gesundheitswesen werden keine Einwände erhoben. Chef der Personalabteilung" (HU, UA, PA-n. 45, Thiele, R.).

Trotzdem äußerte wenig später auch der Berliner Polizeipräsident seine Zweifel (Schreiben vom 8. Februar 1949 an die Personalabteilung der Deutschen Verwaltung für Volksbildung in der SBZ): „Infolge der langjährigen Zugehörigkeit des Thiele zu nazistischen Organisationen erscheint es bedenklich, Thiele in den Hochschuldienst zu übernehmen." (HU, UA, PA-n. 45, Thiele, R.).

In einem Schreiben vom 8. März 1949 an den Chef der Abteilung Hochschulen und Wissenschaft, Robert Rompe[16], setzte sich der Medizinische Referent und spätere ärztliche Direktor der Charité (1950-1952), Friedrich Hall, für die Berufung von Thiele ein. Er verwies darauf, dass Thiele Schüler von Bonhoeffer ist und „zurzeit der beste Nervenarzt und medizinische Psychologe unserer Zone", und dass er schon einen Ruf als Nachfolger von Karl Kleist in Frankfurt am Main wie auch an die Westuniversität Berlins[17] erhalten habe. Thiele habe dort das Angebot schon zweimal ausgeschlagen (UA, PA-n. 45, Thiele, R., Bl. 50).

Am 1. Mai 1949 wurde Thiele zum ordentlichen Professor für Neurologie und Psychiatrie berufen und erhielt somit den traditionsreichen Lehrstuhl. Gleichzeitig wurde er Direktor der Nervenklinik und -poliklinik der Charité. Er löste damit den bis dato kommissarischen Leiter Roggenbau ab.

6 Resümee

Die Zugehörigkeit Thieles zu der international bekannten Schule Bonhoeffers, seine Fähigkeiten und sein Pflichtbewusstsein wurden im Berlin der Nachkriegszeit wieder gebraucht und anerkannt. Seinem Pflichtbewusstsein und akademischen Zielen folgend, passte sich Thiele dem jeweiligen politischen System an. Thiele stand während der NS-Zeit den nationalsozialistischen Ideen zeitweise sehr nahe, wie seine Tätigkeit als Beratender Psychiater der Wehrmacht und seine Haltung zum sogenannten Gesetz zur Verhütung erbkranken Nachwuchses zeigt. Infolge der Entnazifizierung musste Thiele 1946 seinen Lehrstuhl an der Universität Greifswald aufgeben, den er seit 1938 innehatte. Trotz seiner politischen Belastung wurde er schon 1948 wieder Professor mit vollem Lehrauftrag und im Mai 1949 zum ordentlichen Professor für Psychiatrie und Neurologie an der Psychiatrischen und Nervenklinik der Charité Berlin berufen.

---

[16] Der Physiker Robert Wilhelm Herrmann Rompe (1905-1993) war seit 1946 ordentlicher Professor und bis 1968 Direktor des II. Physikalischen Institutes der HU Berlin. Er war von 1945 bis 1949 als Hauptabteilungsleiter für Hochschulen und Wissenschaft in der Deutschen Zentralverwaltung für Volksbildung tätig (Müller-Enbergs et al. 2006).

[17] An die neu gegründete Freie Universität Berlin (FU) wurde 1949 Helmut Selbach (1909-1987) aus Marburg als erster Lehrstuhlinhaber für Psychiatrie und Neurologie berufen. Im Januar 1950 begann Selbach seine Arbeit und wurde Gründungsdirektor der Universitätsnervenklinik der FU. Vgl. zur Geschichte der Psychiatrischen Klinik an der Freien Universität Berlin (Helmchen 2007). Helmchen hat nach Durchsicht der Protokolle der Medizinischen Fakultät der FUB in deren Berufungsdiskussionen keinen Hinweis auf Thiele gefunden, sodass man davon ausgehen kann, dass er keinen Ruf an die FUB erhalten hat (persönliche Mitteilung von H. Helmchen).

Versucht man ein Gesamtbild zu zeichnen, so zeigt sich, dass nach Abschluss der offiziellen Entnazifizierung bei entsprechender Qualifizierung erneut die Chance bestand, die berufliche und akademische Karriere fortzusetzen. Der Mangel an geeigneten Fachkräften führte oft nur zu einer lokalen Umverteilung der in der SBZ verbliebenen, mehr oder weniger als politisch belastet eingestuften Fachvertreter. Das Verhältnis Thieles zum nationalsozialistischen Staat ist insofern von Bedeutung, als dass Thiele seine akademische Laufbahn ab Mitte der 30er Jahre erheblich intensivierte. Um Thieles geistiges Verhältnis zum Nationalsozialismus nachzuvollziehen, sind seine Mitgliedschaften in nationalsozialistischen Organisationen nicht besonders aussagekräftig. Die Ärzteschaft war wie kein anderer akademischer Berufsstand mit dem System verbunden (Jachertz 2008). Dem erheblichen Organisationsgrad der Ärzteschaft entsprechend, war auch Thiele Mitglied in solchen Organisationen. Was im Zusammenhang mit Karl Bonhoeffer für die Zeit des Nationalsozialismus festgestellt wurde (Beddies 2005)[18], könnte so auch für Thiele zutreffen. Thiele hielt nicht nur eine zu geringe Distanz zur vom Zeitgeist dominierten Wissenschaft, er repräsentierte vielmehr diese Wissenschaft und kam so dem Regime und damit der NS-Ideologie sehr nah, ohne selbst Sympathisant der nationalsozialistischen Bewegung gewesen zu sein. Der sonst eher vorsichtige und zurückhaltende Thiele wurde als Arzt und Wissenschaftler selbst Teil der NS-Medizin. Obwohl das Ende des Nationalsozialismus dann zwar eine politische Zäsur in der Geschichte der deutschen Psychiatrie darstellte, fand eine kritische Auseinandersetzung mit der Frage nach der ärztlichen Verantwortung, in Ost- wie Westdeutschland, häufig nicht statt. So wies auch Thiele jegliche Mitverantwortung von sich. In einem Bericht über seine politische und soziale Entwicklung vom 5. September 1952 gab er zur eigenen Rolle im Nationalsozialismus und zur Vernichtung Geisteskranker stattdessen an: „Ich habe auch keine Gelegenheit vorübergehen lassen, meine Abscheu gegen die (von) Parteistellen durchgeführte Vernichtung Geisteskranker (sic) Anstaltsinsassen in empörten Worten Ausdruck zu geben. Da ich mich niemals im Sinne des Nationalsozialismus betätigt habe, musste ich mir auch in meiner Hochschullaufbahn empfindliche Zurücksetzungen gefallen lassen." (HU, UA, PA-n. 45, Thiele, R.)

Aber auch oder gerade seine Loyalität gegenüber dem sozialistischen Staatswesen in der SBZ und der DDR zeigt, dass Thiele, der in den 50er Jahren auf dem Höhepunkt seiner akademischen Karriere stand, sich seinen akademischen Zielen folgend wieder dem neuen politischen System angepasst hat. Thiele hat sich hier politisch nicht betätigt und gehörte keiner politischen Organisation mehr an. Bedeutende staatliche oder akademische Auszeichnungen wurden ihm nicht zuteil, obwohl ihn die Karl-Marx-Universität Leipzig 1956 zur Verleihung des Nationalpreises vorgeschlagen hat (HU, UA, PA-n. 45, Thiele, R.). Schon im Oktober 1952 wurde in einer fachlichen Beurteilung eingeschätzt, dass er „in der Neurologie nicht zu der Spitzenklasse (zählt). Er ist ein sehr belesener Fachkenner, kann aber die Entwicklung nicht mehr vorwärts treiben." (HU, UA, UK T32 Personalakte Rudolf Thiele, März 1929 bis 8.8.1938, Band 3).

Abschließend soll Hanns Schwarz, sein ehemaliger Mitarbeiter an der Charité und Nachfolger in Greifswald, zu Wort kommen, dem es mit seiner Einschätzung vielleicht am ehesten gelang, Thiele als Menschen zu charakterisieren: „Rudolf Thiele, mein erster Stationsarzt, zehn Jahre älter als ich, blond bis unter die zarte Haut, klug, belesen, klar im

---

[18] s. a. den Beitrag Beddies in diesem Band

Schreibstil, unsicher im Lebensstil, von dem man viel lernen konnte, besonders über sein Steckenpferd Jean Paul,.. Warum sich Rudolf Thiele gerade mit Jean Paul wesensverwandt fühlte, ist mir nicht klar geworden, wenn auch er etwas kauzig und verschroben sein konnte. Vielleicht war es der Versuch eines Wunsches der Identifikation." (Schwarz 1977, S. 120-121).

Literatur

Armbruster J (2005) Edmund Robert Forster (1878-1933): Lebensweg und Werk eines deutschen Neuropsychiaters. Matthiesen, Husum

Bady T, Blütgen M (1994) Untersuchung von Patientenunterlagen der Universitäts-Nervenklinik Greifswald aus den Jahren 1933-1945 unter besonderer Berücksichtigung von Begutachtungen im Rahmen des „Gesetzes zur Verhütung erbkranken Nachwuchses". Diss, Med Fak, Ernst-Moritz-Arndt-Universität Greifswald

Beddies T (2005) Universitätspsychiatrie im Dritten Reich. Die Nervenklinik der Charité unter Karl Bonhoeffer und Maximinian de Crinis. In: vom Bruch R (Hrsg) Die Berliner Universität in der NS-Zeit. Band 2: Fachbereiche und Fakultäten. Steiner, Stuttgart, S. 55-72

Beddies T, Dörries A (1999) Die Patienten der Wittenauer Heilstätten in Berlin: 1919-1960. Matthiesen, Husum

David H (2004) „... es soll das Haus die Charité heißen ..." Kontinuitäten, Brüche und Abbrüche sowie Neuanfänge in der 300jährigen Geschichte der Medizinischen Fakultät (Charité) der Berliner Universität. Band 1. akademos, Hamburg

Donalies C (1969) Rudolf Thiele und Jean Paul (Zum 80. Geburtstag von R. Thiele). Psychiatrie, Neurologie, und medizinische Psychologie 21: 355-357

Ernst A-S (1997) „Die beste Prophylaxe ist der Sozialismus": Ärzte und medizinische Hochschullehrer in der SBZ/DDR 1945- 1961. Waxmann, Münster New York München

Focke W (1986) Begegnung. Herta Seidemann: Psychiaterin – Neurologin 1900-1984. Hartung-Gorre, Konstanz

Helmchen H (Hrsg) (2007) Geschichte der Psychiatrie an der Freien Universität Berlin. Pabst Science Publishers, Lengerich

Jachertz N (2008) NS-Machtergreifung (II): Abwärts auf der schiefen Bahn. Dtsch Ärztebl 105: A 781-784

Jasper H (1991) Maximinian de Crinis (1889-1945): Eine Studie zur Psychiatrie im Nationalsozialismus. Matthiesen, Husum

Arbeitsgruppe zur Erforschung der Geschichte der Karl-Bonhoeffer-Nervenklinik (Hrsg) (1989) Totgeschwiegen 1933-1945 – Zur Geschichte der Wittenauer Heilstätten. Seit 1957 Karl-Bonhoeffer-Nervenklinik. 17, 2. Hentrich, Berlin

Klee E (2001) Auschwitz, die NS-Medizin und ihre Opfer. Fischer, Frankfurt am Main

Kolle K (1963) Hans W. Gruhle. In: Kolle K (Hrsg) Große Nervenärzte. Thieme, Stuttgart, S. 69-76

Kumbier E, Haack K (2002) Alfred Hauptmann - Schicksal eines deutsch-jüdischen Neurologen. Fortschr Neurol Psychiatr 70: 204-209

Melis van D (1999) Entnazifizierung in Mecklenburg-Vorpommern: Herrschaft und Verwaltung 1945-1948. Oldenbourg, München

Müller-Enbergs H, Wielgohs J, Hoffmann D, Herbst A (Hrsg) (2006) Wer war wer in der DDR? Ein Lexikon ostdeutscher Biographien. Ch. Links, Berlin

Müller M (1982) Erinnerungen: Erlebte Psychiatriegeschichte 1920-1980. Springer, Berlin Heidelberg New York

Neumärker K-J (2001) Bonhoeffer und seine Schüler – Spannungsfeld zwischen Neurologie und Psychiatrie. In: Holdorff B, Winau R (Hrsg) Geschichte der Neurologie in Berlin. de Gruyter, Berlin New York, S. 175-192

Neumärker KJ (1990) Karl Bonhoeffer: Leben und Werk eines deutschen Psychiaters und Neurologen in seiner Zeit. Hirzel, Leipzig

Neumärker KJ (2008) Karl Leonhard (1904-1988): Psychiater und Neurologe an der Charité in Berlin. Nervenheilkunde 27: 327-333

Pfau A (2002) Die Entwicklung der Universitäts-Nervenklinik (UNK) Greifswald in den Jahren von 1933 bis 1955. Diss, Med Fak, Ernst-Moritz-Arndt-Universität Greifswald

Pfau A (2005) Die Entwicklung der Psychiatrie in der SBZ/DDR, insbesondere im Land Mecklenburg-Vorpommern nach 1945. Zeitgeschichte regional. Mitteilungen aus Mecklenburg-Vorpommern 9: 13-23

Riedesser P, Verderber A (2004) „Maschinengewehre hinter der Front" – Zur Geschichte der deutschen Militärpsychiatrie. Mabuse, Frankfurt a.M.

Schmiedebach H-P (1987) Der Arzt als Gesundheitsoffizier – die systematische Militarisierung der Medizin von 1933 bis zum zweiten Weltkrieg. In: Bleker J, Schmiedebach H-P (Hrsg) Medizin und Krieg: vom Dilemma der Heilberufe 1865 bis 1985. Fischer, Frankfurt am Main, S. 191-208

Schneck P (1993) Die Berufungs- und Personalpolitik an der Greifswalder Medizinischen Fakultät zwischen 1933 und 1945 In: Grau G, Schneck P (Hrsg) Akademische Karrieren im „Dritten Reich" Beiträge zur Personal- und Berufungspolitik an Medizinischen Fakultäten. Institut für Geschichte der Medizin, Universitätsklinikum Charité, Medizinische Fakultät Humboldt-Universität zu Berlin, Berlin, S. 51-62

Schönrock A (1982) Zur antifaschistisch-demokratischen Umgestaltung der Universität Greifswald (Mai 1945 - Ende 1946) Textband und Anlagenband. Diss., Phil. Fak., Ernst-Moritz-Arndt-Universität Greifswald

Schwarz H (1977) Jedes Leben ist ein Roman. Erinnerungen eines Arztes. Buchverlag Der Morgen, Berlin

Stender W (1982) Hundert Jahre „Klinik Wiesengrund" – Eine medizinhistorische Untersuchung zur Entwicklung der Kinder- und Jugendpsychiatrie. Diss, Med Fachbereiche, Freie Universität Berlin

Thiele R (1928) Aphasie, Apraxie, Agnosie. In: Bumke O (Hrsg) Handbuch der Geisteskrankheiten. Springer, Berlin, S. 243-365

Thiele R (1934) Angeborener Schwachsinn. In: Bonhoeffer K, Albrecht K, Hallervorden J, Pohlisch K, Schulte H, Seelert H, Thiele R, Wagner GA (Hrsg) Die psychiatrischen Aufgaben bei der Ausführung des Gesetzes zur Verhütung erbkranken Nachwuchses. Klinische Vorträge im erbbiologischen Kurs Berlin, März 1934. Karger, Berlin, S. 1-15

20 Reformpsychiatrie in Zeiten antiautoritärer und antipsychiatrischer Bewegungen – Ein Zeitzeugenbericht

Dieter Lehmkuhl

Zusammenfassung

Aus der Sicht eines Zeitzeugen wird die Reformpsychiatrie in Westberlin im Kontext der bundesrepublikanischen und internationalen Entwicklung der westlichen Industrieländer ab etwa 1970 dargestellt. Der Schwerpunkt der Darstellung liegt dabei auf der entscheidenden frühen Phase in den 70er Jahren. Die Auseinandersetzung um die Akzeptanz und Durchsetzung der Grundprinzipien der Reform verlief in diesen Jahren recht konflikthaft und wurde auch öffentlich geführt, bis diese Leitlinien in Fachwelt und Politik ab etwa 1980 mehrheitlich konsensfähig wurden. Die weitere Entwicklung in Berlin bis zu Beginn dieses Jahrhunderts wird nur kursorisch beleuchtet. Auf die Entstehungsgeschichte der Reformbewegung in Westberlin und der Bundesrepublik und ihre politischen, kulturellen und sozialen Hintergründe, insbesondere die Protestbewegung der 60er Jahre, wird ausführlicher eingegangen. In dieser hatte die Reformpsychiatrie eine ihrer wesentlichen Wurzeln und viele der sie später tragenden Akteure wurden von ihr geprägt. Auf die Berliner Antipsychiatrie wird in einem Exkurs kurz eingegangen.

1 Vorbemerkung

Wissenschaft und Institutionen der Psychiatrie bilden sich nicht außerhalb der Gesellschaft heraus. Ihre Entstehung und Ausgestaltung sind eng mit gesellschaftlichen Prozessen, Strukturen und Erfordernissen und dem zugrunde liegenden und gleichfalls dem Wandel unterworfenen Menschenbild verknüpft. Die Psychiatrie hat immer auch einen Erfüllungsauftrag der Gesellschaft und steht damit in einem Spannungsverhältnis zwischen Emanzipations- und Integrationsauftrag. Letzterer besteht in Repressionsmaßnahmen und der Durchsetzung geltender gesellschaftlicher Normen (vgl. Dörner 1969, Frey 1999).

Eine wissenschaftliche historisch-soziologische Analyse der Entstehungsgeschichte der Reformpsychiatrie im Kontext gesellschaftlicher Veränderungsprozesse kann ich nicht leisten. Meine Sicht auf die im Vortragsthema angegebene Zeit ist die eines engagierten Reformpsychiaters. Für mich war diese Zeit „erlebte Geschichte." Die „Erzählung" aus anderer Perspektive sähe wohl anders aus, insofern geht es neben subjektiv geprägten Erinnerungen auch immer um Deutungen von Realität. Der folgende Zeitzeugenbericht beruht auf Erinnerungen, Dokumenten und (auch eigenen) Beiträgen und auf Austausch mit anderen „Veteranen," die diese Zeit in Berlin miterlebt und mitgestaltet haben.[1]

2 Zu meinem Hintergrund als Zeitzeuge

Ich kam nach dem Physikum 1965 von Marburg nach Berlin, mitten in die beginnende Studentenrevolte, die mich sehr prägte. Zunächst studierte ich in Berlin ein Semester Soziologie und Politik, engagierte mich damals in der medizinischen Fachschaft und anderswo, ohne organisatorisch eingebunden zu sein. Mit anderen organisierte ich einen Arbeitskreis Psychosomatik an der 1967 gegründeten „Kritischen Universität" als Gegenveranstaltung bzw. Ergänzung zur etablierten „bürgerlichen Wissenschaft." Ich nahm, wie damals üblich, an einem Kapitalarbeitskreis, gemeinsam mit dem späteren Direktor des Klinikums Steglitz, Frank Matakas, teil. Nach Beendigung meines Studiums (1968) lebte ich viele Jahre in einer WG. Obwohl von bürgerlicher Herkunft, war ich, wie damals ein gängiger ironischer Spruch lautete, „einer derjenigen, vor denen uns unsere Eltern immer gewarnt hatten." Die dogmatische (K-Gruppen)phase der späteren Protestbewegung (ab etwa 1969) ist mir allerdings immer fremd geblieben.

Ein Glücksfall für mich war bald nach meiner Approbation (1970) ein relativ freies und intensives Studium der Grundlagenliteratur an der Schnittstelle von Medizin, Psychologie und Sozialwissenschaften am neu gegründeten Zentralinstitut für Sozialmedizin der FU, einem Reformprojekt. Insbesondere galt mein Interesse der psychiatrischen Epidemiologie, der angelsächsischen und skandinavischen Literatur zur Psychiatriereform und ihrer interdisziplinären theoretischen Fundierung. Gemeinsam mit Mitassistenten entwickelten wir den wohl ersten Grundkurs in Medizinischer Soziologie. Die Tätigkeit am Zentralinstitut hat meine spätere berufliche Orientierung sehr stark geprägt und, wie ich meine, mich vor einer zu reduktionistischen Sicht auf Medizin und Psychiatrie bewahrt. Später folgten Facharzt- und psychoanalytische Weiterbildung, ambulante und stationäre psychotherapeutische Tätigkeit, wissenschaftliche Arbeit in der psychiatrischen Versorgungsforschung an der Abteilung für Sozialpsychiatrie der FU und schließlich eine fast 20-jährige Tätigkeit als Leiter des Sozialpsychiatrischen Dienstes Reinickendorf. Ich bin Teil der Psychiatriereformbewegung, mit der ich seit 1969 verbunden bin.

3 Zum „Zeitgeist" der 1950er und 1960er Jahre

Mitte der 60er bis Anfang der 70er Jahre herrschte eine weltweite Aufbruchstimmung wie die free speech movement in den USA, die weltweiten Studentenunruhen, der „Pariser Mai", der „Prager Frühling", die Aufstände in der 3. Welt, die chinesische Kulturrevolution und der Protest gegen den Vietnamkrieg zeigten. Es war eine „Revolte, die mit der Macht eines Erdbebens um die Welt ging" (Schneider 2008, S.107/108). Die 68er-Utopien, so

---

[1] Allen denen, die zur kollektiven Erinnerung beigetragen haben, sei Dank. Mein besonderer Dank gilt Erdmann Fähndrich und Peter Kruckenberg, mit denen ich intensive Gespräche über diese Zeit geführt habe und die beide die erste Fassung des Manuskriptes gegengelesen und wichtige Anregungen gegeben haben.

Jacques Rupnik (2008), haben sich zwar unterschieden, „doch versuchten sie jeweils eine innere und eine internationale Ordnung in Frage zu stellen, die Erbe des Zweiten Weltkrieges waren" und suchten nach alternativen Gesellschaftsmodellen. Die westdeutsche Protestbewegung verdankte wichtige Impulse der Bürgerrechtsbewegung und den Vietnamprotesten in den USA.

Die sozialliberale Koalition hatte 1969 die große Koalition abgelöst. Die politischen Verhältnisse hatten sich geändert. Der enge, muffige und autoritär-antiliberale Konservativismus der 50er Jahre, der das Klima so stickig und für viele junge Menschen unerträglich machte und auf den die Studentenrevolte u.a. eine Reaktion war, begann sich zu lockern.

Zur Erinnerung: Brecht wurde nach dem 17. Juni 1953 vom Spielplan der Bühnen abgesetzt, Ehebruch war für Beamte noch ein Dienstvergehen, homosexuelle Betätigung unter Erwachsenen wurde strafrechtlich verfolgt und galt in der Psychiatrie lange noch als Perversion. Auch Schwangerschaftsunterbrechung war illegal und Abiturientinnen mussten das Gymnasium verlassen, wenn sie schwanger waren. Künstler, Intellektuelle und Schriftsteller wurden vom Kanzler Erhardt öffentlich als „Pinscher" bezeichnet und Willy Brandt und die Männer des 20. Juli als Vaterlandsverräter verunglimpft. Ehemalige Nazis bekleideten wieder hohe Staatsämter (Globke, Oberländer) oder bezogen hohe Pensionen, während Witwen von Widerstandskämpfern, die hingerichtet worden waren, leer ausgingen. Der Geschichtsunterricht an den Gymnasien hörte meist vor dem ersten Weltkrieg auf und/oder ging erst nach 1945 weiter. In der Erziehung galt oft noch die Prügelstrafe als pädagogisches Mittel. Auch die Schule war nicht frei davon. Die Frau musste ihren Ehemann um Erlaubnis fragen, wenn sie arbeiten gehen, ein Konto einrichten oder den Führerschein machen wollte. Es gab nur wenige Frauen in Karrierepositionen.

Die Republik hatte mit der Spiegelaffaire 1962 (staatlicher Angriff auf die Pressefreiheit) ihre erste Staatskrise überwunden. Der Eichmann-Prozess (1961) und die ersten beiden Auschwitz-Prozesse (1963/65 u. 1965/66) hatten der Öffentlichkeit, soweit sie es wissen wollte, das Ausmaß der nationalsozialistischen Verbrechen vor Augen geführt. Es war die Zeit der großen Koalition, der Notstandsgesetze, der außerparlamentarischen Opposition und der neuen Ostpolitik, des „Mehr Demokratie wagen" der Regierungserklärung von Willy Brandt, des Aufbruchs der neuen Frauenbewegung und der sexuellen Befreiung. Die Bürgersöhne und -töchter, geprägt von den demokratischen und Freiheitsvorstellungen einer nach dem Krieg von den Amerikanern uns aufgezwungenen „reeducation" drängten vermehrt an die überfüllten Universitäten, nachdem Georg Picht 1965 die „deutsche Bildungskatastrophe" ausgerufen hatte. Einen Numerus clausus gab es noch kaum, und jeder Hochschulabsolvent konnte sich einer festen und gut dotierten Anstellung fast sicher sein.

Die heiße Phase der Studentenrevolte, die im Kern eine Kulturrevolution war, begann in Berlin bereits 3 Jahre vor 1968, zunächst im Konflikt mit den hierarchisch und vordemokratisch geprägten Strukturen der alten Ordinarienuniversität. Dabei ging es zunächst um so grundlegende demokratische Prinzipien wie Redefreiheit (Affaire Kuby und Krippendorf) und Versammlungsfreiheit, weiter um Studienbedingungen, die Mitbestimmung, die Demokratisierung der Universitätsorganisation, die Remoralisierung der Politik und das politische Mandat der Studentenschaft, später auch um Kapitalismuskritik und Kritik an der „bürgerlichen Wissenschaft". Assistenten lernten über Stipendienaufenthalte in den USA gerade an deren Eliteuniversitäten den „aufrechten akademischen Gang," während hierzulande noch starke Abhängigkeitsverhältnisse herrschten (Krippendorf 2008). Es ging nicht zuletzt auch um die Verstrickung vieler Wissenschaftler der Universität mit dem

Nationalsozialismus. Nicht von ungefähr bezog sich der Spruch „Unter den Talaren, der Muff von 1000 Jahren" auch auf die Rolle vieler Universitätsangehöriger im „1000-jährigen Reich."

Die Auseinandersetzung mit der Vätergeneration, die in der Regel nach dem Zivilisationsbruch des Holocaust zur Tagesordnung übergegangen war und das Thema verdrängte, war psychologisch durch den Generationenkonflikt zusätzlich aufgeladen. Nicht zuletzt deswegen hat keine der anderen Protestbewegungen derart radikal mit der Elterngeneration gebrochen wie die deutsche.

Die Protestbewegung war, wenn man von der dogmatischen Wende und Verirrung eines Teils von ihr nach 1968 absieht, im Kern basis- und radikaldemokratisch sowie antiautoritär. „Die wichtigste Errungenschaft der 68er-Bewegung in Deutschland bleibt, dass sie massenhaft mit der Kultur des Gehorsams gebrochen hat" (Schneider, S. 278).

Im Einladungstext der „Akademie der Künste" zum 19. Akademie-Gespräch am 16.04.2008 „Gesellschaft im Umbruch, Kunst und Revolte", das die Studentenproteste im Westen mit ihren gesellschaftlichen und kulturellen Folgen thematisiert, heißt es: „ Westberlin ... war eines der wichtigsten Laboratorien für neue Lebensweisen und Konzepte. Die künftigen Journalisten, Ärzte, Theatermacher, Regisseure, Architekten, Anwälte, Politiker, Kinderladengründer ... reformierten Schule, Ausbildung und Studium, begründeten einen respektvollen Umgang mit Kindern, Alten und behinderten Menschen, setzten mehr Rechte für Frauen, Partnerschaften, Patienten und Häftlinge durch. Eine grundlegende Veränderung der zwischenmenschlichen Beziehungen hatte begonnen."

Die Protestbewegung war eine historisch notwendige Erneuerungsbewegung, die wesentlich zur Fundamentalliberalisierung der Bundesrepublik beigetragen hat und mit der, wie Habermas es einmal sinngemäß formulierte, die Bundesrepublik nach dem Nationalsozialismus den Anschluss an die demokratische westliche Moderne vollzogen und sich zu einer stabilen liberalen Demokratie und einer lebendigen Zivilgesellschaft entwickelt hat.

Ich beschreibe diese Zeit und diesen „Zeitgeist" deswegen so ausführlich, weil die psychiatrische Reformbewegung ihre Wurzeln u.a. in dieser Kulturrevolution hatte. Ein Teil der von dieser Aufbruchstimmung geprägten Generation trat dann den „Marsch durch die Institutionen" an und war wesentlicher Träger der späteren Reformentwicklung in der Bundesrepublik (s.u.).

4 Medizin und Psychiatrie zu Beginn der Reformära

Die damaligen Umbrüche blieben nicht ohne Auswirkungen auf Medizin und Psychiatrie. Vieles von dem, was heute als selbstverständlich anmutet, war es damals noch nicht. Psychosomatik und Psychotherapie wurden kaum an den Universitäten gelehrt oder führten ein Schattendasein. Es gab keine Lehrstühle für Allgemeinmedizin, keine Gesundheitswissenschaften bzw. Publik Health. Die Sozialmedizin/Sozialhygiene, in der Deutschland vor der Naziherrschaft führend gewesen war, war kaum entwickelt. Mitscherlichs und Mielkes Dokumentation „Medizin ohne Menschlichkeit", die sie als offizielle Berichterstatter des Nürnberger Ärzteprozesses 1946/47 verfasst hatten, wurde von der Bundesärztekammer nach ihrem Erscheinen aufgekauft, um sie einer breiteren Öffentlichkeit zu entziehen. Wie der gut recherchierte, in der ARD im Jahre 2002 ausgestrahlte Dokumentationsfilm „Hitlers Eliten nach 1945: Ärzte – Medizin ohne Gewissen" von Gerolf Karwath zeigte, ließ sich kaum ein Berufsstand von den Nationalsozialisten so problemlos vereinnahmen und gleichschalten wie die Ärzteschaft und kaum ein Berufsstand fand nach dem Krieg so schnell zu den alten Privilegien und gesellschaftlichem Status zurück wie sie. Die Psychiatrie hatte nach der Stagnation und ihrer Verstrickung in Rassenhygiene und Euthanasie (T4 Aktion) während der Nazizeit, die weitgehend verdrängt, verschwiegen bzw. geleugnet wurde, noch nicht den Anschluss an die Entwicklung in den westlichen Industrieländern gefunden. Psychiatrie und Psychotherapie standen in einem unfruchtbaren, sich wechselweise wenig respektierenden Spannungsverhältnis, anders als z.B. in der Schweiz, wo die Integration nicht zuletzt durch Eugen Bleuler und später Christian Müller gut gelungen war. Die Krankenhausbehandlung bestand überwiegend in Verwahrung und fand in den Anstalten statt. Diese waren überdimensioniert, lagen meist exzentrisch zu ihren Einzugsgebieten und hatten eine katastrophale materielle wie personelle Ausstattung, was die Enquetekommission von den „elenden und menschenunwürdigen Zuständen" (Psychiatrie-Enquete 1975) in den Anstalten sprechen ließ. Neue Wege in der Versorgung psychisch Kranker wurden – im Gegensatz zu anderen westlichen Ländern – bis Anfang der 1970er Jahre kaum beschritten. Das Verhältnis zu Patienten war in der Regel geprägt von Verdinglichung und Verobjektivierung. Es war keine Begegnung auf gleicher Augenhöhe, der Umgang war bestenfalls überfürsorglich, betreuend, meist aber bestimmend, bevormundend, auf Anpassung ausgerichtet. Menschenwürde und Menschenrechte wurden vielfach bei der Aufnahme mit der eigenen Kleidung und den persönlichen Gegenständen abgegeben. Körperliche Übergriffe von Pflegern auf Patienten waren an der Tagesordnung und wurden meist nicht geahndet. Komplementäre Einrichtungen wie Wohngemeinschaften, betreutes Wohnen, Tagesstätten etc. fehlten und es gab nur wenig psychiatrische bzw. psychotherapeutische ambulante Behandlungsangebote. Besonders ländliche Regionen waren ambulant völlig unterversorgt.

Versuche, die Situation zu ändern und die Verhältnisse zu humanisieren, stießen weitgehend auf Unverständnis. Dem Öffentlichmachen der Zustände wurde mit dem Hinweis begegnet, dies würde nur die Vorbehalte und Vorurteile in der Bevölkerung verstärken.

5 Die Reform der psychiatrischen Krankenversorgung in der Bundesrepublik[2]

Die Diskussion um die Reform der psychiatrischen Krankenversorgung kam in der zweiten Hälfte der 1960er, Anfang der 70er Jahre in Gang. Die Sensibilität einer zunehmend kritischen Öffentlichkeit und der Medien, die die katastrophale Lage der Patienten in den Anstalten offen legten und Frank Fischers (1969) Buch „Irrenhäuser – Kranke klagen an." trugen dazu bei, dass das Thema auch auf die Agenda der Politik kam.

---

[2] Auch in der DDR gab es Ende der 60er Jahre mit der Verabschiedung der Rodewischer Thesen (1963), einem fortschrittlichen Unterbringungsgesetz (1968) und den Brandenburger Thesen zur therapeutischen Gemeinschaft (1974) Reformansätze und den Versuch eines Paradigmenwechsels in der Psychiatrie hin zu einer mehr emanzipatorischen, patientenorientierten Praxis, vor allem unter Klaus Weise in Leipzig. Diese Reformansätze stießen jedoch in den gesellschaftlichen Strukturen schnell und deutlich an ihre Grenzen (Frey 1999).

Häfner, von Bayer und Kisker hatten bereits 1965 dringliche Reformen in der psychiatrischen Krankenversorgung angemahnt. Im Jahre 1969 wurde mit der „Loccumer Erklärung" der Teilnehmer einer Tagung der Evangelischen Akademie in Loccum die Reform der psychiatrischen Krankenversorgung auch in der Bundesrepublik eingefordert. Der Tübinger Ordinarius Schulte formulierte dann auf dem Deutschen Ärztetag 1970 Grundsätze für eine Psychiatriereform und erklärte: „Die Verbesserung der psychiatrischen Krankenversorgung ist in den bisherigen Strukturen nicht durchzusetzen". Im gleichen Jahr kam es dann auf einem Sozialpsychiatrischen Seminar in Hamburg – organisiert von K. Dörner und U. Plog – zu einem Eklat zwischen sozialpsychiatrisch orientierten und traditionellen Psychiatern, wobei der damalige Hamburger Ordinarius und Mentor der deutschen Psychiatrie, Hans Bürger-Prinz, demonstrativ mit seinen Mitarbeitern den Vortragssaal verließ.

In der Folgezeit organisierten sich die Reformkräfte im Mai 1970 im „Mannheimer Kreis" als Basisbewegung, der seitdem jährlich Fortbildungsveranstaltungen für alle in der Psychiatrie tätigen Berufsgruppen durchführte und 1971 in der Deutschen Gesellschaft für Soziale Psychiatrie (DGSP) mündete. Diese war der erste, nicht an berufsständigen Interessen orientierte berufsübergreifende Fachverband, der nicht zuletzt durch seine aktive Mitarbeit an der Psychiatrieenquete maßgeblich die Psychiatrielandschaft in der Bundesrepublik beeinflusst hat. Die Reformbewegung war nicht mehr allein. Sie erhielt breiten Zulauf und wurde inzwischen auch von einer, wenn auch kleinen Zahl, renommierter (Universitäts-)Psychiater unterstützt und getragen (Kisker, Kulenkampff, Wulff, Bosch, Veltin u.a.). Hierbei spielte die Hannoveraner Psychiatrie, die als erste Universitätspsychiatrie sich der Vollversorgung öffnete, eine besondere Rolle.

Im Jahre 1971 befasste sich dann der Bundestag auf Initiative des CDU-Bundestagsabgeordneten Picard mit der Lage der Psychiatrie und gab die Enquete in Auftrag. Der Abschlussbericht wurde 1975 vorgelegt.

Die angelsächsischen Entwicklungen mit dem National Health Act 1959 in Großbritannien, in dessen Gefolge die Schließung der meisten Großkliniken geplant und auch durchgeführt wurde, die Botschaft J. F. Kennedys „On Mental Illness and Retardation" an den US Kongress (1963) und der Mental Health Center Act (1964) in den USA, der die Einrichtung von 520 Community Mental Health Centers landesweit als nationales Programm vorsah, dienten dabei ebenso als Orientierung wie die skandinavischen und niederländischen Reformansätze und die „psychiatrie de secteur" in Frankreich. Die (spätere) Entwicklung in Italien mit der „psychiatria democratica" von Franco Basaglia u.a. mit dem berühmten Gesetz 180 (1978), das einen Aufnahmestopp in den Anstalten verfügte und ergänzend den Aufbau alternativer ambulanter und kleiner stationärer Einrichtungen in der Gemeinde vorsah, war für viele jüngere Reformer ein Motivationsschub, auch in Deutschland die Auflösung der Anstalten zu fordern.

Im Jahre 1980 folgte dann der kontrovers diskutierte Beschluss der DGSP zur Auflösung der Großkliniken. Mit einem Sternmarsch und einer Demonstration in Bonn, an der mehrere Tausend Menschen teilnahmen, sollte dieser Forderung Nachdruck verliehen werden.

Es waren Mitglieder des Mannheimer Kreises und der DGSP, die auch Kontakt zur Bundespolitik suchten und mit Abgeordneten die „Aktion Psychisch Kranke e.V." gründeten, ein vom Bundesministerium für Gesundheit geförderter Verein, dessen Vorstand mit Bundestagsabgeordneten aus allen Parteien und leitenden Psychiatern besetzt ist und der bis heute eine wirksame Klammer zwischen Reformkräften in der Psychiatrie und der Politik bildet. Von dieser Gruppe ging auch die Initiative zur Psychiatrieenquete aus.

Auf die Enquete und die weitere Entwicklung kann hier nur kurz eingegangen werden. Die Enquetekommission, die unter der kompetenten Führung des ehemaligen Düsseldorfer Ordinarius und späteren Gesundheitsdezernenten des Landschaftsverbandes Rheinland, Caspar Kulenkampff, viele Reformkräfte integrierte, legte erstmals eine Bestandsaufnahme der psychiatrischen Versorgung mit einer massiven Kritik an den Missständen vor und formulierte umfassende Leitlinien und Grundsätze einer zukünftigen Versorgung, die richtungsweisend für die weitere Entwicklung in der Bundesrepublik werden sollten. In den Folgejahren war die Reformpsychiatrie in der Bundesrepublik, nicht zuletzt durch die Enquete, „hoffähig" geworden. Ihre Konzepte begannen sich durchzusetzen, wurden zunehmend von Politik und Öffentlichkeit aufgegriffen und fanden allmählich Eingang in die Psychiatrieplanungen und Gesetze für psychisch Kranke der Länder. Eine neue Generation war herangewachsen und der „Marsch durch die Institutionen" hatte begonnen. Reformpsychiater übernahmen Lehrstühle (E. Wulff) und die Leitung von Anstalten (Finzen, Dörner, Rave-Schwank, Leipert, Pörksen, Kruckenberg, Veltin) oder wurden Chefs neu gegründeter Abteilungen an Allgemeinkrankenhäusern (Bauer, Drees, Krüger u.a.).

Die in den 70er Jahren erfolgten Veränderungen ließen Dörner 1976 geradezu von den „Gründerjahren" in der Psychiatrie der Bundesrepublik sprechen. Die Psychiatriereform muss als Erfolgsgeschichte in einem für die Psychiatrie „goldenen Zeitalter" gewertet werden. Sie war das Resultat des Zusammenwirkens mehrerer historisch einmaliger Bedingungen. Eine durch Liberalisierungs- und Demokratisierungsprozesse zunehmend offene Gesellschaft, die allgemeine Aufbruch- und Reformstimmung sowie eine gegenüber den Missständen in der Psychiatrie sensible kritische Öffentlichkeit hatten die Voraussetzungen dafür geschaffen, dass die internationale Reformagenda von Politik und Gesellschaft aufgegriffen und die notwendigen Reformen auch in der Bundesrepublik eingeleitet wurden. In der durch die Studentenrevolte geprägten Generation fand die Reformagenda ganz überwiegend ihre Akteure und Basis. Deren Umsetzung brauchte allerdings Jahre und Jahrzehnte. Das lag u.a. an der föderalen Struktur der Bundesrepublik und daran, dass die Enquete „nur" eine Expertise war, deren Vorschläge mangels eines verbindlichen Regierungsprogramms, wie es in Großbritannien oder den USA vorlag, erst mühsam gegen Widerstände durchgesetzt werden mussten. Der Berufsverband deutscher Nervenärzte z. B. hatte damals die Enquete noch als „sozialistisches Machwerk" bezeichnet. Daher verlief die Entwicklung in der Bundesrepublik zeitlich und regional sehr unterschiedlich.

Direkte Folge der Enquete war, dass für die Beseitigung der inhumanen Zustände in den Anstalten hunderte Millionen DM für Sanierung und Investitionen in alte Strukturen gelenkt wurden, die besser für dezentrale wohnortnahe Abteilungen und den Auf- und Ausbau ambulant-komplementärer Angebote vor Ort eingesetzt worden wären.

6 Reformpsychiatrie in Berlin: Die 70er Jahre

In Berlin gab es zur damaligen Zeit bereits strukturell gute Voraussetzungen für eine Gemeindepsychiatrie in Form von 5 psychiatrisch-neurologischen Abteilungen an Allgemeinkrankenhäusern, die jedoch stark neurologisch orientiert und nicht in die Pflichtversorgung der Bezirke eingebunden waren.

Des Weiteren gab es auf Initiative von Ruth Matheis, der Abteilungsleiterin für Krankenhäuser und ambulante Dienste bei der Senatsverwaltung für Gesundheit bereits seit 1967 gut ausgebaute Sozialpsychiatrische Dienste (SpD) an den Gesundheitsämtern der Bezirke, die die Lücke zwischen stationärer und ambulanter Versorgung (mit) schließen sollten. Frau Matheis, die allseits hoch respektierte „grande dame" der Senatsverwaltung war mit ihrer offenen, liberalen und reformorientierten Haltung und ihrem Engagement für die Belange psychisch Kranker ein Glücksfall für die Psychiatrie dieser Stadt. Angeregt zu der zukunftsweisenden Senatsvorlage von 1967 zum Ausbau der SpDs wurde sie durch einen 4-monatigen Studienaufenthalt in Holland.

Die innere Reform der großen Anstalten als Voraussetzung für ein therapeutisches Milieu und eine Umorientierung auf die Gemeinde hin (Regionalisierung) stand jedoch noch aus. Vorreiter dieser Entwicklung waren die Berliner psychiatrischen Kliniken und Abteilungen jedoch nicht. Besonders in der Karl-Bonhoeffer Nervenklinik (KBoN), die nach dem Krieg zunächst als einzige im Westen verbliebene Großklinik auf einmal den ganzen Westteil der Stadt zu versorgen hatte – die Landesnervenklinik Spandau kam dann 1961 als 2. Großklinik dazu – waren die alten Strukturen noch stark verfestigt und sollten sich als besonders reformresistent erweisen.

6.1 Die Reformergruppe um Peter Kruckenberg[3] und der Sozialpsychiatrische Arbeitskreis Berlin

Um 1970 wuchs dann – unter dem Eindruck der erlebten Praxis – in einer Gruppe junger Assistenten der Universitätspsychiatrie und einiger Kollegen aus anderen psychiatrischen Einrichtungen (Kruckenberg, Pietzcker, Fähndrich, Holdorff, Gaedt, S.O. Hoffmann, Schlobies, Leipert, später auch R. Gebhardt u.a.) die Einsicht, dass es in Berlin so nicht weitergehen könne. Viele der genannten jungen Psychiater erlebten die Psychiatrie als Institution oft „verrückter" als die Patienten. Absurde Behandlungsverhältnisse wie Anstaltskleidung, Wegnahme persönlicher Gegenstände, Essen ohne Messer u.Ä. wurden mit der Erkrankung der Patienten begründet. Die Reformer orientierten sich vor allem an Häfners Schriften und an internationalen Entwicklungen, z.B. an England und an der Community Mental Health Bewegung in den USA. Überhaupt gingen wesentliche Impulse für die deutsche Reformbewegung von jungen Psychiatern aus, die berufliche Erfahrungen aus England und den USA mitbrachten (Heiner Kunze, Michael von Cranach, Nils Pörksen, Manfred Bauer, Maria Rave-Schwank u.a.). Natürlich lasen viele auch die Schriften von Laing, David Cooper, Foudraine, Goffman, Herbert Marcuse und später Basaglia, und nahmen Impulse für die Reformbewegung auf, aber ohne sich in ihrer Orientierung einem antipsychiatrischen Kurs zuzuwenden.

Mitglieder dieser informellen Reformergruppe gründeten dann um etwa 1970 den „Sozialpsychiatrischen Arbeitskreis Berlin" (SPAK) als regionalen Ableger des Mannheimer Kreises und in wechselseitiger Resonanz zu ähnlichen Arbeitskreisen in anderen (Universitäts-) Städten. Der Arbeitskreis wurde in der Folgezeit zum Sammelbecken, Forum

---

[3] Peter Kruckenberg verließ 1973 Berlin, wurde später ärztlicher Leiter des Krankenhauses Bremen-Ost und ist mit Heiner Kunze (ebenfalls ein ehemaliger Berliner) Vater der "Psychiatriepersonalverordnung" (PsychPV) und des "personenzentrierten Hilfeansatzes" (1999) in der Psychiatrie.

und Aktionszentrum der psychiatriekritischen, reformorientierten Bewegung in der Stadt. Den Akteuren ging es in erster Linie um die Menschenrechtsverletzungen in der damaligen Psychiatrie, um eine veränderte Grundhaltung und subjektorientierte Beziehung zu psychisch kranken Menschen.

Der AK sah seine vorrangigen Aufgaben
- im Hinwirken auf eine Strukturreform im Sinne einer Regionalisierung
- in der Fortbildung über neue, internationale Entwicklungen innovativer Psychiatrie
- in der Etablierung neuer (sozial)psychiatrischer Forschungsansätze (Epidemiologie, Versorgungsforschung u.Ä.)

Peter Kruckenberg, Frank Matakas (der spätere Klinikumsdirektor) und Hans-Georg Wolters (der spätere Gesundheitssenator) waren als Fraktionsführer der linken und liberalen Konzilsmehrheit im Beraterstab des FU-Präsidenten Rolf Kreibich (1969-1976) und sahen darin eine Chance zu Veränderungen auch in der Psychiatrie. Daraus entstanden dann 1970/71 das „Zentralinstitut für soziale Medizin" an der FU mit einer Sektion „Soziale Epidemiologie psychischer Erkrankungen." 1973 folgte die „Abteilung für Sozialpsychiatrie" an der FU, zu deren Leiter Gregor Bosch, einer der Väter der Psychiatrie-Enquete, berufen wurde.

Diese Abteilung mit den Forschungsschwerpunkten Epidemiologie und Versorgungs- und Effizienzforschung implementierte ein Modell gemeindepsychiatrischer Versorgung ohne vollstationäre Betten und dem Konzept einer setting-übergreifenden personellen Behandlungskontinuität im Bezirk Charlottenburg. Diese Abteilung beteiligte sich an der fachlichen Diskussion um die psychiatriepolitische Entwicklung der Stadt und trug zur Verbreitung gemeindepsychiatrischer Versorgungskonzepte und zur sozialpsychiatrisch orientierten Nachwuchsbildung bei.

Im Frühjahr 1972 legte der Sozialpsychiatrische Arbeitskreis Berlin das sog. rosa Papier „Grundlagen für eine Reform der Psychiatrie in West-Berlin" vor. Dies erfolgte in Beantwortung einer Umfrage des Senators für Gesundheit und Umweltschutz für den 2. Psychiatrieplan 1973. Das Papier beinhaltete neben einer Bestandsaufnahme der bisherigen Versorgung bereits Leitlinien für eine innere und äußere Reform der Psychiatrie in Berlin sowie ein Strukturmodell und Empfehlungen für den Umstrukturierungsprozess und die Initiierung des Planungsprozesses. Das Papier, dessen Hauptautor P. Kruckenberg war, war zukunftsweisend. Es hat die Ergebnisse der 3 Jahre später erschienenen Enquete in einigen wichtigen Punkten vorweggenommen und ging z.T. darüber hinaus.

Anfang der 70er Jahre gab es aber auch zwei gescheiterte Versuche, über neue Chefarztbesetzungen die Versorgungslandschaft zu verändern.

6.2 Der gescheiterte Reformversuch in der Karl-Bonhoeffer Nervenklinik

Hierbei beziehe ich mich bezüglich der Details auf einen Bericht des „Der Spiegel" von 1971.

Prof. Horst Flegel von der Rheinischen Landesklinik Düsseldorf war von der Bezirksverwaltung Reinickendorf 1971 als Nachfolger von Prof. Rudolf Klaue zum ärztlichen Direktor der Karl-Bonhoeffer-Nervenklinik bestimmt worden. Flegels Reformmodell der therapeutischen Gemeinschaft stützte sich auf Erfahrungen an der Landesnervenklinik Düsseldorf und auf Studien renommierter englischer Modell-Institutionen. Obwohl die Klinik dringend Reformen der inneren Organisation und des therapeutischen Milieus bedurfte, sah sich das Bezirksamt nach 6 Monaten „zu seinem Bedauern außerstande, die gesetzlich vorgesehene Bewährung zu bejahen." Flegel sei es nicht gelungen, „ein vertrauensvolles Klima der Zusammenarbeit" herzustellen. Zwei unterschiedliche psychiatrische Kulturen, Philosophien und Haltungen waren aufeinandergeprallt.

Fegel und sein Reformkonzept, unterstützt vor allem von den jüngeren Ärzten, Pflegern, Schwestern, Sozialarbeitern, Ergotherapeuten und Krankengymnasten, scheiterte an einer unheiligen Allianz zwischen den „heimlichen Herren" der Klinik (Oberärzte, Oberpfleger und Personalrat) und der Bezirksverwaltung, obwohl Flegel öffentliche Unterstützung vom Gesundheitssenator Wolters und Walter Winkler, dem Präsidenten des Gesamtverbandes deutscher Nervenärzte erhielt. Die „Angst, dass die therapeutische Demokratie das Chaos entbinde," habe, so Flegel damals, zu seiner Entlassung geführt.

Der Sozialpsychiatrische Arbeitskreis Berlin hatte zu einer Demonstration auf dem Ku-Damm aufgerufen, an der etwa 5000 Personen teilnahmen. Außerdem beteiligten sich 500 Angehörige der Psychiatrieberufe und Studenten an einem Go-in im Bezirksamt Reinickendorf. Das Scheitern Flegels leitete in der Folgezeit eine Stagnation in der inneren Entwicklung dieser Klinik ein.

6.3 Die psychiatrische Abteilung am Urban Krankenhaus als geplante Modelleinrichtung

Die 1973 eingerichtete psychiatrisch-neurologische Abteilung am Kreuzberger Urbankrankenhaus sollte nach Vorstellungen der Senatsverwaltung für Gesundheit Kern einer Modelleinrichtung gemeindepsychiatrischer Versorgung werden. Die schon sicher geglaubte Ernennung von Niels Pörksen, einem bekannten Gemeindepsychiater aus Westdeutschland und späteren Leiter der Bundesdirektorenkonferenz, scheiterte unerwartet am Einspruch der Chefärzte des Krankenhauses. Unter dem dann eingestellten Leiter wurde das vorgesehene Konzept nicht realisiert, und es dauerte Jahre, bis sich die Abteilung in der Lage sah, die Versorgungsverpflichtung für den Bezirk vollständig zu übernehmen.

6.4 Der Arbeitskreis Psychiatrie

Wesentliche Impulse erhielt die Psychiatriereform in Berlin mit der Gründung des „Arbeitskreises Psychiatrie" im Frühjahr 1976. Initiator war der SPD-Bundestagsabgeordnete Jürgen Egert, der Psychiatrie-Enquete-Berichterstatter seiner Fraktion war. Durch seine politische Stellung und seinen Einfluss in der Berliner Politik verschaffte er der Reformbewegung neue Möglichkeiten, die Agenda verstärkt in die Landes- und Kommunalpolitik zu tragen und ggf. auch durchzusetzen. Das Gleiche galt später für Walter Momper, an den die Mentorfunktion des Arbeitskreises überging, als Egert 1979 den Parteivorsitz der SPD in Berlin übernahm. „Die Zielsetzung des Arbeitskreises (war es), in fachlichen Fragen durch Verbreitung von Informationen, Meinungsaustausch und gezielten Initiativen Einfluss zu nehmen auf die Psychiatriepolitik in Berlin, dabei den Kreis attraktiv zu halten als gemeinsames Forum für eine breite Fächerung unterschiedlicher Organisationen und Einzelpersönlichkeiten, dabei unterschiedliche Erwartungen und Strategien der Mitglieder auszugleichen und in konkreten Aktionen zu sammeln." (Lehmkuhl 1991). Wesentliche AkteurInnen aus dem Psychiatriereferat der Senatsverwaltung, von Trägern der psychiatrischen Versorgung, aus Fachverbänden, von Betroffenen- und Angehörigengruppen sowie Einzelpersonen waren in diesem lockeren Verbund vertreten und arbeiteten konstruktiv zusammen. In Anwesenheit von Mitgliedern der „Irrenoffenisve" verliefen die Sitzungen mitunter recht turbulent. Gemeinsamer Nenner, bei allen sonst unterschiedlichen Positionen, war die Psychiatrie-Enquete. Ausschlaggebend für viele erfolgreiche Initiativen des Arbeitskreises und seine breite Akzeptanz war neben seinen fundierten fachlichen Stellungnahmen und der Bündelung der Reformkräfte vor allem der Zugewinn an politischem Einfluss.

Von den Aktivitäten des AK will ich nur zwei hervorheben, die auf wichtige psychiatriepolitische Strukturfragen einwirkten:

6.4.1 Die Verhinderung des "Dorfmodells" in der Karl Bonhoeffer Nervenklinik (KBoN)

Nach der Kündigung von Flegel hatte das Bezirksamt Prof. Wolfam Keup zum neuen ärztlichen Direktor der KBoN berufen. Keup kam damals aus den USA, galt als Drogenexperte und sollte Ruhe in den Betrieb bringen, weil die Klinik über die Flegel-Affaire ins Gerede gekommen war. Ausgestattet mit weitgehenden Vollmachten erwies er sich als ein Mann einsamer Entscheidungen mit autoritärem Führungsstil.

Weitgehend unbemerkt und unbeachtet von der fachlichen Öffentlichkeit hatte Keup eine Langzeitplanung zur Umgestaltung der Klinik entwickelt. Zu den bereits grundsanierten bzw. neuen errichteten Häusern mit 900 Betten sollten die noch verbliebenen fünf alten Bettenhäuser durch Neubauten mit weiteren 520 Betten ersetzt werden. Dafür war ein Investitionsvolumen von über 90 Millionen DM über 10 Jahre vorgesehen. Mehrheitlich sollten diese neuen 520 Betten für Langzeitkranke bestimmt sein und zu einem „Dorfmodell," einem sog. intramuralen Gemeindemodell, wie wir spöttisch sagten, zusammengefasst werden. Dieses "Therapiemodell" sollte neben Stationen und stationsabhängigen Wohneinheiten u.a. eine „Fußgängerstrasse" mit Verkaufsboutique, kleine Handwerksbetriebe, ein Cafe, einen Kino- und Theatersaal, eine Minigolfanlage, einen kleinen Zoo, einen Rosengarten, einen Trimm-Dich-Pfad enthalten. Die Realisierung dieses Planes hätte nicht nur ein völlig unzeitgemäßes Konzept von „Binnenrehabilitation" etabliert, sondern gleichzeitig die Zahl psychiatrischer Betten in der KBoN auf mindestens 1.400, nach Vorstellung Keups sogar auf 1.700 festgeschrieben (Maximalgröße für Fachkrankenhäuser laut Enquete-Empfehlung: 600 Betten). Diese schon damals erkennbare gigantische Fehlplanung hätte die Anstalt buchstäblich zementiert und einer fachlich gebotenen gemeindenahen Versorgung durch Verlagerung psychiatrischer Betten aus den Großkliniken in die Bezirke im Wege gestanden.

Durch eine Kampagne des Arbeitskreises Psychiatrie im Schulterschluss mit zahlreichen weiteren Organisationen und Verbänden, darunter DGSP/BGSP, Marburger Bund, ÖTV, Verein Berliner Krankenhauspsychiater und durch den Einfluss der politischen Mandatsträger des AK innerhalb der SPD konnte diese Fehlplanung verhindert werden.

In einer öffentlichen Informationsveranstaltung von DGSP/BGSP und Arbeitskreis für die Fachöffentlichkeit und politische Entscheidungsträger unter Beteiligung von Kulenkampff, dem Vorsitzenden der Enquete-Kommission, wurde die zukünftige Entwicklung der Psychiatrie in dieser Stadt zur Diskussion gestellt, konkrete Alternativen zum Ausbau der KBoN aufgezeigt und eine Psychiatriegesamtplanung für die Stadt gefordert.

Mitte 1979 erging dann seitens des AK eine Einladung an den neuen Gesundheitsstadtrat und späteren CDU-Staatssekretär für Gesundheit, Detlev Orwat, mit dem Angebot konstruktiver Mitarbeit, „um die Misere, in der sich die Klinik befindet, zu ändern und ihr eine Struktur zu geben, die heutigen Vorstellungen stationärer Psychiatrie gerecht wird." (Lehmkuhl 1991). Mit dem Rücktritt von Keup (1979), der von Orwat eingeleiteten Strukturreform, und mit der Berufung neuer Personen in Leitungsfunktionen, insbesondere Bernd Becker, gelang der Klinik wenigstens in Teilbereichen endlich der Anschluss an eine zeitgemäße und menschenwürdige Psychiatrie.

Heute besteht die Klinik nur noch als Klinik des Maßregelvollzugs weiter, nachdem 2006 auch die letzte dort noch befindliche Abteilung an das regionale Allgemeinkrankenhaus verlegt wurde. Die Auflösung dieser psychiatrischen Großklinik kann als historisches Ereignis gewürdigt werden.

6.4.2 Die Initiative zu einer Psychiatriegesamtplanung für Westberlin

1978 und 1979 unternahm der AK Vorstöße über einen Brief an den Regierenden Bürgermeister und alle für die Gesundheitspolitik verantwortlichen Organe, eine breite Diskussion über die zukünftige Entwicklung der Psychiatrie in der Stadt in Gang zu setzen.

Diese Initiative, getragen wiederum von einem breiten Aktionsbündnis, hatte bei dem neuen Regierenden Bürgermeister Stobbe dann Erfolg. Der Brief enthielt 10 Forderungen/Kriterien zur Verbesserung der Lage der Psychiatrie in Berlin und der zentralen Forderung nach einer Psychiatrie-Gesamtplanung, an der die Fachöffentlichkeit zu beteiligen sei. Die Initiative wurde 1980 von den Fraktionen der SPD und FDP im Abgeordnetenhaus aufgegriffen mit dem Antrag an den Senat, eine Gesamtplanung zu erstellen. Dabei sind die vom AK und den beteiligten Verbänden formulierten Kriterien weitgehend in die Vorgaben des Berichtauftrages eingegangen. Damit wurden erstmals wesentliche Zielvorstellungen der Psychiatrieenquete offiziell Grundlage der Psychiatriepolitik des Landes Berlin und bestimmend für die zukünftigen Psychiatrieplanungen.

Die Reformbewegung fand in der Berliner Gesellschaft für Sozialpsychiatrie, dem Landesverband der DGSP und dem Arbeitskreis Psychiatrie über viele Jahre ein Forum und einen stabilen Organisationsrahmen.

6.4.3 Betreutes Wohnen

Ende der 70er Jahre kam es zur Einführung des sog. betreuten Wohnens in Form von Wohngemeinschaften, zunächst mit der „WG Pillnitzer Weg" der Landesnervenklinik und der ersten WG (1972) des „Vereins für psychische Rehabilitierung e.V." in Lichterfelde, die von der sozialpsychiatrischen Station des Auguste-Viktoria-Krankenhauses ausging, als frühe Vorreiter, später durch „Die Brücke e.V." (von der Klinik Havelhöhe ausgehend) und durch die Pinel Gesellschaft. Wesentlicher Initiator dieser WG's war der Psychologe Hans-Otto Bökeler, der von Erfahrungen mit der italienischen psychiatria democratica in Arrezzo geprägt war. Das „betreute Wohnen" schuf eine wesentliche Voraussetzung dafür, dass viele Langzeitkranke nun außerhalb der Kliniken leben konnten.

7 Die 80er Jahre

Wichtige Ereignisse der weiteren Entwicklung psychiatrischer Versorgung in diesem Jahrzehnt waren:
1985 wurde das Gesetz für psychisch Kranke (PsychKG) verabschiedet, damals sicher das liberalste der Bundesrepublik. Dieses sah u.a. die Bildung „Psychosozialer Arbeitsgemeinschaften" (PSAG) auf Bezirksebene vor.

Ein weiterer wichtiger Schritt auf dem Weg zu einer Gemeindepsychiatrie waren auch die von Senatsverwaltung für Gesundheit initiierten Regionalkonferenzen zur zukünftigen Psychiatrieentwicklung in den Bezirken, die das Ziel hatten, die Verantwortung für die Versorgung psychisch kranker Menschen mehr auf die Bezirke zu verlagern (Rekommunalisierung). Die Empfehlungen der Expertenkommission der Bundesregierung (1988) sahen einen Vorrang für die Versorgung chronisch psychisch kranker Menschen (weil die Reform an diesen weitgehend vorbeigegangen sei) sowie mehr kommunale Steuerung und Koordinierung vor, um dem bisherigen „Wildwuchs" in der Versorgung über eine abgestimmte Bedarfsorientierung entgegenzuwirken. Mit der Einführung von bezirklichen Psychiatriekoordinatoren und Psychiatriebeiräten wurden diese zentralen Vorschläge der Kommission berlinweit umgesetzt.

Das Recht zur Einrichtung psychiatrischer Institutsambulanzen an den Abteilungen, die sich an der Pflichtversorgung beteiligten, hatte die Senatsverwaltung in Berlin zu einem Zeitpunkt bereits ausgehandelt, als sich in Westdeutschland viele Kassenärztliche Vereinigungen der Länder noch dagegen sperrten.

8 Die 90er Jahre – der Anfang des 21. Jahrhunderts

Die 90er Jahre waren reformpolitisch geprägt von der Auflösung der großen psychiatrischen Fachkliniken KBoN, Nervenklinik Spandau und der psychiatrischen Abteilung des Krankenhauses Spandau (Havelhöhe) mit Verlagerung eines Teils ihrer Betten in die Bezirkskrankenhäuser. Die psychiatrischen Abteilungen übernahmen sukzessive die Aufnahmeverpflichtung für ihre Bezirke. Dieser Prozess war verbunden mit einer drastischen Rücknahme der Zahl psychiatrischer Betten von vormals etwa. 2,9/00 (ca.1970) auf jetzt 0,7-0,8/00. Zeitgleich ging dieser Bettenabbau mit einem Auf- und Ausbau ambulant-komplementärer Einrichtungen in allen Bezirken einher. Die gesetzlichen Krankenkassen hatten dafür DM 60 Millionen innerhalb von 5 Jahren zur Verfügung gestellt, nicht zuletzt auch, um den Aufbau entsprechender Strukturen im Ostteil der Stadt mitzufinanzieren. Die Senatsverwaltung hatte ein richtungweisendes Psychiatrie-Entwicklungsprogramm (PEP) vorgelegt, das verbindliche Richtwerte und Bedarfsziffern für den Aufbau dieser Strukturen in den Bezirken vorgab. In diesem Kontext entstand auch der flächendeckende psychiatrische Krisendienst, der die Zeiten nachmittags, nachts und an Sonn- und Feiertagen abdeckt. Durch ein de facto Junktim zwischen Bettenabbau und gleichzeitigem Auf- und Ausbau ambulant komplementärer Betreuungsstrukturen konnte eine „Umbettung" in Heime oder kalifornische Verhältnisse bei der Enthospitalisierung weitgehend vermieden werden. Die Reformkräfte aus AK Psychiatrie, BGSP und Psychiatrieträgern haben dieses Junktim eingefordert und in dieser Frage beharrlich Öffentlichkeitsarbeit und gemeinwohlorientierte Lobbyarbeit geleistet.

Mit der Zusammenlegung der Berliner Bezirke von 23 auf 12 im Jahre 2001 wurden dann endgültig die Bezirke als Planungs- und Versorgungseinheiten für die Regelversorgung festgelegt.

Eine wichtige Rolle spielte auch die 1990 in Kraft getretene Psychiatrie-Personalverordnung, die erstmals Personalbemessung an qualitative Kriterien und Leistungen gekoppelt und die Personalausstattung in den Kliniken deutlich verbessert hat. Der Bericht der Aktion Psychisch Kranke „Von institutions- zu personenzentrierten Hilfen in der psychiatrischen Versorgung" (1999), im Auftrag der Bundesregierung erstellt, leitete einen Paradigmenwechsel in der Versorgung und Betreuung psychisch kranker Menschen ein. Da es sich hierbei aber um bundesweite Programme und Entwicklungen handelt, soll hier nicht näher darauf eingegangen werden.

Mit der Rückführung in die Gemeinde hat eine jahrhundertelange Ausgrenzung psychisch kranker Menschen und ihre Institutionalisierung in Asylen vor den Toren der Stadt einen vorläufigen Abschluss erfahren. Dieser Prozess hat etwa 40 Jahre gedauert, ein Zeitspanne, die offenbar für grundlegende Paradigmenwechsel in der Versorgung benötigt wird.

Das „Ende der Geschichte" ist damit, wie der US Politikwissenschaftler Francis Fukuyama nach dem Zusammenbruch des Ostblocks 1992 meinte, zwar nicht erreicht. Die Herausforderung an uns als Psychiater und an die Gesellschaft, wie mit den psychisch kranken Mitbürgern umzugehen ist, bleibt eine permanente. Ich bin sicher, die Psychiatrie als Wissenschaft und als (Versorgungs-)Praxis wird noch manchen Paradigmenwechsel erleben. Denn sie „spiegelt nur ... ‚den gegenwärtigen Stand des Irrtums' unseres Wissens und Verständnisses der psychiatrischen Komplexität sowie der möglichen Wege, mit dieser umzugehen", wider (Ciompi 1989).

9 Exkurs: Berliner Antipsychiatrie

Psychiatriekritische Bewegungen gab es seit Bestehen der institutionalisierten Psychiatrie mit unterschiedlichen Begründungen, Zielsetzungen und Formen. Ihre Verabsolutierung bis zur Ablehnung der Psychiatrie als Institution wie auch als Medizinische Disziplin kumulierte in antipsychiatrischen Ideologien. Aber die Antipsychiatrie hat auch das Bewusstsein für die Stigmatisierung psychisch Kranker geschärft und zu einem kritischen Umgang mit Nosologie und Terminologie angeregt. Ihre Anklage unhaltbarer Missstände in den Kliniken hat mit zu wichtigen Reformen in der Versorgung psychiatrischer Patienten, der Schließung der Anstalten in einigen Ländern und zu einer genaueren Kontrolle von Zwangseinweisungen und Zwangsbehandlungen beigetragen.

Versuche, antipsychiatrische Konzepte in die Praxis umzusetzen, waren die von Cooper und Laing konzipierte Wohngemeinschaft *Villa 21* in Kingsley Hall (ab 1965) in London, und die „Philadelphia Association", deren Ziel es war, psychisch Kranke durch gemeinsames Leben in einem betreuten Haushalt die Einweisung in eine Anstalt zu ersparen. Antipsychiatrische Projekte in der Bundesrepublik waren das „Sozialistische Patientenkollektiv" in Heidelberg unter Leitung des Arztes Wolfgang Huber (1970- 1973), von dem einige Mitglieder später zur RAF wechselten. Gerade Letzteres hat aber auch mit der

Instrumentalisierung psychisch Kranker bis hin zu kriminellen Handlungen die Gefahren solcher Entwicklungen gezeigt (Häfner 2007[4]).

In Berlin sind vor allem die „Irrenoffensive" Berlin (gegründet 1980) und das „Weglaufhaus" (Villa Stöckle) und dessen Träger, der „Verein zum Schutz vor psychiatrischer Gewalt e.V.", der antipsychiatrischen Bewegung zuzuzählen. Das Weglaufhaus wurde 1996 als Wohneinrichtung für obdachlose Menschen in seelischen Krisen und Notlagen gründet und wird aus Mitteln der sozialen Wohnhilfe finanziert. Auch Peter Lehmann, Gründer der Irrenoffensive, Mitgründer des Weglaufhauses, Autor psychiatriekritischer Schriften, Betreiber des Antipsychiatrie-Verlags und Vertreter in zahlreichen nationalen und internationalen Betroffenenverbänden, gehört zur antipsychiatrischen Szene.

Initiiert vom Landesverband der Psychiatriebetroffenen in Zusammenarbeit mit dem Soziologischen Institut der FU Berlin fand 1998 im Theatersaal der Volksbühne am Rosa-Luxemburgplatz ein Foucault Tribunal statt. Die zweitägige Veranstaltung mit prominenter Beteiligung, in deren Mittelpunkt der Prozess gegen die Zwangspsychiatrie stand, war mehr eine gelungene Mischung aus Theater und Spektakel mit hohem Unterhaltungswert denn eine sachliche, „vernünftige" Auseinandersetzung zu den Themen Normalität und Wahnsinn sowie Macht und Zwang in der Psychiatrie. Angesichts der einseitig besetzten Jury konnte das Urteil des Prozesses nur „schuldig" lauten. Peter Kruckenberg und Klaus Nouvertné von der DGSP hatten die Verteidigung der Psychiatrie übernommen. Anklage wie Verteidigung hatten jeweils Betroffene bzw. Patienten in den Zeugenstand gebeten. Auch wurden u.a. Roland Leiffer, ein Schüler von Szasz, und Hinderk Emrich als Gutachter gehört.

Die antipsychiatrische Bewegung hatte keinen unmittelbaren Einfluss auf die Reformentwicklung in dieser Stadt, wenn auch zu einer gewissen Zeit die Partei „Alternative Liste Berlin" offen für manche ihrer Vorstellungen war und ein Teil der Presse mitunter unkritisch deren Vorwürfe gegen die Psychiatrie aufgriff. Auch waren einzelne Personen recht konflikthaften Erfahrungen mit Protagonisten antipsychiatrischer Strömungen ausgesetzt.

So berichtete Dieter Utecht, damals Oberarzt und früher Reformer in der Landesnervenklinik und späterer Psychiatriereferent des Landes Berlin, von erheblichen Auseinandersetzungen mit einem Psychologen der Klinik. Auch Hanfried Helmchen hat in der „Geschichte der Psychiatrie an der Freien Universität Berlin" (Helmchen 2007) seine Erfahrungen mit antipsychiatrischen Gruppen beschrieben. Ich selbst war als Moderator des Arbeitskreises Psychiatrie in Berlin einmal einem tätlichen Angriff ausgesetzt. Auch verliefen manche Sitzungen des Arbeitskreises in Anwesenheit von Mitgliedern der „Irrenoffensive" zeitweilig recht „ungeordnet." Von innen gesehen kommentiert Peter Lehmann in einem Nachwort zum Buch von Tina Stöckle die Konflikte in der Irrenoffensive: „Neben Ludger Bruckmann war Tina Stöckle das letzte verbliebene aktive Mitglied derjenigen Fraktion, die mit ihrer radikalen Einstellung den antipsychiatrischen Ruf der Irrenoffensive begründet hatte. Vor ihr hatten andere langjährige antipsychiatrisch Aktive, zu denen auch ich mich zähle, nach und nach die Gruppe verlassen, nachdem sie der Erfahrung hatten Tribut zollen müssen, dass auch das Lager der Psychiatrie-Betroffenen nicht frei von Bosheit, Macht- und Geldgier sowie Gewaltausübung ist" (Stöckle 2005).

Dennoch haben die von Vertretern der Antipsychiatrie aufgeworfenen Fragestellungen den Blick auf die Psychiatrie in mancher Hinsicht erweitert und ergänzt. Zumindest mit

---

[4] persönliche Mitteilung gegenüber H. Helmchen

Hinblick auf die damalige Psychiatrie war diese Kritik vielfach berechtigt – hier bestand ein dialektischer Zusammenhang – auch wenn einige ihrer Vertreter das „Kind mit dem Bade ausschütteten."

Literatur

Ciompi L (1989) in: Mosher L R, Burti L Community Mental Health. Principles and Practice, Norton & Company, N.Y., London

DER SPIEGEL v. 22.11.1971, S. 84: Psychiatrie – ohne Bewährung. http://wissen.spiegel.de/wissen/dokument/dokument.html?id=43144604&top=SPIEGEL

Dörner K (1969) Bürger und Irre. Zur Sozialgeschichte und Wissenschaftssoziologie der Psychiatrie. Europäische Verlagsanstalt, Frankfurt a.M.

Dörner K (1976) Wie sehen wir die Enquete und was machen wir damit? Soz.Psych.Info 6 (35/36): 4

Empfehlungen der Expertenkommission der Bundesregierung zur Reform der Versorgung im psychiatrischen und psychotherapeutisch/psychosomatischen Bereich (1988). Hrsg.: Bundesministerium für Jugend, Familie, Frauen und Gesundheit, Aktion Psychisch Kranke e.V. Bonn

Fischer F (1969) Irrenhäuser – Kranke klagen an. Desch, München

Frey O (1999) Psychiatrie und Gesellschaft am Beispiel der DDR, Magisterarbeit TU Berlin, Institut der Soziologie, isra.tuwien.ac.at/Fachbereich/ Personal/Oliver.Frey/Deutsch/publikationen.htm

Häfner H, von Baeyer HW, Kisker K P (1965) Dringliche Reformen in der psychiatrischen Versorgung in der Bundesrepublik. Helfen und Heilen 4 (1)

Helmchen H (2007) Geschichte der Psychiatrie an der Freien Unversität Berlin. Pabst Science Publishers, Lengerich, S. 112f

Krippendorf E (2008) „68" – Moral und Engagement. Blätter für deutsche und internationale Politik 7/2008

Kruckenberg P, Pietzcker A, Fähndrich E., Lehmkuhl D (1972) Grundlagen für eine Reform der Psychiatrie in West-Berlin, Typoskript, vorgelegt vom Sozialpsychiatrischen Arbeitskreis Berlin in Beantwortung einer Befragung der Senatsverwaltung für Gesundheit

Lehmkuhl D (1977) Zur Umgestaltung der Karl-Bonhoeffer-Nervenklinik. Ein Beitrag zur Psychiatriereform in dieser Stadt ? Die Berliner Ärztekammer, 360-62

Lehmkuhl, D (1991) Rede zum 25. Jubiläum des Arbeitskreises Psychiatrie Berlin, unveröffentlichtes Manuskript

Picht G (1965) Die deutsche Bildungskatastrophe, Olten

Psychiatrie-Entwicklungs-Programm (1996), Senatsverwaltung für Gesundheit Berlin

Rupnik J (2008) Zweierlei Frühling. Das Jahr 1968 bewegte in unterschiedlichen Kontexten, zum Beispiel in Prag und Paris. Ein Essay. Gekürzter Vorabdruck in der taz vom 19./20.07.2008 aus: „ Transit, Europäische Revue" Nr. 35 (Verlag Neue Kritik, Frankfurt a. M.)

Schneider P (2008) Rebellion und Wahn, Mein 68. Kiepenheuer & Witsch, Köln

Schulte W (1970) Verbesserung der Hilfen für psychisch Kranke und Gefährdete. Deutsches Ärzteblatt : 2342

Stöckle T (2005[2]) Die Irren-Offensive. Erfahrungen einer Selbsthilfe-Organisation von Psychiatrieüberlebenden. Antipsychiatrieverlag, Berlin

Von institutions- zu personenzentrierten Hilfen in der psychiatrischen Versorgung – Bericht zum Forschungsprojekt des Bundesministeriums für Gesundheit „Personalbemessung im komplementären Bereich der psychiatrischen Versorgung"/Autorengruppe Peter Kruckenberg (1999) (Hrsg.: Das Bundesministerium für Gesundheit), Schriftenreihe des BMfG, Band 116, Nomos Verlagsgesellschaft, Baden-Baden

Psychiatrie im gesellschaftlich-politischen Kontext: Wechselwirkungen

Kontinuitäten und Brüche in der Berliner Psychiatrie nach 1945

Wissenschaftliche Konzeptionen

21 Die Welt auf der Kippe – Psychiatrie und Krisenanalyse bei Helmut Selbach

Cornelius Borck

Zusammenfassung

Helmut Selbach (1909-1987) prägte von 1950 bis 1976 als erster Ordinarius für Neurologie und Psychiatrie der Freien Universität die Psychiatrie in Berlin, nachdem er sich zunächst mit stoffwechselchemischen Untersuchungen einen Namen gemacht hatte, vor allem während der Kriegsjahre unter de Crinis an der Charité und bei Spatz in Berlin-Buch. Bereits 1938 hatte er die Auslösung eines epileptischen Anfalls als wechselseitiges Aufschaukeln von Sympathikus und Parasympathikus konzipiert. Im Rückgriff auf das Ausgangswert-Gesetz von Josef Wilder und das Kippschwingungsprinzip entwickelte er diese Anschauung ab 1949 in einer Serie von Arbeiten zu einer umfassenden systemphysiologischen Psychiatrie, die weiterhin im Tonus des vegetativen Nervensystems ihren Angelpunkt hatte. Der Aufsatz rekonstruiert, wie Selbach vor allem in der Zusammenarbeit mit seiner Frau Constanze eine zunächst technische Konzeption zu einer allgemeinen Krisentheorie entfaltete, die ihn schließlich zu einem prominenten Kybernetiker und zeitkritischen Technikphilosophen machte. Auch wenn er an Einführung und Erforschung der Psychopharmaka maßgeblich beteiligt war, zielte Selbachs einseitig auf das Vegetativum fixierte psychiatrische Theorie offensichtlich weniger darauf, der Komplexität klinischer Phänomene gerecht zu werden. Vielmehr fand er mit der Schwingungslehre ein universales Interpretationsmodell, das auch die verstörenden Erfahrungen der Kriegs- und Umbruchsjahre als naturalisierbare Krisenphasen darstellbar machte. Damit eröffnete seine Theorie die Aussicht auf eine Integration der Abgründe des 20. Jahrhunderts in eine Naturgeschichte der Krisen und positionierte Selbach zugleich als kritischen Zeitgenossen, der in ärztlicher Verantwortung für die Stabilität der Welt von morgen eintrat.

Über fast drei Jahrzehnte prägte Helmut Selbach als erster an die neu gegründete Freie Universität Berlin berufener Ordinarius für Psychiatrie und Neurologie die Nervenheilkunde im Westteil der geteilten Stadt. Im November 1949 kam er nach Berlin und begann zunächst in einem Provisorium ohne Klinik. Als er 27 Jahre später im Herbst 1976 emeritiert wurde, war unter seiner Ägide eine moderne Klinik mit neun Abteilungen und mehr als 450 Mitarbeitern entstanden. Bereits 1953 hatte Selbach eine Berliner Gesellschaft für Psychiatrie und Neurologie für den Westteil der Stadt gegründet[1] und auch deren Vorsitz übernommen; sie ernannte ihn 1974, drei Jahre nach seinem Rückzug vom Vorsitz, zum

---

[1] s. a. den Beitrag Rapp in diesem Band.

Ehrenmitglied (Thomas 2002). Allein aufgrund dieses institutionellen Wirkens bliebe eine Geschichte der Psychiatrie in Berlin also unvollständig ohne ein Kapitel zu Selbach. Darüber hinaus verstand sich Selbach als ein theoretisch orientierter Hirnforscher, der das gesamte Fachgebiet mit einer psychophysiologischen Regelungstheorie konzeptionell neu zu strukturieren suchte. Für diese Neukonzeption stützte sich Selbach sowohl auf eigene empirische Arbeiten bzw. die auf dem regelungstheoretischen Ansatz aufbauenden Studien seiner Mitarbeiter in Marburg und Berlin als auch auf zeitgenössische Anregungen aus der gerade entstehenden Kybernetik. Als Dieter Bente 1979 anlässlich von Selbachs 70. Geburtstag die „Bedeutung des wissenschaftlichen Werkes von Selbach" umriss, galt ihm diese Konzeption immerhin als der „bedeutendste, umfassendste und zukunftsträchtigste Beitrag zur neuropsychiatrischen Theoriebildung" der Nachkriegszeit (Bente 1979). Der Anlass forderte selbstverständlich eine entsprechend positive Würdigung, aber ohne Zweifel verdient Selbach auch aufgrund seines medizinisch-theoretischen Wirkens eine ausführlichere Darstellung.

Gleichwohl erscheint eine Beschäftigung mit Selbach heutzutage nicht mehr selbstverständlich. Obgleich sein Platz in der Geschichte der Berliner Psychiatrie weithin sichtbar sein sollte, gehört er jener Zwischengeneration an, deren Protagonisten bislang weder in die Traditionsbildung der Fachgeschichte eingegangen noch als historische Figuren zum Gegenstand wissenschaftshistorischer Studien gemacht worden sind. Entgegen Bentes Einschätzung hat Selbachs „systemdynamisches" Programm bislang nicht schulbildend gewirkt. Zwanzig Jahre nach seinem Tod und kurz vor seinem hundertsten Geburtstag muss man heute konstatieren, dass seinem theoretischen Neuansatz keine große Resonanz beschieden war. Die Freie Universität richtete ihm zwar auch noch 1984 zum 75. Geburtstag eine Akademische Feier aus, und fünf Jahre später versammelte man sich zur Gedenkfeier für den im Januar 1987 Verstorbenen, aber schon sein Tod verstrich weitgehend unkommentiert – wenigstens fehlen Nachrufe in den einschlägigen medizinisch-psychiatrischen Zeitschriften. Selbst die von ihm aufgebaute Klinikstruktur ist in der Zwischenzeit weitgehend zum Opfer der Berliner akademischen Vereinigungswirren geworden.[2] So scheint die psychovegetative Systemphysiologie eine Episode in der Berliner Psychiatrie geblieben zu sein, die mehr über individuelle Rezeptionswege von Regelungstheorie und Kybernetik aussagt als über die Geschichte der Psychiatrie in der Nachkriegszeit.

Diese Ignoranz der Nachwelt zu bewerten, kann nicht Aufgabe dieses Aufsatzes sein, vielmehr lässt sie sich als mittlerweile eingetretene Distanz zum Ausgangspunkt einer wissenschaftshistorischen Fallstudie machen, die weniger den Fortschritt einer Wissenschaft als vielmehr ihren Fortgang zum Gegenstand nimmt. Entsprechend soll hier nicht die Frage gestellt werden, wie Selbachs Regelungstheorie abschließend psychiatrisch zu bewerten sei. Vielmehr will dieser Aufsatz jene diskursiven Linien nachzeichnen, die Helmut Selbachs frühe experimentalwissenschaftlichen Aufsätze mit seinen konzeptionellen, rege-

---

[2] Dies hat sein Nachfolger Hanfried Helmchen anschaulich aus schmerzlicher Erfahrung beschrieben (Helmchen 2007, bes. S. 28-37). Recherchen nach einem Nachruf verliefen ergebnislos in allen einschlägigen biobibliographischen Nachschlagewerken und Datenbanken. Auch in dem von seiner Frau dem Archiv der Max-Planck-Gesellschaft übergebenen Nachlass ist kein Nachruf oder Hinweis auf einen solchen überliefert (Auskunft von Frau Dr. Kazemi vom 24.7.2008). Ich danke Frau Dr. Kazemi für wichtige Informationen, die Überlassung des Porträts sowie für die Möglichkeit, den noch der Sperrfrist unterliegenden und deshalb unerschlossenen Nachlass von Helmut Selbach wenigstens in Augenschein zu nehmen.

lungstheoretisch-psychiatrischen Arbeiten der 1950er Jahre und den späten zivilisationskritischen Vorträgen verbinden. Was auf den ersten Blick als eine vom Experiment über die Klinik bis zur Kulturkritik immer weiter ins Allgemeine ausgreifende Argumentationsbewegung erscheint, soll dabei präziser in den individuellen und zeithistorischen Kontext gestellt werden. Dabei zeigt sich, dass nicht etwa das Allgemeine sich aus der psychiatrischen Praxis, Erfahrung und Theoriebildung speist, vielmehr synthetisierte Selbach seine psychiatrische Regelungstheorie erst nach einer ins Allgemeine ausgreifenden Durcharbeitung und Verdichtung der widersprüchlichen Gegenwartserfahrungen bei Kriegsende.[3] Zur psychiatrischen Variante eines allgegenwärtigen Antagonismus opponierender Grundkräfte gelangte Selbach im Durchgang durch ein hoch-abstraktes Wirklichkeitsmodell, wobei in jene Phase zugleich auch biographisch wichtige Ereignisse fallen, nämlich die Heirat mit Ottilie Constanze Redslob, der Wechsel nach Berlin und eine Reihe gemeinsamer Studien mit seiner Frau. Gerade die Zusammenarbeit mit seiner gestaltpsychologisch geschulten Frau war m.E. von entscheidender Wichtigkeit für die Theoretisierung des Allgemeinen als kritischer Spannung universaler Antagonismen.

Damit versteht sich dieser Aufsatz auch als Beitrag zu einer Zeitgeschichte der Medizin, der versucht, die Konstituierung der medizinisch-wissenschaftlichen Praxis der frühen Bundesrepublik zwischen Kontinuität und Transformation zu explorieren. Selbachs kybernetisch inspiriertes Schema einer ebenso fundamentalen wie abstrakten Basisspannung versprach Orientierung gerade auch angesichts radikaler Umbrucherfahrungen in einer zunehmend komplexen Wirklichkeit. Die geringe Resonanz, die Selbach mit seinem regelungstheoretischen Ansatz bei der Nachwelt erzeugte, erscheint im Licht dieser Kontextualisierung weniger als Ernüchterung über die geringe Leistungsfähigkeit der Kybernetik, sondern vielmehr als Ausdruck einer gewachsenen Distanz der nachfolgenden Generation, die eben nicht mehr die kontrastierenden Mentalitäten von gelebtem Nationalsozialismus und oktroyiertem demokratischem Neuanfang biographisch zu integrieren hatte. Die These, die hier entwickelt werden soll, lautet also, dass in Selbachs Vorträgen und Veröffentlichungen ein Schematismus des Allgemeinen hervortritt, der sich auch als zeittypische Antwort auf die konfliktträchtigen Spannungen der Nachkriegswirklichkeit in der Bundesrepublik lesen lässt.

1   Selbachs psychiatrische Systemphysiologie

Mit Selbach begegnet man im 20. Jahrhundert noch einmal dem Versuch, von einem Punkt aus das Wesen psychiatrischer Krankheiten und zugleich auch noch die Natur des Menschen zu bestimmen. Zugespitzt ließe sich formulieren, dass hier das alte Konzept der Einheitspsychose zu neuem Leben erweckt werden sollte. Für Selbach bildete der vegetative Nerventonus mit seiner charakteristischen Polarität von Sympathicus und Parasympathicus bzw. Ergotropie und Trophotropie diesen alles überspannenden Fluchtpunkt. Für das Zeitalter von EEG und Elektroschock, für die Zeit der großen Fortschritte in Neurochirurgie und Psychopharmakotherapie muss eine solche Theoriebildung auf den ersten Blick überraschen, zumal Selbach nicht etwa vom Rande her, sondern aus persönlicher

---

[3] Ich greife hierbei Überlegungen von Michael Hagner in seiner Analyse der Konzeptualisierung einer Allgemeinen Medizin bei Viktor von Weizsäcker auf (vgl. Hagner 2006).

Vertrautheit mit diesen innovativen, experimentellen Zweigen der Hirnforschung zu seiner Fokussierung auf das Stoffwechselgeschehen gekommen war.

Aber zugleich muss man sich vor Augen halten, dass nach den bahnbrechenden Studien von Albrecht Bethe und Walter Rudolf Hess über die fundamentale Rolle des vegetativen Systems auch in höher entwickelten Tieren eine weitere Charakterisierung der humoralen Seite des Nervensystems damals besonders erfolgversprechend erscheinen musste und vor allem auch hoffen ließ, jenen archimedischen Punkt einer einheitlichen Erschließung des Nervensystems wiederzugewinnen, der mit der Ausdifferenzierung der Hirnforschung in ihre vielen zersplitterten Arbeitsbereiche verloren schien. Entsprechend setzte Selbach auch mit seinen Studien bei den Arbeiten von Bethe und Hess an, aber noch wichtiger wurde für ihn die sogenannte Ausgangswertregel von Josef Wilder, das dieser bereits 1930 in Wien formuliert hatte, wo er bis zu seiner 1938 erzwungenen Emigration in die USA Leiter der Nervenheilanstalt Rosenhügel war (Wilder 1931). Wilder hatte die Beobachtung, dass dieselbe Substanz in einem Organismus in Abhängigkeit von dessen Ausgangssituation unterschiedliche Wirkungen entfalten kann, zu einer Regel systematisiert (Wilder 1953, S. 752): „Je höher der Ausgangswert der geprüften Funktion, desto geringer ist die Neigung zum Anstieg bei fördernden, desto grösser die Tendenz zum Abfall bei hemmenden Einflüssen; umgekehrt, je niedriger der Ausgangswert, desto grösser die steigende Wirkung der fördernden, desto geringer die senkende Wirkung der hemmenden Agentien. Bei den höchsten und den niedrigsten Werten besteht die Tendenz zur Wirkungsumkehr, zu ‚paradoxer' Reaktion; das bedeutet Senkung statt Steigerung und umgekehrt."

Bereits in seinem ersten theoretischen „Versuch" von 1938 hatte Selbach – freilich noch ohne Wilder ausdrücklich zu zitieren – argumentiert, dass Kollaps und epileptischer Anfall im Sinne solcher Ausgleichsbestrebungen als überschießende Kompensation mit einer „plötzlich eintretenden Gesamtumschaltung" aufzufassen seien (Selbach 1938, S. 585). Wilders Ausgangswertregel und das Kippschwingungsprinzip bildeten auch die zentralen Themen jenes Aufsatzes, mit dem Selbach nach Ende des Krieges 1949 wieder an die Öffentlichkeit trat – seinem wohl auch in der Selbsteinschätzung wichtigsten theoretischen Beitrag, wie der Umstand anzeigt, dass er am Ende seiner Karriere noch einmal einen Handbuchbeitrag zum selben Thema verfasste (Selbach 1949, Selbach 1976). Wie wichtig Wilder für Selbachs theoretische Arbeiten wurde, verrät noch ein zweiter Befund: Seit 1949 ließ Selbach seine Aufsätze immer wieder mit derselben Schemazeichnung illustrieren, die das Kippschwingungsprinzip als Anwendungsfall der Wilderschen Ausgangswertregel veranschaulichte (vgl. Abb. 1). Diese Abbildung fällt umso stärker auf, als Selbach ansonsten außerordentlich sparsam mit Illustrationen umging. Die meisten seiner Arbeiten enthalten neben dieser und eventuell noch weiteren Schemazeichnungen zum Regelkreis-Prinzip keinerlei visuelles bzw. graphisches Material. Wilders Ausgangswertregel bildete also unzweifelhaft den konzeptuellen Kern seines Denkens.[4]

---

[4] Entsprechend griff auch Helmchen in seiner Darstellung der Selbach'schen Psychiatrie auf dieses Schema zurück (Helmchen 2007, S. 65), und Wolfgang Gaebel begann seine Einführung in die Tagungssektion zu Selbach ebenfalls mit einer knappen Darstellung der "Wilderschen Regel". Josef Wilder sprach selbst zwar vom "Ausgangswert-Gesetz" (Wilder 1931, 1936, 1953), was Selbach 1949 entsprechend aufgriff. In der Folgezeit scheint er aber die weichere Formulierung "Ausgangswertregel" bevorzugt zu haben, was ich hier übernehme.

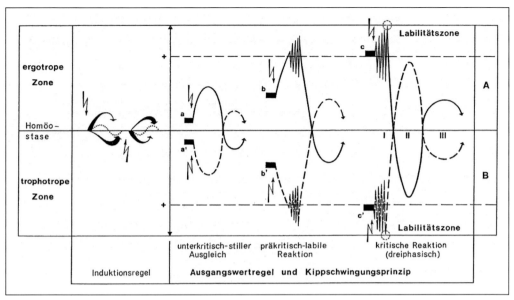

Abb. 1: Das stets wiederkehrende Schema der Verbindung von Ausgangswertregel und Kippschwingungsprinzip (aus Selbach 1976)

Diese zentrale Stelle konnte Wilders Ausgangswertregel einnehmen, weil sie zugleich als Scharnierstelle zwischen Selbachs frühen physiologisch-chemischen Analysen und seinen späteren systemdynamischen Forschungen fungierte. Denn hervorgetreten war Selbach zunächst vor allem durch stoffwechselchemische Untersuchungen am künstlich durch chemische Stoffe oder elektrische Reize ausgelösten epileptischen Anfall. Schon vor dem Krieg in Köln als Assistent von Max de Crinis, mit dem er dann nach Berlin ging, hatte er mit diesen Studien begonnen und sie auch bei Hugo Spatz am Kaiser-Wilhelm-Institut für Hirnforschung fortgeführt, wo er als frisch habilitierter Wissenschaftler – parallel zu seiner Oberarztstelle an der Charité – die Physiologisch-chemische Abteilung leitete. Nach Kriegsende nahm Selbach diese Forschungen mit Detlev Ploog und Horst-Ulfert Ziolko in Marburg wieder auf (Ploog und Selbach 1952), während Lutz Rosenkötter und Helmut Coper unter seiner Leitung begannen, systematisch nach elektrischen Äquivalenten der stoffwechselchemischen Vorgänge im EEG zu fahnden (Rosenkötter und Selbach 1952; Coper, Herken, Rosenkötter und Selbach 1952). Mit diesen Studien war der Boden bereitet für das dann in Berlin verfolgte Forschungsprogramm, das Selbach anlässlich des zehnjährigen Bestehens der Medizinischen Fakultät der Freien Universität als Integration von Stoffwechselchemie und Elektroenzephalographie bei der Erforschung psychiatrischer Erkrankungen formulierte (Selbach 1958), wobei jene Stoffwechselentgleisung, die Selbach zuerst beim großen epileptischen Anfall beobachtet hatte, nun als Schlüssel für die Erforschung der großen Psychosen dienen sollte: Der Antagonismus von Ergo- und Trophotropie mit gegenseitigem Hochschaukeln und kritischem Umschlag ließ sich auf die ganze Bandbreite klinisch-psychiatrischer Phänomene anwenden.

2 Systemphysiologie als Therapie: Pharmakopsychiatrie

Selbachs Aufsatz von 1949 steht zugleich an der Schwelle von der ersten, durch Ausbildung, Ortswechsel und Kriegserfahrungen geprägten Hälfte seines Lebens zur zweiten, die er dauerhaft in Berlin verbringen sollte. In der Berliner Zeit galt Selbachs besonderes Interesse dabei der Psychopharmakologie. Er hatte in den 1950er Jahren unmittelbar miterlebt, welchen revolutionären Einschnitt die Einführung der Neuroleptika bedeutete, und als chemische Modulatoren des psychischen Erlebens boten diese Stoffe geradezu an, ebenfalls im Rahmen seiner stoffwechselchemischen Systemphysiologie erforscht zu werden. Bereits 1952 begannen in Berlin auf Anregung engagierter Assistenten Untersuchungen mit antipsychotisch wirksamen Stoffen (Hiob 1954), die schließlich in Selbachs letzte große Publikation mündeten (Selbach 1977), eine Überblicksdarstellung zur Pharmako-Psychiatrie für die „Wege der Forschung".[5] Letztlich entwickelte Selbach aus der bipolaren Ordnung von sympathisch-ergotropen und parasympathisch-trophotropen Einflussgrößen einen Universalschlüssel für die gesamte Psychiatrie von der Schizophrenie über die Depressionen und Zyklothymien bis zu den Epilepsien.

Anspruch und Scheitern von Selbachs psychiatrisch-therapeutischer Systemphysiologie vermittelt besonders anschaulich sein Aufsatz „Über regulations-dynamische Wirkgrundlagen der Psychopharmaka", bzw. das gemischte Echo, das dieser Beitrag 1961 bei den Starnberger Gesprächen erzeugte (Selbach 1961/1963). Konsequent teilte Selbach in diesem Vortrag die damals bekannten Psychopharmaka nach ihren Wirkungen so auf die zwei Hauptgruppen der (trophotropen) Neuroleptika und (ergotropen) Thymoanaleptika auf, dass sich diese Gruppen nahtlos in seine vegetative Physiologie integrieren ließen. Mit diesem Eröffnungsschachzug war auch für die Psychopharmaka derselbe Grundantagonismus festgestellt, der Selbachs Forschungen überall anleitete, und der Rest seines Vortrags konnte sich deshalb wiederum einer Darstellung seines Grundmodells von Ausgangswertregel, Kippschwingung und Regelkreis widmen, das hier nun um eine therapeutische Seite ergänzt war. Konsequenterweise verzichtete auch dieser Vortrag nicht auf die bewährten Schemazeichnungen zu Ausgangswertregel und Regelkreis.

Nimmt man die nachfolgend abgedruckten Diskussionsbeiträge als Abbild der zeitgenössisch vorherrschenden Meinung, kann Selbach mit seinem Ansatz kaum weit gekommen sein. Johann Achelis aus Mannheim eröffnete die Kritik mit der spitzen Bemerkung, dass die wichtigsten vegetativen Pharmaka primär auf den Kreislauf wirkten und keinerlei psychische Wirkung zeigten, während umgekehrt „eine Unmenge von Psychopharmaka [...] mit dem Vegetativum nichts zu tun" hätte (Achelis in: Selbach 1961/1963, S. 69). Ähnliche Bedenken gegen eine zu straffe Parallelisierung von Psychose und vegetativer Fehlregulation äußerte auch Walter von Baeyer aus Heidelberg (Baeyer in: Selbach 1961/1963, S. 71): „Bei solchen theoretischen Gesamtentwürfen geht ja nie alles ganz glatt auf. [...] Noch mehr Schwierigkeiten macht mir die Parallelisierung der vegetativen Regulationen mit schizophrenen Zuständen. [...] Diese jungen Menschen sind doch kli-

---

[5] Ein undatiertes Publikationsverzeichnis im Selbach-Nachlass weist für die Jahre 1933-1977 insgesamt 151 Publikationen aus. Es steht zwar zu vermuten, dass Selbach auch in den zehn letzten Jahren seines Lebens noch gelegentlich einen Text zur Veröffentlichung gebracht hat, aber entsprechende Hinweise fehlen in allen einschlägigen Datenbanken. Ich danke Herrn Hippius für seine wertvollen Hinweise, insbesondere auch zum mutigen Einsatz von Joachim Hiob für die Megaphen-Versuche, die zunächst offenbar gegen den Widerstand von Selbach begonnen wurden.

nisch jedenfalls blühend gesund, sie sind überhaupt nicht vegetativ gestört, sondern versacken und versanden mit normalem Blutdruck, normaler Hautdurchblutung [...] und allem, was zum vegetativen Leben hinzugehört." Noch grundsätzlicher wurde der aus Lexington angereiste phänomenologische Psychiater Erwin Straus. Er kritisierte nicht nur, dass nach Selbachs Homöostase-Modell nicht eigentlich Leistungsbereitschaft, sondern stabile Ruhe, also Schlaf der natürliche Zustand des menschlichen Körpers sein müsste. Vielmehr machte er darauf aufmerksam, dass bei Schizophrenen statt einer Regelungsschwäche „vielleicht ein Zuviel an Homöostase" als krank erfahren werde (Straus in: Selbach 1961/1963, S. 74). Mit seiner psychiatrisch-vegetativen Regelungstheorie bildete Selbach also eine Stimme in der Geschichte der Psychiatrie, die bei seinen Kollegen auf allenfalls bedingte Zustimmung stieß. Sein Publikum sollte er schon bald außerhalb der psychiatrischen Debatten finden.

3 Ein Hirnforscher wird zum kybernetischen Technikphilosophen

Auf deutlich mehr Anerkennung stieß Selbachs Theorie 1962 bei einem Symposium der New York Academy of Science zu biologischen Rhythmen und Regelungstheorien, wo eigens eine ganze Sektion zu Wilders „Law of initial values" vorgesehen war, zu der auch Selbachs Beitrag zählte. Wenn Selbach persönlich in New York vorgetragen hat, dürfte er dort nicht nur Josef Wilder getroffen haben, sondern auch so bekannte Kybernetiker und Physiologen wie John Barlow vom Research Laboratory of Electronics am M.I.T., Manfred Clynes, den Erfinder des Ausdrucks „Cyborg", oder den deutschen Luftfahrtphysiologen Hubertus Strughold, der nach Kriegsende seine Karriere im Rahmen der Aktion Paperclip in den USA fortsetzen konnte und nun über Tag-Nacht-Rhythmen in der Raumfahrt vortrug. Selbach sprach über „Das Kippschwingungsprinzip als Spezialfall des Ausgangswert-Gesetzes in kybernetischen Funktionen" – und damit zum ersten Mal explizit unter einer kybernetischen Perspektive (Selbach 1962). Im deutschsprachigen Kontext war er hingegen zurückhaltender. Noch ein Jahr später, 1963 in einem Vortrag auf dem 12. Deutschen Kongress für Ärztliche Fortbildung in Berlin, formulierte er kritisch distanziert (Selbach 1963, S. 426): „Das Modewort Kybernetik vermeiden wir mit Bedacht." Was auch immer der Hintergrund für seine Distanz gewesen sein mag – sie geschah offensichtlich aus guter Kenntnis der Literatur zur Kybernetik, denn er zitierte in beiden Vorträgen so einschlägige Werke wie Norbert Wieners „Cybernetics", W. Ross Ashbys „Design for a Brain" oder Gordon Pasks „An Approach to Cybernetics". Seine Bedenken gegen das Modewort waren sieben Jahre später verflogen, als Selbach anlässlich der Eröffnung des Instituts für Biomedizinische Technik an der Universität Stuttgart am 12. Februar 1970 explizit formulierte (Selbach 1972, S. 47): „Die Kybernetik ist heute Angelpunkt konvergierender Wissenschaften und liefert die formale Theorie der Informationslehre. [...] Weitgehend übereinstimmend ist in der Biotechnik, in der Medizin, in den Wirtschaftswissenschaften, der Psychologie und in politisch-massenpsychologischen Vorgängen die kybernetische Dynamik von Krisen. Diese Kenntnisse sind leider noch viel zu wenig praktisch verwertet." Warum ausgerechnet ein Psychiater für diesen Anlass eingeladen worden war, lässt sich der publizierten Fassung nicht entnehmen, aber Selbach sprach offensichtlich als einer, der zur Thematik der Biotechnik in seiner gesamten gesellschaftspolitischen Spannung etwas zu sagen hatte, waren für ihn doch Biotechniker und Arzt gleichermaßen "in ihren Erfindungen und Entdeckungen unserer planetaren Gemeinschaft verpflichtet und verantwortlich" (ebd.). Anlass und Thema erlaubten dem Redner nicht nur visionär in ein Wunderland der „Anthropotechnik" zu blicken, wo die Arbeit an winzigen Herz-Lungen-Maschinen für „lebensschwache Neugeborene" und Plutonium-Kraftwerken für Herzschrittmacher gleich auch noch den Gedanken an mögliche Hirnschrittmacher aufkeimen ließ. Gerade solche biotechnischen Allmachtsphantasien boten Selbach zugleich Anlass, verantwortungsvoll-kritisch seiner Sorge Ausdruck zu verleihen (ebd. S. 51): „Unterdessen diskutiert die futurologische Astronautik eine ‚Chromosomen-Kosmetik' zur Züchtung eines besser an den Flug im schwerelosen Raum angepassten homo novus. Die bisher mit Hilfe geschlossener ökologischer Systeme und durch die fast 100% Sicherheit der IBM-Computer dritter Generation geschützten Weltraumfahrer sollen durch Konkurrenten aus künstlicher Besamung mit tiefgefroren aufbewahrtem Erbgut, wie im Tierversuch bereits möglich, also quasi durch ‚Geniezucht' ersetzt werden. Die Hybris der absoluten Manipulierbarkeit des Menschen würde dann bereits im Reagenzglas beginnen und möglicherweise mit der Heranbildung eine Roboterheeres ideologisch indoktrinierter Lebewesen enden können. Was würde aber dann, so fragen der Chromosomen-Biotechniker und der genetische Chirurg, mit den in den Versuchsserien anfallenden ‚Fehlkonstruktionen' geschehen. [...] Wird es für diese Bedauernswerten wieder ein [...] Auschwitz geben?" Für Selbach versprach die Kybernetik nicht nur ein Paradies perfekter Regulation und homöostatischer Stabilität, vielmehr standen „Arzt und Biotechniker in der Problematik des Fortschritts", wie er seinen Vortrag betitelt hatte – und sie mussten entsprechend einer enormen Verantwortung gerecht werden.

Der Stuttgarter Vortrag steht keineswegs solitär in Selbachs Oeuvre, vielmehr ließ sich Selbach Anfang der 1970er Jahre von VDI-Sektionen in Mainz, Ulm und Stuttgart zu Vorträgen über die Fortschrittsproblematik einladen und sprach zu einem ähnlichen Thema auch beim VDE in Kassel, bei der Betriebsleiter-Tagung der Allianz Versicherung, im Salzburger Ärzteverein und zur Eröffnung der Therapiewoche 1975 in Berlin. Passagen aus diesen relativ späten Vorträgen, wie die hier zitierte, belegen eindrücklich den aufs Ganze und Allumfassende gehenden Charakter der kybernetischen Gedanken von Selbach. Offensichtlich war er in seinem Element angekommen, wo dem Weltlauf ein „Maschinenschaden" (wie das entsprechende Publikationsorgan der Allianzversicherung hieß) drohte. Nur ein verantwortlicher Ingenieur oder geschulter Arzt konnte ihn verhindern und den stabilen Lauf der Dinge garantieren.

Damit tritt neben die Entwicklung seiner psychiatrischen Lehre als zweite Perspektive in Selbachs Arbeiten die Profilierung seines kybernetischen und technikphilosophischen Denkens. Für beide Perspektiven lassen sich relativ leicht die Eckdaten angeben: Bereits in seinem ersten theoretischen Aufsatz zum epileptischen Anfall von 1938, der ausdrücklich noch als „Ein Versuch" überschrieben war, formulierte er eigentlich schon alle wesentlichen Aspekte seiner Vorstellung von einem Aufschaukeln der polaren vegetativen Kräfte bis zur Entladung im Anfall als einer archaischen Umschaltreaktion zur Wiedergewinnung eines labilen Gleichgewichts. Aber trotz seiner Rede von „vegetativer Fehlsteuerung" und „Gesamtumschaltung" fehlt in diesem frühen Aufsatz noch die Analogie zur technischen Modellierung, wie sie für kybernetisches Denken so charakteristisch werden sollte. Diese strenge Parallelisierung von biologischer und technischer Lösung findet sich dann aber schon in Selbachs konzeptionell so wichtigem Aufsatz zum Kippschwingungsprinzip von 1949. Psychiatrische Systemphysiologie und kybernetische Steuerungstheorie verliefen als miteinander verzahnt, aber zeitlich versetzt; während sich die Entwicklung der psychiatrischen Systemphysiologie von den ersten Arbeiten aus den 1930er Jahren über mindestens drei Jahrzehnte verfolgen lässt, traten Regelkreislehre und technisches Steuerungsdenken erst nach dem Krieg hinzu.

Selbachs technisches Steuerungsdenken war aber nicht etwa Ausdruck einer antihumanistischen Distanz, sondern stellte vielmehr eine Variante seines anthropologischen Denkens in den Kategorien von Planung und Verantwortung dar. Gerade darin traf es sich mit zeitgenössischen Strömungen innerhalb des kybernetischen Denkens, wie sie insbesondere die neuere Wissenschaftsgeschichte zur Rezeption und Resonanz der Kybernetik herausgearbeitet hat (Pias 2003, Rieger 2003, Hagner und Hörl 2008). Für Selbach stellte die Regelungstheorie vor allem auch ein auf die Gegenwart bezogenes Deutungsangebot bereit. In dem Maße, in dem hier Steuerungslehre als allgemeine Krisentheorie lesbar wurde, ließen sich darin auch die gerade durchgemachten Kriegserfahrungen eintragen. Hierin liegt der Schlüssel, warum Selbach erst über den Umweg über die allgemeine Kulturdiagnose vom Kippschwingungsprinzip zur psychiatrischen Systemphysiologie gelangte, bevor er wiederum einige Jahre später zum gesellschaftspolitisch engagierten Festredner avancierte.

4 Hirnforschung – Kriegserfahrung – Psychiatriepolitik: Ein kurzer Lebensabriss

Helmut Selbach wurde am 31.5.1909 in Köln geboren, begann 1929 mit dem Medizinstudium, wobei er schon während der Studiums in Bonn und Würzburg wissenschaftlich arbeitete. 1935 erhielt er die Approbation und wurde zunächst Assistent bei Wilhelm Tönnis in Würzburg, den er von dortigen Studienzeiten kannte, wechselte aber schon nach einem halben Jahr 1936 zu Max de Crinis nach Köln, mit dem er im März 1939 nach Berlin ging, als jener aufgrund seiner engen parteipolitischen Kontakte den Ruf an die Charité erhalten hatte.[6] In Berlin bekam Selbach offenbar schnell Kontakte zu Hugo Spatz am Kaiser-Wilhelm-Institut für Hirnforschung in Berlin-Buch und setzte dort seine Untersuchungen zur Stoffwechselchemie des künstlich ausgelösten Anfalls fort. Schon während des Studiums war Selbach im Februar 1933 dem „Stahlhelm" und im Januar 1934 der SA beigetreten, wo er auch als Ausbilder tätig wurde. 1937 kamen die Mitgliedschaft in der Partei, im NSV und im NS-Ärztebund hinzu, 1939 schließlich noch der NS-Dozentenbund.[7] Selbach hat also schon während seines Studiums auf eine akademische Karriere hingearbeitet und gezielt Kontakte geknüpft. Daneben orientierte und organisierte er sich frühzeitig parteipolitisch. In welchem Maße er sich mit dem nationalsozialistischen Regime identifiziert haben muss, verdeutlicht eine Bemerkung von überraschend unverblümter Offenheit in seinem Lebensrückblick von 1971 (Selbach 1971, S. 427), dass nämlich de Crinis ihm seinen Wunsch nach „Meldung als Arzt in ein KZ, noch unwissend, was dort wirklich geschah", abgelehnt habe.

---

[6] Selbach brachte erste stoffwechselchemische Erfahrungen bereits zu de Crinis mit, während sich die intensive Beschäftigung mit epileptischen Anfällen wohl dessen Forschungen verdankte, s. a. den Beitrag Beddies in diesem Band.

[7] Biographische Informationen zu Selbach finden sich in einem eigenhändigen Lebenslauf anlässlich seines 75. Geburtstags im Archiv der Max-Planck-Gesellschaft, im DFG-Bestand, im Bundesarchiv (R 73/14717) sowie im Archiv der Humboldt-Universität zu Berlin (PA Helmut Selbach).

Kaum in Berlin angekommen, überschlugen sich die politischen Ereignisse, und Selbach nahm ab Herbst 1939 als Artilleriearzt am Polenfeldzug teil, bevor er im Frühjahr 1940 in einem achtwöchigen Fronturlaub habilitierte, nur um anschließend an die Front zurückzukehren, diesmal als Regimentsarzt beim Frankreich-Feldzug. Ebenfalls noch 1940 wurde er dann allerdings zum Einsatz an der Charité und am Kaiser-Wilhelm-Institut unabkömmlich gestellt. In den folgenden Jahren scheint es aber zu einem Zerwürfnis mit de Crinis gekommen zu sein, denn im Juni 1944 meldete er sich trotz seiner uk-Stellung freiwillig zum Fronteinsatz, wobei er zunächst als Beratender Psychiater in Lodz tätig war und später den Rückzug der deutschen Armee von der Beresina bis Lübeck mitmachte. Nach Entlassung aus englischer Gefangenschaft kam er Ende 1945 wieder zu Spatz, dessen Abteilung des Kaiser-Wilhelm-Instituts schon vor Kriegsende nach Dillingen ausgelagert worden war. Aus Gründen der räumlichen Trennung von Berlin, aber wohl auch weil er gehört hatte, dass Parteimitglieder in Berlin keine Chance hätten, stellte er 1946 einen Antrag auf Umhabilitation ins nahegelegene Marburg, wo er 1948 in die Psychiatrische und Nervenklinik bei Werner Villinger eintrat.[8] Noch während seiner Marburger Zeit verfasste Selbach einen Handbuch-Beitrag zu Anfallsleiden von monographischer Länge (Selbach 1953) und überarbeitete die ersten sechs Kapitel im Lehrbuch von Hans W. Gruhle und Wilhelm Weygandt für eine zweite Auflage.

Abb. 2: Helmut Selbach, 1954. (Mit freundlicher Genehmigung des Archivs der Max-Planck-Gesellschaft)

Ebenfalls in jene bewegten 1940er Jahre fiel Selbachs Bekanntschaft und Heirat mit Ottilie Constanze Redslob, der Tochter von Edwin Redslob, dem Reichskunstwart der Weimarer Republik, Gründer des Berliner Tagesspiegels, Professor für Kunstgeschichte und erstem Rektor der Freien Universität. Selbach hatte Ottilie Redslob im KWI für Hirnforschung in Berlin-Buch kennengelernt, wo er ihre zweite, medizinische Doktorarbeit betreute, nachdem sie zuvor schon in Frankfurt in Psychologie zur Gestaltwahrnehmung promoviert hatte (Redslob 1938).[9] Constanze Selbach hat zwar trotz ihrer doppelten Ausbildung ihre akademische Karriere nach dem Krieg nicht weiter fortgesetzt (vgl. Stürzbecher 2001), aber sie hat in der entscheidenden Phase einer Öffnung der Selbach'schen Spezialtheorie des epileptischen Anfalls in Richtung auf eine psychiatrische Systemphysiologie eine Reihe von Aufsätzen mit ihm zusammen veröffentlicht. Selbachs Schriftenverzeichnis listet insgesamt sieben gemeinsame Arbeiten aus den Jahren 1949 bis 1958 auf, also für die Zeit zwischen dem wichtigen Aufsatz zum Kippschwingungsprinzip und der Formulierung des Berliner Arbeitsprogramms. Damit erscheint gerade diese schrittweise Öffnung des von Selbach zunächst rein regelungstheoretisch gefassten Kippschwingungsprinzips zu einer allgemeinen und universal applizierbaren Krisenanalyse wesentlich ihr Ver-

---

[8] Antrag auf Umhabilitierung nach Marburg vom 21.10.1946, Archiv der Humboldt-Universität, PA S 71, Bl. 63.
[9] Ottilie Constanze Redslob war Selbachs zweite Ehefrau, laut Personalakte der Humboldt-Universität hatte er bereits 1939 Irene Herman geheiratet.

dienst, wie im Folgenden noch genauer gezeigt werden soll.[10] Zusätzlich brachte Ottilie Constanze Redslob in die Ehe auch die geistige Welt ihres familiären Bildungsbürgertums mit, während Selbach väterlicherseits aus einer Handwerker- und Kaufmannsfamilie, mütterlicherseits aus einer Familie österreichischer Offiziere und Ärzte stammte. Wenn Selbach später in der von ihm aufgebauten Psychiatrischen Klinik eine der besten Fachbibliotheken einrichtete, so war das sein Gegenstück zur privaten Bibliothek, die nebst Beständen aus Edwin Redslobs Goethe-Sammlung auch eine umfangreiche Autographen-Sammlung umfasste (Möller 2003).[11]

Auch wenn Heirat und Berufung nach Berlin äußerlich eine gewisse Beruhigung in Selbachs Leben brachten, durchkreuzten die in der Stadt wie in einem Brennglas versammelten weltpolitischen Konflikte weiterhin das berufliche wie private Leben. Hatte ihn die erste Anfrage zur Berufung nach Berlin noch im fernen Marburg kurz vor Ende der Berliner Blockade erreicht, so konnte er zunächst keine Klinik übernehmen, weil die Amerikaner wegen der heraufziehenden Korea-Krise nicht wie vorgesehen ihr Krankenhaus räumten. Stattdessen begann Selbach mit der Einrichtung einer psychiatrischen Klinik im Westend. Parallel dazu war er maßgeblich an der Planung einer Landesnervenklinik mit 1000 Betten in Berlin-Spandau beteiligt. Als im August 1961 die Berliner Mauer gebaut wurde, hatte Selbach gerade beim 10. Deutschen Kongress für Ärztliche Fortbildung einen Vortrag „Über die vegetative Dynamik in der psychiatrischen Pharmakotherapie" gehalten, der in einem großen Bogen seine Synthese von Regelungstheorie, Epilepsie, Psychosen und Pharmakopsychiatrie einem breiten Publikum vorstellte (Selbach 1961). Die Publikation erschien genau eine Woche nach dem Mauerbau als Aufmacher im „Deutschen Medizinischen Journal" und machte aus Selbachs Schema von Kippschwingung und Ausgangswertregel ungewollt einen Kommentar zur aktuellen Krisensituation in der geteilten Stadt.

Unmittelbar bevor die Berliner Studenten Ende der 1960er Jahre größere Mitbestimmungsrechte einforderten, ging Selbach in konsequenter Übertragung seiner theoretischen Einsichten zu Informationsübertragung und Steuerung daran, seine Klinik von der „autokratischen Phase alten Stils" unter einem „allmächtigen Ordinarius" zum Kollegialprinzip zu reformieren, weil mittlerweile „der wissenschaftliche Informationsfluß und die fachliche Spezialisierung die Speicherkapazität eines Einzelnen überschritten" haben (Selbach 1968, S. 11f). Dazu wurde die Klink in drei Ordinariate für Psychiatrie, Neurologie und Neuropsychopharmakologie geteilt, hinzu kamen fünf Extraordinariate für Neurophysiologie, Psychotherapie, Medizinische Psychologie, Gerontopsychiatrie und Sozialpsychiatrie. Diese nun gemäß einem „Blockschaltbild" programmierte Klinik konnte zur Informationsverarbeitung die Dienste einer leistungsstarken PDP 8/1-Rechenanlage im Hahn-

---

[10] Diese Rekonstruktion wird zusätzlich gestützt von der Erinnerung von Hanns Hippius, dass es Frau Selbach war, die bei gemeinsamen Teestunden in der Marburger Zeit die jungen Doktoranden auf Albrecht Bethes Kippschwingungsprinzip hingewiesen habe. Bethe hatte die theoretische Konzeption seiner schon während der Kriegszeit veröffentlichten Studien 1946 noch einmal in den "Naturwissenschaften" dargestellt (Bethe 1940, 1946). Selbach zitierte Bethe erstmals 1949 (s.u.).

[11] In einer merkwürdigen Parallele von Bücherwelt und Wirklichkeit teilten die Selbach-Bibliotheken das Schicksal der Ansätze ihres Begründers. Nur die Autographensammlung ist als Selbach-Nachlass in der Berliner Staatsbibliothek geschlossen erhalten geblieben, die Privatbibliothek wurde in alle Winde zerstreut und auch die psychiatrische Fachbibliothek ist am jetzigen Aufbewahrungsort im Klinikum Benjamin Franklin in Steglitz nicht gesichert.

Meitner-Institut am Wannsee in Anspruch nehmen.[12] Trotz aller Reformen der Klinikstrukturen hielt Selbach dabei übrigens an der nicht mehr selbstverständlichen Verbindung von Psychiatrie und Neurologie fest. Und bei aller Rede von Kollegialität zielte die Reform auf eine Gemeinschaft im „Sympathie-Gehorsam gegenüber der gemeinsamen Sache [...] unter dem ungeschriebenen Gesetz der Loyalität" (ebd. S. 19). Gegen Ende seiner Laufbahn und auch noch nach seiner Emeritierung 1976 engagierte sich Selbach für die deutsch-japanischen Beziehungen und wurde u.a. Präsident der Deutsch-japanischen Gesellschaft. Er starb an einer plötzlichen Hirnblutung am 3.1.1987.

5 Mit Constanze Selbach aus der Kippschwingung in die Krisen-Analyse

Mehrfach wurde bereits auf die zentrale Stellung des Kippschwingungsaufsatzes von 1949 hingewiesen, in dem Selbach nicht nur besonders ausführlich auf Josef Wilder einging, sondern auch auf der Basis von dessen Ausgangswertregel die fundamentalen Prinzipien seiner vegetativen Selbststeuerungstheorie entwickelte. Ebenso wichtig bleibt jedoch, auf die Grenzen dieses Aufsatzes hinzuweisen, denn dort nahm Selbach kaum die zentralen psychiatrisch-neurologischen Krankheitsbilder oder ihre Therapie in den Blick und ebenso wenig allgemeine psychopathologische Zusammenhänge. Vielmehr kulminierte sein Aufsatz in einer Erörterung der Pathophysiologie des Anfalls anhand eines technischen Modells, eben der Kippschwingung, wie sie z.B. in Glimmlampen realisiert sei (Selbach 1949, S. 143f): „Es stellt sich nun die Frage, ob es in der Biologie oder in der Technik ein Modell gibt, das nach gleichem Prinzip arbeitet. [...] Albrecht Bethe hat als erster dieses Prinzip der Selbststeuerung in biologischen Substraten und Organismen auf breiter Versuchsbasis beschrieben. Analog den Relaxationsschwingungen fasst man diese Erscheinungen als Kippvorgänge mit periodischer Ladung und Entladung auf. [...] Von den zahlreichen Kippmodellen der Physik, Chemie und Technik ist das der Glimmlicht-Blinkschaltung am geeignetsten, Analogien zwischen technischem und biologischem Vorgang nachzuweisen. [...] Alle bisherigen Bemühungen um den Identitätsbeweis zwischen technischen und biologischen Kipp-Phänomenen dürften wohl die Ansicht bestärken, daß hinter beiden sich ein gleiches Grundprinzip verbirgt." An der Stelle also, wo in späteren Arbeiten die Abbildung eines Regelkreis-Schemas folgen sollte, stand hier noch der Schaltplan einer Glimmlampen-Kippschaltung.

Diese Ersetzung lässt sich Schritt für Schritt in den gemeinsamen Veröffentlichungen von Constanze und Helmut Selbach verfolgen, wobei der gemeinsame Weg sie über die Krisen-Analyse schließlich zu einem Beitrag zur Villinger-Festschrift „Über die psychische Dynamik versprengter Gruppen" führt (Selbach C&H 1958). Für sich genommen musste dieser Aufsatz ziemlich erratisch erscheinen, denn recht unvermittelt wurden dort in extenso Helmut Selbachs Kriegserfahrungen diskutiert. Aber auch dieser Schlusspunkt der

---

[12] Was sich hier im Institutionell-Administrativen als weitere Facette von Selbachs kybernetischem Denken zeigt, findet historisch eine Parallele in Ross Ashby, der für eine kurze Zeit das Burden Neurological Institute in Bristol (wo auch W. Grey Walter arbeitete) mit durchaus zweifelhaftem Erfolg streng nach kybernetischen Prinzipien leitete, bevor er ans Department of Electrical Engineering der University of Illinois in Urbana wechselte.

gemeinsamen Publikationen weist noch einmal auf den Ausgangspunkt zurück, Selbachs Kippschwingungsaufsatz von 1949, denn dort stand – nun wirklich völlig erratisch – gegen Ende hin eine Fußnote, in der Selbach schon einmal auf seine Kriegserfahrungen hingewiesen hatte (Selbach 1949, S. 162): „Verfasser hat im zweiten Weltkrieg als Beratender Psychiater einer Armee im Osten in engster Verbindung mit den Truppenkommandeuren nach höherem Auftrag über Panik und ihre Bekämpfung zusammenfassend gearbeitet. Die Abhängigkeit des Panikeintritts von den mannigfaltigen vegetativen Voraussetzungen und von der seelischen Ausgangslage konnte im Sinne des Kippprinzips, der Wirkungsumkehr, d.h. einer Paradoxreaktion an zahlreichen Beispielen aus den Waldkämpfen im Mittelabschnitt der Ostfront bestätigt werden. (Die Ergebnisse sind durch Kriegseinfluß vernichtet.)" Was sich 1949 als unerledigtes Fronterlebnis beziehungslos in den Text gedrängt hatte, konnte neun Jahre später einer wissenschaftlichen Aufarbeitung zugeführt werden. Indem sich die systemphysiologische Theoriebildung unter Constanzes Selbachs Mitarbeit vom Schaltschema über den Regelkreis zur universalen Krisenanalyse weitete, gewann Helmut Selbach eine Verbalisierungsfähigkeit, die buchstäblich jene im Kriegseinfluss zunächst vernichteten Ergebnisse wieder darstellbar machte – und damit Constanzes weitere Mitarbeit entbehrlich.

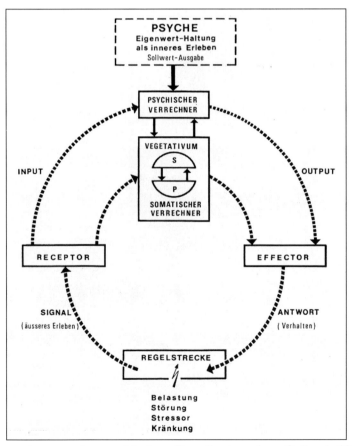

Abb. 3: Schema des somato-psychischen Regelkreises (aus Selbach 1976)

Begonnen hatte ihre Kooperation in Berlin-Buch; nach dem Krieg knüpften sie in ihrer ersten gemeinsamen Publikation daran mit einer Auswertung „alter" Bucher Experimentalserien an. Auch ihre zweite Publikation bestand aus wenig mehr als einer Rekapitulation der theoretischen Ausgangsbasis, diesmal als Darstellung der Bedeutung des Selbststeuerungsprinzips für die „Pathogenese des epileptischen Anfalls" (Selbach C&H 1950). Mit dem Umzug nach Berlin trat dann erstmal eine Pause ein, vermutlich weil die Aufbaujahre zunächst keine weiteren neuen Aufsätze erlaubten, sondern lediglich eine Publikation der Arbeiten von bereits in Marburg rekrutierten Mitarbeitern. Aber für 1953 findet sich wieder eine Arbeit des Duos. Es ist eine kleine Arbeit, die sich mit ihrem Titel „Zum Rekelsyndrom" als eine Art Fingerübung tarnt. Vorderhand ging es hier nicht um neuropsychiatrische Themen, aber ausgerechnet in diesem Text erschien erstmals ein Regelkreis-Schema (Selbach C&H 1953). Und auf der Basis dieses Regelkreisschemas schrieb Helmut Selbach dann 1954 eine bündige Zusammenfassung seiner bisherigen Anschauungen zum epileptischen Anfall (Selbach 1954). Nicht die Kippschwingung mit ihrem der Technik entlehnten Modell, sondern der abstrakte und universal anwendbare Regelkreis wurden zum Kristallisationskeim der Selbach'schen Steuerungslehre und Krisenanalyse.

In den folgenden Jahren erschien rasch hintereinander eine kleine Serie von gemeinsamen Arbeiten, die nun explizit die Krise ins Zentrum stellten. Eine erste Erörterung des Themas 1953 in der „Monatsschrift für Psychiatrie und Neurologie" fiel gewissermaßen mit der Tür ins Haus und erklärte gleich eingangs (Selbach C&H 1955, S. 215): „Es soll die Behauptung aufgestellt werden, daß sich echte Krisen als Einschwingvorgänge in Grenzsituationen und somit nach den dabei gültigen Regeln kausalanalytisch erfassen lassen." Auch noch der Ausnahmezustand folgte der Regel, so lautete die steile Behauptung dieser Arbeit. Es ging also um nicht weniger als darum, angesichts katastrophaler Zeiterfahrungen rationale Erklärungen wiederzugewinnen, denn bis zu „unserem Zeitalter der modernen Folterung" waren „seelische Anlässe [selten], die zu Vollsynchronisierung auch des somatischen Bereichs, zu Grenzspannungs-Berührung und zu totalem Funktionsumschwung mit allgemeiner Primitivierung führen." Dank Kippschwingungsprinzip und Regelkreis ließ sich nun ein großer Bogen von der Biologie in die Kulturgeschichte spannen. Die Homöostase-Theorie des stillen Ausgleichs durch negative Rückkopplung fand ihr Gegenstück im krisenhaften Aufschaukeln eines positiven Feedbacks bis hin zu Kollaps, Revolution und Lebenskrise, die damit alle vermeintlich „kausalanalytisch" fassbar wurden.

Die enorme Reichweite dieses kulturkritischen Ansatzes loteten Constanze und Helmut Selbach ein Jahr später in einem Aufsatz aus, den sie treffsicher im „Studium generale" publizierten (Selbach C&H 1956). Er war die definitiv ins Allgemeine ausgeformte Variante ihrer Krisentheorie mit einer strikten Parallelität von biologisch-somatischem (psychiatrische Erkrankungen), individuell-psychischem (biographische Krisen) und kollektiv-sozialem (Revolutionen) Geschehen. Für ihre Theoretisierung von Kollektivkrisen stützten sie sich dabei auf Henri de Saint-Simons Revolutionstheorie, August Comtes désastreux antagonisme, Karl Marx' Klassenkampf und Max Webers Soziologie ebenso wie auf die Konjunktur-Forschung als vermeintliche Anti-Krisen-Wissenschaft. Ein kleingedruckter Einschub brachte eine Analyse von Lagererfahrungen am Beispiel von in Arizona während des 2. Weltkriegs inhaftierten Japanern. Daran schloss sich eine Erwähnung von H. G. Wells berühmtem Radiohörspiel einer Marsmenschen-Invasion an. Vom Großen der Keynesianischen Wirtschaftspolitik oder Clausewitz'schen Kriegstheorie bis zum Kleinen individueller Reifungs- und Lebenskrisen erwies sich das Krisenmodell der Kippschwingung schlechthin als conditio humana auf dem festen Boden einer naturwissenschaftlichen Homöostaselehre.

Den mit dieser Krisenanalyse gewonnenen Boden nutzten Constanze und Helmut Selbach unmittelbar anschließend zur neuropsychiatrischen Theoriebildung. Unter der Überschrift „Das Regelkreis-Prinzip in der Neuropsychiatrie" formulierten sie erste Überlegungen, wie sich die großen Psychosen in einen regelungstheoretischen Ansatz integrieren ließen – nämlich indem kybernetische Argumentationsfiguren kurzerhand auf die deutsche Geistesgeschichte aufgepfropft wurden (Selbach C&H 1957, S. 728): „Im Regelkreis-Prinzip hat die Forschung heute ein biologisches ‚Urphänomen' im Goethe'schen Sinne als Arbeitsinstrument in der Hand. Seine Funktionsregeln sind auch in weiten Bereichen der Anthropologie (Soziologie und Gruppenforschung, Konjunkturwissenschaft) gültig, und sie weisen hohe systemtheoretische Analogien zu Regelungsvorgängen in der Technik (Automatisation, Kybernetik nach N. Wiener) auf. Wir stehen daher heute in einem Zeitalter der Konvergenz wissenschaftlicher Arbeit und dürfen die Hoffnung auf eine übergreifende Synthese unserer Erkenntnisse [...] hegen." Im Zeitalter einer neuen Konvergenz von Natur, Seele und Geist konnten offenbar Analogien bzw. metaphorische Brücken problemlos an die Stelle materieller oder kausaler Verknüpfungen treten. Solche Brückenschläge galten nicht in etwa als Zeichen einer theoretischen Unterbestimmtheit oder Beliebigkeit, sondern vielmehr als Zeichen fundamentaler Einsicht. Das Allgemeine wurde gerade in seiner beliebigen Anwendbarkeit konkret, wie die beiden anschließend im schon erwähnten Beitrag zur Villinger-Festschrift ausführten (Selbach C&H 1958, S. 115): „Labilität ist biologisch begründet und objektiv registrierbar. Das gilt im organischen und im psychischen Bereich und sowohl für Einzelpersonen wie für ganze soziologische Gruppen."

Damit war die Selbach'sche Steuerungslehre vollends in der Zeitdiagnose angekommen; endlich konnte zur Sprache kommen, was Helmut Selbach so lange stumm mit sich herumgetragen hatte. Im Sommer 1944 war er als Beratender Psychiater von der Charité an die Ostfront zurückgekehrt und hatte dort den deutschen Zusammenbruch miterleben und im offiziellen Auftrag wissenschaftlich evaluieren müssen. Neben „Leistungen höchster soldatischer Disziplin" hatte er „Paradox-Reaktionen" beobachtet, nämlich die Erschießung eigener Vorgesetzter in Panik und durch fälschlich gesteigerte Verdächtigungen (ebd. S. 116). Mit der Krisenanalyse ließ sich endlich Ordnung und damit Mitteilbarkeit in diese verstörenden Erfahrungen bringen: Gruppen mit niedrigen Ranggradienten und hoher gegenseitiger Anerkennung hatten auch unter stärksten Belastungen exzellente Leistungen gezeigt, während versprengte Gruppen mit hohen Ranggradienten zur „Primitivierung der Reaktionsweise" tendierten, d.h. zur „Exekution des eigenen, als hoch qualifiziert gekennzeichneten, aber nicht anerkannten Führers" (ebd. S. 121). Im Studium generale mit Constanze konnte Helmut Selbach sich veranschaulichen lassen, wie die verstörenden Erfahrungen der Kriegs- und Umbruchsjahre als naturalisierbare Krisenphänomene aufgefasst werden konnten. Die Selbach'sche Analyse integrierte noch die Abgründe des 20. Jahrhunderts in eine Natur- und Weltgeschichte der Krisen.

6 Der Traum einer stabilen Welt

Unbedingte Loyalität, hohe gegenseitige Anerkennung, gemeinsamer Einsatz für die Sache und ein niedriger Ranggradient: Das sollten noch einmal zehn Jahre später die Prinzipien bei der Reform der Berliner Psychiatrischen Klinik werden. Sie verdankten sich der nachholenden Durcharbeitung einer verstörenden Erfahrung bzw. einer Enttäuschung großer politischer Ideale. Gerade in ihrer Allgemeinheit versprach die Krisenanalyse verbindliche Orientierung und garantierte Selbach über einen möglichen persönlichen Halt hinaus vor allem auch seine exponierte Rolle als Experte bei der verantwortlichen Gestaltung der Zukunft (Selbach 1972, S. 53): "Unsere künftige Welt wird eine Welt der Planung bei intakter Eigen-Initiative, eine Welt der Ordnung bei selbstgewählter Disziplin und eine Welt eingeschränkter [...] Freiheit sein – oder sie wird nicht mehr sein! Biotechniker und Arzt sind in ihrem Wissen um Risiko und Problematik des Fortschritts aufgerufen zur Mitgestaltung einer homöostatisch, sich selbst regulierenden planetaren Gesellschaft." Selbachs Kombination von Kippschwingung und Ausgangswertregel war eine höchst originelle Verschränkung von Homöostase und Revolution, sie konzipierte Rückkopplung nicht einfach als ewig gleiches negatives Feedback, sondern zusätzlich als sich aufschaukelndes positives Feedback, wie Dieter Bente in seiner Laudatio prägnant formuliert hatte. Der klinisch-praktische Nutzen dieser neuropsychiatrischen Konzeption stand dabei in umgekehrtem Verhältnis zu den theoretischen Ambitionen auf einen einheitlichen, alles umgreifenden Gesichtspunkt. Selbachs Systemphysiologie war der Traum von einer ebenso naturwüchsigen wie intelligiblen Stabilität angesichts von Kollaps, Völkermord und Manipulation.

Literatur

Bente D (1979) Zur Bedeutung des wissenschaftlichen Werkes von H. Selbach. Akademische Feier der Freien Universität Berlin anlässlich des 70. Geburtstages von Prof. Dr. med. H. Selbach am 7.7.1979, Archiv der Max-Planck-Gesellschaft, Rep. IX/1 Selbach.

Bethe A (1940) Die biologischen Rhythmus-Phänomene als selbständige bzw. erzwungene Kippvorgänge betrachtet. Pflügers Archiv für die gesamte Physiologie 244(1): 1-41.

Bethe A (1946) Irritabilität, Rhythmik und Periodik. Naturwissenschaften 33(3): 86-91.

Coper H, Herken H, Rosenkötter L, Selbach H (1952) Hirnelektrische Untersuchungen nach Einwirkung der krampfhindernden Hexachlorcyclohexane. Klinische Wochenschrift 30(23/24): 551-553.

Hagner M (2006) Naturphilosophie, Sinnesphysiologie, Allgemeine Medizin: Wendungen der Psychosomatik bei Viktor von Weizsäcker. In: Hagner M und Laubichler M (Hrsg.) Der Hochsitz des Allgemeinen: Das Allgemeine als wissenschaftlicher Wert. Diaphanes. Zürich, S. 315-336.

Hagner M, Hörl E (Hrsg.) (2008) Die Transformation des Humanen: Beiträge zur Kulturgeschichte der Kybernetik. Suhrkamp, Frankfurt am Main.

Helmchen H (2007) Die Psychiatrische Klinik. In: Ders. (Hg.) Geschichte der Psychiatrie an der Freien Universität Berlin. Pabst Science Publishers, Lengerich. S. 15-118.

Hiob J (1954) Klinische Erfahrungen mit der Megaphentherapie von Psychosen. Ärztliche Wochenschrift 9(39): 919-924.

Möller K-P (2003) Bücherei Helmut und Ottilie Selbach: Das Ende einer Gelehrtenbibliothek. Der Wühler – Almanach für Bibliophile und Bibliomanie 3: 3-11.

Pias C (Hrsg.) (2003) Cybernetics: the Macy-Conferences 1946 – 1953. Diaphanes, Zürich.

Ploog D, Selbach H (1952) Über den Funktionswandel des vegetativen Systems im Sympatol-Versuch während der Elektroschockbehandlung. Deutsche Zeitschrift für Nervenheilkunde 167(4): 270-303.

Redslob O (1938) Über Sättigung gesehener Bewegungsrichtung. Psychologische Forschungen 22: 211-237.

Rieger S (2003) Kybernetische Anthropologie: Eine Geschichte der Virtualität. Suhrkamp, Frankfurt am Main.

Rosenkötter L, Selbach H (1952) Der Excitationseffekt des Äthyläthers in der Evipannarkose im EEG des Kaninchens. Klinische Wochenschrift 30(19/20): 477-478.

Selbach C, Selbach H (1950) Zur Pathogenese des epileptischen Anfalls. Fortschritte der Neurologie und Psychiatrie 18: 367-401.

Selbach C, Selbach H (1953) Das Rekel-Syndrom als Wirkungsfolge eines biologischen Regelsystems. Monatsschrift für Psychiatrie und Neurologie 125(5/6): 671-682.

Selbach C, Selbach H (1955) Zum Problem der Krise. Monatsschrift für Psychiatrie und Neurologie 129(1-3): 215-234.

Selbach C, Selbach H (1956) Krisen-Analyse. Studium Generale 9(7): 394-404.

Selbach C, Selbach H (1957) Das Regelkreis-Prinzip in der Neuropsychiatrie. Wiener Klinische Wochenschrift 69(38/39): 727-734.

Selbach C, Selbach H (1958) Über die psychische Dynamik versprengter Gruppen. In: Ehrhardt H, Ploog D und Stutte H (Hrsg.) Psychiatrie und Gesellschaft: Ergebnisse der Sozialpsychiatrie. Hans Huber, Bern. S. 114-123.

Selbach H (1938) Der epileptische Anfall im Krankheitsbild der genuinen Epilepsie (Ein Versuch). Klinische Wochenschrift 17(17): 585-588.

Selbach H (1949) Das Kippschwingungsprinzip in der Analyse der vegetativen Selbststeuerung. Fortschritte der Neurologie und Psychiatrie 17(3+4): 129-169.

Selbach H (1953) Die cerebralen Anfallsleiden. In: Bergmann G v, Frey W und Schwiegk H (Hrsg.) Handbuch der Inneren Medizin V/3, Berlin, Springer. S. 1082-1227.

Selbach H (1954) Der generalisierte Krampfanfall als Folge einer gestörten Regelfunktion. Ärztliche Wochenschrift 9(36): 845-851.

Selbach H (1958) Über die Arbeitsprobleme der Berliner Universitäts-Nervenklinik. Berliner Medizin 1958, S. 91-93.

Selbach H (1961) Über die vegetative Dynamik in der psychiatrischen Pharmakotherapie. Deutsches medizinisches Journal 12(16): 511-517.

Selbach H (1961/1963) Über regulations-dynamische Wirkgrundlagen der Psychopharmaka. In: Achelis JD und Ditfurth H v (Hrsg.) Anthropologische und naturwissenschaftliche Grundlagen der Pharmako-Psychiatrie. Georg Thieme, Stuttgart. S. 53-74.

Selbach H (1962) The principle of relaxation oscillation as a special instance of the law of initial value in cybernetic function. Annals of the New York Academy of Sciences 98(4): 1221-1228.

Selbach H (1963) Regelung als Problem der modernen Neurologie und Psychiatrie. Deutsches medizinisches Journal 14(14): 425-429.

Selbach H (1968) Struktur und Dynamik einer modernen Psychiatrischen und Neurologischen Klinik. In: Kranz H und Heinrich K. (Hrsg.) Psychiatrie im Übergang. Thieme, Stuttgart. S. 11-23.

Selbach H (1971) Über 30 Jahre Arzt. Therapie der Gegenwart 110(14): 422-438.

Selbach H (1972) Arzt und Biotechniker in der Problematik des Fortschritts. Biomedizinische Technik 17(2): 46-53.

Selbach H (1976) Das Kippschwingungs-Prinzip. In: Sturm A und Birkmayer W (Hrsg.) Klinische Pathologie des vegetativen Nervensystems. Gustav Fischer, Stuttgart. S. 299-332.

Selbach H (Hrsg) (1977) Pharmako-Psychiatrie. Wissenschaftliche Buchgesellschaft, Darmstadt.

Stürzbecher M (2001) Zum Tode von Ottilie Constanze Selbach. Berliner Ärzte 7/2001, S. 29.

Thomas KA (2002) Die Berliner Gesellschaften für Psychiatrie und Neurologie in Ost- und Westberlin (1947-1991): ein Vergleich ihrer Tätigkeit. Dissertation Humboldt-Universität, Berlin.

Wilder J (1931) Das „Ausgangswert-Gesetz", ein unbeachtetes biologisches Gesetz und seine Bedeutung für Forschung und Praxis. Zeitschrift für die gesamte Neurologie und Psychiatrie 137(1): 317-338.

Wilder J (1936) Zur Frage des „Ausgangswert-Gesetzes". Wiener Klinische Wochenschrift 49(45): 1360-1362.

Wilder J (1953) Das Ausgangswert-Gesetz. Ars Medici – Zeitschrift für praktische Medizin 43(11): 752-755.

22 Karl Leonhards Aufteilung der endogenen Psychosen

Klaus-Jürgen Neumärker

Zusammenfassung

Karl Leonhard (1904-1988) bediente das Orakel der endogenen Psychosen durch seine psychopathologische und genealogische Analyse von „defektschizophrenen Krankheitsbildern", die er zum Teil über Jahrzehnte außerhalb der Psychopharmakotherapie zunächst von ihren „Endzuständen" her klinisch bis an sein Lebensende verfolgte. Er gelangte zu der Auffassung, dass „typische", später von ihm „systematisch" genannte „Schizophrenien" mit geringerer erblicher Belastung, und „atypische", später „unsystematisch" genannte „Schizophrenien" mit großer erblicher Belastung existieren. Weiterhin grenzte Leonhard „atypische Psychosen" ab und ordnete sie als „gutartig" seinem Formenkreis der zykloiden Psychosen zu. Von den ersten beiden Formen sind sie grundsätzlich unterscheidbar. Im Bereich der manisch-depressiven Erkrankungen gelang ihm der Nachweis, dass bipolare Formen existieren, die durch Vielgestaltigkeit innerhalb ihrer beiden Pole charakterisiert sind, während sich die monopolaren Fälle durch ihre wiederkehrende Symptomatologie und klare Syndromgestaltung auszeichnen. Seine umfassende Darstellung – als „Aufteilung der endogenen Psychosen" erstmals 1957 erschienen – wurde von Leonhard danach in weiteren Auflagen präzisiert, ergänzt und in mehreren Sprachen veröffentlicht. Das Werk stellt heute eine Meisterleistung der phänomenologischen Psychopathologie und Klassifikation endogener Psychosen dar. Da die meisten der zu diesem Buch führenden Publikationen von Leonhard in einer Zeit erschienen, wo Schizophrenie und manisch-depressives Irresein ab 1933 gesetzlich als erbkrank galten, stellt die Aufteilung der endogenen Psychosen auch ein Beispiel für die Verflechtung von Wissenschaft, Psychiatrie und Zeitgeist dar.

1 Zeit- und wissenschaftsgeschichtliche Dimensionen

Das Fundament zur Aufteilung der endogenen Psychosen legte Karl Leonhard (1904 - 1988) 1936 mit seiner Habilitationsschrift bei Karl Kleist (1879 - 1960) in Frankfurt a.M. Die 134 Seiten umfassende Abhandlung erschien in der von August Bostroem (1886 - 1944), Königsberg, und Johannes Lange (1891 - 1931), Breslau, im G. Thieme Verlag in Leipzig herausgegebenen Sammlung Psychiatrischer und Neurologischer Einzeldarstellungen als Band XI. Der Titel „Die defektschizophrenen Krankheitsbilder" mit dem umfangreichen Untertitel „Ihre Einteilung in zwei klinisch und erbbiologisch verschiedene Gruppen und in Unterformen vom Charakter der Systemkrankheiten" dokumentierte das Anliegen Leonhard´scher klinischer Erfahrungen und Gedankengänge. Er war von daher auch ein Mitdenker und Mitgestalter jener um 1900 geborenen Gruppe von Psychiatern und Neurologen, die sich vor allem in den ersten Jahrzehnten des 20. Jahrhunderts mit der Problematik der Psychosen, den Schizophrenien, auseinandersetzten. Aufschlussreich sind schon allein die im Klappentext seines Buches aufgeführten Veröffentlichungen, zumeist auch Habilitationsschriften von Leonhards Zeitgenossen. So Kurt Kolle (1898 - 1975): „Die primäre Verrücktheit. Psychopathologische, klinische und genealogische Untersuchungen" (Band I, 1931), Kurt Pohlisch (1893 - 1955): „Soziale und persönliche Bedingungen des chronischen Alkoholismus" (Band III, 1933), Walter von Baeyer (1904 - 1987): „Zur Genealogie psychopathischer Schwindler und Lügner" (Band VII, 1935), Ferdinand Kehrer (1883 - 1966): „Wach- und Wahrträumen bei Gesunden und Kranken" (Band IX, 1935). Informiert wird der Leser auch über J. Lange: „Verbrechen als Schicksal. Studien an kriminellen Zwillingen" 1929 oder Friedrich Mauz (1900 - 1979): „Die Prognostik der endogenen Psychosen" 1930 und Carl Schneider (1891 - 1945): „Die Psychologie der Schizophrenen und ihre Bedeutung für die Klinik der Schizophrenie" 1930, damals noch „Regierungs-Medizinalrat in Arnsdorf i.S.". Im gleichen Jahr wie Leonhard habilitierte sich bei Kleist Ernst Fünfgeld (1895 - 1948). Seine Arbeit „Die Motilitätspsychosen und Verwirrtheiten" erschien 1936 bei S. Karger in Berlin. Sie zeigt die Handschrift seines Lehrers ebenso wie die von Hans Berger (1873 - 1941) bei Rudolf Lemkes (1906 - 1957) Habilitation „Untersuchungen über die soziale Prognose der Schizophrenie unter besonderer Berücksichtigung des encephalographischen Befundes", die 1935 erschien. Bedeutsam ist auch die 1939 publizierte Abhandlung von Gustav-Ernst Störring (1903 - 2000): „Wesen und Bedeutung des Symptoms der Ratlosigkeit bei psychischen Erkrankungen", nachdem er sich in seinen Münchener Jahren bei Oswald Bumke (1877 - 1950) über „Psychopathologie und Klinik der Angstzustände" habilitiert hatte. Die Aufzählung ist fortsetzbar.

Zeitgeschichtliche Hintergründe zu dieser Thematik wie Fragen zur Ätiologie, Genetik, Hirnveränderungen, Phänomenologie der Psychosen sind bei einigen dieser Abhandlungen unverkennbar. Nach der nationalsozialistischen Machtergreifung vom 30. Januar 1933 folgte Gesetz auf Gesetz. Für Psychiater und Neurologen wurde das am 25.7.1933 im Reichsgesetzblatt Nr. 86 veröffentlichte Gesetz zur Verhütung erbkranken Nachwuchses vom 14.7.1933 gesundheitspolitisch äußerst relevant. Nach § 1 war „erbkrank im Sinne dieses Gesetzes, wer an einer der folgenden Krankheiten leidet: 1. angeborener Schwachsinn, 2. Schizophrenie, 3. zirkulärem (manisch-depressivem) Irresein, 4. erblicher Fallsucht, 5. erblicher Veitstanz (Huntington'sche Chorea), 6. erblicher Blindheit, 7. erblicher Taubheit, 8. schwerer erblicher körperlicher Missbildung". Die Gleichschaltung der deutschen Ärzteschaft nahm bereits seit März 1933 ihren Lauf. Jeder Arzt war nach dem ab 1.1. 1934 in Kraft getretenen Gesetz zur Meldepflicht angehalten. Zur gleichen Zeit erschien im „Nervenarzt" ein von Hans Luxenburger (1894 - 1976) verfasster Artikel, der „einige für den Psychiater besonders wichtige Bestimmungen des Gesetzes ..." ausführlich darlegte (Luxenburger, 1934). Luxenburger, ab 1924 Mitarbeiter der Deutschen Forschungsanstalt für Psychiatrie in München, hatte sich durch seine Zwillingsforschungen und sein Buch über die psychiatrische Erblehre 1938 hervorgetan. Im Mai 1934 erfolgte die „Zwangsvereinigung" des Deutschen Vereins für Psychiatrie mit der Gesellschaft Deutscher Nervenärzte zur Gesellschaft Deutscher Neurologen und Psychiater (GDNP). Der neue „Reichsleiter" der GDNP hieß Ernst Rüdin (1874 - 1952), der vor allem durch seine Arbeiten zur Genealogie der Schizophrenie bekannt geworden war, den medizinischen Teil des Kommentars zum Gesetz zur Verhütung erbkranken Nachwuchses verfasste und an dessen Durchführung maßgeblich beteiligt war. Rüdins „Reichsgeschäftsführer" wurde Paul Nitsche (1876 - 1948), von 1928 bis 1939 zunächst Direktor der Anstalt Sonnenstein in Pirna, ab 1940 der Anstalt Leipzig-Dösen, Gutachter und Realisierer der T-4-Aktion, am 25.3.1948 in Dresden hingerichtet!

Psychiater und Neurologen mussten sich nunmehr mit „Erb- und Rassenforschung und -pflege" auseinandersetzen und sich in den „Dienst der Erb- und Rassenpflege" stellen. Dem „Erneuerer unserer Anschauungen über Medizin im Dienste der Erb- und Rassenpflege," so Rüdin im Huldigungstelegramm an Adolf Hitler auf der 2. Jahresversammlung der DGNP im August 1936 in Frankfurt a.M., ließ Rüdin die Worte folgen: „dem Führer und Reichskanzler bringt die Gesellschaft Deutscher Neurologen und Psychiater bei Eröffnung ihrer wissenschaftlichen Jahresversammlung ehrerbietigen Gruß und das Gelöbnis treuer Mitarbeit im Dienste am deutschen Volke dar". Der Führer schickte den Teilnehmern dankend ein Telegramm: „... mit den besten Wünschen für erfolgreiche weitere Mitarbeit im Dienst am deutschen Volke" (Rüdin, 1937). Nach diesen Zeremonien gingen die Teilnehmer nicht nur bei dieser Versammlung zu den Sitzungen der neurologischen und psychiatrischen Abteilung zur Tagesordnung über. Ähnlich auch bei der 3. Jahresversammlung der DGNP im September 1937 in München, wo der „Doz. Dr. K. Leonhard aus der Nervenklinik der Stadt und Universität Frankfurt a.M." über die „klinische und erbbiologische Stellung der involutiven und idiopathischen Angstdepression" referierte. Einleitend stellte Leonhard fest: „Es sind jetzt 30 Jahre her, seit Kraepelin seine Rückbildungsmelancholie ... ins manisch-depressive Irresein aufgehen ließ." Weiter führt er aus: „Unklar bleibt aber auch nach neuen erbbiologischen Untersuchungen, welche Formen von Rückbildungsdepression nun eigentlich manisch-depressiv seien, welche einer Sondergruppe angehören sollen. Darauf kommt es aber ganz wesentlich vor allem auch dann an, wenn im Einzelfall entschieden werden soll, ob es sich um eine Erbkrankheit handelt oder nicht." Leonhard verweist auf seine „eben erschienene Monographie" „Involutive und idiopathische Angstdepressionen in Klinik und Erblichkeit" (Leonhard, 1937). Für Leonhard ging es um die Tatsache, dass die Erblichkeit der „Rückbildungsdepression, genauer die eigentliche klimakterische Depression" gering ist, dass sie sich nach „ihrem Symptomenbild, der Verbindung von Angst mit einer ans Katatone grenzenden Hemmung eindeutig von anderen Formen abgrenzen lässt". Wie kam Leonhard damals zu solchen Differenzierungen in der Klassifikation psychotischer Krankheitsbilder, die von Kraepelins Auffassungen abwichen, einen anderen „erbbiologischen Hintergrund" aufwiesen und einer anderen Orientierung bedurften, wenn es um die Abgrenzung entsprechend dem Gesetz zur Verhütung erbkranken Nachwuchses ging?

2 Vorlauf zu den defektschizophrenen Krankheitsbildern von 1936

Leonhard's lebensbiographischer Hintergrund ist wohl der Schlüssel zum Verständnis nicht nur dieser Frage (Leonhard, 1995). Nach Abschluss des Medizinstudiums war er als Medizinalpraktikant in Nürnberg tätig und kam hier erstmals mit psychiatrischen und neurologischen Patienten in Kontakt (die Nürnberger Klinik verfügte über 90 Psychiatrie- und 30 Neurologie-Betten). Im Juli 1929 wechselte er als „außerordentlicher Assistent" an die psychiatrische Klinik in Erlangen. Hier wurde Leonhard Doktorand bei dem unter Gustav Specht (1860 - 1940) tätigen Gottfried Ewald (1888 - 1963). Leonhard untersuchte das Kapillarmuster des Nagelbetts bei Kranken mit endogenen Psychosen mikroskopisch. Im Ergebnis seiner Promotion „Über kapillarmikroskopische Untersuchungen bei zirkulären und schizophrenen Kranken und über die Beziehungen der Schlingenlänge zu bestimmten Charakterstrukturen" konnte er nachweisen, dass diese Methode für eine Differenzierung endogener Psychosen nicht ausreichend ist. Dennoch lernt der junge Leonhard in der Erlanger Klinik „diagnostische Gewohnheiten einer psychiatrischen Universitätsklinik" unter ihrem Leiter Specht kennen, wie sie Baer (Baer, 1985) umfassend für den Zeitraum 1910 bis 1950 analysiert hat. In der Ära Specht „wurden Schizophrenien deutlich seltener diagnostiziert als manisch-depressive Psychosen". „Die Manie", so Baer, „war eine Lieblingsdiagnose Spechts." Die noch 1910 in der Klinik aufgenommenen „Paranoia-Fälle" finden sich 1920 nicht mehr, sie gingen „im manisch-depressiven Formenkreis" auf. Es wird sich zeigen, dass auch Leonhard in seiner Berliner Zeit zwei Untersuchungen durchführen ließ, die durch den Wechsel des Klinikdirektors eine andere Auslegung und Klassifikation endogener Psychosen nach sich zog (Fürther, 1961; Krüger, 1968). Wandlungen des Psychosebegriffes (Janzarik, 1978) wurden für die Jahre 1950, 1965 und 1979 auch eindrucksvoll für die Heidelberger Klinik dargestellt (Iwai, 1983). Von Erlangen wechselte Leonhard für fünf Jahre an die mit nahezu 800 Patienten belegte Heil- und Pflegeanstalt Gabersee in Oberbayern. In dieser Zeit gewann er die Überzeugung, „dass man von chronischen Schizophrenien mehr lernen könne als von akuten", gelangte weiter zu der Auffassung, „dass es Sonderformen gibt, die sich scharf gegeneinander abheben" und dass es „neben den charakteristischen Bildern Formen gibt, bei denen ... feste Grenzen auch nach langen Verläufen nicht zu ziehen sind". Die ersteren bezeichnete er als „typische Schizophrenien", bei denen die familiäre Belastung mit Psychosen gering ist, später als „systematisch" benannt, die anderen mit großer familiärer Belastung als „atypische Schizophrenien", später die „unsystematischen Formen". Neben den Schizophrenien atypischer Art grenzte Leonhard schon in Gabersee auch „atypische Psychosen" ab, die später unter der Bezeichnung zykloide Psychosen sein „besonderes Interesse" fanden (Leonhard, 1995). Auf der 1. Jahresversammlung der GDNP 1935 in Dresden referierte er über die Erblichkeitsverhältnisse dieser atypischen Psychosen (Leonhard, 1935), zumal Fachkollegen, insbesondere Luxenburger, seiner vorausgegangenen, 1934 publizierten umfangreichen Arbeit über „Atypische endogene Psychosen im Lichte der Familienforschung" (Leonhard, 1934) „vielfach mit Zweifeln" begegnet waren. Worum ging es? Leonhard beschrieb „die vielgestaltige Symptomkonstellation einer Gruppe von Patienten und ihren Familien, deren Krankheit wir über lange Jahre hin verfolgen konnten, da kurze Beobachtungszeiten zur Abgrenzung von atypischen Psychosen gegen Fälle, die letzten Endes doch zur Schizophrenie oder zum manisch-depressiven Irresein gehören, nie ausreichende Sicherheit gewähren". Die Schwankungen in der Stimmungslage, in der Psychomotorik, der phasische Verlauf, die jeweils völlige Heilung, das Auftreten der Krankheit auch in der Verwandtschaft waren für Leonhard schon damals hinreichende Belege dafür, dass „sie etwas Eigenes darstellen". Mit umfangreichen klinischen Erfahrungen über die Gruppe „atypischer Psychosen", die als eigene Krankheitsform „anscheinend gar nicht so selten auftreten", endete der Aufenthalt in Gabersee. Nach einem kurzen Intermezzo an der Erlanger Heil- und Pflegeanstalt, wo er wieder Gelegenheit hatte, ihm bekannte Patienten nachzuuntersuchen, folgte Leonhard dem Ruf von Kleist als Oberarzt an die Frankfurter Nervenklinik. Bei ihm habilitierte er 1937 mit den defektschizophrenen Krankheitsbildern.

3 Die „defektschizophrenen Krankheitsbilder"

Leonhard konnte in seiner Untersuchung „etwa 440 Fälle einwandfrei in eine der beschriebenen Unterformen einreihen". Hierbei handelte es sich 1. um die Gruppe der paranoiden Defektschizophrenien, die „heute auch den Paraphrenien im Sinne Kraepelins wieder zugerechnet werden"; dazu führte er die „Phantasiophrenie (Kleist), phantastische Paraphrenie (Kraepelin), Halluzinosis phantastica (Schröder)" mit 38 Fällen auf, weiterhin die hypochondrische und verbale Defekthalluzinose, das expansive Defektparanoid sowie die inkohärente und autistische Defektschizophrenie; 2. um die Gruppe der Defekthebephrenien mit den Unterformen läppische und verschrobene Defekthebephrenie sowie 3. um die Gruppe der Defektkatatonien. Sie wurde in sprachträge, sprachbereite, negativistische, prosektische, starre und faxenhafte Defektkatatonie unterteilt. Wie schon im Titel seiner Abhandlung findet sich bei jeder dieser Unterformen ein aus der Psychiatriegeschichte herrührender Begriff vom Defekt, dem „typischen schizophrenen Defektzustand". Bei einer Minderzahl (etwa 90) gelang, so Leonhard, eine entsprechende Zuordnung nicht. Familienuntersuchungen brachten ihn schließlich in der differentialdiagnostischen Aufteilung weiter. Das Ergebnis wird im zweiten, kleineren Teil seiner Monographie unter der Überschrift „Die Defektschizophrenien unsystematischer Art mit ihrer besonderen Symptomatologie, ihrem besonderen Verlaufstypus und ihrer besonderen Erblichkeit" wiedergegeben. Leonhard beschreibt an entsprechenden Fällen die „Schizophasien (Kraepelin, Kleist)", eine an die „faxenhafte Katatonie" erinnernde „träge parakinetische Form" mit auffälligem periodischem Verlauf, „dem wir bei den atypischen Defektschizophrenien schon mehrmals begegnet sind" und „Kranke, die im wesentlichen hebephren sind, sich aber mit keiner der beiden typischen hebephrenen Unterformen decken". Trotz der Vorsichtigkeit seiner Aussagen mit Blick auf die „günstigere Prognose" dieser Psychosen, ihrer Abgrenzung gegenüber „zirkulären Erkrankungen" oder den „Degenerationspsychosen (Kleist, Schröder)" besteht für Leonhard kein Zweifel daran, dass „wir zwei große Gruppen vor uns haben, die typischen Defektschizophrenien, die Systemcharakter zu haben scheinen, auf der einen Seite, die atypischen auf der anderen". Während es für Leonhard bei der Untersuchung von „typischen Defektschizophrenien" keine Probleme in der Diagnostik gab – „manche sind ja so charakteristisch, dass schon wenige Minuten genügen, um die Diagnose zu stellen. Man denke etwa an die prosektische Katatonie" –, lagen die Aussagen bei der „nichtsystematischen Art" anders. „Wir konnten", so Leonhards letzter Satz in seiner Monographie, „nur einige andeuten und erwarten ihre Klärung von der weiteren Forschung".

4 Die Frankfurter Zeit 1936 bis 1955: Der Einfluss von Kleist – die Selbständigkeit von Leonhard bei der Aufteilung der endogenen Psychosen

Der Komplex systematische Schizophrenien

Ab 1.1.1936 konnte Leonhard als Oberarzt für Psychiatrie und Neurologie seine Forschungen bei Kleist weiterführen. Hinsichtlich der Unterformen bei den Defektschizophrenien hatte er auf den letzten Seiten seiner Monographie mit einer tabellarischen Gegenüberstellung eine Standortbestimmung zu den Unterformen von Kleist vorgenommen, der auf 14, Leonhard auf 15 Unterformen kam. Allerdings hatte Kleist auch „die akuten und subakuten Stadien" mit einbezogen, so dass Leonhard „von progressiv im Sinne Kleist" nicht sprechen konnte, da er ja lediglich „die nicht mehr fortschreitenden Endzustände im Auge hatte". Weitgehende Übereinstimmung bestand bei Kleist und Leonhard in der Annahme, dass es sich bei den Schizophrenien um „psychische Systemerkrankungen", ähnlich den „Heredodegenerationen bei neurologischen Erkrankungen handelt", die außerdem einen Bezug zu den Stammganglien aufweisen. Kleist hatte dies bereits 1922 für die psychomotorischen Störungen (Kleist, 1922) und 1923 in einer „vorläufigen Mitteilung" für die Schizophrenien dargestellt (Kleist, 1923). Noch als Mitarbeiter in Gabersee beschäftigte sich Leonhard intensiv mit dem Komplex der katatonen Endzustände und deren Beziehung zu den „striären Erkrankungen" (Leonhard, 1935). Er beschrieb Parallelen und Unterschiede in der Symptomatologie der „starren Defektkatatonie" zum Parkinsonismus mit den Symptomen des Gegenhaltens nach Kleist, Negativismus, Willensvorgänge, Trieb- und Affektmotorik, sowie zwischen der „faxenhaften Defektkatatonie" und der Huntington'schen Form der Chorea mit Pseudoexpressiv- und Einstellbewegungen nach Kleist sowie Ergänzungsbewegungen, Echopraxie und Befehlsautomatie. Der Themenkomplex Katatonie wurde ab 1940 von Leonhard zusammen mit Kleist und Hans Erich Schwab (1910-1976), auch unter Einbeziehung der Filmdokumentation, umfassend bearbeitet. Die 1940 veröffentlichten Katamnesen (Kleist, 1940) zu den einzelnen Formen der „Krankheitsgruppe Katatonie" bezogen sich nicht mehr ausschließlich auf die Endzustände. Man verfolgte die Krankheitsverläufe zurück bis zum Krankheitsbeginn und war nunmehr in der Lage, eine exakte Diagnose nicht erst nach 10 oder 15, sondern bereits nach 5 Jahren zu stellen. Die Publikationen der Jahre 1942 und 1943 (Leonhard, 1. und 2. Mitteilung 1942, 3. Mitteilung 1943) galten ausschließlich den Katatonien, zunächst mit einer Präzisierung der „typischen Unterformen": sprachbereite, sprachträge, prosektische[1], negativistische, faxenhafte, starre Katatonie. Weiterhin wurden die kombiniert-systematischen und die periodischen Katatonien eingehend beschrieben. Beginnend mit der sprachbereiten Katatonie analysierte er die Kombination mit jeder anderen Unterform nach dem Symptombild. Bei der periodischen Katatonie verwies er differentialdiagnostisch auf die Motilitätspsychosen und symptomatischen Psychosen. Besonderes Augenmerk wurde auf die „Erbbiologie der Katatonien" (Leonhard, 1943) gelegt. Dabei sind Leonhards Einführungssätze zu diesem Thema aufschlussreich: „Durch meine Einteilung ist die Frage nach den erblichen Verhältnissen der Katatonie eine wesentlich andere als die bisher übliche, denn man fasste bei Fragen nach dem Erbgang die Schizophrenien in der Regel als eine Einheit zusammen. Ich glaube, die Ergebnislosigkeit aller Versuche ..., den Erbgang der Schizophrenie aufzudecken, ist ein Beweis dafür, dass man auf einem falschen Wege ist. Es ist ja bisher noch nicht einmal gelungen, die Entscheidung zwischen rezessivem und dominantem Erbgang zu treffen. Vielmehr sind gerade darin zwei so prominente Vertreter der Erbforschung wie Lenz und Luxemburger verschiedener Meinung." Der „prominente Vertreter der Erbforschung" Fritz Lenz (1887 - 1976) war unter anderem mit Eugen Fischer (1874 - 1967) Herausgeber des damaligen Standardwerkes „Grundriß der menschlichen Erblich-

---

[1] 1942 hatte Leonhard noch am Wort "prosektisch", vom Griechischen "hinwenden" abgeleitet, festgehalten

keitslehre und Rassenhygiene". Beide avancierten in der NS-Zeit zu führenden Rassenhygienikern, die unter anderem auch an der Vorbereitung eines NS-Euthanasiegesetzes beteiligt waren. Vor diesem Hintergrund könnten auch Leonhards Aussagen zu werten sein. Seine Einschätzung zur „Erbbiologie der Schizophrenien" von 1943 (Leonhard, 4. Mitteilung 1943, 5. Mitteilung 1944, 6. Mitteilung 1944) endet aber nicht bei den Katatonien. Sie wird 1943 bis 1944 für den Bereich der paranoiden Schizophrenien weitergeführt und findet mit den hebephrenen Krankheitsformen, die Kleist zusammen mit Leonhard und Faust von 1945 bis 1951 erarbeitet hat, ihren vorläufigen Abschluss. Die Reihenfolge der Veröffentlichungen zu den Katatonien, paranoiden und hebephrenen Schizophrenien war ursprünglich von Kleist so nicht geplant. „Als ich 1934 daran ging", so Kleist 1950, „meine in Erlangen begonnenen und in Rostock-Gehlsheim fortgeführten Untersuchungen über Formen und Verläufe der Schizophrenien anhand des größeren Frankfurter Krankengutes katamnestisch zu überprüfen, wurden zuerst die Katatonien mit Hilfe von Driest und Schwab, denen sich 1936 Leonhard anschloss, in Angriff genommen. Die Hebephrenien sollten folgen, dann die paranoiden .... persönliche Umstände und der Ausbruch des Krieges hielten aber die Mitarbeiter der Hebephrenie-Untersuchungen auf ..." (Kleist, 1950), Bei Durchsicht der Leonhard´schen Arbeiten zu den paranoiden Schizophrenien, die mit 154 Fällen „deutlich häufiger als die Katatonien" mit 115 Fällen ausfielen und „ein Übergewicht der Frauen" aufwiesen, wurden von Leonhard selbst oftmals Korrekturen bei der Diagnosestellung vorgenommen und mehr Bezüge zu den Ansichten von Kleist und Kraepelin hergestellt. Beispiel „Expansives Paranoid". „Ich habe", so Leonhard, „die Auffassung vertreten, dass diese Unterform Beziehungen zu Kraepelin´s Paraphrenia confabulans aufweist, und glaubte, dass Kranke, die im Beginn sehr produktiv konfabulierend sind, in der weiteren Entwicklung mit dem Defektzustand des expansiven Paranoids endeten. Mit dieser Auffassung habe ich Unrecht gehabt, wie ich mich vor allem bei den Nachuntersuchungen Schwabs überzeugte. Die Paraphrenia confabulans, die Schwab auf Veranlassung von Kleist 'progressive Confabulose' nennt, besteht zu Recht" (Leonhard, 4. Mitteilung 1943). Als typisch paranoide Formen werden letztlich aufgelistet: Phantastische, confabulatorische, hypochondrische, expansive, inkohärente und verbalhalluzinatorische, die später in phonemische umbenannt wird. Bei den kombiniert-systematischen Paraphrenien geht Leonhard wie bei den Katatonien vor. Zumeist handelt es sich aber um wenige Fälle, so dass auch bei ihm diagnostische Unsicherheiten aufkommen. Diese führten 1949 zu der Einschätzung: „Die Erkennung der Kombinationsformen ist im Bereich des Paranoiden noch deutlich schwieriger als bei den Katatonien" (Leonhard, 1949). Dennoch ist er der Auffassung, dass die Formen auch in der Kombination erkennbar bleiben und dass es sich „um selbständige Einheiten handelt", d.h. der Bezug zu den neurologischen Systemkrankheiten ist unverkennbar (Leonhard, 1949). Korrekturen werden aber auch bei den „typischen Hebephrenien" vorgenommen, die vor allem durch eine „affektive Verstumpfung" gekennzeichnet sind. 1936 rechnete er die „autistische Schizophrenie" zu den paranoiden Formen. Aufgrund der Nachuntersuchungen wird nunmehr nicht nur die autistische Hebephrenie zusammen mit der verschrobenen und läppischen Form beschrieben, es wird zudem die „flache Hebephrenie", die mit periodisch auftretenden Verstimmungszuständen und Sinnestäuschungen einhergeht, als neue „Unterform" hinzugefügt. Bei allen vier Formen belegt Leonhard ebenfalls das Vorkommen von „kombiniert-systematischen Hebephrenien" (Leonhard, 1949).

Der Komplex phasische und zykloide Psychosen

In seiner Autobiographie (Leonhard, 1995) schreibt Leonhard: „Mit der Aufteilung der endogenen Psychosen war ich neben anderen in all den Jahren in Frankfurt beschäftigt. Nachdem ich in Gabersee chronische Schizophrenien in verschiedene Formen eingeteilt hatte, kam in Frankfurt durch das, was ich bei Kleist sah, die Anregung hinzu, auch die phasischen Psychosen ins Auge zu fassen." Von 1938 bis 1942 vermittelten hierzu die Untersuchungen von Edda Neele (1910-2005) über die phasischen Psychosen (Neele, 1949) und Fünfgeld über Motilitätspsychosen und Verwirrtheiten wichtige Impulse. Alle Beteiligten partizipierten aber von den Anschauungen, die Kleist unter anderem bereits 1912 über die Stellung der Motilitätspsychosen (Kleist, 1912) niedergelegt hatte oder von seiner seit 1911 propagierten Auffassung, dass das „manisch-depressive Irresein keine einheitliche Erkrankung darstellt", wie er es bei der Abfassung seiner „autochthonen Degenerationspsychosen" 1921 nochmals deklarierte (Kleist, 1921). Leonhard legte seine Aufmerksamkeit vorerst auf die Separierung der Angstpsychose. Er präzisierte deren Symptomatik auf der Basis der Erstbeschreibung durch Wernicke 1900. Weiterhin bezog er die schon von Kraepelin für dessen Rückbildungsdepression (Angstdepression bzw. Rückbildungsmelancholie) geäußerten ätiologischen Gesichtspunkte mit ein und formte sie „zu einer idiopathischen Angstpsychose mit einheitlicher erblicher Verursachung" (Leonhard, 1938 und 1939). In einem weiteren Schritt belegte Leonhard 1939 anhand von 5 Fällen „von Angst-Eingebungspsychosen mit ihren Sippen" die Auffassung, dass diese Psychose in Abweichung der „reinen Angstpsychose zwei gegensätzliche Phasen", eine ängstliche mit den Symptomen Ratlosigkeit, Beziehungsideen und Sinnestäuschungen und eine ekstatische (Eingebungspsychose, Kleist) mit hoher Stimmungslage, „einhergehend mit Weltbeglückung und Selbsterhöhungsideen" aufweist. Leonhard erbrachte mit dieser Beschreibung von „zwei Phasen" (Polen) den Beleg für die Angst-Glücks-Psychose, die mit den beiden Polen dennoch als einheitliches Krankheitsbild aufzufassen ist. Damit war neben der Motilitätspsychose und Verwirrtheitspsychose der Komplex der zykloiden Psychosen abgeschlossen. In diesem Zusammenhang wurde mit den den phasischen Psychosen nahe stehenden, mit euphorischen und depressiven Zuständen auftretenden Erkrankungen, die aber „keinerlei Disposition nach der Gegenseite hin in sich tragen", der Komplex monopolare und bipolare Psychosen bearbeitet. Die „bipolaren" zeichneten sich durch ihre Vielgestaltigkeit innerhalb der beiden Pole aus, zeigten keine „scharfen Syndrome", während sich die „monopolaren" als „reine Fälle" mit immer wiederkehrender Symptomatologie und durch „genaue Syndrome" manifestieren (Leonhard, 1939).

Leonhards Auffassungen zur erbbiologischen Bedeutung seiner Befunde

Leonhard hatte sich in den Jahren 1933 - 1945 zu Fragen der Erbbiologie und Begutachtung bei den Schizophrenieformen zunächst eher zurückhaltend geäußert – wenn überhaupt, dann in einem Satz zumeist am Ende eines Beitrages, wie 1935 im Zusammenhang mit „exogenen Schizophrenien" und den symptomatischen Bestandteilen bei den „genuinen (idiopathischen) Schizophrenien": „Bei Beurteilung nach dem Gesetz zur Verhütung erbkranken Nachwuchses sind die rein symptomatischen Schizophrenien scharf von den genuinen zu trennen, da man nach dem Gesagten auch keine schizophrene Veranlagung als notwendig voraussetzen darf" (Leonhard, 1935). In einer gemeinsam mit B. Schulz

(1890 - 1958) 1940 verfassten umfangreichen Arbeit zu erbbiologisch-klinischen Untersuchungen (Schulz, Leonhard, 1940) wird von Leonhard zwar formal die Bezeichnung „atypisch" zu „unsystematisch" sowie „typisch" zu „systematisch" verändert, eindeutig aber im letzten Satz darauf hingewiesen, „dass die bisherigen Ergebnisse nicht dazu berechtigen, die schizophrenen Untergruppen auch praktisch-eugenisch verschieden zu werten, darin stimme ich selbstverständlich mit Schulz völlig überein. Das habe ich auch nach meinen früheren Untersuchungen klar zum Ausdruck gebracht". Schulz, seit 1924 Mitarbeiter in dem von Rüdin geleiteten Institut für Genealogie und Demographie der Deutschen Forschungsanstalt für Psychiatrie, Kaiser-Wilhelm-Institut in München, hatte im Vorfeld zu der 1940 verfassten Publikation bei Leonhard angefragt, ob dieser von Schulz bereits klassifizierte Fälle nochmals nach persönlicher Exploration klinisch diagnostizieren würde. Leonhard willigte ein. Bei der Auswahl der von Schulz 1932 untersuchten „660 Schizophrenieprobanden waren nur noch 93 in Anstalten. Die übrigen waren zum Teil entlassen, zum größeren Teil verstorben"! Bei den „Kreis-Heil- und Pflegeanstalten" handelte es sich u.a. um Eglfing-Haar, Regensburg, Schönbrunn. Auf 99 Fälle war man dann gekommen, weil „Harrasser-Fälle" aus der Anstalt Eglfing-Haar hinzugenommen wurden. A. Harrasser (1903 - 1977), seit 1931 in NSDAP und SA, war „Rassenhygieniker" und kam 1934 an das Rüdin'sche Institut, das u.a. auch aus Mitteln des „Herrn Reichsführer SS" finanziert wurde. Die Ergebnisse der erbbiologischen Untersuchung von Schulz und Leonhard wurden u.a. in den von der Deutschen Forschungsanstalt für Psychiatrie regelmäßig herausgegebenen Berichten publiziert (XX. Bericht, 1940).

Weitaus eindeutiger argumentierte Leonhard bei eugenischen Fragestellungen in seinen Arbeiten über die phasischen und zykloiden Psychosen als idealisierender, dem positivistischen Wissenschaftsverständnis verbundener Psychiater und Neurologe im Sinne der Gesetze zur Verhütung erbkranken Nachwuchses und der Erbgesundheitsgerichte. Bereits bei den Angstpsychosen stellte er heraus, dass sie nach seinen „Untersuchungen so wesentlich belastet" sind, „dass es nicht nötig ist, sie in praktisch eugenischen Fragen aus dem großen zirkulären Kreis herauszunehmen. Ihre grundsätzliche Sonderstellung soll dadurch aber nicht berührt werden" (Leonhard, 1938). Die Ausführungen zu den 5 Fällen seiner Angst-Eingebungspsychose (Angst-Glücks-Psychose), deren Prognose Leonhard ausdrücklich als „günstig" bezeichnete, auch wenn „nach wiederholten Phasen eher einmal leichte Resterscheinungen zurückbleiben als bei den reinen Angstpsychosen", charakterisieren die Widersprüchlichkeit, der Leonhard sich aussetzt, wenn er fortführt: „Rechnet man die Angst-Eingebungspsychose, wie es heute wohl weitgehend geschieht, zu den Schizophrenien, dann versperrt man sich dadurch den richtigen Weg, der dahin geht, in der Psychose ein eigenes Krankheitsbild mit besonderer Symptomatologie und besonderem Verlauf zu sehen. Die aus inneren Gründen entstehende Angst-Eingebungspsychose ist als Erbkrankheit im Sinne der Erbgesundheitsgesetze anzusehen, besser aber dem zirkulären als dem schizophrenen Kreis zuzurechnen" (Leonhard, 1939). Schließlich setzt er sich 1939 in der „Rüdin-Festschrift" – der 112. Band der Allgemeinen Zeitschrift für Psychiatrie und ihre Grenzgebiete war dem 65. Geburtstag von Rüdin gewidmet – mit „Fragen der Erbbegutachtung bei den atypischen Psychosen" auseinander: „Dass ich in diesem Festbande," so Leonhard, „der Rüdin, dem Vorkämpfer der Erbgesundheitsgesetze gewidmet ist, zeigen kann, wie auch bei enger wissenschaftlicher Fassung der Krankheitsbegriffe die volle Durchführung der Gesetze reibungslos möglich ist, das ist mir eine Freude."! Erneut geht es Leonhard um die Tatsache, dass die „Angstpsychosen" ebenso wie die „Glückspsychosen erblicher Natur" sind: „Ich halte es so nicht für richtig, wenn man sie statt dem zirkulären Irresein den Schizophrenien zurechnet." Leonhards „wissenschaftliche Erkenntnis und praktisches Erfordernis", das man „reibungslos miteinander in Einklang bringen" kann, formulierte er am Ende seines Beitrages mit den Worten: „Wenn man etwa eine Motilitätspsychose zur Unfruchtbarmachung beantragt, so braucht man sie nicht im Gutachten in manisch-melancholisches Irresein oder gar Schizophrenie umzubenennen, nachdem man sie eben wissenschaftlich davon getrennt hat. Man kann auch im Antrag die wissenschaftliche Diagnose einsetzen, es genügt in der Regel völlig, in einem Nachsatz anzuführen, dass das Krankheitsbild zum zirkulären Irresein im weiteren Sinne zu rechnen sei, um das Gericht von der Erbkrankheit zu überzeugen" (Leonhard, 1939). Es ist davon auszugehen, dass Leonhard Rüdins Beitrag über die „Bedeutung der Forschung und Mitarbeit von Neurologen und Psychiatern im nationalsozialistischen Staat" auf der 4. Jahresversammlung der Gesellschaft Deutscher Neurologen und Psychiater in Köln vom 25. bis 27.9. 1938 kannte. Die Veröffentlichung erfolgte 1939 in dem gleichen Band der Zeitschrift für die gesamte Neurologie und Psychiatrie auf den Seiten 7 - 17, in dem auf Seite 75 - 78 Leonhards Beitrag über die „Angstpsychose in Wernickes und Kraepelins Betrachtungsweise" abgedruckt war! (Rüdin, 1939; Leonhard, 1939).

5 Die Berliner Zeit an der Charité: „Die Aufteilung der endogenen Psychosen", 1. Auflage 1957

Zum 1.6.1955 erhielt Leonhard eine Berufung nach Erfurt an die in der DDR gerade gegründete Medizinische Akademie. Am 1.7.1957 folgte die Berufung an die Humboldt-Universität zu Berlin und die Ernennung zum Direktor der Psychiatrischen und Nervenklinik der Charité (Neumärker, 2008). Trotz der historischen und individuellen Ereignisse – Ende des 2. Weltkrieges, Leonhards Entnazifizierungsverfahren, Neuorientierung in Frankfurt a.M. – findet sich nur zwischen den Jahren 1945 bis 1949 eine Lücke in seiner Publikationsaktivität. Der Wechsel nach Erfurt bedeutete keinesfalls eine Zäsur an der Arbeit für die „Aufteilung der endogenen Psychosen". Im Gegenteil. Das Werk wurde in seiner Gesamtheit als Manuskript bereits „mitgeführt" und beim Akademie Verlag eingereicht. Wie dem Archivmaterial zu entnehmen ist, bat die Redaktion des Ostberliner Verlages in einem Schreiben vom 25.6. 1956 (Archiv Humboldt-Universität zu Berlin) den amtierenden Direktor der Nervenklinik der Charité Rudolf Thiele (1888 - 1960) um eine möglichst rasche Stellungnahme zum Manuskript. Thiele antwortete am 28.6. 1956. In seiner positiven Bewertung führt er unter anderen aus: „Das vom Verfasser mitgeteilte Beobachtungsgut und die darauf aufgebauten theoretischen Vorstellungen sind ... auf jeden Fall so wichtig und wertvoll, dass sie nicht nur als Erfahrungsmaterial, sondern auch als Diskussionsgrundlage der Fachwissenschaft zugänglich gemacht werden sollten. Dass die Bereitschaft zu einer solchen Diskussion vorhanden und sogar sehr lebhaft ist, geht schon daraus hervor, dass Herr Prof. Leonhard ... ersucht worden ist, im kommenden Jahr ein Symposion, das dem in der Arbeit behandelten Gegenstande gewidmet sein wird, auf dem in Aussicht genommenen Internationalen Psychiaterkongress zu leiten." In der Tat, der vom 1. bis 7.9. 1957 in Zürich stattfindende Internationale Kongress für Psychiatrie gab Leonhard erstmals Gelegenheit, international über seine Einteilung der endogenen Psychosen zu sprechen. Als Chairman moderierte er die Vorträge der Referenten, u.a. F.J. Fish (Edinburgh): „The Value of the Kleist-Leonhard Classification of Schizophrenia", Ch. Astrup (Oslo):

„Klinisch-experimentelle Untersuchungen bei verschiedenen Formen von Schizophrenie", H. Ey (Paris): „Unité et diversité de la schizophrénie", De Barahona (Lissabon): „Über Holodysphrenien", J.F. Lopez-Ibor (Madrid): „Die Kern- und Randformen der Schizophrenie" oder H. Mitsuda (Osaka): „Erbbiologische Bemerkungen zur Einteilung der Schizophrenie", die seine Überlegungen und Erfahrungen teilten oder ihnen nahekamen (Leonhard, 1957). 1957 erschien im Akademie Verlag Berlin die 1. Auflage der „Aufteilung der endogenen Psychosen". Gliederung und Inhalt des Buches entsprachen weitgehend den bislang zitierten Publikationen von Leonhard. Der Bezug zu Kleist, insbesondere bei den hebephrenen Formen, ist unverkennbar. Fünf große Abschnitte, beginnend mit A die „phasischen Psychosen" (ohne die zykloiden) hierzu: I. manisch-depressive Krankheit, II. reine Melancholie und reine Euphorie mit ihren jeweils fünf Unterformen; weiterführend mit B die zykloiden Psychosen: I. Angst-Glücks-Psychose, II. erregt-gehemmte Verwirrtheitspsychose, III. hyperkinetische-akinetische Motilitätspsychose; C die unsystematischen Schizophrenien: I. affektvolle Paraphrenie, II. Kataphasie (Schizophasie), III. periodische Katatonie; D die systematischen Schizophrenien: I. einfach-systematische Schizophrenien: Katatone, hebephrene, paranoide Formen und Unterformen, II. kombiniert-systematische Schizophrenien. Abschließend wird unter E ein statistischer Teil angeführt. Leonhard hat an den nachfolgenden Auflagen unter Beibehaltung der Struktur des Werkes stets intensiv gearbeitet, präzisiert, verändert, gekürzt, Fehldiagnosen ausgesondert.

In der 3. Auflage 1966 wurde das Krankheitsbild der Schizophasie zur Kataphasie erweitert. 1968 erschien eine italienische, 1979 zu seiner großen Freude die 1. US-amerikanische Auflage. Es folgte 1986 die japanische Ausgabe, eine russische Ausgabe war geplant, wurde jedoch nicht realisiert. „Bei keiner Neuauflage meiner Aufteilung der endo-

Abb. 1: Karl Leonhard in seinem Dienstzimmer mit Mitarbeitern der Psychiatrischen und Nervenklinik der Charité, März 1964.
Vordere Reihe von links: I. Unger; U. Gutjahr; Karl Leonhard; ? ; U. Kraemer; Mittlere Reihe von links: ? ; H.A.F. Schulze; R. Dietze; J. Neumann; H. Wese; H. Schulz; E. Engel; G. Otremba. Hintere Reihe von links: D. Müller; I. Müller (verdeckt); P. Hagemann; D. Bilz; ? ; D. Fotopulos

Abb. 2: Mai 1987 vor dem Wilhelm-Griesinger-Denkmal der Psychiatrischen und Nervenklinik der Charité anlässlich eines Arbeitstreffens. Von links nach rechts: M. Lanczik, K. Leonhard, H. Beckmann, K.-J. Neumärker.

genen Psychosen hatte ich so viele Ergänzungen anzubringen wie in der 6. Auflage", die 1986 erschien. Leonhard hatte nach seiner Emeritierung 1970 über 1.500 weitere Patienten untersucht, hinzu kam sein Interesse an den Psychosen (Katatonien) des Kindes- und Jugendalters, Untersuchungen an Zwillingen und Überlegungen zur Ätiologie der endogenen Psychosen. All das wurde in diese 6. Auflage eingearbeitet, das Buch wurde um das Kapitel „Klinik und Ätiologie der frühkindlichen Katatonie" erweitert und mit dem Titel „Aufteilung der endogenen Psychosen und ihre differenzierte Ätiologie" versehen. Die 7. (1995) und 8. (2003) Auflage wurden von Helmut Beckmann (1940 - 2006) neu bearbeitet, ergänzt und bei Thieme Stuttgart herausgegeben.

6 Zur Rezeption des Werkes

Leonhard selbst hat 1949 erstmals bei der Beschreibung seiner kombiniert-systematischen Schizophrenien, der „Vielzahl von Formen", die Aussage getroffen: „Die Psychiatrie wird freilich damit zu einer sehr schwierigen Disziplin." (Leonhard, 1949). In seinem Referat „Formen und Verläufe der Schizophrenien" anlässlich der Versammlung Deutscher Psychiater und Neurologen 1949 in Göttingen verdeutlichte er seine Auffassungen und bezog sich auf Kleist und Kraepelin: „Alles in allem erkennt man, dass die schizophrenen Formen, die von Kleist und seiner Schule abgegrenzt werden, schon bei Kraepelin mehr oder weniger deutlich anklingen" (Leonhard, 1952). Gleichzeitig bedauert Leonhard die Tatsache: „Die Untersuchungsart von Kleist und seiner Schule hat bisher nur wenig Nachahmer gefunden. Auch meine Untersuchungen an Endzuständen wurden wenig wiederholt, obwohl es an Anstaltskranken so leicht möglich wäre." (s.d.) Für Kurt Schneider (1887 - 1967) galten all diese Bemühungen wenig. 1955 verkündete dieser in einem Vortrag auf der Tagung der Baden-Württembergischen Krankenhaus-Psychiater in Wiesloch anlässlich des 100. Geburtstages von Kraepelin: „Kraepelin hatte begreiflicherweise ein Menschenbild, das nicht mehr das unsrige ist: das der positivistischen Naturwissenschaft." Auf die Psychosen bezogen formulierte Schneider: „Es hat nie an Versuchen gefehlt, für die atypischen Fälle eigene Bezeichnungen, ja eigene Krankheitsformen aufzustellen. Nichts hat sich durchgesetzt. Auch Kleist rüttelt vergeblich an den Ketten Kraepelins. Auch er ordnet seine (innerhalb der endogenen Psychosen) rund 40 Diagnosen ein unter die Hauptgruppen phasische Erkrankungen und Zerfallskrankheiten (Schizophrenien). Noch näher bei Kraepelin steht Leonhard etwa mit 10 Formen ... Bei aller Anerkennung, besonders von Leonhards sorgfältiger klinischer Bemühung, sehe ich nichts Überzeugendes." Schneider endet mit der Forderung: „Man schämt sich fast, zu sagen, dass wir Diagnostik brauchen ... Wir brauchen auch die Differentialtypologie innerhalb der endogenen Psychosen. Wir brauchen Diagnostik für Prognose, Therapie, Begutachtung" (Schneider, 1956). Weitaus schärfer geht Klaus Conrad (1905 - 1961) mit Leonhards „neuestem Werk über die Einteilung der Psychosen" um. Zunächst bemängelt er die „sehr knappen Schilderungen" der Fälle. „Man kann", so Conrad, „mit derart lapidar kurzen Verhaltensbeschreibungen, wie sie Leonhard durchweg gibt, eine Diskussion über so schwierige Probleme kaum führen." Eine Abgrenzbarkeit oder scharfe Zuordnung der Erkrankungsformen untereinander sieht er ebenfalls nicht gegeben. „Wir halten es letztlich für beinahe willkürliche Ermessenssache, ob man den Fall in die eine oder andere Schachtel packt." Conrads damaliges Resümee, nicht nur gegenüber Leonhards Auffassungen: „Psychiatrische Diagnostik ist vorläufig reinste Kennerschaft und noch nicht Wissenschaft" (Conrad, 1959). Er belegt diese Auffassung mit dem Fallbeispiel „eines Beziehungswahns bei Verstimmung nach einer Entlobung bei einer Frau mit einer Struma" und vergibt sinnbildlich diagnostische Einschätzungen seiner Amtskollegen, ohne deren Namen zu nennen, obwohl jedem bekannt: „In Göttingen als beginnender schizophrener Schub", „in Tübingen mehrdimensional als sensitiver Beziehungswahn bei schizoider Konstitution und Basedowoid", „in Heidelberg Untergrunddepression", „in Berlin-Ost als affektvolle Paraphrenie im Sinne einer scharf definierbaren heredo-degenerativen Einheit", „in Zürich als endokrine Psychose bei Schilddrüsenerkrankung", „in Hamburg als cyclothyme Depression mit paranoiden Wahneinlagen", „in Frankfurt als Folge einer gestörten Daseinsordnung", „in Bonn als paranoid gefärbte endoreaktive Dysthymie" (Conrad, 1959). Aber gerade der in Bonn tätige Ordinarius und Beschreiber der „endo-reaktiven Dysthymien" Hans-Jörg Weitbrecht (1909 - 1975) betrachtete – wie Leonhard – die Psychopathologie als die „via regia" psychiatrischer Diagnostik. Er warnte vor einer Überbewertung des Wahns, so wie es Conrad 1958 mit dem Versuch einer Gestaltanalyse des Wahns aufgezeigt hatte. Weitbrecht: „Weder Sinnestäuschungen noch Wahn sind der Schizophrenie vorbehalten. Dass sie im Verlauf anderer Schizophrenietypen vorkommen, kann nicht als Beweis für die biologische Einheitlichkeit von Hebephrenie, Katatonie und Paranoia herangezogen werden, denn wir treffen sie bekanntlich auch bei den körperlich begründbaren Psychosen" (Weitbrecht, 1963). Parallelen zu Leonhards Ansichten drängen sich auf, wenn dieser in Bezug auf die Diagnose einer „paranoid-halluzinatorischen Schizophrenie" formuliert: „Das paranoid-halluzinatorische Syndrom wird in der modernen Psychiatrie geradezu extrem überstrapaziert und in der Schizophreniediagnose völlig zu Unrecht höher eingeschätzt als ein katatones Syndrom" (Leonhard, 1989). Weitbrecht setzte sich auch mit Conrads „Kennerschaft" und „Wissenschaft" in der Psychiatrie auseinander und schreibt erweiternd: „... Wir müssen uns jenseits der Wissenschaft auf unsere Kennerschaft, auf die Erfassung aus der Beziehung und das Praecoxgefühl verlassen, wenn wir entscheiden wollen: liegt hier eine Schizophrenie vor oder nicht" (Weitbrecht, 1963). Vor diesem Hintergrund ist nicht verwunderlich, wenn sich Weitbrecht ausführlich nicht nur mit Leonhards „Endzuständen", sondern generell mit der „Einteilung der endogenen Psychosen von Kleist und Leonhard" positiv auseinandersetzt und hierbei das Privileg der Psychopathologie in Kennerschaft und Wissenschaft hervorhebt. Gemessen an den in den 50er bis 70er Jahren des vorigen Jahrhunderts erschienenen deutschsprachigen Monographien zum Thema stellt gerade die Leonhardsche Aufteilung der endogenen Psychosen ein Musterbeispiel an Psychopathologie dar, gewonnen an Patienten, die zum Teil jahrzehntelang ohne die heute rasch einsetzende Psychopharmakobehandlung beobachtet und untersucht wurden. Obwohl das 1957 erstmals erschienene Buch nicht als Lehrbuch konzipiert wurde, kann es als psychiatrisches Lehrbuch durch seine Einmaligkeit von Kennerschaft und Wissenschaft angesehen werden.

Weitaus mehr Akzeptanz und wissenschaftliche Belege erfuhren Leonhards Forschungen zu den unipolaren und bipolaren Erkrankungen durch die unabhängig erfolgten Veröffentlichungen von Angst und Perris 1966. Sie bestätigten die von Leonhard inauguriert-

Abb. 3: Symposium zur Klassifikation endogener Psychosen am 21. März 1984 in der Psychiatrischen und Nervenklinik der Charité anlässlich des 80. Geburtstages von Prof. em. Dr. Karl Leonhard.
Von links nach rechts: K. Kirow (Sofia), K.-J. Neumärker (Berlin), E. Gabriel (Wien), G. Ungvari (Budapest), C. Perris (Umea/Schweden), G. Huber (Bonn), K. Leonhard (Berlin), H. Rennert (Halle), T. Fukuda (Kyoto/Japan), B. Pethö (Budapest), H.A.F. Schulze (Berlin), E. Albert (Mainz).

te Eigenständigkeit der bipolaren gegenüber den unipolaren affektiven Psychosen. Aber nicht nur Leonhard, sondern auch Kleist, der der nosologischen Einheitlichkeit des manisch-depressiven Krankseins seit 1911 widersprach, erfuhr eine Bestätigung. Die Bedeutung der Ergebnisse dieser longitudinal angelegten Studien veranlassten Pichot zu der Einschätzung, das Jahr 1966 als „das Wiedergeburtsjahr" der bipolaren Erkrankungen zu bezeichnen (Pichot, 1995), wenngleich Leonhard schon rund zwei Jahrzehnte vorher von den „beiden Polen" solcher Erkrankungen sprach. Seiner nachträglichen Beweisführung tat dies jedoch keinen Abbruch. Sie erfuhren durch die klinischen Forschungsergebnisse von Fish 1964, Perris 1974 sowie Brockington 1982 über den Komplex der zykloiden Psychosen einen weiteren Höhepunkt. In der weltweiten Diskussion um die endogenen Psychosen, die durch die Einführung der Klassifikationssysteme der ICD und des DSM weit reichende Veränderungen und Erweiterungen nach sich zog, waren es unter anderem der schizoaffektive Bereich und das Spektrum der bipolaren Erkrankungen, die zu lebhaften, auch gegenwärtig anhaltenden Diskussionen führten (u.a. Marneros, 1999; Erfurth und Arolt, 2003). Leonhard versuchte bis an sein Lebensende, das gewaltige Gefüge der endogenen Psychosen – seiner endogenen Psychosen – klinisch fassbarer, greifbarer zu machen.

Sein dazugehöriges Manuskript zur differenzierten Diagnostik und gleichzeitig prognostischen Diagnostik als „Symptomenkatalog" mit der Auflistung in „charakteristisch für" sowie „hinweisend auf" bei den einzelnen Psychoseformen wurde aus dem Nachlass veröffentlicht (Leonhard, 1990). Das Leonhard´sche Gesamtwerk wurde und wird durch die Aktivitäten der 1989 gegründeten Internationalen Wernicke-Kleist-Leonhard-Gesellschaft und ihres viel zu früh verstorbenen Gründers Helmut Beckmann mit dessen Würzburger Schule fortgeführt. Vielseitige Publikationen zeugen von der unveränderten Wirkung und Anziehungskraft, die der Komplex der Aufteilung der endogenen Psychosen auf die Psychiatrie und Neurologie sowie ihre Grenzgebiete weltweit ausübt. Das letzte Wort hierzu ist bei weitem noch nicht gesprochen!

Literatur

Angst J (1966) Zur Ätiologie und Nosologie endogener depressiver Psychosen. Eine genetische, soziologische und klinische Studie. Springer, Berlin - Heidelberg - New York.
Archiv der Humboldt-Universität zu Berlin. Med. Fak./Charité nach 1945: 038011/7.
Baer R (1985) Diagnostische Gewohnheiten einer Psychiatrischen Universitätsklinik. In: Lungershausen E, Baer R: Psychiatrie in Erlangen. perimed, Erlangen. S. 38-61.
Bericht über die Deutsche Forschungsanstalt für Psychiatrie, Kaiser-Wilhelm-Institut in München, vom 1. April 1939 bis 31. März 1940. Z Ges Neurol Psychiat 170: 266-282.
Brockington IF, Perris C, Meltzer HV (1982) Cycloid psychoses. Diagnostic and heuristic value. J Nerv Ment Dis 170: 651-656.
Conrad K (1958) Die beginnende Schizophrenie. Versuch einer Gestaltanalyse des Wahns. Georg Thieme Verlag, Stuttgart. 3. Auflage 1971.
Conrad K (1959) Das Problem der „nosologischen Einheit" in der Psychiatrie. Nervenarzt 30: 488-494.
Erfurth A, Arolt V (2003) Das Spektrum bipolarer Erkrankungen. Nervenarzt 74: 55-71.
Fish F (1964) The cycloid psychoses. Comprehensive Psychiatry 5: 155-169.
Fünfgeld E (1936) Die Motilitätspsychosen und Verwirrtheiten. S. Karger, Berlin.
Fürther H (1961) Eine Gruppe atypischer endogener Psychosen in der Sicht zweier psychiatrischer Schulen. Psychiat Neurol med Psychol 13: 324-340.

Iwai K (1983) Der klinische Gebrauch des Schizophreniebegriffes in Krankengeschichten der Jahre 1950, 1965 und 1979. Nervenarzt 54: 255-258.
Janzarik W (1978) Wandlungen des Schizophreniebegriffes. Nervenarzt 49: 133-139.
Kleist K (1912) Die klinische Stellung der Motilitätspsychosen. Allg Zschr Psychiat 69: 109-112.
Kleist K (1921) Autochthone Degenerationspsychosen. Zschr Ges Neurol Psychiat 69: 1-11.
Kleist K (1922) Die psychomotorischen Störungen und ihr Verhältnis zu den Motilitätsstörungen bei Erkrankungen der Stammganglien. Mschr Psychiat Neurol 52: 253-302.
Kleist K (1923) Die Auffassung der Schizophrenien als psychische Systemerkrankungen (Heredodegenerationen), vorläufige Mitteilung. Klin Wschr 2: 962-963.
Kleist K, Leonhard K, Schwab H (1940) Die Katatonie auf Grund katamnestischer Untersuchungen. III. Teil. Formen und Verläufe der eigentlichen Katatonie. Z Ges Neurol Psychiat 168: 535-586.
Kleist K, Leonhard K, Faust E (1950) Die Hebephrenien auf Grund von katamnestischen Untersuchungen. I. Teil. Arch Psychiat 185: 773-798.
Kleist K, Leonhard K, Faust E (1951) Die Hebephrenien auf Grund von katamnestischen Untersuchungen. II. Teil. Arch Psychiat 186: 1-12.
Krüger H (1968) Nachuntersuchungen bei Psychosen, die im Sinne der Kraepelin-Bleulerschen Psychiatrie als Schizophrenien aufgefasst wurden. Psychiat Neurol med Psychol 20: 135-144.
Leonhard K (1934) Atypische endogene Psychosen im Lichte der Familienforschung. Z Ges Neurol Psychiat 149: 520-562.
Leonhard K (1935) Die den striären Erkrankungen am meisten verwandten zwei Formen katatoner Endzustände und die Frage der Systemerkrankung bei Schizophrenie. Arch Psychiat 103: 101-121.
Leonhard K (1935) Erblichkeitsverhältnisse bei atypischen Psychosen. Psychiatrisch-Neurologische Wochenschrift 39: 461-463.
Leonhard K (1935) Exogene Schizophrenien und die symptomatischen Bestandteile bei den genuinen (idiopathischen) Schizophrenien. Mschr Psychiat Neurol 91: 249-269.
Leonhard K (1936) Die defektschizophrenen Krankheitsbilder. Ihre Einteilung in zwei klinisch und erbbiologisch verschiedene Gruppen und die Unterformen vom Charakter der Systemkrankheiten. Georg Thieme Verlag, Leipzig.
Leonhard K (1937) Involutive und idiopathische Angstdepressionen in Klinik und Erblichkeit. Georg Thieme Verlag, Leipzig.
Leonhard K (1938) Klinische und erbbiologische Stellung der involutiven und idiopathischen Angstdepression. Z Ges Neurol Psychiat 161: 511-515.
Leonhard K (1939) Das ängstlich-ekstatische Syndrom aus innerer Ursache (Angst-Eingebungspsychose) und äußerer Ursache (symptomatische Psychosen). Allg Z Psychiat u Grenzgeb 110: 101-142.
Leonhard K (1939) Die Angstpsychose in Wernickes und Kraepelins Betrachtungsweise. Z Ges Neurol Psychiat 165: 75-78.
Leonhard K (1939) Fragen der Erbbegutachtung bei den atypischen Psychosen. Allg Z Psychiat u Grenzgeb 112: 391-396.
Leonhard K (1942) Zur Unterteilung und Erbbiologie der Schizophrenien. 1. Mitteilung: Die „typischen" Unterformen der Katatonie. Allg Z Psychiat u Grenzgeb 120: 1-23.
Leonhard K (1942) Zur Unterteilung und Erbbiologie der Schizophrenien. 2. Mitteilung: Kombiniert-systematische und periodische Katatonien. Allg Z Psychiat u Grenzgeb 121: 1-35.
Leonhard K (1943) Zur Unterteilung und Erbbiologie der Schizophrenien. 3. Mitteilung: Erbbiologie der Katatonien. Allg Z Psychiat u Grenzgeb 122: 39-86.
Leonhard K (1943) Zur Unterteilung und Erbbiologie der Schizophrenien. 4. Mitteilung: Die paranoiden und verworrenen Schizophrenien typischer und kombiniert-systematischer Art. Allg Z Psychiat u Grenzgeb 122: 194-231.

Leonhard K (1944) Zur Unterteilung und Erbbiologie der Schizophrenien. 5. Mitteilung: Die periodischen und phantastisch fortschreitenden paranoiden Schizophrenien mit ihrem Sippenbild. Allg Z Psychiat u Grenzgeb 123: 9-25.

Leonhard K (1944) Zur Unterteilung und Erbbiologie der Schizophrenien. 6. Mitteilung: Erbbiologie der paranoiden und verworrenen Formen von Schizophrenie. Allg Z Psychiat u Grenzgeb 123: 177-204.

Leonhard K (1945) Zur Unterteilung und Erbbiologie der Schizophrenien. 7. Mitteilung: Die hebephrenen Krankheitsformen und ihr Erbbild. Psychiatrisch-neurologische Wochenschrift 47: 23-28.

Leonhard K (1949) Einige kombiniert-systematische Schizophrenien. Allg Z Psychiat u Grenzgeb 124: 409-432.

Leonhard K (1952) Formen und Verläufe der Schizophrenien. Mschr Psychiat Neurol 124: 169-191.

Leonhard K (1957) Aufteilung der endogenen Psychosen. Akademie Verlag, Berlin. 2. Aufl. 1959; 3. Aufl. 1966; 4. Aufl. 1968; 5. Aufl. 1980; 6. Aufl. 1986: Aufteilung der endogenen Psychosen und ihre differenzierte Ätiologie; 7. Aufl. neu bearbeitet und ergänzt von Beckmann H (Hrsg) (1995) Georg Thieme Verlag, Stuttgart, New York. 8. Aufl. Beckmann H (Hrsg) (2003) Georg Thieme Verlag, Stuttgart, New York, italienische Aufl. 1968; 1. USA-Aufl. 1979, 2. Aufl.: Classification of Endogenous Psychoses and their Differentiated Etiology, 1999, Springer Wien; 1. japanische Aufl. 1986.

Leonhard K (1957) Grundsätzliche Bemerkungen zur Einteilung der Schizophrenien. In: Congress Report of the II. International Congress for Psychiatry Zurich, 1. bis 7. September 1957, Vol IV: 214-216.

Leonhard K (1989) Katatonie in der Perspektive der Psychiatrischen Nosologie. In: Hippius H, Rüther E, Schmauß M (Hrsg) Katatone und Dyskinetische Syndrome. S. 71-83. Springer Verlag Berlin, Heidelberg, New York, London, Paris, Tokyo, Hongkong.

Leonhard K (1990) Differenzierte Diagnostik der Endogenen Psychosen unter Anlehnung an einen Symtomenkatalog. Psychiat Neurol med Psychol 42: 136-145.

Leonhard K (1995) Meine Person und meine Aufgaben im Leben. Schriftenreihe der Wernicke-Kleist-Leonhard-Gesellschaft. Band 4: Beckmann H, Neumärker KJ, Lanczik MH, Ban T, Pethö B (Hrsg). Verlag Frankenschwelle H.-J. Salier, Hildburghausen.

Luxenburger H (1934) Einige für den Psychiater besonders wichtige Bestimmungen des Gesetzes zur Verhütung erbkranken Nachwuchses. Nervenarzt 7: 437-456.

Marneros A (1999) Handbuch der unipolaren und bipolaren Erkrankungen. Georg Thieme Verlag Stuttgart New York.

Meyer G, Leonhard K, Kleist K (1944) Die paranoiden Schizophrenien auf Grund katamnestischer Untersuchungen. IV. Teil: Die paranoide Demenz (Progressive Auto- und Somatopsychosen). Z Ges Neurol Psychiat 177: 114-173.

Neele E (1949) Die phasischen Psychosen. Georg Thieme Verlag, Leipzig.

Neumärker KJ, Bartsch A (2003) Karl Kleist (1879 – 1960) -- a pioneer of neuropsychiatry. History of Psychiatry 14: 411-458.

Neumärker KJ (2008) Karl Leonhard (1904 - 1988) – Psychiater und Neurologe an der Charité in Berlin. Nervenheilkunde 27: 327-333.

Perris C (1966) A study of bipolar (manic-depressive) and unipolar recurrent depressive psychoses. Acta Psychiatr Scand 194: 1-89.

Perris C (1974) A study of cycloid psychoses. Acta Psychiatr Scand 253: 1-75.

Pichot P (1995) The birth of the bipolar disorder. Eur Psychiatry 10: 1-10.

Rüdin E (1937) Eröffnungsansprache des Vorsitzenden Prof. Dr. E. Rüdin. Z Ges Neurol Psychiat 158: 1-6.

Rüdin, E (1939) Bedeutung der Forschung und Mitarbeit von Neurologen und Psychiatern im nationalsozialistischen Staat. Z Ges Neurol Psychiat 165: 7-17.

Schneider K (1956) Kraepelin und die gegenwärtige Psychiatrie (zu seinem 100. Geburtstag am 15. Februar 1956). Fortschr Neurol Psychiat 24: 1-7.

Schulz B, Leonhard K (1940) Erbbiologisch-klinische Untersuchungen an insgesamt 99 im Sinne Leonhards typischen bzw. atypischen Schizophrenien. Z Ges Neurol Psychiat 168: 578-601.
Weitbrecht HJ (1963) Psychiatrie im Grundriss. Springer Verlag Berlin, Heidelberg, New York.
Wernicke C (1900) Grundriss der Psychiatrie in klinischen Vorlesungen. Georg Thieme Verlag Leipzig. 23. Vorlesung: 236-248

Eine nahezu vollständige Darstellung der Publikationen von Karl Leonhard findet sich in Band 1 – 3: Das wissenschaftliche Werk in Zeitschriften und Sammelwerken. Schriftenreihe der Wernicke-Kleist-Leonhard-Gesellschaft. Verlag Gesundheit GmbH, Berlin; Ullstein Mosby GmbH & Co. KG, Berlin 1992. Beckmann H, Neumärker KJ, Lanczik MH, Ban T, Pethö B (Hrsg).

Berliner Psychiater im Wandel der Zeit

23 Psychiatrischer Zeitgeist in der Berliner Gesellschaft für Psychiatrie und Neurologie 1867-2007

Michael A. Rapp

Zusammenfassung

Anhand dreier Beispiele wird dem psychiatrischen Zeitgeist in der Berliner Gesellschaft für Psychiatrie und Neurologie 1867-2007 nachgespürt. Ausgehend von Griesingers Dilemma der „Ungleichzeitigkeit in Theorie und Praxis", einem „Auseinanderfallen von Anspruch und Wirklichkeit" (Schmiedebach 1991), werden wissenssoziologische Motive und Probleme in der Gründerzeit, im frühen 20. Jahrhundert und während der Teilung der Gesellschaft in den Jahren 1947-1991 nachgezeichnet. Dabei werden Berührungspunkte zum gesamtgesellschaftlichen Diskurs sowie zu den methodologischen Entwicklungen in der Psychiatrie aufgezeigt.

Die Entwicklung der Berliner Gesellschaft für Psychiatrie und Neurologie seit ihrer Gründung durch Wilhelm Griesinger (mit Carl Westphal als erstem Schriftführer) im Januar 1867 als „Berliner Medicinisch-Psychologische Gesellschaft" bis heute spiegelt so auch die wissenschaftliche und universitär institutionelle Entwicklung der modernen Psychiatrie in Berlin wider. Aus soziologischer Perspektive liegt dabei ein besonderes Erkenntnisinteresse in der Fragestellung, inwieweit ein gesamtgesellschaftlicher Zeitgeist, soziale und politische Entwicklungen, aber auch wissenssoziologische Entwicklungen und Prozesse die Themen und wissenschaftlichen Methoden in der Gesellschaft über mehr als 140 Jahre geprägt haben. Dabei soll auch der Frage nachgegangen werden, wie einzelne Persönlichkeiten in der Psychiatrie dem Zeitgeist gegenüberstanden, sich von ihm leiten ließen oder aber den Zeitgeist selbst mitprägten. Eine umfassende Darstellung kann hier nicht erfolgen, gleichwohl soll anhand einiger weniger ausgewählter Themenkreise der Spur des Zeitgeistes in der psychiatrischen Methodik und Erkenntnisbildung nachgegangen werden.

1 Griesinger und die Gründung der Berliner Medizinisch-Psychologischen Gesellschaft

Bereits die Gründung der Gesellschaft reflektiert ein versorgungs- und wissenschaftspolitisches Zeitgeistphänomen, das eng mit der Person Griesingers und seinem Einfluss verknüpft ist.

So kann die Gründung der Gesellschaft als politisches Mittel verstanden werden, um erstens die neugewonnene Anbindung der Psychiatrie als eigenständiges Fach am Universitätskrankenhaus (in Abgrenzung zur Anstaltspsychiatrie) zu verstetigen. Zweitens wurde hier ein interdisziplinäres Diskussionsforum, in enger Verbindung zwischen Psychologie, Psychiatrie und den entstehenden Methoden der objektiven Wissenschaft des Zentralnervensystems (hier in erster Linie der Histopathologie), geschaffen, welches die Erforschung der Geisteskrankheiten als Gehirnkrankheiten erst möglich machen sollte (Schrenk 1968).

Die versorgungspolitische Perspektive hatte dabei ihre Wurzeln nicht nur in der Person Griesingers, sondern reflektierte auch den Zeitgeist einer neuen Behandlungsmethodik in der Psychiatrie. Bereits vor der Berufung Griesingers auf den Lehrstuhl an der Charité hatte Westphal, seit 1858 1. Assistent in der Klinik Idelers, als Anhänger von Conollys „no restraint"-Bewegung die vorherrschenden stark moralisierenden und bewertenden Methoden nach und nach zu verändern gesucht. Dieses klinisch-versorgungspolitische Engagement trug ihm ein positives Separatvotum von Virchow, dem sicher auch einflussreichsten Sozialmediziner der Charité, für eben jenen Lehrstuhl ein, den Griesinger dann aber bekam.

Dabei ist als vermeintliches Paradoxon auffällig, dass Horn, der Vorgänger Idelers in der Irrenabteilung der Charité, bereits 1818 die These „alle Geisteskrankheiten sind zugleich körperliche Erkrankungen" (Horn 1818; S. 217) vertrat, jedoch diese These als pathophysiologischen Ansatz für aus heutiger Sicht abscheuliche Therapieformen (Ekel- und Brechkuren, Herbeiführen künstlicher Eiterungen am Kopf, Eiswassergüsse und Spritzbäder) nutzte, da sie zu einer „wohlthätigen Erschütterung" des Nervensystems führen sollten (Horn 1818, S. 266)[1]. Mit dieser theoretischen Perspektive eröffnete auch Griesinger im Sommersemester 1866 seine Vorlesung: „Ich beginne hiermit klinische Demonstration und Besprechungen, in denen zum ersten Male Geistes-Krankheiten und sonstige Nervenkrankheiten ungetrennt voneinander den Gegenstand des Unterrichts ausmachen" (Griesinger 1872). Neben der Weiterführung des Diktums „alle Geisteskrankheiten sind Gehirnkrankheiten" steht jedoch ein neuer therapeutischer Ansatz, der in scharfer Abgrenzung zur Regelversorgung der Anstaltspsychiatrie und der Tradition Horns und Idelers steht.

In seinen Aufsätzen „Über Irrenanstalten und deren Weiterentwicklung in Deutschland" und „Die freie Behandlung", die mit anderen die ersten Vorträge der neugegründeten Gesellschaft und die ersten Artikel des 1868 neugegründeten „Archivs für Psychiatrie und Nervenkrankheiten" ausmachen, beschrieb Griesinger noch heute modern erscheinende sozialpsychiatrische Ansätze. So forderte er eine gemeindenahe psychiatrische Versorgung akut psychisch Kranker und empfahl die Behandlung im familiären Umfeld als ein „natürliches und soziales Medium, die Wohltat des Familienlebens" (Griesinger 1968; zitiert nach Schott 2006). Darüber hinaus postulierte Griesinger die enge Verbindung zwischen Neurologie und Psychiatrie: „Nicht etwa zwei eng verbundene Gebiete sind Psychiatrie und Neurologie, sondern es ist ein Gebiet, wo alles eine Sprache spricht und von denselben Gesetzen regiert wird" (Berliner Medicinisch-Psychologische Gesellschaft 1868). Die Reaktion der Anstaltspsychiatrie war die Gründung einer eigenen Gesellschaft unabhängig von der medizinisch-psychologischen, ohne Griesinger einzuladen, und der

---

[1] Obgleich hier ein weitverbreitetes, empirisch fundiertes Vorgehen beschrieben wurde, wurde insbesondere Horn doch der Versuch, eine kausale wissenschaftliche Erklärung zu finden, unterstellt (Seidel, 1991).

Versuch, die Wiederwahl Griesingers in den Vorstand des Deutschen Vereins für Psychiatrie durch Satzungsänderung im Jahre 1868 auszuschließen (Bonhoeffer 1927).[2]

Es sei darauf hingewiesen, dass die Griesinger'sche Kritik an der Anstaltspsychiatrie und die Wahrnehmung der psychischen Erkrankungen als Gehirnkrankheiten wesentlich mit der Entwicklung der deskriptiven Psychopathologie einhergingen (Berrios 2000). Dabei steht zur Debatte, inwieweit die Deskription die Theoriebildung oder umgekehrt beeinflusst hat. Foucault wirft hier ein, dass eine Medikalisierung der Geisteskrankheiten ihre Wahrnehmung als Gehirnkrankheiten, die sich in bestimmten Zeichen und Symptomen darstellen, erst möglich gemacht habe (Foucault 1972). Belegt ist jedoch, dass die Anstaltspsychiatrie der ersten Hälfte des 19. Jahrhunderts kaum systematisch deskriptiv arbeitete, obgleich (oder gerade weil) ihre Arbeitsbedingungen sie nahe an der Erlebenswirklichkeit ihrer Patienten verortete. So lebten etwa in Sonnenstein, Winnenthal, oder der Illenau die Ärzte (Fleming, Damerow, Roller) mit den Kranken, ohne jedoch eine systematisierte Deskription vorzunehmen. Anders gestaltete sich die Entwicklung an den universitären Kliniken der 2. Hälfte des 19. Jahrhunderts, an denen die Entwicklung der deskriptiven Psychopathologie ermöglicht und nachhaltig gefördert wurde (Berrios 2000). In Berlin korrelierte die Veränderung von der Anstalt hin zur Universitätsklinik denn auch mit einem Wechsel von einem moralisierenden Psychiker (Ideler) hin zu einer modernen „Gehirnpsychiatrie" (Griesinger)[3].

Der Ansatz einer neuropathologisch fundierten Psychiatrie war für Griesinger, und in einigen Aspekten vielleicht noch heute, von einer methodischen Schwierigkeit begleitet, die H.-P. Schmiedebach als „Ungleichzeitigkeit in Theorie und Praxis, ein Auseinanderfallen von Anspruch und Wirklichkeit" (Schmiedebach 1991) zugespitzt charakterisiert hat. So ist die Psychiatrie gezwungen, Symptomenkomplexe zu beschreiben, und kann erst durch eine verfeinerte klinische Beschreibung darauf hoffen, ein materielles Substrat differentiell zu untersuchen.

Griesingers Dilemma kann exemplarisch an einer Falldiskussion in der Gesellschaft am 5.2.1877 (Berliner Medicinisch-Psychologische Gesellschaft 1878a) nachgezeichnet werden, übrigens eine Sitzung vor derjenigen am 5.3.1877, in der Westphal seine bahnbrechende Beschreibung der Zwangsvorstellungen präsentierte (Berliner Medicinisch-Psychologische Gesellschaft 1878b). Curschmann stellte am 5. Februar den Fall einer etwa 30-jährigen Patientin mit einer „vollständigen Anästhesie der linken Körperhälfte", einer Hemiparese links, sowie einer Fazialis- und Abduzenslähmung ebenfalls auf der linken Seite vor. Des Weiteren leide die Patientin an einer Sprachstörung, bei der sie Silben verdrehe und vorzugsweise vor Hauptwörtern einschiebe. Hinzugekommen seien „Schwindelanfälle, verbunden mit Schmerzen im Hinterkopf, Brechneigung und wirklichem Erbrechen" (Berliner Medicinisch-Psychologische Gesellschaft 1878b, S. 729). Curschmann selbst wies die "naheliegende Diagnose" einer Hysterie zurück und postulierte eine multiple

---

[2] s. a. den Beitrag Schmiedebach in diesem Band

[3] Dass diese moderne Gehirnpsychiatrie nach der Veröffentlichung der Allgemeinen Psychopathologie (Jaspers 1913) wieder im Gegensatz zur verstehenden Psychopathologie gesehen wurde, so dass von einigen wiederum eine Spaltung in psychopathologische und biologische Psychiatrie konstatiert wurde (Dörner 1969), ist eine späte Pointe des Zeitgeistes. Aber auch zum psychologischen Verständnis der Kranken hat Griesinger beigetragen, wenn man etwa an Tölles Arbeiten (Schott 2006) über die Bedeutung Griesingers für die Psychotherapie denkt. Danach erscheint das Diktum "Geisteskrankheiten sind Gehirnkrankheiten" als eine der üblichen epigonalen Verkürzungen des Griesinger'schen Denkens.

Herderkrankung im Gehirn. Remak, der die Patientin 2 Jahre vorher in der Charité selbst behandelt hatte, wandte ein, dass die Hemianästhesie ja geradezu klassisch für die Hysterie nach Charcot sei. Er habe selbst einen ähnlichen Fall der hemianesthesia sinistra bei einem schon anderweitig beschriebenen Fall mit linksseitigem Ovarialtumor beobachtet (Berliner Medicinisch-Psychologische Gesellschaft 1878b, S. 730). Wernicke fügte hinzu, dass die Sprachstörung sowie die Abduzensbeteiligung „am meisten der Annahme einer multiplen Sklerose" entspreche (Berliner Medicinisch-Psychologische Gesellschaft 1878b, S. 730). Westphal hingegen plädierte ebenfalls für die Hysterie und betonte, man „solle zunächst nicht von anatomisch-physiologischen Gesichtspunkten ausgehen, sondern sich erst fragen, ob ähnliche Krankheitsbilder bekannt sind". Im Analogieschluss führte Westphal so aus, dass es sich bei der Patientin um „ein Krankheitsbild" handele, „welches der Erfahrung entspreche, und wobei gewisse psychische Zustände mit eine Rolle spielen", nämlich die Hysterie (Berliner Medicinisch-Psychologische Gesellschaft 1878b, S. 731).

Der Analogieschluss als Methode ist bei Foucault (1993) einer wissenssoziologischen Kritik unterworfen worden. So führe der Analogieschluss zu einer Identität der „komplexen Figur", die sich von einer „gemischten Realität, die aus einzelnen Wesenheiten des Krankheitsbildes zusammengefügt ist", abgrenzt (Foucault, 1993, S. 225). Die „komplexe Figur" des Analogieschlusses zog sich durch die Hysterieliteratur des späten 19. Jahrhunderts und ließ sich von Charcot bis Freud nachzeichnen. Dem entgegen stand jedoch die positive, moderne Methodik der Gehirnpsychiatrie, die einen biologischen Krankheitsbegriff einem psychopathologischen Syndrom gegenüberstellt, das per definitionem frei von Neuropathologie sei. Die Ausführungen Remaks („linksseitiger Ovarialtumor") erinnern hier an das, was Philip Slavney in seinen „Perspectives on Hysteria" (Slavney 1990) als „bottom-up approach" der Krankheitsforschung der Hysterie beschreibt. Die Verfechter einer „top-down" Hypothese der Hysterie als Gehirnkrankheit scheiterten jedoch im späten 19. Jahrhundert an der Abwesenheit eines klinikopathologischen Korrelats der Hysterie (Slavney 1990, S.33), wie das folgende Beispiel belegt.

2 Der Zeitgeist des frühen 20. Jahrhunderts in der Berliner Gesellschaft für Psychiatrie und Nervenkrankheiten

So spiegelte sich diese Dialektik neuropathologischer Substrate neurologischer oder psychischer Erkrankungen bis weit in die ersten Dekaden des 20. Jahrhunderts wider. Genannt sei hier die sich auch in der Berliner Gesellschaft spiegelnde Diskussion zwischen Westphals Schüler, dem Begründer der klinischen Neurologie in Deutschland, Hermann Oppenheim, und Karl Bonhoeffer, dem Lehrstuhlinhaber an der Charite ab 1912. Die angesprochene Debatte entbrannte hier an den Ursachen der Kriegsneurose, wobei Bonhoeffer auf der Jahresversammlung des deutschen Vereins für Psychiatrie bereits 1911 die Kriegsneurose als „eine Abspaltung psychischer Komplexe unter dem Einfluss einer inhaltlich bestimmt gerichteten Willensrichtung" (Bonhoeffer 1911) bezeichnet hatte. Oppenheim hingegen war der festen Überzeugung, dass der Kriegsneurose eine strukturelle Läsion des Nervensystems zugrunde liegt (Oppenheim 1916).[4, 5]

---

[4] Aus heutiger Sicht ist diese Diskussion deshalb von Bedeutung, weil der Zeitgeist hier nur ein Entweder/oder zuzulassen scheint. Zugleich bereiten Bonhoeffers Ausführungen aber den Weg hin zu einer dimensionalen Darstellung von Persönlichkeitszügen, der schließlich in der heutigen Psychiatrie dazu

Die Biologisierung versus Entpathologisierung der Kriegsneurose hatte jedoch einen weiteren Aspekt, der mit dem Zeitgeist der Sozialgesetzgebung als Lösung der sozialen Frage des 19. Jahrhunderts vielfach interagiert. Angesichts der neu etablierten Sozialversicherungssysteme, insbesondere der Unfall-, Kriegs- und Rentenkassen, stellte Bonhoeffer explizit die Frage, inwieweit den Kriegszitterern ein bestimmter (unbewusster) Wille unterstellt werden konnte, der in erster Linie auf die Versicherungsleistung abzielte (Bonhoeffer 1926). Neumärker weist in seiner hilfreichen Übersichtsarbeit zur Vita Bonhoeffers (Neumärker 2007) darauf hin, dass neben Bonhoeffer auch v. Weizsäcker die Kriegsneurosen als Ausdruck eines krankhaften Zustandes der menschlichen Gesellschaft – nämlich der „pathologischen Verrechnung einfacher Lebensverhältnisse" sah (Weizsäcker 1941). Neben den Diskussionen zu sekundärem Krankheitsgewinn bei den Kriegsneurosen wurde in dieser Zeit jedoch auch vermehrt die genetische Grundlage psychischer Erkrankungen diskutiert. Diese Diskussion ging hier auch von der Frage aus, inwieweit die Neurasthenie vererblich sei. So hatte bereits Bonhoeffer 1927 Griesingers These von der konstitutionellen Basis der Neuropathie[6] als extrem weitsichtig gelobt: „so scheint uns von ihm keine Zeitspanne von 60 Jahren wissenschaftlicher Entwicklung zu trennen" (Bonhoeffer 1927). Dieser genetischen Grundlage psychischer Krankheit standen in den 20er Jahren verschärfte politische und soziale Auseinandersetzungen gegenüber, die in der Diskussion um die sogenannte Rassenhygiene gipfelten[7]. So fürchtete der Reichsgesundheitsrat bereits 1920, dass die Kriegsverluste sich unter den „körperlich und geistig Tüchtigen" in besonderem Maße bemerkbar gemacht haben könnten (Usborne 1994). Die massiven ökonomischen Probleme am Ende der Weimarer Republik lassen eine der Eugenik zugrunde liegende soziale Argumentation noch deutlicher werden; so verabschiedete im Januar 1932 der Preußische Staatsrat eine Resolution, die die allgemeine Verbreitung der Eugenik in der Bevölkerung vorsah und gleichzeitig empfahl, die Zuwendungen für Anstaltspatienten zu kürzen (Weiss 1987).

Unter anderem dem Schweizerischen Nationalfonds, mit den geförderten Arbeiten von Studer (2006), ist es zu verdanken, dass die normative Sozialpolitik am Übergang zum 20. Jahrhundert im Zusammenhang mit Fragen der Eugenik aus historischer und wisssoziologischer Perspektive systematisch untersucht wurde. So weist Studer darauf hin, „dass die Praktiken der Sozialpolitik aufgrund ihres Normierungsanspruches (…), in vielen Fällen stigmatisierten, diskriminierten und sogar kriminalisierten" (Studer 2006). Im selben Band führen Wecker und Kückenhoff aus, dass die Eugenik an der Wende zum 20. Jahrhundert den „Wunsch nach einer Perfektionierung der Menschheit" auf eine „wissenschaftliche Grundlage" gestellt habe (Wecker 2006), die sich gesellschaftlich auch an der Frage der Allokationsethik der Sozialversicherungssysteme legitimiert habe. Explizit wird

---

führt, dass eine erneute Diskussion um biologische Korrelate der Kriegsneurose, etwa in den Arbeiten zur Hippokampusatrophie bei posttraumatischer Belastungsstörung (zur Übersicht Yehuda 2007) entstehen kann.

[5] s.a. den Beitrag Holdorff: Der Kampf um die "traumatische Neurose" 1889 - 1916: Herrmann Oppenheim und seine Kritiker in Berlin. In diesem Band

[6] "man sehe sich die Eltern und Geschwister dieser Menschen an, so wird man bei allen scheinbar noch so akzidentellen Krankheiten die bestehende konstitutionelle Basis hoch anschlagen" (Berliner Medicinisch-Psychologische Gesellschaft 1868, S. 209)

[7] Bonhoeffers Rolle in dieser Entwicklung wurde bereits im Beitrag Beddies in diesem Band besprochen.

vermerkt, dass „die Angst vor einem Überhandnehmen der Sozialkosten die psychiatrischen Empfehlungen" zur Eugenik motiviert zu haben scheinen (Wecker 2006)[8]. Die weitere Entwicklung hin zum Nationalsozialismus und die Rolle der Psychiatrie im dritten Reich ist an anderer Stelle bereits bearbeitet worden. Die Gesellschaft strich ihre jüdischen Mitglieder aus den Mitgliederlisten, wurde nach der Kapitulation verboten und entstand nach der Teilung der Stadt zunächst wieder an der Charité in Ostberlin.

3 Die geteilte Berliner Gesellschaft für Psychiatrie und Neurologie (BGPN) zwischen Kaltem Krieg und Wende

1953 kam es zur Gründung einer selbständigen BGPN West durch Selbach an der FU Berlin. Diese Gründung an sich ist eine Reflexion des Zeitgeistes. So waren noch bis 1953 und darüber hinaus auch Westberliner Kollegen zu den Veranstaltungen der BGPN in Ostberlin erschienen, so dass die Gründung einer Westberliner Gesellschaft auch als Separation verstanden werden kann. Auch im ersten Protokollbuch der BGPN West wurden die Spaltung der Stadt infolge der Blockade und die zunehmende Entfremdung beider Universitäten nach der Gründung der Freien Universität zum Wintersemester 1948/49 als Gründe angeführt. Deutlich wird hier die Tendenz, der Westberliner Gesellschaft die Position als wahre Nachfolgerin der Griesinger`schen Gesellschaft zuschreiben zu wollen. Dies gipfelte in dem Versuch, den neuen Westberliner Verein 1953 beim Amtsgericht Charlottenburg registrieren zu lassen, was jedoch mit Hinweis auf die bereits bestehende Gesellschaft verwehrt wurde (Thomas 2002).

Die Psychiatrie im Ostteil der Stadt unterlag in dieser Zeit auch dem Einfluss der Parteiführung der SED. Im Juli 1950 war von Hager[9] festgestellt worden, dass die Errungenschaften der Sowjetwissenschaft Richtschnur aller Disziplinen sein müsse, was für die Psychiatrie bedeutete, dass vor allem die Arbeiten Pawlows als Richtschnur zu dienen hatten. So wurde 1952 eine staatliche Pawlowkommission beim Ministerium für Gesundheitswesen der DDR gegründet. Die Pawlowkommission, obgleich mit großen Tagungen in der Ostberliner Ärzteschaft 1953 und 1954 mit über 1800 Teilnehmern erfolgreich, ließ jedoch die Arbeit der BGPN Ost vergleichsweise unberührt (Thomas 2002). So war neben einem Referat von Müller-Hegemann zur Pawlow'schen Neurophysiologie nur ein weiterer Vortrag in dieser Zeit vermerkt. Thematisch unterschieden sich die beiden Gesellschaf-

---

[8] So schreiben etwa Binding und Hoche bereits 1920: "In wirtschaftlicher Beziehung würden also diese Vollidioten, ebenso wie sie auch am ehesten alle Voraussetzungen des vollständigen geistigen Todes erfüllen, gleichzeitig diejenigen sein, deren Existenz am schwersten auf der Allgemeinheit lastet. Diese Belastung ist zum Teil finanzieller Art und berechenbar anhand der Aufstellung der Jahresbilanzen der Anstalten. Ich habe es mir angelegen sein lassen, durch eine Rundfrage bei sämtlichen deutschen in Frage kommenden Anstalten mir hierüber brauchbares Material zu verschaffen. Es ergibt sich daraus, daß der durchschnittliche Aufwand pro Kopf und Jahr für die Pflege der Idioten bisher 1300 M. betrug. Wenn wir die Zahl der in Deutschland zurzeit gleichzeitig vorhandenen, in Anstaltspflege befindlichen Idioten zusammenrechnen, so kommen wir schätzungsweise etwa auf eine Gesamtzahl von 20 - 30.000. Nehmen wir für den Einzelfall eine durchschnittliche Lebensdauer von 50 Jahren an, so ist leicht zu ermessen, welches ungeheure Kapital in Form von Nahrungsmitteln, Kleidung und Heizung dem Nationalvermögen für einen unproduktiven Zweck entzogen wird." (Binding, 1920).
[9] Mitglied des Politbüros der SED

Tab. 1: Themengebiete und ihre Häufigkeit in der BGPN (West) versus (Ost) 1947-91 (nach Thomas 2002)

Themengebiet	BGPN West	BGPN Ost	X^2
Neurologie	118	181	n.s.
Neurologische Diagnostik	40	68	n.s.
Neurochirurgie	35 >	25	$p < .001$
Neurophysiologie	14	21	n.s.
Neuropathologie	8	19	n.s.
Psychiatrie	90	182	$p = .05$
Psychotherapie	13	31	n.s.
Kinderpsychiatrie	13	33	n.s.
Kinderneurologie	3 <	35	$p < .0001$
Pharmakotherapie	41 >	11	$p < .0001$
Auslandsberichte	7	13	n.s.
Medizingeschichte	19	28	n.s.
NS-Medizin	4	7	n.s.
Sowjetische Wissenschaftler	0	2	n.s.
Gesamt	403	656	

ten hinsichtlich der ausgewählten Vorträge ebenfalls nur leicht (Tabelle 1 nach Thomas 2002). So waren in der BGPN (West) die Themengebiete Neurochirurgie und Pharmakotherapie, in der BGPN (Ost) das Themengebiet Kinderneurologie signifikant häufiger vertreten.

Die Trennung der Gesellschaften und der in beiden Systemen durchaus unterschiedliche Zeitgeist spiegelten sich jedoch (zumindest aus wissenssoziologischer Perspektive) deutlicher in den Festreden zum 100-jährigen Jubiläum der Gesellschaft 1967 wider. So griff Selbach in seinem Rückblick auf 100 Jahre Sitzungsprotokolle der Berliner Gesellschaft das Thema der Hysterie erneut auf, jedoch mit dem Blick des an seiner Klinik mittlerweile etablierten Positivismus: „unter dem unglücklichen Hysteriebegriff wurden mancherlei organische Syndrome subsumiert, was aber Friedrich Jolly sogleich verwarf; Kohlstamm entwickelt den Hysteriebegriff aus der Lehre des fehlenden Gesundheitsgewissens und einer unbewussten Fixationsneurose. Dazu meint Vogt, dass mit dem Verlassen der Kausalerklärung die Hinwendung zur Metaphysik und damit der Bankrott der Wissenschaft beginne" (Selbach 1968).

Ausgehend von Selbachs an anderer Stelle in diesem Band[10] besprochenen Arbeiten zur Kybernetik (Selbach 1954) und in gewissem Gegensatz zu ihnen hatte sich an der Psychiatrischen Klinik der Freien Universität in den 60er Jahren neben einer modernen, wis-

---

[10] s. a. den Beitrag Borck in diesem Band

senschaftlich orientierten Psychopharmakologie die Erarbeitung von standardisierten Diagnosekonzepten im Sinne quantitativer Syndromanalysen in der Psychopathologie (Arbeitsgemeinschaft für Methodik und Dokumentation in der Psychiatrie (AMP); vgl. Gebhardt 1973) entwickelt. Zum 100. Stiftungsfest schlugen Helmchen und Hippius (Helmchen 1968) den Brückenschlag zwischen moderner Pharmakotherapie und der systematischen Psychopathologie, indem sie dem exogenen Reaktionstypus Bonhoeffers im Lichte der Pharmakodynamik des Chlorpromazin auf den Grund gingen. Dabei wurde die psychiatrische Pharmakotherapie als objektive Methode der Grundlagenforschung präsentiert: „doch zunehmend mehr gewinnen die Psychopharmaka auch außerhalb des Bereichs der praktischen Psychiatrie – also unabhängig von ihrem therapeutischen Wert – eine Bedeutung für die theoretische Grundlagenforschung" (Helmchen 1968).

In der BGPN Ost hingegen war nicht die quantitative Psychopathologie oder die differentielle Psychopharmakologie von zentraler Bedeutung – die Grundlage und die häufigste Form der Vorträge bildete hier die klinische Falldarstellung. Die Arbeiten Leonhards, der in der Tradition von Kleist und Wernicke stehend[11] die psychopathologische Tradition der frühen Jahre der Gesellschaft in direkter Linie fortführte, stehen dabei in gewissem Gegensatz zum systemimmanenten Zeitgeist in der DDR. Neben diesen psychopathologischen Fallvorstellungen nahm an der Leonhard`schen Klinik die Psychotherapie quantitativ und inhaltlich einen breiten Raum ein (Neumärker 2008). Während in der BGPN Ost insgesamt 31 psychotherapeutische Vorträge verzeichnet sind, waren es in der BGPN West lediglich 13, unter denen sich jedoch die Erstdarstellung des Psychodramas durch Moreno 1956, die Vorstellung der tiefenpsychologisch fundierten Psychotherapie durch Dührssen 1969 sowie zwei Vorträge Richters zur Eltern-Kind-Beziehung und zur Familie befanden, die das Fach insgesamt nachhaltig beeinflussten.

Die Ideologiekritik des Positivismus war eine zentrale Zeitgeistmetapher, die die Themen der BGPN (West) nachhaltig beeinflusste. So scheint im Osten eine konservative Psychiatrie im Zentrum der Themen zu stehen, die sich mit klassisch deskriptiver Psychopathologie und Lokalisationspsychiatrie in der Tradition von Wernickes und Kleists bewegte und ihre Schwerpunkte in der Tradition der Gehirnspychiatrie sah[12], ohne dem dialektischen Materialismus breiten Raum zu geben. Demgegenüber stand im Westen eine quantitative, systematische Psychopathologie und Pharmakotherapie im Vordergrund, die sich primär dem wissenschaftlichen Nachweis unter vorab definierten Bedingungen verschrieben hatte. Es ist hier nicht verwunderlich, dass Selbach Vogts Kritik an der Metaphysik zitierte (Selbach 1968), und Helmchen und Hippius mit den Methoden des logischen Empirismus die Pathophysiologie des exogenen Reaktionstypus nach Bonhoeffer aus der Pharmakologie nachzeichneten (Helmchen 1968). Trotz der politischen und methodologischen Unterschiede standen aber beide Gesellschaften in der Tradition der Gehirnpsychiatrie. Die Konstellation verhinderte jedoch weder im Westen noch im Osten die Trennung von Psychiatrie und Neurologie in institutioneller Hinsicht.

---

[11] s. a. den Beitrag Neumärker in diesem Band
[12] Die Frage, inwieweit dieser Konstellation der Aspekt einer Art wissenschaftlicher innerer Emigration zuzuschreiben ist, ist angesichts der Versuche Leonhards, persönlich und wissenschaftlich den Kontakt zum Westen aufrechtzuerhalten (Neumärker 2008), von einem gewissen Interesse, wurde jedoch bisher nicht systematisch untersucht.

In die 70er und 80er Jahre des vorigen Jahrhunderts fiel sowohl in Ost- wie West-Berlin die formale Trennung der Fächer Psychiatrie und Neurologie. So kam es an der Freien Universität 1972 zur Einrichtung der ersten ordentlichen Professur für Neurologie, die mit Schliack, der seit 1957 die neurologisch-neurochirurgische Poliklinik am Krankenhaus Westend geleitet hatte, besetzt wurde. Im Osten war die neurologische Abteilung der Charité bereits 1970 an Schulze übertragen worden, der seit dem 1.1.1971 das erste Berliner Ordinariat für Neurologie innehatte. In der Themenwahl und dem Sitzungsprotokoll sowohl der BGPN Ost als auch der BGPN West fand diese Entwicklung ihren Widerhall. Die Gesellschaft blieb aber trotz dieser institutionellen Trennung interdisziplinär erhalten und fungierte weiter als Forum beider Disziplinen. So waren inklusive Kinderneurologie in den Jahren seit 1947 an beiden Gesellschaften über 400 Vorträge neurologischen Themen gewidmet. Die rasanten Entwicklungen der Neurologie in den 80er Jahren mit der Einrichtung von stroke-units bildeten sich in der BGPN Ost in einer Reihe von Vorträgen zur neurologischen Intensivmedizin ab, während sie in der BGPN West kaum Widerhall fanden. Diskutiert und integriert wurde aber auch die beginnende Subspezialisierung innerhalb der Psychiatrie, wobei aber zu den Themen Alkohol und Sucht, forensische Psychiatrie und Gerontopsychiatrie der relative Anteil der Vorträge in der BGPN Ost höher lag (Thomas 2002).

Die deutsche Wiedervereinigung ermöglichte auch die Wiedervereinigung der Berliner Gesellschaft. Bereits im April 1989 gab es erste informelle Kontakte, indem der damalige Vorsitzende der BGPN (West), Janz, den Vorsitzenden der BGPN (Ost), Schulze, zu Veranstaltungen der BGPN (West) einlud. Nach Aussagen der Beteiligten war es die Öffnungspolitik in der damaligen Sowjetunion, die zumindest den Gedanken an eine Wiederannäherung der Gesellschaften motivierte. Schulze musste mit Hinweis auf die äußeren Umstände zunächst eine Vortragseinladung an die Freie Universität ablehnen. Am Rande des Weltkongresses für Neurologie im Oktober 1989 ergab sich jedoch ein Treffen zwischen Schulze und Kölmel, dem damaligen Sekretär der BGPN (West), der dann im Dezember erste konkrete Absprachen für eine Wiederannäherung der Gesellschaften folgten. So wurden Veranstaltungsankündigungen ausgetauscht und gemeinsame Vorträge vereinbart, die sich dann anlässlich des 125-jährigen Bestehens der Nervenklinik der Charité im April 1990 auch ergaben; hier wurden sowohl an der Charité im Ostteil der Stadt als auch an der Klinik der Freien Universität Jubiläumsvorträge gehalten. In der Folge erarbeitete Greve, der mittlerweile den Vorsitz der BGPN (West) innehatte, eine gemeinsame Satzung, die am 17. November 1990 in der ersten gemeinsamen Vorstandssitzung beschlossen wurde (Thomas, 2002). Vorausgegangen war eine Mitgliederbefragung in der BGPN (Ost), die eine überwiegende Zustimmung für eine Wiedervereinigung der beiden Gesellschaften ergab. Diskutiert wurde in diesem Zusammenhang auch der Umgang mit Kollegen, die für die Staatssicherheit der DDR als informelle Mitarbeiter gearbeitet hatten[13]. Schließlich wurde aber befürwortet, die gegenwärtigen Mitglieder der BGPN (Ost) ohne Prüfung ihrer Mitarbeit im Staatssicherheitsdienst der DDR in die vereinigte Gesell-

---

[13] Obgleich die inoffizielle Mitarbeit bei der Staatssicherheit nicht per se eine Straftat darstellt, sei doch darauf hingewiesen, dass über 25% der ärztlichen inoffiziellen Mitarbeiter Patientengeheimnisse weitergegeben haben; ein Vorgehen, das in der DDR zwar strafrechtlich abgesichert war, jedoch sicher den Grundfesten ärztlicher Ethik widersprach. Eindrückliche Fallbeispiele sowie eine Würdigung rechtlicher und ethischer Gesichtspunkte finden sich in dem lesenswerten Artikel von Weil (2006).

Tab. 2: Programm der Herbsttagung der BGPN 2007

Angst aus interdisziplinärer Sicht	
Prof. Dr. P. Sprengel:	Angst und Literatur: Über den Angstbegriff bei Kafka
PD Dr. A. Ströhle:	Klinik, Epidemiologie, und Neurobiologie der Angststörungen
Prof. Dr. K. Hennicke:	Angst, Affektivität und psychische Störungen bei Kindern und Jugendlichen mit geistiger Behinderung
Prof. Dr. M. Linden:	Psychotherapie der Angststörungen
Dr. M. Scheel:	Pharmakotherapie der Angststörungen
Prof. Dr. J. Deckert:	Bildgebung von Gen-Umwelt-Interaktionen bei Angststörungen
Prof. Dr. H.-J. Meencke:	Angst als epileptisches Phänomen

schaft zu übernehmen, für zukünftige Mitgliedschaften jedoch das traditionelle Aufnahmeverfahren mit zwei Bürgen aus der Gesellschaft einzufordern (Thomas, 2002). So nutzte die Gesellschaft einerseits den gesamtgesellschaftlichen Zeitgeist der Öffnung zu ihrer eigenen Wiedervereinigung, zeigte sich aber andererseits bei der Aufarbeitung der Vergangenheit ihrer Mitglieder nicht in der Lage, den Zeitgeist einer kritischen Überprüfung und Diskussion mit umzusetzen.

Gegenwärtig hat die Gesellschaft 276 Mitglieder. Die Themenauswahl der Herbsttagung 2007 zeigt (Tabelle 2, eigene Daten), wie sich das Feld der Psychiatrie hin zu biobehavioralen Interaktionen entwickelt hat, bei denen Fragen zur Hirnphysiologie, und hier sowohl zu genetischen als auch behavioralen Einflüssen auf die Gehirnaktivierung, zentral sind. Die Frage wird sein, in welchem Licht der Zeitgeist der Globalisierung, der Allokationsethik und der sozialen Verteilung von Ressourcen diese wissenschaftlichen Erkenntnisse wirksam werden lässt. Der Fortschritt wissenschaftlicher Erkenntnis wird sich hier im Rückblick auf Griesingers Ansatz einer Implementierung neuerer Versorgungsstrukturen, verknüpft mit einer wissenschaftlichen Programmatik der Gehirnpsychiatrie, daran messen lassen müssen, welche Rolle solche Ergebnisse für die Versorgungssysteme und die breite Implementierung von Behandlungsmethoden für psychisch Kranke spielen werden. Eine Durchsicht der Themen der letzten Jahre zeigt, dass die Berliner Gesellschaft hier nur in geringem Maße an der Diskussion beteiligt ist, was möglicherweise einen Zeitgeist in der Ärzteschaft reflektiert, den zukünftige Generationen wohl kritisch betrachten mögen.

Literatur

Berliner Medicinisch-Psychologische Gesellschaft (1868) Sitzung vom März 1867. Archiv für Psychiatrie und Nervenkrankheiten 1: 200-216

Berliner Medicinisch-Psychologische Gesellschaft (1878a) Sitzung vom 5. Februar 1877. Archiv für Psychiatrie und Nervenkrankheiten VIII(3), 728-734

Berliner Medicinisch-Psychologische Gesellschaft (1878b) Sitzung vom 5. März 1877. Archiv für Psychiatrie und Nervenkrankheiten VIII(3), 734-750

Berrios GE (2000) Geschichte psychiatrischer Begriffe. In: Helmchen H, Henn FA, Lauter H, Sartorius N (Hrsg) Psychiatrie der Gegenwart, 4. Aufl. (Bd. 1). Springer, Berlin. S. 5-52

Binding K, Hoche A (1920). Die Freigabe der Vernichtung lebensunwerten Lebens. Ihr Maß und ihre Form. Verlag Felix Meixner, Leipzig. S. 12

Bonhoeffer K (1911) Wie weit kommen psychogene Krankheitszustände und Krankheitsprozesse vor, die nicht der allgemeinen Hysterie zuzurechnen sind? Allgemeine Zeitschrift für Psychiatrie 68: 371-386

Bonhoeffer K, His W (1926) Beurteilung, Begutachtung und Rechtssprechung bei den sogenannten Unfallneurosen. Deutsche Medizinische Wochenschrift 52: 179-186

Bonhoeffer K (1927) Rückblick auf die Geschichte der Berliner Gesellschaft für Psychiatrie und Nervenkrankheiten. Monatsschrift für Psychiatrie und Neurologie, LXIII (6), 289-293

Dörner K (1969) Bürger und Irre. Europäische Verlagsanstalt, Hamburg

Foucault M (1993) Die Geburt der Klinik. Fischer, Frankfurt/M.

Foucault M (1972) Wahnsinn und Gesellschaft. Suhrkamp, Frankfurt/M.

Gebhardt R, Helmchen H (1973) Reliabilität der Diagnostik psychopathologischer Syndrome. Schweizer Archiv für Neurologie Neurochirurgie und Psychiatrie 112(2): 459-469

Griesinger W (1872) Vortrag zur Eröffnung der Klinik für Nerven- und Geisteskrankheiten in der Königl. Charité. In Griesinger W, Gesammelte Abhandlungen, Bd. I, Hirschwald, Berlin. S. 192-214

Helmchen H, Hippius H (1968) Exogener Reaktionstypus und psychiatrische Pharmakotherapie. Deutsches Medizinisches Journal 19(9): 299-304

Horn E (1818) Öffentliche Rechenschaft über meine zwölfjährige Dienstführung als zweiter Arzt des Königl. Charité-Krankenhauses zu Berlin, nebst Erfahrungen über Krankenhäuser und Irrenanstalten. Reimer, Berlin

Jaspers K (1913) Allgemeine Psychopathologie. Springer, Berlin

Neumärker KJ (2007) Karl Bonhoeffer (31.3.1868-4.12.1948). Psychosomatik und Konsiliarpsychiatrie 1:179-183

Neumärker KJ (2008) Karl Leonhard (1904-1988). Nervenheilkunde 4:327-333

Oppenheim H (1916) Zur Frage der traumatischen Neurose. Deutsche Medizinische Wochenschrift 42: 1567-1570

Schmiedebach HP (1991) Die Integration der Psychiatrie des 19. Jahrhunderts in die Medizin mit Hilfe der Neurologie. In: Neumärker KJ (Hrsg) Grenzgebiete zwischen Neurologie und Psychiatrie. Springer, Berlin. S. 35-44

Schott H, Tölle R (2006) Magna Charta der Psychiatrie: Leben und Werk von Wilhelm Griesinger. Sozialpsychiatrische Informationen 4: 2-9

Schrenk M (1968) Drei Centenarien: Griesinger – Bonhoeffer – das „Archiv für Psychiatrie und Nervenkrankheiten" 1868 – 1968. Archiv für Psychiatrie und Zeitschrift für die gesamte Neurologie 211: 219-233

Seidel M (1991) Der Beitrag der Psychiatrischen und Nervenklinik der Berliner Charité zur Entwicklung von Psychiatrie und Neurologie. In: Neumärker KJ (Hrsg) Grenzgebiete zwischen Neurologie und Psychiatrie. Springer, Berlin. S. 1-34

Selbach H (1968) Hundert Jahre Berliner Gesellschaft für Psychiatrie und Neurologie. Deutsches Medizinisches Journal 19(9): 297-299

Selbach H (1954) Der generalisierte Krampfanfall als Folge einer gestörten Regelkreisfunktion. Ärztliche Wochenschrift 9: 36

Studer B (2006) Die strukturelle Prägung der Sozialpolitik durch die Geschichte. Schweizerischer Nationalfonds NFP 51 Bulletin Nr. 3: 1-5

Slavney P (1990) Perspectives on Hysteria. Johns Hopkins University Press, Baltimore

Thomas K (2002) Die Berliner Gesellschaften für Psychiatrie und Neurologie in Ost- und Westberlin (1947-1991): Ein Vergleich ihrer Tätigkeit. Dissertation, Humboldt-Universität zu Berlin, Berlin

Usborne C (1994) Frauenkörper - Volkskörper. Geburtenkontrolle und Bevölkerungspolitik in der Weimarer Republik. Westfälisches Dampfboot, Münster

Wecker R, Küchenhoff B (2006) Historische Forschung schafft politisches Ordnungswissen. Schweizerischer Nationalfonds NFP 51 Bulletin Nr. 3: 13-15

Weil F (2006) Ärzte als inoffizielle Mitarbeiter der Staatssicherheit: Ärztliche Ethik mit neuem Inhalt gefüllt. Deutsches Ärzteblatt 103(23): A-1594

Weiss S F (1987) The Race Hygiene Movement in Germany. Osiris 3: 193–236

v. Weizsäcker V (1941) Nachruf auf Otfrid Förster, gesprochen bei seiner Bestattung am 19.6. 1941. Nervenarzt 14: 385-386

Yehuda R, LeDoux J (2007) Response variation following trauma: a translational neuroscience approach to understanding PTSD. Neuron 56(1):19-32

24 Berliner Gräber bedeutender Psychiater: Wilhelm Griesinger, Heinrich Laehr, Carl Westphal, Eduard Levinstein, Emanuel Mendel, Karl Bonhoeffer, Karl Leonhard, Helmut Selbach

Manfred Stürzbecher[1]

Zusammenfassung

Es wird über die erhaltenen Grabstätten und ihre Geschichte von acht bedeutenden Psychiatern auf Berliner Friedhöfen berichtet.

Zum Thema „Psychiater und Zeitgeist" kann auch das Bestattungswesen gerechnet werden. Auch in diesem Bereich, auf den die verschiedensten religiösen, kulturellen, rechtlichen Strömungen einwirken, macht sich der jeweilige Zeitgeist bemerkbar.

Die Begräbnisplätze in Berlin wurden im 18. Jahrhundert aus der Innenstadt nach außerhalb der Zollmauer verlegt. Sie waren konfessionelle Institutionen. Nur vom Adel und gehobenen Bürgertum wurden Grabmale im jeweiligen Zeitgeschmack errichtet. Bei den Unterschichten waren Grabsteine oder metallene Grabkreuze wie die gusseisernen sogenannten Schinkelkreuze gebräuchlich. Neben Reihengräbern entstanden Erbbegräbnisse, teils als mit schmiedeeisernen Einfassungen versehene Familiengräber, teils als Mausoleen an den Friedhofsmauern. Am Ende des 19. Jahrhunderts wurden – von den Kirchengemeinden unabhängige – kommunale Friedhöfe eingerichtet. Neben die bisher übliche Erdbestattung trat die Feuerbestattung, die in Preußen erst Anfang des 20. Jahrhunderts zugelassen wurde; daher musste die Leiche von Emanuel Mendel im Krematorium in Hamburg eingeäschert werden. Vom Träger der Friedhöfe erlassene Friedhofsordnungen versuchten ein möglichst geschlossenes Gesamtbild der Anlage zu erreichen, das durch den jeweiligen Geschmack von Ort und Zeit bestimmt wurde.[2] So fällt ins Auge, dass die im folgenden beschriebenen Gräber aus der 2. Hälfte des 19. Jahrhunderts meist repräsenta-

---

[1] Der Autor war in seiner Dienstzeit als Referent für Medizinalstatistik und medizinische Dokumentation bei der für das Gesundheitswesen zuständigen Senatsverwaltung 1966-1981 u.a. für Fragen der Ehrengräber von Angehörigen der Gesundheitsberufe zuständig, so dass er mit dem Thema bürokratisch beschäftigt war.

[2] Inzwischen gibt es eine umfangreiche Literatur über die Berliner Friedhöfe und die Gräber bedeutender Persönlichkeiten auf ihnen. Der Dermatologe Klaus Hanarck wird in Kürze eine Monographie über die Grabstätten von Ärzten in Berlin veröffentlichen.

tiven Charakter haben, die aus der 2. Hälfte des 20. Jahrhunderts eher schlichte Epitaphe auf Naturstein sind.

Die Auswahl der Personen, über deren Grabstätten hier gesprochen werden soll, erfolgte unter verschiedenen Gesichtspunkten. Zunächst mussten die Gräber erhalten sein. Es ist erstaunlich ist, dass noch Grabstätten von Psychiatern des 19. Jahrhunderts erhalten sind, obwohl nach dem Berliner Friedhofsrecht das Ruherecht zurzeit nur zwanzig Jahre beträgt. Auf wissenschaftshistorische Schwierigkeiten stößt die Frage, wer zu den bedeutenden Psychiatern zu rechnen ist? Mit dem Herausgeber wurden die im Titel erwähnten Persönlichkeiten danach ausgewählt, inwieweit sie durch ihre Position als Lehrstuhlinhaber oder als Gründer von psychiatrischen Institutionen Einfluss auf die Psychiatrie in Berlin nahmen.

Beginnen wir mit zwei bedeutenden Psychiatern, die in der zweiten Hälfte des 19. Jahrhunderts über Berlin hinaus die Diskussion über die Nervenheilkunde angetrieben haben und deren Grabstätten zwei verschiedene Typen vertreten und die beide noch erhalten sind: Wilhelm Griesinger und Bernhard Heinrich Laehr.[3]

Wilhelm Griesinger
(geb. 27. 7. 1817 in Stuttgart – gest. 26. 10. 1868 in Berlin)

Zur Biographie und Stellung Griesingers in der Psychiatrie seiner Zeit wurde schon in anderen Beiträgen Stellung genommen.[4] 1865 wurde er Ordinarius und Leiter der Psychiatrischen Klinik der Charité, verstarb aber schon rund drei Jahre danach. Die Leiche wurde auf dem St. Matthäus Kirchhof in Schöneberg beigesetzt.[5]

Sein Grabdenkmal ist heute, ganz in der Nähe der Grabstelle von Rudolf Virchow (1821-1902) noch als Ehrengrab des Landes Berlin erhalten. Leider konnten die Bestattungsunterlagen bei der Friedhofsverwaltung nicht mehr ermittelt werden. Sicher ist, dass der heutige schlichte Grabstein mit dem Medaillon nicht das Original ist und seine Lage sich im 20. Jahrhundert geringfügig veränderte.

Nach den erhaltenen Unterlagen bestand seit 1958 ein verwaltungsinterner Schriftverkehr über die Errichtung eines Ehrengrabes, das nach einer Stellungnahme des Senators für Gesundheitswesen aus dem Frühjahr 1960 zu dem notwendigen Senatsbeschluss führte. In den sechziger Jahren entdeckte der Internist Friedrich Trautmann (1910-1996) auf einem Schrottplatz das Medaillon mit dem Profil von Griesinger. Er benachrichtigte die Verwaltung und es wurde der Grabstein wiederhergestellt. Das Original des Medaillons wurde angebracht, der Stein und die Grabinschrift wurden

Abb. 1: Grabmal Wilhelm Griesinger
(Foto: R. Schiffter)

---

[3] s.a. den Beitrag Schmiedebach in diesem Band
[4] s.a. die Beiträge Schmiedebach sowie Heinz & Kluge in diesem Band
[5] Großgörschenstraße 12-14, 10 829 Berlin, am S-Bahnhof Yorckstraße (Wannseebahn)

erneuert. Ob die Inschrift die gleiche ist wie auf dem Original, konnte nicht geklärt werden, auch nicht, ob seine Ehefrau Josephine geb. von Rom (1828-1887), die ihn um rund zwanzig Jahre überlebte, an seiner Seite beigesetzt wurde. Das Medaillon verwitterte, so dass die Berliner Gesellschaft für Psychiatrie und Neurologie ihren damaligen Vorsitzenden Prof. Dr. Manfred Wolter beauftragte, für die Sanierung der Grabstätte zu sorgen. Die Kunstgießerei Noack fertigte ein neues Medaillon nach alten Vorlagen an. Die Kosten der Renovierung in Höhe von 25.850 DM wurden aus Spenden der Gesellschaft getragen.

Die Familie Laehr in Schönow
Heinrich Laehr[6]
(geb. am 10. 3. 1920 in Sagan/Schlesien – gest. am 18. 8. 1905 in Berlin)

Einer der fachlichen Widersacher Griesingers war Bernhard Heinreich Laehr, Besitzer des Schweizerhofes bei Zehlendorf im damaligen Landkreise Teltow. Von 1848-1852 in der Provinzialirrenanstalt bei Halle unter Heinrich Damerow (1798-1866) zum Psychiater ausgebildet, kaufte er 1853 das Gut Schönow nördlich Teltows und errichtet dort die „Heil- und Pflegeanstalt Schweizerhof für Gemüthskranke", die 1855 in Betrieb ging. 1866 wurde eine Abteilung für Nervenkranke angegliedert. Laehr war in Berlin ein Vorkämpfer für die Reform des Irrenwesens, u.a. als Berater bei der Planung einer kommunalen Heil- und Pflegeanstalt für Berlin. Ab 1857 wurde ihm die Hauptredaktion der Allgemeinen Zeitschrift für Psychiatrie übertragen. 1860 berief er die erste selbständige Versammlung der Vereinigung der Irrenanstaltsdirektoren nach Eisenach ein, aus der 1864 der Deutsche Verein der Irrenärzte hervorging. Obwohl er 1889 die Leitung des Schweizerhofes an seinen ältesten Sohn Hans Laehr abgab, blieb er weiter Herr in Schönow. Er widmete sich den dortigen kommunalen Angelegenheiten und der literarischen Bearbeitung seines Fachgebietes. Er starb am 18. August 1905.

Auf dem Anstaltsgelände – im heutigen Park Schönow[7] – ließ er einen Privatfriedhof für sich und seine Familie anlegen, der als Begräbnisplatz bis in die Gegenwart erhalten

Abb. 2: Grabmal Heinrich Laehr (Foto des Autors)

---

[6] s .a. den Beitrag Schmiedebach in diesem Band
[7] Teltower Damm, 14 167 Berlin

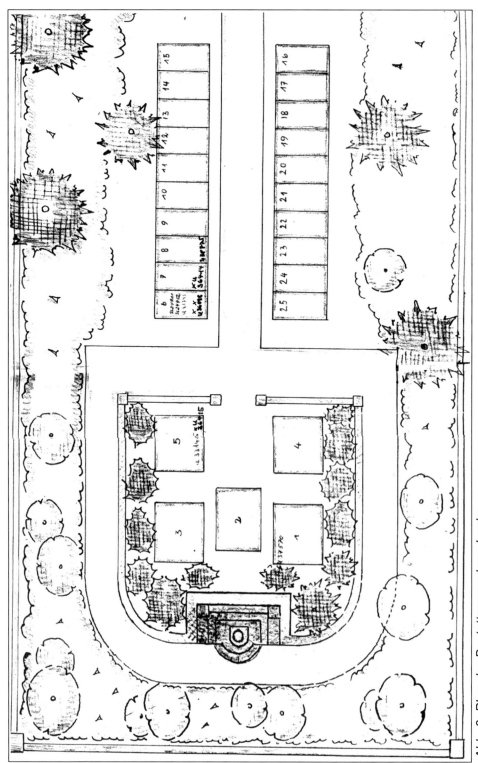

Abb. 3: Plan der Bestattungsanlage Laehr
(mit freundlicher Genehmigung des Friedhofsamtes des Bezirks Steglitz-Zehlendorf)

ist. Wann die Planungen zu der Anlage begannen, konnte nicht festgestellt werden, wahrscheinlich im Zusammenhang mit dem Tode seiner Ehefrau Johanna Henriette Marie, verwitwete von Krebs, geb. Otto (1824-1902).

Der Begräbnisplatz besteht aus einem mit Bäumen bewachsenen und eingezäunten Areal, auf dem ein steinernes Denkmal mit figürlichem Schmuck, auf der Vorderseite mit einer bronzenen Tafel mit den Profilen von Bernhard Heinrich und Marie Laehr, versehen ist. Auf der Rückseite sind weitere Metalltafeln mit kaum noch zu entziffernden Inschriften angebracht. Vor diesem, von Prof. Gottlieb Elster (1867-1917) – von 1910-1917 Leiter der Bildhauerschule und Kunstgießerei-Anstalt in Weimar – geschaffenen Monument liegen die Gräber der Familienangehörigen mit Grabplatten der jeweils dort Bestatteten. Dem Autor wurde vom Friedhofsamt des Bezirkes Steglitz-Zehlendorf der hier abgebildete Plan der verschlossenen Anlage, die vom Grünflächenamt des Bezirkes gepflegt wird, überlassen.

Seine im Schweizerhof geborenen Söhne Hans, Max und Georg Laehr wurden ebenfalls Psychiater und auf der Familiengrabstätte in Schönow beigesetzt.

Carl Westphal[8]
(geb. 23. 3. 1833 in Berlin – gest. 4. 1. 1890 in Bad Kreuzlingen)

Westphal wurde 1869 außerordentlicher Professor und Nachfolger von Griesinger auf dem Lehrstuhl für Psychiatrie an der Berliner Universität sowie Leiter der Irrenabteilung und der von Griesinger gegründeten Nervenklinik der Charité. 1871 wurde er in die wissenschaftliche Deputation für das Medizinalwesen beim preußischen Kultusministerium berufen, 1874 ordentlicher Professor und 1881 Geheimer Medizinalrat. Seit 1869 redigierte er das Archiv für Psychiatrie und Nervenkrankheiten. Er hat sowohl im Bereich der Psychiatrie als auch der Neurologie geforscht und publiziert.

Auf den kirchlichen Friedhöfen am Halleschen Tor[9], neben dem Familienbegräbnis seines Schwiegervaters, des Bankiers Franz von Mendelssohn, hat er für seine Familie ebenfalls eine repräsentative Grabstätte mit schmiedeeiserner Einfassung erworben, auf der bis Mitte des 20. Jahrhunderts Angehörige beigesetzt wurden. Noch bis in die siebziger Jahre des vorigen Jahrhunderts erfolgte eine Grabpflege durch das Bankhaus Mendelssohn – wie der Autor von den Friedhofsarbeitern damals erfuhr – und gelegentlich besuchte eine alte Dame die beiden Grabstätten, die jetzt leider ungepflegt verwildern.

An dieser Stelle muss eine Grundsatzfrage angesprochen werden: Wer war im 19. Jahrhundert ein „Jude", als welcher

Abb. 4: Grabstätte Carl Westphal (Foto des Autors)

---

[8] s.a. den Beitrag Schiffter in diesem Band
[9] 1. Eingang Zossener Straße 10 961 Berlin, 2. Eingang Mehringdamm 10 961 Berlin

Carl Westphal in der NS-Zeit diffamiert wurde, u.a. durch die Entfernung und Einschmelzung seiner Bronzebüste vor der Psychiatrischen und Nervenklinik auf dem Charité-Gelände; dies bedarf einer zeitgemäßen Definition. Es sollten die Bestimmungen der NS-Rassenideologie des Gesetzes zur Wiederherstellung des Berufsbeamtentums und der Nürnberger Gesetze nicht tradiert werden. Darum muss die Behauptung, Westphal sei „Jude" gewesen, als irrig angesehen werden. Die Tatsache, dass er und seine erweiterte Familie, die Mendelssohns, auf einem christlichen Kirchhof beigesetzt wurden, zeigt, dass sie sich vom Judentum gelöst hatten. Dieser Vorgang, der sehr differenziert verlaufen sein dürfte, bedarf der detaillierten Untersuchung. In der Wissenschaftsgeschichte sollte im 21. Jahrhundert die biologistische NS-Rassenideologie nicht tradiert werden.

Das Erbbegräbnis enthält auch das Grab von Westphals Sohn Alexander Carl Otto, der in die Fußstapfen seines Vaters trat und als Psychiater Inhaber der Lehrstühle für Psychiatrie ab 1901 in Greifswald und ab 1904 in Bonn wurde. Im Reichs-Medizinal-Kalender für 1937 ist er nicht als „Jude" gekennzeichnet. Offensichtlich konnte er guten Gewissens angeben, dass seine vier Großeltern nicht der jüdischen Religionsgemeinschaft angehörten. An diesem Punkt wird die Unsinnigkeit der NS-Rassenideologie deutlich.

Im Westphal'schen Erbbegräbnis ist auch der Schwiegersohn von Carl Westphal, Justus Boedecker (1863-1936), beigesetzt. 1898 wurde er Besitzer und ärztlicher Leiter der von ihm gegründeten privaten Irren-Heil- und Pflegeanstalt „Fichtenhof" in Schlachtensee[10]. Das Gebäude an der Potsdamer Chaussee existiert heute noch und wird als Wohnhaus genutzt. Bis zum ersten Weltkrieg betätigte er sich als Fachschriftsteller, u.a. verfasste er zusammen mit seinem Schwager Alexander Westphal in dem Werk von Kirchhoff über die deutschen Irrenärzte eine biographische Studie über seinen Schwiegervater.

Eduard Levinstein
(geb. 23. 3. 1831 in Berlin – gest. 7. 8. 1882 in Berlin)

Als Mitglied einer weitverzweigten jüdischen Familie aus Westpreußen – die auch in verwandtschaftlicher Verbindung zu den Liebermanns stand – studierte er in Berlin, Würzburg und Leipzig. An der Friedrich-Wilhelms-Universität zu Berlin wurde er 1854 promoviert und bestand das medizinische Staatsexamen 1855. Er wurde praktischer Arzt in Schöneberg bei Berlin und logierte im Gasthof „Zum Helm", wo er die Tochter der Wirtsleute Giehrbach kennen lernte und 1858 nach jüdischem Ritus durch den Rabbiner Geiger aus Breslau heiratete. Der in dem Dorf an der Straße nach Potsdam niedergelassene Landarzt übernahm auch die Funktion des ehrenamtlichen Gemeindearztes. 1859 meldete er sich zum preußischen Physikatsexamen. Wie Andreas Löhr feststellte, sind bei der Beurteilung der beiden schriftlichen Physikatsarbeiten antisemitische Tendenzen unübersehbar. Doch bestand er die Prüfung. Levinstein scheint sich immer mehr vom Judentum distanziert zu haben. Seine Söhne ließ er 1867 taufen. Auch unterhielt er Freundschaften zu protestantischen Geistlichen. Im Maison de Santé stellte ein Diakonissenmutterhaus das Pflegepersonal und er ließ für die Patienten Andachten abhalten. Wann er konvertier-

---

[10] Die Anstalt verfügte 1906 über 119 Betten. Neben Boedecker waren damals zwei Assistenzärzte sowie "2 Schwestern, 9 männliche und 16 weibliche Krankenwärter, Verwaltungspersonal 2 männlich, 16 weiblich" tätig. Der Pflegesatz betrug 2-16 Mark täglich.

te, konnte nicht festgestellt werden. Nach dem Tode des Schwiegervaters wurde der Gasthof geschlossen und die Witwe beantragte die Errichtung eines Brunnenhauses zu Trinkkuren auf dem Gartengelände.

Hier begann die medizinisch-unternehmerische Tätigkeit Levinsteins, die zur Errichtung des Maison de Santé in Schöneberg führte. Diese Anstalt war zunächst Sanatorium für Trinkkuren und wurde immer mehr zu einer angesehenen Privatirrenanstalt, zeitweise auch als Filiale der Städtischen Irrenanstalten. Offensichtlich hatte Wilhelm Griesinger Eduard Levinstein, der sich ärztlich mit den Problemen des Morphinismus und der Suchtkrankheiten beschäftigte, zur Eröffnung der psychiatrischen Abteilung veranlasst und dort auch als Konsiliarius gewirkt. Nach dem Tode Eduard Levinsteins war seine Witwe, Marie Levinstein, bis zu ihrem Tode 1888 Besitzerin der Anstalt.

Die Beisetzung der Leiche fand nach protestantischem Ritus in dem von ihm auf dem Schöneberger Dorfkirchhof errichteten Mausoleum statt[11].

Dieses existiert heute noch als Urnenhalle I auf dem Kirchhof. Im Inneren ist neben den Grabplatten der inzwischen dort beigesetzten Urnen das Epitaph für Levinstein erhalten.

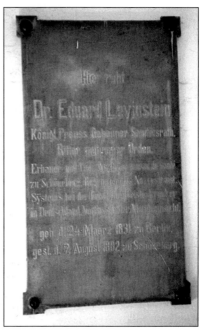

Abb. 5: Epitaph Levinstein (Foto des Autors)

Abb. 6: Mausoleum Levinstein (Foto des Autors)

---

[11] Hauptstraße, 10 823 Berlin

Emanuel Mendel
(geb. 28. 10. 1839 in Bunzlau/Schlesien – gest. 23. 6. 1907 in Berlin)

Emanuel Mendel studierte in Breslau und Berlin Medizin und wurde von der Friedrich-Wilhelms-Universität zu Berlin 1860 promoviert. In Pankow bei Berlin ließ er sich als Landarzt nieder, der mehrere Dörfer versorgte. Er spezialisierte sich auf Nervenheilkunde und errichtete in dem Dorf eine private Nervenheilanstalt, die bald in Fachkreisen Ansehen erlangte und junge Ärzte zur Weiterbildung anzog.

Er scheint ein sowohl rhetorisches wie pädagogisches Talent besessen zu haben und engagierte sich im medizinischen und politischen Vereinswesen. 1877-1881 war er für die Fortschrittspartei Mitglied des Reichstages. Mit Entschiedenheit trat er für die Einheit von Psychiatrie und Neurologie ein. 1871 wurde er von der Medizinischen Fakultät der Friedrich-Willhelms-Universität für Psychiatrie habilitiert und dort 1884 außerordentlicher Professor. Seine Unterrichtsveranstaltungen waren nicht nur von Medizinern gut besucht. Als forensischer Gutachter genoss er genauso großes Ansehen wie als Kliniker und Wissenschaftler. 1882 gründete er das Neurologische Centralblatt, das er bis zu seinem Tode leitete. Er war auch zeitweise Mitherausgeber der Jahresberichte über die Leistungen und Fortschritte auf dem Gebiet der Neurologie und Psychiatrie.

Abb. 7: Grabmal Emanuel Mendel (Foto des Autors)

Emanuel Mendel war mosaischen Glaubens. Die Trauerfeier im Rathaus Pankow nach seinem Tode am 23. Juni 1907 wurde von einem Rabbiner geleitet. Seine Grabstätte sucht man auf den jüdischen Friedhöfen in Berlin jedoch vergebens. Er hatte verfügt, dass seine Leiche eingeäschert werden sollte und dies zu einem Zeitpunkt, als in Preußen die Feuerbestattung noch nicht zugelassen war. Die Einäscherung erfolgte im Krematorium in Hamburg. Die Urne wurde auf dem Städtischen Friedhof in der Gerichtsstraße in Wedding beigesetzt, wo das erste Krematorium in Berlin nach Zulassung der Feuerbestattung in Preußen errichtet wurde.

Auf dieser Grabstätte wurden auch die Urnen seiner Familienangehörigen bestattet, darunter auch sein Sohn Kurt, der den Beruf seines Vaters ergriff und der Vernichtung durch den NS-Rassenwahn entging, da er in einer sogenannten privilegierten Mischehe lebte. Die Grabstätte ist Ehrengrab des Landes Berlin.

Karl Bonhoeffer[12]
(geb. 3. 3. 1866 in Neresheim – gest. 4. 12. 1948 in Berlin)

Karl Bonhoeffer ging nach seinem Medizinstudium als Assistent zu Carl Wernicke (1848-1905) nach Breslau. Gleichzeitig wurde er auch Arzt der psychiatrischen Abteilung in der dortigen Haftanstalt. Nach Rufen nach Königsberg 1903, Heidelberg 1903 und Breslau 1905 übernahm er 1912 den Lehrstuhl in Berlin. In der Reichshauptstadt fielen ihm umfangreiche anderweitige Aufgaben zu, u.a. die Mitgliedschaft im Reichsgesundheitsrat und im preußischen Landesgesundheitsrat sowie in anderen Ausschüssen. Neben der Klinikleitung in der Charité und umfangreicher Lehrtätigkeit war er literarisch sowohl als Autor als auch in der Redaktion von Fachzeitschriften tätig. Da er sich seit seiner Zeit als Gefängnisarzt in Breslau auch mit Problemen der „Asozialen", insbesondere der Alkoholkranken, beschäftigte und damit sich auch mit der Eugenik auseinandersetzte, wurde er, nach Erlass des Gesetzes zur Verhütung erbkranken Nachwuchses, Mitglied des Erbgesundheitsobergerichtes in Berlin. Gegenüber der negativen Eugenik vertrat er eine sehr differenzierte Haltung. Wenn ihm von der jungen Generation in der Wissenschaftsgeschichte vorgeworfen wird, dass er mit dieser Einstellung geistig das Tor zur Euthanasie geöffnet habe, so ist dies aus der Sicht seiner Zeit unverständlich. Er erhielt als Gelehrter zahlreiche nationale und internationale Auszeichnungen. 1938 wurde er emeritiert. Sein Nachfolger wurde Max de Crinis (1889-1945), der sich am Euthanasie-Programm der Nationalsozialisten, deren Anhänger er schon in seiner österreichischen Heimat war, beteiligte. Bonhoeffer hatte eine umfangreiche Familie, die sich aktiv am Widerstand gegen das NS-Regime beteiligte. Zwei Söhne und zwei Schwiegersöhne wurden im Dritten Reich ermordet. Nach der Befreiung 1945 leitete er den Wiederaufbau der Psychiatrie in Berlin und der sowjetisch besetzten Zone ein.

Bestattet wurde er auf dem Städtischen Waldfriedhof an der Heerstraße in Charlottenburg. Seine Grabstätte ist Ehrengrab des Landes Berlin.

Abb. 8: Grabstein Karl Bonhoeffer (Foto des Autors)

---

[12] s. a. den Beitrag Beddies in diesem Band

Karl Leonhard
(geb. 21. 3. 1904 in Edelsfeld/Bayern – gest. 23. 4. 1988 in Berlin)

Karl Leonhard, Sohn eines Pfarrers, absolvierte sein Medizinstudium in Erlangen, Berlin und München. 1928 wurde er von der medizinischen Fakultät in Erlangen auf Grund einer Dissertation aus der Universitätsnervenklinik, an der er auch als Assistent arbeitete, promoviert. Ab 1931 war er in den Heil- und Pflegeanstalten in Gabersee und Erlangen tätig. 1936 ging er als Oberarzt an die Klinik in Frankfurt/Main zu Karl Kleist (1874-1960) und wurde dort von der Medizinischen Fakultät 1938 habilitiert. Während nach dem 2. Weltkrieg in der Regel bei den Akademikern eine Ost-West-Bewegung zu beobachten war, folgte der Professor aus Frankfurt am Main 1955 einem Ruf in die DDR auf den Lehrstuhl für Psychiatrie und Neurologie an die Medizinische Akademie in Erfurt und übernahm zwei Jahre später den Lehrstuhl an der Humboldt-Universität zu Berlin und die Direktion der Klinik für Psychiatrie und Neurologie an der Charité. In relativ kurzer Reihenfolge erschienen seine Monographien „Aufteilung der endogenen Psychosen", „Individualtherapie der Neurosen" und „Der menschliche Ausdruck in Mimik, Gestik und Phonik", die mehrere Auflagen erlebten und sowohl in den damaligen beiden deutschen Staaten als auch international Beachtung fanden.[13] Leonhard wurde Vorsitzender der Gesellschaft für Psychiatrie und Neurologie der DDR und gab deren Organ heraus. Auch nach seiner Emeritierung nach Erreichung der Altersgrenze setzte er seine Studien fort. Seine Leistungen fanden nationale und internationale Anerkennung.

Nach seinem Tode am 23. April 1988 fand die Beisetzung auf dem Friedhof der evangelischen Segensgemeinde in Weißensee statt. Wenn man seine schlichte Grabstelle, auf der auch seine Ehefrau beigesetzt ist, in der Gustav-Adolf-Straße aufsucht, erhält man von den Mitarbeitern des kirchlichen Friedhofs die Auskunft, dass es sich um einen „Armenfriedhof" der Arbeiterbevölkerung aus Prenzlauer Berg handelt. Auf dem Grabstein sind nicht nur die akademischen Titel vermerkt, sondern auch, dass er Direktor der Nervenklinik der Charité war.

Abb. 9: Grabstein Karl Leonhard (Foto des Autors)

---

[13] s. a. den Beitrag Neumärker in diesem Band

Helmut Selbach[14]
(geb. 31. 5. 1909 in Köln – gest. 3. 1. 1987 in Berlin)

Selbach war zunächst Assistent bei dem Neurochirurgen Wilhelm Tönnis (1898-1978) in Würzburg, dann bei Max de Crinis (1889-1945) an der Psychiatrischen und Nervenklinik in Köln und ging mit diesem 1938 an die Charité in Berlin. 1940 wurde er von der Medizinischen Fakultät in Berlin habilitiert. Im Nebenamt war er Leiter der Physiologisch-Chemischen Abteilung des Kaiser-Wilhelm-Instituts für Hirnforschung unter Hugo Spatz (1888-1969) in Berlin-Buch. Während des 2. Weltkrieges war er zeitweilig Sanitätsoffizier bei der Wehrmacht mit Einsätzen an verschiedenen Fronten, zuletzt als Beratender Psychiater. Während Selbach und sein Schwiegervater Redslob (s.u.) in Gesprächen mit dem Autor das gute Verhältnis zu de Crinis betonten, geben die Akten im Universitätsarchiv der Humboldt-Universität für die Jahre 1944/45 ein anderes Bild. 1947 arbeitete Selbach wieder bei Spatz, der das Hirnforschungsinstitut nunmehr in Dillenburg weiterführte. Ein Jahr später wechselte er an die Universitätsklinik in Marburg an der Lahn zu Werner Villinger (1887-1961), wo er 1949 außerordentlicher Professor wurde. Im gleichen Jahr erhielt er einen Ruf als Ordinarius für Psychiatrie und Neurologie an die Freie Universität Berlin. Hier baute er in den ehemaligen Weiler'schen Kuranstalten für Gemüts- und Nervenkranke in Westend eine moderne Universitätsklinik für Psychiatrie und Neurologie auf, über die Helmchen in einer Monographie[15] kürzlich berichtete. Er engagierte sich auf verschiedenen Gebieten seines Faches, insbesondere beschäftigte er sich mit der Erforschung der Epilepsie – hier sei auf sein Kippschwingungs-Prinzip hingewiesen – und mit der Pharmakopsychiatrie. Auch beteiligte er sich in den verschiedenen Fachgesellschaften.

1947 heiratete Selbach in zweiter Ehe seine Doktorandin aus den Jahren 1944/45, die 1938 in Frankfurt/Main promovierte Psychologin und Ärztin Ottilie Constanze Redslob (1914-2001), Tochter des Reichskunstwartes der Weimarer Republik und Museumsdirektors in Erfurt, nach dem zweiten Weltkrieg in Berlin Mitbegründer des Tagesspiegels und der Freien Universität Berlin, Edwin Redslob (1884-1973). Ohne offizielle Funktionen hat sie als Ärztin und Psychologin in der zweiten Hälfte des 20. Jahrhunderts Einfluss auf die Theoriebildung ihres Mannes ausgeübt, wie Borck in seinem Beitrag zeigt.[16] Vor seinem Tode gab er seinen wohl geordneten Nachlass an das Archiv der Max-Planck-Gesellschaft in Berlin. Den medizinischen Teil der Privatbibliothek sollte das Institut für Geschichte der Medizin der Freien Universität erhalten. Durch die Bibliothekarin des Institutes erfolgte die Titelaufnahme – die Karteikarten waren 2008 noch erhalten – in der Selbach'schen Wohnung in der Mozartstraße in Lankwitz. Die Bücher wurden aber nicht abgegeben. Der schöngeistige Teil, der von Redslob und seiner Weimarer Traditon geprägt war, wurde durch ein Antiquariat versteigert. Die letzte Ruhe fand das Ehepaar Selbach auf dem Kirchhof der evangelischen St. Annenkirche in Dahlem[17] – einem Prominenten-Friedhof mit vielen Gräbern von Wissenschaftlern, Künstlern und Politikern – in der Grabstätte des Ehepaares Redslob, einem Ehrengrab des Landes Berlin.

---

[14] s. a. den Beitrag Borck in diesem Band
[15] Helmchen H (2007) (Hrsg) Geschichte der Psychiatrie an der Freien Universität Berlin. Pabst Science Publishers, Lengerich
[16] s. a. den Beitrag Borck in diesem Band
[17] Königin-Luise-Straße Ecke Pacelli-Allee, 14 195 Berlin

Abb. 10: Grabstein Helmut Selbach (Foto des Autors)

Abschließend sei angeregt, die Frage zu prüfen, ob für die Erhaltung der Gräber einiger Fachvertreter – wie z.B. für Carl Westphal und Friedrich Jolly – bei der jetzt für die Errichtung von Ehrengräbern des Landes Berlin zuständigen Stelle entsprechende Anträge gestellt werden sollen, denn auch die Grabstätten und ihre Pflege spiegeln den Zeitgeist wider.

Autoren

Beddies, Thomas (1958 in Braunschweig)
Dr. phil., Historiker
1982-1987 Studium der Geschichts- und Politikwissenschaften Freie Universität Berlin (FUB); 1993 Promotion zum Dr. phil. (Sozial- und Wirtschaftsgeschichte des späten Mittelalters). 1991-93 Leitung eines Projektes zur Durchsetzung von Wiedergutmachungsansprüchen für Opfer der NS-Medizin in Berlin-Reinickendorf; 1995-97 Wiss. Mitarb. am Inst. für Geschichte der Medizin der FUB („Patientenbeschreibung der Wittenauer Heilstätten von 1919 bis 1960"). 1998-2001 Wiss. Mitarb. am Inst. für Geschichte der Medizin der Universität Greifswald (Soziale Integration psychisch Kranker als Ziel psychiatrischer Versorgung – historische Entwicklung seit 1900 in Deutschland); bis 2003 Wiss. Mitarb. ebd. („Die Einbeziehung Minderjähriger in die Tötung behinderter und psychisch kranker Menschen 1939 bis 1945"); seit Sommer 2003 Wiss. Ass. am Inst. für Geschichte der Medizin der Charité – Universitätsmedizin Berlin.
Arbeitsschwerpunkte: Geschichte der Psychiatrie, Geschichte der Pädiatrie, Geschichte der Tuberkulose, Medizin im NS.
Publikationen unter:
http://www.charite.de/medizingeschichte/publikationen/beddies-publi.pdf
Adresse: Institut für Geschichte der Medizin; Klingsorstr. 119; D-12203 Berlin;
Tel.: +49-(0)30-830092-34; E-mail: thomas.beddies@charite.de

Borck, Cornelius (1965)
Prof. Dr. med., MA, PhD
Studium der Medizin, Philosophie, Religionswissenschaften und Medizingeschichte in Hamburg, Heidelberg und Berlin. 1994 MA phil., 1995 Promotion zum Dr. med. in der Aidsforschung, 1996 Promotion zum PhD in Neurosciences. 2003 Habilitation für Medizin- und Wissenschaftsgeschichte. Seit 2007 Professor für Geschichte, Theorie und Ethik der Medizin und Naturwissenschaften an der Universität zu Lübeck und Direktor des dortigen Instituts für Medizingeschichte und Wissenschaftsforschung. Frühere Stationen seines Werdeganges waren das Max-Planck-Institut für Wissenschaftsgeschichte in Berlin, die Bauhaus Universität Weimar und die McGill University in Montreal, wo er einen „Canada Research Chair in Philosophy and Language of Medicine" innehatte.
Arbeitsschwerpunkte: Zeitgeschichte der Medizin und der Hirnforschung; Körper, Geist und Selbst in Zeiten biomedizinischer Visualisierungsverfahren; Mensch-Maschine-Verhältnisse in Kunst und Wissenschaft; Ästhetik und Epistemologie des Experiments.
Neuere *Publikationen:*
- Borck C (2008) Recording the Brain at Work: The Visible, the Readable, and the Invisible in Electroencephalography, Journal of the History of the Neurosciences 17: 367–379
- Borck C (2008) Der industrialisierte Mensch. Fritz Kahns Visualisierungen des Körpers als Interferenzzonen von Medizin, Technik und Kultur", WerkstattGeschichte 47: 7-22

- Borck C (2007) Vom Spurenlesen und Fintenlegen. Canguilhems Votum für eine Empirie organischer Rationalität", Nach Feierabend: Zürcher Jahrbuch für Wissensgeschichte 3: 213-225
- Borck C, Schäfer A (2006) (Hrsg) Psychographien. Diaphanes, Berlin-Zürich
- Borck C (2005) Hirnströme. Eine Kulturgeschichte der Elektroenzephalographie. Wallstein, Göttingen

Adresse: Institut für Medizingeschichte und Wissenschaftsforschung, Universität zu Lübeck. Königstraße 42, D-23552 Lübeck; Tel. +49-(0)451-70 79 98 12; Fax +49-(0)451-70 79 98 99; E-mail: borck@imgwf.uni-luebeck.de

Donalies, Christian (19.8.1933 in Potsdam)
Medizinalrat Dr. med., Facharzt für Psychiatrie und Neurologie
Nach dem Abitur Hilfslaborant. Dann Beginn des Medizinstudiums an der Humboldt-Universität Berlin. Dies wurde unterbrochen. Dann vorübergehend Studium der alten Geschichte an der Freien Universität in Berlin (West), welches die Bestätigung der Reifeprüfung voraussetzte, weil dort das Abitur (Ost) nicht anerkannt wurde. Dann Rückkehr nach Ostberlin mit Beendigung der vorklinischen Semester. Die klinischen Semester mit Staatsexamen wurden bis 1963 an der Universität Leipzig absolviert. Nach Beendigung der Pflichtassistentenzeit in Lübben/Spreewald von 1965-1970 Assistent an der Nervenklinik der Charité/Berlin bei Prof. Karl Leonhard. Hier Facharztexamen (Psychiatrie und Neurologie) sowie Abfassung der Dissertation (Abschluss 1969) mit dem Thema „Zur Geschichte der Psychiatrie in Berlin vor 1865" Diese bildete teilweise auch die Grundlage für meinen Beitrag. Sie wurde auch für einen Vortrag verwandt, den ich in Halle/Saale hielt (teilweise veröffentlicht in: Wissenschaftl. Beiträge d. M. Luther-Universität Halle Wittenberg, 1969/2 (R.10)). Nach der Charitézeit Oberarzt der Kinderpsychiatrischen Abt. des Bezirkskrankenhauses für Psychiatrie und Neurologie in Eberswalde. 1971-1991 u. a. leitender Arzt bzw. Ärztlicher Direktor des großen psychiatrischen Pflegeheims in Wittstock, welches sich zum Krankenpflegeheim entwickelte. Dieses wurde nach der „Wende" allmählich aufgelöst. Bis zur Berentung 1998 als Mitarbeiter der psychiatrischen Abt. des Krankenhauses Treuenbrietzen. In den letzten DDR-Jahren Mitglied des Vorstandes der Sektion Psychiatrie im Rahmen der DDR-Gesellschaft für Psychiatrie und Neurologie sowie Vorsitzender der Arbeitsgemeinschaft Psychiatrie im Sozialwesen. Nach Neugründung der Länder Vorstandsmitglied des Gesamtverbandes der Brandenburgischen Nervenärzte.
Arbeiten über Geschichte unseres Faches, kinderpsychiatrische und sozialpsychiatrische Fragen über Dichtungen bzw. Malerei und Psychiatrie, Biographien.
Publikationsbeispiele:
- Donalies C (1971) Zur Systematik in der Psychiatrie vor Wernicke, Kraepelin und Bonhoeffer. Psychiat. Neurol. med. Psychol. Leipzig 23: 411-419
- Donalies C (2002) Bemerkungen zu den sieben Todsünden in Darstellungen von Hieronymus Bosch bis Bert Brecht. In: „Die Sünde" von der Schuld zum Wahn, von der Sühne zur Therapie. Verlag Integrative Psychiatrie, Innsbruck: 57-66
- Donalies C (2005) Bemerkungen zu psychiatriegeschichtlichen Bemühungen und zur Traditionspflege in der sowjetischen Besatzungszone und in der DDR 1945-1990. In: SDGGN, Bd.11, Verlag Dr. J. Königshausen & Dr. Th. Neumann, Würzburg: 247-272
- Donalies C (2006) Der Freitod im Altertum. Neurotransmitter. 9: 98-101, 10: 110-113, 11: 99-101

– Donalies C (2008) (Hrsg) Anatomisches Wörterbuch (von P. Schulze). Lateinisch – Deutsch, Deutsch – Lateinisch. 8. Auflage. Georg Thieme, Stuttgart-New York
Adresse: R.-Luxemburg-Straße 38, 16 909 Wittstock. E-mail: christiandonalies@web.de

Engstrom, Eric J (30. 12. 1961 in Pullman/USA)
Ph.D.
Er studierte Geschichte, Wissenschaftsgeschichte, Philosophie und Mathematik in Portland Oregon (USA), München und Chapel Hill (USA). Er promovierte 1997 in Geschichte bei Konrad Jarausch an der University of North Carolina mit einer Dissertation zum Thema „The Birth of Clinical Psychiatry: Power, Knowledge and Professionalization in Germany, 1867-1914". Von 1993 bis 1999 war er wissenschaftlicher Mitarbeiter am Lehrstuhl für Wissenschaftsgeschichte der Humboldt Universität in Berlin. Von 2000-2001 war er De-Witt-Wallace Fellow am Department of Psychiatry der Cornell University in New York City. Seit 1999 bzw. 2001 ist er Mitglied im „Editionsprojekt Emil Kraepelin" am Max-Planck-Institut für Psychiatrie in München und wissenschaftlicher Mitarbeiter am Institut für Geschichte der Medizin in Berlin.
Arbeitsschwerpunkte: Geschichte der Psychiatrie, Geschichte der Humanwissenschaften, Geschichte der Professionen, Universitätsgeschichte und Historiographie.
Publikationen:
– Engstrom EJ (2003) Clinical Psychiatry in Imperial Germany: A History of Psychiatric Practice. Cornell University Press, Ithaca, USA. ISBN 0-8014-4195-1
– Engstrom EJ, Roelcke V (2003) (Hg). Psychiatrie im 19. Jahrhundert: Forschungen zur Geschichte von psychiatrischen Institutionen, Debatten und Praktiken im deutschen Sprachraum. Medizinische Forschungen. Schwabe Verlag, Basel (Mainzer Akademie der Wissenschaften und der Literatur; Bd. 13) ISBN 3-7965-1933-4
– Engstrom EJ (2006) „Magnetische Versuche in Berlin, 1789-1835: Zur Entkörperung magnetischer Glaubwürdigkeit." Medizinhistorisches Journal 41(3): 225-269
– Engstrom EJ (2006) „Beyond Dogma and Discipline: New Directions in the History of Psychiatry." Current Opinion in Psychiatry 19: 595-599.
– Engstrom EJ, Burgmair W, Weber M (2000-2009) (Hg) Emil Kraepelin. 7 Bde. Belleville, München
Addresse: Institut für Geschichte der Medizin (Standort Mitte), ZHGB (Humboldt Universität – FU Berlin), Charité – Universitätsmedizin Berlin; Ziegelstraße 5-9; D-10117 Berlin; Tel.: +49-(0)30-450 529 019; E-mail: eric.engstrom@charite.de
Web: http://www.engstrom.de

Fuchs, Petra (1958 in Herten/Westf.)
Dr. phil., Historikerin, Erziehungswissenschaftlerin
Studium der Fächer Deutsch, Geschichte und Pädagogik an der Universität Bielefeld, 1999 Promotion zum Dr. phil. zum Thema „Krüppel" im Nationalsozialismus: Anpassung und Widerstand am Beispiel der Biographie Hilde Wulffs (1898-1972) und der Entstehung und Entwicklung des Selbsthilfebundes der Körperbehinderten (1919-1945). 2000-2002 wissenschaftliche Mitarbeiterin im DFG-Forschungsprojekt „Patientenbilder – Zur Geschichte des Körper- und Menschenbildes des orthopädisch Kranken" am Institut für Geschichte der Medizin Berlin; seit 2001 freie pädagogische Mitarbeiterin an der Bildungs- und Gedenkstätte Haus der Wannsee-Konferenz Berlin; 2002-2006 wissenschaftliche Mitarbeiterin, Projektleitung Berlin im DFG-Forschungsprojekt „Zur wissenschaftlichen Er-

schließung und Auswertung des Krankenaktenbestandes der nationalsozialistischen „Euthanasie-Aktion T4" (Bestand R 179 im Bundesarchiv Berlin) an der Psychiatrischen Klinik und am Institut für Geschichte der Medizin der Universität Heidelberg; August 2006 bis Juni 2008 selbständige Tätigkeit als Historikerin und Erziehungswissenschaftlerin; Gastwissenschaftlerin am Institut für Geschichte der Medizin Berlin; Februar bis Oktober 2007 Bearbeiterin des von der Europäischen Union geförderten Projekts „Dokumentation zur Geschichte des Potsdamer Gerichts- und Haftortes Lindenstraße 54/55 in der NS-Zeit"; seit Juli 2008 wissenschaftliche Mitarbeiterin am Zentrum für Zeithistorische Forschung Potsdam; seit 1996 Lehrtätigkeit an der Technischen Universität Berlin, am Berliner Institut für Geschichte der Medizin und der Pädagogischen Hochschule Reutlingen.
Arbeitsschwerpunkte: Alltags- und Sozialgeschichte von Menschen mit Behinderung, Disziplinengeschichte (Sonderpädagogik bis 1945), NS-„Euthanasie" und Zwangssterilisation, Biographieforschung
Publikationen:
– gemeinsam mit Rotzoll M, Hohendorf G (Hrsg.) (2009) Die nationalsozialistische „Aktion T4" und ihre Opfer. Historische Bedingungen und ethische Konsequenzen für die Gegenwart. Schöningh, Paderborn (März 2009);
– gemeinsam mit Rotzoll M, Müller U, Richter P, Hohendorf G (Hrsg.) (2008) „Das Vergessen der Vernichtung ist Teil der Vernichtung selbst". Lebensgeschichten von Opfern der nationalsozialistischen „Euthanasie", 2. Aufl., Wallstein, Göttingen;
– Fuchs, P (2007) Rassische und politische Verfolgung in Potsdam – Zur Topographie und Geschichte des Haft- und Gerichtsortes Lindenstr. 54/55. In: Hertle, H H; Schaarschmidt, Th (Hrsg) Strafjustiz im Nationalsozialismus. Rassische und politische Verfolgung im Kontext der NS-Strafjustiz. Zentrum für Zeithistorische Forschung, Potsdam S. 113-138.
– Fuchs, P (2003) Hilde Wulff (1898-1972) Leben im Paradies der Geradheit. LIT-Verlag, Münster-Hamburg-Berlin-London.
– Fuchs, P (2001) 'Körperbehinderte' zwischen Selbstaufgabe und Emanzipation. Selbsthilfe – Integration – Aussonderung. Luchterhand, Berlin
Adresse: Institut für Geschichte der Medizin, Klingsorstr. 119, D-12203 Berlin.
Tel: -49-(0)30-83 00 92-45; E-mail: petra.fuchs@charite.de

Gutzmann, Hans (24.9.1948 in Berlin)
Prof. Dr. med.
1968 - 1975 Studium der Humanmedizin an der Freien Universität Berlin (FUB); Wiss. Ass. an der Psychiatrischen und Neurologischen Klinik der FUB; Arzt für Psychiatrie und Neurologie; Zusatzbezeichnung „Psychotherapie". Promotion mit dem Gesamturteil: "summa cum laude"; Habilitation an der FUB für das Fach "Psychiatrie": Weiterbildung „Klinische Geriatrie"; 1985-1993 Oberarzt und stellvertretender Abteilungsleiter der Abteilung für Gerontopsychiatrie des Max-Bürger-Krankenhauses Berlin. 1993-2002: Chefarzt der Abteilung für Gerontopsychiatrie am Wilhelm Griesinger-Krankenhaus in Berlin-Marzahn; seit 2003 Chefarzt der Abteilung für Psychiatrie und Psychotherapie am Krankenhaus Hedwigshöhe in Berlin-Köpenick; seit 2004 Ärztlicher Direktor des Krankenhauses Hedwigshöhe. 2005 Verleihung der apl. Professor durch die Charité. Verleihung des Max-Bürger-Preises der Deutschen Gesellschaft für Gerontologie: 1984.
Mitgliedschaften: Deutsche Gesellschaft für Gerontopsychiatrie und -psychotherapie (seit 2003 Präsident); Vorsitzender des Referats Gerontopsychiatre der DGPPN (seit 2005);

Hirnliga (seit 2007 stellv. Vorsitzender); Berliner Gesellschaft für Psychiatrie und Neurologie (seit 2005 Vorsitzender);
Zeitschriften: Zeitschrift für Gerontopsychologie u. -psychiatrie (Federführender Herausgeber); Zeitschrift für Gerontologie + Geriatrie (Wiss. Beirat), Neurogeriatrie (Wiss. Beirat)
Wissenschaftl. Schwerpunkte: Entwicklung diagnosenübergreifender psychopath. Instrumente, Diagnostik und Therapie der Alzheimerkrankheit, Diagnostik und Therapie der Depressionen im Alter, Innovative Geronto-psychiatrische Versorgungsstrukturen.
Publikationen:
- Gutzmann H (1988) Senile Demenz vom Alzheimer Typ – klinische, computertomographische und elektroenzephalographische Befunde. Enke, Stuttgart
- Gutzmann H, Kanowski S, Krüger H, Urban R, Ciompi, L (Hrsg) (1989) Das AGP-System. Manual zur Dokumentation gerontopsychiatrischer Befunde. Springer, Berlin - Heidelberg - New York
- Rapp M, Gutzmann H (2000) Invasions in personal space in demented and non-demented elderly subjects. International Psychogeriatrics 12, 345-352
- Gutzmann H, Zank S (2005) Demenzielle Erkrankungen – Medizinische und psychosoziale Interventionen. Kohlhammer, Stuttgart
- Gutzmann H, Rapp M (2007) Lebenszyklus und Diagnostik aus der Sicht der Gerontopsychiatrie. Die Psychiatrie 4: 252-256

Adresse: Retzdorffpromenade 3, D-12161 Berlin. Tel: +49-(0)30-6741-3002;
E-mail: m.koeppen @alexius.de

Haack, Kathleen (26. 12. 1969 in Sangerhausen)
Studium der Geschichte, Germanistik und Soziologie an der Universität Leipzig sowie der Martin-Luther-Universität Halle-Wittenberg; Magisterarbeit zum Thema: „Euthanasie" im NS-Staat unter Berücksichtigung der Ereignisse in der „Euthanasie"-Anstalt Bernburg; seit 2004 Mitglied der AG Geschichte der Nervenheilkunde an der Klinik für Psychiatrie und Psychotherapie der Universität Rostock; seit 2006 Kooperation mit dem Archiv für Leipziger Psychiatriegeschichte der Klinik für Psychiatrie an der Universität Leipzig; laufende Promotion zum Thema: „Der Fall Sefeloge" – Zur Geschichte, Etablierung und Praxis der forensischen Psychiatrie in der ersten Hälfte des 19. Jahrhunderts (Betreuer: PD Dr. rer. medic. habil. Holger Steinberg und Prof. Dr.med. Dr. phil. Ortrun Riha, Karl-Sudhoff-Institut für Geschichte der Medizin und der Naturwissenschaften, Universität Leipzig)
Psychiatriehistorische *Arbeitsschwerpunkte:* Geschichte der forensischen Psychiatrie; „Euthanasie" im NS-Staat
Ausgewählte *Publikationen* zur Psychiatriegeschichte:
- Haack K, Kumbier E (2006): „Was ist das, was in uns lügt, mordet, stiehlt?" – Zur Herausbildung der forensischen Psychiatrie im 19. Jahrhundert. In: Bock WJ, Holdorff B (Hrsg): Schriftenreihe der Deutschen Gesellschaft für Geschichte der Nervenheilkunde, Bd. 12, Königshausen & Neumann, Würzburg: 457-467
- Haack K, Kumbier E (2006): Carl Wilhelm Ideler (1795-1860). A controversial German psychiatrist of the 19th century. J Neurol Neurosurg Psychiatry 77: 947
- Haack K, Herpertz, SC, Kumbier E (2007): Der „Fall Sefeloge"- Ein Beitrag zur Geschichte der forensischen Psychiatrie. Nervenarzt 78: 586-593
- Haack K, Kumbier E (2007): Heinrich Damerows kritische Auseinandersetzung mit der Lehre von den Monomanien. In: Bock WJ, Holdorff B (Hrsg): Schriftenreihe der Deut-

schen Gesellschaft für Geschichte der Nervenheilkunde, Bd. 13, Königshausen & Neumann, Würzburg: 173-191
- Haack K, Steinberg H, Herpertz SC, Kumbier E (2008): „Vom versteckten Wahnsinn" - Ernst Platners Schrift „De amentia occulta" im Spannungsfeld von Medizin und Jurisprudenz im frühen 19. Jahrhundert. Psychiatr Prax 35: 84-90

Adresse: AG Geschichte der Nervenheilkunde. Klinik und Poliklinik für Psychiatrie und Psychotherapie. Zentrum für Nervenheilkunde der Universität Rostock. Gehlsheimer Str. 20, D-18147 Rostock. Tel: +49-(0)381-3758068; Fax: +49-(0)381-3758078; E-Mail: kathleen.haack@uni-rostock.de

Heinz, Andreas (04.02.1960 in Stuttgart)
Prof. Dr. med.
Studium der Medizin, Philosophie, Ethnologie und Anthropologie in Deutschland und den USA. Facharzt für Psychiatrie, Facharzt für Neurologie, Zusatztitel in Sozialmedizin und Psychotherapie. 1988-1992 Wissenschaftlicher Mitarbeiter der Klinik für Neurologie, Ruhr-Universität Bochum (Ärztl. Dir.: Prof.Przuntek); 1992-1997 Wissenschaftlicher Mitarbeiter der Klinik für Psychiatrie, Freie Universität Berlin (FUB) (Ärztl. Dir.: Prof. Helmchen) und NIMH (Ärztl. Dir.: Prof. Weinberger); 1998 Habilitation im Fach Psychiatrie an der FUB unter dem Vorsitz von Prof. Dr. Helmchen mit dem Thema "Das dopaminerge Verstärkungssystem Funktion, Verbindung zu anderen Neurotransmittersystemen und pathopsychologische Korrelate"; 1997-1998 Oberarzt der Neurologischen Universitätsklinik der Ruhr-Universität Bochum (Ärztl. Dir.: Prof. Dr. Przuntek); 1998-1999 Freistellung zur Fortbildung in Sozialmedizin und Aufbau der Neurologischen Fachklinik Feldberg/MV in der Position des Chefarztes (Ärztl. Dir.: Prof. Dr. Przuntek); 1999-2002 Oberarzt der Klinik für Abhängiges Verhalten und Suchtmedizin (Ärztl. Dir.: Prof. Dr. Mann) mit Berufung auf die C3-Professur für Suchtforschung an der Universität Heidelberg; seit 2002 Direktor der Klinik für Psychiatrie und Psychotherapie der Charité mit Berufung auf die C4- Professur für Psychiatrie an der Humboldt-Universität zu Berlin.

Arbeitsschwerpunkte: Neurobiologische Korrelate psychischer Störungen, Medizinanthropologie, Transkulturelle Psychiatrie, Schizophrenie, Abhängigkeitserkrankungen

Ausgewählte Publikationen:
- Heinz A (1998) Die Anderen als Wilde und Wunschdenker – zur Konstruktion von Rasse und Vernunft in der Schizophrenietheorie. In: Hamann M, Asbek H (Eds) Halbierte Vernunft und totale Medizin. Beiträge zur nationalsozialistischen Gesundheits- und Sozialpolitik 13, Verlag der Buchläden, Berlin & Göttingen: 33-58
- Heinz A (2000) Das dopaminerge Verstärkungssystem – Funktion, Interaktion mit anderen Neurotransmittersystemen und psychopathologische Korrelate. In: Hippius H, Sass H, Sauer H (Eds) Monographien aus dem Gesamtgebiete der Psychiatrie. Steinkopff, Darmstadt
- Heinz A (2002) Anthropologische und evolutionäre Modelle in der Schizophrenieforschung. In: Heise T, Schuler J (Eds) Das transkulturelle Psychoforum. Band 9. Verlag für Wissenschaft und Bildung, Berlin
- Heinz A (2003) Irre Lüste und lustloses Irren. Konstruktionen von Lust und Begierde im 20. Jahrhundert. In: Schöttker (Ed) Philosophie der Freude. Reclam, Leipzig:175-186
- Heinz A, Braus DF, Smolka MN, Wrase J, Puls I, Hermann D, Klein S, Grüsser SM, Flor H, Schumann G, Mann K, Büchel C (2005) Amygdala-prefrontal coupling depends on a genetic variation of the serotonin transporter. Nature Neurosci 8:20-21

Adresse: Klinik für Psychiatrie und Psychotherapie, Charité Campus Mitte, Charitéplatz 1, 10117 Berlin, Tel: +49 (30) 450517001; Fax: +49 (30) 450517921; E-mail: andreas.heinz@charite.de

Helmchen, Hanfried (12.6.1933 in Berlin)
studierte Medizin in Berlin und Heidelberg (1950-55), promovierte mit der Arbeit „Commotio und sogenannte 'Blut-Hirn-Schranke'" 1956 bei Richard Kuhn am Max-Planck-Institut für Medizinische Forschung in Heidelberg, begann seine klinische Ausbildung in der Heidelberger Neurologie bei Paul Vogel, schloss seine psychiatrische Ausbildung bei Helmut Selbach an der Psychiatrischen und Neurologischen Klinik der Freien Universität Berlin (FUB) an, wurde dort 1964 Oberarzt und habilitierte 1967[1]. 1971 erhielt er den Ruf auf den Lehrstuhl für Psychiatrie an der FUB und übernahm das Direktorat der Psychiatrischen Klinik II von Hanns Hippius. Ab 1973 war er Geschäftsführender Direktor der Psychiatrischen Klinik der FUB bis zu seiner Emeritierung am 1.10.1999. 1980 lehnte er einen Ruf auf den Lehrstuhl für Psychiatrie der Universität Mainz ebenso ab wie entsprechende Bemühungen der Universitäten Würzburg und Erlangen 1981/82.
Wissenschaftliche *Arbeitsgebiete*: Psychiatrie der Epilepsien, psychiatrische Methodologie in Diagnostik, Klassifikation und Therapieforschung, unterschwellige psychische Erkrankungen, psychische Störungen im Alter (Berliner Altersstudie BASE), ethische Fragen der Psychiatrie, Geschichte der Psychiatrie.
Mitherausgeber: u.a. Nervenarzt 1974-2002, Psychiatrie der Gegenwart/Contemporary Psychiatry (Springer Verlag) 1999-2000.
Mitgliedschaften: u.a. Deutsche Gesellschaft für Psychiatrie und Nervenheilkunde (DGPN), Präsident 1979-1980; Anna-Monika-Foundation (Chairman 1989-1999); Deutsche Akademie der Naturforscher Leopoldina 1993; Berlin-Brandenburgische Akademie der Wissenschaften 1995; Zentrale Ethikkommission bei der Bundesärztekammer 1995-2004; World Psychiatric Association (WPA), Ethical Committee 1995-1999; World Federation of Societies of Biological Psychiatry (WFSBP), Medical Ethics Committee, Chairman 1998-2005.
Publikationen: http://www.bbaw.de/bbaw/Mitglieder/index_html?letter=H
- Helmchen H, Reischies FM (2005) Psychopathologie des Alter(n)s. In: Filipp SH, Staudinger U (eds) Entwicklungspsychologie des mittleren und höheren Erwachsenenalters. Hogrefe, Göttingen: 251-296
- Helmchen H, Kanowski S, Lauter H, Neumann EM (2006) Ethik in der Altersmedizin. Kohlhammer, Stuttgart
- Helmchen H, Lauter H (2007) Krankheitsbedingtes Leiden, Sterben und Tod aus ärztlicher Sicht. Transit 33: 35-50
- Helmchen H (2007) (Hrsg) Geschichte der Psychiatrie an der Freien Universität Berlin. Pabst Science Publishers, Lengerich
- Helmchen H (2008) Ethische Erwägungen in der klinischen Forschung mit psychisch Kranken. Nervenarzt 79(9): 1036-1050

Adresse: Reiftraegerweg 30a, D-14129 Berlin. Tel: +49-(0)30-8040 2887; Fax: +49-(0)30-8040 2888; E-mail: hanfried.helmchen@charite.de

---

[1] Helmchen H (1968) Bedingungskonstellationen paranoid-halluzinatorischer Syndrome. Springer, Berlin-Heidelberg-New York.

Hess, Volker (1962)
Prof. Dr. med.
Studium der Philosophie und Humanmedizin in Konstanz und Berlin, Approbation 1991, medizinhistorische Promotion 1992 (Von der semiotischen zur diagnostischen Medizin), Wissenschaftlicher Mitarbeiter und Assistent am Berliner Institut für Geschichte der Medizin (FU Berlin), Habilitation 1999 (Der wohltemperierte Mensch), 2000-2001 Karl-Schädler-Stipendiat am Max Planck-Institut für Wissenschaftsgeschichte, 2003 Professur für Geschichte der Medizin der Humboldt-Universität an der Charité, seit 2004 Leiter des Instituts. *Forschungsprojekte* zur Kulturgeschichte der Psychiatrie, Wirkungsgeschichte von Arzneistoffen im 20. Jahrhundert und zur Geschichte der Krankengeschichte.
Letzte *Publikationen*:
- Hess V (2007) Ärztlicher Alltag in Thüringen. Auswertung des Praxistagebuches eines Suhler Arztes. In: Arztpraxen im Vergleich: 18.-20. Jahrhundert. Dietrich-Daum E. et al. (Hrsg), Innsbruck, Wien, Bozen, 87-107.
- Hess V (2007) Psychochemicals crossing the wall. Die Einführung der Psychopharmaka in die DDR aus der Perspektive der neueren Arzneimittelgeschichte. Medizinhistorisches Journal 42: 61-84.
- Hess V (2008) The Administrative Stabilization of Vaccines: Regulating the Diphtheria Antitoxin in France and Germany, 1894-1900. Science in Context 21: 201-227
- Hess V (2008) Der Wandel der Krankengeschichte durch die Entwicklung der Krankenhausverwaltung. Ein altbekanntes Instrument im Wandel der Zeit. Klinikarzt 37: 27-30

Adresse: Institut für Geschichte der Medizin (Standort Mitte), Charité – Universitätsmedizin Berlin; Ziegelstraße 5-9; D-10117 Berlin. Tel: +49-(0)30-450-529031; Fax: -529901, E-mail: volker.hess@charite.de

Holdorff, Bernd (18. 5. 1938 in Lübeck)
Prof. Dr. med.
Medizinstudium in Marburg/L, Münster/W., Berlin und Hamburg. 1965 Approbation, 1966 Dissertation in Hamburg über „Die Wirkung von Ergotamintartrat auf den Arterienpuls" (Kardiologie UKE Prof. Dr. Gadermann; 1861 und 1969 Hospitationen in Marseille und Paris (Salpêtrière); 1966-1968 Neurochir. Assistent in Berlin-Neukölln; 1968-1972 neurologisch-psychiatrische Weiterbildungszeit an der FU Berlin, unterbrochen von 1 Jahr neuropatholog. Tätigkeit; 1973-1980 Oberarzt an der Neurolog.Klinik und Poliklinik (Prof.Dr.H.Schliack) der FU Berlin; 1979 Habilitation für das Fach Neurologie, 1986 apl. Professur an der FU Berlin; 1980-1992 Chefarzt der Neurologischen Klinik d. Städt.Kliniken Kassel; 1992-2003 Chefarzt der Neurologischen Abt. d. Schlossparkklinik Berlin. Seitdem im Ruhestand. Schriftführer d. Dt. Ges. f. Geschichte d. Nervenheilkunde und Mithrsg. d. Schriftenreihe
Wissenschaftliche *Schwerpunkte*: Strahlenschäden des zentralen und peripheren Nervensystems, Basalganglien-Erkrankungen, Geschichte der Neurologie, ca. 100 *Publikationen*, u.a.:
- Holdorff, B., R. Winau (Hrsg.): Geschichte der Neurologie in Berlin. Berlin 2001
- Holdorff, B.: Friedrich Heinrich Lewy (1885-1950) and his work. J. Hist. Neurosc. 11 (2002), 19-28.
- Holdorff, B.: Founding years of clinical neurology in Berlin until 1933. J. Hist. Neurosc. 13 (2004), 223-238.
- Hippius, H., H. Schliack, B. Holdorff (Hrsg.): Nervenärzte 2. Thieme Stuttgart 2006.

- Jährl. Beitrag in Schriftenreihe der Dt. Ges. f. Geschichte d. Nervenheilk. Band 1 (1996)
- 14 (2008) (www.dggn.de)

Anschrift: Grolmanstr. 56, D-10623 Berlin. Tel. +49-(0)30-313 22 72,
E-mail: bernd.holdorff@gmx.de

Kanowski, Siegfried (23.02.1935 in Berlin)
Prof. Dr. med.
Studium der Medizin an der Freien Universität Berlin (FUB) 1954-1960; 1962-1966 Ausbildung zum Facharzt für Nerven- und Gemütskrankheiten an der Psychiatrischen und Neurologischen Klinik der FUB; 1968 Promotion zum Dr. med. mit dem Thema „Klinische und elektroencephalographische Untersuchungen zur basalen Dysrhythmie" bei Prof. Dr. H. Künkel und Ernennung zum Oberarzt an der II. Psychiatrischen Klinik der FUB; 1971 Habilitation für das Fach Psychiatrie und Neurologie an der FUB; 1973 Berufung auf die C-3-Professur und des Leiters der neu gegründeten Abteilung für Gerontopsychiatrie der Psychiatrischen Klinik und Poliklinik der FUB; 1985 Ernennung zum Landesmedizinaldirektor und Chefarzt der Klinik für Alterspsychiatrie am Max-Bürger-Zentrum für Sozialmedizin, Geriatrie und Altenhilfe GmbH auf der Basis eines Kooperationsvertrages zwischen der FUB und dem Bezirk Charlottenburg; ab 1993 Ärztlicher Direktor am Max-Bürger-Zentrum; 2000 Emeritierung; bis 31.12.2001 Weiterführung der Funktion als Chefarzt und Ärztlicher Direktor am Max-Bürger-Zentrum mit der Aufgabe, die vom Landeskrankenhausplan erzwungene Auflösung der psychiatrischen Einrichtungen am Max-Bürger-Zentrum zu vollziehen. Juni 2000-2002 Vorsitz der Kommission des Bundesministeriums für Familie, Senioren, Frauen und Jugend zur Erstellung des „4. Berichtes zur Lage der älteren Generation in der Bundesrepublik Deutschland": „Risiken, Lebensqualität und Versorgung Hochaltriger – unter besonderer Berücksichtigung dementieller Erkrankungen." Letztes abgeschlossenes wissenschaftliches Projekt (2003): „Zur Erfassung visuell-räumlicher Orientierungsstörungen in virtuellen Realitäten bei Personen mit leichter Demenz – Untersuchungen und erste Ergebnisse zur differentialdiagnostischen und kriterienorientierten Validität des Verfahrens. Dissertation von Eva Bemmerer im Rahmen des DFG-Graduiertenkollegs „Psychiatrie und Psychologie des Alters".
Jüngste *Publikationen* (Auswahl):
- Kanowski S. (2004) Ethische Aspekte in der Geriatrie/Gerontopsychiatrie. In: D. Ganten, K. Ruckpaul: Molekulargenetische Grundlagen von altersspezifischen Erkrankungen. Springer, Berlin Heidelberg New York, S. 491-525
- Kanowski S. (2005) Alter: Kult oder Kultur? In: P. Bäuerle, H. Förstl, D. Hell, H, Radebold, I, Riedel, K. Studer: Spiritualität und Kreativität in der Psychotherapie mit älteren Menschen. Verlag Hans Huber, Bern, Göttingen, Toronto, Seattle, S. 89-100
- Helmchen H, Kanowski S, Lauter H (2006) Ethik in der Altersmedizin. Mit einem Beitrag zur Pflegeethik von Eva-Maria Neumann. Grundriss Gerontologie Band 22 Verlag W. Kohlhammer GmbH. Stuttgart
- Kanowski S (2007) Die gesellschaftliche Verpflichtung zum Schutz älterer Menschen. In: Teising, Drach, Gutzmann, Haupt, Wolter (Hrsg.) Alt und psychisch krank. Kohlhammer, Stuttgart, S. 23-30

Adresse: Anschrift: Helmstedter Str. 11; D-10717 Berlin; Tel.: +49-(0)30 854 30 79;
E-mail: siegfried.kanowski@gmx.de

Kluge, Ulrike (06.10.1977 in Leipzig)
Dipl. Psych.
Studium der Psychologie, Ethnologie und Europäischen Ethnologie in Marburg, Berlin und Coimbra (Portugal).
2005-2006 Forschungsprojekt in Kap Verde (Westafrika): „Narrationen zu psychischem Kranksein in verschiedenen ‚Heilungskulturen' in postkolonialen, afrikanischen Kontexten am Beispiel von Kap Verde". Seit 2006 Wissenschaftliche Mitarbeiterin am Zentrum für Interkulturelle Psychiatrie, Psychotherapie und Supervision an der Klinik für Psychiatrie und Psychotherapie, Charité Universitätsmedizin Berlin, Campus Mitte. Seit 2007 in Ausbildung zur Psychoanalytikerin
Arbeitsschwerpunkte: Kulturpsychologie, Transkulturelle Psychiatrie, Ethnopsychoanalyse, Qualitative Sozialforschung
Publikationen:
- Kluge U (2007) „Der Dritte im Raum" – Sprach- und Kulturmittler in einem interkulturellen psychotherapeutischen Setting. Psychiat Prax 34: 359-360
- Wohlfart E, Kluge U (2007) Transkulturelle Psychiatrie/Psychotherapie: Interkulturelle Supervision als Weiterbildungsmodul. Psychiat Prax 34: 357-359
- Wohlfart E, Kluge U (2007) Ein interdisziplinärer Theorie- und Praxisdiskurs zu transkulturellen Perspektiven im psychotherapeutischen Raum. In: Fischer C, Grothe J, Zielke B (Hrsg) Interkulturelle Kommunikation in Psychotherapie und psychosozialer Beratung. Psychotherapie und Sozialwissenschaften – Zeitschrift für qualitative Sozialforschung. Sonderband 9. Jahrgang, 02/2007. Psychosozial Verlag, Gießen: 83-97
- Wohlfart E, Kluge U, Özbek T (2007) Psychische Folgen von Wanderung und Migration bei Kindern und jungen Erwachsenen. In: David M, Borde Th. Migration und psychische Gesundheit. Belastungen und Potentiale. Mabuse Verlag, Frankfurt a. M: 119-132
- Kluge U, Kassim N (2006) "Der Dritte im Raum" – Chancen und Schwierigkeiten in der Zusammenarbeit mit Sprach- und Kulturmittlern in einem interkulturellen psychotherapeutischen Setting. In: Wohlfart E & Zaumseil M (Hrsg) Transkulturelle Psychiatrie und Interkulturelle Psychotherapie – Interdisziplinäre Theorie und Praxis. Springer Medizinverlag, Heidelberg: 177-198
Adresse: Dipl.-Psych. Ulrike Kluge; Zentrum für Interkulturelle Psychiatrie, Psychotherapie und Supervision (ZIPP)/Institutsambulanz; Klinik für Psychiatrie und Psychotherapie; Charité Campus Mitte; Charitéplatz 1; 10117 Berlin; Tel.: +49 30 450 517 040; E-mail: ulrike.kluge@charite.de

Kröber, Hans-Ludwig (1951 in Bielefeld)
Facharzt für Psychiatrie und Psychotherapie, Universitätsprofessor Dr. med. habil.
Medizinstudium an der Universität Münster, 1977 Medizinisches Staatsexamen. Zwei Jahre Innere Medizin, seit 1980 in der Psychiatrie tätig, Doktorarbeit bei Volkhart Alsen über „Schizophrenieähnliche Psychosen bei Epilepsie". Facharztausbildung in Bethel/Bielefeld. Ab 1984 wissenschaftlicher Mitarbeiter an der Psychiatrischen Universitätsklinik Heidelberg, seit 1987 als Leiter der Psychiatrischen Poliklinik (Ambulanz). Dort 1990 Habilitation mit einer Untersuchung „Einflüsse auf den Verlauf bipolarer Erkrankungen". März 1994 Professor für Klinische Psychiatrie an der Universität Hamburg, März 1996 Ernennung zum C4-Professor für Forensische Psychiatrie und Direktor des Instituts für Forensi-

sche Psychiatrie der Freien Universität Berlin (jetzt „Charité – Universitätsmedizin Berlin"). Weitere Informationen zur Biographie und zu *Veröffentlichungen* unter www.forensik-berlin.de.
- Kröber H-L (2007) Steuerungsfähigkeit und Willensfreiheit aus psychiatrischer Sicht. In: H-L Kröber, D Dölling, N Leygraf, H Saß (Hrsg) Handbuch der Forensischen Psychiatrie Bd 1: Strafrechtliche Grundlagen der Forensischen Psychiatrie. Steinkopff, Darmstadt, S 159-219
- H.-L. Kröber (2006) Die Wiederbelebung des „geborenen Verbrechers" - Hirndeuter, Biologismus und die Freiheit des Rechtsbrechers. In: Th Hillenkamp (Hrsg) Neue Hirnforschung – Neues Strafrecht? Nomos, Baden-Baden, S. 63-83
- H.-L. Kröber (2006) Kriminalprognostische Begutachtung. In: H-L Kröber, D Dölling, N Leygraf, H Saß (Hrsg) Handbuch der Forensischen Psychiatrie Bd. III: Psychiatrische Kriminalprognose und Kriminaltherapie. Steinkopff, Darmstadt, S. 69-172
- H.-L. Kröber (2005) Forensische Psychiatrie – Ihre Beziehungen zur klinischen Psychiatrie und zur Kriminologie. Nervenarzt 76:1376-1381
- Kröber H-L (2001) Die psychiatrische Diskussion um die verminderte Zurechnungs- und Schuldfähigkeit. In: H-L Kröber, H-J Albrecht (Hrsg) Verminderte Schuldfähigkeit und psychiatrische Maßregel. Nomos, Baden-Baden: 33-68

Adresse: Institut für Forensische Psychiatrie. Charité – Universitätsmedizin Berlin. Limonenstr. 27, D-12203 Berlin. Tel.: +49-(0)30-8445 1411; Fax: +49-(0)30-8445 1440; E-mail: Hans-Ludwig.Kroeber@charite.de

Kumbier, Ekkehardt (24. 4. 1968 in Sangerhausen)
Dr. med.
Medizinstudium an der Martin-Luther-Universität Halle-Wittenberg 1990-1996; 1996-2001 Facharztausbildung an der Klinik und Poliklinik für Psychiatrie und Psychotherapie der Martin-Luther-Universität Halle-Wittenberg; 1999 Dissertation zum Thema: „Die geburtshilfliche und perinatologische Betreuung aus der Sicht der Wöchnerin – ein Beitrag zur Qualitätssicherung"; 2001-2002 Tätigkeit an der Klinik und Poliklinik für Neurologie der Martin-Luther-Universität Halle-Wittenberg; 2002 Facharzt für Psychiatrie und Psychotherapie; seit 2002 Mitarbeiter an der Klinik und Poliklinik für Psychiatrie und Psychotherapie der Universität Rostock, seit 2006 Tätigkeit als Oberarzt; seit 2007 Weiterbildungsstudium „Medizinische Ethik" am Institut für Philosophie der FernUniversität Hagen.
Sonstige Tätigkeiten: Mitglied im Vorstand der Deutschen Gesellschaft für Geschichte der Nervenheilkunde (DGGN); Mitarbeit im Arbeitskreis für Rostocker Universitäts- und Wissenschaftsgeschichte; Leitung der Arbeitsgruppe Geschichte der Nervenheilkunde am Zentrum für Nervenheilkunde der Universität Rostock.
Wissenschaftliche und *Arbeitsschwerpunkte*: Geschichte der Nervenheilkunde: i) Die Entwicklung der Nervenheilkunde an den Universitätsnervenkliniken in der SBZ und der DDR bis 1961; ii) „Euthanasie" im NS-Staat – Zur Frage der Beteiligung der Universitätsnervenklinik Rostock-Gehlsheim; Spezialsprechstunde für Erwachsene mit Autismus (Schwerpunkt Diagnostik)
Ausgewählte *Publikationen* zur Psychiatriegeschichte:
- Kumbier E, Haack K (2002): Alfred Hauptmann - Schicksal eines deutsch-jüdischen Neurologen. Fortschr Neurol Psychiat 70: 204-209
- Kumbier E, Haack K, Herpertz SC (2005): Überlegungen zum Wirken des Neuropsychiaters Gabriel Anton (1858-1933). Nervenarzt 76: 1132-1140

- Kumbier E, Haack K (2005): The case of Cassian H in 1893 and his importance to the history of the extrapyramidal movement disorders. J Neurol Neurosurg Psychiatry 76: 1564
- Kumbier E, Haack K, Herpertz SC (2007): Der Fall Juliane Hochriehser: Ein klassischer Fall von Anosognosie. Würzbg Medizinhist Mitt 26: 53-74
- Kumbier E, Haack K, Herpertz SC (2008): Betrachtungen zum Autismus: Ein historischer Streifzug durch psychiatrisch-psychologische Konzepte. Fortschr Neurol Psychiat 76: 484-490

Adresse: Klinik und Poliklinik für Psychiatrie und Psychotherapie, Zentrum für Nervenheilkunde der Universität Rostock. Gehlsheimer Str. 20, D-18147 Rostock. Tel:+49-(0)381-4949559; E-Mail: ekkehardt.kumbier@medizin.uni-rostock.de

Lehmkuhl, Dieter (1943 in Leipzig)
Dr. med.
Studium der Medizin in Marburg und Berlin (1962-1968), wissenschaftlicher Assistent am Zentralinstitut für Soziale Medizin der Freien Universität Berlin (FUB) (1970-73) sowie an der Abteilung für Sozialpsychiatrie der FUB (1980-1986), psychoanlytische Weiterbildung (Koserstr.), Weiterbildung zum Facharzt für Psychiatrie und Neurologie im Krankenhaus Spandau (1973-1977), Assistenzarzt an der Klinik für psychogene Störungen (Wiegmann Klinik) (1977-1980). Leiter des Sozialpsychiatrischen Dienstes Reinickendorf von Berlin (1987-2006). Teil der Psychiatriereformbewegung von Anfang an, langjähriger Moderator des Arbeitskreises Berlin e.V. und Mitglied des Psychiatriebeirates des Landes Berlin. Seit 1.5.2006 im Ruhestand (Altersteilzeit).
Diverse *Publikationen* zur Psychiatriereform, zur psychiatrischen Versorgungsforschung und Epidemiologie
- Lehmkuhl D, Fähndrich E, Kruckenberg P, Pontzen W (1980) Planungsgrundlagen für eine gemeindenahe psychiatrische Versorgung Charlottenburgs, Werkstattschriften zur Sozialpsychiatrie, Band 27, Psychiatrie-Verlag, Rehburg Loccum
- Lehmkuhl D, Bosch G, Steinhart I (1987) The Mentally Ill in nursing and old people' s homes – An economic method of case-finding and assessment, Soc. Psychiatry 22: 192-201
- Lehmkuhl D (2007) Sozialpsychiatrische Dienste in Berlin – Aufgaben und aktuelle Probleme, Berliner Ärzte 44 (10): 28-30
- Lehmkuhl D (2008) Ärzte und Pharmareferenten: Zur Dynamik eines Verhältnisses, DÄ, zum Druck angenommen

Adresse: Backnanger Str. 6, D-13 467 Berlin. E-mail: DieterLehmkuhl@gmx.net

Neumärker, Klaus-Jürgen (12.10.1940)
Studium der Humanmedizin an der Humboldt-Universität zu Berlin, Assistenzzeit am Kreiskrankenhaus Spremberg. Von 1966 bis 2002 Mitarbeiter der Psychiatrischen und Nervenklinik der Charité. 1981 Berufung auf den Lehrstuhl für Kinderneuropsychiatrie an der Humboldt-Universität zu Berlin. Direktor der Nervenklinik der Charité und der Abteilung für Psychiatrie und Neurologie des Kindes- und Jugendalters über viele Jahre. Promotion und Habilitation bei Prof. Dr. Karl Leonhard. Vizepräsident der Internationalen Wernicke-Kleist-Leonhard-Gesellschaft.

Publikationen:
- Neumärker K-J (1983) Hirnstammläsionen. Enke Stuttgart
- Neumärker K-J (1987) Über das Auftreten der Motilitätspsychosen (zykloide Psychosen) im Kindesalter. Z Kinder Jugendpsychiat 15: 57-67
- Neumärker K-J (1990): Karl Bonhoeffer. Leben und Werk eines deutschen Psychiaters und Neurologen in seiner Zeit. Springer Berlin- Heidelberg-New York
- Beckmann H, Neumärker K-J (eds.) (1995): Endogenous Psychoses. Leonhard´s Impact on Modern Psychiatry. Ullstein Mosby Berlin-Wiesbaden
- Dhossche DM, Wing L, Ohta M, Neumärker K-J (eds.) (2006) Catatonia in Autism Spectrum Disorders. Elsevier Inc. Amsterdam

Adresse: Prof. Dr. Klaus-Jürgen Neumärker, Straße 902, Nr.2, D-12527 Berlin.
Tel: +49-(0)30-6744438; E-mail: b.butzek@drk-kliniken-berlin.de

Peters, Uwe Henrik (21.6.1930 in Kiel)
Univ.-Prof. Dr. med. Dr. h.c. Peters, ehem. Direktor der Klinik und Poliklinik für Neurologie, Psychiatrie und Psychotherapie der Universität zu Köln
Medizinstudium 1951-1956 in Freiburg/Breisgau, Heidelberg und Kiel. Während des Studiums Studienaufenthalte in Straßburg im Elsaß 1957, Promotion zum Dr. med. 1957. 1957-1959; Medizinalassistent und Ausbildung in physiologischer Chemie. Ab 1959 Wissenschaftlicher Mitarbeiter und später Oberarzt der „Psychiatrischen und Nervenklinik" der Christian-Albrechts-Universität in Kiel. Dort akademischer Schüler von Gustav Störring. 1965 Habilitation für die Fächer Neurologie und Psychiatrie. 1969 Berufung auf den Lehrstuhl für Neuropsychiatrie der Johannes Gutenberg-Universität in Mainz und Ernennung zum Direktor der Neuro-Psychiatrischen Universitäts-Klinik. 1979 Berufung auf den Lehrstuhl für Neurologie und Psychiatrie der Universität zu Köln und Ernennung zum Direktor der Universitäts-Nervenklinik (später umbenannt wie oben angegeben). Viele Jahre zugleich Adjunct Professor für deutsche Literatur an der Cornell University in Ithaca (Staat New York, USA).
Arbeitsschwerpunkte: Zahllose akademische und allgemeine Vorträge in Deutschland, Europa, Orient, den USA, Lateinamerika und Asien, z.B. über Fragen der Emigration der deutschen Psychiatrie 1933-1938, der psychischen Folgen des Holocaust, der Folgen von Folter, der Psychiatrie der Epilepsie, Behandlung des chronischen Kopfschmerzes, der Sprachstörungen von Schizophrenen, der Psychiatriegeschichte, zur Psychobiographie von Hölderlin. – 28 Jahre lang Herausgeber der Fortschritte der Neurologie und Psychiatrie, Thieme, Stuttgart; Herausgeber der Buchreihen: Sammlung psychiatrischer und neurologischer Einzeldarstellungen, Thieme, Stuttgart; Grundbegriffe der Psychoanalyse, Kindler (Fischer), München-Frankfurt; Psychopathologie und Humanwissenschaften, Lang, Bern. Im Beirat zahlreicher Zeitschriften und Organisationen. Mitherausgeber und Übersetzer des siebenbändigen Werkes „Klinik und Praxis der Psychiatrie" (Thieme-Verlag). 1991-1994 Präsident und Vizepräsident der DGPPN, Ehrenmitglied zahlreicher wissenschaftlicher Gesellschaften, u. a. Weltverband für Psychiatrie, American Psychiatric Association (APA) (Corresponding Fellow), der nationalen psychiatrischen Gesellschaften von Italien, Ägypten, Frankreich, Spanien, Mexico, Chile u. a. Socio Onorario des Istituto Internazionale di Psichiatria e Psicoterapia (Italien).– Weltverband für Psychiatrie: 1991-1996; Repräsentant für Europa. Vorsitzender der Section „Humanwissenschaften in der Psychiatrie". Past Vice Chairman des Section Committee on „History of Psychiatry", Mitglied der

WPA Section „Mass Media and Mental Health", der Section „Conflict Management and Conflict Resolution" und mehrerer anderer Sektionen.
Publikationen: Verfasser und Herausgeber von 32 Büchern und über 400 Arbeiten in Fachzeitschriften in mehr als einem Dutzend verschiedener Sprachen. - Am bekanntesten sind wohl
- Peters UH (2007) Lexikon Psychiatrie-Psychotherapie Medizinische Psychologie. 6. überarbeitete Auflage. Urban & Fischer, München
- Peters UH (1979/1984) Anna Freud. Ein Leben für das Kind. Kindler, München. Übersetzt ins Engl., Amerik. & Französische
- Peters UH (1982) Hölderlin – Wider die These vom edlen Simulanten. Rowohlt: Reinbek b. Hamburg
- Peters UH (1992) Psychiatrie im Exil. Kupka, Düsseldorf
- Peters UH (2007) Robert Schumann e i tredici giorni prima del manicomio. Spirali, Milano

Adresse: Klinik für Neurologie und Psychiatrie. Joseph-Stelzmann-Straße 9, D-50931 Köln (Lindenthal), Tel: +49-(0)221-42 70 63; Email: u.h.peters@uni-koeln.de

Rapp, Michael Armin (18.04.1970 in Bardenberg)
Dr. phil., Dr. med.
Studium der Humanmedizin und Soziologie an der Universität Würzburg und der freien Universität von 1990 bis 1997; Ausbildung zum Gerontopsychiater bei Prof. Gutzmann im Wilhelm-Griesinger-Krankenhaus (ehem. Zentralkrankenhaus der DDR, ehem. Heilanstalt Wuhlgarten). Nach dem Arzt im Praktikum und Vorbereitung einer medizinischen Promotion zum Thema ‚Telemetrische Erfassung von Verhaltensstörungen bei Demenz' wechselte er als Promotionsstudent im Fach Psychologie zu Paul Baltes an das Center for Lifespan Psychology des Max-Planck-Institut für Bildungsforschung in Berlin-Dahlem und promovierte dort zum Thema ‚Doppelaufgabenperformanz in Kognition und Gleichgewichtsverhalten im Alter und bei Demenz vom Alzheimer-Typ'. 2002 wechselte er als Assistent an die Mount Sinai School of Medicine, New York, NY, wo er die amerikanische Facharztausbildung absolvierte und eine Reihe von Arbeiten zum Einfluss depressiver Erkrankungen auf Kognition und die Neurobiologie der Alzheimer-Demenz vorlegte. Seit Ende 2006 ist er Oberarzt an der Klinik für Psychiatrie und Psychotherapie der Charité Campus Mitte in Berlin und leitet hier die Arbeitsgruppe Gerontopsychiatrie am Gerontopsychiatrischen Zentrum.
Wissenschaftliche Schwerpunkte: Biobehaviorale Interaktionen im höheren Lebensalter, Neuropsychologie und Neurobiologie der Alzheimer-Demenz, Neurobiologie der Altersdepression.
Publikationen:
- Rapp MA, Schnaider-Beeri M, Sano M, Grossman H, Gorman J, Haroutunian V (2006). Increased Plaques and Tangles in Alzheimer's Disease Patients with a History of Major Depression. Archives of General Psychiatry, 63(2):161-167
- Rapp MA, Krampe RT, Baltes PB (2006). Adaptive task prioritization in aging: Selective resource allocation to motor behavior is preserved in Alzheimer's disease. American Journal of Geriatric Psychiatry, 14(1):52-61.
- Rapp MA, Dahlman K, Sano M, Grossman HT, Haroutunian V, Gorman JM (2005). Neuropsychological Differences between Late-Onset and Recurrent Geriatric Major Depression. American Journal of Psychiatry, 162(4), 691-698

- Davidson K, Rieckmann N, Rapp MA (2005) Definitions and Distinctions Among Depressive Syndromes and Symptoms: Implications for a Better Understanding of the Depression-Cardiovascular Disease Association. Psychosomatic Medicine, 67, S6-S9
- Rapp MA, Rieckmann N, Gutzmann H, Folstein MF (2002) Mikro-Mental Test: Ein kurzes Screeningverfahren bei Demenz. Der Nervenarzt, 73 (9), 839-844

Adresse: Klinik für Psychiatrie und Psychotherapie der Charité Campus Mitte, Gerontopsychiatrisches Zentrum, Gr. Hamburger Str. 5-11, D-10 115 Berlin.
Tel: +49-(0)30-23 11 29 02; Fax:+49-(0)30-2311 2952; E-mail: michael.rapp@charite.de

Remschmidt, Helmut (25.4.1938 in Czernowitz/Rumänien)
Prof. Dr. med. Dr. phil., MD, PhD, FRCPsych
Studium der Medizin, Psychologie und Philosophie an den Universitäten Erlangen, Wien und Tübingen. Promotion 1964 zum Dr. med. in Erlangen mit dem Thema: „Varianten des Nierenhohlraumsystems. Eine Typisierung auf embryologisch-morphologischer Grundlage" und 1968 zum Dr. phil. an der Universität Tübingen mit dem Thema „Das Anpassungsverhalten der Epileptiker". Weiterbildung zum Facharzt für Kinder- und Jugendpsychiatrie und -psychotherapie an der Philipps-Universität Marburg, ebenso zum Fachpsychologen für Klinische Psychologie. Ordentlicher Professor für Psychiatrie und Neurologie des Kindes- und Jugendalters an der Freien Universität Berlin von 1975-1980. Von 1980-2006 Direktor der Klinik für Kinder- und Jugendpsychiatrie und -psychotherapie der Philipps-Universität Marburg, seit dem 1.10.2006 emeritiert. 1985-1999 Präsident der European Society for Child and Adolescent Psychiatry (ESCAP), von 1998-2004 Präsident der International Association for Child and Adolescent Psychiatry and Allied Professions (IACAPAP). Neben anderen Auszeichnungen erhielt er 1999 den Max-Planck-Preis für internationale Kooperation.
Wissenschaftliche Schwerpunkte: Entwicklungspsychopathologie, psychiatrische Genetik, Essstörungen, Schizophrenieforschung, Therapie- und Evaluationsforschung.
Veröffentlichungen:
- Remschmidt H, Mattejat F (1994) Kinder psychotischer Eltern. Hogrefe, Göttingen
- Remschmidt H (2001) (Ed.) Schizophrenia in children and adolescents. Cambridge University Press, Cambridge
- Remschmidt H (2001) (Ed.): Psychotherapy with children and adolescents. Cambridge University Press, Cambridge
- Remschmidt H, Schmidt MH, Poustka F (2006) (Hrsg.) Multiaxiales Klassifikationsschema für psychische Störungen im Kindes- und Jugendalter nach ICD-10. 5. Aufl., Huber, Bern-Stuttgart
- Remschmidt H (2008) (Hrsg.) Kinder- und Jugendpsychiatrie. Eine praktische Einführung. 5. Aufl. Thieme, Stuttgart
- Zahlreiche Artikel in deutschen und internationalen Zeitschriften.

Adresse: Klinik für Kinder- und Jugendpsychiatrie und -psychotherapie, Philipps Universität, Hans-Sachs-Str. 4-6, D-35 033 Marburg. Tel.:+49 6421 - 586 6260;
Fax: +49 6421-586 8975; E-mail: remschm@med.uni-marburg.de

Rüger, Ulrich (05. 04. 1941 in Dortmund)
Prof. Dr. med.
Studium der Humanmedizin 1960-1966 in Münster und München; Staatsexamen und Promotion 1966 in München, Thema der Promotion: „Psychische Faktoren bei Asthma

bronchiale" bei Walter Seitz. 1969 Wechsel nach Berlin mit nachfolgender psychoanalytischer Weiterbildung und psychiatrischer Facharztweiterbildung mit Tätigkeiten in der Wiegmann-Klinik, im Zentralinstitut für psychogene Erkrankungen der AOK Berlin (Ltg. Annemarie Dührssen) sowie langjähriger Tätigkeit in der Psychiatrischen Klinik der Freien Universität Berlin (Ltg. Hanfried Helmchen). 1979 Habilitation für Psychosomatische Medizin und Psychotherapie („Stationär-ambulante Gruppenpsychotherapie") bei Hanfried Helmchen. 1986-2007 Lehrstuhl für Psychosomatische Medizin und Psychotherapie und Leiter der Abteilung Psychosomatik und Psychotherapie im Zentrum Psychosoziale Medizin der Medizinischen Fakultät der Georg-August-Universität Göttingen

Arbeitsschwerpunkte: Empirische Psychotherapieforschung (Verlaufs-, Ergebnis- und Katamnese-Studien), Psychodynamische Psychotherapieverfahren, Coping, Versorgungsforschung, Biographik, Operationalisierte Psychodynamische Diagnostik (OPD).

Aktuelle Monographie:
- Reimer Ch, Rüger U (2006) Psychodynamische Psychotherapien, 3. Aufl. Springer, Heidelberg

Adresse: Mittelbergring 59, D-37085 Göttingen; Tel. +49-(0)551-792200;
E-mail: urueger@gwdg.de

Schiffter, Roland (5. 12. 1937 in Polleben Südharz, bei Eisleben)
Prof. Dr. med., Neurologe
Medizinstudium und Promotion zum Dr. med. (1961 bei Prof. Karl Leonhard) an der Humboldt-Universität zu Berlin. Weiterbildung zum Neurologen und Psychiater, wissenschaftliche Arbeit, Habilitation und Professur für Neurologie (1972) an der Freien Universität Berlin. Über 100 wissenschaftliche Publikationen einschl. einiger neurologischer Bücher/Lehrbuchbeiträge. Träger der Ernst-von-Bergmann-Plakette der Bundesärztekammer (2002).

Interessen an Literatur, Geschichte, Philosophie, Biologie, Kunst und Musik. Seit 1987 Pianist der New Orleans Hot Peppers (Jazz der 20er Jahre). Seit der Pensionierung (2002) intensivere Beschäftigung mit der Romantik.

Publikationen:
- Schiffter R (2006) „ Ich habe immer klüger gehandelt,... als die philisterhaften Ärzte. Romantische Medizin im Alltag der Bettina von Arnim – und anderswo" Verlag Königshausen und Neumann, Paderborn
- Schiffter R (2006) „ Sie küsste mich lahm, sie küsste mich krank. Vom Leiden und Sterben des Heinrich Heine". Verlag Königshausen und Neumann, Paderborn
- Schiffter R (1999) „Bobozemzem. Phantastisches und Denkwürdiges aus dem Alltag eines Neurologen". BOD, ISBN 3-89811-236-5)
- Schiffter R (2008) Vom Leben, Leiden und Sterben in der Romantik. Neue Pathografien zur romantischen Medizin. K&N, Paderborn. (im Druck)

Adresse: Wiesenerstr. 53, D-12101 Berlin. Tel.: +49-(0)30-786 10 30;
Email: urschiffter@gmx.de

Schmiedebach, Heinz-Peter (11.3.1952 in Bad Sobernheim/Rheinland-Pfalz)
Studium der Biologie, Germanistik und Geschichte an der Universität Tübingen und der Freien Universität Berlin (FUB) 1972-1975; 1975-1981 Studium der Medizin an der Universität Mainz und der FUB, 1984 Promotion zum Dr. med. mit einer medizinhistorischen Dissertation über die Geschichte der „Berliner medicinisch-psychologischen Gesellschaft"

bzw. „Gesellschaft für Psychiatrie und Nervenkrankheiten" am medizinhistorischen Institut der FUB (Prof. Gerhard Baader), 1991 Habilitation für das Fach Geschichte der Medizin an der FUB.
10/81-9/86 Wiss. Mitarbeiter am Institut für Geschichte der Medizin der FUB (Prof. Rolf Winau), 11/86 – 10/87 Wiss. Mitarbeiter an der Chirurgischen Klinik des Universitätsklinikums Steglitz der FUB (Prof. Rudolf Häring); 10/87- 8/92 wiss. Assistent am Institut für Geschichte der Medizin der FUB (Prof. Rolf Winau); 9/92 –03/03 Direktor des Instituts für Geschichte der Medizin an der Universität Greifswald; seit 04/03 Direktor des Instituts für Geschichte und Ethik der Medizin am Universitätsklinikum Hamburg-Eppendorf.
Arbeitsschwerpunkte: Medizingeschichte des 18.- 20. Jahrhunderts, Psychiatriegeschichte, Geschichte der Deontologie und medizinischen Ethik
Publikationen:
- Schmiedebach HP (2001) The Public's View of Neurasthenia in Germany – Looking for a New Rhythm of Life. In: Porter, Roy; M. Gijswijt (Hrsg.): Cultures of Neurasthenia. From Beard to the First World War (Clio Medica 63; The Wellcome Series in the History of Medicine), Amsterdam New York: 219-238
- Schmiedebach HP, Beddies Th, Schulz J, Priebe St (2002) Wohnen und Arbeit als Kriterien einer „sozialen Integration" psychisch Kranker – Entwicklungen in Deutschland von 1900 bis 2000. In: Psychiatrische Praxis 29: 285-294
- Schmiedebach HP, Priebe St (2004) Social Psychiatry in Germany in the Twentieth Century: Ideas and Models. Medical History 48(4): 449-472
- Schmiedebach HP (2006) „Zerquälte Ergebnisse einer Dichterseele" – Literarische Kritik, Psychiatrie und Öffentlichkeit um 1900. In: Fangerau H; Nolte K (Hrsg.): „Moderne" Anstaltspsychiatrie im 19. und 20. Jahrhundert – Legitimation und Kritik. Stuttgart: 259-281 (= Medizin, Gesellschaft und Geschichte. Jahrbuch des Instituts für Geschichte der Medizin der Robert-Bosch-Stiftung, Beiheft)
Adresse: Institut für Geschichte und Ethik der Medizin, UKE Hamburg, Martinistraße 52, 20246 Hamburg; Tel.: 040-42803-2004; E-mail: p.schmiedebach@uke.uni-hamburg.de

Stahnisch, Frank W (22. 6. 1968 in Frankfurt/M)
Studium in Frankfurt/M., Berlin (HUB), Edinburgh (GB) und Rennes II (F) der Humanmedizin, Philosophie, Psychologie, Soziologie; Promotion zum Dr. med. mit der medizinhistorischen Arbeit: „Ideas in Action: Der Funktionsbegriff und seine methodologische Rolle im Forschungsprogramm des Experimentalphysiologen François Magendie (1783-1855)" bei Prof. Dr. Volker Hess (FUB) 2001. 1999-2006 war er Wissenschaftlicher Assistent in den Bereichen Geschichte, Theorie und Ethik der Medizin der Johannes-Gutenberg-Universität Mainz und der Friedrich-Alexander-Universität Erlangen-Nürnberg sowie Wissenschaftlicher Mitarbeiter in der Neuroanatomie der Humboldt-Universität Berlin (Charité). 2006-2008 arbeitete er als Visiting Assistant Professor in History of Medicine und Feodor-Lynen-Fellow der Alexander von Humboldt-Stiftung (AvH) an der McGill Universität von Montreal, Quebec, (CDN). Jetzt ist er AMF/Hannah Professor in the History of Medicine and Health Care an der Universität von Calgary, Alberta (CDN) mit Double Appointment im Department of Community Health Sciences und im Department of History.
Arbeitsschwerpunkte: Geschichte der experimentellen Physiologie, historische und philosophische Probleme der modernen Neurowissenschaften, Zwangsemigration deutscher Mediziner und Medizinerinnen während der NS-Zeit, Geschichte von Public Mental Health in Nordamerika. Derzeit bereitet er seine zweite Monographie zur Frage interdis-

ziplinärer Zusammenarbeit in den morphologischen Neurowissenschaften in Deutschland (frühes 20. Jh.) vor.
Publikationen:
- Stahnisch FW (2003) Ideas in Action: Der Funktionsbegriff und seine methodologische Rolle im Forschungsprogramm des Experimentalphysiologen François Magendie (1783-1855), Münster
- Stahnisch FW, Steger F (2005) (Hrsg) Medizin, Geschichte und Geschlecht. Körperhistorische Rekonstruktionen von Identitäten und Differenzen, Stuttgart
- Stahnisch FW, Bergua A, Schoenherr U (2006) (Hrsg) Albert Neissers (1855-1916) „Stereoscopischer Medicinischer Atlas" – Eine außergewöhnliche fotografische Sammlung aus dem Gebiet der Augenheilkunde, Würzburg
- Stahnisch FW, Bauer H (2007) (Hrsg) Bild und Gestalt: Wie formen Medienpraktiken das Wissen in Medizin und Humanwissenschaften? Hamburg

Adresse: Department of Community Health Sciences & Department of History, Heritage Medical Research Building, Room G30, 3330 Hospital Drive NW, Calgary, AB, Canada T2N 4N1. Tel.: 001-403.210.6290; Fax: 001-403.270.7307; E-mail: fwstahni@ucalgary.ca

Stürzbecher, Manfred (18.10.1928 in Berlin)
Dr. phil., Dr. med.
Einsatz als Luftwaffenhelfer und sowjetische Kriegsgefangenschaft (Mai bis Ende August 1945). Abitur 1946. Apothekerpraktikant 1946-1948 in Berlin. 1948 pharmazeutisches Vorexamen beim Landesgesundheitsamt Berlin. Danach bis Ende der fünfziger Jahre vertretungsweise als Apothekerassistent in Berliner Apotheken gearbeitet. Ab 1949 Studium der Geschichte, Kunstgeschichte und einige Semester öffentliches Recht an der Freien Universität Berlin (FUB). 1954 Promotion zum Dr. phil. Mit der Dissertation „Die Bekämpfung des Geburtenrückganges und der Säuglingssterblichkeit im Spiegel der Reichstagsdebatten 1900-1930" an der Philosophischen Fakultät der FUB. Medizinstudium an der FUB. Medizinisches Staatsexamen 1959. Medizinalassistent im Seminar für Sozialhygiene und öffentliches Gesundheitswesen der Freien Universität Berlin/Senator für Gesundheitswesen Berlin (Prof. Dr. Erich Schröder), Innere Abteilung Krankenhaus am Urban, Krankenhaus der Berliner Vollzugsanstalten. Approbation als Arzt 1961 und Promotion an der Medizinischen Fakultät der FUB mit der Dissertation „Untersuchung über den Einfluß der medizinischen Versorgung auf den Gesundheitszustand der Berliner Bevölkerung im 18. Jahrhundert". 1961 Assistenzarzt am Krankenhaus der Berliner Vollzugsanstalten, Anstaltsarzt der Frauenhaftanstalt Lehrter Straße und der Untersuchungshaftanstalt für Frauen Alt-Moabit. 1962 Medizinalassessor beim Senator für Gesundheitswesen. 1962/63 Teilnahme am Amtsarztlehrgang der Akademie für Staatsmedizin in Hamburg. 1963 Staatsärztliche Prüfung. 1964-1970 zeitweilige Abordnungen als stellvertretender Leiter der Akademie für Staatsmedizin in Hamburg. 1966-1981 Referent für Medizinische Statistik und medizinische Dokumentation bei der für das Gesundheitswesen zuständigen Senatsverwaltung des Senats für Berlin, im Nebenamt Leiter der bei dieser Verwaltung ressortierenden Berliner Medizinischen Zentralbibliothek sowie ärztlicher Berater des Statistischen Landesamtes Berlin. 1981-1990 Amtsarzt und Leiter des Gesundheitsamtes Steglitz in Berlin. 31.12.1990 Versetzung in den Ruhestand.
Interessenschwerpunkte: Sozialhygiene, öffentliches Gesundheitswesen, Geschichte des Gesundheitswesens (einschließlich der Geschichte der Krankenhäuser und Krankenpflege), Wissenschaftsgeschichte, Berlin-Brandenburgische Landesgeschichte

Publikationen: Bibliographie in der Bibliothek des Institutes für Geschichte der Medizin der Charité - Universitätsmedizin Berlin, Klingsorstr. 119, D-12205 Berlin.
- Stürzbecher M (1966) Beiträge zur Berliner Medizingeschichte. Veröffentlichungen der Historischen Kommission zu Berlin. Bd 18. de Gruyter, Berlin
- Stürzbecher M (1975) Deutsche Ärztebriefe des 19. Jahrhunderts. Quellensammlung zur Kulturgeschichte. Bd 19. Musterschmidt, Frankfurt-Zürich
- Stürzbecher M (1976) Daten Denkschriften Direktoren. Ein Rückblick auf die Entwicklung der Vorläufer des Bundesgesundheitsamtes unter kultur- und medizinhistorischen Gesichtspunkten. In: 100 Jahre Forschung für die Gesundheit. BGA, Berlin: 13-53
- Stürzbecher M (1990) Zur Geschichte der Medizinalstatistik in Berlin. Betrachtungen anläßlich der 35. Jahrestagung der Deutschen Gesellschaft für Medizinische Statistik und Informationsverarbeitung der Freien Universtät Berlin
- Stürzbecher M (1997) Aus der Geschichte des Städtischen Krankenhauses Moabit. In: 1872-1997 125 Jahre Krankenhaus Moabit. Weidler Buchverlag, Berlin: 15-102

Adresse: Buggestr. 10b, D-12 163 Berlin; Tel.: +49-(0)30-82 421 51

Vogelsänger, Peter (9.4.1959 in Magdeburg)
Kinderarzt, Dr. med. Facharzt für Psychosomatische Medizin und Psychotherapie/Psychoanalyse
Studium der Medizin in Magdeburg, Promotion bei Prof. Dr. med. J. Morenz (Abteilung Immunologie) und Prof. Dr. med. H. Köditz (Kinderklinik) in Magdeburg mit dem experimentellen Thema: „Die Bildung reaktiver Sauerstoffspezies durch neutrophile Granulozyten von Kindern in den ersten 18 Lebensmonaten", pädiatrische Facharztausbildung in Magdeburg (Medizinische Akademie) und Berlin (Kinderkrankenhaus Lindenhof, Kinderklinik der Charité), psychotherapeutisch-psychoanalytische Weiterbildung an der Arbeitsgemeinschaft für Psychoanalyse und Psychotherapie Berlin (APB), Tätigkeit als Dozent und Supervisor am Institut für analytische Kinder- und Jugendlichenpsychotherapie Berlin (IAKJPT), als niedergelassener Facharzt, Supervisor und Coach in Berlin tätig
Publikationen:
- Vogelsänger P (2006) Psychopolis Berlin 1900-1933: Orte, Lebenswege, Konzepte... (Ein illustrierter Stadtführer). Pabst Science Publishers, Lengerich
- Vogelsänger P (2008) Wie wirken sich Trennungserfahrungen auf die körperliche und psychische Gesundheit aus? In: Israel A & Kerz-Rühling I (Hrsg) Krippenkinder in der DDR. Brandes & Apsel, Frankfurt am Main. S. 217-235
- Vogelsänger P (2008) Das Erleben der Adoleszenz und politischen Wende in der DDR. In: Israel A & Kerz-Rühling I (Hrsg) Krippenkinder in der DDR. Brandes & Apsel, Frankfurt am Main. S. 236-251

Adresse: Oberfeldstr. 70, D-12683 Berlin. Tel. +49-(0)30-534 64 41/40 63 98 26; E-mail. peter.vogelsaenger@t-online.de

Porträtregister

1. Abraham, Karl   240
2. Alexander, Franz   260
3. Balint, Michael   261
4. Bergmann, Gustav v.   263
5. Birnbaum, Karl   224
6. Bonhoeffer, Karl (jung)   218
7. Bonhoeffer, Karl (alt)   276
8. Brodmann, Korbinian   84
9. de Crinis, Maximinian   281
10. Eitingon, Max   244
11. Goldstein, Kurt (in Gruppe)   87
12. Goldstein, Kurt   266
13. Griesinger, Wilhelm (Porträtbüste)   68
14. Griesinger, Wilhelm   182
15. Horn, Ernst   164
16. Ideler, Karl   166
17. Kraus, Friedrich   258
18. Laehr, Heinrich   184
19. Lazarus, Moritz   48
20. Leonhard, Karl   379, 380, 382
21. Lewandowski, Max   221
22. Liepmann, Hugo   221
23. Mendelssohn, Moses   31
24. Moritz, Carl Philipp   32
25. Müller-Hess, Viktor   117
26. Muzell, Friedrich Hermann Ludwig   34
27. Nau, Elisabeth   120
28. Oppenheim, Hermann   215
29. Rasch, Wilfried   121
30. Romberg, Moritz Heinrich   60
31. Schuster, Paul   223
32. Selbach, Helmut   360
33. Selle, Christian Gottlieb   35
34. Simmel, Ernst   245
35. Stahl, Georg Ernst   27
36. Thiele, Rudolf (jung)   324
37. Thiele, Rudolf (alt)   328
38. Vogt, Oskar und Cécile   79
39. Westphal, Carl   70
40. Wundt, Wilhelm   50
41. Ziehen, Theodor   53

Personenregister

(Kursiv = im Text erwähnte Titelfiguren zeittypischer Literatur)

A

Abraham HC   240, 269, 314
Abraham K   8, 230, 239-245, 247, 250-253, 259, 312, 314
Achelis   356, 367
Ackerknecht E   180, 196
Adler A   131
Adler R   270, 271
Adorno Th   245
Aichhorn A   116, 124, 131
Albert E   382
Albrecht HJ   125, 423
Albrecht K   332
Alexander BA   260
Alexander F   9, 246, 247, 251, 253, 256, 257, 259-261, 265, 268, 269, 271
Alexander K   309, 314
Alexopoulos GS   158
Allport G   245
Alsen V   423
Altenstein KS v.   103
Aly G   284, 285
Alzheimer A   84
Andrews J   197
Angermeyer MC   159
Angst J   382, 383
Anton G   423
Armbruster J   324, 331
Arnold M   159
Arolt V   383
Artelt W   25, 38
Asbek H   418
Aschaffenburg G   116, 117, 124, 283
Ash MG   46, 52, 56
Ashby WR   357, 362
Asperger H   130, 131, 143
Astrup C   378
Aumüller G   285

B

Baader A   135
Baader G   177, 277, 429
Babinski J   203, 215, 232
Bach E   281, 282
Bady T   325, 331
Baer R   372, 383
Bäuerle P   421
Baeyer L v.   310
Baeyer W v.   231, 310, 314, 338, 348, 356, 370
Balint A   262
Balint E   262, 312
Balint M   9, 246, 256, 257, 259, 261-263, 268-270, 312
Baltes MM   158
Baltes PB   18, 157, 158, 426
Ban T   15, 385, 386
Barahona de   379
Bartels SJ   158
Bartsch A   385
Bartsch J   122
Basaglia F   135, 338, 340
Bauer AW   178
Bauer H   339, 430
Bauer M   340
Baumann J   136, 145
Baumeyer F   251-253
Bavaud M   119
Bax M   139, 143
Becker B   344
Beckmann H   380, 383, 385, 386, 425
Beddies Th   9, 18, 132, 275, 279, 303, 304, 320, 322, 324, 330, 331, 359, 393, 409, 413, 429
Behme T   107, 111
Beine K   288, 303
Belke I   47-49, 56
Bell C   62

433

Belz W 87, 89, 92
Bemmerer E 421
Benkert O 14
Bente D 15, 352, 366
Benyoetz E 288
Berg 263
Berger H 370
Bergmann E v. 88, 263
Bergmann G v. 9, 256, 257, 259, 261, 263-266, 268-270, 367
Bergua A 430
Berkeley 54
Bernard C 70, 78, 92
Bernfeldt S 246
Bernhardt M 214, 233
Bernheim HH 58, 215, 226, 232
Berrios GE 308, 314, 315, 391, 398
Bertolino A 212
Berzewski H 15
Bethe A 354, 361, 362, 366
Bewermeyer H 235
Bewermeyer K 235
Biberkopf F
Biberkopf Franz (Döblin) 92
Bielka H 17
Bielschowsky M 80, 82, 84, 93
Bier A 239
Bilz D 379
Binding K 288, 303, 394, 399
Binswanger O 51-53, 56, 72, 86
Birkmayer W 367
Birnbaum K 17, 38, 220, 224, 225, 233, 241, 305-308, 314
Birren JE 159
Bismarck 216
Blanz B 139, 144
Blasius D 103, 111
Bleker J 172, 176, 182, 196, 234
Bleuler E 117, 206, 211, 239, 241-244, 277, 337, 384
Bloch ME 32
Blütgen M 331
Blumenbach FJ 200, 211
Bock G 280, 285
Bock WJ 417
Bode 109, 111
Bodelschwingh F v. 303

Boedecker J 406
Böhm F 253
Böhm KM 124
Bökeler HO 344
Boerhaave H
Boetticher A 124
Boissoir de Sauvage 105
Bonhoeffer D 118, 277
Bonhoeffer K 9, 10, 17-19, 138, 145, 213, 216, 218, 220-227, 229, 231, 233, 234, 241, 245, 247, 252, 253, 266, 275-283, 285-287, 303, 305-310, 313, 320-324, 327-329, 331, 332, 391, 392, 399, 401, 409, 425
Borchardt M 88
Borchert M 84, 86
Borck C 9, 176. 351, 411, 413
Borkopp P 37, 38
Bosch G 338, 424
Bosch H 413
Boss N 77, 92
Bossong F 309, 314
Bostroem A 369
Bradley C 139, 143
Bräutigam W 252, 254
Braid 58
Brandt W 335
Braune G 303
Braus DF 418
Brecht B 335, 414
Breuer 218
Brinkschulte E 176
Broca 45
Brocke B v. 93
Brockington IF 383
Brodmann K 7, 76, 78, 83-86, 91, 92
Brouwer B 89
Brown-Sequard CE 70
Bruch vom R 275
Bruckmann L 347
Brugsch Th 258, 259, 269, 270
Brunotte H 38
Bruns L 235
Buchner F 150, 158
Bude H 348
Büchel C 418
Büchner G 109, 112

Bürger-Prinz H   120, 121, 338
Bumke O   332, 370
Burg v. d.   292
Burgmair W   80, 92, 415
Burti L   348
Busse F16, 124

C

Cabanis D   124, 126
Campe J   111
Canguilhem   414
Caplan G   132, 143
Casper JL   100, 102-104, 115, 124
Casselmann B   77, 92
Cassirer E   87
Cassirer R   221, 308, 309
Castel R   188, 196, 297, 304
Chabot   16
Charcot JM   148, 158, 213-215, 220, 225, 227, 232, 234, 392
Charvillat A   46, 57
Cheng A   314
Ciompi L   346, 348, 417
Clarus JCA   108, 111
Clausewitz   364
Clynes M   357
Cohn T   223, 234
Comte A   364
Conolly J   67-69, 200, 211, 390
Conrad K   125, 381-383
Consentius C   29, 38
Cooper D   135, 143, 340, 346
Coper H   355, 366
Cranach M v.   159, 340
Cremerius J   241, 242, 253
Creutzfeld   308
Cummings JL   158
Curschmann   391
Cutler DM   159
Czerny A   141, 143

D

Dahle KP   124
Dahlman K   427
Damerow HPA   99, 102-109, 111, 112, 184, 391, 403, 417
Danek A   78, 84, 92
Danzer G   92
Darwin Ch   45, 137, 203
Daum   331
David H   331
Davidson K   427
Decker HS   218, 232, 234
Deckert J   398
De Crinis L   285
De Crinis M   252, 275-277, 281-286, 321, 324, 331, 351, 355, 359, 360, 393, 409, 411
Dejong RN   79, 92
De La Mettrie JO   30
Delay J   15, 134, 143
Denhoff E   139, 144
Deniker P   15, 134, 143
De Sanctis S   130, 145
Dessoir M   52, 56
Detlefs G   196
Devereux G   211
De Wachter MAM   16
Dhossche DM   425
Dick R   315
Dierig S   77, 92
Dierse B   70, 71, 73, 74
Dietrich   420
Dietze R   379
Dilthey   47
Ding(-Schuler) E   283
Dingwall J   77, 92
Ditfurth H v   367
Döblin A   76, 92, 239, 266
Döhl D   82, 92
Dölling D   124, 125, 423
Doering C   5
Dörner K   114, 124, 180, 196, 201, 211, 284, 286, 333, 338, 339, 348, 391, 399
Dörries A   331
Dohnanyi H v.   303

Donalies Ch 7, 23, 38, 177, 323, 331, 414, 415
Donalies G 320, 326
Drach 421
Draper T 313, 314
Drechsler F 9, 288, 291, 292, 294, 295, 302, 303
Drees 339
Driest 375
Drigalski W v. 82
Du Bois-Reymond E 50
Dührssen A 131, 140, 241, 250, 252, 253, 396, 428
Dumas A d. J. 311
Duplessis M 311
Dziak J 312, 314

E

Ebbinghaus 55
Ebbinghaus A 286
Eckardt G 47, 51, 56, 57
Eckardt M v. 134, 144
Eckart WU 93
Edinger L 73, 88, 93
Egert J 342
Ehrhardt H 367
Ehrlich P 263
Eich W 178
Eichmann A 335
Eickhoff C 304
Einstein A 239
Eisenlohr 215
Eisenstein F 315
Eissler K 306, 314
Eitingon C 244
Eitingon M 239, 241, 243-247, 251, 254, 255, 305, 311-314
Elster G 405
Emminghaus H 129, 130, 141, 144
Engel E 379
Engeli 267
Engelmeier MP 15
Engels F 314
Engstrom EJ 7, 37, 43, 44, 51, 55-57, 164, 170, 175-177, 415

Enke 324
Erb W 73
Erfurth A 383
Erhardt L 335
Erichsen 213
Ernst AS 327, 331
Ernst K 148, 158
Esquirol JED 62, 105, 201, 211
Esse CH 173, 174, 176
Ettner SL 156, 158
Eucken 47
Eulenburg A 56
Eulner HH 98, 111
Evans NJR 186, 197
Evans-Pritchard 199, 207, 208, 211, 212
Ewald G 324, 371
Ey H 379

F

Faber 29
Fähndrich E 334, 340, 348, 424
Falk B 298, 304
Falzeder E 254, 262, 263, 270
Fangerau H 429
Faulstich H 288, 304
Faust E 375, 384
Fechner G 46, 49, 50
Feger G 181, 196
Feinsod M 87
Fels E 9, 297-301, 303
Fels W 288
Fenichel O 246, 248, 249, 254
Ferenczi 230, 261, 262, 270
Feuchtersleben v. 38
Filipp SH 419
Finzen A 339
Fischer C 422
Fischer E 279, 374
Fischer F 337, 348
Fischer MH 83
Fischer W 125
Fischer-Homberger E 213, 215, 216, 228, 230-234
Fish FJ 378, 383
Fix M 84, 87, 92

Flechsig P 55, 78, 80
Flegel H 341-343
Flemming CF 103, 391
Flor H 418
Flügel F 15, 324
Focke W 321, 322, 331
Focken J 28, 38
Förster A 173, 176
Foerster O 85, 309, 400
Förstl H 421
Folstein MF 427
Forel A 52, 57
Formey L 35, 38
Forster ER 324, 331
Fotopulos D 379
Foucault M 195, 196, 211, 347, 391, 392, 399
Foudraine 340
Francke AH 26, 28
Frankl VE 305, 306, 314
Freeman H 308, 314, 315
French TM 249, 314, 315
Frerichs 68
Freud A 131, 426
Freud EL 269, 308
Freud S 131, 137, 204-207, 211, 215, 216, 218, 223, 230, 232, 234, 239-245, 247, 249, 251, 252, 254, 255, 258, 259, 270, 311-313, 315, 392
Freudenthal B 117
Frewer A 304
Frey O 335, 337, 348
Frey W 367
Friedemann A 133, 144
Friedrich I. 24, 26
Friedrich II. 25, 30, 35
Friedrich III. 24, 26, 28
Friedrich Wilhelm I. 26, 28
Friedrich Wilhelm III. 35, 36
Friedrich Wilhelm IV. 99
Fries IF 147, 158
Fritsch 45
Fromm E 90, 247
Fuchs P 9, 132, 288, 296, 304, 415, 416
Fuchs Th 16
Fünfgeld E 324, 370, 376, 383
Fürstenau 249, 254

Fürther H 372, 383
Fukuda T 382
Fukuyama F 346

G

Gabriel E 382
Gadermann 420
Gaebel W 354
Gaedt C 340
Ganten D 421
Gardiner Hill 200
Garey LJ 85, 86, 92
Gaupp R 56, 133, 241
Gay P 230, 234, 240, 242, 246, 254
Gebhardt R 340, 396, 399
Gelb A 88, 91
Gerabek WE 32, 38
Gerber G 270
Gerber S 37
Gerhard UJ 139, 144
Gerhardt V 37, 38
Germann U 108
Gerok W 270
Gerrens U 18, 277, 278-280, 286
Geserick G 126
Geyer-Kordesch J 98, 111
Giehrbach 406
Giese H 121, 124
Gijswit M 429
Gillespie 308, 315
Gillies E 211
Glatt MM 305, 309, 314
Glatzel J 197
Globke 335
Göllnitz G 139, 144
Göppinger H 120, 124, 125
Goering MH 89
Goethe JW v. 32, 306, 314, 361, 365
Goffman 155, 340
Goldschmidt P 110, 111
Goldstein K 7, 9, 76, 78, 87-93, 256, 257, 259, 265-268, 270, 271
Goldstein-Haudeck Em 92
Gollwitzer H 57
Gonzalez Cabeza S 126

Gordijn B   304
Gorman J   426
Goschler C   77, 92
Gradmann C   58, 93
Grau C   38
Gregg A   80, 82, 83
Gregor XIII.   25
Grell U   277, 278, 286
Greß S   158
Greve W   397
Greve Y   108, 111
Grey Walter W   362
Griesinger J, geb. v. Rom   403
Griesinger W   7, 8, 10, 19, 45, 49, 55-57, 59, 60, 64-69, 71-75, 137, 138, 180-183, 185, 186, 189, 190-196, 197, 198-200, 202, 203, 211, 216, 276, 380, 389-391, 393, 394, 398, 399, 401, 402, 405, 407
Grosskurth P   312, 314
Grossman H   426
Großer Kurfürst   24
Grothe J   422
Grotjahn A   18
Grotjahn M   315
Grotjahn O   241
Grüss U   158
Grüsser SM   418
Gruhle HW   145, 320-322, 331, 360
Grynszpan H   119
Gudden   73
Gündel P   270
Gütt A   286
Gugerli D   176
Guleke   263
Gummersbach W   119, 124
Gundlach H   52, 57
Gurwitsch A   92
Gutjahr U   379
Guttmann E   305, 308, 309
Guttmann L   305, 309, 314, 315
Gutzmann H   8, 146, 156, 158, 416, 417, 421, 426, 427

H

Haack K   7, 97, 99, 103-105, 111, 115, 331, 417, 418, 423, 424
Haas S   197
Habermas J   201, 208, 211
Häfner H   231, 338, 340, 347, 348
Häring R   429
Härtel C   279
Hagemann P   379
Hager   394
Hagner M   83, 92, 353, 359, 366
Hahnemann   66
Hall F   329
Hall M   62
Hallermann W   118, 125
Hallervorden J   298, 315, 332
Hamann M   418
Hanarck K   401
Harbauer H   142, 144
Harl JM   15
Harmat P   260, 261, 270
Harms E   130, 144
Harrasser A   377
Harrington A   78, 87, 89, 92, 267, 270
Hartkopf W   25, 38
Hartmann E v.   47
Hartmann K   135, 144
Haroutunian V   426
Hasse JP   141
Haudeck EM   92
Haudeck WE   92
Hauer F   298, 304
Haupt   421
Hauptmann A   324, 331, 423
Haux R   178
Haymaker W   86, 92
Haynal A   270
Heckhausen H   57
Hefelmann H   284
Hegel GFW   37, 38, 44, 47, 49, 97, 176, 201, 314
Heine H   108, 111, 311
Heinrich K   367
Heinroth JCA   23, 38, 105, 106
Heinz A   8, 45, 137, 199, 204-207, 212, 418, 419

Heinze H 297, 298, 300, 301
Heise T 418
Heiser P 138, 145
Hell D 421
Heller T 101, 130, 144
Hellpach W 56
Helmchen H 5, 7, 13, 15, 17, 79, 92, 135, 140, 144, 147-151, 158, 224, 231, 249, 254, 255, 319, 329, 331, 347, 348, 352, 354, 366, 396, 398, 399, 411, 418, 419, 421, 428
Helmholtz v. 50
Henderson DK 308, 315
Henn FA 398
Henneberg R 227, 228, 232
Hennicke K 398
Henoch E 141, 144
Hensel W 60
Herbart JF 46-49, 51, 52, 57, 216
Herber F 114, 118, 125
Herberhold U 139, 144
Herbst A 331
Herken H 355, 366
Herman I 360
Hermann D 418
Hermle L 201, 212
Hermanns 245, 254, 255
Herpertz SC 111, 417, 418, 423
Herrmann JM 270, 271
Herz E 214
Herz H 37, 311
Herz M 28, 37, 311, 315
Herzog W 178
Hess V 8, 163, 170, 172, 175-177, 420, 429
Hess WR 354
Hesse H 31, 38
Hessel F 158
Heubner WOL 320
Heubner O 141
Heuft G 269, 270
Heuyer G 132, 133
Heydrich R 284
Hierholzer K 125
Hillenkamp Th 423
Hildebrandt H 51, 57
Hilpert P 324, 325

Hinkeldey CLF v. 102, 104, 105
Hinz-Wessels A 292, 304
Hiob J 356, 366
Hippius H 14, 15, 56, 57, 75, 149, 224, 270, 307, 315, 356, 361, 385, 396, 399, 418-420
Hippokrates 34
Hirsch RD 159
Hirschfeld G 316
Hirschfeld R 227
His W 231, 239, 399
Hitler A 83, 267, 285, 371
Hitzig 45, 216
Hitzig JE 110, 112
Hoch P 15, 307, 315
Hoche AE 288, 303, 394, 399
Hochrieser J 424
Höffe 147
Hölderlin 426
Hölzel F 302
Hörl 359, 366
Hoff P 51, 56, 57
Hoffbauer JH 102, 112
Hoffmann D 331
Hoffmann ETA 109, 112
Hoffmann F 26, 27, 38
Hoffmann H 139, 144
Hoffmann I 15
Hoffmann J 216
Hoffmann L 92
Hoffmann SO 340
Hohendorf G 295, 304, 416
Hohmann L 24, 38
Holdorff B 8, 14, 75, 77, 81, 84, 92, 93, 213, 215, 223, 225, 229, 234, 235, 241, 244, 245, 257, 266, 268, 270, 271, 278, 307, 315, 340, 393, 417, 420, 421
Holtkamp M 133, 144
Holtmann G 269, 70
Homburger A 130, 144
Horkheimer M 90, 245
Horn ALE 8, 71, 99, 109, 110, 112, 163-172, 176, 177, 178, 390, 399
Horn W v. 71
Horney K 247, 251, 254, 305, 312, 315, 316

Hubenstorf M   235
Huber C   270
Huber G   382
Huber W   346
Hübener K   303, 304
Hufeland CW   36, 141, 147, 158, 170
Humboldt A v.   37, 311
Humboldt W v.   37
Hume D   313
Huppmann G   26-28, 38
Husserl   250, 314
Hutchins R   260
Huxley A   98

I

Ideler CW   8, 37, 70, 71, 99, 101, 103, 105, 106, 111, 112, 163, 164, 166-168, 170, 172, 175, 177, 390, 391, 417
Ireland WW   130, 144
Israel A   431
Iwai K   372, 384

J

Jachertz N   330, 331
Jackson JH   45, 137, 203-205, 212
Jacob F   77, 92, 308
Jacobi W   324
Jacobsen U   182, 197
Jaeckel G   30, 33, 36, 39
Jäger S   270
Jähnig   123
Jahoda G   51, 57
James W   46, 139, 144
Janet P   52, 215, 216, 232
Jantsch L   34, 39
Janz D   397
Janzarik W   115, 125, 372, 384
Jarausch K 415
Jasper H   282-286, 324, 331
Jaspers K   207, 212, 314, 391, 399
Jensen R   143
Jerns GU   164, 177
Jeske G   114, 117, 118, 119, 121, 125

Jeste DV   155, 158
Jochmus I   131
Jöckel D   126
Jokl E   305, 309, 315
Jolly F   51, 53, 58, 86, 215, 218, 231, 234, 395, 412
Jones E   212, 230, 242, 254
Jorswieck   253, 254
Jossmann P   231
Jung CG   241-244, 311, 312
Jung R   145
Jüttemann G   39, 51, 57

K

Kabeto MU   159
Kahl W   127
Kahlbaum K   45, 46, 57
Kahler   257
Kahn E   313
Kahn F   413
Kalinowsky LB   15, 305-307, 315
Kallmann FJ   305, 310
Kallmann H   310, 311
Kalmar I   47, 57
Kameliendame (Dumas)   311
Kamper D   92
Kamptz KA   100, 101, 112
Kandel ER   265, 270
Kanner L   130, 144
Kanowski S   8, 15, 146, 150-152, 157-159, 417, 419, 421, 422
Kant I   27, 36-38, 46, 54, 98, 105, 108, 112, 314
Kapfhammer HP   270
Karenberg A   86, 92
Karl V.   112
Karlawish JH   159
Karwath G   337
Kassim N   422
Katsch   263
Kaufmann D   163, 177
Kazemi   352
Kehrer F   228, 370
Kemper W   250, 252, 254
Kendrick W   312, 315

Kennedy JF   338
Kernberg O   253, 254
Kerz-Rühling I   431
Keup W   343, 344
Keynes   364
Kim SY   159
Kircheisen FL v.   110
Kirchert E   284
Kirchhoff Th   39, 406
Kirow K   382
Kisker KP   231, 255, 338, 348
Klahre AS   77, 92
Klatzo I   79, 83, 92
Klaue R   341
Klavans   60
Klee E   283, 284, 286, 302, 304, 326, 331
Klein H   307, 315
Klein M   131, 246, 247, 305, 312, 314
Klein S   418
Kleist K   85, 88, 92, 329, 369, 372-376, 379-386, 396, 410
Klemp E   39
Klemperer G   89
Kluge CAF   311, 315
Kluge U   8, 45, 137, 199, 422
Knable MB   212
Knobloch H   31, 32, 39
Koch H   131
Köditz H   431
Köhle K   268, 270, 271
Köhler W   262, 265, 270
Köhnke KC   47, 49, 57
Kölch MG   164, 177
Kölmel   397
Kömpf D 92
Koenraadt F   124
Kogon E   283, 284, 286, 305, 315
Kohl F   70, 74, 278, 286
Kohli M   147, 158
Kohlstamm   395
Kolachana B   212
Kolle K   39, 70, 287, 321, 331, 370
Konrad N   122, 125
Koreff DF   311, 315
Kortus R   159
Kosselek R   167, 177

Kosenina A   108, 112
Kraemer U   379
Kraepelin E   23, 39, 51, 52, 55-58, 84, 112, 276, 277, 313, 371, 373, 376, 378, 380, 381, 384, 415
Kramer FMA   138, 139, 144, 145, 322
Krampe RT   426
Kranz H   367
Krauland W   120
Kraus F   9, 256, 257, 259, 263, 269, 270
Kreft G   78, 88, 92
Kreibich R   341
Kretschmer E   245
Krippendorf E   335, 348
Kröber HL   8, 113, 115, 122, 124-126, 423
Kronfeld A   231, 308
Kruckenberg P   334, 339-341, 347, 348, 424
Krüger H   339, 372, 384, 417
Krupp v. Bohlen & Halbach FA   79-81, 83
Krupp v. Bohlen & Halbach B   79
Kuby   335
Küchenhoff B   393, 400
Kühnemund H   147, 158
Külpe O   55
Künkel H   421
Kütemeyer M   266-270
Kugler B   39
Kuhn R   419
Kujath G   131
Kulenkampff C   149, 159, 338, 339, 343
Kumbier E   9, 111, 319, 324, 331, 417, 418, 423, 424
Kunze H   339, 340
Kushner H   15
Kutzer M   44, 57, 166, 172, 177

L

Laade H   159
Lachmund J   77, 92
Laehr BH   8, 10, 141, 144, 179-188, 192-197, 401-405
Laehr C   186

441

Laehr G 405
Laehr H 37, 39, 186, 187, 403, 405
Laehr JHM 405
Laehr M 186
Lagrange J 196
Laier M 266, 268, 270
Laing R 135, 340, 346
Laitko H 93
Lammel HH 235
Lammel HU 178
Lammel M 123, 125
Lamparter U 255
Lanczik M 380, 385, 386
Langa KM 147, 159
Lange FA 46, 47, 50, 57, 58
Lange J 369, 370
Langenbeck 71
Langelüddecke A 120, 125
Langer K 181, 184, 188, 197
Langermann JG 37, 39, 170, 177, 311
Langkafel M 269, 270
Laplanche J 206, 212
Larson EB 159
Lau S 124, 125
Laubichler M 366
Laufer MD 139, 144
Lauter H 15, 16, 158, 398, 419, 421
Lavater JK 31
Lazarus M 7, 43, 44, 47-49, 51, 52, 56, 57
Le Bon 52
Lebovici S 143
LeDoux J 400
Legrain PM 203, 212
Lehmann P 347
Lehmkuhl D 9, 134, 333, 343, 344, 348, 424
Lehne H 109
Leibniz GW 25, 28, 31
Leibbrand W 28, 30, 36-39, 46, 57
Leidinger F 159
Leiffer R 347
Leipert 339, 340
Lemke R 370
Lempp R 139, 144
Lenin WI 83
Lenz F 279, 374

Leonhard K 9, 10, 139, 140, 144, 145, 323, 331, 369, 371-386, 396, 399, 401, 410, 414, 424, 428
Leppmann 227
Lerner P 219, 233, 234
Lesser JG 115
Lessing GE 30
Lethen H 91, 92
Lethinen L 139, 145
Leuner H 142, 144
Levinstein E 10, 401, 406, 407
Levinstein M 4 07
Lévy-Bruhl 207, 208, 212
Lévy-Strauss 199, 208-210, 212
Lewandowsky M 83, 86, 213, 220-223, 225-229, 232-235
Lewicki J 82
Lewin K 265, 271
Lewis A 308, 316
Lewy FH 306, 315, 420
Ley A 279, 286
Leygraf N 112, 124, 125, 423
Lichtenau 36
Liepmann H 220-25, 227, 235, 240
Liepmann M 117
Lilienthal M 52, 57
Liman C 115, 116
Linden M 254, 255, 398
Lindner M 257-259, 269, 270
Linne K 286
Litsch M 159
Littmann 123
Locke J 314
Lockot R 252, 254, 260
Loeb J 92
Löhr A 406
Loewenstein K 221
Lombroso C 125
Loos H 153, 154, 159, 164, 177
Lopez-Ibor JF 379
Lorenz M 115, 125
Loss H 159
Lucinde (Schlegel) 63
Ludwig XIV. 24
Lück HE 270, 271
Lüers T 79, 80, 82, 83, 85, 93
Lungershausen E 383

Luther B   164, 177
Luxenburger H   370, 372, 374, 385

M

Machiavelli   30
Macy J   134
Magendie F   62, 65, 429
Magnan V   203-205, 212
Malinowski B   207, 212
Manheimer M   130, 144
Mann K   418
Mapother E   308, 315
Marcuse H   340
Marie P   78
Marmor J   260, 261, 271
Marneros A   383, 385
Marquardsen H   107, 112
Marshall A   61, 62
Martini MG   100, 102, 103
Marx K   314, 364
Masson JM   313, 315
Matakas F   334, 341
Matchinger H   159
Matheis R   340
Mattejat F   427
Matzenzoglu S   159
Maudsley H   130, 144, 308
Mayer-Gross W   145, 308
Mayerhofer H   46, 57
Maylath E   156, 159
Mauz F   324, 370
Mc Cloy   134
McKeith RM   139, 143
Meencke HJ   398
Meinertz T   270
Meisel P   312, 315
Meltzer HV   383
Mendel E   10, 216, 401, 408
Mendel K   408
Mendelsohn AJ   163
Mendelsohn J   77, 92
Mendelssohn F v.   405
Mendelssohn M   23, 30-32, 37
Mennecke F   284
Mennel HD   214, 219, 235

Menninghaus W   63, 75
Merzdorff JMA   109, 110
Mesmer   58
Mesters H   210, 212
Mette A   36, 39, 65, 75, 164, 177, 197
Metzger JD   98, 112
Meyer A   308
Meyer AE   255
Meyer G   385
Meyer J   168, 177
Meyer JE   16, 255
Meyer L   69
Micale MS   198, 234
Michalak U   158
Mielck   150
Mielke F   16, 286, 336
Mill St   46
Miller JK   313
Miller R   270, 271
Mitscherlich A   16, 284, 286, 336
Mitsuda H   379
Moebius   216
Moeli C   214, 227, 235
Möller KP   361, 366
Moll A   271
Momper W   342
Moor P   131
Moran J   197
Moreau de Tours P   130, 145
Morel BA   8, 199, 201-203, 212
Moreno   396
Moritz KP   23, 31-33, 37-39
Mosher LR   348
Müller C   125, 147, 149, 155, 159, 337
Müller D   140, 379
Müller I   379
Müller J   50
Müller M   145, 255, 320, 321
Müller T   186, 197
Müller U   296, 304, 416
Müller-Braunschweig K   253
Müller-Enbergs H   329, 331
Müller-Hegemann D   320, 394
Müller-Hess V   8, 113, 117-121, 125, 126
Müller-Isberner R   122, 124, 126
Müller-Metz R   124

Münch R   168, 177, 235
Muller HJ   83
Munier C   78
Munk H   220
Muzell FHL   23, 33, 34, 39, 178

N

Nasse   61
Nathan der Weise (Lessing)   31
Nau E   8, 113, 118, 120, 121, 124-126
Nedopil N   122, 126
Neele E   376, 385
Nehr R   159
Neisser A   430
Nernst W   262
Neumärker KJ   9, 138, 140, 145, 218, 276, 277, 281, 286, 320, 331, 369, 378, 380, 382, 385, 386, 393, 396, 399, 410, 425
Neumann EM   419, 421
Neumann J   379
Nicolas S   46, 57
Niederland W   307, 315
Nietzsche F   52
Nissen G   141, 142, 145
Nissl F   80
Nißle K   159
Nitsche P   284, 370
Noack   403
Nolte K   429
Nonne M   222, 226, 228, 233, 235
Nouvertné K   347
Nowak M   235

O

Oberländer   335
Obersteiner H   79
Oechel S   154, 159
Oesterreich K   155, 159
Özbek T   422
Ohta M   425
Oppenheim H   8, 72, 213- 229, 232-235, 241, 244, 245, 247, 266, 392, 393, 399

Orland B   176
Orwat D   344
Ostertag B   315
Otremba G   379
Ott   123
Otto HH   270

P

Pabst W   5
Page H   215
Pannizzon L   139
Panse F   149, 159, 320
Pask G   357
Pasteur   263
Paul D   18
Paul J   112, 323, 330, 331
Pawlow   394
Peck JS   312, 315
Peiffer J   17, 52, 58, 257, 271, 307, 315
Peiper A   141, 145
Penfield W   85
Perls F   305, 306, 315
Pernice A   186, 197
Perris C   382, 383, 385
Peter JP   168, 177
Peters UH   9, 17, 246, 305, 306, 308-313, 315, 425
Pethö B   382, 385, 386
Petzold ER   265, 271
Pfau A   326, 327, 331
Pias C   359, 366
Picard W   149, 338
Pichot P   383, 385
Picht G   335, 348
Pick L   88
Pietrusky F   286
Pietzcker A   212, 340, 348
Pigeaud L   188, 197
Pinel   24, 188, 197, 198, 201, 344
Plänkers T   270
Platner E   28, 112, 418
Platner JZ   98
Platon   31
Plewiskaja N   313
Plog U   338

Ploog D   137, 145, 355, 366, 367
Pörksen N   339, 340, 342
Pohlisch K   320, 321, 332, 370
Pollnow H   138, 139, 144, 145
Pongratz LJ   254
Pontalis JB   206, 212
Pontzen W   424
Poustka F   427
Porter R   198, 429
Priebe S   231, 235, 429
Priesnitz   66
Probst JF   39
Prokop O   119
Proll A   135
Propping P   145
Pross C   268, 270
Przuntek   418
Pufendorf S   107, 111
Puls I   418
Puppe   118
Pusch F   297, 301

Q

Quandt J   153, 154, 159
Quinn S   312, 315

R

Radebold H   421
Rado S   229, 246, 251, 305, 312, 315
Raigorodzki MJ   313
Ramon y Cajal S   79, 93
Raphael L   192, 197
Rapp M   10, 351, 389, 417, 426, 427
Rasch W   8, 113, 120-124, 126
Rath E v.   119
Rave-Schwank M   339, 340
Redslob E   360, 361, 411
Redslob OC   353, 366
Reich W   246
Reichmayr J   229, 230, 235
Reil JC   23, 36, 188, 197
Reimer C   428
Reischies FM   419

Reiser A   23, 31, 39
Reiser Anton (Moritz)   23, 31
Reister M   156, 159
Reiter M   26, 39
Remak   392
Remschmidt H   8, 128, 136, 138, 140, 143, 145, 427
Rennert H   382
Rettig J   78, 84, 92
Reuchlein G   98, 112
Ribbe W   198, 257, 267, 271
Ribot T   46, 57
Richter E   154, 159
Richter HE   396
Richter J   77, 78, 80, 86, 93
Richter P   416
Rieckmann N   427
Riedel I   421
Riedesser P   326, 332
Rieger S   359, 367
Riha O   97, 112, 417
Rinecker F v.   141, 145
Ringseis JN v.   65, 196
Roazen P   312, 315
Rockefeller   310
Roelcke V   51, 57, 58, 177, 180, 197, 277, 278, 286, 295, 304, 415
Rogge B   24, 26, 39
Roggenbau HC   279, 286, 320-322, 327-329
Roller CFW   103, 391
Romberg F   7, 59-64, 66, 68, 71, 72, 74, 75, 235
Romberg MH   64
Rompe R   329
Rose JE   86
Rose M   82
Rosen AB   159
Rosenkötter L   355, 366, 367
Roser W   64, 67, 183
Rostok P   252
Roth   284, 286
Roth J   135, 145
Rothe HJ   270
Rothenberger A   145
Rothmann E   89
Rothmann M   220

445

Rothschuh KE 92
Rotzoll M 295, 304, 416
Rubins S 312, 316
Ruckpaul K 421
Rudolf G 250, 254
Rüdin E 281, 286, 310, 315, 370, 371, 377, 385
Rüegg JC 178
Rüger U 8, 230, 239, 250, 253-256, 259, 311, 427, 428
Rüther E 385
Rupnik J 335, 348
Rusche S 125
Rush B 148
Rust 282
Rust N 167, 170
Ruttke F 286

S

Sachs H 251, 260, 262, 312
Saint-Simon H de 364
Sammet K 181, 185, 193, 197
Sandner P 295, 304
Sano M 426
Sartorius N 16, 398
Saß H 124-126, 418, 423
Satzinger H 79, 82, 93,
Sauer H 418
Sauerbruch F 321
Saunders RC 212
Schagen U 264, 271, 286
Schädler K 420
Schäfer A 176, 414
Schäfer-Walkmann S 159
Scheel M 398
Scheerer M 90
Scheibe O 163, 177
Scheibe H 149, 159
Schellenberg W 285
Scheller H 234, 285, 287, 320
Schelling FWJ 38, 201, 212
Scherer HJ 315
Schiffter R 7, 59, 60, 75, 229, 235, 402, 405, 428
Schiller F v 61, 62

Schindler TP 164, 177
Schlange H 131
Schlegel F 63, 75
Schleiermacher F 37
Schleiermacher S 235, 264, 271, 286
Schliack H 75, 270, 420
Schlich T 58
Schlobies M 340
Schmädecke J 257, 267, 271
Schmauß M 385
Schmiedebach HP 8, 39, 45, 49, 58, 164, 166, 170, 172, 178, 179, 182, 191, 197, 198, 218, 233-235, 326, 332, 391, 399, 403, 429
Schmidt LG 212
Schmidt MH 427
Schmidt PO 197
Schmidt-Recla A 108, 112
Schmolling D 7, 97, 99, 107, 109-112
Schmorl 118
Schmuhl HW 278
Schnädelbach H 44-46, 58
Schnaider-Beeri M 426
Schneck P 178, 324, 332
Schneider C 47, 48, 50, 51, 58, 370
Schneider H 164, 178
Schneider K 120, 121, 126, 313, 321, 327, 381, 385
Schneider P 334, 336, 348
Schneider V 123
Schöch H 126
Schöler J 416
Schönbauer M 34, 39
Schoenherr U 430
Schoenlein JL 65, 182
Schönrock A 326, 332
Schönwiese V 416
Schöttker 418
Schomerus G 156, 159
Schonecke OW 268, 270, 271
Schopenhauer A 52
Schorsch E 121, 126
Schott H 52, 58, 70, 75, 132, 145, 178, 180, 197, 390, 391, 399
Schröder 227, 373
Schröder E 430
Schroeder FC 107, 112

Schröder P   132
Schroeter M   230, 244, 246, 247, 251, 254, 255, 266, 271
Schroots JE   159
Schütz RM   155, 159
Schuler J   418
Schulte H   320, 322
Schulte W   338, 348
Schultz U   245, 255, 266-270
Schultz-Hencke H   243, 249, 250, 254, 255
Schultz-Venrath   255
Schultze   215
Schultze F   216
Schulz B   376, 377, 386
Schulz H   379
Schulz J   429
Schulze   101
Schulze HAF   78, 83, 93, 379, 382, 397
Schumann G   418
Schumann R   426
Schuster P   215, 220, 223-225, 227, 235
Schwab HE   374, 375, 384
Schwalbe J   148, 159
Schwartz FW   159
Schwarz H   320, 321, 330, 332
Schwiegk H   367
Schwind HD   136, 145
Schwidder   243, 255
Schwoch R   298, 304
Sedlak F   270
Seelert H   322
Seeligmüller   216
Sefeloge MJ   7, 97, 99-105, 107-112, 417
Seidel M   277, 278, 286, 399
Seidemann H   321, 331
Seitz W   428
Selbach C   351, 354, 360-367, 411, 412
Selbach H   9, 10, 286, 329, 351-367, 394-396, 399, 401, 411, 412, 419
Selle CG   23, 34, 35, 39
Sethe J   101
Seyfert M   309, 316
Seyffert W   159
Shepherd M   308, 316
Shorter E   45, 48
Siebeck R   281

Siefert H   270
Siemerling E   51, 58, 72
Simmel E   230, 235, 239, 241, 243-247, 251, 252, 255, 256, 312, 315
Simmel G   47
Simmel ML   90, 93, 268
Simons A   229, 235
Simons L   103, 104
Singer K   227-229
Six ATI   125
Skoblin MW   313
Skrzeczka C   115
Slavney P   392, 399
Smelser N   18
Smolka MN   418
Soden v. W   146, 159
Sommer R   51
Sonntag M   39
Sophie Charlotte   25
Sophie Luise   26
Spanka M   159
Spatz H   83, 284, 351, 355, 359, 360, 411
Specht G   371, 372
Spencer H   46, 137
Spet   52
Spielmeyer W   82, 88
Spitz R   131, 246
Sprengel P   398
Sprung H   265, 271
Sprung L   265, 271
Stahl   325
Stahl GE   26, 27, 38, 105
Stahnisch FW   7, 76, 80. 82, 84, 88, 91, 93, 256, 265, 429
Stalin J   313
Staudinger U   419
Steger F   430
Steinberg H   103, 111, 112, 417, 418
Steinhart I   424
Steinthal H   47, 56, 57
Steller M   121, 123, 124, 126
Stender W   322, 332
Stengel E   313
Stern F   13, 18
Stern K   88, 310, 316
Sternberg E   155, 159

Stertz G 276, 287, 320
Stier E 227, 231
Still GF 139, 145
Stille G 115
Stillfried-Alcantara R 39
Stobbe 344
Stockert FG v. 145
Stöckel R 235
Stöckle T 347, 348
Störring GE 370, 425
Strachey A 312, 315
Strachey J 312, 315
Strassmann F 116, 117
Strauch H 119
Straus EWM 234, 285, 287, 305, 309, 314-316, 357
Strauss AA 139, 145
Ströhle A 398
Strömgren E 255
Strohmayer W 130, 145
Strümpell 73, 215
Strughold H 357
Struwwelpeter (Hoffmann) 144
Studer K 393, 399, 421
Stürzbecher M 10, 360, 367, 401, 430
Sturm A 367
Stutte H 143-145, 367
Suckow J 320
Sudhoff 27
Svanborg A 147, 159
Swerdloff B 312, 315
Szasz T 135, 347
Szewczyk H 123

T

Teising 421
Temme JDH 100, 112
Teo T 46, 58
Thiele WPR 9, 308, 319-332, 378
Thom A 177
Thomae H 253, 255
Thomas KA 357, 367, 394, 395, 397-399
Thomasius Ch 26-28
Thoms U 172, 177

Thomsen R 214, 232, 235
Thurm E 89
Timoféef-Ressovsky NV 82, 93
Tölle R 70, 75, 178, 180, 197, 391, 399
Tönnies JF 83
Tönnis W 411
Topp L 197
Topp S 297, 304
Topsell E 200, 212
Tramer M 130, 133, 145
Traube L 71
Trautmann F 402
Treue W 198
Tröhler U 172, 178

U

Uexkuell T v. 265, 270, 271
Ullmann M 267
Ulrich R 91, 93
Unger I 24, 379
Unger J 38
Ungvari G
Urban R 417
Usborne C 393, 399
Utecht D 347

V

Valdes-Straube 157, 159
van der Lubbe M 278, 285, 310
Vanecek E 46, 57
Van Engeland H 143, 145
Van Melis D 326, 331
Van Reijen W 92
Vec M 43, 58
Veltin 338, 339
Vendura K 126
Verderber A 332
Verschuer v. 279
Verwey G 179, 180, 198
Villinger W 133, 134, 144, 360, 362, 365, 411
Virchow R 67, 71, 72, 114, 115, 128, 129, 145, 390, 402

Vogel P   419
Vogelsänger   9, 91, 246, 256, 258, 261-263, 266, 271, 311, 431
Vogt C   7, 76, 78-81, 83, 84, 92, 93
Vogt M   83
Vogt O   7, 52, 76, 78-86, 91-93, 257, 395, 396
Volbert R   121, 124, 126
Voltaire   30

W

Wachsmann N   116, 126
Wächtler C   156, 159
Wagner GA   332
Wagner W   115
Wagner-v. Jauregg J   34, 39, 221
Wahren W   84, 86, 93
Wahrig-Schmidt B   182, 198
Waldeyer W   80, 86
Wallis H   131
Walter R   136, 145
Wasem J   158
Weber M
Weber MM   51, 57, 58, 92, 415
Weber O   38
Wecker R   393, 394, 400
Weigert-Vohwinkel E   241
Weikard AM   105
Weil F   397, 400
Weinberger DR   204, 205, 212, 418
Weiner DB   188, 198
Weinert FE   57
Weis E   241
Weise K   337
Weiss SF   393, 400
Weiß M   9, 288, 296, 297, 303
Weitbrecht HJ   381, 382, 386
Weizsäcker V v.   268, 353, 366, 393, 400
Wells HG   364
Wendt F   124, 126
Wener B   159
Wernicke C   45, 56, 87, 225, 276, 376, 378, 383, 385, 386, 392, 396, 409
Wertheimer M   265

Wese H   379
Wesiack W   268, 270, 271
Westphal   263
Westphal ACO   406
Westphal C   7, 10, 49, 58, 59, 69-75, 214, 227, 295, 389, 392, 401, 405, 406, 412
Wettley A   28, 30, 36-39, 46, 57
Weygandt W   51, 360
Wezel JK F   112
Widdel W   111
Wielgohs J   331
Wiener N   357, 365
Wieners   292
Wiesemann P   198
Wiesing U   304
Wiethold   118, 126
Wiggershaus R   217
Wilder J   351, 354, 355, 357, 362, 367, 368
Wille   148, 160
Wilmanns K   117, 126
Winau R   14, 77, 81, 92, 93, 198, 215, 221, 223, 225, 234, 235, 270, 271, 420, 429
Winch P   208, 212
Windeler J   178
Windholz G   164, 178
Wing L   425
Winkler   135, 145, 241, 255, 342
Winkler W
Wirth I   119, 126, 177
Witter H   125
Wohlfart E   422
Wolf T   124
Wolfart KC   311, 316
Wolff Ch   26, 28
Wollenberg   228
Wollner   101
Wolter   421
Wolter M   403
Wolters HG   341, 342
Woyzek   109
Woyzek (Büchner)   109
Wrase J   418
Wulf C   39
Wulff E   338, 339

Wulff H   415, 416
Wunderlich CA   64, 65, 67, 75, 182, 183, 198
Wunderlich G   164, 166, 172, 178
Wundt W   7, 43, 44, 46, 49-54, 57, 58
Wyss D   243, 255

Y

Yehuda R   393, 400

Z

Zank S   417
Zaumseil M   423
Zeidler H   270
Zelle C   111
Zeller EA v.   65, 67, 183
Zeller G   198, 277, 287
Ziehen Th   7, 43-45, 51, 53-56, 58, 86, 130, 138, 139, 144, 145
Zielke B   422
Ziolko HU   355
Zückert JF   30
Zutt J   234, 277, 285, 287, 310, 320-322
Zweig St   240, 255
Zwingmann C   30, 39

Sachregister

#

68er-Utopien 334

A

Abartigkeit, schwere andere seelische 121
Abbild der zeitgenössisch vorherrschenden Meinung 356
Abbruch/Vorenthaltung lebenserhaltender Therapie 148
Abfall von Gott 200
Abschreckungsprinzip 117
Abspaltung 216
Abstraktion 250
Abteilung für Sozialpsychiatrie an der FU 341
Abteilungen an Allgemeinkrankenhäusern 339
Abwesenheit von Mitgefühl 302
adaptive Behandlungsindikationen 249
Affektdelikte 121
Aggravation 216, 227, 229
Agnostizismusstreit 121
Agoraphobie 73
agrikole Kolonien 186, 190
Akademie der Künste 24, 336
Akademie der Wissenschaften 24
akademische Freiheit, Einschränkung der 119
Akinesia amnestica 216, 219, 222, 224, 226
Akinetisch-abulisches Syndrom 15
Akkumulierung von Daten 163
Aktion Paperclip 357
Aktion Psychisch Kranke e.V. 338, 346
Aktion T4 284, 288, 296-298, 301-302
aktive Sterbehilfe 288
akut verus chronisch 185, 190
Aliénation 200-202
Alkoholismus 370
Allgemeine Ärztliche Gesellschaft für Psychotherapie 245, 266
allgemeine kassenärztliche Versorgung 253
allgemeine Krisentheorie 351
Allgemeine Psychopathologie 391
Allgemeine Zeitschrift für Psychiatrie 403

Allgemeiner Ärztlicher Kongreß für Psychotherapie, erster 266
Allmachtsphantasien 358
Allokation, gerechte 150
Allokationsdebatte 156
Allokationsethik 398
Allokationsethik der Sozialversicherungssysteme 393
alte Bildungseliten 319
Altenberatung 152
Altenbericht der Bundesregierung 156
Alter als besondere Lebensphase 146
Alter als Rationierungskriterium 150
alternative Gesellschaftsmodelle 335
alternsbedingte Funktionsverluste 147
Alternsprozess 146
Alters, Kultur des 157
altersbedingte Ko- und Multimorbidität 151
Alterspsychiatrie 15, 148
Altersstereotype, negative 148
Alzheimer-Krankheit 156
„Ambulantisierung" gerontopsychiatrischer Angebote 157
Amentia occulta (Platner) 97, 104, 108, 109
Amentia partialis 34
amerikanische Zone Deutschlands 265
Amerikanistischer Stil 83
Amnesia kinaesthetica 222
Analogieschluss als Methode 392
Anamnese- und Frageschemata 165
Angstdepression 371
Angstpsychose 376
Animismus 26
Anpassung 230
Anschluss Österreichs an das Deutsche Reich 282
Anstalt 294
- als geschlossenes System 192
- als Therapeutikum 188
-, ländlich isolierte 195
-, private 28, 179, 184, 187
- Berlin-Buch 82
- Berlin-Herzberge 76
- Lippstadt-Eickelborn 122
- Nietleben/Halle 86, 184
- Schweizer Hof/Berlin-Zehlendorf 186, 188
- Winnenthal 182
Anstalts-
- einweisungen, Schwelle der 190
- Geistlicher/Pfarrer/Prediger 188
- gestaltung 179

- karrieren, ärztliche 190
- kleidung 340
- konzepte 179, 181, 193
-, ländlich-familär-administrative 196
-, städtisch-bürgerlich-wissenschaftliche 196
- leben, Monotonie im künstlichen Medium des 190
- modelle, psychiatrische 180
- organisation 192
- organismus 194
- psychiater 103, 179
- psychiatrie 55, 113, 122, 390, 391
-, Anfänge der 181
-, konservative 181
-, praktische 185
- wesen, psychiatrisches 45, 113
Anstaltsdirektor/-Leiter
- als Führer des Familienstaates 187
-, Anschauung der Mehrheit der führenden 183
-, Autorität des 194
-, Familie des 186
-, inkarnierte Vernunft des 188
-, patriarchalischer 194
-, Persönlichkeit des 194
Antagonismus opponierender Grundkräfte 353
Antagonismus von Ergo- und Trophotropie 355
Anthropologie 98, 207, 365
Anthropologie für Ärzte 166
Anthropologie, religiös autorisierte 180
anthropologische Forschung 199
Anthropotechnik 358
antiautoritäre Erziehung 134
Antifaschisten 327
antipsychiatrische Bewegungen/Strömungen 128, 135, 136
Antisemit 283
Antisemitische Tendenzen 225, 406
Antisemitismus 260
Antisemitismus-Symposium 245
antisoziale Tendenzen 278
Anti-Stigma Diskussion 156
Aphasieforschung 266
Apperzeption 53, 54
-, sbegriff 51
Arbeit
-, Notwendigkeit der 193
-, reduzierte 196
Arbeits-
-fähigkeit 190, 191

-haus 114, 163
-kräfte, Verlust von notwendigen 193
-therapie 191
Arbeitsgemeinschaft für Methodik und Dokumentation in der Psychiatrie (AMP) 396
Arbeitskreis Psychiatrie 342
Arbeitskreis Psychosomatik 334
Arbeitsteiligkeit des Vorgangs 302
Archiv der Max-Planck-Gesellschaft 411
Archiv für Psychiatrie und Nervenkrankheiten 390, 405
Armenfriedhof 410
Armenfürsorge 163
- in kommunaler Hand 173
Armut 278
Armut an gründlichen Begriffen 105
Artefakte 231
Arzneimittelkosten 170
Arzneimittellehre, Revision der 67
Arzt-Patienten-Beziehung 231
assistierter Suizid 16, 148
Association for the Advancement of Psychoanalysis 247
Assoziationslehre 51
Asyl, klinisches 190
Ätiologie 380
Atmosphäre emotionaler Kälte 302
atypische Psychosen 369, 372
atypische Schizophrenien 372
Auf- und Ausbau ambulant-komplementärer Einrichtungen 345
„Aufartung" des Volkskörpers 276
Aufbau des Organismus 267
Aufbruchstimmung 334
Aufklärung 23, 27-29, 37
Auflösung der Anstalten 338
Auflösung der großen psychiatrischen Fachkliniken 345
Aufmerksamkeitsdefizit-/Hyperaktivitätsstörung (ADHS) 138
Aufnahmeverpflichtung für ihre Bezirke 345
Ausbildung 240, 246, 252, 282, 290
Ausbildung in Psychotherapie 312
Ausbildung von Psychoanalytikern 259
Ausbildung, medizinische 169, 194
Ausbildungsinstitute 252
Ausbildungsstandard 259
Auschwitz 358
Auschwitz-Prozesse 335
Ausdehnung psychiatrischer Kompetenz 196
Ausgangswert-Gesetz 351
Ausgangswertregel 354-356, 361-362, 366
Ausgrenzung psychisch kranker Menschen 346

Auslese 275
Ausmerze 275
Aussagetüchtigkeit 118, 120, 124
Außerparlamentarische Opposition (APO) 134, 335
Autismus 206
autistisches Wunschdenken 206
autochthone Degenerationspsychosen 376
Autoerotismus 206
Automatismus, psychologischer 52
Autosuggestibilität 222
Autosuggestion 232

B

Babinskisches Zeichen 203, 204
Balint-Gruppen 263, 312
Ballastexistenzen 132
Bankrott der Wissenschaft 395
Bedarfsorientierung 345
Befindens- und Verhaltensstörungen 106, 110
Befreiung der Kranken 68, 73
Begehrensvorstellungen 216, 227
Begehrungsvorstellungen 220
Begräbnisplätze 401
Begutachtung 233
Begutachtung, forensische 123
Begutachtungswesen 115
Behandlung im familiären Umfeld 390
Behandlung 252
-, freie 68, 192
-, medizinische 169
- ohne Zwangsmittel 189
-, psychische 191
Behandlungskontinuität 341
Behindertenolympiade 309
beratender Psychiater der Wehrmacht 282
Beratender Psychiater des deutschen Heeres 325
Beratender Psychiater des Heeres 322
Berichterstattung, Formen der 169
Berlin-Buch 259
Berliner Antipsychiatrie 333, 346
Berliner Arbeitsprogramm 360
Berliner Blockade 361
Berliner Erbgesundheitsgericht 297
Berliner Friedhofsrecht 402
„Berliner Geist" 246

Berliner Gesellschaft für Psychiatrie und Nervenheilkunde 241
Berliner Gesellschaft für Psychiatrie und Neurologie 351, 389, 403
Berliner Gesellschaft für Sozialpsychiatrie 344
Berliner Kostümbälle 312
Berliner Mauer 361
Berliner Medicinisch-Psychologische Gesellschaft 389-391
Berliner Polizeipräsident 329
Berliner Psychiatrie, hirnforschungsorientierte 76
Berliner Psychoanalytiker 251-252
Berliner Psychoanalytische Vereinigung 239, 241, 243, 245, 247
Berliner Psychoanalytisches Institut 239, 241, 243-246, 248, 249-250, 259-260
Berliner Salon 311
Berliner Schule der Gestaltpsychologie 265
Berliner Wissenschaftskultur 50
Berlin-Herzberge 310
Berlin-Wuhlgarten 310
Berufsverband deutscher Nervenärzte 339
Berufungsbemühungen im Nachkriegs-Berlin 321
Berufungspolitik 319
Besetzung medizinischer Lehrstühle 276
Besonnenheit
-, Vorhandensein der 192
-, Unterdrückung der 166
Bestattungswesen 401
Besuch in der Wohnung des Kranken 190
betreutes Wohnen 337, 344
Betreuung
-, extramurale 192
-, intramurale 192
Betroffenenverbände 347
Bettenabbau 345
Bettlerstudie 278
Beurteilungen 231
Bevölkerung, städtische 189
Bewegungsvorstellungen 215-216
Bezirkskrankenhäuser 345
BGPN (Ost) 394, 395
BGPN (West) 394, 395
bildgebende Verfahren 131, 137, 268
Bildungsbürgertum 189, 361
Bildungskatastrophe 335
bildungsunfähig 301
Bindungsforschung 140, 141
Binnenrehabilitation 343
biobehaviorale Interaktionen 398
biografische Methode 268
Biographie 295

biographische Exploration 172
biologistischer Reduktionismus 51
bipolare Erkrankungen 383
Bismarcksche Unfallversicherung 216
Blockade 394
Blödsinn 104, 203
bolschewistische Architektur 82
Bonhoeffer 320
Bonhoeffer-Klinik 279
Börsenkrach in New York 267
böse Deutsche 253
Brandenburger Thesen 337
brandenburgische Landesanstalt Eberswalde 294
brandenburgische Landesanstalt Görden 297
Brandenburgische Landesanstalt Lübben 299
British Psychoanalytical Society 263
Bucher Krankenanstalten 284
Budapester Psychoanalytisches Institut 262
Bücherverbrennung 267
bürgerliche Wissenschaft 334
Bürgerrechtsbewegung 335
Bürokratische Verwaltungspraktik 171
Bundesärztekammer 336
Bundesministerium für Gesundheit 338
Bundesrepublik 268-269
Bundestag 338

C

Center for Advanced Studies in the Behavioral Sciences 261
Charaktertypologien 243
Charcotsche Hysterie 216
Charité 259
Charité und Stadtverwaltung 173
Charlatanerie, medizinische 66
Chicagoer Psychoanalytisches Institut 261
chinesische Kulturrevolution 334
Chronisch Kranke 189, 190
Columbia University, New York 90, 91
Community Mental Health Bewegung 340
Constitutio Criminalis Carolina 107, 115
Constitution 258
Constitution, nervöse 67, 70
Cretinismus 203
CRIME-Projekt 124

Curriculum für die psychoanalytische Ausbildung 239
Cyborg 357

D

Daseinsordnung 381
Dauerpatienten 190
DDR 269, 319, 397, 410
Defekt 227
Defekte, psychisch 17
defektschizophrene Krankheitsbilder 369
Defektschizophrenien 373
Defektzustand 373
Definitionsmonopol für Wissenschaftlichkeit 44
Degeneration 199-200, 202-205, 211
Degenerationslehre 200
Degenerationspsychosen 373
dehumanisierender Umgang mit den Kranken 302
Dekade des Gehirns 137
Dementia Praecox 241-242, 244
Demenz 15, 105, 147
demographischer Wandel 148
Demokratie 336
demoralisierende Einflüsse der großen Städte 193
Denken 230
Denksysteme 208
Deportation in ein Vernichtungslager 262
Depression 243
Deputation für das Medizinalwesen 405
Der Nervenarzt 266
deskriptive Psychopathologie 391
Deutsche Forschungsanstalt für Psychiatrie (DFA) 23, 80, 82, 83, 281, 310, 377
Deutsche Gesellschaft für Innere Medizin 269
Deutsche Gesellschaft für Soziale Psychiatrie (DGSP) 338
deutsche Kultur 306
Deutsche Psychoanalytische Gesellschaft 239, 247-248, 250, 252, 253
Deutsche Psychoanalytische Vereinigung 253
Deutsche Verwaltung für das Gesundheitswesen 328
Deutsche Verwaltung für Volksbildung in der SBZ 328, 329
deutsche Wiedervereinigung 397
Deutscher Verein der Irrenärzte 403
Deutscher Verein für Psychiatrie 370, 391
deutscher Zusammenbruch 365
Deutsches Institut für Psychologische Forschung und Psychotherapie 252, 312
deutschnationale Korporation 282
Deutungsangebot 359

Deutungskontext 45
Deutungsmacht 233
Deutungsmuster 13, 43, 55, 104
Diagnosekonzepte 396
Diagnosen, psychiatrische 105
Diagnostik, psychogenetisch-psychopathologische 106
diagnostische Gewohnheiten 372
Diakonissenheim Teltow 299
Dialektik von Heilen und Vernichten 290
Diaschisis 226
Die Brücke e.V. 344
Differentialtypologie innerhalb der endogenen Psychosen 381
Differenzbildung 210
Differenzierung der Anstaltsinsassen nach Heilbarkeit bzw. Unheilbarkeit 185
Diktatur 320
Dilettantismus 64, 66
Diskriminierung älterer Menschen 152
Disposition 225, 278
Dissolution 204-205
Dissozialität 123
Dissoziation 216, 232
Dissoziativ- und Suggestiverscheinungen 224
Disziplinierung 163
-, äußere 166
-, doppelte 164
-, innere 166, 172, 175
- der Ärzte 164
- der Kranken 164
- des Pflegepersonals 164
- des Wissens 166
Diversität und Komplexität außereuropäischer Kulturen 199
dogmatische (K-Gruppen)phase 334
Dokumentation der Krankengeschichte 172, 175
Dollkästen 29
dopaminerge Dysfunktion schizophrener Psychosen 205
Doppelschlacht von Jena-Auerstedt 167
Dorfmodell 343
Dorotheen-Hospital 26
Dozentenschaftsführer 283
Drehschleuder 71
DRG-System 156
Drittes Reich 276, 277
DSM 383
Durchsetzung geltender gesellschaftlicher Normen 333

E

Ebbinghaus'sche Versuche 55
Edinger-Westphal-Kern 73
EEG 353, 355
Ehrengrab des Landes Berlin 402, 412
Eichmann-Prozess 335
Eigenschaften, angeborene 275
Einfluss des Zeitgeistes auf Entwicklungstheorien 199
Einfühlung in die Innenwelt des Kranken 166
Einführung der Neuroleptika 356
Einheitspsychose 67, 73
Einheitspsychose 353
Einquartierung französischer Soldaten 168
Einrichtung, konfessionelle 28
Einverständnis des Patienten 278
Einwilligungsfähigkeit 15
„Eisschrank-Mutter" 137
Elektrokardiografie 258
Elektroschock 353
Elektroschockbehandlung 307
Emanzipation der Irren 180
Emanzipation, weibliche 63
Emigration 245-246, 252, 268, 305, 309, 354, 396
Emigration Freuds nach London 313
Emigration, erzwungene 245
Emigrationsbewegungen während der Nazizeit 306
emotionale Verbundenheit 303
Emotions- und Schreckneurosen 224-225
empirische Evidenz 137
empirisch-epidemiologisch-statistische Tradition 131
endogene Psychosen 383
endo-reaktive Dysthymien 381
Endzustände 374
Engagement, sozialpolitisches 250
England als Aufnahmeland 308
Entartung 199-200, 202, 211
Entartung ärztlichen Denkens 280
Entartungserscheinungen 252
Entfremdung 199-202
Enthemmung 204
Enthospitalisierung 345
Enthospitalisierungswelle 154
Entnazifizierung 322, 327, 329
Entnazifizierungskommission für Ärzte 328
Entnazifizierungsstrategie 326
Entnazifizierungsverfahren 378

Entschädigungsbegutachtung von Verfolgten 231
Entschädigungspflicht bei Betriebsunfällen 214
Entstehung psychischer Erkrankungen 201
Entwertung psychischer Patienten 191
Entwicklungsgedanke 137
Entwicklungsgeschichte der Libido 242
Entwicklungspsychologische Untersuchungen 139
Enzyklopädisten, französische 24
Epidemiologie, als neuer (sozial)psychiatrischer Forschungsansatz 341
Epitaphe auf Naturstein 402
Erb- und Rassenforschung und -pflege 371
Erbbegutachtung 377
Erbbiologie 376
Erbbiologie der Katatonien 374
Erbbiologische Gutachten 111
erbbiologischer Kurs 278, 323
Erbgesundheits(ober)gericht 119
Erbgesundheitsgericht 324, 325, 377
Erbgesundheitsobergericht 275, 278, 279, 325, 409
Erbgesundheits-Obergericht am Kammergericht 322
Erbgesundheitsverfahren 278
Erbgut 275-276
Erbkrankheit 371
Erbkrankheit im Sinne der Erbgesundheitsgesetze 377
Erblichkeit 202
Erblichkeitslehre 374
Erdbestattung 401
Erfahrungsseelenlehre 108
Erfolgsüberprüfung psychoanalytischer Behandlungen 252
Erforschung von Seuchen 25
ergotrope Thymoanaleptika 356
Ergotropie 353
Erinnerungsbilder 215
Erneuerungsbewegung 336
erste ordentlichen Professur für Neurologie 397
erstes Berliner Ordinariat für Neurologie 397
Erziehungsberatung 134
Erziehungsberatungsstellen 262
Ethik 233, 277
Ethnologie 207
Ethos 277
Etikettierungsprozesse 135
Eugenik 17, 275, 393, 409
Eugenische Maßnahmen 116-118
europäische Moderne 199, 207
Euthanasie 16, 133, 276, 284, 288, 302, 337, 409
Euthanasie-Anstalt 290

Euthanasie-Gesetz 284
Euthanasie-Patientenakten 295
evidenzbasierte Medizin 131
Evolutionärer Deutungszusammenhang 45
evolutionäres Verhalten 204
Evolutionsbiologie 74
Evolutionskonzept 204
Evolutionsperspektive 139
Evolutionstheorie 137, 199, 203
Exil 268
Exilgeschichte 257
exogene Psychosen 277
exogener Reaktionstypus 396
Experiment 78
Exerzieren mit Holzgewehren 165

F

Facharzt für Kinderpsychiatrie 142
Fallseminar 312
familiale Verpflegung 192
familienähnliche Verhältnisse innerhalb der Anstalt 186
Familienpflege 186
Faradisieren 228
Feldforschung 207
Feldstudien 199
Fesselungsstuhl 68
Feuerbestattung 401
Fiebertherapie 23, 33, 34
Figur-Hintergrundsbildung 266
Fiktion der Rasse 306
Fin de Siècle 91
fixierte Vorstellungen 214
Fleckfieberversuche 283
Flegel-Affaire 343
Flucht in die Krankheit 229
Fluchtversuch an der Mauer 119
Folgegeneration 201
forensische Praxis 97, 104, 106, 119
forensische Psychiatrie 97-99, 108, 113-116, 118, 120, 122, 123
forensischer Gutachter 408
Formalisierungs- und Standardisierungsprozesse, arbeitsteilige 163
Forschungsprozess 44
Fortschrittsglaube 44
Foucault Tribunal 347
Franckesche Stiftungen Halle 28, 183

Frankreich-Feldzug 360
Frauenbewegung 335
freie Behandlung 390
freies Intervall 242
Freigabe zur Vernichtung lebensunwerten Lebens 288
Freiheit 106, 108, 196
-, äußere 187, 188
-, Art und Ausmaß der 195
- der psychisch Kranken 192
-, relative 190, 191
Fremd- und Selbstgefährdungen 188, 189
Fremdbestimmung, ärztliche 187, 196
Freundschaft zur Sohnschaft 244
Friedhöfe 401
Friedrich-Wilhelms-Universität 257
Führer dieses Familienstaates 187
Fundamentalliberalisierung der Bundesrepublik 336
Funktionelle Pathologie 261, 263, 264, 269

G

ganzheitliche Ansätze 266
Gaskammer des Zuchthauses Brandenburg 301
Gaskammern 290
Gefahren des städtischen Lebens 186
Gefährlichkeitseinschätzung 113
Gegenauslese 17
Gegensatzpaare 208, 209
Gegensuggestion 228
Gehalt eines emeritierten Ordinarius 307
(Ge)Hirnkrankheiten 59, 62, 66
Gehirnkrankheit 202
Gehirnpsychiatrie 391, 396
Geist 19
- der Verwaltung 176
-, individueller 47
Geisteskranke 24, 66, 67, 70,
- „als Studienmaterial" 82
- unbemittelte Berliner 173
geisteskranke Verbrecher 278
Geisteskrankheit 37, 45, 59, 66, 70, 71
-, Deutung der 166
-, versteckte 109, 110
Geisteskrankheiten 200
Geisteskrankheiten als Gehirnkrankheiten 390
Geisteskrankheiten bei Kindern 138

geistige Bedeutung Berlins 307
Geist-Seele-Hirnbeziehung 213
Gemeindenähe 136, 154
Gemeindepsychiatrie 339, 345
Gemeingefährlichkeit 186
Gemeinsamkeit, verpflichtende 186
Gemütsbewegungen 105
Gemütszustände, zweifelhafte 98, 104
Genealogie der Schizophrenie 370
Genealogie psychopathischer Schwindler und Lügner 370
Generationengerechtigkeit 157
Generationenkonflikt 336
Generationenvertrag 147
Genetics of Schizophrenia 311
Genetik 137
genetische Grundlage psychischer Krankheit 393
Geriatrie (psychiatrische) 146, 148, 153
Gerichtsberichterstattung, humane 122
Gero-Neuro-Psychiatrie 154
Gerontologie 154
-, soziale 154
Gerontopsychiatrie 146, 148, 149, 150
-, Anerkennung als spezielle Disziplin der Psychiatrie 150
gerontopsychiatrische(r/s)
- Abteilungen 149
- Ambulanzen 151
- Versorgungsnotstand 152, 154
- Versorgungsstrukturen 152, 153
- Verbundsystem, regionales 151
- Zentrum 151, 152
Geropsychiatrie 154
Gesamtverband deutscher Nervenärzte 342
Geschichte der Irrenabteilung der Charité 167
Geschichte der Preußischen Reformen 167
Geschichte des Klinischen Versuchs 172
Gesellschaft 333
Gesellschaft Deutscher Nervenärzte zur Gesellschaft Deutscher Neurologen und Psychiater (GDNP) 370
Gesellschaft, moderne 179
Gesellschaft, sich verwissenschaftliche 179, 181
Gesetz für psychisch Kranke (PsychKG) 345
Gesetz zum psychologischen Psychotherapeuten 136
Gesetz zum Schutz der Erbgesundheit des Deutschen Volkes 132
Gesetz zur Verhütung erbkranken Nachwuchses 18, 118, 132, 275-276, 278, 292, 300, 322, 323, 325, 370-371, 376, 409
Gesetz zur Wiederherstellung des Berufsbeamtentums 138, 267, 406
Gestaltanalyse des Wahns 381

Gestaltkreis-Modell 268
Gestaltpsychologie 256-257, 266, 268
Gestaltwahrnehmung 360
Gesundheits- und Sozialpolitik 180
Gesundheitsgewissen 233, 395
Gesundheitssystem 288
Gesundheitswesen, öffentliches 113, 114
Gesundungswillen 325
Gewissen der Gesellschaft 243
Gewohnheitsverbrecher 117, 118
Glaube, ethisch-humanitärer 179
Glaubhaftigkeit von Zeugenaussagen 118
Gleichberechtigung 196
Gleichstellung der Psychiatrie mit anderen medizinischen Fächern 190
Gnadentod 132, 290
Grabkreuze 401
Grabsteine 401
Grenzmentalität 282
Groß-Berlin 257
Großdeutsche Volkspartei 282
großdeutsches Reich 282
Großes Friedrichs-Hospital 24-26, 29
Gründer von psychiatrischen Institutionen 402
Gründung der Freien Universität 394
Grundkurs in Medizinischer Soziologie 334
Grundsätze für eine Psychiatriereform 338
Gruppenarbeit für Ärzte 268
Gustav-von-Bergmann-Medaille 269
Gut Schönow 403
Gutachtertätigkeit 227
gute Deutsche 253

H

Haarseil als Therapieverfahren 170
Haftpflichtgesetz 214
Hahnemann'sche Homöopathie 66
Harvard Unversity 90
Hauptverwaltung Gesundheitswesen der Deutschen Wirtschaftskommission in der SBZ 328
Hebung der Irrenverhältnisse 185
Hebung des Berliner Irrenwesens 184
Hegel'sche Vernunft 176
Hegel'scher Zeitgeist 97, 106
Hegel-Marx-Engels-Ideologie 314
Heil- und Pflegeanstalt Berlin-Herzberge 291

Heil- und Pflegeanstalt Eglfing-Haar 302
Heil- und Pflegeanstalt Gabersee 372
Heil- und Pflegeanstalt Herzberge 322
Heil- und Pflegeanstalt Schweizerhof für Gemüthskranke 403
Heil- und Pflegeanstalt Wittenau 298
Heil- und Pflegeanstalt, getrennte 189
Heil- und Pflegeanstalt, relativ verbundene 185
Heilbarkeit/„heilbar" 36, 66, 102, 173, 175, 185, 190
Heilpädagogisch-klinische Tradition 130, 131
Heilsame Potenzen 185
Heim-Kampagne 134, 135
„heimliche Herren" der Klinik 342
Heimwehrbewegung 282
„heiße" Kulturen 210
heredo-degenerative Einheit 381
herrschende Wissenschaft und ihre Definitionsmacht 280
Hexenprozesse 28
Hexerei 208
Hippokampusatrophie 393
Hirnerkrankungen 61
Hirnforschung 45, 51, 76-78
Hirnforschungsinstitut der Kaiser-Wilhelm-Gesellschaft 284
Hirnforschungsinstitut(ion) 80-84, 88
Hirnforschungslabor 78
Hirn-Geist-Beziehung 225
Hirnmodell 203-204
Hirnpathologie 267-268
Hirnphysiologie 61, 66
Hirnrinde 54, 55, 67
-nfelder 85
-, topistische Gliederung der 85
Hirnschrittmacher 358
Historizität von Krankheitsvorstellungen 97
Hochschulberufungspolitik 281
holistischer Ansatz der Nervenheilkunde 88
Holocaust 302, 305-306, 309
Homöopathie 63
Homöostase 366
Homöostaselehre 365
Homosexualität 73
Humanisierung
- der medizinischen Versorgung 157
- der Psychiatrie 74
Humanität 192, 196
-, Art und Ausmaß der 195
- einer Gesellschaft 157
Humankapitalansatz 150

Hungersterben in den Psychiatrischen Anstalten 278
Hygiene des Alterns 149
hyperkinetische Erkrankung 138
hyperkinetisches Syndrom 137
hypnoider Zustand 214
Hypnose 215, 228, 230, 232
Hypnotismus 52
Hypochondrie 35, 36, 62, 63, 73, 216
hypochondrisch Wehmütige 227
Hysterie 35, 63, 67, 214-215, 217-218, 221-223, 226-229, 232, 391-392, 395
hysterische Lähmung nach Granatexplosion 220
Hystero-Neurasthenie 226

I

ICD 383
Ich 202
-, als Arzt 194
-, als Gelehrter 194
-, Befriedigung des ganzen 186
-, moralisches 194
-, sinnliches 194
Ich-Entwicklung 138
Ichkonflikt 230
Idealismus 44,
-, absoluter 46
Identitätsphilosophie 201
Ideogenie 214-216
Ideologiekritik des Positivismus 396
ideologischer Hintergrund der westlichen Wissenschaft 211
Idiotie 301
Idiotismus 203
Illenau 391
Imbecillität 203
Implementierung von Behandlungsmethoden für psychisch Kranke 398
Imputationslehre 107
Individual- und Familienanamnese 148
Individualbiographie 19
Individualgenese 233
Individualität 70, 98
Individuen 219
Initiative zur Psychiatrieenquete 339
Innere Medizin 257
inoffizielle Mitarbeiter 397
Institut für ärztlich-pädagogische Jugendhilfe der Philipps-Universität Marburg
Institut für die Erforschung der Folgeerscheinungen von Hirnverletzungen, Frankfurt a. M.

Institut für Geschichte der Medizin der Freien Universität 411
Institut für Hirnforschung 257
Institut Pasteur, Paris 263
Institut zur Erforschung der Folgeerscheinungen von Hirnverletzungen 266
Institutionalisierung von Geriatrie und Gerontopsychiatrie 148
Institutsambulanzen 345
Integration der Psychiatrie in die Medizin 136
Integration unterschiedlicher Denk- und Handlungsweisen 128, 137
Intentionalität 250
Interaktion 208, 210
Interdependenz von psychischer Erkrankung und Lebenslauf 106
Internationale Pilotstudie zur Schizophrenie 16
Internationale Psychoanalytische Vereinigung 241, 266
Internierungslager 309
intramurales Gemeindemodell 343
Irre 26, 37, 62
Irrenanstalt 14, 36, 60, 69, 102, 163, 180, 390
-, Errichtung neuer 184
-, Konzeption von 179
- und deren Weiterentwicklung 189
- Winnenthal 182
Irrenanstaltspolitik 179, 180
Irrenärzte 37, 62, 107
Irrenhaus 23, 29, 30, 35
Irren-Heil- und Pflegeanstalt „Fichtenhof" 406
Irrenoffensive 343, 347
Irrenpflege 185
-, neuartige 167
Irrenreform 103
Irrenversorgung, zweigliedrige 189
Irresein 184
- im Kindesalter 129

J

Jacob-Creutzfeld Krankheit 308
Jahrhundert der Aufklärung 26
Jahrhundert der Seelenforschung 23, 26
jüdische Richtung der Freud'schen Psychoanalyse 252
Jugendbewegung 117
Jungbrunnen 147

K

K.u.K.-Monarchie 240
Kaiser-Wilhelm-Gesellschaft 257
Kaiser-Wilhelm-Institut für Hirnforschung 82, 83, 355, 359
„kalte" Kulturen 210
Kampagne des Arbeitskreises Psychiatrie 343
Kapitalabfindung 218, 231
Kapitalarbeitskreis 334
Kapitalentschädigung 231
Kapitalismuskritik 335
Karl-Bonhoeffer Nervenklinik (KBoN) 340, 341
Kartenphysiologie 83
Kassenärztliche Vereinigungen 345
Kastrationskomplex 247
kasuistisch-technische Seminare 259
katastrophale Zeiterfahrungen 364
Katatonie 374
Katatonie, frühkindliche 47, 139
Katatonien des Kindes- und Jugendalters 380
Kaukasier 200
Kennerschaft 381
Kinder-„Euthanasie" 303
Kindereuthanasie 297
„Kinderfachabteilung" 128, 132, 298, 302
Kinderheilanstalt Berlin-Buch 299
Kinderheilkunde 129
Kinder-, Kranken- und Beobachtungsstation an der Charité 138, 322
Kinderneurologie 397
Kinderneuropsychiatrie 142
Kinderpersönlichkeiten 139
Kinderpsychiatrie 130
Kinderpsychosen 129
Kinderseminar 249
Kinder- und Jugendneuropsychiatrie 140, 142
Kinder- und Jugendpsychiatrie 129
Kinder- und Jugendpsychotherapeut 136
Kindesmisshandlung, - vernachlässigung 121
Kippschwingung 356, 361-362, 366
Kippschwingungsprinzip 351, 354, 357-361, 411
Klassenkampf 364
Klassifikation endogener Psychosen 369
Klassifikation psychischer Erkrankungen 105
Klassifizierung menschlichen Lebens 289
klimakterische Depression 371
Klinik des Maßregelvollzugs 344
klinische Falldarstellung 396

kognitive Psychologie 265
kognitive Reservekapazität 147
Kollegialprinzip 361
Kolonialvölker 206
Kommotionsneurosen 228
Komorbidität (somatische) 151, 156
komplementärer Bereich
Komplex systematischer Schizophrenien 373
komplexe Figur 392
komplexe Sachverhalte 210
Kompression der kognitiven Morbidität 147
Königliches Kammergericht 101, 102
Konstitution 227, 241
Kontext 19, 200
-, sozio-kultureller 13, 16, 48
-, sozio-ökonomischer 43
Kontrolle der Ausgaben 168
Kontrolle von Zwangseinweisungen 346
Konversionsneurose 218
Konzentrationslager 283, 284, 305
Konzept einer „Primitivierung" in den Psychosen 207
Konzepte der Psychoanalyse 268
Korrelate psychischen Krankseins 71
Kortikalperson 259
Kosten für die Irrenversorgung 191
Kostendämpfung im Gesundheitswesen 150
Kostenerstattung 175
Kostenrechnung 171
Kostenträger 157, 163
Kraepelinschüler 313
Krankenakte, patientenbezogene 163
Krankengeschichte, Dokumentation der 175
Krankenmordaktionen 284
Krankenmorde 275, 280, 282, 290
Krankentötungen 284
Krankenversicherung, gesetzliche 147
Krankenversorgung 240
Krankheit eine Umkehr des Evolutionsprozesses 205
Krankheitsgewinn 229
Krankheitsresiduen und psychische Defekte 189
Krankheitsverläufe 374
Krankheitsvorstellungen, Historizität von 97
Kranksein, psychisches 176
-, Beobachtung, Beschreibung u. Deutung 176
Krätze 33, 34, 170
Krieg, 30jähriger 24
Kriegsdienstverweigerer 233

Kriegserfahrungen 362-363
Kriegshysterie 228, 232
Kriegsneurosen 213, 221, 225, 227, 229-230, 232, 233, 245, 282, 392, 393
Kriegsneurotiker 278
Kriegstheorie, Clausewitz'sche 364
Kriegsversorgungsgesetze 227
Kriegszitterer 393
Kriminalordnung, preußische 100
Kriminalprognose 113, 124
Kriminalpsychologie 114, 118
Kriminologie, klinische 113
Krisen 364
Krisenanalyse 360, 363-366
Krisentheorie 359, 364
Kritische Universität 334
Kultur der deutschen Psychiatrie 306
Kultur des Alters 157
Kulturdiagnose 359
Kulturrevolution 335
Kunst gesunder Lebensführung 147
Kuranstalt Westend 323, 327
Kurfürstlich-Brandenburgische Societät der Wissenschaften 24, 28, 30
Kurt-Singer-Institut für Musikergesundheit 229
KWI für Hirnforschung 360
Kybernetik 352, 357, 359, 395
kybernetische Dynamik von Krisen 357
Kz 265, 359
KZ Dachau 309
KZ Ravensbrück 326

L

Labor 77
Laboratorien des realen Lebens 91
Laboratorien für neue Lebensweisen 336
Landesanstalt Brandenburg-Görden 300
Landesanstalt Lübben 299
Landesgesundheitsrat, preußischer 18, 322
Landeskrankenhäuser, psychiatrische 149
Landesnervenklinik 361
Landesnervenklinik Düsseldorf 341
Landesnervenklinik Spandau 340
Landespsychiatriebeirat 150
Landesverband der Psychiatriebetroffenen 347
Landschaftsverband Rheinland 339
landwirtschaftliche Versorgung 186

landwirtschaftlicher Produktionsbetrieb 188
Langzeitneurose 218
Lazarett für Hirnverletzte 266
Lebensende 15, 16
Lebenserwartung 147, 155
Lebensgeschichten von Opfern der NS-„Euthanasie" 296
Lebensstrom 259
Lebensunwert 17
Lebensverhältnisse der Kranken 189
Lebenswelt, sich verwissenschaftlichende 196
Legalisierung der aktiven Sterbehilfe 289
Legitimation
- gegenüber der Gesellschaft 194
- der Psychiatrie 194
Legitimationsgröße der modernen Psychiatrie 196
Legitimationsstrategien 192
Legitimierungsmöglichkeiten 179
Lehranalyse 252-253, 259-260
Lehranalyse bei Hanns Sachs 262
Lehrstuhl für Psychiatrie und Neurologie des Kindes- und Jugendalters an der Freien Universität Berlin
Lehrstuhlinhaber 402
Lehrstuhlneubesetzung 321
Leib-Seele-Problem 28, 61, 98
Leidenschaften 36, 37, 105, 108
-, Beobachtung der 166
-, Strudel der 166
Leitfossilien der Gegenwart, verbale 19
Lewy-body-Demenz 307
Lexington/Kentucky 309
Liberalisierungs- und Demokratisierungsprozesse 339
Libido-Theorie 230, 243
linearer Zeitbegriff 210
Linguistik 207, 209
Loccumer Erklärung 338
logischer Empirismus 396
Lokalisationspsychiatrie 396
Luftangriffe 284
Luftencephalographie 231

M

Macht
-, ärztliche 188
-instanz, dyssymetrische und unbschränkte 195
-, psychiatrische 192

Machtergreifung 275
Magistrat der Stadt Berlin 328
Maison de Santé 407
Makrobiotik 36
Maladies mentales 201
Mangel an Empathie 302
Mangel an finanziellen Ressourcen 288
Manie raisonnante 201
Manie sans délire (Pinel) 104, 108
Mannheimer Kreis 338
männlicher Narzißmus 247
Manuale gesprächszentrierter Therapieformen 172
Marburger Bund 343
Marsch durch die Institutionen 336, 339
Marxismus-Leninismus 319
Maschinenzeitalter 52
Maßregelvollzug, psychiatrischer 118, 122-124
Materialismus 44, 46, 56, 66
-, methodischer 56
Maudsley Hospital 308
Max-Planck-Gesellschaft 352, 359
McGill University Montreal 310
Mechanisierung 44
Medaillon mit dem Profil von Griesinger 402
Medicare-Patienten 156
Medikalisierung der Geisteskrankheiten 391
Medizin 25
-, naturwissenschaftliche 77, 179, 183
-, präventive 147
-, romantische 59
Medizin im Nationalsozialismus 280
Medizin ohne Menschlichkeit 336
Medizinische Fakultät der Charité 231, 264, 279, 281, 311, 320, 355
Medizinische Lösung für soziale Probleme 116
Medizinverbrechen 276, 284
Medizinverbrechen der NS-Zeit 280
Mekka der Medizin 259
Menschenbild 114, 199, 203, 277, 333, 381
Menschenrechte 191, 337
Menschenrechtsübereinkommen zur Biomedizin 15
Menschenrechtsverletzungen 341
Menschenversuche 283, 326
Menschenwürde 337
Mental Health Center Act (1964) 338
Mesmerismus 311
Metapher, physiologische 46
Metaphysik 43, 45, 55, 395

Militärärztliche Akademie des Heeres-Sanitätswesens 326
Militärgerichtsverfahren 282
Militärjustiz 325
militärmedizinisches Ausbildungsprimat 170
Militärpsychiatrie 325
„Minderwertige" 17
Minderwertigkeit 275, 278
Ministerium für Staatssicherheit der ehemaligen DDR 295
Mischehe 408
Missbrauch
- der Psychiatrie 135
- der Zwangsmaßnahmen 188
Mittäter 280
Mittäterschaft 275
Modell gemeindepsychiatrischer Versorgung 341
Modelleinrichtung gemeindepsychiatrischer Versorgung 342
Modellprogramm Psychiatrie 136
Moderne 259, 336
Modifikationen der analytischen Technik 249
molekulare Umlagerungen 225, 226
Molekularmythologie 228
Monadenlehre von Leibniz 26
Monomanie 66, 97, 103-105, 108, 201
monopolare und bipolare Psychosen 376
Montefiore Krankenhaus, New York 91, 268
Morbi nervosi cum materia 34
Morbi nervosi sine materia 34
Morbidität, kognitive 147
Motilitätspsychosen 370, 376
Müßiggang 191
multikausale Bedingung 233
Multimorbidität 148, 151
mutmaßlicher Wille 289
Mutter-Kind-Beziehung 140, 141

N

Nachkriegsgeneration 250
Nachkriegswirklichkeit in der Bundesrepublik 353
Nachkriegszeit 14, 128
Narzissmus 210
National Health Act 1959 338
Nationale Krankenanstalt für Nervenkrankheiten von Queen Square in London 79
Nationalpreis 330
Nationalsozialismus 78, 87, 88, 128, 276, 336, 353
Nationalsozialisten 17, 72, 82, 83

Nationalsozialistische Agitation 89
nationalsozialistische Bewegung 280
Nationalsozialistische Deutsche Arbeiterpartei (NSDAP) 322
Nationalsozialistische Führung 89
nationalsozialistische Krankenmord-„Aktion-T4" 290
nationalsozialistische Machtergreifung 370
nationalsozialistische Machtübernahme 267
nationalsozialistische Psychiater 276
nationalsozialistische Verbrechen 335
Nationalsozialistische Volkswohlfahrt 322
Nationalsozialistischer Lehrerbund 322
nationalsozialistischer Umsturzversuch 283
nationalsozialistisches Regime 18, 359
Natur des Menschen, thierische 61
naturalisierbare Krisenphänomene 365
naturalisierbare Krisenphasen 351
Naturhistorische Schule 65, 182
Naturphilosophie 43, 49, 55, 59, 64
Naturrecht 107
Naturwissenschaft 25
-, geistige 46
Nazideutschland 305
Nazipsychiater 306
Negativsymptomatik 203-205, 210
Nervenheilanstalt Rosenhügel 354
Nervenheilkunde 88
Nervenkrankheiten 60
Nerven-Poliklinik der Charité 328
Nervenschwächlinge 222
Nervenzentrum der Psychoanalyse 246
Nervosität 215
neue Ostpolitik 335
Neurasthenie 214-215, 219-220, 222-223, 226, 228, 229, 232, 393
Neurobiologische Zentralstation 257
Neurobiologisches Laboratorium 80, 84, 85
Neuroleptika 15
Neurologie 59-62, 76, 268
neurologische Abteilung des Krankenhauses Moabit 266
Neurologische Centralstation in Berlin 79
neurologische Intensivmedizin 397
Neurologische Klinik des Moabiter Krankenhauses 88
neurologische Poliklinik 266
Neurologisches Centralblatt 408
Neurologisches Institut in Wien 79
Neurologisches Institut in Berlin 306
Neuropathologie 46, 49, 55, 56, 73, 88, 195
Neurophysiologie 45, 0, 66, 73, 195

neuropsychiatrische Hochburg 138
neuropsychiatrische Theoriebildung 352
neuropsychiatrische Thesen (Griesingers) 180
neuropsychiatrische Tradition 131
Neuropsychologie 268, 323
Neuroscience 60
Neurosyphilis 73
Neurowissenschaften 257
New York Academy of Science 357
New Yorker City College 268
Nichtbewusstes 216
„no restraint"-Bewegung 390
Non-Restraint-Bewegung 200
Non-restraint-Konzept 67-69, 179
Normabweichungen, sexuelle 121
Normen
-, bürgerliche 193
- und Werte, gesellschaftliche 196
Normierungsanspruch 393
Notstandsgesetze 134, 335
NS-„Euthanasie" 284, 290, 294
NS-„Euthanasie"-Aktion T4 295
NS-Ärztebund 359
NSDAP 283, 377
NS-Dozentenbund 322, 359
NS-Euthanasiegesetz 375
NS-Gesundheitspolitik 280
NS-Herrschaft 264
NS-Hochschul- und Personalpolitik 324
NS-Ideologie 319, 326, 330
NS-Krankenmord 297, 302
NS-Medizin 330
NS-Rassenideologie 406
NS-Rassenwahn 408
NS-Regime 257, 264, 409
NSV 359
Nürnberger Ärzteprozess 16, 283, 284, 336
Nürnberger Gesetze 406
Nützlichkeitserwägungen 323, 326

O

Obdachlose 17
Objektbeziehungsmuster 242
objektive Wissenschaft des Zentralnervensystems 390
Objektivierung empirischer Sachverhalte 131

Objektliebe 210
Objektverlust 242
öffentliches Bewusstsein 156
Öffentlichkeit 339
Öffentlichkeitsarbeit 345
Öffnung zur Gesellschaft 189
Öffnungspolitik in der damaligen Sowjetunion 397
oktroyierter demokratischer Neuanfang 353
Orakel der endogenen Psychosen 369
Ordinariat für Psychiatrie und Nervenkrankheiten, erstes 72, 74
Ordinarienuniversität 335
Ordnung
-, äußere Ordnung der Anstalt 188
-, innere Ordnung des Kranken 188
Ordnungsstrukturen, äußere 165
Organisationsgrad der Ärzteschaft 330
organische Nervenkrankheit ohne bekanntes morphologisches Substrat 228
Organismus als ein integrales Funktionsgefüge 258
organizistische Auffassung gesellschaftlicher Erscheinungen 277
Organneurosen 264
Orthodoxie, psychoanalytische 252, 253

P

Pädagogik 116, 128
Pädagogische Welle 117
Pädiatrie 128
Palästina 244
Pankow bei Berlin 408
Paraakademischer Raum 77
Paradigmenwechsel 59
Paradox-Reaktionen 365
‚paradoxe' Reaktion 354
Parallelismus, psychophysischer 46, 51, 54
Paralympics 309
paranoid-halluzinatorische Schizophrenie 381
Pariser Mai 334
Partei „Alternative Liste Berlin" 347
Paternalistische Mechanik 189
Pathoarchitektonik der Hirnrinde 93
Pathogenese des epileptischen Anfalls 364
Pathoklisenarchitektur 82
Pathologisierung des Politischen 278
Patientenfront 135
Patientengeheimnisse 397
Patiententötungen 289-290

Patientenverfügungen 289
Pawlow als Richtschnur 394
Pawlowkommission beim Ministerium für Gesundheitswesen der DDR 394
Person 259, 263
Personalgeschichtlicher Charakter 49
Personalpolitik 327
personenzentrierte Hilfen 346
Persönlichkeit 219, 242
Persönlichkeitsstörungen 121
Persönlichkeitstypologie 243
Persönlichkeitswandel 232
Persönlichkeitswandel nach Extrembelastung 231
Perversion, sexuelle
Pflege, familiale 186, 190
Pflichterfüllung, treue Ausübung der 195
Pflichtversorgung 345
Phänomenologie 309
phänomenologische Psychopathologie 369
Pharmako-Psychiatrie 356, 411
Pharmakotherapie 396
Pharmakotherapie, psychiatrische 14
phasische Erkrankungen 381
phasische Psychosen 376, 379
phasische und zykloide Psychosen 377
Philadelphia Association 346
Philantropismus 191
Philosoph der Moderne 314
Philosophie 43-45, 56, 97, 128, 314
-, induktive 50, 54
-, Identitätskrise der 43, 44, 46, 47
Philosophie-Sport-Psychiatrie 309
Phrenologie 201
phylogenetische Vorstufe des modernen Europäers 206
Physikalisch-Technische Reichsanstalt 257
Physiologie, Experimental- 62, 65, 66, 70, 73, 77
Physiologisches Princip 59, 61
Pietismus 23, 27, 28
Pinel Gesellschaft 344
pluridimensionaler Ansatz 70, 180
Polarisierung von (analytischer) Psychotherapie 249
Polarität von Sympathicus und Parasympathicus 353
Polenfeldzug 360
Poliklinik für Nervenkranke 308
Polikliniken für Nervenkrankheiten 257
politische Loyalität 324
politisches Mandat der Studentenschaft 335
Polizei, Preußische 169

Positivismus, somatischer 45
positivistische Naturwissenschaft 381
Positivsymptomatik 203, 205
posttraumatische Belastungsstörung 213, 232, 233, 393
post-traumatische Neurose 226
posttraumatische Prozesse 232
prä- oder unlogisches Denken 206
Prädispositionen der Geisteskrankheit 193
Praecoxgefühl 382
Prager Frühling 334
Pragmatismus 320
prälogisches Denken 207
Praxis in der Stadt 190, 194
Pressegesetz, liberales 100
Preußische Kriegsakademie 47
Preußischer Landesgesundheitsrat (beim Ministerium für Volkswohlfahrt) 322, 409
Preußischer Staatsrat 393
Primat der Psychogenie 220
„primitive" Verhaltensschablonen 203
Privatfriedhof 403
Privatirrenanstalt 28, 179
Privileg der Psychopathologie 382
Produktionsprozess 180
Professionalisierung 230
Professionalisierung der Psychiatrie 181
Professionalisierungsstrategien 179, 192
Professur für Psychoanalyse 261
Prognostik der endogenen Psychosen 370
Projektion sozialer Hierarchien 211
Protest gegen den Vietnamkrieg 334
Protestbewegung 335-336
Protestbewegung der 60er Jahre 333
Provinzial-Irrenanstalt Leubus/Schlesien 100, 103
Provinzial-Irrenanstalt Nietleben bei Halle/Saale 86, 102, 108
Prozess
- struktureller Differenzierung und subdisziplinärer Aufgliederung 98
-, psychischer 46, 103
Prozess gegen die Zwangspsychiatrie 347
Prozesse 225
Pseudodemenz 227
Psychiater, hirnforschender 78, 87, 91
psychiatria democratica 338, 344
Psychiatric State Institute in New York 310
Psychiatrie 23, 43, 56, 98
-, Akzeptanz der 196
-, allgemeine 113, 115
- als ärztlicher Humanismus 180

- als Wissenschaft 180
-, biologische 45, 128, 136
- Enquête 136, 149, 151, 153
- „- Ost" 154
-geschichte 14, 23, 43, 56
-geschichtsschreibung 172
-, Humanisierung der 74
-, Legitimationsgröße der modernen 192
-, Neurologisierung der 59, 69
-, neuropathologisch orientierte 45, 74
-Personalverordnung (PPV) 136
-, post-Hegelianische 49
-, Psychologisierung der 55
-, Reform der 68, 128, 136
-, und Hirnforschung 76, 77, 88, 91
-, wissenschaftliche 181
-; - Dynamisierung der 45
Psychiatrie 243, 276, 280, 351
Psychiatrie als eigenständiges Fach 389
psychiatrie de secteur 338
Psychiatriebeiräte 345
Psychiatrie-Enquete 337, 343
Psychiatrie-Entwicklungsprogramm (PEP) 345
Psychiatriegesamtplanung 344
Psychiatriekritische Bewegungen 346
Psychiatrie-Personalverordnung 346
Psychiatriepolitik des Landes Berlin 344
Psychiatriereferat der Senatsverwaltung 343
Psychiatriereform 334
psychiatrische Entwicklungstheorien 210
psychiatrische Epidemiologie 334
psychiatrische Pharmakotherapie 361
psychiatrische Reformbewegung 336
psychiatrische Strukturanalyse 307
psychiatrische Systemphysiologie 358, 360
Psychiatrische und Nervenklinik der Berliner Charité 276, 290, 296, 319, 322, 329
psychiatrische und psychoanalytische Regressions- und Dissolutionstheorien 210
Psychiatrische Universitätsklinik Heidelberg 295
psychiatrischer Krisendienst 345
psychiatrisch-soziologische Perspektive 296
psychiatrisch-therapeutische Systemphysiologie 356
psychiatrisch-vegetative Regelungstheorie 357
Psychiker 19, 44, 172, 391
psychische Systemerkrankungen 374
psychischer Tonus 45, 49, 66
psychisches Kranksein 71
-, psychologische und soziale Dimension von 74

psychisch-technische Vorbildung 195
Psychoanalyse 229, 239-242, 244-245, 247, 249, 252, 256-258, 262, 265, 267
Psychoanalyse in den USA 313
Psychoanalyse in der Psychosomatischen Medizin 261
psychoanalytische Bewegung 250
psychoanalytische Orthodoxie 249
psychoanalytische Poliklinik 239, 243, 252, 259
psychoanalytische Prägung 257
psychoanalytische Psychosomatik 268
psychoanalytisches Forschungsinstitut am Mount Sinai Hospital 261
psychoanalytisches Lehrinstitut 244
psychoanalytisches Standardverfahren 250
psychodynamische Konzepte psychotischer Krankheitsbilder 241
Psychodynamisch-psychoanalytische Tradition 131
Psychogenese 268
Psychogenese psychosomatischer Erkrankungen 265
psychogenetischer Ansatz, ganzheitlicher 106, 107
Psychogenie 216, 229
Psychologie 28, 43, 56, 98, 128
-, amerikanische 91
-, Assoziations- 53, 54
-, experimentelle 50-52, 54, 55, 88
-, forensische 122
-, Ich- 45, 49, 138
-, Massen- 52
-, medizinische 23, 26, 28, 31
-, „neue" 43, 46, 55
-, Neuro- 88, 131
- ohne Seele 46
-, philosophische 46
-, physiologische 50, 53, 55
-, speculative 54
-, Status in der Psychiatrie 55
-, Tiefen- 78
-, verstehende 133
-, Völker- 47, 49, 51, 52
-, Wahrnehmungs- 46
-, wissenschaftliche 55
Psychologie der Schizophrenen 370
Psychologisches Institut der Berliner Universität 265
Psychologismus 46, 54
Psychoneurose 225, 228, 229, 232
Psychopathologie 391, 396
Psychopharmaka 351
Psychopharmakologie 396
Psychopharmakotherapie 353
Psychophysik 46, 49, 50

psychophysiologische Regelungstheorie 352
psychophysiologisches Reflexmodel 45
psycho-physisches Problem 267
Psychosomatik 268, 336
psychosomatische Medizin 245-246, 256-257, 265, 269
Psychosomatische Überlegungen 62
Psychosoziale Arbeitsgemeinschaften (PSAG) 345
psychosoziale Ausrichtung der Psychiatrie 74
Psychotherapeut 311
Psychotherapeut, psychologischer 136
Psychotherapie 63, 73, 136, 252, 311, 336, 391, 396
- bei Kindern und Jugendlichen 140
-, dynamische 140
- fürs Volk 252
Psychotherapie-Katamnese 239, 249
psychovegetative Systemphysiologie 352
Pubertät als „Wetterwinkel" 138
Publikum 179, 194
qualitativ-biographische Untersuchung 295

R

Radiohörspiel einer Marsmenschen-Invasion 364
RAF 346
RAF-Terroristen 135
railway brain 213
Rapportsystem 168
Rasse 275
Rassenhygiene 118, 337, 375, 393
Rassentheorie 265
Rationierung im Gesundheitswesen 148
Ratskammer des Berliner Stadtgerichts 100
Rauschgiftsucht 119
Rechts- und Sozialmedizin 116
Rechts- und Sozialordnung, bürgerliche 191
Rechts- und Sozialwissenschaften 128
Rechtsbrecher, psychisch kranke 17, 122
Rechtsmedizin 97, 98, 113, 116
Redefreiheit 335
reduktionistisch-naturwissenschaftliche Herangehensweise 277
reeducation 335
Reflexaktionen
- psychische 66
- zerebrale 52, 54
Reflexepilepsie 217
Reflexlähmung 219, 222-223, 226

Sachregister

Reform der Berliner Psychiatrischen Klinik 366
Reform der preußischen Irrenanstalten 311
Reform der Psychiatrie 68
Reform der psychiatrischen Krankenversorgung 337
Reform des Irrenwesens 403
Reformagenda 339
Reformatoren, schwäbische 67
Reformbewegung 338
Reformbewegung, sozialpolitische 121
Reformen in der psychiatrischen Krankenversorgung 338
Reformen, preußische 167
Reformideen (Griesingers) 179
Reformierung des Hochschulwesens 319
Reformmodell der therapeutischen Gemeinschaft 341
Reformpädagogik 117
Reformpsychiatrie in Berlin 339
Reformpsychiatrie in Westberlin 333
Reformtendenzen in der Psychiatrie der 1960er und 1970er Jahre 180
Regelkreis 356
Regelkreis-Prinzip 354, 365
Regelkreis-Schema 364
Regelungstheorie 352, 357
Regionalisierung 340-341
Regression 205
Regression der Libido 206
Reichsarzt SS 283
Reichsausschuss 284
Reichsführer SS 377
Reichsgesundheitsrat 393, 409
Reichsgründung 1871 257
Reichsinstitut 250
Reichstagsbrandstifter 310
Reichstagsbrandstifter Marinus van der Lubbe 278
Reifungs- und Lebenskrisen 364
Rekommunalisierung 345
Religionsgemeinschaft 406
Rente 218
Rentengewährung 231
Rentenhysterie 220
Rentenkampfneurose 229
Rentenneurose 218, 223, 229, 233
Rentenneurotiker 231, 233
Rentenversicherung 147
Reorganisation der Charité 168
Reorganisation der preußischen Verwaltung 168
Republik, erste deutsche 256
Reservekapazität, kognitive 147

Resozialisierung 117
Restauration 259
Restriktion der Pressefreiheit 100
retrograde Amnesie 224
Revolution 364, 366
Revolution von 1848 200
Revolutionstheorie 364
Rezeption psychoanalytischer Theorien 232
Rhythmen 357
Richtlinien-Psychotherapie 253
Rituale 207
roaring twenties 312
Rodewischer Thesen 153, 154, 337
Romanisches Kaffee 312
Röntgendiagnostik 258
rosa Papier 341
Royal College of Psychiatrists 313
Rudolf-Virchow-Krankenhaus 292
Rückbildungsdepression 371, 376
Rückbildungsmelancholie 371, 376
Rückenmarkerschütterung (railway spine) 213
Rückführung in die Gemeinde 346

S

SA 322, 377
Salon 37
Salpêtrière, Paris
Sanatorium Schloss Tegel 245, 256
SBZ 327, 330
Schinkelkreuze 401
Schizophrenie 291, 296, 381
„schizophrenogene Mutter" 137
Schock 217
Schöneberger Wohlfahrtsamt 298
Schreck 222
Schreckneurose 215, 222-223, 225
Schreckreaktion 213
Schuldfähigkeit 122, 123
-, verminderte 120, 121
-, bei sexueller Perversion 122
Schuldfähigkeitsproblematik 97
Schule, schädliche Einflüsse der 128
Schwachsinn im Sinne des Sterilisierungsgesetzes 301
Schweizerhof 403
Schwingungslehre 351

Scientismus 44, 46
SED 394
Seele 31, 38, 61, 79, 97
-, unsterbliche 26
Seelen- oder Vorstellungsmechanik 48
Seelenbegriff
-, metaphysischer 45
Seelenfreiheit 101
Seelenheilkunde 37, 103, 172
Seelenheilkunde, phänomenologisch-anthropologische 99
Seelenkranker 102
Seelenleben 102, 139
-, genetische Entwicklung des 106
Seelenstörungen 105
„Seemannsfriedhof" 82
sekundärer (ideogener) Prozess 222
sekundärer Krankheitsgewinn 393
Selbstbestimmung/Eigenbestimmung 187, 196
Selbstdisziplinierung 166
Selbstregime 196
Selbststeuerungsprinzip 364
Selbsttäuschung 227
Selektionen 275
Senatsverwaltung für Gesundheit 340
Sexismus, machohafter 63
Sexualmediziner 123
sexuelle Ausschweifung 201
sexuelle Befreiung 335
shell shock 221
Sicherheitsbedenken 188
Sicherheitsdienst der SS 282, 285
Sicherungsverwahrung 112
7. Internationaler Psychoanalytischer Kongress 246
Simulantentum 230, 233
Simulation 214, 216-217, 221, 227-229, 231-232, 325
Sittengesetz 107
Skeptizismus, klinischer 46
Somatiker 19, 44, 172
Somatogenese der Hysterie 215
Sonnenstein 391
sowjetische Besatzungszeit 264
Sowjetische Besatzungszone (SBZ) 265, 319
Sowjetische Militäradministration in Deutschland (SMAD) 327
Sowjetwissenschaft 394
Sozialdarwinismus 233
Sozialdarwinistische Prämissen 45
soziale Devianz 278

Soziale Epidemiologie psychischer Erkrankungen 341
soziale Frage des 19. Jahrhunderts 393
soziale Prognose der Schizophrenie 370
sozialer Verfall 278
Sozialethik 233
Sozialgesetzgebung 393
sozialhygienische Akademie Berlin-Charlottenburg 322
Sozialistische Gewerkschaften 49
sozialistisches Machwerk 339
Sozialistisches Patientenkollektiv 346
sozialistisches Staatswesen 330
Sozialkosten 394
sozialliberale Koalition 335
Sozialmedizin 18, 89, 114, 116, 117
Sozialmediziner 390
Sozialordnung, bürgerliche 191
Sozialpädiatrie 140, 141
Sozialpolitik 393
Sozialpsychiatrie 128, 135, 136
sozialpsychiatrische Ansätze 390
Sozialpsychiatrische Dienste (SpD) 340
sozialpsychiatrische Konsequenzen der neuropsychiatrischen Thesen Griesinger's 180
sozialpsychiatrische Studien 90
Sozialpsychiatrischer Arbeitskreis Berlin (SPAK) 340-342
Sozialpsychiatrischer Dienst Reinickendorf 334
Sozialtherapie 117, 122, 123
Soziogenie 216
Soziologisches Institut der FU Berlin 347
Spaltung der Stadt 394
Spezialisierung 44
Spiegelaffaire 1962 335
Spitze der menschlichen Evolution 207
Sprachgebrauch der Zeit 17, 19
Spuk der Freud'schen Hysterielehre 220
SS 265, 283
SS-Staat 305
Staat im Staat 187, 192, 193, 195
Staatsarzneikunde 98, 114, 115
Staatsmedizinische Akademie Charlottenburg 118
Staatssicherheit 397
Stadium ständiger Rechtfertigungsnotwendigkeit 150
Stadtasyl 69, 189, 200
Stadtbezogenheit 190
Stadtphysikus, (gerichtlicher) 100, 102, 109, 115
Stahlhelm 359
Stalins große Säuberung 313
Stammhirntrias 15

Standardversorgungsgebiet 151
Stanford University 261
Starnberger Gespräche 356
Stein'sche Reformen 173
Stein'sche Städteordnung 163,173
Sterbehilfe 15, 148, 289-290
Sterbewahrscheinlichkeit 147
Sterilisation 275, 323
Sterilisation von Geisteskranken 310
Sterilisationsgesetz 322
Sterilisationsgutachten 279-280
Sterilisierung 118
Steuerungslehre 359, 364
Stigma älterer Menschen 152
Stigma einer Geisteskrankheit 219
Stigmatisierung psychisch Kranker 16, 136, 346
Stigmatisierungs-These 135
stoffwechselchemische Systemphysiologie 356
Strafrecht 108
Strafrechtspflege und Straffälligenhilfe 117, 122
Straftäter, persönlichkeitsgestörter 122
Strafvollzug 116, 123
-, Psychologisierung bzw. Medikalisierung des 108
stroke-units 397
Struktur der psychoanalytischen Weiterbildung 252
strukturalistische Untersuchung der Komplexität der Sprache 210
Strukturtheorie 307
Studentenbewegung 134
Studentenproteste 336
Studentenrevolte 334-335
Studentenunruhen 334
Stundenplan für die Geisteskranken d. Charité 165
subdisziplinäre Aufgliederung 98
subjektives Erleben 264
Subjektivität 70
Suchtkrankheiten 118
Suggestion 215-216, 230
Superarbitrium 70
Sympathisant der nationalsozialistischen Bewegung 330
Symptome 1. Ranges 313
systematisch, industriell betriebenes Töten 303
systematische Schizophrenien 379
Systemkrankheiten 369, 375
Systemphysiologie 366

T

T4 Aktion 132, 337
T4-Gutachter 133
Tagesablauf, starrer 188
Tagesklinik 136, 152
Tagesstätten 337
Tauschgerechtigkeit 147
Tavistock-Klinik 263, 312
Technik der Rechnungsstellung 171
Technische Hochschule in Charlottenburg 257
technisches Steuerungsdenken 359
Teilhabe, gesellschaftliche 157
Tendenz zur Wirkungsumkehr 354
Terminologie
-, psychologisch-philosophische 105
Terror gegen politische Gegner und Bürger jüdischer Herkunft 267
Theatrum anatomicum 28
Theorie der Weiblichkeit (Schlegel) 63
Theorie des kommunikativen Handelns 208
Theoriebildung 200, 207
therapeutisches Milieu 340
Therapie 239
Therapie, psychische 23, 187
Therapieformen, Manuale gesprächszentrierter 172
Therapievergleich 172
Theresienstadt 229
Tiefenperson 259
Tiefenpsychologie 78
Tilsiter Frieden 170
Tod in der Gaskammer 303
Todestrieb 230
Tollkasten 29
Tonus des vegetativen Nervensystems 351
totemistische „Welterklärungsmodelle" 208
Töten aus Mitleid 289
Tötung „lebensunwerter" Kinder 298
Tötungen von Kindern 284
Tötungsanstalt Brandenburg 297
Trainingsformen für Olympiamannschaften 309
Traumagedächtnis 232
traumatische Hysterie 213, 214, 219, 220
traumatische Neurose 213-214, 216, 217, 219, 220-224, 226-233, 245, 393
traumatische Neurose als organische Nervenkrankheit ohne bisher bekanntes Substrat 218
Traumatische Psychosen 247
Traumdeutung 230

Trinkerheilanstalt Fürstenwalde 185
trophotrope Neuroleptika 356
Trophotropie 353
Tufts Medical School in Boston 268
typische Schizophrenien 372

U

Überalterung 147
Überbevölkerungsproblem 289
Überbürdungsstreit 140, 141
Übergang von der Anstalts- zur Universitäts-psychiatrie 180
überschießende Kompensation 354
Umbruchserfahrungen 353
Umerziehung 134
Umfeld 302
Umstrukturierungsprozess 341
Unähnlichkeitsbeziehungen 208-209
Unbewusste 216, 230, 250
Uneinfühlbarkeit 207
Unfallentschädigung 214
Unfallneurose 219, 228
Unfallrente 221
Unfallversicherung 223
Unfallversicherungsgesetz 214
Unfallversicherungsgesetzgebung 218
Unfruchtbarmachung 292, 378
Ungleichzeitigkeit in Theorie und Praxis 391
Unheilbarkeit/„unheilbar" 175, 185, 190
unipolare und bipolare Erkrankungen 382
Universität Greifswald 322, 324
Universitäts-Psychiatrie im Dritten Reich 275
Unrechtswillen 108
Unsterblichkeit 146
- der Seele 31
unsystematische Schizophrenien 379
Unter den Talaren der Muff von 1000 Jahren 134
unterbewusste Begehrungs- und Wunschvorstellungen 222
Unterbringungsgesetz 337
Unterricht 308
Unterricht, psychiatrischer 73, 115, 179, 183, 189, 192, 193, 194
Untersuchung, psychologische 109
-, versorgungsepidemiologische 136
Unzurechnungsfähigkeit 101, 104, 107, 110

V

Vätergeneration 336
vegetative Fehlsteuerung 358
vegetative Selbststeuerungstheorie 362
vegetatives Systems 354
Veränderungen, molekulare 224
Verantwortlichkeit, strafrechtliche 116
Verantwortung, gerontopsychiatrische 154
Verbalsuggestion 228
Verbrechen 288
Verdinglichung 337
Verein Berliner Krankenhauspsychiater 343
Verein für psychische Rehabilitierung e.V. 344
Verein Sozialistischer Ärzte 245
Verein zum Schutz vor psychiatrischer Gewalt e.V. 347
Vergreisung der Gesellschaft 147
Verhaltensforschung (in der Psychiatrie) 74, 137
Verinnerlichungsvorgänge 242
Verlauf der Geistesstörungen 103, 109
Verlaufspsychiatrie 51
Verlust der Erinnerungsbilder 225
Vernehmungsschemata 175
Vernichtung in der Gaskammer 302
Vernichtung lebensunwerten Lebens 132, 275, 290
Verobjektivierung 337
Verpflegungsformen
-, freie 190
-, offene 191
Verpflegungskosten 173
Versammlungsfreiheit 335
Versicherungswesen 216
Versorgung
-, angemessene 136
- der Geisteskranken 189
-, familiale 179
-, gerontopsychiatrische 153
-, landwirtschaftliche 186
-, sektorielle 154
Versorgungs- und Effizienzforschung 341
Versorgungs-
-angebote, alterspsychiatrische 150, 152
-auftrag 114
-bedarf 136
-formen, freie 193
-größe, Verbundsysteme als 157
-modelle, umfassende 131

-notstand, gerontopsychiatrischer 152
-realität 136
Versorgungsform 200
Versorgungsforschung 334
versorgungspolitische Perspektive 390
Versorgungsstrukturen
-, auf einem Gelände, aber räumlich getrennte 185
-, freie 193
-, gerontopsychiatrische 152
-, Öffnung der 192
-, Verhältnis zur Gesellschaft 192
-, zweigeteilte 189
Versorgungssystem, psychiatrisches 113, 114
Versorgungssysteme 398
Verständnis der Geisteskrankheiten 211
Versuch, klinischer 171
Vertreibung jüdischer Psychoanalytiker 268
Verwahrung 337
Verwaltungsreform, große preußische 169
Verwaltungstechniken 163
-, Effekt von 167
Verwissenschaftlichung 59, 115
Verwissenschaftlichungsprozess der bürgerlichen Gesellschaft 192, 196
Vietnamproteste 335
Villa 21 in Kingsley Hall 346
viszerales Gehirn 259
Volksganzes 325
Volksgenossen 325
Volksgesundheit 114, 229, 277
Volksschädling 233
Volksvermögen 229
Volkswohlfahrt 277
Vollrenten 229
Vollversorgung 338
Voluntarismus 51, 52
Vorsorgevollmachten 289
Vortäuschung 227

W

Waffen-SS 284
Wahnsinn, „versteckter" 109
Wahrnehmung als Gehirnkrankheit 391
Wahrnehmung von „Andersseienden" 99
Wahrnehmungspsychologie 46
Waisenhauskirche 24

Waldsanatorium Dr. Wieners in Bernau 292
Wandel des Neurose-Konzepts 213
Wegbereiter der Medizin im Nationalsozialismus 280
Wehrkraft 326
Wehrkraftzersetzung 325
weibliches Benachteiligungsgefühl 247
Weiler'sche Kuranstalten für Gemüts- und Nervenkranke in Westend 411
Weimarer Republik 246, 264, 393
Weiterentwicklung 253
Weltwirtschaftskrise 245
Wernicke-Kleist-Leonhard-Gesellschaft 383
Werte- und Pflichtenkanon, bürgerlicher 193
Wertegeflecht, bürgerliches 196
Wertemuster 193
Wertfreiheit 97
Wertungen des heutigen Betrachters 319
Wertvorstellung, bürgerlich-liberale 181
Westphal-Zeichen
Westuniversität 322, 328
Westuniversität Berlins 329
Westzone 327
Wiegenstunde der Kinderpsychiatrie 130
„wilde" Denksysteme 208
Wille 52, 62
Wille zur Krankheit 229
Willensbegriff 51
Willensfreiheit 66, 67, 107, 108
Willenstätigkeit 51
Winnenthal 391
Wirksamkeitsstudie 170
Wirtschaftspolitik 364
Wirtschaftswunder 134
Wissenschaft auf Irrwegen 132
Wissenschaft, psychiatrische 181, 191
Wissenschaftliche Begründung der Psychiatrie 189
wissenschaftliche Schlüssigkeit erbbiologischer Forschungen 277
Wissenschaftsraum, städtischer 76, 77, 91
Wissenschaftsstandort 259
Wissenschaftsverständnis 44, 377
-. Empirisierung des 44
-, Temporalisierung des 44
Wissenschaftswandel der Nachkriegszeit 319
Wissenstechniken, psychiatrische 167
Wittenauer Heilstätten 277, 297, 299, 322
Wohl der Volksgemeinschaft 326
Wohl des Einzelnen 326
Wohlfahrt der bürgerlichen Gesellschaft 193

Wohltätigkeit, öffentliche 191
Wohngemeinschaften 337, 344
Würdigung des individuellen Leidens 218

Y

Yale University School of Medicine in New Haven 313
York Clinic am Guy's Hospital 308

Z

Zappelphilipp 139
Zeit des Nationalsozialismus 277
Zeitalter, post-metaphysisches 46
Zeitdiagnose 365
Zeitgeist 13, 14, 16-19, 48, 49, 55, 59, 97, 98
-abhängigkeit 19
- dieser biographischen Fokussierung 172
-, nationalsozialistischer 16
-, naturwissenschaftlicher 46
- und Gerontopsychiatrie 146
Zeitgeist der Globalisierung 398
Zeitgeist einer neuen Behandlungsmethodik 390
Zeitgeist in der Ärzteschaft 398
„zeitgeistige" Konkordanz der 1860er mit den 1960er Jahren 180
zeitgeistige Orientierungsfelder 181
Zeitgeistmetapher 396
Zeitgeistphänomen 389
Zeitgeschmack 401
zeitkritische Technikphilosophen 351
zeitstabile Charakterzüge 242
Zeitverständnis 210
Zeitzeuge 334
Zellularpathologie 67
Zentralasyl/-anstalt 190, 193
Zentralinstitut für psychogene Erkrankungen 250, 252
Zentralinstitut für soziale Medizin 341
Zentralinstitut für Sozialmedizin der FU 334
Zentrum der Psychoanalyse 307
Zentrum der Psychoanalyse und Gestaltpsychologie 266
Zerfallskrankheiten 381
Zeugentüchtigkeit 113, 121
Zitterer im Felde 228
Zittern 231
Zivilgesellschaft 336

Zivilisationsbruch des Holocaust 336
Zunftinteressen, bedrohte 179
Zurechnung 107, 108
Zurechnungsfähigkeit
Zuwendungen für Anstaltspatienten 393
Zwangsbehandlungen 346
Zwangserkrankungen 228
Zwangsexerzieren 228
Zwangsjacke 189, 200
Zwangskastration 118
Zwangskrankheiten 73
Zwangsmaßnahmen 24, 67, 73, 200
,- Missbrauch der 188
Zwangsmittel, direkte 193
Zwangssterilisation 18, 118, 132, 275, 277, 278, 280, 290, 325
zwangsweise Sterilisation 278
Zweckvorstellungen des Nichtkönnenwollens und Nichtwollenkönnens 221
Zweite Berliner Schule 320
Zweite Wiener Schule 258
Zweiter Weltkrieg 284
Zwillingsforschung bei Schizophrenen 310
Zwillingsforschungen 370
zykloide Psychosen 369, 372, 376, 379
Zytoarchitektonische Gliederung der Rindenfelder 85
Zytoarchitektonische Organisation der Hirnrinde 83

Psychiatrische Publikationsorgane (19. Jhdt.)

1784 Magazin für Erfahrungsseelenkunde 23, 32
1804 Allgemeine Zeitschrift für Psychiatrie und psychisch gerichtliche Medicin 103, 184
1820 Nasse´s Zeitschrift für psychische Aerzte 61
1842 Archiv für physiologische Heilkunde 65, 67, 181, 183
1852 Vierteljahrsschrift für gerichtliche und öffentliche Medicin 115
1867 Archiv für Psychiatrie u. Nervenkrankheiten 69, 183, 189
1897 Monatsschrift für Psychiatrie und Neurologie 55
1904 Monatsschrift für Kriminalpsychologie und Strafrechtsreform 116

Namen erwähnter Vereinigungen

Aktion Psychisch Kranke 149, 338
Allgemeine Ärztliche Gesellschaft für Psychotherapie 245, 266
Anti-Gewaltkommission der Bundesregierung 136
Arbeitsgemeinschaft für Methodik und Dokumentation in der Psychiatrie (AMP) 396
Arbeitskreis Psychiatrie in Berlin 342

Armendirektion/Armendirektorium (26), 163, 169
Association for the Advancement of Psychoanalysis 247

Berliner Gesellschaft für Psychiatrie und Nervenkrankheiten/Nervenheilkunde 69, 183, 241
Berliner Gesellschaft für Psychiatrie und Neurologie (BGPN) 389
BGPN Ost 394
BGPN West 394
Berliner Gesellschaft für Sozialpsychiatrie 344
Berliner medicinisch-psychologische Gesellschaft 69, 183
Berliner Psychoanalytische Vereinigung 239, 241, 243, 245, 247
Berufsverband Deutscher Nervenärzte (BDN) 339
Bezirksverein Berlin gegen den Missbrauch geistiger Getränke 184
British Psychoanalytic Society 263
Bundesarbeitsgemeinschaft der Träger Psychiatrischer Krankenhäuser (BAG) 156

Collegium medico-chirurgicum 28
Comité International de la Psychiatrie Infantile (CIP) 143

Deutsche Arbeitsgemeinschaft f. Kinderpsychiatrie
Deutsche Gesellschaft für Gerontologie (West) 155
Deutsche Gesellschaft für Gerontologie u Geriatrie (DGGG) 155
Deutsche Gesellschaft für Gerontopsychiatrie und -psychotherapie (DGGPP) 155
Deutsche Gesellschaft für Kinderheilkunde 142
Deutsche Gesellschaft für Kinder- und Jugendpsychiatrie, Psychosomatik und Psychotherapie 143
Deutsche Gesellschaft für Psychiatrie und Nervenheilkunde (DGPN) 142
Deutsche Gesellschaft für Soziale Psychiatrie (DGSP) 338
Deutsche Psychoanalytische Gesellschaft (DPG) 239, 247, 250, 252, 253
Deutsche Psychoanalytische Vereinigung 253
Deutsche Vereinigung für Jugendpsychiatrie 142, 143
Deutscher Verein der Irrenärzte 184
Deutscher Verein für Psychiatrie (DVP) 370
Die Brücke e.V. 344
Dutch Academic Assistance Council 90

Europäische Arbeitsgemeinschaft für Gerontopsychiatrie [EAG] 149
Europäische Psychiatervereinigung 16
European Society for Child and Adolescent Psychiatry (ESCAP) 143

Gerontopsychiatrische Arbeitsgemeinschaft 149
Gesamtverband Deutscher Nervenärzte 342
Gesellschaft Deutscher Nervenärzte 370
Gesellschaft Deutscher Neurologen und Psychiater (GDNP) 370
Gesellschaft für Altersforschung der DDR 154
Gesellschaft für Gerontologie der DDR 154, 155

Gesellschaft f. Kinderpsychiatrie u. Heilpädagogik 143
Gesundheitsministerkonferenz der Länder 157

Hilfsverein für entlassene Geisteskranke der Provinz Brandenburg 73, 184

International Association for Child and Adolescent Psychiatry 132, 143
International Committee for Child Psychiatry 132
Internationale Psychoanalytische Vereinigung 241, 266
Internationale Wernicke-Kleist-Leonhard-Gesellschaft 383

Josiah Macy, Jr. Foundation, New York 134
Jugendhilfsstelle am Alexanderplatz

Kaiser-Wilhelm-Gesellschaft (KWG) 80
Königlich-wissenschaftliche Deputation für das Medicinalwesen 101, 104
Kommission des Armenwesens 26 (163, 169)

Mannheimer Kreis 338
Marburger Bund 343
McCloy Fund 134
Medizinaldeputation 104
Medizinische Fakultät (Charité, FUB) 29, 68, 86, 115, 149, 164, 231, 279, 311, 320, 355
Ministerium für geistliche, Unterrichts- und Medizinalangelegenheiten 170

Nationalsozialistische Deutsche Arbeiterpartei (NSDAP) 322
Nationalsozialistischer Deutscher Ärztebund (NSDÄB) 118
NS-Dozentenbund 322
New School of Social Research, New York 90

Pawlowkommission beim Ministerium für Gesundheitswesen der DDR 394
Pinelgesellschaft 344
Problemkommission Psychiatrie und Neurologie des Rates für Plan- und Koordinierung der medizinischen Wissenschaft am Ministerium für Gesundheitswesen 154
Psychiatrischer Verein zu Berlin 181, 184

Rockefeller Foundation (RF) 80-83, 90, 310
Royal College of Psychiatrists 313

Société Royale de Médecine 168
Sozialistischer Ärztebund 89
Sozialistischer Deutscher Studentenbund (SDS) 134
Sozialistisches Patientenkollektiv Heidelberg (SPK) 135
Sozialpsychiatrischer Arbeitskreis Berlin (SPAK) 340

Union Europäischer Pädopsychiater (UEP) 133, 143

Verein Berliner Krankenhauspsychiater 343
Verein für psychische Rehabilitierung 344
Verein Sozialistischer Ärzte 245

World Federation for Mental Health, London 16, 134
World Health Organization (WHO), Genf 16, 134, 152
World Psychiatric Association (WPA) 16, 152

Hanfried Helmchen (Hrsg.)

Geschichte der Psychiatrie an der Freien Universität Berlin

Die gut 50jährige Episode der FU-Psychiatrie, von ihrer Gründung 1949 bis zu ihrem Übergang in die Charité - Universitätsmedizin Berlin, wird im zeitgeschichtlichen Kontext des tiefgreifenden und gelegentlich dramatischen Wandels der Medizin und der sie tragenden Gesellschaft beschrieben, politisch vom Kalten Krieg bis zur Nachwendezeit, ökonomisch von der Nachkriegsarmut über das Wirtschaftswunder bis zur Ökonomisierung der Medizin, kulturell vom Nachkriegsatem der Freiheit des Lesens, Hörens und Reisens, über die rebellische Suche nach neuen Orientierungen bis zur vielfältigen Ratlosigkeit der Jahrtausendwende. Detailliert entfaltet werden die Dimensionen dieser Universitätspsychiatrie: Vielfalt von Lehre (Ziele und Organisation) und Forschung (Methoden und Ergebnisse) auf der Grundlage einer qualifizierten Krankenversorgung, die darauf zielte, dem Kranken bei der Bewältigung seiner Krankheitserfahrungen kompetent zu helfen.

PABST SCIENCE PUBLISHERS
Eichengrund 28
D-49525 Lengerich,
Tel. ++ 49 (0) 5484-308,
Fax ++ 49 (0) 5484-550,
pabst.publishers@t-online.de
www.pabst-publishers.de

268 Seiten, ISBN 978-3-89967-379-1
Preis: 25,- Euro

V. Sarris

Max Wertheimer in Frankfurt
Beginn und Aufbaukrise der Gestaltpsychologie

Max Wertheimer (1880-1943), Hauptbegründer der Gestaltpsychologie, schuf mit seinen experimentellen Untersuchungen zur Wahrnehmung von Schein- und Realbewegungen (1912) und den Organisationsprinzipien ("Gestaltgesetzen") der optischen Wahrnehmung (1923) eine neue Arbeits- und Denkrichtung in der Psychologie. Die kognitive Revolution am Ende dieses Jahrhunderts basiert zu einem Großteil auf den Vorarbeiten dieser Schulrichtung. Mit Max Wertheimer in Frankfurt werden der Beginn und die Aufbaukrise der Gestaltpsychologie aus heutiger Sicht anhand der genauen Analyse von Wertheimers Ausgangsarbeiten behandelt. Dadurch wird der Blick auch auf die künftige Grundlagenforschung in der perzeptiv-kognitiven Psychologie geschärft. Max Wertheimers Schrifttum (1904-1945) sowie der Anhang seiner Frankfurter Originalarbeit aus dem Jahre 1912 sind in diesem Buch ebenfalls enthalten.

108 Seiten, ISBN 978-3-928057-79-0, Preis: 15,- Euro

PABST SCIENCE PUBLISHERS
Eichengrund 28, D-49525 Lengerich, Tel. ++ 49 (0) 5484-308, Fax ++ 49 (0) 5484-550
E-Mail: pabst.publishers@t-online.de – Internet: www.pabst-publishers.de

Peter Vogelsänger

Psychopolis Berlin 1900-1933: Orte, Lebenswege, Konzepte ...

(Ein illustrierter Stadtführer)

Frühkindlicher Autismus, Balint-Gruppe, funktionelle Pathologie, Gestaltpsychologie, Gruppendynamik, Hyperkinetische Erkrankung im Kindesalter oder Traumatische Neurose - diese Begriffe wurden durch Ärzte und Psychologen geprägt, die in den Jahren 1900- 1933 in Berlin lebten und arbeiteten.

Als kompaktes Nachschlagewerk und illustrierter Stadtführer zur faszinierenden Geschichte der Psychologie, Nervenheilkunde, Psychoanalyse und Psychosomatischen Medizin verwendbar, wird mit diesem Buch die Thematik erstmals in einem so übersichtlichen Format zugänglich gemacht.

Nach einer kurzen historischen Einleitung, in der die inspirierende und wissenschaftlich hochproduktive Atmosphäre dieser Jahre skizziert wird, stehen über dreißig Porträts im Mittelpunkt der Darstellung. Die früheren Wohn- und Wirkungsstätten der Porträtierten aber auch von Institutionen wurden recherchiert und deren heutiger Zustand fotografisch dokumentiert. Stadtplanausschnitte und Querverweise laden zu einer Exkursion auf den Spuren der "Psychopolis" ein.

PABST SCIENCE PUBLISHERS
Eichengrund 28
D-49525 Lengerich,
Tel. ++ 49 (0) 5484-308,
Fax ++ 49 (0) 5484-550,
pabst.publishers@t-online.de
www.pabst-publishers.de

120 Seiten + Kartenwerk, Preis: 25,- Euro
ISBN 978-3-89967-341-8